Christian Schicha · Carsten Brosda (Hrsg.)

Handbuch Medienethik

Christian Schicha
Carsten Brosda (Hrsg.)

Handbuch Medienethik

VS VERLAG FÜR SOZIALWISSENSCHAFTEN

Bibliografische Information der Deutschen Nationalbibliothek
Die Deutsche Nationalbibliothek verzeichnet diese Publikation in der
Deutschen Nationalbibliografie; detaillierte bibliografische Daten sind im Internet über
<http://dnb.d-nb.de> abrufbar.

1. Auflage 2010

Lektorat: Barbara Emig-Roller

VS Verlag für Sozialwissenschaften ist Teil der Fachverlagsgruppe Springer Science+Business Media.
www.vs-verlag.de

Umschlaggestaltung: KünkelLopka Medienentwicklung, Heidelberg
Druck und buchbinderische Verarbeitung: Ten Brink, Mepel
Gedruckt auf säurefreiem und chlorfrei gebleichtem Papier
Printed in the Netherlands

ISBN 978-3-531-15822-8

Inhalt

III. Anwendungsfelder der Medienethik

IV. Spannungsfelder der Medienethik

V. Beispiele medienethischer Grenzbereiche

VI. Länderperspektiven der Medienethik

VII. Anhang

Einleitung

Carsten Brosda & Christian Schicha

In der britischen BBC-Serie *The Thick Of It*, wendet sich der Minister in einer Szene an seine Pressesprecherin, die Bedenken in Hinblick auf eine geplante öffentliche Aktion äußert:

> „I love doing things the right way, that ethical stuff. I love it, we all do. But it's very difficult when you're the first person to put your gun down because people tend to jump on your head as if it's a ripe watermelon. We don't want that."

Nach diesen maßregelnden Worten wird die Mitarbeiterin an die Arbeit geschickt, um die Medien zusammenzutrommeln und den Willen ihres Dienstherren in öffentliche Kommunikation umzusetzen. Den Autoren der TV-Serie, die in semidokumentarischem Stil dem irrwitzigen Wirken der Spin Doctors der britischen Regierung nachspürt, ist es gelungen, die verschiedenen widersprüchlichen Facetten öffentlicher Ethik in dieser Szene zu verdichten – die prinzipielle Zustimmung, die konkreten Schwierigkeiten, eingeschränkte hierarchische Entscheidungsstrukturen, kurz: viele gute Gründe, warum Ethik zwar das Richtige ist, nur halt gerade nicht jetzt. Dass die Rationalität ethischen Handelns in Frage gestellt wird, erlebt jeder, der sich eine ethische Argumentation zueigen macht.

Auch in Deutschland bleibt Ethik viel zu häufig ein Thema für Sonntagsreden. Dass sich Medienmacherinnen und -macher[1] zu Problemen ihres beruflichen Alltags äußern, gesellschaftliche Gruppen einen anderen Stil in Journalismus, Werbung oder Public Relations einklagen oder Vertreter des Publikums ihre eigene Rolle im Medienprozess reflektieren – das alles ist keineswegs mediales Routinehandeln. Offenbar erscheint es Medienakteuren nicht rational oder nicht zielführend, sich mit normativen Erwartungen herumzuschlagen. Offenbar fehlt dafür in der Praxis zudem schlicht die Zeit. Und wer als Kommunikationswissenschaftler darauf beharrt, dass medienethische Fragen auf die Agenda gehören, muss sich bisweilen des unwissenschaftlichen Moralisierens bezichtigen lassen. Zwar gehört die medienethische oder medienkritische Rede seit jeher zum guten Ton eines jeden kommunikationswissenschaftlichen Ordinarius, aber sie wird nur zu oft quasi im Vorhof der eigenen wissenschaftlichen

1 Ausschließlich um den Lesefluss zu erleichtern, wird in der vorliegenden Publikation in der Regel die männliche Form verwendet – wissend, dass damit einer traditionellen Routine Vorrang vor semantischer Korrektheit eingeräumt wird.

Tätigkeit deponiert. Als wissenschaftliches Unterfangen aus eigenem Recht bleibt Ethik bis heute vielen suspekt.

Die Unbestimmtheit des medienethischen Verfahrens ist dafür ebenso verantwortlich, wie eine verzerrende Vorstellung davon, was Medienethik leisten soll und kann. Nicht wenige Akzeptanzprobleme hat sich die Medienethik aufgrund eigener Engführungen selbst zuzuschreiben: Wer nur fragt, was nicht geht, der geht anderen schnell auf die Nerven. Wer moralinsauer Verfehlungen beschreibt, bringt es kaum zum gefragten Ratgeber. Und wer im Gestus von „ex cathedra"-Sprüchen Sollensvorschriften dekretiert, die mit der Praxis kaum etwas zu tun haben, der darf sich nicht wundern, wenn er nicht ernst genommen wird. Solche verkürzten Verständnisse medienethischer Reflexion sind in der öffentlichen und auch wissenschaftlichen Debatte leider immer noch anzutreffen. Und sie sorgen dafür, dass in Deutschland Medienethik – anders als die ‚*Media Ethics*' in den USA – immer noch ein Schattendasein an kommunikations-, medien- und journalistikwissenschaftlichen Instituten und im fachwissenschaftlichen Diskurs führt.

Dabei hat sich die medienethische Debatte auch in Deutschland längst konsolidiert. Sie ist hinausgewachsen über die skandalisierenden Einzelfallbetrachtungen spektakulärer medialer Verfehlungen. Sie kann sich mittlerweile auf wissenschaftlich fundierte Initiativen wie das *Netzwerk Medienethik*, die *Initiative Nachrichtenaufklärung* oder den *Verein zur Förderung der publizistischen Selbstkontrolle* stützen. Sie hat ihre prekäre Stellung zwischen philosophischen und sozialwissenschaftlichen Denkmustern, zwischen normativen und empirischen Erörterungen, zwischen Präskription und Deskription zwar noch nicht abschließend geklärt, aber sie ist auf dem besten Weg dahin. Sie beginnt ihr Wissen zu kanonisieren und sie konturiert sich – anders als die in den USA oft von Praktikerreflexion getragene Vorbilddisziplin – in erster Linie als gründliche wissenschaftliche Auseinandersetzung mit der Moral der Medien und der Ethik des Öffentlichen.

1 Was ist Ethik?

Unter Ethik wird die wissenschaftliche Beschäftigung mit Genese und Anwendung von Normen verstanden. Während Moral die Normen bezeichnet, die Handeln anleiten, reflektiert Ethik als „Moralphilosophie" bzw. „Reflexionstheorie der Moral" diese moralischen Normen und ihre Begründung. Ethik begründet allgemeingültige Regeln für gutes und gerechtes Handeln. Sie sensibilisiert dafür, dass jeder über die Güte seines Handelns *verantwortlich* entscheiden sollte und (meistens) auch kann. Dieses Verantwortungsbewusstsein bildet die Grundlage einer vernünftigen Innen- bzw. Selbststeuerung der angesprochenen Akteure. Wer sich mit Ethik beschäftigt, postuliert daher nicht nur moralisches Handeln als unverzichtbare Qualität der Humanität, sondern liefert auch die analytischen und argumentativen Werkzeuge der Aufklärung über normative Strukturen und der Anwendung diskursiver Muster der Normformulierung.

Abstrakte normative Leitbilder oder Verfahren müssen sich im Kontext der Anwendung bewähren. Theoretische und praktische Fragen der Ethik bilden deshalb ein Kontinuum. Begründungsrelationen verlaufen weder von der Theorie zur Praxis noch von der Praxis zur Theorie; vielmehr richten sie sich nach dem Gewissheitsgefälle der moralischen Überzeugungen. Grundprinzipien formen ein moralisches „framework", innerhalb dessen spezifisch individuelle Wahlentscheidungen erfolgen. Die Grundprinzipien können auf sehr unterschiedlichen Ebenen liegen: Das Prinzip der Wechselseitigkeit verlangt, dass ethische Normen als umfassendes Strukturelement einer Interaktion akzeptiert werden. Das Prinzip der Allgemeingültigkeit betont den universellen Anspruch ethischer Postulate. Das Prinzip der Gerechtigkeit stellt eine inhaltliche Normierung dar. Und das Prinzip der Verantwortung verdeutlicht, dass sich Ethik an vernunftbegabte Akteure richtet.

Angesichts dieser weiter zu differenzierenden Heterogenität ist es die entscheidende Aufgabe, die ethischen Theoriekonzepte in Form einer angewandten Ethik auf eine konkrete Praxis zu übertragen. Angewandte Ethik reflektiert ihren Ausgangspunkt in konkreten unterschiedlichen Erfahrungen der Lebensgestaltung und des gesellschaftlichen Zusammenlebens. Sie erkennt deren große Vielfalt und ist skeptisch gegenüber allgemeinen Prinzipien und der Tendenz, komplexe moralische Sachverhalte auf einige wenige idealtypische Charakteristika zu reduzieren. Sie nimmt die Vielfalt moralischer Empfindungen ernst und bleibt kritisch gegenüber allzu hochgesteckten theoretischen Zielen.

Um die Differenz zwischen hohen moralischen Ansprüchen und den menschlichen Unvollkommenheiten und Sachzwängen zu überbrücken, hat sich die Unterscheidung zwischen idealen Normen und Praxisnormen etabliert. Idealnormen formulieren Prinzipien, die abstrakt sind und intersubjektive Gültigkeit besitzen. Sie können beispielsweise aus den Menschenrechten, aus allgemeinen Prinzipien oder Maximen, aus institutionellen Rollenerwartungen, aus Vertragsmodellen, aus argumentativen Diskursen, aus religiösen Katechismen oder traditioneller Sittlichkeit heraus begründet werden. Die idealen Voraussetzungen dieser abstrakten Modelle gelten zunächst als Resultat normativ-ethischer Überlegungen, die jedoch kaum praktische Hilfe bei konkreten Handlungsentscheidungen liefern können. Idealnormen wie beispielsweise der Kategorische Imperativ oder auch der biblische Dekalog sind in der Regel zu allgemein, zu unbestimmt und zu rigide, um faktisch als Regeln für die konkrete Praxis dienen zu können. Sie weichen oftmals zu gravierend von den gängigen Gegebenheiten und Konventionen der Lebenspraxis ab, um die Akteure zur Einhaltung entsprechender Prinzipien zu motivieren.

Idealnormen müssen deshalb in Praxisnormen übersetzt werden, also in bereichsspezifische ‚Durchführungsregeln', die den historischen und sozio-ökonomischen Rahmen berücksichtigen. Sie tragen legitimer Weise einer Anpassung an gesellschaftliche oder individuelle Einschränkungen der Normbefolgungsmöglichkeiten Rechnung, ohne sich jedoch zu stark an opportunistischen Gepflogenheiten in der Praxis zu orientieren. Es geht bei ihrer Formulierung nicht darum, das Sollen dem Sein zu unterwerfen, sondern darum ideale Normen im Lichte der faktischen Verhältnisse in praktikable Durchführungsregeln zu übersetzen – und zwar entweder, indem die Idealnorm auf einen konkreten Fall übersetzt wird (interpretative Ausdifferenzierung) oder indem eine Norm identifiziert wird, die in der Praxis dem Erreichen der Idealnorm dient (folgenorientierte Operationalisierung). Generell lässt sich sagen, dass sich Praxisnormen zu idealen Normen wie einfache Gesetze zu Verfassungsnormen verhalten. Sie berücksichtigen, dass praktische Diskurse über Ethik nicht im idealen Raum herrschaftsfreier philosophischer Erörterungen statt finden, sondern von Zeitknappheit, konkreten Herrschafts- und Gewaltverhältnissen und unterschiedlichen Informationsständen geprägt sind.

2 Warum Medienethik?

Es herrscht weitgehend Konsens, dass mediales Handeln angesichts seiner gesellschaftlichen Bedeutung eine angewandte Bereichsethik benötigt. Die Medienethik kann als Form der angewandten Moralphilosophie einen systematischen Beitrag zu der Suche nach einem angemessenen Umgang mit der Fülle unterschiedlicher medialer Angebote und Formate leisten. Ihre Notwendigkeit leitet sich auch aus der herausragenden Bedeutung medienvermittelter öffentlicher Kommunikation für moderne Gesellschaften ab.

Medienkommunikation ist konstitutiv für moderne Demokratien, weil erst durch sie eine öffentliche Sphäre gewährleistet werden kann, in der eine Gesellschaft sich mit sich selbst beschäftigt. Sie leistet die kommunikative Koordinierung in modernen ausdifferenzierten Gesellschaften, weil in ihr allgemeinverbindliche Themen zur Sprache kommen können. An sie sind konkrete gesellschaftliche Erwartungen wie Information, Orientierung, Partizipation oder soziale Integration geknüpft. Ob sie erfüllt werden, hängt entscheidend von der Verfasstheit der Medienkommunikation ab. Deren Kriterien sind daher auch eine ethische Frage.

Ethische Anforderungen an Medienkommunikation lassen sich aus allgemeinen Kommunikationsethiken ableiten, die im Hinblick auf humankommunikative Verständigung formuliert werden. Zu deren weit reichenden Annahmen gehören Widerspruchsfreiheit und Konsistenz, Wahrhaftigkeit und Argumentativität sowie Fairness im Sinne gleichberechtigter Anerkennung aller Teilnehmer, Transparenz, Offenheit und Freiheit von äußeren Zwängen. In den Medien handelnde Akteure kommunizieren und bedienen sich der gleichen Rationalität – allerdings unter anderen Rahmenbedingungen als in der interpersonalen Kommunikation. Medienkommunikation kennt kaum direkte Interaktion, sondern ist in der Regel durch einen Dritten vermittelt. Dadurch sind erhobene Geltungsansprüche nicht in jedem Fall klar zuzuordnen, sondern mehrfach gebrochen. Außerdem sind neben ernsthaften Verständigungsangeboten auch fiktionale oder spielerische Zerstreuung Teil medialer Kommunikation. Zur Komplexität trägt weiterhin bei, dass Medienkommunikation nicht rein lebensweltlich verläuft, sondern durch einen systemischen Rahmen mit entsprechenden Machtstrukturen hindurch muss. Diese und weitere Spezifika begründen den besonderen Rahmen, den eine Medienethik zu berücksichtigen hat.

Massenkommunikation ist ein Substitut ehemals zwischenmenschlich gewährleisteter Koordination. Sie stellt Teile der sozialen Beziehungen wieder her, die in ausdifferenzierten Gesellschaften zerrissen sind. Sie wird dort entfaltet, wo technisch unvermittelte interpersonale Interaktion nicht möglich ist. Koordinationsleistungen kann medial vermittelte Massenkommunikation nur vollbringen, wenn die sie bedingenden medialen Strukturen kommunikative Öffentlichkeit nicht behindern.

Innerhalb dieses Rahmens haben Medienmacher einen nicht unerheblichen Freiraum, der eine ethische Normierung sinnvoll macht. Die existierenden rechtlichen Vorschriften (Straf- oder Privatrecht) regeln bei weitem nicht alle alltäglichen medialen Entscheidungssituationen. Es gibt auch außerhalb des Rechts keinen übergeordneten Normenkatalog, der in allen Fällen eine Unterscheidung zwischen ‚falsch' und ‚richtig' ermöglicht. Medienethik kann der medialen Praxis daher Hinweise geben, wie Normkonflikte gelöst werden können: Sie hilft dabei, unterschiedliche Normsysteme (z.B. Profession vs. Publikum) gegeneinander abzuwägen. Und sie leitet Medienakteure dabei an, konkrete Entscheidungen moralisch selbst zu rechtfertigen.

3 Welche Bezugspunkte hat die Medienethik?

Wie jede andere angewandte Ethik auch, übernimmt die Medienethik bestimmte Idealnorm-Konzeptionen und übersetzt sie für ihren Anwendungsbereich. Medienethische Überlegungen können dabei aus den unterschiedlichsten philosophischen Erwägungen heraus begründet werden.[2]

Tugendethiken stehen in klassischer Tradition (u.a. Platon, Aristoteles) und verstehen unter ethischem Handeln ein Leben gemäß bestimmter Tugenden, die richtige Neigungen wecken sollen. Ihnen zu folgen wird als Grundlage dafür betrachtet, Glück zu erreichen. In der Medienethik finden sich Tugendkataloge in normativ-ontologischen Ansätzen, die an die Mäßigung von Journalisten (Boventer) oder Rezipienten (Lübbe) appellieren.

Deontologische Ethiken (u.a. Kant) fokussieren auf gutes Handeln und fordern die weitgehende ethische Selbstbindung des Handelnden aus freiem Willen. In Maximen wie dem kategorischen Imperativ formulieren sie „subjektive Prinzipien des Wollens", die universell gelten sollen und deshalb notwendig abstrakt sind. Der gute Wille des autonom Handelnden ist für sich genommen bereits moralisch wertvoll. Die ethische Bewertung beruht auf der Frage, ob eine Handlung von einer bestimmten inneren Beschaffenheit ist. Grundlage dafür ist, dass der Einzelne sich selbst – freiwillig im

2 Siehe auch den Beitrag von Schicha zur Philosophischen Ethik in diesem Band.

Wortsinne – in die Pflicht nimmt. Medienethisch ist die deontologische Ethik weit verbreitet. Medienethische Erörterungen fragen oft nach Handlungsprinzipien, die ‚gutes' mediales Handeln anleiten können. Berufliche Kodizes (Pressekodex, PR, Werbung) sind häufig in ihrer Sprache verfasst (In Frankreich heißt die journalistische Berufsethik sogar ‚Déontologie')

Utilitaristische Ethiken (u.a. Bentham, Mill) fragen nach dem größtmöglichen Nutzen einer Handlung (idealiter für die Allgemeinheit). Sie etablieren das Prinzip der Nützlichkeit als ein moralisches Kriterium, an dem die moralische Richtigkeit und Falschheit von Handlungen und Recht und Unrecht moralischer, rechtlicher und anderer gesellschaftlicher Normen gemessen werden. Der Utilitarismus ist eine teleologische (zielorientierte) Ethik mit Perspektive auf das Resultat einer Handlung. Medienethische Ansätze greifen die Folgenbewertung des Utilitarismus auf, ohne aber umfassend utilitaristisch zu argumentieren. Weil in medialer Kommunikation die Folgen des eigenen Handelns nur schwer abzuschätzen sind (Ausdifferenziertheit, Vermittlung, unsichere Wirkungshypothesen), gibt sind Bemühungen, utilitaristische Überlegungen zu übernehmen, nach wie vor nicht die Regel.

Vertragsmodelle (u.a. Rawls) gehen von dem Grundgedanken aus, dass es in einer Gesellschaft ein gemeinsames Interesse daran gibt, bestimmten ethischen Regeln zu folgen. Die Wahl dieser Regeln und Grundsätze erfolgt im Urzustand, das heißt unter einem individuellen ‚Schleier des Nicht-Wissens' über den eigenen späteren gesellschaftlichen Status. Die Konsequenz dieses spieltheoretischen Gedankenexperiments ist, dass jeder eine Gesellschaft wählen wird, in der auch der schlechteste Platz akzeptabel ist. In der Medienethik spielen vertragstheoretische Überlegungen sowohl bei den Grundlagen der Medienordnung als auch bei der Formulierung von Kodizes etc. eine Rolle. Darüber hinaus ist das Gedankenexperiment des Schleiers des Nichtwissens eine wertvolle Entscheidungsheuristik, aus der sich u.a. das Gebot, die Interessen anderer in ausreichendem Maße zu achten, ableiten lässt.

Die *Diskursethik* (u.a. Habermas) knüpft bei Kant an, sieht aber Normen nicht mehr durch monologische Verallgemeinerungsleistungen des individuellen Subjekts, sondern durch intersubjektiven Diskurs begründet. Sie ist als prozedurale Moraltheorie deontologisch, kognitivistisch, formalistisch und universalistisch. Sie beschreibt, wie kommunikativ kompetente Sprecher mit dem Ziel eines argumentativen Konsenses über Normen in einen praktischen Diskurs treten können. Nur die Normen, denen alle Betroffenen als Teilnehmer in einem solchen Diskurs zustimmen, können Geltung beanspruchen. Sie leistet keine inhaltlichen Klärungen, sondern beschreibt Prozeduren und fokussiert auf spezifische Diskursregeln, die keiner Letztbegründung bedürfen, sondern aufgrund ihrer Plausibilität wirken. Eine mediale Diskursethik kann als Ethik für Diskurse über Ethik die Formulierung von Normen beispielsweise in Presseräten oder Redaktionskonferenzen beraten. Überall dort, wo sich Medienakteure über die Güte ihrer Arbeit verständigen, führen sie argumentative Diskurse, warum dieses gelungen und jenes verwerflich ist. Und sie kann als eine Ethik medialer Diskurse, d.h. eine Ethik der Anwendung diskursethischer Prämissen über ihre Diskursregeln auch konkrete Hinweise geben, wie öffentliche Diskurse zu führen sind.

Systemtheoretische Überlegungen (u.a. Luhmann) gehen zunächst vom Scheitern der akademischen Ethik aus. Sie postulieren, dass Ethik Moral nicht begründen kann, sondern sie vorfindet, und es deshalb notwendig sei, Moral mit moralfreien Begriffen zu erfassen – beispielsweise als Komplexitätsreduzierung – um sie bearbeitbar zu machen. Die zentrale Kategorie in diesem Zusammenhang ist die der wechselseitigen Achtung bzw. Missachtung, durch die soziale Beziehungen stabilisiert werden. Diese Entwürfe warnen die Ethik vor moralischem Enthusiasmus und plädieren für eine ironische Distanz, um moralische Probleme analytisch identifizieren zu können. In der Medienethik tauchen diese Überlegungen in der Debatte auf als notwendige Erweiterung der Individualethik, um eine Professions- und Institutionenethik, in der systemische und rolleninduzierte Erwartungen mitverhandelt werden

Konstruktivistische Ethiken verlagern die Debatte auf die erkenntnistheoretische Frage der Verantwortung des Beobachters für seine Konstruktion der Wirklichkeit. Sie argumentieren, dass die radikale Kontingenz der Erkenntnis dem einzelnen die volle Verantwortung für seine Wirklichkeitskonstruktionen aufbürdet. Der Konstruktivismus begründet daher eine Individualethik, die sich immer wieder neu um ihre moralischen Kriterien und deren Begründungen bemühen muss. In der medienethischen Diskussion nehmen konstruktivistische Überlegungen bislang eher eine Randstellung ein. Sie bieten die Chance einer praktisch handhabbaren und theoretisch anschlussfähigen Reformulierung des lange Zeit als antiquiert verpönten individualethischen Verantwortungsbegriffs.

Die Wege zu einer gut begründeten und auch praktisch tragfähigen Konzeption medialer Ethik sind vielfältig. Je nachdem, welcher ethische Referenzpunkt gewählt wird, geraten andere Fragen und Antwortvorschläge in den Blick. Dass aber Verantwortung trägt, wer in den Medien kommuniziert und arbeitet steht selbst in normativ eher agnostischen Denktraditionen letztlich außer Frage.

4 Zum vorliegenden Handbuch

Im vorliegenden interdisziplinären Handbuch systematisieren renommierte Autorinnen und Autoren medienethisch relevante Konzeptionen und Begriffe und typologisieren zudem medienethisch relevante Praxisfelder. Jenseits der üblichen tagesaktuell aufgeregten Ethik-Debatten werden die Fundamente und Stützpfeiler medienethischen Denkens und Handelns besichtigt. Das Buch gliedert sich in verschiedene systematische Unterkapitel.

- Im Abschnitt *Begründungen der Medienethik* werden die verschiedenen theoretischen Begründungskontexte medienethischer Konzeptionen skizziert. Dabei handelt es sich um *philosophische Ethik*, *individualethische Ansätze*, *Konstruktivismus*, *Systemtheorie*, *Diskursethik*, *theologische Perspektiven*, *Cultural Studies* sowie *empirische Perspektiven.*

- Im Abschnitt *Institutionen der Medienethik* werden verschiedene institutionelle Arrangements und ihre medienethische Relevanz erörtert. Dabei richtet sich der Blick in erster Linie auf die Potenziale für die Durchsetzung medienethischer Standards, aber natürlich werden auch Tendenzen beschrieben, die der erfolgreichen Implementierung solcher Standards im Wege stehen. Thematisiert werden *Redaktionen*, *Selbstkontrolle*, der *Deutsche Presserat*, *Medienunternehmungen*, das *Publikum* und die *Zivilgesellschaft*.
- Im Abschnitt *Anwendungsfelder der Medienethik* werden verschiedene mediale Bereiche hinsichtlich ihres ethischen Bedarfs diskutiert. Das Ziel ist es, die Bereichsethik „Medienethik" noch einmal auf einzelne Aspekte bestimmter medialer Kommunikationsformen hin zu präzisieren. Die einzelnen Stichworte sind *Journalismus*, *Public Relations*, *Werbung*, *Bildethik* sowie *Neue Medien und Internet*.
- Im Abschnitt *Spannungsfelder zwischen Medienethik und anderen Steuerungsmechanismen* wird das Zusammenwirken zwischen Medienethik und den konkurrierenden bzw. komplementären Steuerungskonzepten *Profit*, *Qualität* und *Recht* dargestellt. Dabei soll herausgearbeitet werden, inwiefern diese Mechanismen ihrerseits ethisch fundiert oder relevant sind und wie sie mit medienethischen Ansätzen interagieren.
- Im Abschnitt *Beispiele medienethischer Grenzbereiche* werden praktische Beispiele medienethischen Bedarfs skizziert. In ihnen soll exemplarisch die Bedeutung medienethischer Reflexion und Steuerung herausgearbeitet werden. Dabei ist es wichtig zu zeigen, warum es sich um ein medienethisch sensibles Thema handelt und wie mit dieser Sensibilität umgegangen wird. Die Stichworte befassen sich mit *Medienskandalen*, mit *Tod und Sterben*, mit *Zensur und Nicht-Öffentlichkeit*, mit *medialen Gewaltdarstellungen*, mit *Horrorfilmen*, mit *Real Life Formaten*, mit *Kriegsberichterstattung* und mit dem *Sportjournalismus*.
- Im Abschnitt *Länderperspektiven der Medienethik* werden Länderprofile medienethischer Debatten und Mechanismen vorgestellt. Beispielhaft werden die *Vereinigten Staaten von Amerika*, *Frankreich*, *Österreich*, die *Schweiz*, die *Niederlande*, *Mittel-, Ost- und Südosteuropa* sowie *Russland* thematisiert. Die jeweiligen Länderprofile sind eingebettet in kurze Vorstellungen der mediensystemischen Charakteristika des jeweiligen Landes, der institutionellen settings, des journalistischen Selbstverständnisses und der Landschaft medienethischer Initiativen.

Die Beiträge des vorliegenden Handbuchs zeigen eindrucksvoll sowohl die Breite als auch die Tiefe, in der mittlerweile medienethisch gearbeitet werden kann. Die Adaptionen verschiedener makrotheoretischer Erwägungen sind dafür ebenso ein Beispiel wie die zahlreichen Ausdifferenzierungen für einzelne Bereiche oder Institutionen. Wir haben viele Autorinnen und Autoren gewinnen können, die seit langem die medienethische Diskussion prägen oder die ausgewiesene Experten für medienethisch relevante Fragestellungen sind. Doch zwangsläufig bleiben Lücken: Beispielsweise wäre eine Auseinandersetzung mit der Frage des Berufs bei den Institutionen der Medienethik genauso wünschenswert wie ein Länderprofil Italiens. Solche Desiderate sind kaum zu vermeiden, aber eine vollständige Kanonisierung war niemals angestrebt und konnte realistisch auch nicht geleistet werden – ein vergleichweise umfassender Überblick dagegen hoffentlich schon.

Wir bedanken uns bei allen, die die Geduld aufgebracht haben, sich an diesem über mehr als zwei Jahre hinziehenden Projekt zu beteiligen. Dem VS-Verlag und insbesondere Barbara Emig-Roller, die dieses Handbuch nicht nur angeregt, sondern es auch die ganze Zeit hindurch kooperativ begleitet hat, gilt unsere Verbundenheit. In erster Linie aber entscheidet sich die Qualität des Handbuchs an der Qualität seiner Beiträge. Wir danken allen Autorinnen und Autoren, die viel Zeit und Energie in die Bearbeitung der einzelnen Stichworte und in die Beachtung redaktioneller Wünsche und Anregungen investiert haben.

In der eingangs zitierten BBC-Serie *The Thick Of It* sieht die über den Unsinn der Ethik belehrte Pressesprecherin ihren Minister nur ungläubig an, während die anderen Kommunikationsberater ungerührt ans Werk gehen. Dass es auch anders – und zwar begründet anders – gehen kann, soll die Lektüre des *Handbuchs Medienethik* zeigen. Es steht jetzt vor der gleichen Herausforderung wie sein Gegenstand: Es hat sich in der Praxis medialen Handelns und wissenschaftlicher Debatte zu bewähren.

I. Begründungen der Medienethik

Philosophische Ethik

Individualethische Ansätze

Konstruktivismus

Systemtheorie

Diskursethik

Theologische Perspektiven

Cultural Studies

Empirische Perspektiven

Philosophische Ethik

Christian Schicha

1 Allgemeine Charakteristika der Ethik

Die Medienethik als Form der angewandten Moralphilosophie leistet einen systematischen Beitrag zur Suche nach einem angemessenen Umgang mit der Fülle unterschiedlicher medialer Angebote und Formate. Der Ruf nach einer Medienethik wird meist dann laut, wenn vermeintlich dramatische Verfehlungen im Medienbereich für öffentliche Empörung sorgen. Die Aufgabe einer Medienethik besteht jedoch nicht primär darin, den ‚moralischen Zeigefinger' bei ethisch fragwürdiger Berichterstattung anhand von skandalträchtigen Einzelfällen zu erheben. Sie soll vielmehr als Steuerungs- und Reflexionsinstanz die normativen Begründungswege im Umgang mit medialen Ausprägungen, Inhalten und Rezeptionsweisen analysieren. Dabei greift sie auf die Instrumentarien der philosophischen Ethik zurück, auf die im Folgenden Bezug genommen wird.

Seit Aristoteles wird der Terminus ‚Ethik' als wissenschaftliche Kategorie für das moralisch oder sittlich richtige Handeln angewendet. Moralische Ansprüche sind in der Regel mit Anforderungen verknüpft, die eigene Neigungen oder spontane Handlungswünsche mit der Rücksicht auf die Interessen anderer begrenzen (vgl. Mackie 1981). Die Ethik oder Moralphilosophie bezieht sich auf Handlungen oder Unterlassungen einer Person oder Personengruppe. Sie ist keine Theorie um der Theorie willen, die ausschließlich dazu führen soll, die intellektuelle Befriedigung des Philosophen zu erreichen; vielmehr kümmert sich die angewandte Ethik neben der theoretischen Fundierung auch um die Beziehung vom Gedachten zum Handeln, also um den konkreten Praxisbezug. Aus philosophischer Perspektive wird der Ethik die Aufgabe einer ‚Krisenreflexion' zugeschrieben (vgl. Riedel 1979). Dabei wird in der Angewandten Ethik auf die unterschiedlichsten Problemfelder rekurriert, exemplarisch seien hier nur die Technik-, Medizin- oder ökologische Ethik erwähnt, wobei die technische Kompetenz des Menschen und die sich daraus ergebende Reichweite entsprechender Entscheidungen für die natürliche Umwelt und zukünftigen Generationen Konsequenzen für den moralischen Verantwortungshorizont haben (vgl. Nida-Rümelin 1996; Funiok 2007).

Unabhängig von der jeweiligen Moralkonzeption gelten bei der Moralbegründung übergreifende Regeln, die einen universalistischen Anspruch erheben. Grundsätzlich sollte die Ethik ihre Formen, Prinzipien und Begründungen ohne Berufung auf politische und religiöse Autoritäten oder den Bezug auf althergebrachte Gewohnheiten ableiten.

Eine ‚gottgegebene' Moral ist aus philosophischer Perspektive abzulehnen. Zentral gelten vielmehr Kriterien der Rationalität, der Begründung und der Verallgemeinerungsfähigkeit. Weil sich ethische Aussagen aber am guten und gerechten Handeln orientieren, sind sie weder im Alltag noch auf der normativ-ethischen Ebene der Moralphilosophie in gleicher Weise festlegbar wie die Urteile der logisch-mathematischen oder empirischen Wissenschaften. In diesem Verständnis gibt es in der Ethik keine „objektiven" Werte. Moralische Aussagen besitzen eine intersubjektive Gültigkeit für einen bestimmten Zeitraum innerhalb einer bestimmten Kultur, da sie Wertewandlungsprozessen unterworfen sind. Es kann demzufolge nicht die Moral geben, die zu entdecken wäre, vielmehr ist begründet zu entscheiden, welcher moralische Standpunkt eingenommen wird. Dabei können individuelle Bedürfnisse aufgrund gut begründeter Normen zum Nutzen der Allgemeinheit zurückgestellt werden.

Die angewandte Ethik oder Moralphilosophie wird als eine Disziplin verstanden, die sich bei moralischen Entscheidungsproblemen mit Normen, Werten und Grundorientierungen des Menschen auseinandersetzt. Sie fungiert als Theorie des richtigen Handelns, entwickelt Kriterien, vermittelt eine Handlungsorientierung in moralisch relevanten Entscheidungssituationen und dient letztlich der Handlungskoordination im Umgang mit anderen Menschen.

Die normative Ethik erfüllt die Funktion, Prinzipien des moralisch (sittlich) richtigen und guten Handelns (bzw. Unterlassens) zu ermitteln. Sie ist eine Theorie, die Normen aufstellt, die an Handlungen gebunden sind. Handlungsnormen beziehen sich auf Werte, die sich an gesellschaftlichen Wertvorstellungen orientieren und nicht die Aufgabe besitzen „absolute Wahrheiten" zu formulieren.

Grundsätzlich ist eine Übertragung ethischer Theoriekonzepte auf die konkrete Lebenspraxis vorgesehen. Die Tragfähigkeit abstrakter normativer Leitbilder oder Verfahren hat sich im Kontext der Anwendungsorientierung zu bewähren. Insofern bilden theoretische und praktische Fragen der Ethik nicht zwei disjunkte Klassen, sondern ein Kontinuum. Die Begründungsrelationen verlaufen weder von der Theorie zur Praxis noch von der Praxis zur Theorie, sondern sie richten sich nach dem Gewissheitsgefälle der moralischen Überzeugungen. Es gibt moralische Überzeugungen von hoher Allgemeinheit, die nicht aufgegeben werden sollten. Ebenso existieren konkrete Verhaltensweisen, die als unmoralisch charakterisiert werden. Es finden sich innerhalb der Ethik eine Reihe von Grundprinzipien – quasi ein einheitliches moralisches Framework – innerhalb dessen spezifisch individuelle Wahlentscheidungen erfolgen. Dazu gehören Prinzipien der Wechselseitigkeit, der Allgemeingültigkeit und der Gerechtigkeit (vgl. Horster 1987).

Die angewandte Ethik reflektiert ihren Ausgangspunkt bei konkreten Erfahrungen der Lebensgestaltung und des gesellschaftlichen Zusammenlebens. Sie erkennt die große Vielfalt unterschiedlicher und konkreter Erfahrungen der Lebensgestaltung und des gesellschaftlichen Zusammenlebens an und ist skeptisch gegenüber allgemeinen Prinzipien und der Tendenz, komplexe moralische Sachverhalte auf einige wenige idealtypische Charakteristika zu reduzieren. Sie nimmt die Vielfalt moralischer Empfindungen ernst und bleibt kritisch gegenüber allzu hochgesteckten theoretischen Zielen.

Normen fungieren als Verbindungsglied zwischen den obersten Kategorien des Wünschenswerten und den praktischen Problembereichen. Dabei stellt die Beziehung zwischen idealen Normen und Praxisnormen ein zentrales Spannungsfeld dar. Trotz seiner fundamentalen Relevanz für die Normenbegründung ist diese Thematik bislang aus philosophischer Perspektive nur unzureichend behandelt worden (vgl. Lenk 1997). Es wird die These vertreten, dass Ethik und Universalmoral im technischen Zeitalter einen stärkeren pragmatischen Gehalt zu liefern hätten, um einen relevanten Praxisbezug zu gewährleisten.

2 Überblick über (medien)ethische Ausarbeitungen

Beim Blick auf die Fülle ethischer und medienethischer Publikationen lässt sich zunächst der Band von Birnbacher (2003) hervorheben, in dem ein Überblick über Probleme der Moralphilosophie ebenso geliefert wird wie Antworten auf die Frage nach dem Wesen sowie den Funktionen und den Inhalten der Moral. Der Akzent liegt auf der Ebenendifferenzierung, auf der moralische und ethische Diskurse geführt werden. Ein aktueller Ethikband von Fenner (2008) widmet sich u.a. Aspekten von Handlungstheorien und -folgen, dem Kognitivismus und Nonkognitivismus sowie Werten, Prinzipien und Normen. Darüber hinaus werden zahlreiche Beispiele aus der ethischen Alltagspraxis systematisch analysiert.

Die Monographie *Medienethik* von Funiok (2007) skizziert Begründungen und Argumentationsweisen der Medienethik, Formen der Medienordnung und Medienpolitik sowie Aspekte der Publikums- und Nutzerethik. Zudem werden aktuelle Fragen der Unternehmensethik ebenso angesprochen wie Herausforderungen an eine Internetethik.

Die Texte in der von Debatin und Funiok herausgegebenen Publikation (2003) beschäftigen sich mit Grundlagen, Einzelansätzen und Anwendungen der Kommunikations- und Medienethik. Neben sprachphilosophischen und verantwortungsethischen Konzeptionen richtet sich der Blick auf theoretische Konzeptionen u.a. von Luhmann und Habermas. Praxisrelevant sind außerdem exemplarische Auseinandersetzungen mit Medienselbstkontrollinstanzen, politischen Talkshows sowie Formen und Ausprägungen provokativer Werbung.

Die Publikation von Karmasin (2002) gibt einen Überblick über mediale Wertfragen, widmet sich der Medienqualität zwischen Empirie und Ethik und erörtert die Organisation medienethischer Entscheidungsprozesse. Weiterhin werden medienpädagogische und theologische Ansätze zur Medienethik, u.a. durch die Fokussierung auf die Mediengewalt skizziert. Zudem wird die Rolle der Medienmacher kritisch reflektiert.

Der Band von Schicha und Brosda (2000) vermittelt philosophische Grundlagen, die sich auf Ethikkonzeptionen der Journalistik übertragen lassen. Dabei werden medienethische Bezüge zur Politikvermittlung, Ökonomie und Ästhetik ebenso hergestellt wie Reflexionen der freiwilligen Medienselbstkontrolle im internationalen Vergleich.

3 Richtlinien für ethische Debatten

Hegselmann (1997) hat im Kontext der kontroversen Moraldebatte um die provokativen Thesen des Tierethiker Singer (1993) eine Reihe von allgemeinen Grundsätzen formuliert, die als Leitbilder für ethische Debatten gelten sollten:

- Ein Moralphilosoph, der etwas taugt, predigt nicht Moral, sondern analysiert sie. Er ist ein Anatom der Moral, kein Moralist. Sollte er die Menschheit wirklich moralisch bessern wollen, dann nur in jenen Grenzen, in denen dies durch die Analyse moralischer Urteile und ein besseres Verständnis der moralischen Phänomene möglich ist.
- Ein Moralphilosoph, der etwas taugt, ist ein Spezialist dafür, moralische Überzeugungen explizit zu formulieren, deren häufig undurchschaute Voraussetzungen und unausgesprochenen Hintergrundannahmen zu identifizieren und zu systematisieren. Er hat eine Spürnase für Wert- und Zielkonflikte. Sein Blick für argumentatives Pfusch- und Blendwerk ist geschult. Kurz: Er ist ein Experte für Konsistenz, Kohärenz und Plausibilität moralischer Überzeugungen.
- Ein Moralphilosoph, der etwas taugt, ist darauf trainiert, moralische Dissense zu strukturieren, Kerne von Kontroversen zu identifizieren, und die von den Kontrahenten zu übernehmenden Beweislasten zu ermitteln. Er sucht gemeinsam geteilte moralische Beurteilungen, die es trotz starker Divergenz in den Urteilsgründen geben mag. Er entwirft moralische Kompromissvorschläge und legt Scheinkontroversen bei.
- Ein Moralphilosoph, der etwas taugt, weiß, dass es faktisch in moralischen Kontexten Frageverbote und Reflexionstabus gibt, aber er akzeptiert sie nicht. Dies macht ihn manchmal zu einem Provokateur. Er selbst sieht sich dabei als Vertreter einer pfiffigen Aufklärung, die dem Prinzip prinzipiell schrankenloser Reflexion treu bleibt, zugleich aber einige der Gesichtspunkte, die für Reflexionstabus vorgebracht werden könnten, in einer Weise zu berücksichtigen versucht, die gerade nicht auf das Akzeptieren solcher Tabus hinausläuft.

- Ein Moralphilosoph, der etwas taugt, würde sich nur im Sinne einer Resignationslösung auf eine situationsethische Position zurückziehen.
- Ein Moralphilosoph, der etwas taugt, wird immer dann ausgesprochen unangenehm werden, wenn in moralischen Debatten in die große Kiste mit den vielen schmutzigen Tricks gegriffen wird, zu denen z.B. Immunisierungsstrategien, moralische Diskreditierung Andersdenkender oder auch Zuständigkeitsanmaßungen gehören.
- Ein Moralphilosoph, der etwas taugt, geht nicht davon aus, dass die motivierende Kraft moralischer Überzeugungen allzu groß ist. In vielen Kontexten hält er die Frage „Was sollen wir tun?" für viel weniger bedeutsam als die: „Was werden wir selbst dann eher nicht tun, wenn wir meinten, wir sollten es tun?"
- Ein Moralphilosoph, der etwas taugt, wird angesichts der zahlreichen ungeklärten moralphilosophischen Grundlagenfragen die Klärung drängender moralischer Fragen von der Klärung der moralphilosophischen Grundlagenfragen bis zu einem gewissen Grade entkoppeln müssen.
- Ein Moralphilosoph, der etwas taugt, wird für die Klärung seiner Fragen auf die vielen formalen Hilfsmittel zurückgreifen, die heute bereitstehen – denn er will ja nicht einem Astronomen gleichen, der sich weigerte Fernrohre oder Radioteleskope zu nutzen.
- Ein Moralphilosoph, der etwas taugt, weiß, dass zur Klärung moralischer Fragen meist Sachverstand auch aus anderen wissenschaftlichen Disziplinen herangezogen werden muss. Eine zentrale Aufgabe der Moralphilosophie sieht er gerade darin, ein Forum für die notwendigerweise disziplinenübergreifende Reflexion moralischer Fragen zu sein. Er übernimmt dabei eine Initiatorenfunktion.

Bei der Moralbegründung gelten nach Hoerster (1980: 195f.) folgende Regeln:

- Der Urteilende muss sich bei der Bildung und Begründung seines Urteils in einem emotionslosen Zustand befinden.
- Das Urteil muss begrifflich klar formuliert werden.
- Der Urteilende sollte Kenntnis aller relevanten Umstände für die Bildung des Urteils erhalten, um daraufhin Handlungsalternativen entwickeln zu können.
- Sein Urteil muss in allen Fällen angewendet werden, die vergleichbare relevante Faktoren aufweisen.

Um im Rahmen normativer Debatten moralische Ansprüche begründen zu können, bieten sich nachfolgend unterschiedliche Alternativen an (vgl. Nida-Rümelin 1996: 43):

- die Begründung auf zugeschriebene individuelle Rechte (z.B. Menschen- und Verfassungsrechte),
- die Begründung auf eingegangene Verpflichtungen (z.B. Einhaltung von Verträgen und Versprechungen),
- die Begründung auf spezifische Pflichten (z.B. Garantenpflicht durch Elternschaft oder Berufsrolle),

- die Begründung auf der Basis von Prinzipien (z.B. Hilfeleistung bei Schwächeren).

Die normative Ethik erfüllt die Funktion, Prinzipien des moralisch (sittlich) Richtigen und Guten zu ermitteln. Sie ist eine Theorie, die Normen aufstellt, die an Handlungen gebunden sind. Handlungsnormen beziehen sich auf Werte, die sich an gesellschaftlichen Wertvorstellungen orientieren und nicht die Aufgabe besitzen „absolute Wahrheiten" aufzustellen.

Die Ethik bezieht sich aufgrund ihrer Praxisorientierung immer auf Handlungen bzw. Unterlassungen einer Person oder Personengruppe.

Frankena (1986[4]) betont den in der Regel auftretenden Sozialbezug der moralischen Regeln. Zum einen bildet die Moral ein System, das die Beziehungen der gesellschaftlichen Individuen untereinander regeln soll. Zum anderen ist sie ein gesamtgesellschaftliches Instrument, das Forderungen an den einzelnen oder die Gruppe heranträgt.

Daneben beschäftigt sich die deskriptive Ethik mit der Frage, welche moralischen Überzeugungen den Menschen zugrunde liegen, während sich die Metaethik mit den Methodenfragen der normativen Ethik und der Bedeutung moralischer Ausdrücke auseinandersetzt.

Normen gelten als Zielvorstellungen oder Richtschnur des Handelns. Für die ethischen Normen gilt dabei das Prinzip der Allgemeingültigkeit (Universalisierung), das unabhängig von speziellen Situationen, Religionen oder Zeiträumen eine allgemeine Gültigkeit besitzen sollte. Dabei wird nicht nur die universale Geltung, sondern auch ihre universale Anerkennung vorausgesetzt. Moralische Aussagen besitzen dann universale Geltung, wenn sie für alle Menschen gelten, die unter vergleichbaren Voraussetzungen und in vergleichbaren Situationen handeln.

Moralischen Normen wird eine „Sollensforderung" zugrunde gelegt. Sie beziehen sich daher immer auf zukünftige Handlungen oder Zustände. Moralische Werturteile hingegen können sich jedoch auch auf die Vergangenheit oder Gegenwart beziehen (vgl. Birnbacher 1988: 93).

Handlungsnormen beziehen sich in der Ethik stets auf Werte, die jedoch keine absoluten Wahrheiten aufstellen, sondern sich an den gesellschaftlichen Wertvorstellungen orientieren.

Daher ist die Existenz der Werte immer davon abhängig, ob sie erkannt und gefordert werden, sie sind nicht ‚a priori' gegeben. Welche Werte tatsächlich gesellschaftlich relevant sind, hängt von ihrer subjektiven Geltung der Personen oder Personengruppen ab.

Während Werte nur eine Orientierung für das menschliche Zusammenleben sein können, stehen Normen in einem direkten Handlungsbezug. Da Normen und Werte in unterschiedlichen gesellschaftlichen Kontexten nicht nur unterschiedliche Ausprägungen besitzen, sondern sich auch innerhalb einer gesellschaftlichen Gruppe aufgrund neuer Erkenntnisse wandeln können, müssen moralische Urteile durch neue Argumente revidiert werden können.

4 Theoretische Ausrichtungen

Die Maximenethik als Pflichtenethik folgt einem auf der Vernunft basierenden System des kategorischen Imperatives (vgl. Kant 1986) Unter der Maximenethik des Handelns versteht Kant die inneren Willensgrundsätze des Menschen, die ein normatives Leitbild für den Handelnden zum Ausdruck bringen. Für Kant stellte diese Maxime die notwendige und hinreichende Bedingung dafür dar, nach welchem Maßstab die Menschen zu leben haben. Entscheidend sind nicht die Folgen der Handlung wie beim Utilitarismus oder die Handlungen selber, ausschlaggebend sind vielmehr die Gründe des Handelns. Moralische Maximen werden von Kant nur dann anerkannt, wenn sie den Bedingungen der Reversibilität und Verallgemeinerbarkeit entsprechen. Die Bedingung der Reversibilität verlangt, dass der Handelnde die eigenen Maximen auch auf sich selbst anwendet, während durch die Bedingung der Verallgemeinerbarkeit gefordert wird, dass die eigenen Maximen auch von allen anderen befolgt werden müssen. Durch diese Maxime wird zum Ausdruck gebracht, dass Menschen nicht nur als Mittel eigener Interessen gesehen werden sollen, sondern als autonome Personen behandelt werden sollten, deren Freiheit zu achten ist. Welche Eigenschaften und Verhaltensweisen schließlich Maßstab für moralisches Handeln sind, obliegt allein der Beurteilung des moralischen Individuums, das durch ein „Gedankenexperiment" zu einer Entscheidung gelangt.

Der utilitaristische Ansatz basiert auf dem Prinzip des größten Glücks, der größten Zahl (vgl. Mill 1976). Das Ziel des Utilitarismus besteht darin, das Glück oder die Interessenbefriedigung des Kollektivs zu fördern. Er kann als die das Wirtschaftsleben dominierende Richtung betrachtet werden. Die Knappheit der Ressourcen ist ein Ansatzpunkt dieser Nutzenethik. Da die Ressourcen nicht für die Bedürfnisse und Wünsche aller Menschen ausreichen, müssen sie so eingesetzt werden, dass das kollektive Wohlergehen aller optimal befriedigt wird.

In der Moralphilosophie sind immer wieder idealtypische Modelle von Unparteilichkeit entwickelt worden, um ethische Positionen gegen partikuläre Ansätze und Einstellungen zu stützen und Unparteilichkeit zu gewährleisten. Die Gerechtigkeitsethik fühlt sich dem Postulat der unparteilichen Verteilung verpflichtet. Ihre vertragstheoretische Grundlage orientiert sich an eingegangenen Verpflichtungen, die implizit oder explizit vorgenommen werden können (vgl. Gert 1983; Rawls 1979). Der spezifische Ansatz von Rawls (1979) wählt dabei ein Begründungsverfahren moralischer Normen nach dem Kriterium der Übereinkunft. Seine Ausgangsfrage besteht darin, in welcher Gesellschaftsform vernünftige Menschen leben wollen. Die Theorie der Gerechtigkeit ist als Vertragstheorie mit Hilfe einer hypothetischen Konstruktion entwickelt worden, um eine allgemeine Zustimmungsfähigkeit zu fundamentalen normativen Gültigkeitskriterien zu erreichen.

Die diskursethische Akzentuierung richtet den Blick auf Begründungsverfahren, die keinen Zwang außer dem des besseren Arguments kennen (vgl. Habermas 1985 und 1991). Die ‚monologische' Konzeption von Kant reicht Habermas zu einer adäquaten Moralbegründung nicht aus. Sein Ansatz präferiert den Dialog auf einer diskursethischen Ebene. Im Unterschied zur reinen Pflichtenethik Kants sind für die Diskursethik auch die menschlichen Bedürfnisse ethisch relevant. Habermas versucht, die Grundbedingungen menschlicher Verständigungsprozesse zu erklären. Dabei geht es ihm darum, universale (d.h. elementare) Bedingungen einer möglichen Verständigung zu identifizieren und nachzukonstruieren.[1]

Als Grundlage des praktischen Diskurses dient die Idee einer Gemeinschaft vernünftig argumentierender Diskursteilnehmer, die sich bei konfligierenden Geltungsansprüchen um einen Konsens bemühen. Das Ziel des Diskurses besteht darin, ein diskursives Einverständnis zu erreichen. Im Gegensatz zur Theorie Rawls, nach der sich die Akteure in einem Schleier des Nichtwissens befinden, müssen in dieser Konstruktion von Habermas geradevollständig informierten Akteure in den Blickpunkt geraten, um die unterschiedlichen Ansprüche adäquat bewerten und einordnen zu können.

5 Bereichsethiken

Praktische Ethik hat immer auch einen Anwendungsbezug. Dabei gehören „konkrete anwendungsorientierte Probleme der moralischen Beurteilung" bereits zum konstitutiven „Bestandteil der ethischen Theoriebildung selbst" (Nida-Rümelin 1996: 60). Arbeitsteilig wird zwischen unterschiedlichen Bereichsethiken differenziert:

- Die medizinische Ethik beschäftigt sich mit Fragen von Heilung und Therapie. Hier geht es u.a. um Verteilungsfragen von knappen medizinischen Ressourcen und um Fragen des Lebensschutzes (vgl. Beauchamp/Childress 1989).
- Die ökologische Ethik widmet sich u.a. dem Erhalt der natürlichen Umwelt und richtet den Blick auf normative Nachhaltigkeitspostulate der Zukunftsvorsorge hinsichtlich der Generationengerechtigkeit und -solidarität (vgl. Birnbacher/Schicha 2001).
- Die Wirtschaftsethik orientiert sich an der gesellschaftlichen Verantwortung von Unternehmen in sozialmarktwirtschaftlichen und neoliberalen Gesellschaftsmodellen und schließt hierdurch auch Medienunternehmen mit ein (vgl. Schranz 2007).
- Die Medienethik beschäftigt sich mit der Produktion, Distribution und Rezeption medienvermittelter Angebote (vgl. Funiok 2007).
- Die journalistische Ethik als Teilbereich der Medienethik reflektiert schließlich Kriterien des moralisch angemessenen Tuns und Unterlassens in medienspezifischen Öffentlichkeitsberufen (vgl. Wild 1990).

Der Sammelband von Nida-Rümelin (1996) richtet seinen Blick auf weitere Bereichsethiken. Das Spektrum reicht von der Ökologischen Ethik über die Medizinethik bis

1 Siehe auch den Beitrag von Brosda zur Diskursethik in diesem Band.

hin zur Wirtschaftsethik. Darüber hinaus werden Aspekte der journalistischen Ethik sowie der Technikethik aufgegriffen. Zudem werden die Politische Ethik, die Rechtsethik und die Wissenschaftsethik angesprochen.

6 Medienethik zwischen Theorie und Praxis

Um insgesamt die Differenz zwischen hohen moralischen Ansprüchen und den menschlichen Unvollkommenheiten und Sachzwängen zu überbrücken, unterscheidet Birnbacher (1988) zwischen idealen Normen und Praxisnormen. Praxisnormen verhalten sich zu idealen Normen wie einfache Gesetze zu Verfassungsnormen. Während die Fundierung von Idealnormen als Arbeitsaufgabe der Philosophie zugeschrieben wird, werden Praxisnormen primär der Ebene des Rechts oder der Politik zugeordnet.

Die zentrale Aufgabe einer tragfähigen angewandten Moralkonzeption liegt darin, einen Kompromiss zu finden zwischen den idealen Ansprüchen und der legitimen Anpassung an die faktischen Gegebenheiten, ohne sich jedoch zu stark an opportunistischen Gepflogenheiten in der Praxis zu orientieren. Eine Aufgabe der angewandten Ethik besteht nunmehr darin, dass ideale Normen eine praktikable Angleichung an die faktischen Verhältnisse erfahren, um Kompromisse zu finden, bei denen ideale Leitbilder zwar nicht aufgegeben werden, jedoch soweit operationalisierbar gestaltet werden können, dass sie als Handlungsoptionen in der Praxis Entscheidungshilfen bei der ethischen Urteilsbildung bieten können.

Auch im Kontext der Medien- bzw. journalistischen Ethik ist ein Spannungsfeld zwischen Ideal- und Praxisnormen zu verzeichnen. Schließlich gilt:

> „Systematische Imperative wie Rentabilität, Markt- und Zielgruppenorientierung, Konkurrenz-, Zeit- und Erfolgsdruck, aber auch strukturelle Zwänge der Organisation, wie Organisationsroutinen, Redaktionsmanagement, Arbeitsverteilung und ‚redaktionelle Linie' können einem an medienethischen Werten und Normen ausgerichteten Handeln entgegenstehen." (Debatin 1997: 284)

Folglich spielen also u.a. die Imperative der Ökonomie im Medienwettbewerb eine zentrale Rolle und können ggf. konträr zu den medienethischen Idealnormen stehen. Das Spannungsfeld zwischen ökonomischen Zwängen und der Qualitätssicherung im Journalismus wirkt sich schließlich auf die Qualität der Informationsleistung und die Unabhängigkeit und Glaubwürdigkeit als Voraussetzung der wirtschaftlichen Existenz auf dem Medienmarkt aus.

Ideale Normen sind zunächst das Resultat abstrakter normativ-ethischer Überlegungen, die jedoch auf dieser idealen Ebene keine praktische Hilfe bei konkreten Handlungsentscheidungen liefern können. Sie sind zu allgemein, zu unbestimmt und zu rigide, um faktisch als Regeln für die konkrete Lebenspraxis dienen zu können. Eine Aufgabe der wirksamen angewandten Ethik für die Praxis besteht nunmehr darin, dass ideale Normen im Verständnis von ‚Durchführungsregeln' eine praktikable Angleichung an die faktischen Verhältnisse erfahren, um eine Vermittlungsfunktion zwischen der abstrakten idealen Ethik einerseits und den anthropologischen und psychologischen Realitäten andererseits zu bewerkstelligen (vgl. Sachsse 1972). Oft sind anspruchsvolle ethische Prinzipien zu rigoros, um eine Durchsetzungschance in der Praxis zu haben. Darüber hinaus weichen sie oftmals zu gravierend von den gängigen Gegebenheiten und Konventionen der Lebenspraxis ab, um die Akteure zur Beachtung entsprechender Prinzipien zu motivieren. Insofern sind die Durchsetzungsbedingungen idealer Normen ein wesentlicher Maßstab für die Wirksamkeit entsprechender Leitlinien. Das Spannungsfeld skizziert einerseits die Problematik einer u.U. rigiden Zumutbarkeit, aus der sich Überforderungstendenzen ergeben können, und einer Anpassung andererseits, die eine zu enge Bindung an die gängige Praxis nach sich ziehen würde und keinen Spielraum für Veränderungen zulässt.

Die Debatte zwischen Ideal- und Praxisnormen wird auch im Rahmen einer anderen Terminologie geführt. Hierbei wird auf das Verhältnis zwischen Ethik und Pragmatik verwiesen. Durch eine Transformation der Ethik in eine ‚Pragmatik' ergibt sich die Aufgabe, oberste ethische Prinzipien in lehr- und lernbare Regeln für bestimmte kulturelle und historische Kontexte zu konkretisieren. Die Ethik gibt die Richtung oder das Sollen an, während die Pragmatik den Spielraum oder das Können in der Praxis auslotet. Das Verhältnis zwischen Ethik und Pragmatik lässt sich als diejenige Aufgabe formulieren, bei der sich Können und Sollen in der Praxis miteinander vereinbaren lassen.

Während die Ethik ein höchstes Sollen definiert, versucht die Pragmatik die angemessene Konkretion des moralischen Prinzips oder der obersten praktischen Regel sicherzustellen. Einer so bestimmten Pragmatik geht es darum, die Relevanz und die Anwendungsfähigkeit des Prinzips auf die Praxis – soweit möglich – zu garantieren. Die Ethik sucht ein kultur- und situationsinvariant gültiges Kriterium oder Ziel. Die Pragmatik versucht den Abstand von einem reinen Sollen zu einem historisch bedingten Sollen zu überbrücken.

Sie übt im Wechselspiel zwischen Ethik und historisch konkreter sittlicher Praxis eine Vermittlungsfunktion aus. Im Sinne einer wechselseitigen Rückbeziehung ist die Ethik auf eine Operationalisierung in eine Pragmatik und die Pragmatik auf die Prinzipien einer Ethik angewiesen (vgl. Höffe 1975).

6.1 Idealebene

Auf der Idealebene werden innerhalb der Ethik universale Regeln aufgestellt, die eine grundlegende Orientierung bei moralisch relevanten Entscheidungen liefern sollen. So formuliert Gert (1983) zehn universalmoralische Handlungsregeln, die u.a. allgemeine Standards der Nichtschädigung und der Gesetzestreue formulieren. Problematisch und auch moralisch fragwürdig wird die strenge Einhaltung solcher Regeln im Fall von Notwehr- und Nothilfesituationen oder unter politisch nicht legitimierten Bedingungen, die eine Befolgung illegitimer Gesetze von vornherein verbieten würden.

Beauchamp und Childress (1989) benennen vier allgemeine Prinzipien der ‚Autonomy', ‚Nonmaleficence', ‚Beneficence' und ‚Justice', die besonders im medizinethischen Kontext diskutiert werden. Es wird jedoch offen gelassen, welches Gewicht sich aus den Prinzipien bzw. aus den daraus ableitbaren Pflichten in Konfliktfällen ergibt.

In vertragstheoretischen Konzeptionen werden idealtypische Bedingungen zugrunde gelegt, um egoistische Motive, menschliche Schwächen sowie Macht- und Herrschaftsverhältnisse auszuklammern. Innerhalb der Theorie der Gerechtigkeit von Rawls (1979) wird ein „entindividualisierter Blick" in den sozialen Raum vorgenommen. Der „Schleier des Nichtwissens" ermöglicht diese Fokussierung, indem er die Stellung der Einzelnen, die jeweilige Klassenzugehörigkeit, den ökonomischen Status, natürliche und intellektuelle Eigenschaften, psychische Dispositionen und schließlich sogar konkrete Vorstellungen von einer guten Lebensführung verdeckt. Was als mögliche Quelle von Ungleichheiten und egoistischen Präferenzen entstehen kann, wird nicht als Bestimmungsstück der gerechtigkeitstheoretischen Prinzipienwahl zugelassen. Aufgrund dieser Konzeption, so der Anspruch von Rawls, würden die beteiligten Akteure zu gerechten Ergebnissen einer Verteilungsgerechtigkeit etwa im intra- und intertemporalen Kontext gelangen.

Habermas (1985) differenziert innerhalb seiner diskursethischen Konzeption zwischen idealen und realen Diskursen. Auf der idealen Ebene werden reale Sachzwänge „kontrafaktisch" ausgeschaltet, zu denen im realen Diskurs die Knappheit der Zeit, die Herrschafts- oder Gewaltverhältnisse und das Informationsgefälle zu rechnen sind, die Geschäftsordnungen erforderlich machen, um durch Übereinkunft eine Annäherung an die Bedingungen des idealen Diskurses zu gewährleisten. Ebenso wie bei der Konzeption von Rawls bleibt die Diskursethik formal. Die Inhalte werden erst durch die Akteure in realen oder advokatorisch durchgeführten Diskursen vorgenommen. Dabei werden im Diskurs keine Normen erzeugt, sondern in Frage gezogene Ansprüche überprüft. Auf der idealen Ebene werden Symmetrie- und Reziprozitätsbedingungen sowie die Gewährung egalitärer und zwangsfreier Teilnahmechancen erwartet. Es sollen Bedingungen geschaffen werden, die es ermöglichen, dass die beteiligten Akteure begründete Positionen und Interessen in den Diskurs einbringen können. Unabhängig vom Diskurs, so Habermas, sind keine inhaltlichen Bestimmungen des guten und gerechten Lebens rational möglich. Es stellt sich die Frage, ob in diesem Kontext der Gültigkeitsanspruch der Konzeption von Habermas, im Gegensatz zu dem Modell von Rawls durch die Verfolgung von Interessen verfälscht wird.

Die idealen Voraussetzungen dieser abstrakten Modelle gelten zunächst als Resultat normativ-ethischer Überlegungen, die jedoch keine praktische Hilfe bei konkreten Handlungsentscheidungen liefern können. Es kommt entscheidend darauf an, Kompromisse zu finden, bei denen ideale Leitbilder zwar nicht aufgegeben werden, jedoch soweit operationalisierbar gestaltet werden können, dass sie als Handlungsoptionen in der Praxis Entscheidungshilfen bei der ethischen Urteilsbildung bieten können.

Es ist problematisch, wenn bei einer Normendiskussion lediglich Begründungsverfahren behandelt werden und das Problem der Durchsetzung von Entscheidungen außer acht gelassen wird. Die Anwendung solcher Durchsetzungsverfahren hat auf der Basis eines Normenbegründungsverfahrens für die Praxis zu erfolgen.

6.2 Praxisebene

Normen geben allgemeine ethische Regeln für das moralisch angemessene Tun und Unterlassen vor. Sie unterliegen historischen Veränderungen. Welche Werthierarchie ein Individuum in einer gegebenen Zeit und in einer spezifischen Situation gerade sein eigen nennt, manifestiert sich erst in der jeweiligen Entscheidungs- und Beurteilungssituation (vgl. Zimmerli 1979). Aufgrund widersprüchlicher persönlicher Wertvorstellungen und Interessen kann davon ausgegangen werden, dass verschiedene Ergebnisse bei der Beurteilung konkreter Normen zustande kommen (vgl. König 1978). Insofern sind moralische Beurteilungs- und Begründungsverfahren auf der Praxisebene in einen historischen und sozio-ökonomischen Rahmen einzubinden.

Es stellt sich die Frage, welche ‚Abstriche' auf der Praxisebene vorzunehmen sind, um zu einer praktikablen praxisadäquaten Konzeption zu gelangen. Neben der allgemein gesellschaftlichen Ebene mit spezifischen rechtlichen, ökonomischen und politischen normativen Vorgaben und den daraus resultierenden eingeschränkten Spielräumen sind auf der individuellen Ebene die kognitiven und motivationalen Beschränkungen aufzuzeigen, denen Individuen ausgesetzt sind. Zunächst verfügen die Akteure über unterschiedliche Bildungsvoraussetzungen, Ansprüche und Interessen. Daneben sind eine Reihe weiterer menschlicher Eigenschaften zu berücksichtigen, die eine Einschränkung idealtypischer moralischer Vorgaben zur Folge haben. Es ist Koller (1996) zufolge zwischen externen und internen Beschränkungen zu differenzieren. Dies hängt davon ab, ob die äußeren Bedingungen des Handelns eingeschränkt werden oder ob persönliche Eigenschaften der handelnden Personen, z.B. in Form von begrenzten physischen Kapazitäten, für Einschränkungen sorgen. Externe natürliche Beschränkungen sind aufgrund der Wirksamkeit der Naturgesetze vorhanden, während sich externe soziale Beschränkungen aus der äußeren sozialen Umgebung und den entsprechenden Rahmenbedingungen der Akteure ergeben, die Macht- und Herrschaftsverhältnisse konstituieren.

Einen zentralen Stellenwert für menschliche Unzulänglichkeiten nimmt das Problem der Willensschwäche ein, das Hare zufolge zu beobachten ist, sofern jemand zwar aufrichtig einem Moralurteil zustimmt, jedoch in seinem Handeln diesem Moralurteil nicht folgt (vgl. Hare 1992; Spitzley 1995). Dieses Phänomen stellt die Diskrepanz zwischen ausgedrückten Präferenzen und damit divergierendem faktischem Verhalten dar. Dies zeigt sich z.B., wenn erklärte Umweltschützer in ihrem Verhalten den eigenen Ansprüchen selbst nicht gerecht werden (vgl. Birnbacher/Schicha 2001).

Das Spannungsfeld zwischen Ideal- und Praxisnormen wird dann relevant, wenn eine konkrete Problemstellung zu verzeichnen ist, bei der abstrakte Prinzipien moralischer Intuitionen nicht weiterhelfen. Auch im Kontext der Medien- bzw. journalistischen Ethik ist ein Spannungsfeld zwischen Ideal- und Praxisnormen auf der Begründungsebene zu verzeichnen. Die Spannbreite der Theorieentwürfe reicht auf der Idealebene von individualethischen Konzeptionen, in denen die individuelle Verantwortung des Journalisten für seine Publikationen postuliert wird. Professionsethische Maßstäbe, wie sie in Kodizes vom Deutschen Presserat formuliert werden, fordern idealtypische Richtlinien und Standards im Umgang mit der journalistischen Berichterstattung. Die Übernahme diskursethischer Grundlagen soll u.a. für eine stärkere Partizipation der Bevölkerung und Transparenz der Berichterstattung sorgen.

Eine enger an die Praxis angelegte Konzeption einer systemspezifischen Institutionenethik rückt die Voraussetzungen der Macht- und Herrschaftsstrukturen, unter denen Journalisten in der Praxis agieren, stärker in den Blickpunkt. Unter Zugrundelegung der entsprechenden sozio-ökonomischen Rahmenbedingungen kann eine Medienethik einen zentralen Beitrag als „Steuerungsinstrument" in der Praxis bei moralisch-fragwürdigen Medienentwicklungen leisten (vgl. Debatin 1997). Dennoch ist als Orientierungsrahmen die Aufrechterhaltung weitreichender normativer Anforderungen auf einer allgemeinen Idealebene unerlässlich, um eine zu starke Akzeptanz bereits erfolgter Entwicklungen zu vermeiden, die aus ethischer Perspektive zu korrigieren sind.

7 Zur Abstufung der Ebenen

Moralische Kontroversen zeichnen sich häufig dadurch aus, dass die an ihnen beteiligten Akteure auf unterschiedlichen Ebenen argumentieren. Aus diesem Grund sind eine Reihe dieser Debatten von vornherein zum Scheitern verurteilt. Während z.B. die einen abstrakte Prinzipien als Diskussionsgrundlage voraussetzen, plädieren andere für eine Orientierung an der gängigen Praxis, aus der sie normative Handlungsspielräume ableiten wollen.

7.1 Argumentationsebenen ethischer Debatten

Im Hinblick auf eine adäquate Behandlung normativ strittiger Fragen scheint es zunächst unverzichtbar zu sein, eine Klärung über die jeweiligen Ebenen vorzunehmen, die als Basis der Argumentation fungieren. Diese im Folgenden skizzierten Ebenen sind nicht kategorisch getrennt und können sich inhaltlich überschneiden.

- Auf der bereits diskutierten Idealebene können normativ strittige Fragen aus einer ‚Erzengelperspektive' ohne Rücksicht auf strukturelle Einschränkungen, menschliche Schwächen, sowie Macht- und Herrschaftsverhältnisse diskutiert werden.

Auf dieser Ebene werden abstrakte Moralprinzipien debattiert, die zunächst keine menschlichen Schwächen und Einschränkungen innerhalb der gängigen Praxis berücksichtigen (vgl. Hare 1992).

- Ebene mit sozio-kulturellen und politischen Rahmenbedingungen
  Auf dieser Ebene spielen bereits die faktischen Verhältnisse, unter denen die Individuen agieren, eine zentrale Rolle. Diese Einschränkung bedingt auch die Spielräume, die ggf. offen stehen.
- Ebene der Interessen
  Diese Ebene bezieht sich auf die unterschiedlichen Präferenzen der Akteure, die in einem moralischen Entscheidungsfindungsprozess eingebracht werden können.
- Ebene der ‚menschlichen Unvollkommenheiten'
  Auf dieser Ebene werden die Schwächen menschlicher Akteure einbezogen. Zentrale Faktoren liegen im Bereich der Zeitpräferenz, Willensschwäche, der Myopie (Ungeduld) und egoistischer Motive.

Unter Zugrundelegung eines solchen Vier-Ebenen-Instrumentariums kann eine Präzisierung bislang vorliegender moralischer Debatten vorgenommen werden. Mit Hilfe eines derartigen Stufenmodells kann eine Zuordnung erfolgen, auf welcher Ebene jeweils diskutiert und argumentiert wird, welche Voraussetzungen in die Diskussion einfließen und wie gewichtig der Praxisbezug im Rahmen der Debatte auftritt. Handelt es sich um eine Kontroverse, bei denen abstrakte ethische Maximen losgelöst von ihrer Praxisrelevanz in die Debatte geworfen werden, oder werden die sozioökonomischen Rahmenbedingungen mit vermeintlichen oder tatsächlichen Sachzwängen adäquat berücksichtigt? In einem weiteren Schritt ist anhand einer konkreten Bereichsethik herauszuarbeiten, auf welchen Ebenen innerhalb des jeweiligen Themenspektrums diskutiert wird und welche Komponenten im Hinblick auf ihre Praxisrelevanz aufzunehmen sind.

7.2 Bezugsebenen ethischer Verantwortung

In der kommunikationswissenschaftlichen und philosophischen Debatte um die Medienethik sind zunächst zwei Ansätze und theoretische Zugangsweisen zu beobachten. Der individualethische Diskurs versucht, allgemeingültige Maßstäbe etwa der Wahrheit und der Freiheit am konkreten Handeln oder Unterlassen festzumachen. Systemtheoretische Modellvorstellungen hingegen fokussieren den Blick nicht auf das Individuum, sondern geben ihre Ausgangsbasis bei den Medien als Teil der gesellschaftlichen Systematik an. Darüber hinaus wird weitergehend eine Standesethik der Profession ebenso diskutiert wie die Publikumsethik, die beim Empfänger und nicht beim Betreiber von Medienprogrammen ansetzt. Insgesamt kann zwischen folgenden vier Ansätzen differenziert werden:

Individualethische Maximen sind als moralische Verhaltensregeln für den einzelnen Journalisten formuliert. Dort werden allgemeine moralische Gewissensnormen des Individuums vorausgesetzt, „die als motivationale Handlungsorientierung und interne Steuerung des Individuums fungieren“ und „konkrete journalistische Praktiken und Verhaltensweisen“ (Debatin 1997: 283) initiieren. Als Vertreter dieses normativ-ontologischen Ansatzes hebt Boventer (1988) die Verantwortung jedes einzelnen Journalisten für seine Berichterstattung hervor. Journalisten und Journalistinnen besitzen schließlich eine umfassende Rollenverantwortung, die in ihrer Berichterstattung zum Ausdruck kommen muss (vgl. auch Wild 1990).

Professionsethische Maßstäbe sollen dafür sorgen, dass das berufliche Verhalten im Kontext der Medienberichterstattung ‚berechenbar‘ ist. Es wird daher in ‚Standesethiken‘ von Seiten der Berufsverbände kodifiziert (vgl. Teichert 1996). Es geht insgesamt darum, berufliches Verhalten vergleichbar zu machen und moralisch angemessen zu gestalten. Insgesamt können professionsethische Maßstäbe in Standesethiken wie vom Deutschen Presserat (2008) im Verständnis einer Selbstkontrolle kodifiziert werden (vgl. weiterführend Baum u.a. 2005).

Die System-/Institutionenethik hebt die Verantwortung der Medienunternehmen hervor, um der journalistischen Tätigkeit angemessene Rahmenbedingungen einer sozialverantwortlichen Arbeit zu ermöglichen. Rühl und Saxer (1981) plädieren für eine makroperspektivische Sichtweise journalistischen Handelns unter Berücksichtigung der politischen, ökonomischen und juristischen Gegebenheiten. Bei diesem empirisch-analytischen Ansatz ruht die Verantwortung dann auch auf den Schultern der Gesetzgeber, Medieneigner und Medienmitarbeiter. Die Ethik kommt hierbei in sozialen Entscheidungsstrukturen zum Tragen, die in Personal- und Sozialsysteme eingebettet sind.

Bei der Publikumsethik rückt die Verantwortung der Rezipienten in den Blickpunkt. Der mündige Zuschauer soll durch die Verweigerung der Rezeption moralisch fragwürdiger Programminhalte dazu beitragen, das Qualitätsniveau der Programminhalte auf dem Mediensektor anzuheben. Im Rahmen einer Publikumsethik soll eine Zurückweisung minderwertiger oder moralisch fragwürdiger Produkte, etwa durch Programmverzicht oder Boykottaufruf dazu beitragen, sich diesem Ziel anzunähern (vgl. Funiok 1996).

7.3 Medienethische Inhaltsbereiche

In einem vielschichtig ausdifferenzierten Mediensystem lässt sich zwischen sechs medienethischen Inhaltsbereichen differenzieren, bei denen die Bedingungen für ethisches Handeln mit unterschiedlichen Reichweiten angesiedelt sind:

Auf der metaethischen Ebene werden die grundlegenden Prinzipien (z.B. Freiheit, Verantwortung) diskutiert, die eine fundamentale Bedeutung für die unabhängige und ethisch angemessene Medienberichterstattung besitzen. So wird etwa darüber diskutiert, ob Gäste in den Daily-Talks intime Details ihres Privatlebens vor der Fernsehöffentlichkeit schildern sollten oder nicht.

Auf der medienpolitischen Ebene wird der Rahmen festgelegt, in dem sich Mediensysteme und Medienunternehmen organisieren (vgl. Krainer 2001). An diesem Punkt wird z.B. geregelt, ob die Informationsfreiheit das Zeugnisverweigerungsrecht einschließt oder nicht. Hier geht es u.a. konkret um das Verbot der Telefonüberwachung von Journalisten.

Auf der Organisationsebene steht das Tun und Unterlassen der einzelnen Medienunternehmen im Rahmen der Pressefreiheit im Zentrum des Interesses. Hierbei lassen sich Unterschiede aufzeigen, ob die Unternehmen dem Modell der Integration verpflichtet sind (z.B. öffentlich-rechtliche Rundfunkanbieter) oder primär dem kommerziellen Marktmodell wie etwa Boulevardzeitungen folgen. Dabei kommt das Modell der Organisationsethik zum Tragen. Es wird u.a. darüber diskutiert, inwiefern privatkommerzielle Anbieter neben reinen Unterhaltungsformaten auch Informationsprogramme anbieten sollten.

Auf der berufsbezogenen Ebene werden die allgemeinen normativen Ansprüche an journalistisches Handeln und ihre Umsetzung formuliert. An diesem Punkt wird das Modell der Institutionsethik tangiert. Hierbei ist u.a. die medienethische Kompetenz zentral, die im Rahmen der Berufsausbildung vermittelt werden soll.

Auf einer personalen Ebene schließlich stehen die Handlungsspielräume und Gestaltungsoptionen des einzelnen Journalisten und Rezipienten im Mittelpunkt. Hierbei spielen sowohl die individuelle Verantwortungsethik als auch die Publikumsethik eine Rolle. Dabei können Abwehrmechanismen von Medienbetreibern zum Ausdruck kommen, sofern sie sich ggf. weigern, als Paparazzi in die Privatsphäre von Prominenten einzudringen. Das Publikum kann u.U. die Rezeption von moralisch-fragwürdigen Medieninhalten verweigern und dadurch die Werbeeinnahmen der entsprechenden Anbieter schmälern.

Diese Ebenendifferenzierung ist von zentraler Bedeutung, um bei der Beschreibung von Konfliktfeldern in der konkreten Medienpraxis Möglichkeiten der Adressierung für Verantwortungszuschreibungen und Handlungsorientierungen zu bieten. In der Praxis kommt es schließlich nicht primär darauf an, medienethische Werte zu setzen, sondern Entscheidungsprozesse hinsichtlich konkreter Handlungsalternativen zu organisieren, bei denen auch die kollektive Reflexion ethischer Fragestellungen zum Tragen kommt.

8 Fazit

Es stellt sich die Frage, ob sich die skizzierten anspruchsvollen, moralischen Maximen und praktischen Verhaltensregeln in der aktuellen Medienlandschaft überhaupt noch realisieren lassen. Vielmehr ist zu prognostizieren, dass der Einfluss der Kommerzialisierung und die Sachzwänge bei der Selektion von journalistischen Beiträgen dazu beitragen, dass die Berichterstattung diesen hohen Ansprüchen nicht mehr gerecht wird. Der Zeitdruck, unter denen Journalisten in der Regel agieren, trägt weiterhin nicht dazu bei, eine ‚saubere' journalistische Hintergrundrecherche zu ermöglichen, die den anspruchsvollen normativen Vorgaben an die glaubwürdige Medienberichterstattung auch innerhalb der Praxis entspricht. Insofern ist es wenig überraschend, dass immer wieder Fälle aufgezeigt werden, in denen die journalistische Glaubwürdigkeit ihr Ansehen verliert.

Es hat sich gezeigt, dass die Diskrepanz zwischen Idealnormen und der Praxis journalistischer Berichterstattung eklatant ist, wobei Einzelfälle nicht den Eindruck erwecken sollten, dass die Mehrzahl der Berichte in den Medien manipulativen Tendenzen folgt. Dennoch klafft zwischen den hohen normativen moralischen Ansprüchen an die massenmediale Darstellung und den faktischen Ausprägungen derselben eine erhebliche Lücke. Es existieren spezifische Strukturen und Sachzwänge, die verhindern, dass die skizzierten Vorgaben für eine angemessene und informative Berichterstattung eingelöst werden können. Die normativen Ansprüche an eine Medienethik auf der Idealebene, die durch allgemeine Kodizes und Postulate sowie demokratiezentrierte Leitbilder die Verantwortung der Journalisten und des Mediensystems beinhalten, stehen in einem Spannungsverhältnis zu den faktischen Gegebenheiten der journalistischen Praxis, die durch Konkurrenzdruck, kommerzielle Interessen und Zeitdruck geprägt sind.

Der Zwang zur Aktualität schränkt strukturell die Möglichkeit zur umfassenden Recherche, zur Überprüfung und zur Hintergrundinformation ein. Dass ideale Normen in ihrem radikalen Anspruch in der Praxis nicht umgesetzt werden können, ist unstrittig. Dennoch sollte versucht werden, eine Annäherung an ideale Leitbilder nicht aus den Augen zu verlieren, um medienethische Standards im Rahmen der journalistischen Berichterstattung zu gewährleisten.

Literatur

Arens, Edmund (1996): Die Bedeutung der Diskursethik für die Kommunikations- und Medienethik. In: Funiok, Rüdiger (Hrsg.): Grundfragen der Kommunikationsethik. Konstanz, S. 73-96.

Baum, Achim / Langenbucher, Wolfgang / Pöttker, Horst / Schicha, Christian (Hrsg.) (2005): Handbuch Medienselbstkontrolle. Wiesbaden.

Bayertz, Kurt (Hrsg.) (1996): Politik und Ethik. Stuttgart.

Beauchamp, Tom L. / Childress, James F. (1989): Principles of Biomedical Ethics. Oxford.

Birnbacher, Dieter (1988): Verantwortung für zukünftige Generationen. Stuttgart.

Birnbacher, Dieter (1995): Tun und Unterlassen. Stuttgart.

Birnbacher, Dieter (2000): Medienethik – ideale Forderungen oder praktische Verhaltensregeln? In: Schicha, Christian / Brosda, Carsten (Hrsg.): Medienethik zwischen Theorie und Praxis. Normen für die Kommunikationsgesellschaft. Münster, S. 33-42.

Birnbacher, Dieter (2003): Analytische Einführung in die Ethik. Berlin u.a.

Birnbacher, Dieter / Schicha, Christian (2001): Vorsorge statt Nachhaltigkeit – ethische Grundlagen der Zukunftsverantwortung. In: Birnbacher, Dieter / Brudermüller, Gerd (Hrsg.): Zukunftsverantwortung und Generationensolidarität. Würzburg, S. 17-34.

Birnbacher, Dieter / Horster, Norbert (Hrsg.) (1984): Texte zur Ethik, München. 4. Auflage.

Boventer, Hermann (Hrsg.) (1988): Medien und Moral. Ungeschriebene Regeln des Journalismus. Konstanz.

Brosda, Carsten / Schicha, Christian (2000): Medienethik im Spannungsfeld zwischen Ideal- und Praxisnormen – Eine Einführung. In: Schicha, Christian / Brosda, Carsten (Hrsg.): Medienethik zwischen Theorie und Praxis. Normen für die Kommunikationsgesellschaft. Münster, S. 7-32.

Debatin, Bernhard (1997): Ethische Grenzen oder Grenzen der Ethik: Überlegungen zur Steuerungs- und Reflexionsfunktion der Medienethik. In: Bentele, Günter / Haller, Michael (Hrsg.): Aktuelle Entstehung von Öffentlichkeit. Akteure – Strukturen – Veränderungen. München, S. 281-290.

Debatin, Bernhard (2002): „Digital Divide" und „Digital Content": Grundlagen der Internetethik. In: Karmasin, Matthias (Hrsg.): Medien und Ethik. Stuttgart, S. 220-237.

Debatin, Bernhard (2007): Der Karikaturenstreit und die Pressefreiheit. Berlin.

Debatin, Bernhard / Funiok, Rüdiger (2003): Kommunikations- und Medienethik. Konstanz.

Deutscher Presserat (2008): Jahrbuch 2008. Schwerpunkt: Online-Journalismus. Konstanz.

Drägert, Christian / Schneider, Nikolaus (Hrsg.) (2001): Medienethik. Freiheit und Verantwortung. Stuttgart.

Fehige, Christoph / Meggle, Georg (Hrsg.) (1995): Zum moralischen Denken, 2 Bde. Frankfurt am Main.

Fenner, Dagmar (2008): Ethik. Tübingen.

Frankena, William K. (1986): Analytische Ethik – Eine Einführung. München (Vierte Auflage).

Funiok, Rüdiger (1996): Grundfragen einer Publikumsethik. In: Funiok, Rüdiger (Hrsg.): Grundfragen der Kommunikationsethik. Konstanz, S. 107-122.

Funiok, Rüdiger (2002): Medienethik: Trotz Stolpersteinen ist der Wertediskurs über Medien unverzichtbar. In: Karmasin, Matthias (Hrsg.): Medien und Ethik. Stuttgart, S. 37-58.

Funiok, Rüdiger (Hrsg.) (1996): Grundfragen der Kommunikationsethik. Konstanz.

Funiok, Rüdiger (2007): Medienethik. Verantwortung in der Mediengesellschaft. Stuttgart.

Gert, Bernhard (1983): Die moralischen Regeln. Eine neue rationale Begründung der Moral. Frankfurt am Main.

Habermas, Jürgen (1985): Theorie des kommunikativen Handelns, 2 Bde. Frankfurt am Main 3. Auflage.

Habermas, Jürgen (1991): Moralbewußtsein und kommunikatives Handeln. Frankfurt am Main. 4. Auflage.

Hare, Richard Marvin (1992): Moralisches Denken. Frankfurt am Main.

Hegselmann, Rainer (1997): Was ist und was soll Moralphilosophie? In: Anstötz, Christoph / Hegselmann, Rainer / Kliemt, Hartmut: Peter Singer in Deutschland. Zur Gefährdung der Diskussionsfreiheit in der Wissenschaft, Frankfurt am Main, S. 17-41 und unter: *http://www.uni-due.de/imperia/md/content/philosophie/kliemt_mat111_001.pdf*

Höffe, Otfried (1975): Strategien der Humanität. Freiburg u.a.

Hoerster, Norbert (1980): Wissenschaftliche Begründung der Ethik. In: Speck, Josef (Hrsg.): Handbuch wissenschaftstheoretischer Begriffe. Band 1. Göttingen, S. 195-196.

Horster, Detlev (1987): Recht und Moral: Analogien, Komplementaritäten und Differenzen. In: Zeitschrift für philosophische Forschung. H. 3/1997, S. 367-389.

Kant, Immanuel (1986): Grundlegung zur Metaphysik der Sitten. Stuttgart. (1785 erschienen)

Karmasin, Matthias (Hrsg.) (2002): Medien und Ethik. Stuttgart.

Koller, Peter (1996): Freiheit als Problem der politischen Philosophie. In: Bayertz, Kurt (Hrsg.): Politik und Ethik. Stuttgart, S. 111-138.

König, Eckard (1978): Normenbegründung und ihre Anwendbarkeit. In: Oelmüller, Willy (Hrsg.): Normenbegründung – Normendurchsetzung. Paderborn 1978, S. 154-158.

Krainer, Larissa (2001): Medien und Ethik. Zur Organisation medienethischer Entscheidungsprozesse, München.

Lenk, Hans (1997): Einführung in die angewandte Ethik, Verantwortlichkeit und Gewissen. Stuttgart u.a.

Lesch, Walter (1996): Diskursethik als Basistheorie der Medienkommunikation. In: Funiok, Rüdiger (Hrsg.): Grundfragen der Kommunikationsethik. Konstanz, S. 97-106.

Leschke, Rainer (2001): Einführung in die Medienethik. München.

Loretan, Matthias (1999): Grundriss einer Medienethik als Theorie des kommunikativen Handelns. In: Holderegger, Adrian (Hrsg.): Kommunikations- und Medienethik. Interdisziplinäre Perspektiven. Freiburg (Schweiz), S. 153-183.

Mackie, John Leslie (1981): Ethik. Auf der Suche nach dem Richtigen und Falschen. Stuttgart.

Mill, John Stuart (1976): Der Utilitarismus. Stuttgart.

Nida-Rümelin, Julian (Hrsg.) (1996): Angewandte Ethik. Die Bereichsethiken und ihre theoretische Fundierung. Stuttgart.

Nida-Rümelin, Julian: Theoretische und angewandte Ethik: Paradigmen, Begründungen, Bereiche. In: Nida-Rümelin, Julian (Hrsg.) (1996): Angewandte Ethik. Die Bereichsethiken und ihre theoretische Fundierung. Stuttgart, S. 2-85.

Rawls, John (1979): Eine Theorie der Gerechtigkeit. Frankfurt am Main.

Riedel, Manfred (1979): Norm und Werturteil, Grundprobleme der Ethik. Stuttgart.

Rühl, Manfred / Saxer, Ulrich (1981): 25 Jahre Deutscher Presserat. Ein Anlaß für Überlegungen zu einer kommunikationswissenschaftlichen Ethik des Journalismus und der Massenkommunikation. In: Publizistik 26/1981, S. 471-507.

Sachsse, Hans (1972): Technik und Verantwortung. Probleme der Ethik im technischen Zeitalter. Freiburg.

Schicha, Christian (2002a): Ein Experiment wie mit Ratten? Zur „Moraldebatte" beim Sendeformat Big Brother. In: Schweer, Martin K.W. / Schicha, Christian / Nieland, Jörg-Uwe (Hrsg.): Das Private in der öffentlichen Kommunikation. Big Brother und die Folgen. Köln 2002, S. 105-132.

Schicha, Christian (2002b): Medienethische Aspekte am Beispiel politischer Talkshows im Fernsehen. Zur Diskrepanz zwischen den Postulaten an argumentative Diskurse und den Praktiken medialen Handelns, in: Debatin, Bernhard / Funiok, Rüdiger (Hrsg.): Kommunikations- und Medienethik. Grundlagen – Ansätze – Anwendungen. Konstanz, S. 183-202.

Schicha, Christian (2007): Aufgaben, Ansätze und Arbeitsfelder der Medienethik. In: Zeitschrift für Kommunikationsökologie und Medienethik 1/2007, S. 133-146.

Schicha, Christian / Brosda, Carsten (Hrsg.) (2000): Medienethik zwischen Theorie und Praxis. Normen für die Kommunikationsgesellschaft. Münster.

Schranz, Mario (2007): Wirtschaft zwischen Profit und Moral. Die gesellschaftliche Verantwortung von Unternehmen im Rahmen der öffentlichen Kommunikation. Wiesbaden.

Singer, Peter (1993): Praktische Ethik. Stuttgart.

Spitzley, Thomas (1995): Schwächen in Hares Theorie der Willensschwäche. In: Fehige, Christoph / Meggle, Christoph (Hrsg.) (1995): Zum moralischen Denken. Bd. 1. Frankfurt am Main, S. 282-297.

Teichert, Will (1996): Journalistische Verantwortung: Medienethik als Qualitätsproblem. In: Nida-Rümelin, Julian (Hrsg.): Angewandte Ethik. Die Bereichsethiken und ihre theoretische Fundierung. Stuttgart, S. 750-777.

Wild, Claudia (1990): Ethik im Journalismus. Individualethische Überlegungen zu einer journalistischen Berufsethik. Wien.

Willms, Bernhard (1979): Normenbegründung und Politik. In: Oelmüller, Willy (Hrsg.): Normen und Geschichte. Paderborn u.a., S. 175-201.

Zimmerli, Wather Ch. (1979): Normativität des Gewesenen im Wandel der Wertbeziehungen. Zum Zusammenhang von Genese und Normen in der Normenlegitimation. In: Oelmüller, Willy (Hrsg.): Normen und Geschichte. Paderborn u.a., S. 202-219.

Individualethische Ansätze

Walter Hömberg & Christian Klenk

Journalisten erfüllen für die demokratische Gesellschaft essentielle Aufgaben: Sie recherchieren, selektieren, bearbeiten und veröffentlichen Nachrichten. Sie moderieren das ‚Zeitgespräch der Gesellschaft' und wirken durch interpretierende und kommentierende Beiträge an der Meinungsbildung mit. Darüber hinaus tragen sie wesentlich zu Integration, Rekreation und gesellschaftlicher Orientierung bei. Dieser gesellschaftliche Auftrag bedeutet, dass eine Demokratie nicht funktionieren kann, wenn ihre Bürger nicht über ein leistungsfähiges System zur Information, Meinungsbildung und öffentlichen Diskussion über Gegenstände gemeinsamen Interesses verfügen. Die Presse- und Mediengesetze der Länder sprechen hier von einer ‚öffentlichen Aufgabe'.

1 Verantwortung des Journalisten

Der für das Gemeinwesen unverzichtbare Dienst begründet nicht nur spezifische Freiheitsrechte (Pressefreiheit), die unter anderem sicherstellen, dass die Wahrnehmung der öffentlichen Aufgaben durch die Massenmedien ohne direkte staatliche Einwirkung erfolgt. Die Schlüsselposition des Journalisten im Netzwerk des Kommunikationsgeschehens schließt auch die Bereitschaft zur Verantwortung für sein Handeln ein (vgl. Roegele 2000; Hömberg 2006). Aufgrund seiner beruflichen Spezialisierung im Feld der öffentlichen Kommunikation muss er sein Bestes tun, um Information, Orientierung und die Möglichkeit der Meinungsbildung im Vorfeld von Entscheidungen zu garantieren. Dabei bezieht sich die Verantwortung der Journalisten sowohl auf die Quellen und Objekte der Berichterstattung (Informantenschutz, Persönlichkeitsschutz) als auch auf das Publikum (Sorgfaltspflicht). Ihre Verantwortung ist umso größer, je weniger die Rezipienten selbst das Berichtete nachprüfen können – sei es, weil Primärerfahrungen unmöglich sind oder andere Informationsquellen fehlen.

Verantwortung – der darin enthaltene Begriff „Antwort", synonym mit „verteidigen" bzw. „rechtfertigen" gebraucht, deutet darauf hin, „daß es sich um ein intersubjektives, um ein kommunikatives Phänomen handelt, das uns demnach ganz ins Zentrum des Ethischen führt" (Wild 1990: 21). Verantwortung bedeutet, dass wir für etwas eintreten und die Folgen tragen, dass wir unser Handeln vor anderen rechtfertigen müssen. Die anderen, das können die Justiz, die Gesellschaft oder einzelne Mitmenschen sein – und auch wir selbst. Erweist sich bei unserer Rechtfertigung das Handeln als nicht korrekt, können wir dafür belangt werden. Die Sanktion kann materiell oder immateriell ausfallen. Auch unser Ich kann bestrafen: mit schlechtem Gewissen. Aus diesen Überlegungen resultiert die Aufgabe festzulegen, wann jemand Verantwortung hat (Heranwachsende sind beispielsweise nur eingeschränkt für ihr Tun zur Rechenschaft zu ziehen, weil ihnen die dafür notwendige Reife noch nicht zugesprochen wird) und was als Maßstab dafür dient, dass eine Handlung als richtig anerkannt wird.

2 Individuum und Gesellschaft

Die Frage nach der Verantwortung stellt sich für alle Kommunikationsberufe, gleich ob sie im Bereich des Journalismus, der Öffentlichkeitsarbeit oder der Werbung tätig sind. Im Folgenden liegt der Schwerpunkt auf dem Journalismus. Die Grundfrage lautet hier: Inwieweit trägt der einzelne Journalist tatsächlich Verantwortung? Im medienethischen Diskurs der Publizistik- und Kommunikationswissenschaft standen sich lange zwei Positionen gegenüber: einerseits jene, die auf die personale Selbstverpflichtung zur Wahrung einer Berufsethik setzt, und andererseits jene, die dies aufgrund der arbeitsteiligen Produktionsweise und der Ausdifferenzierung des Mediensystems ablehnt. Die Vertreter der Systemtheorie nehmen die Teilsysteme der Gesellschaft in den Blick und erfassen in erster Linie die Strukturen und Funktionen der Massenmedien. Die Medienethik ist hier „einzubetten in die durch konkrete Personal- und Sozialsysteme konstituierten Situationssysteme, die sich wiederum in einer gesellschaftlichen Gesamtlage (soziale Umwelt) spezifischer Kulturen befinden" (Rühl/ Saxer 1981: 487).

Tatsächlich darf die Verantwortung in der heutigen komplexen Medienwelt, realistisch betrachtet, nicht ausschließlich personenbezogen zugewiesen werden. In der Frühzeit des Pressewesens war der Produzent einer Zeitung häufig Verleger, Korrespondent und Drucker in einer Person. Doch längst sind Journalisten keine Einzeltäter mehr: Zeitungen und Zeitschriften, Radio- und Fernsehprogramme sind in der Regel die Ergebnisse des Zusammenwirkens einer großen Zahl von Menschen. Die journalistische Tätigkeit ist bestimmten betrieblichen Organisationsmustern unterworfen, die Einbindung in den jeweiligen Arbeitskontext grenzt den Freiraum individueller Entscheidungen ein. Jüngste Tendenzen in der Redaktionsorganisation – die Einrichtung von Newsrooms und damit verbunden die deutlichere Unterscheidung zwischen ‚Editors' und ‚Reporters' nach angelsächsischem Muster – deuten auf eine noch weiter gehende Aufteilung von Aufgaben und somit auch von Verantwortung hin. Hinzu kommen Konkurrenz- und Zeitdruck, der Mangel an Arbeitsplätzen oder auch die Tatsache, dass das Publikum schlechten Nachrichten in der Regel mehr Aufmerksamkeit schenkt als guten. All dies sind Versuchungen und Risiken für den Journalisten.

Und gerade deshalb ist eine ethische Fundierung seiner Arbeit hilfreich und notwendig.

Jeder einzelne Journalist nimmt in der Medienorganisation, in die er eingebunden ist, seine spezifische Rolle ein. Damit einher geht auch die Übernahme von Verantwortung. Deutlich wird dies schon allein daran, dass eine gewisse Autonomie bei der Arbeit, also die Möglichkeit, selbstständig Entscheidungen treffen zu können (wenngleich man für die Folgen gegebenenfalls einstehen muss), nicht nur im Journalismus Anreiz und Gratifikation für gute Arbeit ist. So sind Verleger und Herausgeber verantwortlich für die Linie des Blattes (Grundsatzkompetenz). Der Chefredakteur ist verantwortlich für die gesamte Redaktion, der Ressortleiter trägt Verantwortung für ein kleineres Team und der einzelne Redakteur beispielsweise für einen bestimmten ihm anvertrauten Themenbereich innerhalb der Berichterstattung (Detailkompetenz). Hier gilt das Prinzip einer ‚gestuften Verantwortung'.

Für die Individualethik bleibt „die personale Selbstverpflichtung [...] die ausschlaggebende Kategorie" (Boventer 1984: 440). Sie „hat die personale Dimension der existentiellen sitt[lichen] Entscheidung u[nd] deren Undelegierbarkeit zu reflektieren sowie Prinzipien u[nd] Maximen für eine moralisch gute wie richtige situationsgerechte Normfindung bereitzustellen" (Hausmanninger 1996: 470). Dies führt zur zweiten Frage: Welches sittlich-moralische Handeln ist gut und richtig? Was soll und darf der einzelne Journalist tun und lassen? „An welchen Maßstäben mißt sich ein ‚geglückter' Journalismus gegenüber einem mißratenen und gescheiterten Journalismus?" (Boventer 1984: 248)

3 Normen und ihre Begründung

Um menschliches Verhalten nach seiner Wünschbarkeit oder Zulässigkeit zu bewerten, braucht es allgemein anerkannte Normen bzw. Maßstäbe, die sich mit einem Verbindlichkeitsanspruch geltend machen. Als Letztbegründung für Normen, als höchstes Gut („summum bonum") galt in der westlichen Welt lange Zeit allein die Berufung auf Gott. Darauf baut die christliche Ethik auf, deren basaler Normenkatalog die Zehn Gebote sind. Der Mensch ist Ebenbild Gottes, seine Würde ist unveräußerlich (das deutsche Grundgesetz spricht von der Unantastbarkeit). Nach christlicher Auffassung haben Journalisten die Aufgabe, sich bei ihrer Arbeit von Nächstenliebe und Sorge um ihr Publikum leiten zu lassen (vgl. Wild 1990: 44). Mitmenschliche Achtung gegenüber den Objekten der Berichterstattung und gegenüber dem Publikum soll ihr Handeln leiten.[1]

Die Pastoralinstruktion *Communio et Progressio*, die katholische Magna Charta aller modernen Kommunikations- und Medienfragen, nennt als oberstes Ziel jeder Kommunikation die Förderung der Gemeinschaft der Menschen. Christliche Medienethik

1 Siehe auch den Beitrag von Haberer und Rosenstock zu theologischen Perspektiven in diesem Band.

ist in erster Linie eine Individualethik: „Die Medien tun nichts von selbst; sie sind Instrumente, Werkzeuge, die so benutzt werden, wie die Menschen sie benutzen wollen." (Päpstlicher Rat für die sozialen Kommunikationsmittel 2000: 7) Gleichwohl erkennen die Kirchen an, dass Journalisten aufgrund ihrer Einbindung in Medienunternehmen in ihren Entscheidungen oft eingeengt sind. Folglich werden die Fremdbestimmung menschlichen Handelns, die Dominanz von Einzelinteressen, das Entstehen von Machtoligopolen oder die Herabwürdigung von Menschen zu Objekten eines öffentlichen Voyeurismus als Bedrohung gebrandmarkt (vgl. Kirchenamt der Evangelischen Kirche in Deutschland/Sekretariat der Deutschen Bischofskonferenz 1997).

Mit der Aufklärung beginnt auch die Suche nach anderen Begründungen für das menschliche Handeln. Aus einem neuen Geist wächst die Idee, kollektive Entscheidungen aus den individuellen Überzeugungen einzelner Akteure abzuleiten und nicht aus allgemeinen Prinzipien oder höheren Zielen – eine Gegenposition zum Naturrechtsgedanken, der aus einem allgemeinen höheren Recht Gesetze ableitet. Die Ethiklehre des Philosophen Immanuel Kant beruht auf dem Verständnis des Menschen als Vernunftwesen. Seine Vernunft ermöglicht dem Menschen und verpflichtet ihn dazu, „in triebdistanzierter Sachlichkeit die besten Möglichkeiten für den Menschen in einer Situation zu erkennen und sie dieser Erkenntnis entsprechend zu verwirklichen" (Schulz 1972: 361). In der Konsequenz formuliert Kant eine sehr allgemeine, aber berühmt gewordene Handlungsanweisung, den kategorischen Imperativ: „Handle so, daß die Maxime deines Willens jederzeit zugleich als Princip einer allgemeinen Gesetzgebung gelten könne." (Kant 1788: 30) Dabei muss der Mensch stets Selbstzweck sein: „Handle so, daß du die Menschheit sowohl in deiner Person, als auch in der Person eines jeden andern jederzeit zugleich als Zweck, niemals bloß als Mittel brauchst." (Kant 1785: 429)

Was bedeutet das für die Medienethik? Journalisten müssen stets bedenken, welche Folgen ihr Handeln für andere haben kann. Sie dürfen nicht wirtschaftliche Interessen wie Auflage oder Quote über die Persönlichkeitsrechte stellen, weil der Mensch ansonsten nicht mehr Selbstzweck wäre, sondern als Mittel zum Zweck missbraucht würde. Aber natürlich ist Kants Vernunftethik keine explizite Handreichung für Journalisten. Welche Normen und Begründungen gibt es also speziell für guten Journalismus?

4 „Zum Journalisten geboren"

Zu allen Zeiten war es eines der wichtigsten Rechte des Souveräns, sich Informationen über das Weltgeschehen zu verschaffen. Entscheidungen, die für das Gemeinwesen von Belang sind, kann nur derjenige in vernünftiger Weise treffen, der über die Wirklichkeit genügend unterrichtet ist. In der Demokratie, in der die Staatsgewalt vom Volke ausgeht, steht das Recht auf Information jedem Bürger zu. Lange aber lag das Informationsmonopol bei Kirchenfürsten und weltlichen Herrschern, die alsbald mittels Zensur gegen die aufkommende Presse vorgingen. Die Abkehr vom Absolutismus und das Streben nach Demokratie in Europa gingen einher mit einem erbitterten Kampf um die Meinungs- und Pressefreiheit. Während Zeitungen mehr und mehr gebildete Bevölkerungsschichten und zunehmend auch die breite Masse erreichten, während also die Journalisten an Bedeutung im Prozess der öffentlichen Meinungsbildung gewannen, begann auch ein verstärktes Nachdenken über den Beruf des Journalisten, seine Anforderungen und Wirkungsweisen. Aus der Diskussion heraus über die Qualität des Journalismus und die Verantwortung seiner Akteure entstand letztlich auch die Zeitungswissenschaft, die sich im deutschsprachigen Raum seit Anfang des 20. Jahrhunderts – als Vorläuferin der heutigen Kommunikationswissenschaft – anschickte, die Bedingungen bei der Entstehung und Produktion periodischer Massenmedien zu untersuchen.

Die meisten Zeitungswissenschaftler konzentrierten sich in der frühen Phase des Faches auf den Journalisten als Individuum und seine Persönlichkeit. Die journalistische Begabung galt als entscheidend für das publizistische Ergebnis. Der normative Individualismus beeinflusste so den theoretischen Zugang von Wissenschaftlern wie Karl Bücher, Karl d'Ester oder Karl Jaeger. Es seien „in erster Linie Charakter und Wissen der Journalisten, die von Einfluß sind auf das Ansehen der Presse und ihres Standes. Hohe moralische und intellektuelle Anforderungen sollten an jeden Journalisten gestellt werden können“, schrieb Otto Groth (1875-1965) im vierten Band seines Werkes *Die Zeitung* (Groth 1930: 210). Darum werde auch vielfach gefordert, „eine Art intellektuellen, aber auch moralischen Befähigungsnachweis für den Journalistenberuf einzuführen“ (ebd.: 210f.).

Später hat Groth seine Vorstellungen von der „Persönlichkeit des Journalisten“ präzisiert. Über den Journalismus schreibt er:

> „Er ist ein ‚höherer' Beruf, einer von denen, die der individuellen Persönlichkeit ein weites Wirkensfeld bieten, aber auch eine solche zum erfolgreichen Wirken verlangen, die also besondere, angeborene geistige Fähigkeiten, nicht nur erlern- und übbare Fertigkeiten voraussetzen. Zum Journalisten muß man geboren sein, und das, was man von der Geburt her mitbringen muß, das sind Anlagen, die im allgemeinen über die Ansprüche eines mittleren Berufes hinausgehen.“ (Groth 1962: 402)

Spätestens seit der Etablierung von Journalistenschulen und berufsvorbereitenden Studiengängen gibt es kaum mehr Widerspruch zu der These, das Handwerkszeug des Journalismus ließe sich erlernen wie jeder andere Beruf auch. Und doch soll der Nachwuchs bestimmte Charaktereigenschaften und Fähigkeiten mitbringen, wie sie Ausbildungseinrichtungen inzwischen vermehrt in Auswahlverfahren bei den Bewerbern aufzuspüren versuchen: Neugierde zum Beispiel oder Aufgeschlossenheit gegenüber unbekannten Menschen und Themen.

Otto Groth zählt zu den Charaktereigenschaften der Journalisten Gewissenhaftigkeit, Zuverlässigkeit und Vertrauenswürdigkeit, ein „inneres Aufgehen in die geistige Aufgabe“, Entschlusskraft und Einsatzbereitschaft, Takt und Diskretion sowie Zuvorkommenheit und Selbstbeherrschung (Groth 1962: 387ff.). An erster Stelle stehen für ihn jedoch Pflicht- und Verantwortungsbewusstsein – nicht nur beschränkt auf das Zeitungsunternehmen, sondern ausgeweitet auf die Ausübung eines öffentlichen Amtes. Zugleich ist Groth einer der ersten Fachvertreter, der vehement ein moralisches Regelwerk für den Journalismus einfordert.

> „Eine solche Berufsethik sollte versuchen, die Gesamtheit der ethischen Verpflichtungen, die aus der beruflichen Stellung und Tätigkeit jedes geistigen Arbeiters an der periodischen Presse erwachsen, und ihre Begründung sowohl aus der allgemeinen Ethik wie auch aus dem Wesen der Aufgabe des Periodikums darzustellen. Jeder Beruf hat seine Ehre, und deshalb nicht nur seine Intellektualität, sondern auch seine Ethik." (Groth 1972: 622)

Alles Handeln der Leute der periodischen Presse, „von der Gesamtleitung der Redaktion durch den Chefredakteur an bis zur Abfassung einer Reportage oder eines Leitartikels" (ebd.: 623) unterliegt demnach ethischen Geboten, die der Autor unterteilt in die „höchstpersönlichen Anforderungen an die Leute der Presse", die „Zusammenarbeit in der Unternehmung" (die auch den Verleger in die Pflicht nimmt), die Verantwortung gegenüber dem „Publikum der Käufer und Inserenten" sowie die „Ethik zum Beruf und zu den Berufsgenossen" (ebd.: 624ff.).

Die Berufsethik hilft bei Entscheidungen, vor die Journalisten bei inneren und äußeren Konflikten gestellt sind, „in Konflikten etwa zwischen höchst persönlichen Verpflichtungen und den Ansprüchen des Berufs, zwischen den Bindungen an eine Partei und den Geboten eigener Überzeugung, zwischen Wünschen des Publikums und Forderungen des allgemeinen Wohls" (ebd.: 629). Nicht alle diese Konflikte ließen sich nach Normen lösen, meint Groth. „In den meisten und gerade in den in die Tiefe gehenden Fällen wird die sittliche Persönlichkeit des Einzelnen zur Entscheidung und zur Verantwortung aufgerufen." (ebd.: 629f.) Bei der Formulierung eines übergeordneten Leitsatzes orientiert er sich an Kants Kategorischem Imperativ: „Entscheide dich so, daß Deine Entscheidung unter sorgsamer Erhaltung und Ausbildung deiner Gesamtpersönlichkeit dem Wohle der Gesamtheit dient!" (ebd.: 630)

5 „Aus einer festen Gesinnung heraus"

Auch der Zeitungswissenschaftler Emil Dovifat (1890-1969), der von 1928 an, während des Nationalsozialismus und auch danach, in Berlin lehrte, hat sich in seinen zahlreichen Vorträgen, Aufsätzen und Büchern ausführlich zu Kunst und Können der „publizistischen Persönlichkeit" geäußert. Der journalistische Berufsweg sei niemals aus Gründen der Konjunktur oder der Sicherheit einzuschlagen, vielmehr müsse man die Berufung dazu verspüren – „ein impulsives Sendungsbewusstsein und die Triebkräfte publizistischen Wollens" (Dovifat 1967: 33) – und vor allem eine Voraussetzung mitbringen:

> „Die journalistische Begabung liegt gleich der künstlerischen in der Persönlichkeit. Sie kann durch Studium und Erfahrung zur Entfaltung gebracht werden, ist jedoch nicht anzulernen oder zu erarbeiten. […] Dazu gehören das Bewußtsein und der Wille, dem öffentlichen Leben aus ei-

> ner festen Gesinnung heraus dienstbar zu sein und dabei über sich selbst hinauszukommen. Eigenschaften des Charakters, des Willens, des Verstandes und des Temperamentes verbinden sich in der journalistischen Eignung." (ebd.: 33f.)

Die Gesinnung ist ein zentraler Begriff in Dovifats Konzept von der publizistischen Persönlichkeit. Darunter versteht er „eine charakterliche Grundhaltung, oft auch geneigt, ein Ziel anzugehen, eine Aufgabe zu lösen, ein Programm durchzusetzen oder zu zerschlagen. Gesinnung bejaht oder verneint, entbindet Liebe oder Haß in allen Graden und Dichtigkeiten" (Dovifat 1971: 30). Journalismus ist kein wertfreier Raum, sondern folgt gewissen Überzeugungen. Die unerschütterliche moralische Grundsatzfestigkeit, auf deren Basis Journalisten ihr eigenes Tun reflektieren und vor sich selbst rechtfertigen, kann „mit Plus oder Minus über oder unter der Grundlinie des ethischen und des persönlichen Gewissens liegen" (Dovifat 1990: 121). Demnach gibt es Journalisten, deren Gesinnung von Lüge, Hass, Berechnung oder Gewinnorientierung bestimmt ist, jedoch auch solche, deren Gesinnung sozial, religiös oder kulturell ausgerichtet ist.

Dovifat wurde häufig dafür kritisiert, dass sein Ansatz auf dem heute nicht mehr zeitgemäßen eindimensionalen Sender-Empfänger-Modell basiert und systembezogene Aspekte journalistischen Handelns übergeht. Zwar berücksichtigt Dovifat (wie übrigens auch Groth) bereits organisatorische, wirtschaftliche und politische Rahmenbedingungen bei der Erstellung periodischer Medien, doch steht er in Verdacht, sich allein moralisierend mit dem Journalismus zu beschäftigen. Dass die Wechselwirkungen zwischen Individuum und Gesellschaft auch einen Einfluss auf die Tätigkeit von Journalisten haben, bleibt bei den medienethischen Überlegungen von Otto Groth und Emil Dovifat weitgehend außen vor. Die gesellschaftlichen und organisatorischen Bezüge werden wohl erkannt, aber letztlich auf das Tun einzelner Personen zurückgeführt. Unter heutigen Produktionsbedingungen spielen Persönlichkeit und Charakter indes nur mehr eine eingeschränkte Rolle. Auch wer mit viel Idealismus und einer guten Gesinnung in den Beruf gegangen ist, wird irgendwann von den Zwängen des Alltags eingeengt und routiniert einen Job machen.

6 „Das System funktioniert nicht subjektlos"

Als Hermann Boventer (1928-2001), wie Dovifat im katholischen Milieu verwurzelt, die medienethische Diskussion nach langer Abstinenz Mitte der achtziger Jahre neu anstieß, konzentrierte auch er sich ganz und gar auf die beteiligten Individuen. Anders als bei den frühen Vertretern einer Individualethik ist bei Boventer jedoch die Gesinnung eines Menschen nicht mehr alleiniger Maßstab für die ethische Bewertung journalistischen Handelns. Entscheidend ist vielmehr die Übernahme von Verantwortung für die Folgen und Wirkungen von Recherche und Veröffentlichung.

> „Es gibt kein Tun ohne Täter, keine journalistische Wirkung ohne einen Handelnden, sonst wäre sie keine journalistische mehr. Im Alltagsleben fragen wir, wer für diese oder jene Folgen einer Handlung ‚belangt' werden soll." (Boventer 1984: 414)

Beim Journalismus gehe es im Kern um das Recht zur freien Meinungsäußerung, „woraus sich Journalisten und Journalismus legitimieren und wofür sie eine Verantwortung übernommen haben" (ebd.: 381). Die Meinungsäußerungsfreiheit ist allerdings ein Individualrecht, das in einer Demokratie jedermann zusteht.

Unter dem Stichwort „Medien und das Prinzip Verantwortung" hat Boventer das Konzept von Hans Jonas (1984) aufgenommen und in der Tradition der klassischen christlichen Moralphilosophie, unter Rekurs auf philosophische Autoritäten, eine journalistische Individualethik entwickelt, die an Vernunft, Selbstverständnis und Sozialverantwortung der Journalisten appelliert. Boventer glaubt an individuelle Freiräume und kritisiert die Relativierung gültiger Wertauffassungen in einer pluralistischen Gesellschaft als Legitimation einer Situationsethik, die eine verbindliche ethische Selbstverpflichtung von Journalisten ablehnt.

Massenkommunikation wird dabei im Unterschied zu Dovifat nicht mehr als eindimensionaler Vorgang von den Produzenten zu den Rezipienten verstanden, sondern als ein Prozess gegenseitiger Verständigung, der entsprechend dem Modell der Massenkommunikation von Gerhard Maletzke auch von den Lesern oder Zuschauern zurück zu den Inhalteproduzenten verläuft. Ein explizit systemtheoretisches Denken lehnt Boventer ab. Aus der Systemtheorie lasse sich keine Medienethik entwickeln, solange diese den Journalismus seiner Sinngehalte entleere und ihn auf vorgegebene Systemzwecke fixiere, was auch bedeute: „Freiheit und Verantwortlichkeit der Menschen als Handlungssubjekte gelten wenig oder nichts mehr. Die Warum-Fragen scheiden aus. Es ist so, wie es funktioniert – und weil es funktioniert." (Boventer 1984: 270) Demgegenüber stellt er fest, dass „das System [...] nicht subjektlos" funktioniert (ebd.: 266). Als Verdienst der Systemtheorie für die Medienethik erkennt er gleichwohl an: Sie „schärft den Blick für die umgreifenden Zusammenhänge des Journalismus und gibt realistische Auskunft über die Handlungsbedingungen, die der Subjektivität der journalistischen Freiheit und Verantwortung enge Grenzen setzen" (ebd.: 270).

Boventer vertritt die Ansicht, dass Gesetze und Kodizes zwar Orientierungshilfe sein und dass eine qualifizierte Aus- und Weiterbildung zur berufsethischen Sozialisation der Journalisten beitragen können. So könne durch fallbezogenen Diskurs im Rahmen der Journalistenausbildung die ethische Phantasie angeregt werden. Doch letztlich lassen sich ethische Prinzipien nicht ‚von oben' verordnen – sie müssen gelebt werden: „Die Moral der Medien und der Journalisten mit ihren berufsethischen Perspektiven liegt vorwiegend im Ungeschriebenen, sie ist eine gelebte Moral. Ihre Atemluft ist die Praxis." (Boventer 1989: 110) Journalistische Ethik ist nach diesem Verständnis in erster Linie eine Sache der individuellen Selbstverpflichtung, der Weg dorthin eine Suche nach den Sollensvorstellungen und ständige Selbstreflexion. Und das heißt,

> „[...] das eigene Handeln zu bedenken und stets neu zu überprüfen, woran ich mit mir bin, aus welchen Maximen meine Handlungen abgeleitet sind. Gefragt ist ein Stück innerer Biographie und öffentlicher Rechenschaftslegung" (Boventer 1984: 411).

Kriterien für gutes journalistisches Handeln lassen sich in dieser Sicht von Boventer (1988: 181) aus der Sache entwickeln,

> „[...] wenn und solange wir das Moralische als einen Teil ihrer selbst respektieren. Die Richtigkeit steckt in jener Moral, die sich im handwerklichen Können, im Recherchieren- und Schreiben-Können, im klugen und kompetenten Umgang mit den Mitteln und Möglichkeiten vielfach bewährt hat und die die Praxis als eine ‚gute' ausweist. Diese Kompetenz in der journalistischen Könnerschaft, diese ‚Prudentia' im Journalismus ist die elementare Bedingung für ein gelungenes Werk und durch keine moralische Absichtserklärung zu ersetzen. Die Sachgebundenheit tritt als eine Art ‚geronnene' Moral ins Blickfeld."

Orientiert sich jedoch die journalistische Alltagspraxis allein an bewährten Handlungsmustern, Schreibsitten und Umgangsformen, an geschriebenen und ungeschriebenen Geboten und Verboten, so droht diese gelebte Moral zur bloßen Routine zu erstarren (vgl. Boventer 1984: 241f.).

> „[...] es muß sowohl um die ‚objektive' Seite des Handelns gehen, wo Gesetze, Sitten und gemeinsame Wertvorstellungen der Lebensordnung angesprochen sind, als auch um die ‚subjektive' Seite, wo der menschliche Charakter, die Willensfreiheit und die Gewissenhaftigkeit des Handelnden ins Spiel kommen." (ebd.: 274)

Hermann Boventer setzt ganz und gar auf die moralische Selbstverantwortung des einzelnen Journalisten – ein reduktionistisches Bild der Medienproduktion, so lässt sich leicht einwenden. Kritiker warfen Boventer denn auch naiven Berufsrealismus vor, dem ein idealisiertes Menschenbild zugrunde liegt. Ein personenzentrierter Journalismusbegriff entwerfe allein Sollens-Sätze und werde dem System Journalismus mit seinen organisatorischen Zwängen, Berufsrollen und Arbeitskonditionen nicht gerecht – selbst dann, wenn auf die gesellschaftlichen Bezüge hingewiesen werde. Grundlage einer solchen Individualethik sei ein ganzheitliches Menschenbild, das der aktuellen Mediensituation mit ihrer Vielzahl von sozialen Handlungsrollen nicht mehr gerecht werde: In Bezug auf den Journalismus sei es deshalb vergeblich, an ein Individuum zu appellieren, welches gar nicht mehr die Bedingungen seiner Umgebung gestalten könne. Stattdessen sei für den Einzelnen die Aufgabe zu stellen, das System in seiner Funktionsweise zu erkennen, um auf der Grundlage dieser Erkenntnis – und nicht normativer Appelle – zu handeln (vgl. Weischenberg 1992: 223).

7 Die Verantwortung bleibt ein Leben lang

Natürlich müssen die Bedingungen, unter denen heutzutage journalistische Produkte entstehen, kritisch betrachtet werden. Spar- und Renditevorgaben in Medienunternehmen, technische Erfordernisse, Zeit- und Konkurrenzdruck – zu viele Zwänge verhindern eine wirklich freie journalistische Berufsausübung. Natürlich müssen Medienunternehmen in die Pflicht genommen werden. Natürlich muss das Publikum für einen verantwortungsvollen Umgang mit den Massenmedien sensibilisiert werden. Doch darf man deshalb den einzelnen Journalisten von seiner Pflicht zu Sorgfalt und Wahrhaftigkeit entbinden? Muss er nicht trotzdem – oder gerade wegen der widrigen Umstände – Verantwortung für die Folgen und Wirkungen von Recherche und Veröffentlichung übernehmen, zumindest soweit der eigene Handlungsspielraum reicht?

Er hat keine andere Wahl: Die Verantwortung für das eigene Handeln bleibt ein Leben lang. Wer nach Ende der Herrschaft der Nationalsozialisten von den Alliierten wegen seiner grausamen Taten überführt werden konnte, wurde vom Nürnberger Tribunal verurteilt – auch wenn sich der Täter darauf berief, nur Teil eines vorherrschenden Systems gewesen zu sein. Auch mehr als 60 Jahre später werden immer noch Täter zur Rechenschaft gezogen – Mord verjährt nicht. Dahinter steht die Vorstellung, dass es einen stabilen Persönlichkeitskern gibt, weshalb man für seine Taten auch nach langer Zeit zur Verantwortung gezogen werden kann oder muss.

Richtlinien können dem Journalisten bei der Wahrnehmung seiner Verantwortung eine Entscheidungshilfe bieten. Doch sie verwenden häufig dehnbare Begriffe, weil nicht jeder Einzelfall vorab festgelegt werden kann. Und sie hinken der Entwicklung hinterher, werden vom raschen technischen und gesellschaftlichen Fortschritt, von Diversifizierung und Zerfall gewohnter Strukturen in der Medienwelt überholt. Bei neu auftauchenden Problemen, deren Lösung zunächst weder in Gesetzen noch in der Spruchpraxis der Gerichte, weder in der Berufsüberlieferung noch in der eigenen Erfahrung zu finden ist, bleibt dem Journalisten keine andere Wahl, als seine Vernunft und sein Verantwortungsbewusstsein zurate zu ziehen. Das gilt zum Beispiel für neue technische Möglichkeiten im Bereich der digitalen Bildbearbeitung (vgl. Hömberg/Karasek 2008). Der persönlichen Gewissensprüfung des Journalisten wird somit noch viel überlassen. Wichtig sind ein fundiertes Wertebewusstsein, eine solide Ausbildung und kollegiale Beratung.

Die normativen Ansätze innerhalb der Zeitungs-, Publizistik- und Kommunikationswissenschaft haben vor allem die Verantwortung des Einzelnen im Kommunikationsprozess thematisiert. Der Fokus liegt dabei insbesondere auf dem Beruf des Journalisten, wobei die einschlägigen Postulate in modifizierter Form auch für andere Kommunikationsberufe, etwa im Bereich der Öffentlichkeitsarbeit und der Werbung, gelten können. Die Fachdiskussion hat die Dimension der Verantwortung inzwischen erweitert: Neben der individuellen gibt es auch eine korporative Verantwortung (vgl. Funiok 2007: 68ff.): Individuum – Organisation – Gesellschaft, alle drei Ebenen sind tangiert. Es ist hier von einer gestuften bzw. geteilten Verantwortung auszugehen. Dabei ist es allerdings wichtig, die Verantwortung nicht einfach auf die nächsthöhere Ebene abzuschieben. Nur zu häufig in unserer Geschichte hat ein solcher Mechanismus dazu geführt, dass auch inhumane Handlungen auf solche Weise zu rechtfertigen versucht wurden.

Publizisten können nicht für alle möglichen Folgen ihrer Veröffentlichungen in die Pflicht genommen werden – schon deshalb, weil diese nicht selten aus der jeweiligen Anschlusskommunikation resultieren. Aber das entbindet die Akteure nicht davon, solche Folgen zu bedenken und zu berücksichtigen.

Literatur

Boventer, Hermann (1984): Ethik des Journalismus. Zur Philosophie der Medienkultur. Konstanz.

Boventer, Hermann (1988): Eine verschwiegene Laudatio. Gelebte Moral im Journalismus. In: Boventer, Hermann (Hrsg.): Medien und Moral. Konstanz.

Boventer, Hermann (1989): Pressefreiheit ist nicht grenzenlos. Einführung in die Medienethik. Bonn.

Dovifat, Emil (1967): Zeitungslehre. 5. Aufl., Band 1. Berlin.

Dovifat, Emil (1971): Handbuch der Publizistik. Band 1: Allgemeine Publizistik. Berlin.

Dovifat, Emil (1990): Die publizistische Persönlichkeit (1956). Charakter, Begabung, Schicksal. In: Dovifat, Emil: Die publizistische Persönlichkeit. Herausgegeben von Dorothee von Dadelsen. Berlin, S. 120-139.

Funiok, Rüdiger (2007): Medienethik. Verantwortung in der Mediengesellschaft. Stuttgart.

Groth, Otto (1930): Die Zeitung. Ein System der Zeitungskunde (Journalistik). Band 4. Mannheim, Berlin, Leipzig.

Groth, Otto (1962): Die unerkannte Kulturmacht. Grundlegung der Zeitungswissenschaft (Periodik). Band 4. Das Werden des Werkes 2. Berlin.

Groth, Otto (1972): Die unerkannte Kulturmacht. Grundlegung der Zeitungswissenschaft (Periodik). Band 7: Das Wirken des Werkes 3. Das Werk im Ganzen der Kulturgesellschaft. Berlin.

Hausmanninger, Thomas (1996): Individualethik. In: Lexikon für Theologie und Kirche. Band 5, S. 470.

Hömberg, Walter (2006): Verantwortung des Journalisten. In: Schiwy, Peter / Schütz, Walter J. / Dörr, Dieter (Hrsg.): Medienrecht. Lexikon für Praxis und Wissenschaft. 4., aktualisierte und erweiterte Auflage. Köln, Berlin, München, S. 551-561.

Hömberg, Walter / Karasek, Johannes (2008): Der Schweißfleck der Kanzlerkandidatin. Bildmanipulation, Bildfälschung und Bildethik im Zeitalter der digitalen Fotografie. In: Communicatio Socialis, 41. Jg., H. 3, S. 276-293.

Jonas, Hans (1984): Das Prinzip Verantwortung. Versuch einer Ethik für die technologische Zivilisation. Frankfurt am Main.

Kant, Immanuel (1785): Grundlegung der Metaphysik der Sitten. In: Kant's gesammelte Schriften. Herausgegeben von der Königlich Preußischen Akademie der Wissenschaften. Band 4. Berlin 1911.

Kant, Immanuel (1788): Kritik der praktischen Vernunft. In: Kant's gesammelte Schriften. Herausgegeben von der Königlich Preußischen Akademie der Wissenschaften. Band 5. Berlin 1913.

Kirchenamt der Evangelischen Kirche in Deutschland / Sekretariat der Deutschen Bischofskonferenz (Hrsg.) (1997): Chancen und Risiken der Mediengesellschaft. Bonn.

Päpstlicher Rat für die Sozialen Kommunikationsmittel (2000): Ethik in der sozialen Kommunikation. Bonn.

Roegele, Otto B. (2000): Verantwortung des Journalisten. In: ders: Plädoyer für publizistische Verantwortung. Beiträge zu Journalismus, Medien und Kommunikation. Herausgegeben von Petra E. Dorsch-Jungsberger, Walter Hömberg und Walter J. Schütz. Konstanz, S. 107-118.

Rühl, Manfred/Saxer, Ulrich (1981): 25 Jahre Deutscher Presserat. Ein Anlaß für Überlegungen zu einer kommunikationswissenschaftlich fundierten Ethik des Journalismus und der Massenkommunikation. In: Publizistik, 26. Jg., H. 4, S. 471-507.

Schulz, Walter (1972): Philosophie in der veränderten Welt. Pfullingen.

Weischenberg, Siegfried (1992): Journalistik. Theorie und Praxis aktueller Medienkommunikation. Band 1: Mediensystem, Medienethik, Medieninstitutionen. Opladen.

Wild, Claudia (1990): Ethik im Journalismus. Individualethische Überlegungen zu einer journalistischen Berufsethik. Wien.

Konstruktivismus

Bernhard Pörksen

1 Allgemeine Charakteristika des Ansatzes: Varianten des Konstruktivismus

Es gibt – soviel lässt sich aller erkenntnistheoretisch informierten Skepsis zum Trotz mit Gewissheit sagen – nicht *den* Konstruktivismus, sondern nur Varianten des Konstruktivismus, die bei aller Unterschiedlichkeit dann aber doch noch als solche erkennbar sind. Daher muss eine Einführung in das konstruktivistische Denken und eine Auseinandersetzung mit konstruktivistischen Begründungen der Medienethik notwendig aus einer doppelten Perspektive geschehen, gilt es doch einerseits *Gemeinsamkeiten* herauszuarbeiten, andererseits aber *Unterschiede* deutlich werden zu lassen. Die erste, die zentrale Gemeinsamkeit: Das konstruktivistische Kernproblem, nämlich die prozessual verstandene Entstehung von Wirklichkeit, zu beobachten und herauszuarbeiten, ist in groben Zügen identisch. Die Unterschiede werden deutlich, sobald man genauer betrachtet, wer mit welchen Begriffen und auf welcher disziplinären Grundlage dieses Kernproblem untersucht (vgl. einführend Pörksen 2002a und 2006). Hier zeigen sich die Differenzen. So haben *philosophisch belesene Konstruktivisten* eine Art Ahnengalerie erarbeitet, die sie bis zu den Skeptikern ins vorchristliche Jahrhundert zurückführt; schon zu diesem Zeitpunkt wird prinzipiell argumentiert, man könne doch als Wahrnehmender nicht hinter seine Wahrnehmungen zurück, könne nicht aus sich heraustreten, um das eigene Wahrnehmungsprodukt mit der noch von möglichen Verzerrungen unberührten Entität zu vergleichen. Ein Bild von einer menschenunabhängigen Realität ließe sich demnach gar nicht machen. Alles, was sich sagen lässt, sei von den eigenen Wahrnehmungs- und Begriffsfunktionen bestimmt; ein emphatisch verstandener Falsifikationstest müsse schon aus diesen Gründen scheitern. Die *psychologische Begründung des Konstruktivismus* geht auf den französischen Lerntheoretiker Jean Piaget, aber vor allem auf die Palo-Alto-Schule zurück, die sich um Therapeuten wie Don D. Jackson und Paul Watzlawick formiert hat und sich u. a. auf die Arbeiten des Anthropologen Gregory Bateson bezieht. Die Vertreter dieser therapeutisch ausgerichteten Schule teilen mit den konstruktivistischen Theoretikern ein gemeinsames Ziel: die Beobachtung der Konstruktion von Wirklichkeit. Ihr Kernanliegen besteht jedoch darin, dass sie nicht nur beobachten und analytisch rekonstruieren, sondern

Leid erzeugende Kommunikationsmuster, Konflikt erzeugende Formen der Interaktion gezielt zu verändern trachten. Zahlreiche Konzepte der Kommunikationstheorie – selbstverständlich mit einem Schwerpunkt im Bereich der Individualkommunikation – resultieren aus den Arbeiten dieser konstruktivistisch und systemisch orientierten Psychologen. Zu nennen sind etwa die so genannten Axiome der Kommunikation, die Entdeckung zirkulärer Kommunikationsmuster, die systematische Orientierung an Deutungen (= Wirklichkeiten zweiter Ordnung im Sinne von Paul Watzlawick) und nicht an Wahrheiten.

Auch eine beobachtertheoretisch reformulierte Kybernetik, die so genannte *Kybernetik zweiter Ordnung*, hat das konstruktivistische Denken entscheidend geprägt. Sie bricht mit der ursprünglich unter Kybernetikern verbreiteten Kontroll- und Steuerungseuphorie, verknüpft Beobachter und Beobachtetes und analysiert die logischen und die methodischen Probleme, die das Erkennen des Erkennens notwendig mit sich bringt. Der Beobachter und das Beobachtete erscheinen in der Kybernetik zweiter Ordnung in unauflösbarer Weise miteinander verflochten. Vor diesem Hintergrund wird dann auch der Definitionsvorschlag Heinz von Foersters verständlich, die Kybernetik von *beobachteten* Systemen als Kybernetik erster Ordnung zu begreifen, denn hier ist der Beobachter nicht Teil des Beobachteten. Die Kybernetik zweiter Ordnung erscheint demgegenüber als Kybernetik *beobachtender* Systeme (vgl. Winter 1999: 121ff.); die Dualität von Beobachter und Beobachtetem, von Erkenntnissubjekt und Erkenntnisobjekt ist aufgehoben.

Biologisch bzw. neurobiologisch fundierte Entwürfe des Konstruktivismus haben – insbesondere zu Beginn der wissenschaftsinternen Diskussion – Aufmerksamkeit auf sich gezogen. So hat man immer wieder auf die undifferenzierte Codierung von Reizen hingewiesen und das lange bekannte Phänomen, dass Sinneszellen nicht spezifisch kodieren, zur Plausibilisierung konstruktivistischer Einsichten benützt. Von den äußeren Reizen, die uns nur in einem sehr geringen Ausschnitt überhaupt erreichen, wird wiederum nur ein geringer Teil in die Einheitssprache neuronaler Impulse transformiert. Die Spezifität eines Impulses resultiert dann, so die Annahme, aus der Topologie des Gehirns bzw. aus dem Ort, an dem der Reiz im Gehirn auftritt: Die einzelnen Aktivitätsorte bestimmen die Modalität, die Quantität und die Intensität des Reizes (Roth im Gespräch mit Pörksen 2002c: 149ff.). Erkennen erscheint, folgt man dieser Konzeption, nicht mehr als getreue Repräsentation einer äußeren Welt (= Abbildtheorie), sondern muss als interne Konstruktion nach eigenen Regeln und Prinzipien (= Postulat der Autonomie) verstanden werden.

Die Grundfragen des *wissenssoziologisch fundierten Konstruktivismus* lauten schließlich, wie eine selbstproduzierte Sozialordnung entsteht und wie sich eine gesellschaftliche Realität allmählich zu festen sozialen Arrangements erhärtet, die dann als statisch und naturwüchsig erfahren werden. Um diese Fragen zu beantworten, zeigen beispielsweise Peter L. Berger und Thomas Luckmann (1997) in ihrem Standardwerk des Sozialkonstruktivismus mit vielen Beispielen, wie kulturelles Lernen funktioniert, wie Verhalten habitualisiert und typisiert, individuelle Erfahrung verobjektiviert und unter

Umständen (in Form von Geschichten und Erzählungen) kollektiviert und die einmal gehärteten Arrangements der Sozialordnung legitimiert werden.[1] Wirklichkeit entsteht aus dieser Sicht im Gefüge der Gesellschaft – und das heißt, dass der Einzelne als eine durch diese Gesellschaft und die ihn umgebende Kultur formbare Entität gesehen werden muss. Er beobachtet mit den Augen seiner Gruppe, sieht die Welt vor dem Hintergrund seiner Herkunft, ist eben gerade keine Monade, sondern in jedem Fall beeinflussbar, extrem empfänglich für Außeneindrücke. Damit ergibt sich die Notwendigkeit, zwischen den verschiedenen Varianten des Konstruktivismus zu vermitteln. Integrative Entwürfe müssen erklären, wie sich die These von der kognitiven Autonomie mit der Annahme der sozialen Geprägtheit verbinden lässt.[2]

Trotz dieser verschiedenen Begründungen und Fundierungsversuche wird der konstruktivistische Diskurs durch ein Set von miteinander verwobenen Denkfiguren, Postulaten und Leitmotiven konturiert und zusammengehalten. Diese Denkfiguren geben ihm Struktur und Grenze – und machen, bei aller Unterschiedlichkeit der disziplinären Herkunft, erneut die Gemeinsamkeiten sichtbar. So zeigt sich: Das Kerninteresse aller konstruktivistischer Autoren besteht in einer fundamentalen Umorientierung. Im Zentrum der Aufmerksamkeit stehen nicht länger ontologisch gemeinte *Was-Fragen*, sondern epistemologisch zu verstehende *Wie-Fragen.* Zielpunkt der Erkenntnisbemühungen ist eine Umorientierung vom Sein zum Werden, vom Wesen einer Entität zum Prozess ihrer Entstehung. Es sind die Bedingungen, die eine Wirklichkeit erzeugen und überhaupt erst hervorbringen, die interessieren. Maßgeblich ist für den gesamten Diskurs stets die *Orientierung am Beobachter*. Jeder Akt der Kognition beruht, so nimmt man an, auf den Konstruktionen eines Beobachters – und nicht auf der mehr oder minder exakten Übereinstimmung der Wahrnehmungen mit einer beobachterunabhängigen Realität. Wer die Beobachtungen von Beobachtern beobachtet, somit Beobachtungen zweiter Ordnung betreibt und sich fragt, *wie* und mit Hilfe welcher Unterscheidungen sich diese ihre Realität verfügbar machen, der erkennt auch: Jede Wahrnehmung bedeutet unvermeidlich die Ausblendung einer gewaltigen Restwelt auch möglicher Wahrnehmungen. Jedes Sehen ist gleichzeitig blind. Wenn man etwas sieht, sieht man etwas anderes nicht; wenn man etwas beobachtet, beobachtet man etwas anderes nicht. Jede Beobachtung besitzt, so die Kernannahme, einen blinden Fleck, sie ist im Unterscheidungsprozess selbst blind für die gewählte Unterscheidung, die sich erst in einem Beobachter zweiter Ordnung offenbart, der natürlich seinerseits einen blinden Fleck hat. Wenn das Erkannte strikt an den jeweiligen Erkennenden und die ihm eigene Erkenntnisweise gekoppelt wird, wenn der Beobachter, das Beobachtete und die Operation des Beobachtens nur in zirkulärer Einheit vorstellbar sind, dann unterminiert eine solche Sicht die Sehnsucht nach

1 Es ist wichtig zu bemerken, dass beide Autoren sich nicht als Konstruktivisten begreifen und erstaunlicherweise ihren eigenen Entwurf nicht als einen Beitrag zur Erkenntnistheorie verstanden wissen möchten: Man betreibe, so wird argumentiert, empirische Wissenschaft bzw. Soziologie, nicht jedoch Erkenntnistheorie.

2 Vgl. hierzu den Entwurf von Schmidt 1994 mit dem Titel: *Kognitive Autonomie und soziale Orientierung.*

Gewissheit, relativiert jeden Erkenntnisanspruch entscheidend und weist auf ein weiteres Leitmotiv des Konstruktivismus hin: den *Abschied von absoluten Wahrheitsvorstellungen* und einem emphatisch verstandenen Objektivitätsideal. Dies wird deutlich, wenn man sich vergegenwärtigt, dass es zu den Merkmalen einer objektiven Beschreibung gehört, dass die Eigenschaften des Beobachters nicht in diese eingehen, sie beeinflussen und bestimmen. Das Fundament der jeweiligen Urteile liegt – folgt man diesem klassisch-realistischen Objektivitätsverständnis – scheinbar außerhalb der eigenen Person; man meint, das Beobachtete ließe sich vom Beobachter, seinen Vorlieben und Interessen, seinen kognitiven Stärken und Schwächen ablösen. Gegen diese Ablösung des Beobachters vom Beobachteten bezieht man Stellung und begreift den Beobachter als diejenige Größe, die aus keinem Prozess des Erkennens herausgekürzt werden kann. Die eine Wirklichkeit verwandelt sich, wenn man diese Überlegungen akzeptiert, unvermeidlich in eine Vielzahl von Wirklichkeiten und bedingt ein besonderes *Interesse an der Differenz* und der *Pluralität von Wirklichkeitskonstruktionen*; auch dies ein weiterer Topos konstruktivistischen Denkens, der für die Debatten über eine Ethik (der Medien) folgenreich ist.

2 Ethische Schlussfolgerungen: allgemeine Reflexionen und Anregungen

Wenn man erkenntnistheoretischen Postulate und Annahmen als Begründung ethisch-moralischer Prinzipien verwendet, dann muss man – noch bevor dies geschieht – grundsätzlicher fragen, wie sich der Zusammenhang von Erkenntnistheorie und Ethik überhaupt erfassen lässt. Diese Frage müsste vor der eigentlichen Konkretisierungs- und Umsetzungsarbeit, vor der Proklamation ethisch-moralischer Schlussfolgerungen und Imperative zumindest prinzipiell geklärt werden, weil ihre Klärung wesentlich darüber entscheidet, welches Veränderungspotenzial man überhaupt den konstruktivistischen Einlassungen zuschreiben mag und ihnen letztlich zutraut. Grundsätzlich lassen sich drei Varianten des Verhältnisses von Erkenntnistheorie und Ethik unterscheiden:

- Wenn man explizit oder implizit für ein *Ableitungsverhältnis* votiert,[3] dann geht man von folgender Annahme aus: Die epistemologischen Einsichten (des Konstruktivismus) führen – ganz unabhängig davon, ob dies zu begrüßen oder zu beklagen ist – zu unmittelbaren Konsequenzen, was das ethisch-moralische Handeln betrifft. Erkenntnistheorie reguliert eine wie auch immer geartete Praxis; dies ist die entscheidende Annahme.
- Allerdings lässt sich auch eine *strikte Trennung* von Erkenntnistheorie und ethisch-moralischem Handeln behaupten. Anhänger dieser Auffassung vertreten die The-

3 Zu diesem Begriff und einer noch ausführlicher dargestellten Typologie möglicher Verhältnisse siehe Pörksen 2006: 64ff.

se, dass beide Ebenen strikt getrennt sind und auch strikt getrennt werden müssen: Der Konstruktivismus gilt hier ausschließlich als Beobachtertheorie zweiter Ordnung, die eine Rekonstruktion von Wirklichkeitskonstruktionen erlaubt, aber keine Relevanz für eine wie immer geartete Lebenspraxis in der Sphäre der Beobachtung erster Ordnung besitzt (vgl. Pörksen 2002b: 439ff.).

- Zwischen diesen beiden Extremen befindet sich eine mittlere Position. Sie wird hier als *Anregungsverhältnis* bezeichnet. Gemäß dieser Auffassung gelten erkenntnistheoretische Einsichten, Modelle, Konzepte und Begriffe als Inspiration und Irritation einer wie auch immer definierten ethisch-moralischen Praxis; sie sind nicht folgenlos, aber auch nicht in jedem Fall spezifizierbar und bis ins Detail ausbuchstabierbar. Die Prämissen und Postulate fokussieren die Aufmerksamkeit, sie liefern relevante Unterscheidungen, sie regen an. Das bedeutet, dass ein unbedingtes, streng definiertes Kausalverhältnis nicht vorausgesetzt wird; die Zusammenhänge sind hier sehr viel lockerer, fragiler, undeutlicher, keineswegs zwingend. Die konstruktivistischen Postulate (Pluralität von Wirklichkeiten, Autonomie des Individuums, Unmöglichkeit der Letztbegründung, Ablehnung des ‚Wahrheitsterrorismus') und die möglichen „Korrelate solcher Annahmen" (Schmidt 2000: 65) (Toleranz, Anerkennung von Verantwortung und Autonomie etc.) lassen sich so gesehen nicht in ein Verhältnis logischer Ableitung hineinzwingen. Es handelt sich allenfalls um „*Suchaufträge*, *Reflexionspostulate* oder *Beobachtungsverpflichtungen zweiter Ordnung* [...], die in der jeweils in Frage stehenden Situation als Rahmen für die Entscheidungsfindung der moralisch handelnden Aktanten dienen können." (Schmidt 2000: 65; Hervorhebung im Original)

Derartige Rahmenbedingungen und mögliche Kriterien einer ethisch-moralischen Entscheidungsfindung, die bewusst nicht mit konkreten Verhaltesregeln operieren und substantiell angeben, was als erwünscht gelten sollte, haben verschiedene konstruktivistische Autoren formuliert. Sie sollen im Folgenden zu einigen Leitthesen verdichtet werden:

- Die *Kritik dogmatisch vertretener Wahrheitsanmaßungen* gehört zu den zentralen Motiven ethisch-moralischen Nachdenkens im konstruktivistischen Diskurs: Wahrheit gilt aus dieser Perspektive als eine statisch gedachte Gewissheit, die dazu verleitet, konträre Auffassungen zu negieren und Andersdenkenden den Respekt zu verweigern.[4] „Wenn wir", so Humberto R. Maturana in einer exemplarischen Formu-

4 Es ist vermutlich bedeutsam, dass insbesondere die konstruktivistischen Autoren der ersten Generation unter einer Diktatur zu leiden und mit dogmatisch vertretenen Wirklichkeiten konfrontiert waren. Der Kybernetiker Heinz von Foerster musste sich, ohne den benötigten „Ariernachweis" in Berlin zur Zeit des Nationalsozialismus tätig, den entsprechenden Kontrollversuchen durch eine Taktik des Hinhaltens entziehen. Der Psychologe und Sprachphilosoph Ernst von Glasersfeld verließ Wien, als die Nationalsozialisten an die Macht kamen; der Therapeut und Kommunikationstheoretiker Paul Watzlawick hat immer wieder angedeutet, wie sehr ihn die NS-Herrschaft schockiert hat. Der Neurobiologe Francisco Varela floh – nach dem Tod von Salvador Allende und der Machtergreifung des Putschisten Pinochet – nach Costa Rica; sein Kollege, Humberto R. Maturana, blieb in Chile, auch um die Gefahren ideologieverursachter Blindheit aus nächster Nähe zu studieren.

lierung, „unseren Gesprächspartner nicht vollkommen annehmen, wenn wir unsere eigene Position durchsetzen wollen, wenn wir völlig gewiss sind, dass wir Recht haben, oder wenn wir den anderen zur Ausführung bestimmter Handlungen zwingen wollen, dann beanspruchen wir implizit oder explizit, dass das, was wir sagen, richtig, weil objektiv sei (d. h. auf objektiver Realität beruhe), dass wir wissen, wie die Dinge wirklich sind, dass unsere Argumente rational seien, und dass der andere sich objektiv irre und dies redlicherweise zugeben müsse." (Maturana 1998: 250)

- Um sich von Formen des missionarischen Eifers abzugrenzen und für einen anderen, behutsameren Vermittlungsstil zu werben, der ein ethisches Anliegen, geschult an zirkulären Denkfiguren, eben auch selbst ethisch vertritt, haben verschiedene Autoren eine *Unterscheidung von Ethik und Moral* propagiert. Das individuell als richtig Erkannte kann nicht mehr, so das Argument, im Modus der Gewissheit und mit gleichsam rechthaberischem Furor propagiert werden; dies würde zumindest einen Selbstwiderspruch provozieren. Moral gilt im Duktus dieser Überlegungen als eine Angelegenheit des autoritären Appells, der Predigt, der Vorschrift; sie wird im Modus des Imperativs verkündet. Um erneut Humberto R. Maturana zu zitieren: „Ein Moralist tritt für die Einhaltung von Regeln ein, sie erscheinen ihm als eine externe Referenz, die seinen Aussagen und seinen seltsamen Einfällen Autorität verleihen soll. Es fehlt ihm ein Bewusstsein für die eigene Verantwortung. Wer als Moralist agiert, der sieht den anderen nicht, weil er sich auf die Durchsetzung von Regeln und Imperativen konzentriert. Er weiß mit Gewissheit, was zu tun ist und wie sich die anderen eigentlich verhalten müssten. Wer dagegen als ein Ethiker handelt, der nimmt den anderen wahr: Er ist ihm wichtig, er wird gesehen. Selbstverständlich ist es möglich, dass jemand moralisch argumentiert und gleichwohl ethisch agiert. Es ist denkbar, dass er moralisch ist, ohne ethisch zu sein, oder dass er allgemein als unmoralisch gilt und doch gleichwohl ethisch handelt. In jedem Fall taucht die Möglichkeit der Ethik und des Berührtwerdens erst dann auf, wenn man den anderen Menschen als einen legitimen anderen sieht und sich mit den Konsequenzen befasst, die das eigene Handeln für ihn und sein Wohlbefinden haben könnten." (Maturana/Pörksen 2002: 221)
- Das Konzept einer *impliziten Ethik* und der *ethische Imperativ*: Nur über die eigenen Handlungen könne man vollständig verfügen. Ethik müsse daher – so etwa ein Schlüsselbegriff Heinz von Foersters – *implizit* bleiben, sie sollte in das Handeln eines Einzelnen eingewoben sein, um nicht den Rang der expliziten Vorschrift zu bekommen (vgl. Foerster/Pörksen 1998: 164). Etwas paradox wirkt es vor diesem Hintergrund, dass Heinz von Foerster selbst einen intensiv diskutierten ethischen Imperativ formuliert hat, der da heißt: „*Handle stets so, dass die Anzahl der Möglichkeiten wächst.*" (Foerster/Pörksen 1998: 36; Hervorhebung im Original) Eine solche Formulierung passt natürlich einerseits zum Konzept einer konsequent durchdachten konstruktivistischen Ethik, andererseits passt sie jedoch auch nicht. Passend erscheint, dass die Vergrößerung von Möglichkeiten unvermeidlich die Zahl

der Alternativen des Denkens und Handelns erhöht, also ein formales Kriterium darstellt, um Freiheitsgrade zu steigern und somit die Chancen eigenverantwortlicher Entscheidung zu maximieren. Unpassend erscheint jedoch die Präsentationsform des Imperativs, weil der Begriff des Imperativs (wenn auch nicht der Inhalt dieser Vorgabe) zumindest irreführende Konnotationen besitzt, die der eigenverantwortlichen Reflexion entgegenstehen.

- Eine *ethisch-moralisch begründete Kritik des Objektivitätsideals* haben verschiedene Konstruktivisten – u. a. Klaus Krippendorff, Humberto R. Maturana und Heinz von Foerster – vorgelegt (vgl. im Sinne eines Überblicks Hungerige/Sabbouh: 1995). Der Gang der Argumentation lässt sich erneut am Beispiel einer zunächst vermutlich kryptisch-aphoristisch anmutenden Formulierung Heinz von Foersters in der gebotenen Kürze demonstrieren. „Objektivität", so seine These, „ist die Wahnvorstellung, Beobachtungen könnten ohne Beobachter gemacht werden." Und weiter: „Die Berufung auf Objektivität ist die Verweigerung der Verantwortung – daher auch ihre Beliebtheit." (zit.n. Foerster/Pörksen 1998: 154) Angelegt ist in einer solchen Formulierung ein angenommener Zusammenhang von Erkenntnistheorie und Ethik, genauer formuliert: Das Objektivitätsideal wird aus erkenntnistheoretischen Gründen negiert und aus ethisch-moralischen Erwägungen kritisiert. Strukturgebendes Prinzip solcher Überlegungen ist die Kontrastierung einer beobachterunabhängigen und einer beobachterabhängigen Konzeption von Erkenntnis, die hier jedoch eine verantwortungsethische Wendung bekommt. *Objektivität*, *Ontologie* und (absolute) *Wirklichkeit* deklariert Heinz von Foerster zu Begriffen, die „verwendet werden können, um sich von der Welt zu trennen: Sie lassen sich dazu benutzen, die eigene Gleichgültigkeit als unvermeidlich auszugeben. Denn immer hat man es mit einem starren und zeitlosen Dasein zu tun, das sich nicht verändern lässt. [...] Man kann jetzt zwei fundamental unterschiedliche Positionen kontrastieren. Der Haltung des unbeteiligten Beschreibers steht die Haltung des Mitfühlenden und Beteiligten gegenüber, der sich selbst als Teil der Welt begreift und von der Prämisse ausgeht: Was immer ich tue, verändert die Welt! Er ist mit ihr und ihrem Schicksal verbunden, er ist verantwortlich für seine Handlungen." (Foerster/Pörksen 1998: 157f.) Damit kommt ein anderer, ein neuer Gegensatz ins Spiel: Es geht nicht um Objektivität oder Subjektivität, sondern um die fundamentale Frage, ob die eigene erkenntnistheoretische Parteinahme dazu verwendet werden kann, sich als getrennt von der Welt zu betrachten, in die Rolle des distanzierten (und nicht des beteiligten) Beobachters zu schlüpfen, der seine Beobachtungen durch den Rekurs auf die objektive Wahrnehmung des Gegebenen entpersonalisiert.

3 Kritik und Kontroversen: Debatten in der Medien- und Kommunikationswissenschaft

Die Rezeption derartiger Kern-Sätze des Konstruktivismus in der Medien- und Kommunikationswissenschaft hat einen vermutlich ohnehin virulenten Grundkonflikt zwischen Realisten und Relativisten im Fach noch einmal aktualisiert.[5] Besondere Schärfe gewann die Debatte auch deshalb, weil das charakteristische Mischprogramm des Konstruktivismus, nämlich Erkenntnistheorie und Ethik zu verknüpfen, vehemente Ablehnung provoziert hat. Im Zentrum stand und steht der Vorwurf der *Legitimation von Beliebigkeit*, der Vorwurf der erkenntnistheoretischen Begründung eines postmodernen ‚Anything goes'. Weil alles Erkennen in das individuelle Belieben des Einzelnen gestellt werde, weil Welterkenntnis sich weitgehend willkürlich vollziehe, so das Argument der Konstruktivismus-Kritiker, gebe es auch keine gesicherten Maßstäbe mehr, um über die Qualität von Medienangeboten zu richten; die Basis journalistischer Arbeit werde gewissermaßen erkenntnistheoretisch zerstört. Der Konstruktivismus verzichte „auf einen Wirklichkeitsbegriff", der „das Fundament journalistischer Arbeit darstellt, einen Wirklichkeitsbegriff, der davon ausgeht, dass Realität weitgehend unabhängig vom Journalisten existiert und es journalistische Aufgabe ist, diese Realität adäquat zu erfassen und sie sodann wahrheitsgemäß, möglichst vollständig und verständlich darzustellen." (Bentele 1993: 159) Der Beliebigkeitsvorwurf korrespondiert häufig mit der Befürchtung, gerade die Arbeit von Journalisten sei durch konstruktivistische Überlegungen gefährdet: Man argwöhnt eine besondere Bedrohung der journalistischen Praxis, betrachtet eine „systematische Entmoralisierung der Medien und ihrer Handlungsträger" (Boventer 1992: 164) als Konsequenz epistemologischer Indoktrination. „Soweit der Radikale Konstruktivismus das Postulat journalistischer Objektivität verwirft", so schreibt Ulrich Saxer mit ähnlicher Stoßrichtung, „beeinträchtigt er ein unentbehrliches Element demokratischer Kommunikationskultur und die Ausbildung journalistischer Kompetenz in einer sehr wichtigen Hinsicht. Er öffnet damit journalistischem Schlendrian im Umgang mit Fakten und journalistischer Rechthaberei Tür und Tore, deckt argumentativ – da es ja angeblich anders gar nicht möglich ist – die Selbstzentriertheit journalistischer Milieus auf Kosten ihrer Zuwendung zum Publikum, anerkennt journalistische Manipulation als Normalität und rechtfertigt theoretisch auch noch den durch Medien mitverursachten kollektiven Wirklichkeitsverlust in komplexen Gesellschaften." (Saxer 1992: 182) Man befürchtet, dass der Begriff der Objektivität in einer erkenntnistheoretischen Diskussion aufgelöst werde – und dass diese Auflösung dann als Einladung zu Fälschung,

5 Zur Geschichte der Diskussion nur einige wenige Eckdaten: Entzündet hat sich die mitunter äußerst kontrovers und robust geführte Auseinandersetzung um den Konstruktivismus an dem *Funkkolleg Medien und Kommunikation* (1991/1992); sie war wesentlicher Gegenstand einer Jahrestagung der Deutschen Gesellschaft für Publizistik- und Kommunikationswissenschaft und hat vor allem in den Fachzeitschriften *Medien und Kommunikationswissenschaft* (ehemals *Rundfunk und Fernsehen*) und *Communicatio Socialis* ihren Niederschlag gefunden.

Manipulation und Lüge verstanden werden könnte. Die solchen Befürchtungen gemeinsame Denkfigur lässt sich folgendermaßen umschreiben: Weil man, wie Konstruktivisten behaupten, über eine beobachterunabhängige Wirklichkeit nichts auszusagen vermag und weil sich diese Behauptung womöglich durchsetzt, erscheint willkürliche Erkenntnisproduktion als Normalität, und in diesem Klima werden dann auch Fälschungen, Verdrehungen und Manipulationen zu gewöhnlichen Äußerungsstrategien, die nicht mehr aus berufsethischen Gründen disqualifiziert werden können.[6] Damit liegt ein weiterer Vorwurf nahe, der in der fachinternen Debatte auftaucht: Angenommen wird, dass die Medienkritik, die eben auf dem Vergleich von (absoluter) Realität und Medienrealität basiere, jede Basis verliere – auch dies eine Preisgabe beruflicher Standards mit fatalen Folgen: „Auf der praktisch-journalistischen Diskussionsebene führt", so heißt es, „der konstruktivistische Ansatz dazu, dass nicht mehr eindeutig zwischen der Realitätshaltigkeit (und damit Qualität), zwischen Boulevard-Journalismus und seriösem Journalismus von Qualitätszeitungen unterschieden werden kann. Wenn beides nur Realitäts*konstruktionen* sind, wenn gleichzeitig Begriffe wie Wahrheit und Objektivität aufgegeben sind, wenn beides nur noch Kommunikationsangebote sind, die nach Kriterien wie Glaubwürdigkeit (nicht aber danach, ob sie tatsächlich richtig oder falsch berichten) beurteilt werden können, dann entfällt jede Kritikmöglichkeit gerade unsauberer journalistischer Arbeit." (Bentele 1993: 163; Hervorhebung im Original) Dem wäre allerdings – aus der Perspektive eines Konstruktivismus-Verteidigers – zu entgegnen, dass nicht *der* Wirklichkeitsvergleich, der Basis medienkritischer Bemühungen ist, hinfällig wird, sondern allein ein implizit oder explizit realistisch fundiertes Falsifikationsstreben, das *absolute* Realität und die verzerrte Medienrealität in eine Vergleichsbeziehung zu bringen meint. Damit ist gesagt, dass man beispielsweise nicht die Daten und Wirklichkeiten einzelner Sozialsysteme (z. B. Wissenschaft, Justiz, Gesundheit) benützen kann, um eine spezifische Medienwirklichkeit in einem absoluten Sinne zu falsifizieren oder auch gegebenenfalls zu verifizieren, denn es handelt sich in jedem Fall um Konstrukte, nicht aber um beobachterunabhängig gegebene Manifestationen einer unbedingt gültigen Reali-

6 Erschwert wird die präzise Debatte auch durch eine terminologische Unklarheit, die als *Problem der referentiellen Konfusion* bezeichnet werden soll. Man verwechselt (auch in konstruktivistischen Kreisen) vielfach Aussagen, die sich auf eine (imaginäre und allein beobachterabhängig thematisierbare) absolute Wirklichkeit/Wahrheit/Realität usw. beziehen mit Aussagen, die eingestandenermaßen innerhalb gegebener Erkenntnisgrenzen getroffen werden, also für die Sphäre der Lebenswelt und der Erfahrungswirklichkeit gemeint sind. Wenn konsistent argumentierende Kritiker des Objektivitätsideals behaupten, *Wahrheit* und *Realität* seien unerkennbar und eine objektive Darstellung kein erreichbares Ziel, dann heißt dies unvermeidlich: Hier bezieht man sich innerhalb eines Diskurses auf eine (absolute) Realität/Wirklichkeit/Wahrheit, konstruiert also kommunikativ ein Diskursjenseits im Diskursdiesseits; es bedeutet nicht, dass man auch innerhalb der Lebenswelt und der eigenen Erfahrungswirklichkeit auf (unvermeidlich temporäre und sozial verbindliche) Erkenntnissicherheiten verzichten muss. In der Sphäre der (medial bestimmten) Erfahrungswirklichkeit ist selbstverständlich Konsensbildung möglich. Ob jedoch der einmal erzielte und mehr oder minder fragile Konsens einer absoluten Wahrheit in irgendeiner Weise entspricht, muss als prinzipiell unentscheidbar gelten.

tät. Was man natürlich tun kann, ist, verschiedene Wirklichkeiten – durchaus mit kritischer Zielsetzung – zu kontrastieren (vgl. Weber 2002: 80).

4 Medienethische Ausarbeitungen und Anwendungsversuche

Es liegt bislang keine konsequent entfaltete konstruktivistische Medienethik vor. Was sich darstellen lässt, ist vielmehr eine Sammlung von Begriffsvorschlägen und Denkansätzen, die für die Medienethik folgenreich sind, sein könnten. Man kann durchaus relevante Erträge der konstruktivistischen Perspektive ausfindig machen, die allerdings, wie gerade skizziert, alles andere als unumstritten sind.

- *Präzisierung der Verantwortungsidee*: Die Frage nach der Verantwortung ist *die* Kernfrage der Medienethik. Konstruktivistische Autoren haben gezeigt, dass die Behauptung, man sei verantwortlich, hochgradig voraussetzungsvoll erscheint. Verantwortung setzt Entscheidungsfreiheit und die Möglichkeit der Wahrnehmung einander ausschließender Alternativen voraus. Sie muss deutlich von Verursachung (im Sinne einer letztgültigen Berechenbarkeit von Handlungsfolgen) unterschieden werden. Aus einer konstruktivistischen Perspektive heißt verantwortlich zu handeln nicht, dass man die gewünschten Wirkungen in jedem Fall erzielt, denn dies würde einen Grad an Berechenbarkeit und Durchschaubarkeit voraussetzen, der erkenntnistheoretisch gerade abgelehnt wird. Es bedeutet vielmehr, dass man die *möglichen* Folgen des eigenen Handelns bedenkt und das eigene Handeln an diesen Folgen ausrichtet, die sich nach bestem Wissen und Gewissen in der konkreten Situation abschätzen lassen. Die Konsequenz: Man ist vollkommen dafür verantwortlich, was man will und nach eigenem Verständnis tut, aber nicht dafür, wie andere Äußerungen und Handlungen aufnehmen und interpretieren, sich zu eigen machen und dementsprechend agieren (vgl. Maturana/Pörksen 2002: 121f.).
- *Relativierung von Objektivitätsansprüchen*: Das Ideal der Objektivität markiert den Zielwert journalistischer Ethik. Es taucht in vielen Ethik-Kodizes und Befragungen als Leitidee auf. Verschiedene Autoren haben sich darum bemüht, eine konstruktivistische Neuinterpretation des Objektivitätsideals zu liefern, das Erkenntnisziel *der Wahrheit* praktisch-pragmatisch kleinzuarbeiten und entsprechende Ersatzbegriffe anzubieten – eine Diskussion, die inzwischen weit fortgeschritten ist und mehrere Entwürfe hervorgebracht hat. Im Sinne von Humberto R. Maturana kann man von einer *Objektivität in Klammern* sprechen – dies ist eine Spielform der „Objektivität", die darauf basiert, dass man die Beobachterabhängigkeit allen Erkennens akzeptiert, Gewissheiten stets an die besonderen Erfahrungswirklichkeit eines Erkennenden zurück bindet; die etwas eigenwillige Begriffsbildung ist inzwischen in verschiedenen kommunikationswissenschaftlichen Veröffentlichungen präsent (vgl. Weischenberg 1998: 227). Eine stärker praxisbezogene Deutung sieht vor, den emphatisch verstandenen Objektivitätsbegriff durch publikumsbezogene

Ersatzbegriffe („Nützlichkeit" und „Glaubwürdigkeit") zu ersetzen, ein beobachterabhängiges und kommunikatorbezogen bestimmtes Kontinuum von ansteigender Konstruktivität zur Einschätzung relativer Objektivität anzubieten (vgl. Pörksen 2006: 241ff.; Weber: 1999: 7ff.) oder aber Objektivität im Sinne von Gaye Tuchman als ein *strategisches Ritual* – als eine formale Prozedur zur journalistischen Aussagenproduktion – zu begreifen (vgl. Weischenberg 1995: 165ff.). Objektivität wäre dann eine professionelle Routine und Ansammlung handwerklicher Standards. Zu solchen Standards gehören beispielsweise: die Trennung von Nachricht und Meinung, das Zitieren verschiedener Auffassungen in einem Streitfall, der Verweis auf stützende Fakten und Experten-Statements zur Absicherung von Aussagen.

- *Sichtbarmachung von Eigenverantwortung*: Die Betonung der Beobachterabhängigkeit allen Erkennens legt die Verantwortung für die eigenen Wirklichkeitskonstruktionen nahe und macht die Toleranz gegenüber anderen Wirklichkeiten (bei gleichzeitiger Ablehnung dogmatischer Wahrheitsansprüche) begründbar. Konstruktivistisch vorgebildete Medienarbeiter werden, so die Annahme, für den Anteil, den sie bei der Herstellung einer Medienwirklichkeit besitzen, zumindest sensibilisiert. Es ist eine Art „Konstruktivitätsbewusstsein" (Baum/Scholl 2000: 92), das hier – idealer Weise – geweckt werden soll, auch wenn natürlich der Einfluss systemischer Produktionsroutinen (Markt- und Zielgruppenorientierung, Zeit-, Konkurrenz- und Erfolgsdruck) damit keineswegs in Abrede gestellt wird.
- *Sensibilisierung für Voreingenommenheiten und trügerische Sicherheiten*: Zu rechnen ist stets mit der Möglichkeit des Irrtums – auch dafür sensibilisiert die paradoxe Gesinnungslage der Gewissheit der Ungewissheit, die einem konsequent durchdachten Konstruktivismus eigen ist. Die stets gegebene Eventualität eines Irrtums begründen Vertreter dieser Denkschule mit dem Hinweis, „dass der Irrtum, solange wir ihn begehen, nicht feststellbar ist. Einen Irrtum können wir erst feststellen, wenn wir ihn begangen haben, das heißt, wenn wir ihn nicht mehr begehen. Wir können kein Beispiel für einen Irrtum angeben, solange wir ihn machen." (Mitterer 2001: 88) Im gegenwärtigen Moment der Erfahrung ist es nicht möglich, zwischen Wahrnehmung und Illusion, zwischen Wahrheit und Irrtum zu differenzieren; man braucht stets eine neue Erfahrung als Bezugsbasis, um eine vergangene Erfahrung als irrtümlich, fehlerhaft oder unwahr zu klassifizieren. Diese fragile und prinzipiell unaufhebbare Vorläufigkeit, die jeder Klassifikation einer Erfahrung anhaftet, sensibilisiert potenziell für die Notwendigkeit nie endender Skepsis – und legt das Nachdenken über eigene Vorurteile und Voreingenommenheiten und die reflektierte Offenlegung eigener Konstruktions- und Inszenierungsroutinen zumindest nahe.
- *Votum für diskursauslösende Meta-Regeln, nicht für konkrete Handlungsempfehlungen*: Ethisch-moralische Handlungsempfehlungen sollten, so das Votum verschiedener Autoren, aus konstruktivistischer Perspektive den Charakter von Meta-Regeln besitzen, nicht jedoch die Form der konkreten Vorgabe, die individuelle Verantwor-

tung negieren und Ethik in Moral verwandeln würde. Das Interesse an Differenz und das Bewusstsein für die Pluralität von Wirklichkeiten sind jene Denkfiguren, die hier Orientierung liefern. Sie lassen sich nicht nur deskriptiv verstehen, sondern auch normativ deuten – und als ethisch-moralische Meta-Regeln einer Ethik (der Medien) reformulieren. Diese Regeln können folgendermaßen ausgedrückt werden: *Erhalte oder vergrößere die Spielräume für Autonomie; schone oder maximiere Differenzen; bewahre oder steigere die Pluralität der Wirklichkeitsentwürfe.*[7] Auch in solchen Formulierungen zeigt sich der doppelte Anspruch einer konstruktivistischen Medienethik: Einerseits will sie Orientierung liefern, andererseits jedoch die individuelle Reflexion befördern und die Möglichkeit eigenverantwortlicher Initiative beschützen, auch dann wenn es um Ethik und letztlich die Unterscheidung *gut* und *böse* geht. Insofern wirken die genannten Meta-Regeln unvermeidlich diffus, aber sie zeigen doch eine Richtung an, die vom Einzelnen oder einer Gruppe ausbuchstabiert werden muss. Etwas konkreter: Die Forderung, Spielräume für autonomes Handeln in Medienunternehmen bzw. in Redaktionen zu schaffen oder zu vergrößern, beinhaltet keine konkrete Handlungsvorschrift, macht aber gleichwohl darauf aufmerksam, was abzulehnen ist – zum Beispiel: die Einschüchterung von Redaktionsmitgliedern aufgrund abweichender Ansichten, die mehr oder minder subtile Erzeugung von Konformität und die Gefährdung von Unabhängigkeit durch Belohnung in Form von direkten Zuwendungen und Vergünstigungen, Geschenken, Beförderungsversprechen, die Sozialisation von neuen Kollegen im Sinne einer Standardisierung von weltanschaulich begründeten Wahrnehmungen. Die Aufforderung, die Differenz und Pluralität von Wirklichkeitsauffassungen zu schützen oder zu erhöhen, hat ebenso wenig den Charakter einer konkreten Handlungsempfehlung, zeigt aber ihre Relevanz ebenso, wenn man die Verletzung und Bedrohung dieser Meta-Regeln im Medienbereich illustriert: So gilt es, die Zunahme von Pressekonzentration zu kritisieren, weil sie potenziell den Verlust von Beobachtungsmöglichkeiten, die Marginalisierung und Diskreditierung von Wirklichkeitsentwürfen und die Homogenisierung von Perspektiven bedeuten kann. Es droht der Verlust von publizistischer Vielfalt auf dem Meinungsmarkt. Zensur ist aus ähnlichen Gründen abzulehnen, zielt sie doch darauf ab, bestimmte Beobachtungen (erster oder auch zweiter Ordnung) zu verhindern und das öffentliche Forum zur kommunikativen Bearbeitung heterogener Wirklichkeiten einzuschränken. Im Extremfall wird damit die eigene Bewusstseinsbildung und Entscheidungsfindung über die vorstrukturierte Auswahl der Medienangebote weitgehend vorgegeben. Schließlich legen diese Meta-Regeln einer konstruktivistischen Ethik der Medien auch ein generelles Plädoyer und Eintreten für demokratische Verhältnisse nahe. Demokratie lebt, so lässt sich zeigen, von alternativen, von konkurrierenden Wirklichkeitsentwürfen, die nicht verabsolutiert

7 Zu diesen Meta-Regeln siehe auch Heinz von Foersters bereits zitierten *ethischen Imperativ* (vgl. Foerster/Pörksen 1998: 36ff.) sowie den *kategorischen Imperativ der Weltgesellschaft*, den Norbert Bolz (2001: 55) folgendermaßen formuliert: „Schone die Differenzen!“

werden dürfen. Sie ist, um ein Wort von Adolf Arndt aufzugreifen, „die politische Lebensform der Alternative“ (Arndt 1966: 2) – ein Raum der Freiheit, der die eigenverantwortliche Ausgestaltung innerhalb eines vorgegebenen Rahmens erprobter Spielregeln voraussetzt.

5 Fazit: Die Stärke und die Schwäche einer konstruktivistischen Medienethik

Was sich aus den konstruktivistischen Prämissen und Postulaten ergibt, ist idealer Weise eine ethische Sensibilisierung, kein direkt aus der Erkenntnistheorie ableitbares Handlungsprogramm, keine konkrete Verhaltensvorschrift, die sich punktgenau umsetzen ließe. Bei genauerer Betrachtung handelt es sich bei den noch verstreut vorliegenden Ansätzen und Entwürfen um eine *Ethik der Ethik-Ermöglichung* (Kramaschki 1995: 262f.) oder auch: um eine Ethik zweiter Ordnung, eine Beobachtung von Argumentationsweisen im Bereich der Ethik, die ihrerseits mit ethischen Absichten geschieht. Eine solche Beobachtung benennt die zentralen Vorbedingungen ethisch-moralischen Handelns, die auch für die Ethik der Medien Bedeutung besitzt. Als relevante Vorbedingungen und Prämissen ethisch-moralischen Handelns erscheinen demzufolge: die Annahme der Entscheidungsfreiheit des Einzelnen; die Betonung und Anerkennung von Eigenverantwortung, die jedem Individuum zugebilligt werden muss; die Bereitschaft zur dauerhaften Reflexion und produktiven (Selbst-) Verunsicherung (vgl. Baum/Scholl 2000: 93); die spezifische Verknüpfung von Erkenntnistheorie und Ethik, die nicht als striktes, zwangsweise gültiges Ableitungsverhältnis, sondern als Anregungsverhältnis aufgefasst wird. Mögliche gedanklich-konzeptionelle Fehler, die den eigenen Entwurf im Widerspruch zu konstruktivistischen Prämissen geraten lassen würden, sind: der Rekurs auf unbedingt gültige Begründungen (z. B. auch, wie einige Jahre unter Konstruktivisten in Mode, durch den Hinweis auf die Ergebnisse und Gewissheiten der Hirnforschung), ein moralisches Besserwissertum, Versuche, anderen die eigene Ethik-Konzeption aufzuzwingen, die Konkretion von moralisch-ethischen Orientierungen und Reflexionsanregungen in Richtung von inhaltlich gefüllten Vorschriften, Gesetzen, Imperativen. Damit zeigt sich: Es sind vor allem Meta-Reflexionen, Denkanstöße, die sich aus dem Konstruktivismus für die Medienethik gewinnen lassen. Sie mögen im Verhältnis zu einem konkreten Handlungsdruck als schwach und viel zu allgemein erscheinen, fast als Ausdruck von Resignation und einer theoriefaszinierten Gedankenflucht. Die merkwürdige Stärke und vielleicht auch Attraktivität einer konstruktivistischen Ethik der Ethikermöglichung besteht jedoch darin, dem anderen – und natürlich ist dies eine idealistische Setzung – zu vertrauen. Vermutlich ist dieses Ideal des mündigen, entscheidungsfähigen und verantwortlich agierenden Gegenübers überhaupt ohne vernünftige Alternative, wenn und solange von Ethik die Rede ist.

Literatur

Arndt, Adolf (1966): Die Rolle der Massenmedien in der Demokratie. In: Löffler, Martin (Hrsg.): Die Rolle der Massenmedien in der Demokratie. München; Berlin, S. 1-21.

Baum, Achim / Scholl, Armin (2000): Wahrheit und Wirklichkeit. Was kann die Journalismusforschung zur journalistischen Ethik beitragen? In: Schicha, Christian / Brosda, Carsten (Hrsg.): Medienethik zwischen Theorie und Praxis. Normen für die Kommunikationsgesellschaft. Münster, S. 90-108.

Bentele, Günther (1993): Wie wirklich ist die Medienwirklichkeit? Einige Anmerkungen zum Konstruktivismus und Realismus in der Kommunikationswissenschaft. In: ders. / Rühl, Manfred (Hrsg.): Theorien öffentlicher Kommunikation. Problemfelder, Positionen, Perspektiven. München, S. 152-171.

Berger, Peter L. / Luckmann, Thomas (1997): Die gesellschaftliche Konstruktion der Wirklichkeit. Eine Theorie der Wissenssoziologie. Unveränderter Abdruck der 5. Aufl. Frankfurt am Main.

Bolz, Norbert (2001): Weltkommunikation. München.

Boventer, Hermann (1992): Der Journalist in Platons Höhle. Zur Kritik des Konstruktivismus. In: Communicatio Socialis, 25. Jg., Heft 2, S. 157-167.

Foerster, Heinz von / Pörksen, Bernhard (1998): Wahrheit ist die Erfindung eines Lügners. Gespräche für Skeptiker. Heidelberg.

Hungerige, Heiko / Sabbouh, Kariem (1995): Let's Talk About Ethics. Ethik und Moral im konstruktivistischen Diskurs. In: Rusch, Gebhard / Schmidt, Siegfried J. (Hrsg.): Konstruktivismus und Ethik. DELFIN 1995. Frankfurt am Main, S. 123-173.

Kramaschki, Lutz (1995): Wie universalistisch kann die Moralphilosophie diskutieren? Hinweise aus radikalkonstruktivistischer Sicht. In: Rusch, Gebhard / Schmidt, Siegfried J. (Hrsg.): Konstruktivismus und Ethik. DELFIN 1995. Frankfurt am Main, S. 249-275.

Maturana, Humberto R. (1998): Biologie der Realität. Frankfurt am Main.

Maturana, Humberto R. / Pörksen, Bernhard (2002): Vom Sein zum Tun. Die Ursprünge der Biologie des Erkennens. Heidelberg.

Merten, Klaus (1993): Kommentar zu Klaus Krippendorff. In: Bentele, Günther / Rühl, Manfred (Hrsg.): Theorien öffentlicher Kommunikation. Problemfelder, Positionen, Perspektiven. München, S. 52-55.

Mitterer, Josef (2001): Die Flucht aus der Beliebigkeit. Frankfurt am Main.

Pörksen, Bernhard (2002a): Die Gewissheit der Ungewissheit. Gespräche zum Konstruktivismus. Heidelberg.

Pörksen, Bernhard (2002b): „In einer Welt der Simulation wird das Reale zur Obsession." Im Gespräch mit Norbert Bolz. In: Communicatio Socialis, 35. Jg., Heft 4, S. 439-458.

Pörksen, Bernhard (2002c): „Wir selbst sind Konstrukte." Gerhard Roth über die Entstehung der Wirklichkeit im Gehirn, eine bewusstseinsunabhängige Realität und die Verbindung von Neurobiologie und Philosophie. In: Pörksen, Bernhard: Die Gewissheit der Ungewissheit. Gespräche zum Konstruktivismus. Heidelberg, S. 139-165.

Pörksen, Bernhard (2006): Die Beobachtung des Beobachters. Eine Erkenntnistheorie der Journalistik. Konstanz.

Saxer, Ulrich (1992): Thesen zur Kritik des Konstruktivismus. In: Communicatio Socialis, 25. Jg., Heft 2, S. 178-183.

Schmidt, Siegfried J. (1994): Kognitive Autonomie und soziale Orientierung. Konstruktivistische Bemerkungen zum Zusammenhang von Kognition, Kommunikation, Medien und Kultur. Frankfurt am Main.

Schmidt, Siegfried J. (2000): Kalte Faszination. Medien – Kultur – Wissenschaft in der Mediengesellschaft. Weilerswist.

Weber, Stefan (1999): Wie journalistische Wirklichkeiten entstehen. Salzburg.

Weber, Stefan (2000): Was steuert Journalismus? Ein System zwischen Selbstreferenz und Fremdsteuerung. Konstanz.

Weischenberg, Siegfried (1995): Journalistik. Theorie und Praxis aktueller Medienkommunikation. Band 2: Medientechnik, Medienfunktionen, Medienakteure. Opladen.

Weischenberg, Siegfried (1998): Journalistik. Theorie und Praxis aktueller Medienkommunikation. Band 1: Mediensysteme, Medienethik, Medieninstitutionen. 2., überarb. und aktual. Aufl. Opladen; Wiesbaden.

Winter, Wolfgang (1999): Theorie des Beobachters. Skizzen zur Architektonik eines Metatheoriesystems. Frankfurt am Main.

Systemtheorie

Armin Scholl

1 Einführung und Problemstellung

In der Theorie sozialer Systeme werden Ethik und Moral ‚theoriebautechnisch' an sekundärer Stelle eingeführt. Damit ist keine Abwertung ihrer Relevanz gemeint, sondern dass funktionale Aspekte den ethischen, moralischen, praktischen Aspekten vorgelagert sind (vgl. Luhmann 2008b: 153ff.), sodass die Systemtheorie selbst keine Ethik entwirft (vgl. Luhmann 2008g: 271). Vielmehr gibt sie die systemischen Bedingungen an, unter denen Moral ihre Geltung hat; sie beobachtet, wie Ethik und Moral in der Gesellschaft kommunikativ gehandhabt werden. Demzufolge kann Ethik, wenn sie systemtheoretisch betrieben wird, Moral nicht begründen, sondern nur die in der Gesellschaft empirisch vorfindbare und praktizierte Moral reflektieren (vgl. ebd.: 272). Man kann an einigen Stellen sogar den Eindruck gewinnen, dass Luhmann geradezu ethik- und moralfeindlich argumentiert, wenn er vor den Gefahren moralischer Kommunikation warnt (vgl. Luhmann 2008f: 266; 2008i: 371) oder den Geltungsbereich von Moral in der Gesellschaft stark relativiert (vgl. Luhmann 2008c: 174; 2008d: 186.).

An dieser Stelle könnte man bereits – voreilig – die Ausführungen abbrechen, weil die Systemtheorie selbst offensichtlich nichts zur Formulierung und Begründung von ethisch-moralischen Normen beiträgt, sondern deren Einsatz und deren Wirkweise nur beobachtet und analysiert.[1] Dies unterscheidet sie grundlegend von der Diskursethik, wie sie von Jürgen Habermas entworfen wurde, denn die Diskursethik leitet aus der Sprache und den Geltungsansprüchen der Kommunikationsteilnehmer *formale* Normen ab, die in einer idealen Sprechsituation, in welcher Diskurse stattfinden können, praktiziert werden.[2] Die Theorie sozialer Systeme unterscheidet sich aber auch von den (ihr benachbarten) radikal-konstruktivistischen Überlegungen zur Ethik: Im Konstruktivismus wird zwar ebenfalls kein striktes Ableitungsverfahren von analyti-

---

1 Diese normative Enthaltsamkeit sollte nicht mit Werturteilsfreiheit verwechselt werden (vgl. Luhmann 2008g: 270), denn auch die Systemtheorie will durchaus dazu beitragen, praktische Aussagen über den Einsatz von Moral zu machen, nur „wird die Moral selbst kontingent gesetzt und auf funktionale Äquivalente hin befragbar" (Luhmann 2008b: 101).

2 Vgl. den Beitrag von Brosda zur Diskursethik in diesem Band.

schen Aussagen zu normativen Aussagen angenommen, aber immerhin ein gewisses Bedingungsverhältnis unterstellt, das zu einer „impliziten Ethik" führt.[3]

Im folgenden Beitrag soll es trotz dieser Ethikskepsis oder Moralenthaltsamkeit um die systemtheoretischen Bemühungen zu ethischen Fragestellungen im Journalismus gehen, denn auch die (systemischen) Bedingungen, unter denen sich Ethik entfaltet, verdienen eine genauere Analyse. Dazu soll zuerst die Position Luhmanns rekonstruiert werden, sodann die Journalismustheorien von Rühl, Saxer und Weischenberg, die sich der Theorie sozialer Systeme verpflichtet oder nahe fühlen, skizziert werden, um abschließend die Bedeutung der systemtheoretischen Analyse ethischer Fragestellungen im Journalismus konkretisieren zu können.

2 Normen, Moral und Ethik aus systemtheoretischer Perspektive

2.1 Normen

Ausgangspunkt der systemtheoretischen Überlegungen wie auch der Ethik ist die Frage, wie soziale Ordnung möglich ist. Soziale Situationen sind komplex (es gibt mehr Möglichkeiten des Verhaltens, als tatsächlich realisiert werden) und kontingent (es wären auch andere Verhaltensweisen möglich gewesen). Komplexität und Kontingenz überfordern deshalb das Erwarten der (sozialen) Akteure. Gemeinsam ist der Systemtheorie und der Ethik weiterhin, dass Normen für soziale Ordnung bedeutsam sind. Sie schaffen Erwartungssicherheit angesichts der sozialen Komplexität und Kontingenz. Erwartungssicherheit ist dabei nicht schon Erfüllungssicherheit, denn die normativen Erwartungen können in jeder Situation auch enttäuscht werden. Außerdem können in komplexen Gesellschaften Normen in Konflikt miteinander geraten, so dass sich Normierungen gegenseitig limitieren (vgl. Luhmann 2008a: 29, 43f.).

Dann trennen sich jedoch die argumentativen Wege von Systemtheorie und Ethik, denn das Sollen lässt sich systemtheoretischer Logik gemäß nicht aus höheren Normen ableiten (vgl. Luhmann 2008a: 27). Luhmann schwenkt an dieser Stelle um von der normativen auf die funktionale Perspektive. Normen definiert er als „kontrafaktisch stabilisierte Erwartungen" (Luhmann 2008a: 39), bei deren Enttäuschung der Erwartende seine Erwartungen nicht ändern muss, weil er demjenigen, der die Norm nicht eingehalten hat, die Schuld für die Enttäuschung zuschieben kann (vgl. Luhmann 2008a: 40).[4] Man kann dann mit Sanktionen drohen, wenn die Norm weiterhin gebrochen wird, man kann die normwidrigen Verhaltensweisen skandalisieren oder die (zukünftige) Normerfüllung einfach anmahnen (vgl. Luhmann 2008a: 42). In komplexen Gesellschaften werden die normativen Verhaltenserwartungen institutio-

3 Vgl. den Beitrag von Pörksen zum Konstruktivismus in diesem Band.

4 Das Gegenstück zu normativen Erwartungen sind kognitive Erwartungen, bei deren Enttäuschung der Erwartende seine Erwartungen ändern muss, also lernen muss.

nalisiert. Der Konsens über die betreffende Norm wird vorweggenommen und unterstellt (vgl. Luhmann 2008a: 45).

2.2 Moral

Die Bildung von Normen und normativen Erwartungen muss noch nicht bedeuten, dass dabei Moral im Spiel ist, denn Normen können auch rechtlich oder einfach konventionell bzw. rituell geregelt werden (vgl. Luhmann 2008a: 46f., 54f.). Um speziell Moral zu definieren und von Recht und Konvention (Brauch usw.) abzugrenzen, setzt Luhmann in der basalen Interaktion an: Entscheidend für die moralische Ausformung (nicht notwendigerweise Ausbildung!) von sozialen Systemen (hier zunächst: Interaktionssysteme) ist die wechselseitige *Achtung* der Handelnden oder Kommunizierenden. „Mit Achtung wird ... der gelungene Einbau des jeweiligen Alter [Anderen, A.S.] in die operative Identität des eigenen Ich [honoriert].“ (Luhmann 2008b: 111) Es geht also um eine Art Empathiefähigkeit, die sich allerdings nicht darin erschöpft, dass man sich auf die Handlungsweisen des Anderen einstellt, sie sozusagen strategisch in das eigene Kalkül einbezieht, sondern um die Einbeziehung des Anderen als (ganze) Person und die daraus folgende Rücksichtnahme. Moral ist folglich ‚Achtungskommunikation‘, die auch die Kommunikation über die Bedingungen der Achtung mit einschließt (vgl. Luhmann 2008b: 112).

Moralische Kommunikation ist symmetrisch[5], weil sie für beide Seiten und alle weiteren, denen sie zugemutet wird, gilt. Demnach ist die Selbstbindung eine Implikation moralischer Kommunikation. Ohne sie wird Moral als bigott empfunden. Beide, Symmetrie und Selbstbindung, bewirken die soziale Inklusion und damit gesellschaftliche Bindewirkung von Moral. Dies ist deshalb nicht selbstverständlich, weil Missbilligung oder Missachtung eben nicht das Gegenteil, also Exklusion, bewirken, denn nicht-moralisches Handeln ist immer noch gesellschaftlich. Moral muss also Wege finden, mit ihrer Nichtbeachtung umzugehen, etwa durch Verachtung oder Verurteilung unmoralischen Handelns bzw. der Person, die unmoralisch handelt (vgl. Luhmann 2008g: 277ff.).

Moralische Kommunikation verläuft dabei (oder sollte man sagen: deshalb) entlang des bivalenten Werteduals gut und schlecht (oder gut und böse), wonach alle Handlungen, Charaktereigenschaften usw. der Handelnden als Personen beurteilt werden. Überträgt man diese Definition von Moral aus der interaktiven Beziehung auf die Gesellschaft, so kann man sagen, dass die Gesamtheit der faktisch praktizierten Bedingungen wechselseitiger Achtung (oder Missachtung) die Moral einer Gesellschaft

5 Sie sollte nicht verwechselt werden mit der asymmetrischen Achtung oder Anerkennung von Leistungen oder Fähigkeiten, weil hier der Anerkannte oder Geachtete eine Fähigkeit besitzt oder eine Leistung erbracht hat, die der Achtende oder Anerkennende in der Regel nicht hat. Aus dieser Art der Anerkennung ergibt sich auch keine Selbstbindung für eine der beiden Seiten (vgl. Luhmann 2008g: 277).

bestimmen (vgl. Luhmann 2008b: 107). Dabei ist das Dual „gut/böse" kein Supercode, weil zwar jede Situation moralisch bewertbar ist, aber nicht notwendig *nur* moralisch bewertet werden muss (vgl. Luhmann 2008b: 116). Dennoch gilt: „Die spezifische Funktion der Moral liegt, allein schon wegen ihrer Interaktionsbindung, im Gesellschaftssystem zu zentral, als daß sie über Sondersystembildung und operative Technisierung ausdifferenziert werden könnte mit der Folge, daß es ein Sozialsystem Moral neben anderen gäbe." (Luhmann 2008b: 116f.)

Hintergrund dieser Positionierung von Moral in der Gesellschaft sind zum einen der Funktionalismus der Systemtheorie und zum anderen die evolutionstheoretische Beschreibung von Gesellschaft. Luhmann geht davon aus, dass die moderne Gesellschaft dadurch gekennzeichnet ist, dass sie funktional ausdifferenziert ist.[6] Dies bedeutet, dass die Gesellschaft aus verschiedenen Funktionssystemen wie Politik, Wirtschaft, Recht, Erziehung, Wissenschaft, Religion, Gesundheit usw. besteht, die jeweils exklusive Funktionen für die Gesellschaft erfüllen. Dadurch sind die Funktionssysteme *operativ* geschlossen[7]; sie operieren nach ihren eigenen Regeln, und kein anderes System kann die Funktion eines betreffenden Systems übernehmen. Dies steigert die gesellschaftliche Leistungsfähigkeit, macht aber die gesellschaftliche Entwicklung auch riskant, weil sie sich den Ausfall keines Systems erlauben kann. Die Systeme stehen – im Unterschied etwa zu einer stratifikatorischen Gesellschaftsvorstellung – nicht in einer hierarchischen Beziehung (wie wir sie aus dem Basis-Überbau-Verhältnis in der Philosophie von Karl Marx kennen), wenngleich sie zahlreiche wechselseitige Leistungsbeziehungen unterhalten und sich *strukturell* überschneiden.

Moral, so kann man das obige Zitat interpretieren, erfüllt also zum einen eine spezifische Funktion, die darin besteht, soziale Ordnung durch Achtung zu regeln[8], sie lässt sich aber nicht als Teilsystem der Gesellschaft ausdifferenzieren. „Ihre Funktion liegt dafür zu tief, sie ist zu sehr mit den Prozessen der Bildung sozialer Systeme verquickt, als daß sie einem Sozialsystem zur besonderen Pflege übertragen werden könnte." (Luhmann 2008b: 154) Sie kann auch nicht in Form einer Schwerpunkt-Organisation sozusagen aus der Gesellschaft herausgegriffen werden wie etwa Unternehmen für das Wirtschaftssystem, Krankenhäuser für das Gesundheitssystem, Universitäten für die Wissenschaft, Parteien für die Politik usw., weil der Bedarf für moralische Kommunikation überall auftreten kann. Dies bedeutet jedoch nicht, dass

---

6 Frühere Gesellschaftsformen waren hauptsächlich segmentär oder später stratifikatorisch organisiert. Auch die moderne Gesellschaft weist Strukturen segmentärer (Beispiel Familien) und stratifikatorischer (Beispiel soziale Ungerechtigkeiten) Differenzierung auf, die funktionale Differenzierung dominiert aber bzw. ist diesen Strukturen vorgelagert.

7 Diese Vorstellung von der operativen Geschlossenheit wird gerne zum Anlass genommen, der Systemtheorie eine gewisse Starre oder Statik zu unterstellen, wenn nicht gar Konservatismus. Dabei wird jedoch regelmäßig übersehen, dass die Theorie sozialer Systeme eine Prozesstheorie ist, die von dynamischen und offenen Strukturen ausgeht. Die operative Geschlossenheit ist notwendige Voraussetzung für strukturelle Offenheit, sonst würde es keinen Sinn machen, Systeme durch einen Beobachter überhaupt identifizieren zu wollen.

8 Luhmann (2008b: 124) spricht davon, dass „Ego/Alter-Synthesen durch Achtung zu indizieren" seien.

Moral eine gesellschaftlich hervorragende Rolle einnehmen würde, sondern ganz im Gegenteil, dass die Funktionssysteme der Gesellschaft primär nach je eigenen Codes operieren, die für sich moralfrei sind. Moral kommt auf der Ebene der Funktionssysteme erst wieder ins Spiel, wenn die Funktionssysteme ihre Effekte, die sie auf andere Funktionssysteme oder die Gesellschaft haben, nicht kontrollieren (können) und damit dysfunktionale Schäden erzeugen. Dann werden Politiker, Unternehmer, Wissenschaftler oder Erzieher mit moralischen Fragen konfrontiert: „Die Moral *expandiert* durch Einbeziehung von Nebenfolgen, sie wird *eingeschränkt* durch Zumutbarkeitserwägungen." (Luhmann 2008b: 161; Hervorhebung A.S.)

2.3 Ethik

War im vorigen Absatz das Auseinandertreten von Systemtheorie und Ethik die Rede, so ist dies jedoch nicht das letzte Wort. Luhmann (2008f: 256) schlägt eine Kooperation soziologischer Gesellschaftstheorie (Systemtheorie) und ethischer Reflexion vor. Wenn durch Moral in Form des Duals Achtung/Missachtung die ganze an der Kommunikation beteiligte Person (vgl. Luhmann 2008f: 257) empirisch handhabbar gemacht wird, dann kann sich Ethik davon frei machen, selbst moralische Vorgaben zu entwickeln und stattdessen (gesellschaftlich vorfindbare) Moral beschreiben und analysieren. Ethik wäre demnach eine Reflexionstheorie von Moral (vgl. Luhmann 2008f: 257; Luhmann 2008g: 272).

Dies führt zu einigen Umstellungen der Aufgaben von Ethik. Ethik müsste dann nicht nur über Moral reflektieren, sondern auch die Strukturen des Gesellschaftssystems mitreflektieren. „Die Ethik könnte eine Vermittlerfunktion übernehmen – etwa als gesellschaftliche Sprecherin der Moral, aber auch als Übersetzerin gesellschaftlicher Anforderungen an die Moral." (Luhmann 2008g: 282)

Dies hat zur Folge, dass Ethik den Anwendungsbereich von Moral limitiert bzw. von den vorfindbaren Gesellschaftsstrukturen abhängig macht. In bestimmten Fällen würde Ethik sogar vor der Anwendung moralischer Kommunikation warnen (vgl. Luhmann 2008f: 266). Der Grund hierfür liegt in der Ambivalenz von Moral. Zwar erfüllt sie für die Gesellschaft die Funktion der Interaktionsbindung, moralische Kommunikation ist aber auch „riskant, weil sie sehr rasch zur Fixierung von Positionen, zur Intoleranz und zum Konflikt führt." (Luhmann 2008i: 368) Gerade verständigungsorientierte Kommunikation bei konflikthaltigen Themen müsste sich mit moralischen Urteilen zurückhalten – eben weil Moral die ganze Person einbezieht und die sachbezogenen Argumente damit möglicherweise überlagert (vgl. Luhmann 2008h: 358f.).

Aus der Perspektive der Funktionssysteme gesehen, ergibt sich das komplementäre Bild: Funktionssysteme halten sich aufgrund ihrer je eigenen Codes (operative Geschlossenheit) von moralischen Implikationen frei, sind Moral gegenüber indifferent. Aber auch hier ist die Systemtheorie nicht einseitig und versteht funktionale Analyse als Schutzschild für Funktionssysteme gegenüber moralischen Zumutungen, denn Indifferenz ist eben nicht gleichbedeutend mit Immunisierung. Moral wird in jedem Funktionssystem durch dieses respezifiziert; es gibt also keinen gesellschaftseinheitlichen moralischen Metacode, sondern die Strukturbedingungen der jeweiligen Funktionssysteme gehen eigenständig oder eigenartig mit Moral um (vgl. Luhmann 2008g: 333). Man kann aus den vielfältigen Rückgriffen sozialer Funktionssysteme nicht schließen, dass die Funktionssysteme auf Moral gegründet sind. „Eher liegt der umgekehrte Schluß nahe, daß das fluide Medium der Moral dort ankristallisiert, wo Funktionssysteme ihm eine Funktion geben können." (Luhmann 2008g: 334)

Für die Ethik bedeutet das aber nicht, dass sie eine Reflexionstheorie von Moral auf Teilsystembasis, also für jedes Funktionssystem der Gesellschaft gesondert, entwickelt. Vielmehr muss sich Ethik mit dem ganzen Code der Moral auf gesellschaftlicher Ebene befassen. Dies schließt dann aber auch die Folgen der Kommunikation von Missachtung ein. Ethik sollte dann sinnvolle Anwendungsbereiche von Moral spezifizieren und die Folgen mit der Differenzierung von Moralcode und Rechtscode abzufangen versuchen. Dies impliziert, Positionen und Institutionen zu entwickeln, mit denen man sich den Zumutungen von Moral auch entziehen kann, wenn dies sinnvoll ist (vgl. Luhmann 2008g: 336ff.).

3 Relevanz und Bedarf von Ethik im Journalismus

In der Journalismusforschung und Kommunikationswissenschaft ist die Beschäftigung mit ethischen Fragen aus systemtheoretischer Perspektive eher selten. Dies hängt damit zusammen, dass Luhmann selbst einen skeptischen Blick auf Ethik hat. In den folgenden Ausführungen sollen deshalb nur die Positionen von drei Journalismusforschern behandelt werden, die sich aus systemtheoretischer Perspektive mit Moral und Ethik im Journalismus[9] beschäftigt haben. Die ersten systematischen Ausführungen basieren auf einem gemeinsamen Aufsatz von Manfred Rühl und Ulrich Saxer anlässlich des 25jährigen Bestehens des Deutschen Presserates. Hinzu kommen weitere Aufsätze von Manfred Rühl, Ulrich Saxer und die Ausführungen von Siegfried Weischenberg[10], der seine systemtheoretische Argumentation in seinem Lehrbuch zur Journalistik systematisiert hat.

9 Man könnte diese Ausführungen auch auf andere, benachbarte (Teil-)Systeme wie Public Relations, Werbung oder Unterhaltung ausweiten, aber damit wäre nicht viel gewonnen für die grundsätzliche Problematik des Verhältnisses von Systemtheorie und Ethik. Zudem haben viele Überlegungen, die zwar auf das „Mediensystem" (insgesamt) ausgerichtet sind, eindeutige Referenzen auf den Journalismus, ganz so, als stünde der Journalismus pars pro toto für die Massenmedien insgesamt.

10 Bei Siegfried Weischenberg ist allerdings die systemtheoretische Referenz nicht ausschließlich zu finden, denn er hat seine ethischen Ausführungen oftmals eher aus einer konstruktivistischen Perspektive begründet. Das rührt daher, dass der Konstruktivismus eine größere Nähe zu ethisch-praktischen Fragestellungen hat als die distanzierte Systemtheorie. Siehe den Beitrag von Pörksen zum Konstruktivismus in diesem Band.

Zu klären sind im Folgenden der Gegenstand journalistischer Ethik, der Adressat von ethischen Anforderungen bzw. die Instanz der Verantwortlichkeit sowie die Prozeduren und Institutionen ethischer Normenbildung, Normenentwicklung, Normendiskussion, Normenüberwachung, Normensanktionen usw. Grundsätzlich resultiert der Bedarf nach Medienethik oder journalistischer Ethik aus den Folgeproblemen der fortschreitenden gesellschaftlichen Differenzierung. Daraus resultiert ein Orientierungsbedarf, der die Binnenverständigung innerhalb der Systeme und die Außenverständigung zwischen den gesellschaftlichen Funktionssystemen notwendig macht (vgl. Saxer 1991: 105). Auf den Journalismus und die Massenmedien übertragen, bedeutet dies, dass zunächst eine Bedarfsklärung erfolgen muss, also die Frage gestellt wird, welche internen Probleme des Journalismus (oder der Massenmedien insgesamt, je nachdem, wie weit man den Beobachtungsfokus setzt) und welche externen Probleme zwischen dem Journalismus und anderen Systemen mittels Ethik gelöst werden können (vgl. Rühl/Saxer 1981: 476). In Weiterführung von Luhmanns Soziologie der Ethik und der Moral gehen die Autoren nicht nur davon aus, dass die Differenzierung der modernen Gesellschaft auch die Ethik gemäß den jeweiligen gesellschaftlichen Subsystemen pluralisiert, sondern dass man aufgrund der funktionalen Pluralisierung und Spezifizierung sogar innerhalb des Journalismus und der Massenmedien mit unterschiedlichen Ethiken und unterschiedlichem Ethikbedarf rechnen muss, sodass zunehmend Partialethiken entstehen. Begründet wird diese Entwicklung mit der Heterogenität des Berufsfeldes (vgl. ebd.: 478f.).

Dies hat Konsequenzen für die Aufgabe von Ethik schlechthin: Eine solche Partialethik hätte dann vor allem miteinander konkurrierende Werte zu reflektieren und abzuwägen, also zu einer Art situationsspezifischem Räsonnieren anzuregen. Dementsprechend lehnen Rühl und Saxer (1981: 479f.) die Forderung oder Formulierung einer Gesamtethik ab und stellen die Absolutheitsansprüche einer solchen Gesamtethik unter Ideologieverdacht, weil sie nur einen informationsarmen und pauschalen Pseudokonsens zu formulieren in der Lage sei, der zur Lösung innersystemischer und außersystemischer Probleme unterkomplex und damit wirkungslos sei. Die Ablehnung einer Gesamtethik lässt sich auch mit den konkurrierenden Erwartungen an ethische Regulierungen begründen: Ethik soll einerseits einheitlich oder widerspruchsfrei sein, andererseits aber auch effizient und sanktionierbar. Die im Journalismus üblichen Ethikkodizes schwanken deshalb auch zwischen scheinbar widerspruchsfreien allgemeinen Deklarationen und möglicherweise wirksamen kasuistischen Fallregelungen. Weitere Widersprüchlichkeiten entdecken Rühl und Saxer zwischen den Kriterien der Autonomie und der Verantwortlichkeit oder zwischen Gesinnung und Nützlichkeit (vgl. ebd.: 481).

Ähnlich wie Luhmann weisen Rühl und Saxer der Ethik die Funktion zu, externe Regulierungen und Steuerungen abzuwehren. Allerdings setzt dieser Verzicht auf rechtliche oder staatliche Steuerungen voraus, dass das betreffende System in der Lage ist, sich selbst zu steuern und seine Wirkungen auf die Umwelt zu kontrollieren, also auf den Missbrauch seiner Freiheit zu verzichten. Demnach besteht ein Legitimationsdruck auf die journalistische Ethik und ihre Realisierung (vgl. ebd.: 481). Die Autoren gehen sogar so weit, dass die bestehenden Ethiken nicht notwendigerweise Ausdruck der Problemlösung oder des realen Steuerungspotenzials dieser Ethiken sein müssen, sondern umgekehrt den Legitimationsbedarf des betreffenden Berufs (hier: des Journalismus) deutlich machen (vgl. ebd.: 477).[11] In dieser Argumentation wird deutlich, warum aus systemtheoretischer Perspektive der Wert von Ethik nicht nur an der Gültigkeit der Normen, sondern vor allem an der Effektivität ihrer Durchsetzung und Sanktionierbarkeit gemessen wird, so dass diese Problematik sogar der Ausgangspunkt für journalismus- und medienethische Überlegungen schlechthin ist (vgl. Saxer 1984: 23).[12]

Das Verhältnis von Ethik und Recht ist jedoch nicht nur durch Konkurrenz geprägt, sondern es ist vielfältiger. Neben dem Ziel, mit Ethik die berufliche Autonomie zu wahren und rechtliche Eingriffe abzuwehren, kann Ethik auch als Vorform oder Ergänzung zur entsprechenden Rechtsetzung dienen (vgl. Rühl/Saxer 1981: 478). Darüber hinaus verdoppeln und verstärken sich beide Regelungsinstrumente gelegentlich auch, wie man an einigen Ziffern des Pressekodex sehen kann, etwa wenn er sich auf die grundgesetzlich verbürgte Pressefreiheit beruft (vgl. ebd.: 499).[13] Wenn umgekehrt die Diskrepanz zwischen ethischen Ansprüchen und deren Realisierung zu groß wird, gibt es eine Tendenz zur Verrechtlichung, etwa in Form des Persönlichkeitsschutzes (vgl. Saxer 1996: 75). Man kann das Verhältnis von Recht und Ethik folglich als konkurrierenden, komplementären oder parallelisierenden Regelzusammenhang sozialer Prozesse verstehen (vgl. Rühl/Saxer 1981: 474).

Aus diesem Verhältnis ergibt sich die Frage, wie groß neben den anderen Steuerungsmechanismen der Bedarf nach ethischer Selbstverpflichtung der Medien(organisationen) und der Journalisten für die Optimierung ihrer Leistungsfähigkeit überhaupt ist (vgl. Saxer 1988: 269; Saxer 1996: 73f.). So weist auch Weischenberg in seiner Auseinandersetzung mit normativ-kritischen und normativ-ontologischen Ansätzen zur Begründung von Ethik an mehreren Stellen darauf hin, dass Ethik keinen Absolutheitsanspruch, der sozusagen über den Systemen stehe, verfolgen könne, sondern

11 Man kann diesen Sachverhalt positiver ausdrücken: Ethische Selbstverpflichtungen dienen der Gewinnung und dem Erhalt von Legitimation und bilden dadurch einen selbstverständlichen Bestandteil von Berufskulturen, auch des Journalismus. Insofern sind sie als Standesethiken verfasst und können gleichermaßen zur Öffentlichkeitsarbeit der betreffenden Profession genutzt werden (vgl. Saxer 1991: 106).

12 Daraus darf jedoch nicht vorschnell geschlossen werden, dass Systemstabilität ein normativer Wert an sich sei, dass die Systemtheorie somit hinterrücks Funktionalität normativ setze (vgl. Hausmanninger 2002: 282). Daraus dass die Denkrichtung vom System in Richtung (systemrelative) Ethik geht und nicht umgekehrt, ist keine normative Begründung ableitbar, sondern allenfalls eine empirische Zustandsbeschreibung der Effektivität bestimmter ethischer Ansätze (vgl. ausführlicher zu den Funktionen und Dysfunktionen Saxer 1996: 83ff.).

13 Die Autoren nutzen diese Doppelung als Argument zur Kritik am Pressekodex, weil die ethische Überhöhung der Pressefreiheit einseitig sei und nicht auf die gesellschaftlichen Verhältnisse bezogen werde (vgl. Rühl/Saxer 1981: 499). Man kann diese Redundanz zwischen Recht und Ethik aber auch positiv als Resonanzverstärkung interpretieren.

dass sie systemrelativ zu konzipieren sei bzw. nur systemrelativ überhaupt relevant werde (vgl. Weischenberg 2004: 196, 198, 203f., 206ff.).

Konzentriert man sich auf die journalistische Ethik selbst, lassen sich drei Ethiktypen ausmachen, die sich nach der Referenz für Zuschreibung ethischer Anforderungen unterscheiden: Die Individualethik delegiert Moral an und fordert moralische Verhaltensregeln von den einzelnen Journalisten; die Professionsethik ist konzipiert als Standesethik, die das berufliche Verhalten innerhalb der gesamten Berufsgruppe der Journalisten berechenbar machen will; und die Institutionenethik will die Maßstäbe für Medienbetriebe und ihre Verantwortlichen (Intendanten, Verleger usw.) erstellen (vgl. Weischenberg 2004: 217f.; ähnlich auch Saxer 1988: 271f.; Rühl/Saxer 1981: 488ff.).

Darüber wie effizient und sinnvoll diese verschiedenen Ethiktypen sind, gibt es innerhalb der systemtheoretischen Perspektive keine Einigkeit. Rühl und Saxer geben deutlich ihrer Präferenz für Organisations- oder Institutionenethik Ausdruck: Ethische Strukturen sind dann in organisatorische Strukturen eingebunden, so dass auf diese Weise journalistisches Handeln entlastet wird oder dem einzelnen Journalist gerade erst die Möglichkeiten eröffnet werden, nach moralischen Kriterien zu handeln. Je differenzierter und wirkungsmächtiger die ethische Selbststeuerung (im organisatorischen Kontext) funktioniert, desto eher kann die redaktionelle und journalistische Autonomie gewährleistet werden (vgl. Rühl/Saxer 1981: 489). Noch einen Schritt weiter geht Saxer (1988: 277) in seinen eigenen Aufsätzen, wenn er die Organisationsethik der Individualethik gegenüber für überlegener hält, weil sie konkreter formuliert werden kann und normalerweise komplexer und differenzierter ist als die „individuelle ethische Kompetenz vieler Journalisten". Er hält die Organisationsethik sogar für moralfähiger und durchsetzungsfähiger als die individuelle Ethik und begründet dies damit, dass größere und binnenkomplexere Medienorganisationen ethisch sensibler seien als kleinere, wenig ausdifferenzierte Redaktionen (vgl. Saxer 1991: 116). Aufgabe der Medienpolitik und der Medienorganisationen selbst sei es, „günstige Bedingungen für ein sittlich vertretbares Medien- und Journalistenhandeln zu schaffen." Medien- und Journalismusethik habe sich „vor allem in Richtung vermehrter Differenzierung, fundierterer theoretischer Herleitung[14], präziserer Formulierung und stärkerer Sanktionierung" zu entwickeln (Saxer 1996: 85; vgl. auch Saxer 1984: 26, 29).

Dagegen ist Weischenberg in Bezug auf alle Ethikebenen skeptisch und sieht einen grundlegenden Gegensatz zwischen systemischen Strukturen und ethischen Anforderungen, gerade weil Medienbetriebe Moral- und Ethik-Postulate entweder ins Leere laufen lassen oder eng an den wirtschaftlichen Erfolg koppeln, so dass Ethik immer dann zur Disposition gestellt wird, wenn sie sich wirtschaftlich nicht rechnet (vgl. Weischenberg 2004: 221).

14 Theoretisch fundiert wäre eine Ethik dann, wenn der jeweilige Systembezug als Rahmenbedingung und Zielorientierung ersichtlich wird (vgl. Saxer 1985: 46).

4 Moral und Ethik im Journalismus

Insbesondere Rühl und Saxer (1981: 482ff.) trennen klar zwischen Personalsystem[15] und Sozialsystem. Daraus ergeben sich auch unterschiedliche Adressaten für ethische Ansprüche und Anforderungen: das Personalsystem (der einzelne Journalist), das Organisationssystem (die Redaktion oder das Medienunternehmen) und das gesellschaftliche Funktionssystem (der gesamte Berufsstand des Journalismus). An dieser Stelle führen Systemtheoretiker den ethischen Grundbegriff der Verantwortung ein, der allerdings – analog zu den ethischen Anforderungen und Werten – nicht absolut gesetzt wird, sondern nach Personensystem (persönliche Verantwortlichkeit) und Sozialsystem (soziale Verantwortung) differenziert wird. Diese Trennung ist dabei keinesfalls nur theoretischer Natur, sondern wird für den Journalisten in praktischen Situationen seiner Berufsausübung relevant (vgl. Rühl 1996: 94f.). Als oberstes sittliches Prinzip wird analog zu Luhmann das Prinzip der Achtung gesetzt: „Funktion der Ethik ist es, die Bedingungen für wechselseitige Achtbarkeit, für die Achtung anderer und für die Selbstachtung zu garantieren, um damit für die laufende Stabilisierung der verschiedenen Kommunikationsverhältnisse zwischen den verschiedenen situativen System-Konstellationen personaler und sozialer Systeme zu sorgen.“ (Rühl/Saxer 1981: 488)[16] Diese Forderung impliziert eine klare Präferenz für Verantwortungsethik gegenüber Gesinnungsethik, wonach der Journalist die Folgen seines Handelns bedenken muss und versuchen muss, Schaden zu vermeiden (vgl. Saxer 1985: 47). Die Maxime der Achtung ist dabei nicht nur sittlich begründet, sondern wird konsequent sozialwissenschaftlich an die Funktion der Moral geknüpft; unklar bleibt allerdings ihre praktische Umsetzbarkeit (vgl. Weischenberg 2004: 217).

Diese systemtheoretische Perspektive bleibt selbst innerhalb der systemtheoretischen Argumentation nicht unwidersprochen. So weist Weischenberg kritisch auf die Grenzen der Verantwortungsethik hin, wenn er sie irgendwo zwischen kausaler Handlungsverantwortung (analog zur Verursachung eines Unfalls) und Fähigkeitsverantwortung (als bloße berufliche Kompetenz) vermutet. Analog zur sozialen Verantwortung greift er auf das normative Konzept der Sozialverantwortung (des Journalismus und der Medien) zurück, das aber weit umfangreicher als eine rein organisationsbezo-

15 Der Begriff „Personalsystem“ ist nicht ganz eindeutig, denn dies ist nicht notwendigerweise dasselbe wie das Individuum. Im Sinne Luhmanns kann man nicht einfach Individuum und Gesellschaft (oder soziales System) sozusagen auf Augenhöhe einander gegenüberstellen. Vielmehr handelt es sich um völlig getrennte Ebenen. Eine Gesellschaftstheorie wie die Systemtheorie kann Individualität wiederum nur als Produkt der Gesellschaft betrachten, also aus der sozialen Perspektive (und eben nicht aus der Perspektive des Individuums).

16 Auch der Kommunikationssoziologie Andreas Ziemann argumentiert mit dem Code Achtung/Missachtung in Bezug auf die Massenmedien (vgl. Ziemann 2006: 72-85), stellt jedoch einen ganz anderen Zusammenhang her: Ihm geht es nicht um ethische Fragen, welche den Journalismus oder andere Medienberufe bei ihrer Ausübung betreffen, sondern um die Thematisierung von Moral und Ethik in den Massenmedien. Die Problematik, wie die massenmediale Thematisierung von Moral diese selbst (weiter)entwickelt und gesellschaftlich verändert, wird hier nicht weiter verfolgt, ist aber ein relevantes Thema für die Medieninhalts- und Medienwirkungsforschung.

gene Sozialverantwortung gemeint ist und als eine Art gesellschaftlicher Pakt zu verstehen ist, der normativ durch die Gesetzgebung (etwa in Form der Urteile des Bundesverfassungsgerichts) unterstützt wird (vgl. Weischenberg 1992: 507f.). Sozialverantwortung ließe sich in der Berufspraxis verstehen als Verantwortung der Journalisten für den sozialen Dialog über die gesellschaftlichen Probleme (Interessen, Sorgen und Nöte der Bevölkerung). Dies impliziert auch, dass Journalisten konfliktbereit sein müssen, um diesen Dialog (Diskurs) aufrechtzuerhalten, wenn er gefährdet ist, etwa durch Herrschaftsinteressen (vgl. Weischenberg 1994: 175).

Das Konzept der Sozialverantwortung flankiert Weischenberg mit der kognitiven Verantwortung für die eigene Wirklichkeitskonstruktion der Journalisten. Damit ist keine Referenz auf die Wirklichkeit selbst gemeint, sondern die im Konstruktivismus formulierte Verantwortlichkeit für die unausweichliche Beobachterabhängigkeit von Erkenntnis schlechthin. Im Journalismus ist diese Wirklichkeitsreferenz die Faktizität (im Unterschied zur Fiktionalität in der Unterhaltung oder der Literatur). Dem Konsens über die Wirklichkeitsbezüge des Journalismus verdankt das System seine Existenz (Identität). Faktizität ist aus dieser Perspektive jedoch nicht gegeben, sondern wird ihrerseits immer wieder hergestellt (konstruiert), auch durch Faktizität herstellende Darstellungsformen (wie Meldung und Bericht), und ist letztlich messbar an der Glaubwürdigkeit dieser Konstruktion (die wiederum vom Publikum zugesprochen wird). Ethisch problematisch wird diese Konstruktion nicht, weil sie mit einer externen Realität nicht in Einklang ist (diese Prüfung ist aus konstruktivistischer Perspektive nicht möglich), sondern wenn Nachrichten durch bestimmte darstellerische Mittel fiktionalisiert werden (vgl. Weischenberg 1992: 523; Weischenberg 2004: 228f.).[17]

Das Systemtheoretische dieser an sich eher konstruktivistischen Argumentation besteht darin, dass es Weischenberg um die Reflexion der Systemzusammenhänge geht (vgl. Weischenberg 1992: 521ff.) und nicht um die Erstellung einer allgemeinen Ethik. Der Journalismus sollte deshalb stets an seinen eigenen Möglichkeiten und im Rahmen seiner basalen Selbstreferenz beurteilt werden, denn die Zirkularität der Operationen des Systems ist prinzipiell unaufhebbar. Journalistische Ethik gibt deshalb immer auch Auskunft über die Grenzen des Systems Journalismus (vgl. Weischenberg 1994: 179, 181, 185). Die Gelegenheit für die Thematisierung berufsethischer Fragen sieht Weischenberg am ehesten während und nach Medienaffären, weil Journalismus, wenn er über sich selbst berichterstattet, dies eben wieder journalistisch, also aktualitätsbezogen, praktiziert (vgl. Weischenberg 1992: 508). Damit medienethische Debatten aber nicht nur von Einzelereignissen abhängen, sondern auf Dauer gestellt werden können und auch den Normalbetrieb der Berufsausübung umfassen, muss bereits bei der journalistischen Ausbildung die ethische Reflexionsfähigkeit, die Übernahme von Verantwortlichkeit für die eigene Wirklichkeitskonstruktion eingeübt werden (vgl. Weischenberg 1992: 524; Weischenberg 1994: 186f.; Weischenberg 2004: 224, 228).

---

17 Wir verlassen mit dieser Argumentation bereits die strikte systemtheoretische Argumentation in Richtung Konstruktivismus. Weischenberg nennt seine Ethikkonzeption dementsprechend auch „konstruktivistische Systemtheorie" (Weischenberg 1992: 507).

Während die Argumentation bei Rühl und Saxer an den Leitwert der Achtung anschließt, diesen normativ verwendet, was bei Luhmann selbst nicht unbedingt so angelegt ist, und für die praktische Umsetzung in erster Linie eine organisatorische Verantwortung bei den Medienbetrieben selbst sieht, koppelt Weischenberg die ethischen Anforderung in Form der Verantwortung für die Konstruktion der eigenen Wirklichkeitsbezüge an beruflich konsentierte Normen (Trennung von Nachricht und Kommentar, Nachprüfbarkeit von Quellen usw.), die zudem gut formalisierbar sind (durch die journalistischen Darstellungsformen).

Beiden Argumentationsstrategien ist gemeinsam, dass sie ethische Probleme nicht ausschließlich am Individuum festmachen, dieses aber durchaus – entgegen der landläufigen Kritik an der Systemtheorie – in die ethischen Überlegungen mit einbeziehen (vgl. Weischenberg 2004: 232). Gemeinsam ist beiden Ansätzen weiterhin, dass sie sich nicht auf die Formulierung ethischer Sollenssätze allein verlassen, sondern diese an bestehende (funktionierende) systemische Strukturen anbinden (wenngleich sie dies mit anderen Schwerpunkten unternehmen). Typisch für diese systemtheoretische Vorgehensweise ist es, ethische Normen nie ohne deren Geltungsbereich zu denken und zu begründen. Gültigkeit und Effizienz gehen hier Hand in Hand.

5 Kritik und Fazit

Ethik wird gemeinhin als Reflexionstheorie oder Reflexionsinstanz von Moral, also von praktisch-normativen Sollvorstellungen, definiert. Insofern wird ihr bereits ein Beobachterstatus zugesprochen, wie er typisch für die Systemtheorie ist. Dennoch wird Ethik als Bereich der praktischen Philosophie immer auch so verstanden, dass sie selbst Normen formuliert und diese nicht einfach nur beobachtet – sonst wäre sie eine Art Meta-Ethik (vgl. Leschke 2001: 144). Mit der externen Beobachtung kann die Systemtheorie dienen, zur praktischen Begründung von Normen hat sie nichts zu sagen, denn die für Systemtheorie typische und selbstverpflichtende Beobachtung zweiter Ordnung entzieht sich dem direkten Handlungsvollzug (vgl. Weischenberg 2004: 209). Für die Systemtheorie ist nicht allein die geltende Norm (inhaltlich sowie die externen Bedingungen für die Geltung der Norm) interessant, sondern auch die Kontingenz des Geltungsbereichs, also warum bestimmte Normen zwar vorhanden sind (im Sinn von kommuniziert werden), aber im relevanten Handeln nicht oder wenig beachtet werden. Demnach wäre die Trennung zwischen (normativer) Gültigkeit einer Norm und (faktischer) Wirksamkeit nicht strikt zu vollziehen, weil beide in einem kontingenten Verhältnis zueinander stehen. Denn: Normen spielen sich generell im Bereich zwischen vollständiger faktischer Wirksamkeit (dann sind sie praktisch trivial, es sei denn, sie sind erzwungen) und keinerlei Wirksamkeit (dann sind es für die Handlungspraxis irrelevante Utopien) ab. Dazwischen werden Gültigkeit und Geltung austariert. Berufliche Normen wie die journalistische Trennungsnorm (zur Fiktion, PR oder Werbung) sind gleichzeitig systemische Notwendigkeiten, weil Systeme sich über ihre Differenz zur Umwelt definieren und konstituieren, und ethische Forderungen: Wie eingeschränkt oder uneingeschränkt wird ihre Geltung gefordert (ethisch) oder operativ realisiert (systemanalytisch)? Die Systemtheorie interessiert sich vor allem für die Operationsweise von Ethik und ihren für das System konstitutiven Beitrag.

Auf der beruflichen Ebene wird Ethik in der Regel als Mechanismus zur systemischen Selbstregulation zur Abwehr von Fremdregulation (hier: durch das Recht) angesehen. Auf der anderen Seite werden ethische Ansprüche aber auch extern, also aus der Umwelt, an das System herangetragen. Dabei handelt es sich um systemexterne Perturbationen, die in systeminterne ethische Reflexionen respezifiziert werden, oder sie werden im System als dem System gegenüber unangemessen zurückgewiesen (als „weltfremd" und „unrealistisch"). Ethische Reflexion kann zur Rationalität von Systemen beitragen als re-entry systemexterner Einflüsse. Ethik wird dabei systemspezifisch reflektiert und angewendet, im Journalismus etwa kasuistisch, weil Journalismus selbst (ähnlich wie die anderen Teilsysteme von Öffentlichkeit auch) ereignisbezogen operiert (im Unterschied etwa zur generalisierenden und abstrahierenden Wissenschaft). Ethik dient, das kann man zusammenfassend feststellen, der Systemkonstitution, insofern als sie berufsspezifisch die Innenseite der Differenz oder Grenze zur Umwelt bezeichnet und damit Bestandteil der Profession(alisierung) ist (zusammen mit weiteren Reflexionskomponenten wie Qualität und Qualitätssicherung, wie Bildung, Ausbildung und Weiterbildung usw.). Sie kann aber auch unmarkiert als bloße Perturbation (Irritation) an die Außengrenze des Systems platziert werden.

An den praktischen Vorschlägen zur Ethik des Journalismus oder den Medien wird aus zwei Perspektiven Kritik geäußert. Die eine Perspektive wirft den gängigen systemtheoretischen Ethikkonzepten mangelnde Konsistenz bzw. Übereinstimmung mit den systemtheoretischen Prämissen vor. Das Einfordern der Verantwortung von Journalisten (als Personen) sei theoretisch inkonsistent, die Trennung von Personal- und Sozialsystem nicht durch Luhmanns Theorie sozialer Systeme gedeckt. Ähnlich lautet auch die Kritik an der Norm der Achtung, die ihrerseits nicht systemspezifisch sei und deshalb nicht für eine journalistische Ethik reklamiert werden könne, wenn gleichzeitig eine systemspezifische Ethik gefordert werde (vgl. Leschke 2001: 149f., 155). Diese Kritik betrifft auch Weischenbergs Wechsel zur konstruktivistischen Ethik, die zwar eine Nähe zur systemtheoretischen Ethik aufweist, diese aber deutlich erweitert und vielleicht sogar teilweise zu ihr im Widerspruch steht.

Die zweite Perspektive der Kritik setzt an den normativen Defiziten der systemtheoretischen Ethikkonzeption an. Diese gerieten durch ihre Kopplung an funktionale Erfordernisse in eine affirmative Rolle als implizite Beherrschungstechnik. Die systemische Autonomie habe keinen Blick für Widersprüche etwa zwischen individueller Autonomie des Journalisten und organisatorischer Autonomie der Redaktion oder des Medienunternehmens (vgl. ebd.: 149f., 152). Journalistische Ethik werde durch die systemische Relativierung gerade ihrer Legitimationskraft beraubt, wenn sie auf eine Sozialtechnik reduziert und funktional uminterpretiert werde (vgl. Boventer 1984: 38, 41, 45; Boventer 1985: 59, 66). In der Tat entsteht durch die Beispiele, die Luhmann

(2008c, 2008d, 2008e), aber auch Rühl und Saxer anführen, oft der Eindruck einer konservativ-affirmativen Perspektive. Soll dieser Eindruck vermieden werden, bleibt dann wohl nichts anderes übrig, als mit Luhmann an Luhmann vorbei zu denken (nicht über ihn hinweg zu denken), statt ihm in jeden Winkel hinein zu folgen.

Ferner verhindere der einseitige Blick auf normative Abweichungen (etwa Medienskandale[18]) die Kritik an der normativen Normalität. Das unauffällige und unentwegte Funktionieren des Systems (hier: des Journalismus) sei dagegen viel bemerkenswerter und kritisierenswerter (vgl. Leschke 2001: 254f.). In der Tat ist eine (übergeordnete) Systemkritik innerhalb der Systemtheorie nicht vorgesehen. Allerdings stellt sich die Frage, woher dafür wiederum die Begründung stammen soll, also ob die Kritik an der Systemtheorie selbst kohärent ist. Systemtheorie kann nur ihrerseits beobachten, dass und wenn fundamentale Kritik am Beruf des Journalismus und den Medien geübt wird und wie wahrscheinlich deren erfolgreiche Resonanz im System sein kann.

Literatur

Boventer, Hermann (1984): Ethik und System im Journalismus. Der Steuerungsbedarf moderner Mediensysteme. Kritische Anmerkungen zu einem Aufsatz von Manfred Rühl und Ulrich Saxer. In: Publizistik, 29 Jg., Heft 1, S. 34-49.

Boventer, Hermann (1985): Das Prinzip Verantwortung in der Massenkommunikation. Probleme einer kommunikationswissenschaftlich fundierten Ethik im Journalismus. In: Maier, Hans (Hrsg.): Ethik der Kommunikation. Fribourg, S. 53-71.

Brieskorn S.J., Norbert (1996): „Ethik" und „Systemtheorie" bei Niklas Luhmann. In: Funiok, Rüdiger (Hrsg.): Grundfragen der Kommunikationsethik. Konstanz, S. 59-72.

Leschke, Rainer (2001): Einführung in die Medienethik. München.

Luhmann, Niklas (2008): Die Moral der Gesellschaft Frankfurt am Main.

Luhmann, Niklas (2008a): Normen in soziologischer Perspektive. In: Luhmann, Niklas: Die Moral der Gesellschaft. Frankfurt am Main, S. 25-55 (zuerst veröffentlicht 1969).

Luhmann, Niklas (2008b): Soziologie der Moral. In: Luhmann, Niklas: Die Moral der Gesellschaft. Frankfurt am Main, S. 56-162 (zuerst veröffentlicht 1978).

Luhmann, Niklas (2008c): Die Ehrlichkeit der Politiker und die höhere Amoralität der Politik. In: Luhmann, Niklas: Die Moral der Gesellschaft. Frankfurt am Main, S. 163-174 (zuerst veröffentlicht 1993).

Luhmann, Niklas (2008d): Politik, Demokratie, Moral. In: Luhmann, Niklas: Die Moral der Gesellschaft. Frankfurt am Main, S. 175-195 (zuerst veröffentlicht 1997).

Luhmann, Niklas (2008e): Gibt es in unserer Gesellschaft noch unverzichtbare Normen. In: Luhmann, Niklas: Die Moral der Gesellschaft. Frankfurt am Main, S. 228-252 (zuerst veröffentlicht 1993).

Luhmann, Niklas (2008f): Paradigm Lost. Über die ethische Reflexion der Moral. In: Luhmann, Niklas: Die Moral der Gesellschaft. Frankfurt am Main, S. 253-269 (zuerst veröffentlicht 1990).

18 Siehe auch den Beitrag von Schicha zu Medienskandalen in diesem Band.

Luhmann, Niklas (2008g): Ethik als Reflexionstheorie der Moral. In: Luhmann, Niklas: Die Moral der Gesellschaft. Frankfurt am Main, S. 270-347 (zuerst veröffentlicht 1989).

Luhmann, Niklas (2008h): Verständigung über Risiken und Gefahren. In: Luhmann, Niklas: Die Moral der Gesellschaft. Frankfurt am Main, S. 348-361 (zuerst veröffentlicht 1991).

Luhmann, Niklas (2008i): Die Moral des Risikos und das Risiko der Moral. In: Luhmann, Niklas: Die Moral der Gesellschaft. Frankfurt am Main, S. 362-374 (zuerst veröffentlicht 1993).

Rühl, Manfred (1990): Moral in der Wissensvermittlung. Anmerkungen zur Diskussionslage in der Kommunikationswissenschaft. In: Ruß-Mohl, Stephan (Hrsg.): Wissenschaftsjournalismus und Öffentlichkeitsarbeit. Gerlingen, S. 153-163.

Rühl, Manfred (1996): Wie kommen bei der systemtheoretischen Betrachtung (N. Luhmann) Normen ins Spiel? Modell Rundfunkpublizistik. In: Funiok, Rüdiger (Hrsg.): Grundfragen der Kommunikationsethik. Konstanz, S. 41-58.

Rühl, Manfred (1996): Soziale Verantwortung und persönliche Verantwortlichkeit im Journalismus. In: Wilke, Jürgen (Hrsg.): Ethik der Massenmedien. Wien, S. 89-99 (zuerst veröffentlicht in Flöhl, Rainer / Fricke, Jürgen (Hrsg.): Moral und Verantwortung in der Wissenschaftsvermittlung. Die Aufgabe von Wissenschaftler und Journalist. Mainz, S. 101-118).

Rühl, Manfred / Saxer, Ulrich (1981): 25 Jahre Deutscher Presserat. Ein Anlaß für Überlegungen zu einer kommunikationswissenschaftlich fundierten Ethik des Journalismus und der Massenkommunikation. In: Publizistik, 26. Jg., Heft 4, S. 471-507.

Saxer, Ulrich (1984): Journalismus- und Medienethik. Möglichkeiten und Grenzen ethischer Selbstverpflichtung. In: Media Perspektiven, Heft 1/1984, S. 21-32.

Saxer, Ulrich (1985): Journalistische Ethik – eine Chimäre? In: Hans Maier (Hrsg.): Ethik der Kommunikation. Fribourg, S. 43-52.

Saxer, Ulrich (1988): Journalistische Ethik im elektronischen Zeitalter – eine Chimäre? In: Erbring, Lutz u.a. (Hrsg.): Medien ohne Moral. Berlin, S. 267-283.

Saxer, Ulrich (1991): Strukturelle Möglichkeiten und Grenzen von Medien- und Journalismusethik. In: Haller, Michael / Holzhey, Helmut (Hrsg.): Medien-Ethik. Beschreibungen, Analysen, Konzepte für den deutschsprachigen Journalismus. Opladen, S. 104-128.

Saxer, Ulrich (1996): Konstituenten einer Medien- und Journalismus-Ethik. Zur Theorie von Medien- und Journalismus-Regelungssystemen. In: Wilke, Jürgen (Hrsg.): Ethik der Massenmedien, Wien, S. 72-88 (zuerst veröffentlicht in Zeitschrift für Evangelische Ethik, 20. Jg. (1986), S. 21-45).

Weischenberg, Siegfried (1992): Die Verantwortung des Beobachters. Moderne Medienethik aus der Perspektive einer konstruktivistischen Systemtheorie. In: Rundfunk und Fernsehen, 40. Jg., Heft 4, S. 507-527.

Weischenberg, Siegfried (1994): Die Moral der Medien und der Charme der Moral. Reflexionen zur journalistischen Ethik – nach Barschel und der Wiedervereinigung. In: Bentele, Günter (Hrsg.): Publizistik in der Gesellschaft. Festschrift für Manfred Rühl. Konstanz, S. 161-188.

Weischenberg, Siegfried ([3]2004): Journalistik. Medienkommunikation: Theorie und Praxis. Band 1: Mediensysteme – Medienethik – Medieninstitutionen. Wiesbaden.

Ziemann, Andreas (2006): Soziologie der Medien. Bielefeld.

Diskursethik

Carsten Brosda[1]

Kern einer Operationalisierung der Diskursethik als Medien- und Journalismusethik ist die immanente Verknüpfung des diskursiven Handelns in kommunikativer Interaktion mit der Herstellung einer öffentlichen Sphäre, deren demokratisch-normative Idee nicht zuletzt von dieser Diskursivität geprägt ist (vgl. Brosda 2008a). Die deliberative Demokratietheorie rückt die öffentlichen Aufgaben der Verständigung, Orientierung und Teilhabe sowie deren Bezug zur spontan-assoziativen Formierung zivilgesellschaftlicher Netzwerke in den Blick. Als Diskurstheorie des demokratischen Rechtsstaates thematisiert sie insbesondere die Spannung zwischen der Faktizität vermachteter Kommunikationsräume und den Geltungsansprüchen kommunikativen Handelns. Sie nimmt die Empirie einer weitgehend massenmedial-systemisch geprägten Öffentlichkeit systematisch zur Kenntnis und kontrastiert sie mit kommunikativen Grundlagen, welche sie wiederum in Form von Handlungsoptionen gleichsam aus dem Innersten der öffentlichen Sphäre heraus als normative Spannung kritisch zur Geltung bringt (vgl. Habermas 1992; Peters 2007). Öffentlichkeit und Diskurs sind im Rahmen eines solchen Demokratiemodells zwei eng auf einander bezogene Konzepte: Öffentlichkeit gewährleistet durch den von ihr bereitgestellten Kommunikationsraum die Rationalität moderner Lebenswelten und schließt diese kommunikativ an die ausdifferenzierten Subsysteme an. Sie erfüllt einerseits eine Transmissionsfunktion zwischen Lebenswelt und System, ist aber andererseits an Lebenswelt, Kommunikativität und Diskursivität rückgekoppelt. Im öffentlichen Austausch generieren kommunikativ Handelnde – anders als strategische Akteure, die einander als Objekte betrachten – mit ihren gemeinsam ausgehandelten Deutungs- und Bedeutungsangeboten einen gemeinsamen sozialen Raum. Die Entwicklung von Solidarität und Vertrauen als Grundlagen der Öffentlichkeit ist damit der kommunikativen Interaktion immanent (vgl. Loretan 1996: 43).

Diese öffentliche Interaktion ist nicht nach vermeintlich ‚objektiven' Werten zu gestalten. Metaphysische Deduktionen und Verweise sind im Zuge der Rationalisierungsprozesse der Moderne durch intersubjektive Vereinbarungen ersetzt worden, die zunächst nur Gültigkeit für eine zeitlich und kulturell kontingente Situation beanspruchen können. Der jeweils eingenommene moralische Standpunkt ist begründungs-

[1] Dieser Beitrag basiert auf den umfassenderen Überlegungen in Brosda 2008a.

pflichtig geworden. Diese Begründungspflicht ist zurückgebunden an ein ‚framework' akzeptabler Begründungsweisen und Argumente, das in theoretischen Ethik-Konzepten identifiziert wird, um in der Praxis besser zur Anwendung zu gelangen (vgl. Brosda/Schicha 2000). Die Diskursethik kann daher vermittels ihrer Übersetzung in eine angewandte Ethik der Medienkommunikation auch unter den schwierigen empirischen Bedingungen massenmedial vermittelter Kommunikation für kommunikative Möglichkeiten in Interaktion sensibilisieren, indem sie Entfaltungsräume kommunikativer Vernunft auch innerhalb mediensystemischer ‚constraints' aufzeigt.

Da die Diskursethik sich in erster Linie mit der Frage beschäftigt, wie Normen gemeinschaftlich durch die Betroffenen entwickelt werden können, ist sie auch der Versuch einer Antwort auf das Problem, „[…] daß in einer fragmentierten und sich enorm beschleunigt verändernden Medienwelt Werte immer aufs neue in einem Konsensprinzip entwickelt werden müssen" (Thomaß 2000: 359f.). Aufbauend auf eine Rezeption der Diskursethik lässt sich die Ethik eines Medienhandelns entwerfen, das in der Lage ist, unter den Zwängen des Mediensystems zu operieren, ohne dabei normative Selbstansprüche vollständig preiszugeben. Diese Diskursethik berücksichtigt die systemisch präfigurierten Bedingungen praktischen Handelns, ohne dem essentialistischen Fehlschluss der Unterwerfung normativer Anforderungen unter empirische Einlösbarkeit zu folgen. Eine solche Adaption eröffnet konzeptionell insbesondere den Weg zu einem *Modell eines diskursiven Journalismus unter den systemischen Medienbedingungen in einer demokratischen deliberativen Öffentlichkeit* (vgl. Brosda 2008a; Burkart 1998). In seinem Rahmen sind Akteure in erster Linie der Möglichkeit gesellschaftlicher Diskurse verpflichtet; ihr kommunikatives Handeln folgt der Prämisse, dass die kommunikative Koordination gesellschaftlichen Handelns möglich ist und dass vor allem Fragen der Richtigkeit normativer Strukturierungen aber auch der Wahrheit von Realitätsunterstellungen in kommunikativer Interaktion gleichberechtigt, solidarisch und vernünftig von allen Betroffenen bearbeitet werden können. Die Diskurstheorie sensibilisiert dafür, dass diese Möglichkeit existiert; und die Diskursethik hat das Potenzial, die entsprechenden prozeduralen Vorkehrungen und Handlungsweisen zu beschreiben, die derartige Kommunikationsleistungen ermöglichen.

1 Allgemeine Charakteristika

Die Diskursethik stellt auf die Vorstellung einer soziologisch und sprachphilosophisch beschriebenen kommunikativen Rationalität ab, die als eine „prozedurale Vernunft […] in das verständigungsorientierte Handeln der Beteiligten eingelassen" ist (Loretan 2002: 267). Sie konzentriert sich auf eine Praxis gesellschaftlicher Kommunikation, in der sich die Beteiligten untereinander darüber verständigen, was sie für wahr, richtig und im Einzelfall für wahrhaftig halten (vgl. Habermas 1995 [1981]). Diese intersubjektiven Klärungsprozesse finden in verschiedenen Diskursformen statt: Wahrheitsfragen sind Gegenstand theoretischer Diskurse, Richtigkeitsfragen werden in praktischen Diskursen erörtert, während Wahrhaftigkeitsfragen nur in den Sonderfällen des ästhetischen bzw. des therapeutischen Diskurses diskursfähig sind, in der Regel aber als nicht begründungsfähig erscheinen müssen (vgl. Arens 1996: 88). Besonders der praktische Diskurs, in dem es um die Rechtfertigung von normativen Ansprüchen der Richtigkeit geht, ist für eine gesellschaftstheoretisch ambitionierte Diskurskonzeption von Interesse (vgl. ebd.: 83).

Mit einer moralischen Argumentation versuchen die Beteiligten, einen durch einen gestörten Konsens hervorgerufenen Handlungskonflikt in reflexiver Einstellung durch die Formulierung eines neuerlichen Konsenses beizulegen (vgl. Habermas 1999^{7} [1983]: 77). Ein solcher praktischer Diskurs bezieht sich grundsätzlich auf eine gemeinsam unterstellte Lebenswelt.

> „Während wir die erkennbare objektive Welt vorfinden, bringen wir die soziale Welt interpersonaler Beziehungen, die wir unter dem moralischen Gesichtspunkt beurteilen, gewissermaßen selbst erst hervor. Die moralischen Urteile und praktischen Diskurse bilden ihrerseits einen Bestandteil dieser fortlaufend konstruktiven Tätigkeit." (Habermas 2009: 26)[2]

Praktische Diskurse unterscheiden sich daher von theoretischen Diskursen, die sich (im erfahrungswissenschaftlichen Sinne) in Form vielfältiger Induktionen vor allem mit einer Kluft zwischen singulären Beobachtungen und allgemeinen Hypothesen auseinandersetzen, dadurch, dass sie letztlich nicht handlungsentlastet geführt werden können, „[...] weil mit strittigen Normen das Gleichgewicht intersubjektiver Anerkennungsverhältnisse berührt wird" (Habermas 1999^{7} [1983]: 115f.).

Im praktischen Diskurs sollen zum einen die individuellen Interessen jedes Teilnehmers zur Geltung kommen, ohne dass aber zum anderen die Solidarität der in Kommunikation vereinten Gemeinschaft dadurch gefährdet wird. Dies ist möglich aufgrund der eigenwilligen Mechanismen des Diskurses: Einerseits müssen alle Diskursteilnehmer davon ausgehen, dass sie als Freie und Gleiche an der Suche nach einer gemeinsam unterstellten Wahrheit oder Richtigkeit teilnehmen und dass entsprechend nur der Zwang des besseren Arguments zu richtigen und fairen Entscheidungen führt. Andererseits aber hält der kommunikative Austausch im Diskurs alle Teilnehmer zur gemeinsamen Rollenübernahme an und sorgt so dafür, dass der Diskurs

---

2 Hier sind Verwandtschaften zu sozialkonstruktivistischen Überlegungen erkennbar (vgl. Pörksen 2006). Baum und Scholl (2000: 98) haben darauf aufmerksam gemacht, dass sich zwischen der diskurstheoretischen und der konstruktivistischen Ethikbegründung – trotz aller Unterschiede in den theoretischen Ausgangspunkten – deutliche Gemeinsamkeiten feststellen ließen: Während der Konstruktivismus dazu vornehmlich auf reflexive Selbststeuerung, kognitiv autonomer individueller Beobachter setze, gehe die Diskurstheorie vom formalpragmatisch bestimmten, intersubjektiv-kommunikativen Austausch, vom Diskurs, aus: „Im Unterschied zu den externen Steuerungsabsichten [...] setzen der Konstruktivismus auf die ethisch-reflexive Selbststeuerung des Systems und die Diskurstheorie auf den moralisch-praktischen Diskurs der Beteiligten und Betroffenen. Beide Theorieangebote eint die Skepsis gegenüber Ansätzen, die ethische Verstöße durch Sanktionen verhindern wollen, obwohl sie unterschiedlich optimistisch sind, was die sanktionsfreie Durchsetzung des ethischen Reflexionspotenzials angeht." (ebd.: 106) Siehe auch den Beitrag von Pörksen zum Konstruktivismus im vorliegenden Band.

als intersubjektive, gemeinsam erzeugte öffentliche Veranstaltung letzten Endes eben doch mehr ist als ein liberal verstandener Marktplatz des Ideenaustausches (vgl. Habermas 1991: 13f.).

> „Im Diskurs reißt das soziale Band der Zusammengehörigkeit nicht, obwohl die Übereinkunft, die allen abverlangt wird, die Grenzen jeder konkreten Gemeinschaft transzendiert. Das diskursiv erzielte Einverständnis hängt gleichzeitig ab von dem nicht-substituierbaren ‚Ja' oder ‚Nein' eines jeden Einzelnen wie auch von der Überwindung seiner egozentrischen Perspektive. Ohne die uneingeschränkte individuelle Freiheit seiner Stellungnahme zu kritisierbaren Geltungsansprüchen kann eine faktisch erzielte Zustimmung nicht wahrhaft allgemein sein; ohne die solidarische Einfühlung eines jeden in die Lage aller anderen wird es zu einer Lösung, die allgemeine Zustimmung verdient, gar nicht erst kommen können. Das Verfahren diskursiver Willensbildung trägt dem inneren Zusammenhang beider Aspekte Rechnung – der Autonomie unvertretbarer Individuen und ihrer Einbettung in intersubjektiv geteilte Lebensformen." (ebd.: 19)

Die Diskurstheorie entwickelt diese grundsätzlichen Überlegungen gesellschafts- und demokratietheoretisch weiter in Richtung eines deliberativen Demokratiemodells. Komplementär beschreibt sie auch einen eigenständigen ethischen Ansatz.

2 Ethische Schlussfolgerungen

Die Diskursethik ist explizit als eine Ethik kommunikativer Verständigungsorientierung und Rationalität angelegt. Als Nachfolgerin der Moralphilosophie ist sie zunächst auf die Begründungsdiskurse einer Theorie der Moral beschränkt. Sie ist nicht selbst Moral, sondern zeigt auf, wie moralisches Handeln möglich ist und wie seine prozeduralen Voraussetzungen zu beschreiben sind (vgl. Arens 1996: 89). Die Diskursethik berät insofern die Praxis und gibt Hinweise, welchen Regeln die Formulierung von Normen folgen muss, um akzeptable und universell begründbare Ergebnisse berechtigt erwarten zu können.

Die Diskursethik hat die „postkonventionelle Moralbegründung als Antwort auf die Pluralisierung der Lebensformen" und die „funktionale Differenzierung als ein Kennzeichen moderner Rationalität" zur Voraussetzung (Loretan 2002: 266). In ihrer Fassung nach Habermas (1991: 11f.) ist sie typischerweise deontologisch, kognitivistisch, formalistisch und universalistisch. Ihre Grundlage ist die „[...] transzendental- bzw. universalpragmatische Reflexion selbst, d.h. die methodische Bewusstmachung der Bedingungen, die immer schon ratifiziert haben muss, wer argumentieren will" (Kopperschmidt 2000: 150).

Eine diskursethische Perspektive geht davon aus, dass Individuen auf der Basis ihrer lebensweltlichen Sozialisation auch in komplexen Gesellschaften in der Lage sind, persönliche und soziale Entwicklungen zu erfassen und zu verstehen, für ihr eigenes Handeln im Rahmen dieser Entwicklungen Verantwortung zu übernehmen und ihr Handeln mit dem anderer Beteiligter kommunikativ zu koordinieren und sich gemeinsam über Lösungen zu verständigen. Grundlage einer solchen diskursiven Übereinkunft ist die nicht hintergehbare Faktizität spezifischer Argumentationsvoraussetzungen. Deren erste Formulierung findet sich in den Überlegungen zu einer idealen Sprechsituation (vgl. Habermas 1995 [1984]: 177). Diese sind weder als empirische Beschreibung noch als normative Forderung zu sehen, sondern als eine Fiktion, die in einer konkreten Handlungssituation als kontrafaktische Unterstellung dennoch Wirkung entfaltet und die für Kommunikation letztlich unabdingbar ist:

> „Jeder, der ernsthaft den Versuch unternimmt, an einer Argumentation teilzunehmen, läßt sich implizit auf allgemeine pragmatische Voraussetzungen ein, die einen normativen Gehalt haben; das Moralprinzip läßt sich dann aus dem Gehalt dieser Argumentationsvoraussetzungen ableiten, sofern man nur weiß, was es heißt, eine Handlungsnorm zu rechtfertigen." (Habermas 1991: 12f.)

Diese allgemeinen pragmatischen Voraussetzungen kreisen, wie in anderen Moralen auch, um Vorstellungen von Gleichbehandlung, Gemeinwohl und Solidarität. Sie können auf die „Symmetriebedingungen und Reziprozitätserwartungen des kommunikativen Handelns" zurückgeführt werden, die sich aus den „wechselseitigen Zuschreibungen und gemeinsamen Unterstellungen einer verständigungsorientierten Alltagspraxis" ergeben (ebd.: 17). Habermas (2009: 17) fasst den normativen Kern der Begründung der Diskursethik wie folgt zusammen.

> „Angenommen, die Argumentationspraxis beruhe auf den vier wesentlichen Voraussetzungen (a) der inklusiven sowie (b) gleichberechtigten Teilnahme aller Betroffenen, (c) der Wahrhaftigkeit ihrer Äußerungen und (d) der strukturell gesicherten Zwanglosigkeit der Kommunikation; dann können in praktischen Diskursen aufgrund von (a), (b) und (c) alle relevanten Beiträge zur Sprache kommen, aber nur solche Gründe allgemeine Zustimmung finden, die die Interessen und Wertorientierungen eines jeden gleichmäßig berücksichtigen; und aufgrund von (c) und (d) sind es nur Gründe (und nicht andere Motive), die für die Zustimmung zu einer strittigen Norm den Ausschlag geben können."

Die Maßstäbe der Diskursethik sind damit direkt in den kommunikativ handlungskoordinierenden Sprachgebrauch eingelassen. Sie lassen sich in Diskursregeln auffinden, wie sie zum Beispiel von Alexy (1978; 1983) expliziert und von Habermas aufgegriffen werden. Bei diesen Regeln handelt es sich um Forderungen nach Widerspruchsfreiheit in den sprachlichen Aussagen, um eine Verpflichtung auf Wahrhaftigkeit und um die Einhaltung von Fairnessregeln, die auf die gleichberechtigte Anerkennung aller anderen Teilnehmer an einem potenziell unabgeschlossenen Diskurs zielen:

> „(1.1) Kein Sprecher darf sich widersprechen.
> (1.2) Jeder Sprecher, der ein Prädikat F auf einen Gegenstand a anwendet, muß bereit sein, F auf jeden anderen Gegenstand, der a in allen relevanten Hinsichten gleicht, anzuwenden.
> (1.3) Verschiedene Sprecher dürfen den gleichen Ausdruck nicht mit verschiedenen Bedeutungen benutzen. […]
> (2.1) Jeder Sprecher darf nur das behaupten, was er selbst glaubt.
> (2.2) Wer eine Aussage oder Norm, die nicht Gegenstand der Diskussion ist, angreift, muß hierfür einen Grund angeben. […]
> (3.1) Jedes sprach- und handlungsfähige Subjekt darf an Diskursen teilnehmen.
> a. Jeder darf jede Behauptung problematisieren.
> b. Jeder darf jede Behauptung in den Diskurs einführen.
> c. Jeder darf seine Einstellungen, Wünsche und Bedürfnisse äußern.

(3.2) Kein Sprecher darf durch innerhalb oder außerhalb des Diskurses herrschenden Zwang daran gehindert werden, seine in (3.1) und (3.2) festgelegten Rechte wahrzunehmen.“ (vgl. Habermas 1999[7] [1983]: 97ff.)

Diese Regeln sind keine Konventionen, sondern unabdingbare Voraussetzungen diskursiven Handelns. Jeder, der sich auf eine Argumentation einlässt, akzeptiert sie stillschweigend, weil sonst ein argumentativer Prozess mit dem Ziel rationaler Übereinkunft nicht zustande käme. Gegen die Gültigkeit derartiger Diskursregeln lässt sich nicht ohne performative Widersprüche argumentieren: Würde man Argumente gegen diese Regeln vorbringen, würde man sie doch gleichzeitig durch sein eigenes, ihnen gemäßes Handeln anerkennen. Habermas (1999[7] [1983]: 86ff.) reicht – im Gegensatz zu Apel (1988), der den Anspruch und die Notwendigkeit einer Letztbegründung von Normen aufrechterhält – dieser Nachweis performativer Widersprüche aus, um die Regeln zu identifizieren, ohne die eine erfolgreiche Argumentation unmöglich ist: Die Alternativlosigkeit der Regeln begründe deren Wirksamkeit zwar nicht letztgültig, aber sie mache sie dergestalt plausibel, dass weitere Begründungsversuche nicht notwendig seien.

Aufbauend auf und abgeleitet aus diesen Kommunikationsregeln ist der *Universalisierungsgrundsatz ‚U‘* der Kern der Diskursethik. Er soll das Moralprinzip ersetzen, mit dem in klassischen Ethik-Konzeptionen versucht wird, die Idee des guten und sittlichen Handelns von moralischen Instanzen oder aus einem Verallgemeinerungspostulat heraus abzuleiten, indem er sich auf die Plausibilitätsannahmen der Argumentationsvoraussetzungen zurückzieht. Diesem Grundsatz ‚U‘ zufolge gilt eine Norm dann, [...] wenn die Folgen und Nebenwirkungen, die sich aus einer *allgemeinen* Befolgung der strittigen Norm für die Befriedigung der Interessen eines *jeden Einzelnen* voraussichtlich ergeben, von allen *zwanglos* akzeptiert werden können.“ (Habermas 1999[7] [1983]: 103)

Das anspruchsvolle Programm der Diskursethik lässt sich im Anschluss an diese Verallgemeinerungsregel auf den *Grundsatz ‚D‘* bringen, der besagt, „[...] daß nur die Normen Geltung beanspruchen dürfen, die die Zustimmung aller Betroffenen als Teilnehmer eines praktischen Diskurses finden (oder finden könnten)“ (ebd.: 103). Dieser ethische Grundsatz ‚D‘ ist damit Ausfluss des als Moralprinzip fungierenden Universalisierungsgrundsatzes. Er impliziert keine inhaltlich-materiellen Regelungen, sondern kennzeichnet formal die Bedingungen, denen Kommunikationsstrukturen genügen müssen, wenn sie ethisch-normativ akzeptable Diskursergebnisse produzieren sollen. Alle inhaltlichen Regelungen sind dagegen von realen (oder ersatzweise advokatorisch geführten) Diskursen abhängig; der Moraltheoretiker ist in ihnen nur ein Teilnehmer unter Gleichen (vgl. ebd.: 104f.).

Die Diskursethik bleibt also formal: Die Inhalte werden erst durch die Akteure in Diskursen bestimmt. Dabei werden im Diskurs keine Normen erzeugt, sondern in Frage gestellte Ansprüche überprüft. Auf der idealen Ebene werden Symmetriebedingungen und Reziprozitätsbedingungen sowie die Gewährung egalitärer und zwangfreier Teilnahmechancen erwartet. Es sollen spezifische Bedingungen geschaffen werden, unter denen die am Diskurs beteiligten Akteure begründete Positionen und Interessen in den Diskurs einbringen können.

Die Diskursethik bezieht dabei – anders als viele andere ausschließlich auf Individuen gerichtete Ethiken – die funktionale Differenzierung moderner Gesellschaften mit ein, indem sie ausgehend vom zweistufigen Gesellschaftsmodell ihren eigenen Geltungsbereich nicht von vornherein als uneingeschränkt betrachtet, sondern für Bereiche systemischer Koordinierung nur mittelbar Regulierungskompetenz beansprucht. Hier können dysfunktionale Folgen systemischer Aktionen in der Lebenswelt und die Legitimation der Ausdifferenzierung diskutiert werden; die Begründung einer einzelnen Systemoperation dagegen gehorcht nicht diskursiven, sondern funktionalistischen Gesichtspunkten. Die Geltung von Ethik oder Sittlichkeit ist in diesen Bereichen aus Effizienzgründen eingeschränkt. Die Diskursethik ist so ein überzeugendes Modell-Angebot für die Begründung normativer Anforderungen in ausdifferenzierten Gesellschaften, da sie aufzeigt, in welchen Dimensionen soziale Rollenträger ethische Verantwortung für ihr Handeln tragen. Begründungen für Meinungen oder Handlungen einzufordern, wie es ein diskursives Kommunikationsmodell tut, bedeutet schließlich, die Meinenden oder Handelnden nicht nur als rationale, sondern auch als verantwortungsfähige Personen anzusehen und anzusprechen (vgl. Kopperschmidt 2000: 34ff.).

In einem praktischen Diskurs werden immer zugleich die Bedingungen seiner eigenen Möglichkeit debattiert. Wohl auch deshalb gleichen „praktische Diskurse, wie alle Argumentationen, den von Überschwemmung bedrohten Inseln im Meer einer Praxis, in dem das Muster der konsensuellen Beilegung von Handlungskonflikten keineswegs dominiert“ (ebd.: 116). Zu verhindern, dass diese Inseln untergehen, ist nicht zuletzt Aufgabe institutioneller Vorkehrungen, welche die Diskurse empirisch überhaupt erst möglich machen (vgl. Habermas 1986: 30.). Sie sind scharf zu unterscheiden von Diskursregeln, die zunächst einmal „nur eine Form der Darstellung von stillschweigend vorgenommenen und intuitiv gewußten pragmatischen Voraussetzungen einer ausgezeichneten Redepraxis“ sind (Habermas 1999[7] [1983]: 101). Institutionelle Vorkehrungen – also: intersubjektiv vereinbarte Institutionen oder Konventionen zum Beispiel in Form von Geschäftsordnungen und Verfahrensregeln – dagegen lassen sich von unhintergehbaren Unterstellungen kommunikativen oder diskursiven Handelns dahingehend unterscheiden, dass sie darauf zielen, kommunikative Austauschprozesse so zu organisieren, dass die Erfüllung der Diskursregeln als wahrscheinlich(er) erachtet werden kann (vgl. ebd.: 102).

Die Überlegung, dass empirisch auffindbare Annäherungen an praktische Diskurse „einen minimalen institutionellen Rahmen“ voraussetzen, der sowohl nach innen als auch nach außen gewährleistet, dass ein Diskurs unter vielen Beteiligten überhaupt stattfinden kann (Müller 1992: 39), führt direkt hinein in die Kernüberlegungen des deliberativen Öffentlichkeitsmodells. Ihm zufolge sollen ein mediengestützter gesellschaftlicher Kommunikationszusammenhang und eine freiheitsichernde Rechtsverfassung im Zusammenspiel eine vernünftige Meinungs- und Willensbildung gewährleisten (vgl. Habermas 1992). In Bezug auf die Formulierung dieser institutionellen Vorkehrungen ist das ‚Prinzip der Angemessenheit' von besonderer Bedeutung, das in Anwendungsdiskursen an die Stelle des in Begründungsdiskursen zentralen Universalisierungsgrundsatzes tritt (vgl. Habermas 1991: 140). Die der Sprache inhärenten Diskursregeln werden durch institutionelle Vorkehrungen nach Angemessenheitserwägungen operationalisiert, zum Beispiel, um die Diskursivität von öffentlichen Meinungs- und Willensbildungsprozessen zu gewährleisten.

3 Medienethische Ausarbeitungen

Die Übersetzung der abstrakten Diskursregeln in operationalisierbare institutionelle Vorkehrungen markiert eine wesentliche Grundlage der Übertragung diskursethischer Überlegungen auf medienkommunikative Zusammenhänge. Ohne eine Lehre der Diskursinstitutionen sei die Diskursethik „weitgehend irrelevant", weil ihr die Mechanismen der Umsetzung ihrer prozeduralen Normen fehlen, kritisiert Weischenberg (1992: 197). Dieser Einwand lässt sich entkräften indem nicht nur die mikrosoziologiscchen Prämissen der Diskursethik, sondern auch die gesellschaftstheoretischen Annahmen der auf verfahrensregulierten Verhandlungen abstellenden deliberativen Demokratietheorie (vgl. Habermas 1992; Peters 2001) systematisch auf Medienhandeln übertragen werden. Auf Grundlage von Diskurstheorie und Diskursethik lässt sich eine Ethik des Journalismus und der Medien formulieren, die weder individualistisch noch institutionalistisch verkürzt ist, sondern versucht, beide Perspektiven fruchtbar zu verbinden und so eine einseitige und überzogene Zuweisung von Verantwortung an einzelne Akteure vermeidet (vgl. Loretan 1994: 56f.).

Solche Versuche, die Diskursethik in den medienethischen Diskurs hineinzutragen, finden sich bislang eher sporadisch und fokussiert auf journalismusethische Fragen. Auf diese wird deshalb im Folgenden auch das Hauptaugenmerk gerichtet sein. Vor allem Loretan (2002; 1999; 1996; 1994) hat versucht, die in Kommunikation selbst eingelassene Ethik jenseits moralphilosophisch überladener oder systemtheoretischer Entwürfe mit Blick auf mediengestützte öffentliche Kommunikation zu konzeptualisieren:

> „Eine diskurstheoretisch begründete Medienethik lässt sich von der *normativen Programmatik öffentlicher Kommunikation* leiten. In kritischer Auseinandersetzung mit den Sozialwissenschaften rekonstruiert sie Gefährdungen und Bedingungen für die Möglichkeiten verständigungsorientierter Kommunikation in modernen Gesellschaften." (Loretan 1999: 157).

Gesellschaftstheoretisch können journalistische Vermittlungsleistungen als eine Diskurs ermöglichende Institutionalisierung betrachtet werden, in der eine Verknüpfung zur sprachlichen Fundierung der grundlegenden ethischen Forderungen erhalten bleibt. Sie gewährleisten durch die Vermittlung zwischen Ausgangs- und Zielpartnern das gesellschaftliche Gespräch, und damit die Voraussetzung der kommunikativen Koordinierung von Gesellschaft überhaupt. In diesem Sinne können Journalisten als

‚Diskurs-Anwälte' verstanden werden, die versuchen, einen rationalen Diskurszusammenhang zu stimulieren, aufrechtzuerhalten und gegebenenfalls durch eigene Impulse weiter zu entwickeln (vgl. Brosda 2008a). Idealtypisch betrachtet spielt Journalismus für die Möglichkeit einer deliberativen Öffentlichkeit eine zentrale Rolle. Er soll

- durch Vermittlung gesellschaftliche Diskurse anstoßen,
- verschiedenen Interessen Gehör verschaffen,
- als Korrektiv in Fällen ungleicher Verteilung von Artikulationschancen in der Öffentlichkeit fungieren,
- Argumentationsprozesse fördern, um rationale Problemlösungen zu ermöglichen;
- lebensweltliche Anschlusskommunikation stimulieren.

Journalismus hat demnach das Potenzial, eine Öffentlichkeit herzustellen, in der Zusammenhänge jenseits systemischer Borniertheiten und Spezialsemantiken verständlich werden und in der idealiter demokratische Verständigung möglich ist. Damit schafft er Voraussetzungen für demokratische Gestaltbarkeit.

Burkart und Probst (1991: 66) entnehmen der Diskurstheorie vergleichbar ein „Programm für eine Öffentlichkeitsarbeit, die Verständigung zwischen der Organisation, der Institution bzw. der Unternehmen, deren Interessen sie vertritt, und den jeweiligen Teilöffentlichkeiten herstellen will". Aus diesem normativ praktischen Verständnis heraus soll Public Relations entlang der regelmäßig erhobenen kommunikativen Geltungsansprüche im Hinblick auf die zu thematisierenden Gegenstände (Wahrheit), das Vertrauen in die PR-Träger (Wahrhaftigkeit) und die Legitimität der vertretenen Interessen (Richtigkeit) Einverständnis herstellen können. Eine im erweiterten Sinne ethische Anforderung an PR-Akteure, die sich aus ihrem Konzept ergibt, verlangt, dass den Betroffenen die Chance gegeben werden muss, „[...] die Wahrheit der Aussagen, die Wahrhaftigkeit der Äußerungen und die Richtigkeit der verfolgten Interessen anzuzweifeln" (Burkart 1993: 223f.).

Zur Begründung derartiger normativen Erwartungen an mediale Kommunikation besteht die Diskurstheorie – auch gegen die Dominanz wirtschaftlicher Erwägungen in Medien und Medienpolitik – auf dem „Zielwert verständigungsorientierter öffentlicher Kommunikation" (Loretan 2002: 179); schließlich hängt die weitere Entwicklung der Möglichkeiten einer durch Journalismus symbolisch und durch Massenmedien materiell getragenen deliberativen Öffentlichkeit im Wesentlichen davon ab, wie sich die Rollenträger in Politik, Medienunternehmen und journalistischen Redaktionen verhalten.

Eine diskurstheoretisch begründete Medienethik benennt im Hinblick auf diese Makro-Orientierung die Unhintergehbarkeit bestimmter prozeduraler Standards kommunikativer Interaktion, aber sie nimmt den Beteiligten nicht die Aufgabe ab, diese Standards bezogen auf Situation und Kontext ihres eigenen Handelns zu deuten und in entsprechende Praxisnormen zu transformieren. Die Diskursethik zielt vorwiegend auf Bewertungen der ‚Angemessenheit' und damit auch der argumentativen Nachvollziehbarkeit kommunikativer Handlungen (vgl. Meyer/Schicha/Brosda 2001: 285ff.). Sie richtet sich auf die Einhaltung der skizzierten Diskursregeln und verlangt von kommunikativen Akteuren die prinzipielle Akzeptanz grundlegender Verständigungsregeln. Neben thematischer Sach- und journalistisch-methodischer Fachkompetenz ist in diesem Zusammenhang vor allem eine allgemeine kommunikative Kompetenz gefragt. Die Fähigkeit zum postkonventionellen Umgang mit normativen Konflikten, die Bewahrung reflexiver Standards moralischer Selbstverpflichtung sowie die selbstbewusste Formulierung und Begründung der eigenen Aufgaben für ein demokratisches Gesellschaftssystem können als handlungsleitende Motive gegenüber wirtschaftlichen oder machtorientierten Anforderungen diskursethisch begründet Geltung beanspruchen (vgl. Loretan 2002: 287f.).

Eine diskursethisch fundierte Journalismusethik wird somit nicht von außen durch das Mediensystem hindurch appliziert, sondern in die systemisch gerahmten journalistischen Handlungsprozesse hineingetragen, indem sie direkt an der Vitalisierung der originären Kommunikativität des journalistischen Handelns ansetzt. Die Diskursethik leistet diese Aufgabe, indem sie auf die der kommunikativen Interaktion immanenten kontrafaktischen Rationalitätsunterstellungen setzt, die für das Gelingen von Verständigung unabdingbar sind und deshalb auch als ethische Maßstäbe begriffen werden können (vgl. Baum/Scholl 2000: 98). Gleichzeitig nimmt sie die Akteure gegenüber zu großen Erwartungen in Schutz, indem sie systematisch berücksichtigt, „dass die Einbettung des Journalismus in ein kommerzielles, wettbewerbsorientiertes Mediensystem und in eine liberale Medienpolitik sowie seine organisatorische Verfasstheit zugleich die Bedingungen für den modernen Journalismus darstellen“ (ebd.: 98). Vor diesem Hintergrund lassen sich Schwierigkeiten bei der Durchsetzung diskursiver Verfahren oder auch eine kolonialisierte, rein zweckrationale Ausübung des Journalismus zwar empirisch zutreffend beschreiben, allerdings nur sehr bedingt moralisch-praktisch rechtfertigen. Dies wird besonders deutlich, wenn man den ethischen Gesichtspunkt des Erhalts der Möglichkeit kommunikativer Selbststeuerung gerade auch durch *Diskurse über Ethik* mit berücksichtigt.

3.1 Diskurse über Ethik: Diskursethische Normformulierung

Die Medienethik hat keinen Grund zur moralischen Hybris: Ebenso wie der diskursethisch argumentierende Philosoph hat auch der Medienethiker darauf zu verzichten, für stellvertretende praktische Diskurse zur Beantwortung moralischer Fragen eine hervorgehobene Rolle zu beanspruchen, da sich seine Kompetenz auf die Verfahren beschränkt, während er im Hinblick auf praktische Fragen selbst auf die gleiche alltagssprachlich verankerte Vernunft zurückgeworfen ist, der sich alle Beteiligten bedienen. Auch für das Verhältnis von Medien und Wissenschaften bedeutet dies, dass beide die gleichen Geltungsansprüche behandeln und von einer Hierarchisierung ihrer Diskurse daher Abstand zu nehmen ist. Als Teilnehmer an sozialen Prozessen kann der Sozialwissenschaftler die Strukturen sozialer Interaktion nicht verlassen oder überschreiten, sondern ist darauf angewiesen, zu Geltungsansprüchen Stellung zu nehmen, deren Prüfung ihm nur durch alltagssprachliche Teilnahme überhaupt ermöglicht werden kann (vgl. Habermas 1995 [1981], Bd. 1: 152ff.). Der wissenschaftliche Diskursteilnehmer mag besser informiert, methodisch versierter oder auch argumentativ redlicher sein, einen qualitativ anderen, privilegierten Erkenntnisstatus hat er hingegen nicht (vgl. Peters 2000).

In dem Verzicht der Diskursethik auf materielle Denkvorgaben und der sich daraus ergebenden Verständigung der Betroffenen über die formalen Maßstäbe ihres Handelns sieht Rager (2000: 79) einen wesentlichen Vorteil gegenüber traditionellen Fixierungen:

> „Viel mehr als eine präskriptive Ethik mit Absolutheitsanspruch oder normativen Leitsätzen ist die Diskursethik geeignete Grundlage der Fragestellung, welches journalistische Handeln mehrheitlich erwünscht sein könnte und den Interessen vieler Menschen gerecht wird. Das Verfahren ähnelt zudem der journalistischen Praxis, in der der Konsens darüber, was (ethisch) richtig ist, oft auch nur in der Diskussion unterschiedlicher ethischer Argumente und nach Kompromissen auf allen Seiten zustande kommt."

So verstanden kann der ethische Diskurs als Instrument journalistischer Selbststeuerung zu einer Dimension journalistischer Qualität werden (vgl. ebd.: 79). Dies gelingt umso angemessener und besser, je umfassender medienethische Reflexion individuelle und organisatorische Verantwortung zueinander und miteinander in Beziehung setzt und somit trennschärfer ansprechbar macht. Eine solcherart auf sanfte ‚Steuerung' zielende Diskursethik trägt außerdem dem Umstand Rechnung, dass ethische Standards im Journalismus stetig weiterentwickelt werden müssen, da sie genauso wie Qualitätsvorstellungen ständigen Veränderungen unterliegen. Nicht zuletzt deshalb liegt es nahe, die Urteile des Publikums in die Qualitäts- und auch in die Ethikdebatte des Journalismus einzubeziehen (vgl. ebd.: 83ff.).[3] Hinzu kommt die Notwendigkeit, entsprechende ethische Diskurse durch angemessene institutionelle Vorkehrungen zu stärken und ihre Ergebnisse so zu kommunizieren, dass sie in der Praxis zur Kenntnis genommen werden und Relevanz entfalten können.

> „Die Medienethik bzw. die Ethik massenmedialer Kommunikation müsste so konzipiert werden, daß sie sich selbst als diskursiv versteht, d.h. daß sie in ihren eigenen Begründungs- und Anwendungsdiskursen die Bedingungen, Beschränkungen und Möglichkeiten medialer Kommunikation eruiert, nicht zuletzt mit dem Ziel, ihrerseits massenmediale Diskurse zu initiieren, zu stimulieren und im Blick auf ihre partizipatorischen, emanzipatorischen und advokatorischen Möglichkeiten und Grenzen zu reflektieren." (Arens 1996: 96)

Von Interesse sind in diesem Zusammenhang vor allem die Normen einer prozeduralen Ethik, die auf Prozesse zur Entwicklung und Sicherung weiterer Normen abhebt. Presseräte und ähnliche Selbstkontrollgremien, in denen ethische Diskurse etabliert sind, können als „Diskursverfahren zur Klärung normativer Fragen der journalistischen Praxis" verstanden werden (Loretan 2002: 285). Journalistische Ethikkodizes

---

3 Siehe auch die Beiträge von Funiok zur Publikumsethik und von Krotz zur Zivilgesellschaft in diesem Band.

bieten komplementär die Möglichkeit, einen Diskursrahmen zu definieren, aus dem heraus sich weitere, ethischer Debatte und Kontrolle verpflichtete Institutionen bilden bzw. etablieren können. Eine freiwillige journalistische Selbstkontrolle kann in diesem Zusammenhang dazu beitragen, eine publizistische Ethik nicht nur durchzusetzen, sondern auch diskursiv durch ethische Argumentation weiterzuentwickeln (vgl. Baum 2005: 116ff.). Praxisorientierte normative Kodizes können zu einem gelebten und laufend weiter entwickelten ethischen Gerüst journalistischen Handelns werden, das sich in ständigem Abgleich mit praktischen Anforderungen befindet.

Für Thomaß (2000: 362) konzentriert sich die „[…] weitergehende Nutzbarmachung der Diskursethik für die journalistische Ethik […] also auf die Frage, wo und wie Betroffene Diskurse zur Entwicklung von Normen führen können, die den bei Habermas gestellten Anforderung zumindest ansatzweise gerecht werden". Auch die universitäre Journalistenausbildung ist für sie eine denkbare Institution der diskursiven Klärung journalistischer Ethik.

3.2 Ethik für Diskurse: Anwendung diskursethischer Prämissen

Wenn man die Diskursethik nicht als reine Metaethik betrachtet, sondern sie selbst praxisrelevant operationalisiert, dann geht es im Kern darum, aus der Diskursethik Hinweise auf eine *‚Ethik für Diskurse'* zu gewinnen, um von den Begründungsdiskursen der philosophischen Ethikformulierung zu den Anwendungsdiskursen einer an ‚wahren', richtigen und gerechten Ergebnissen orientierten Praxis zu gelangen (vgl. Kopperschmidt 2000: 147ff.). Deduziert man aus der Diskurstheorie konkrete medienethische Maßstäbe, dann gerät prominent die Prüfung der Akzeptabilitätsbedingungen von Geltungsansprüchen in den Blick (vgl. Wellmer 1989). Folgt man der Interpretation von Arens (1996: 90ff.), dann implizieren die Prozeduren der Diskursethik vornehmlich drei ethische Universalien, die im Hinblick auf eine Ethik der Medienkommunikation herauszuarbeiten sind.

- *Wahrheit:* Hiermit ist gemeint, dass Kommunikationsteilnehmer die ‚Wahrheit' sagen, Wahrheitsansprüche anderer anerkennen und eine gemeinsame Wahrheit anstreben. Für journalistische Kommunikation ist von besonderer Bedeutung, dass genügend Informationen vermittelt werden, um auch als Rezipient die vermittelten Wahrheitsansprüche in ihrer Diskursivität erkennen und beurteilen zu können.
- *Wahrhaftigkeit:* Hiermit ist gemeint, dass die Kommunikationsteilnehmer, nicht nur für ‚wahr' gehaltene Informationen mitteilen, sondern auch weder sich selbst noch andere über die eigenen Interessen, Absichten und Erwartungen täuschen (vgl. Mieth 1996). Das schließt allerdings nicht aus, dass unwahre Behauptungen aus Unkenntnis wahrhaftig kommuniziert werden.
- *Gerechtigkeit:* Hiermit ist gemeint, dass Kommunikationsteilnehmer gerechte Kommunikationsbeziehungen schaffen und erhalten. Zentralbegriffe in dieser

Dimension, die besonders mit Blick auf journalistisches Handeln Bedeutung besitzen, sind (a) *Partizipation* im Sinne von Teilnahmechancen am Diskurs, (b) *Emanzipation* durch eine Gewährleistung einer ‚idealen Kommunikationsgemeinschaft' (Apel) bzw. eines ‚herrschaftsfreien Diskurses' (Habermas) und (c) *Advokation* im Sinne der Artikulation von Interessen, Ansprüchen und Bedürfnissen derjenigen, die dazu selbst nicht in der Lage sind.

Diese ethischen Anforderungen korrespondieren weitgehend mit den Grundstrukturen der Sprache und den in einem Sprechakt erhobenen Geltungsansprüchen, auf deren Prüfung sich die Diskursethik zunächst konzentriert. Sie zielt darauf, dass sich kommunikative Rationalität entfalten kann, insofern soll eine an sie anschließende Journalismusethik daran mitwirken, in Medien und Journalismus Bedingungen herzustellen, in denen die Unterstellung von Verständigungsorientierung ebenso wenig a priori ausgeschlossen ist wie die Möglichkeit der Prüfung der Akzeptabilität von Geltungsansprüchen. Sie thematisiert die „Bedingungen der Möglichkeit verständigungsorientierter Kommunikation", gleicht sie an den Strukturen des Mediensystems ab und strebt an, sie in diesen Strukturen zur Geltung zu bringen (Loretan 2002: 275).

Wie jeder kommunikative Akteur auch erhebt ein Journalist in seinen Aussagen Geltungsansprüche:[4] Er reklamiert die Wahrheit seiner propositionalen Aussagen, die Richtigkeit seiner sozialen normenregulierten Unterstellungen und die Wahrhaftigkeit seines expressiven Ausdrucks. Wenn ein Journalist über eine Bundestagsdebatte berichtet, dann erhebt er den Anspruch, dass er die zentralen Aussagen korrekt zusammenfasst, dass er das Beziehungsgeflecht der Redner untereinander richtig darstellt und dass er in seinen Bewertungen über den Verlauf der Debatte und die Güte der Redner wahrhaftig ist. Zudem unterstellt ein kommunikativer Akteur, dass seine Kommunikationspartner wie er selbst an Verständigung interessiert sind. Ohne diese – u.U. kontrafaktische – Unterstellung hätte Kommunikation wenig Sinn. Genauso unterstellt der politische Journalist, dass seine Rezipienten zur staatsbürgerlichen Information an seinen Artikeln oder Sendungen interessiert sind. Zieht ein Kommunikationspartner einen der Geltungsansprüche in Zweifel, ist ein Wechsel in einen theoretischen, praktischen oder ästhetisch-expressiven Diskurs möglich, der die Verständigung über Begründungen zum Ziel hat. Journalisten können dieses In-Zweifel-Ziehen auch stellvertretend erledigen, um Orientierung zu ermöglichen.

Ein diskursiver Journalismus steht daher ethisch vor der Aufgabe, die kommunikativen Grundlagen gesellschaftlicher Debatten in seinem Vermittlungshandeln zur Geltung zu bringen. Etliche bereits etablierte Verfahren der journalistischen Diskursvermittlung und -teilnahme lassen sich als institutionelle Vorkehrungen dieser Erwartung begreifen. Sowohl hinsichtlich der Auswahl als auch hinsichtlich der Behandlung der journalistischen Kommunikationsinhalte haben sich Konventionen wie Nachrich-

4 Vor dem Hintergrund dieser normativen Annahmen und Erwartungen ist leicht ersichtlich, dass nicht jedes mediale Kommunizieren journalistisches Handeln ist, sondern nur solches, das sich rational auf die kommunikativen Anforderungen der Öffentlichkeit bezieht. Dieses kann in Nachrichtenagenturen genauso wie in Boulevardmedien oder in Qualitätszeitungen zu finden sein.

tenfaktoren oder diverse Recherche- und Präsentationsregeln etabliert, die eine angemessene Vermittlungsleistung des Journalismus gewährleisten sollen. Sie orientieren sich an intersubjektiver Nachprüfbarkeit, an der Begründetheit der Argumente sowie an der Darstellung unterschiedlicher Positionen und übersetzen diese Zielwerte in journalistische Postulate wie gründliche Recherche, Quellentransparenz und -vielfalt (vgl. Rager 2000: 82).

Mit der Anwendung dieser Verfahren versetzt Journalismus sein Publikum in die Lage, erhobene Geltungsansprüche zu prüfen und abzugleichen. Da diese Prüfung aber zugleich immer nur begrenzt möglich sein wird, weil das Publikum nicht in jedem Fall Zeit und Ressourcen zu einer umfangreichen argumentativen, diskursiven Prüfung hat (vgl. Rager/Rinsdorf 2002: 50), ist zugleich, so Kohring (2002: 96), Vertrauen in die journalistischen Kommunikationsleistungen notwendig. Dieses Vertrauen kann nicht unbedingt sein, sondern bleibt immer „eine riskante Vorleistung" (ebd.: 98) und bedarf daher wo möglich der Überprüfung durch Beurteilung der Vermittlungsqualität und der Vorerfahrungen mit dem spezifischen Medienangebot oder dem Journalismus allgemein. Journalistische Akteure übernehmen hier als Anwälte gesellschaftlicher Diskurse auch die Verantwortung, das für ihre Vermittlungsleistungen notwendige Vertrauen nicht zu zerstören, sondern durch entsprechende Diskursivität eine Prüfung ihrer kommunikativen Angebote zu ermöglichen.

> „Was wahr ist, kann nicht ein Autor oder eine Redaktion entscheiden. Es kann sich nur im Laufe einer öffentlichen Diskussion herausstellen, zu der – gemäß den Diskursregeln – im Prinzip alle Diskutanten, Informationen und Argumente (einschließlich provokativer Mutmaßungen) zugelassen sind. Für diese Offenheit zu sorgen, wenn nötig gegen kontroverse Interessen, ist die konstitutive Aufgabe des Journalistenberufs." (Pöttker 2000: 129f.)

Eine daran anschließende diskursethische Anforderung an journalistisches Handeln richtet sich darauf, nicht nur den propositionalen Aussagenteil, sondern auch die Argumente der Aussage weiter zu vermitteln und so eine Prüfung enthaltener Geltungsansprüche anhand vermittelter Begründungen zu ermöglichen (vgl. Kuhlmann 1999: 61ff.). Eine reflexive Vermittlung erbringt orientierende Leistungen für Rezipienten, denen selbst der Überblick für vergleichbare eigenständige Bewertungsleistungen fehlt. Betrachtet man die journalistische Kommunikativität mit einem diskursiven Modell als einen zentralen Bestandteil des Geflechts von Kommunikation, Öffentlichkeit, Medien, Journalismus und Demokratie, dann richtet sich der Blick auf Fragen der Richtigkeit von Information, ihrer angemessenen Begründungstiefe sowie der Transparenz ihrer Argumentation. Diese Fragen lassen sich spezifizieren und in Anforderungskataloge an verschiedene Typen des Medienhandelns übersetzen. Ein Beispiel wären die typischen diskursethischen Fragen, die sich Politikjournalisten stellen sollten (vgl. Brosda 2008b):

(1) Umfassende Recherche: Sind ihnen alle Aussagen und Standpunkte der Debatte bekannt?

(2) Inklusion aller Betroffenen: Haben sie fehlende Standpunkte durch Recherche ergänzt und dafür gesorgt, dass alle Betroffenen in der Debatte vertreten bzw. gehört worden sind?
(3) Relevanz: Haben sie die Aussagen auf ihre gesellschaftliche Bedeutsamkeit hin geprüft?
(4) Prüfung der Geltungsansprüche: Haben sie die erhobenen Geltungsansprüche der Wahrheit, der Wahrhaftigkeit und der Richtigkeit hinsichtlich ihrer Plausibilität bzw. ihrer argumentativen Begründung zum Beispiel durch eigene Interpretation der Vermittlungsquellen geprüft?
(5) Nachvollziehbarkeit des journalistischen Urteils: Haben sie ihre Beurteilung des argumentativen Gehalts der Aussagen transparent gemacht?
(6) Vollständige Vermittlung: Haben sie die relevanten Aussagen und ihre kommentierende Beurteilung vermittelt?
(7) Argumentative Vermittlung: Haben sie dabei auch die Begründungen der propositionalen Behauptungen berücksichtigt bzw. wenn nötig ergänzt?
(8) Explikation der sozialen Dimension: Haben sie den illokutionären Aspekt der Aussagen, das heißt die soziale Beziehung des Sprechers zum Adressaten, sichtbar gemacht, zum Beispiel indem sie implizite Verben explizieren und so verdeutlichen, ob ein Politiker fordert, anregt oder fragt?
(9) Responsivität: Haben sie die Aussagen der Debatte in einen Zusammenhang zu einander gesetzt und so eine gesellschaftliche Debatte erleichtert?
(10) Kontextualisierung: Haben sie auch das notwendige Zusammenhangs- und Kontextwissen in ihre Vermittlung einfließen lassen?
(11) Lebensweltliche Anschlussfähigkeit: Haben sie ihre Vermittlung so gestaltet, dass Rezeption wahrscheinlich und lebensweltliche Anschlusskommunikation bzw. gesellschaftliche Teilhabe am Diskurs möglich ist?
(12) Kritisierbarkeit: Ist der Journalismus selbst argumentativ – und damit diskursiv – zugänglich?

Auch dieser exemplarische Katalog zeigt: Während propositionale Fragen wahrheitsorientierter Geltungsansprüche in erkenntnistheoretischen Debatten behandelt werden und performative Fragen wahrhaftigkeitsorientierter Ansprüche in letzter Konsequenz nicht diskursiv zu behandeln sind, rücken vor allem Geltungsansprüche der Richtigkeit und der Umgang mit ihnen in den Blick einer Ethik journalistischer Diskurse. Diese unterliegen in besonderem Maße einer Begründungspflicht. Es erscheint geboten, von journalistischer Vermittlung im Interesse öffentlicher Diskurse zu verlangen, dass die Begründungen für ethisch-politische Behauptungen, die vorwiegend auf Richtigkeitsansprüche zielen, ebenfalls transparent gemacht werden. Explizite Begründungen sind zu referieren, implizite Begründungen aufzuzeigen.[5] Journalis-

5 Diskursregeln sind dazu als Kriterienkatalog notwendig, allerdings nicht hinreichend. Sie verpflichten Diskursteilnehmer vor allem auf Widerspruchsfreiheit, Fairness und subjektive Wahrhaftigkeit. Eine Begründungspflicht hingegen postulieren sie nur für das Angreifen einer Aussage oder Norm, die nicht Gegenstand der Diskussion ist (vgl. Habermas 1999[7] [1983]: 98). Sie umfassen nicht die

ten als Anwälte gesellschaftlicher Diskurse haben dadurch eine besondere Verantwortung, die in der Bewahrung kommunikativer Möglichkeiten durch eine reflexive und an den Maßstäben kommunikativer Rationalität orientierte Vermittlung liegt:

> „Nur sie [die politischen und medialen Akteure] haben die Möglichkeit, stellvertretend für die Bevölkerung Begründungen für strittige Geltungsansprüche einzufordern und zu kritisieren, insofern wäre der Repräsentationsgedanke auch im Sinne einer ‚diskursiven Repräsentanz' zu verstehen." (Kuhlmann 1999: 132)

Wenn die gesellschaftlich und politisch Handelnden Begründungen liefern, dann sollte der Journalist sie vermitteln, tun sie dies nicht, ist er dazu angehalten, sie durch Recherche hinzuzufügen. Auch eine aufmerksame Interpretation einer Pressemitteilung oder einer öffentlichen Äußerung sowie deren Einordnung in den Gesamtzusammenhang können Aufschluss über Begründungen und Motive geben. Hier greift die Forderung Langenbuchers (1986) nach einem Journalismus als „Quellenkritik". Sie bietet, wie Baum (1994: 296) bekräftigt,

> „den kommunikationstheoretischen Weg für eine ‚epochenadäquate Journalismustheorie' an, die sich zudem als *Diskursethik* aller normativistischen Engpässe erledigen könnte […]. Denn vom Journalismus ‚Quellenkritik ' zu fordern, heißt ja nichts anderes, als ihm die *Suche nach Gründen* für öffentliche Aussagen, Handlungen und Entscheidungen zuzutrauen."

Vor dem Hintergrund der Diskurstheorie wird hier deutlich, dass es entscheidend von der Art journalistischer Vermittlung abhängt, ob eine diskursive Öffentlichkeit in ausdifferenzierten Gesellschaften überhaupt eine Chance der demokratischen Koordinierung gesellschaftlicher Entwicklung entfalten kann.

3.3 Diskursvermittlung und Diskursteilnahme

Aus diskursethischer Perspektive sind die in klassischen Entwürfen getrennten Rollenvorstellungen der Vermittlung und der kommunikativen Teilnahme kaum mehr zu differenzieren. Sie gehen fließend in einander über und lassen sich vorwiegend anhand des Grades kommunikativer Eigenleistung unterscheiden.[6] Journalisten haben eine „Doppelrolle im Diskurs" (Brosda 2000) inne: Sie sind nicht nur Vermittler von Diskursen, sondern auch deren Teilnehmer, wie die Darstellungsformen *Interview* und *Kommentar* beispielhaft zeigen Sie bewegen sich keineswegs nur auf einer metadiskursiven Ebene, sondern produzieren in ihren Texten, Bildern oder Statements selbst begründungspflichtige Aussagen, die ihrerseits von Dritten diskursiv in Zweifel gezogen werden können. Die von Journalisten im Interesse der sozialen Orientierung geforderte interpretative Einordnung eines Vorgangs in Diskurszusammenhänge geht weit über eine reine Vermittlungsfunktion hinaus. Die Herstellung einer verständi-

---

Begründungspflicht für Handlungsabsichten, die in der Argumentationstheorie herausgearbeitet wird (vgl. Kopperschmidt 2000; Kuhlmann 1999).

6 Siehe auch den Beitrag von Brosda zum Journalismus in diesem Band.

gungsorientierten Öffentlichkeit in diesem Sinne erfordert vom Journalisten vor allen Dingen auch Eigeninitiative und Eigenleistung; das Freilegen von Begründungen und Motiven für politisches und gesellschaftliches Handeln kann als eine der zentralen Aufgaben gesehen werden, die eine journalistische Diskursethik einfordert. Eine Tendenz zu einem solchen Journalismus lässt sich heutzutage in dem sich politisierenden Kulturjournalismus finden, der dezidiert seine kommunikativen Spielräume auch in der Analyse politischer Vorgänge nutzt (vgl. Reus/Harden 2005; Haller 2003). Zu einem derart selbstbewussten Journalismus gehört unter Umständen auch die bewusste Inszenierung von öffentlichen Diskursen für diejenigen Publika, die für journalistische Kommunikation kaum mehr erreichbar sind. Rager und Rinsdorf (2002: 50) konstatieren, dass Journalismus durch entsprechende wirkungskalkulierte Aufbereitungen, die dazu dienen, die Vermittlungs- und Rezeptionschancen kommunikativ rationaler Auseinandersetzungen zu erhöhen, als „eine Art Katalysator“ für gesellschaftliche Debatten wirken kann. Eine rein ‚faktenorientierte‘ Berichterstattung gehe oftmals an den Bedürfnissen des Publikums vorbei, während kommunikativere (auch unterhaltendere Formate) die Verständnis- und damit auch die Verständigungshürden absenken und so gesellschaftliche Anschlussdiskurse stimulieren können (vgl. auch Pätzold 1999: 158). Eine strategische Komponente tritt hier neben die journalistische Kommunikativität – keinesfalls an ihre Stelle –, um die für das Zustandekommen eines journalistischen, kommunikativen Verständigungsprozesses notwendige Formatangemessenheit zu gewährleisten (vgl. Rager/Rinsdorf 2002: 56).

4 Kritik und Desiderata

Die Diskursethik ist keineswegs unumstritten. Sie wird sowohl hinsichtlich ihrer grundlegenden Annahmen als auch in Bezug auf die Reichweite ihrer Erklärungsmöglichkeiten in Frage gestellt.

4.1 Beschränkte Kommunikativität

Eine oft monierte Schwachstelle für die Übertragung diskursethischer Postulate auf medienkommunikative Zusammenhänge ist die Frage der Vergleichbarkeit von Humankommunikation und Medienkommunikation. In den einschlägigen Debatten wird durchaus bezweifelt, ob Medien überhaupt Kommunikation befördern oder nicht doch eher behindern. Standardeinwände betreffen die Feststellung, dass Massenmedien Isolation und Passivität fördern, dass Infotainment Kommunikation behindere und das Medien mittlerweile eher der Durchsetzung von Machtinteressen auf einem deregulierten Markt als der rationalen Verständigung dienen (vgl. Lesch 1996: 97). Angesichts der internen Verfasstheit der Masssenmedien, so Kritiker, werde deutlich, dass Massenmedien schon von ihrer Struktur her den Voraussetzungen diskursethischer Überlegungen nicht genügen könnten, so dass deren Anwendung problematisch sei (vgl. Hütig 2003: 114). Ausgehend von der Annahme einer unveräußerlichen und unvertretbaren Individualität verneinen moralphilosophische Kritiker, dass Sprechakte auch vermittelbar wären und sich ihre normativen Implikationen entsprechend in journalistische Vermittlung hineintragen ließen. Sie sehen in der Diskursethik folglich nur ein Verfahren zur Begründung einer Medienethik und keine eigenständig medienethisch relevante Konzeption. Der Medienkommunikation fehle, so die weitere Kritik, die Spontaneität und Kreativität humankommunikativer Interaktion; Objektivitäts- und Seriösitätsansprüche würden beinahe ausschließlich durch Konventionen gestützt, so dass die in der Transzendental- oder Universalpragmatik auf argumentativen Figuren angelegten normativen Strukturen gar keinen Bezug mehr zu dieser Form der medial vermittelten Kommunikation mehr hätten (vgl. ebd.: 117).

Eine solche Position geht davon aus, dass Medien ausschließlich nach den Dimensionen der Zweckrationalität und der Instrumentalität zu betrachten sind, während kommunikative Handlungskoordinierung in ihnen keine Rolle mehr spielt. Diese Unterstellung ist zumindest im Hinblick auf die individuellen Annahmen journalistischer Akteure im kommunikativen Vermittlungshandeln nicht haltbar. Die sich anschließende Frage ist allerdings, ob tatsächlich feststellbare empirische Asymmetrien zwischen den Ansprüchen kommunikativen journalistischen Handelns und den Zwängen eines weit überwiegend ökonomisch gesteuerten Mediensystems[7] tatsächlich die Anwendung einer Diskurstheorie des Journalismus und der Medien unmöglich machen, oder ob sie nicht vielmehr eine politisch aufzugreifende Aufforderung sind, durch eine aktive, keineswegs nur wirtschaftliberal agierende Medienpolitik die Bedingungen zu schaffen, die ein kommunikativer und vor allem diskursiver Journalismus benötigt, um demokratiepolitisch gewünschte Aufgaben der reflexiven Vermittlung und der Eröffnung kommunikativer Teilhabechancen auch tatsächlich zu erbringen. Folgt man dieser medienpolitisch motivierten Zielvorstellung, dann wird sehr deutlich, dass ein solches ethisches Projekt nicht individualethisch angelegt werden kann, sondern auf der Etablierung von Verfahren beruht (vgl. Müller 1992: 43). Diese Verfahren richten sich sowohl darauf, dass Journalistinnen und Journalisten diskursiven Anforderungen an kommunikatives Handeln im beschriebenen Sinne genügen können. Sie beziehen aber auch die Formulierung und Veränderung dieser Verfahrennormen und andere journalistischer Qualitäts- und Ethikmaßstäbe mit ein.

4.2 Diskursivität von Emotionen

Die Diskursethik ist stark auf rationalistische Annahmen angelegt und tut sich entsprechend schwer mit Emotionen. Insbesondere mediale Politikpräsentation kann aber heutzutage angesichts ihrer stark affektiv-expressiven Dimension als diskursive Mischform betrachtet werden, die nicht auf kognitiv-propositionale Bestandteile

7 Siehe auch den Beitrag von Altmeppen und Arnold zu Ethik und Profit in diesem Band.

reduziert werden kann, sondern in deren Rahmen unterschiedliche und eben auch emotionale Geltungsansprüche aufgestellt und auch debattiert werden. Emotionale Medienauftritte zeichnen sich in ihrer ästhetisch-expressiven Qualität zwar einerseits durch einen Wahrhaftigkeitsanspruch und durch semiotische Multidimensionalität aus, sind aber andererseits aufgrund ihrer sozialen Fundierung in Tatsachen der äußeren Welt einer Überprüfung zugänglich (vgl. Meyer/Ontrup/Schicha 2000: 312f.). In medialen Kommunikationsangeboten mischen sich ästhetische Expressivität, die nur anhand von Handlungskonsistenz und sozialer Angemessenheit überprüft werden kann, und argumentative Propositionalität, die auch theoretischen und praktischen Diskursen zugänglich ist (vgl. Brosda 2002a).

Die Diskursethik kann die Ausbildung von Verarbeitungsroutinen mit Blick auf diese performativen Aspekte unterstützen. Dabei geht es nicht um Ent-Emotionalisierung medialer Erlebnisse, sondern vielmehr darum, eine medienkommunikative Kompetenz zu fördern, die den Umgang mit den diskursiven Mischformen medialer Kommunikationsangebote in Produktion und Rezeption erleichtert. Während Gefühls- und Darbietungsregeln plausibel als Ergebnis sozialer und kultureller Aushandlungsprozesse zu beschreiben sind und entsprechend auch ordnungsstiftende Kraft entfalten können, unterliegen die konkreten emotionalen Reaktionen trotz ihrer sozialen Ursachen und Fundierung starken unbewusst ablaufenden Reaktionsschemata, die einem räsonierenden Zugriff erst a posteriori offen zu stehen scheinen. Diese nachträgliche Reflexion kann die Diskursethik mit ihrem analytischen Instrumentarium unterstützen.

4.3 Diskursivität der Bilder

Ein weiterer Grenzbereich der Diskursethik ist der Umgang mit der Bildhaftigkeit moderner Medienangebote:[8] Die Formulierung diskursorientierter Anforderungsprofile an journalistisches Handeln steht auf den ersten Blick im Widerspruch zur wachsenden Bedeutung visueller Darstellungsmöglichkeiten in den elektronischen Medien (vgl. Meyer/Ontrup/Schicha 2000; Frey 1999). Betont die Diskursethik die lineare Argumentationsrationalität einander folgender Argumente, ist die Bildlogik von einer präsentativen und assoziativen Gleichzeitigkeit geprägt, der die gewohnten Hierarchisierungen zunächst fehlen (vgl. Lesch 1996: 101ff.). Mit diesem Phänomen hat sich vor allem die Wirkungsforschung in Bezug auf Fernsehnachrichtensendungen auseinandergesetzt. Bilder haben in der Fernsehberichterstattung einen eigenen Wert, der nicht in illustrativen Funktionen aufgeht. Sie werden eigenständig wahrgenommen und lösen sich so auch von der Propositionalität der Sprache (vgl. Ontrup 1999: 112; grundlegend Frey 1999). Die rationale Prüfung der Informationen wird durch die ‚Augenzeugenillusion' suspendiert, die direkt dem Bild entspringt. Aus den Funktionen visueller Illustrationen – Authentizität, Aktualität, Weckung von Interesse und

8 Siehe auch den Beitrag von Knieper und Isermann zur Bildethik in diesem Band.

Symbolhaftigkeit – erwächst eine hohe, zunächst nicht diskursiv, sondern präsentativ fundierte Glaubwürdigkeit von Fernsehnachrichten (vgl. Brosius 1998: 217f.).

Als ikonische Zeichen repräsentieren mediale Bilder die Qualität des Bezeichneten an sich; sie sind dem von ihnen repräsentierten Verweisungsgegenstand unmittelbar ähnlich. Wo sprachliche Zeichen auf Konventionen rekurrieren müssen, um verstanden zu werden, können Ikone eine weitgehende Allgemeinverständlichkeit beanspruchen. Sie erwecken aufgrund ihrer zeichenhaften Identität mit der bezeichneten Wirklichkeit den Eindruck einer ‚direkten Spiegelung der Wirklichkeit' und aktivieren Wahrnehmungs- und Verarbeitungslogiken, die in medialen wie außermedialen Kontexten gleichermaßen wirksam sind. Dabei zeigen Rezeptionsstudien immer wieder, dass es nicht wenige Situationen in der journalistischen bzw. medialen Vermittlung gibt, in denen Bilder erst durch den verbalen Text eine eindeutig zu verarbeitende Deutung erhalten (vgl. Hickethier 1997: 522). Das wurde besonders in der Berichterstattung über die Terroranschläge des 11. September 2001 deutlich. Der Journalismus musste an diesem Tag gegen die visuelle Macht der Bilder einstürzender Hochhäuser erst seine Sprachfähigkeit wieder erlangen, um den Bildern einen Kontext der Analyse zu verleihen, durch den sie bearbeitbar wurden (vgl. Brosda 2002b).

Die Diskursethik hat als Ethik sprachbasierter Verständigung naturgemäß ihre Grenzen, wenn es um Bildkommunikation geht. Sie ist aber sehr wohl in der Lage, den grundsätzlich diskursiven, d.h. behauptenden, Charakter medialer Bilder sichtbar zu machen. Und sie kann sich wiederum produktiv an der Diskussion über jene mediale Kommunikationskompetenz beteiligen, die schon im Hinblick auf die ähnlich gelagerte Problematik emotionaler Medienkommunikation angesprochen wurde.

5 Fazit

Die Ausformulierung einer Diskursethik journalistischen und medialen Handelns ist ein lohnenswertes Projekt. Kombiniert mit einer kritischen Theorie der Öffentlichkeit geht sie in ihren normativen Anspruch einerseits über die systemtheoretisch inspirierten empirisch-analytischen Fragen der Angemessenheit hinaus und reduziert andererseits ethische Fragen nicht auf Individualentscheidungen. Basierend auf einem handlungstheoretischen Fundament, in das in den letzten Jahren zunehmend auch systemische Ansätze integriert worden sind, nimmt sie vielmehr beide Aspekte gleichermaßen in den Blick. Die Kopplung der Normgeltung an rationale Begründungen erscheint als angemessenes Konzept journalistischer Ethik. Da die Diskursethik gesellschaftsweit alle Entscheidungen an das Rationalitätsprinzip knüpft, hat sie für den Journalismus eine zweiwertige Bedeutung: Zum einen kann sie zur Begründung journalistischer Normen und Handlungsroutinen herangezogen werden, zum anderen müssen aber auch die berichteten Inhalte, sofern sie gesellschaftliche oder politische Zusammenhänge betreffen, diskursiven Charakter haben. Der reiche Fundus der Kommunikationstheorie der Diskursethik böte die Chance, ein auch in der Theorie noch realistisches und dennoch normativ gehaltvolles Journalismus-Bild zu zeichnen, das ganz deutliche ethische Implikationen beinhaltet. Dieses würde nicht mehr die Kriterien „Objektivität" und „Neutralität" in den Mittelpunkt rücken, sondern zum einen die Frage nach der Richtigkeit der vorgeschlagenen Handlungsoptionen und zum anderen die handwerklichen Voraussetzungen sowie der Angemessenheit eines journalistischen Handelns, das sich explizit als kritisch und interpretierend versteht.

Eine zur Medienethik präzisierte Diskursethik kann Maßstäbe liefern, anhand deren die Verfasstheit gesellschaftlicher Kommunikation mit Blick auf die normativen Anforderungen einer demokratischen Öffentlichkeit empirisch untersucht und qualitativ bewertet werden könnte. Fördert journalistisches Handeln Partizipation und Emanzipation? Nimmt es sich der Aufgabe der advokatorischen Vertretung vom gesellschaftlichen Zeitgespräch ausgeschlossener Stimmen an? Diese Fragen lassen sich auf der Basis der Diskursethik an Journalismus stellen; und sie lassen sich mit empirischer Journalismus- und Medienforschung bearbeiten. Aus dem Dialog zwischen einer diskursiven Medienethik und einer empirischen Forschung, die sich praktischen Fragen nicht verschließt, können Vorschläge für die Verbesserung des Journalismus erwachsen.

Literatur

Alexy, Robert (1978): Eine Theorie des praktischen Diskurses. In: Oelmüller, Willy (Hrsg.): Normenbegründung – Normendurchsetzung. Paderborn, S. 22-58.

Alexy, Robert (1983): Theorie der juristischen Argumentation. Die Theorie des rationalen Diskurses als Theorie der juristischen Begründung. Frankfurt am Main.

Apel, Karl-Otto (1988). Diskurs und Verantwortung. Das Problem des Übergangs zur postkonventionellen Moral. Frankfurt am Main.

Arens, Edmund (1996): Die Bedeutung der Diskursethik für die Kommunikations- und Medienethik. In: Funiok, Rüdiger (Hrsg.): Grundfragen der Kommunikationsethik. Konstanz, S. 73-96.

Baum, Achim (1994): Journalistisches Handeln. Eine Kritik der Journalismusforschung. Opladen.

Baum, Achim (2005): Lernprozess und Interessenkonflikt. Die freiwillige Selbstkontrolle der Presse dient der ganzen Gesellschaft. In: ders. u.a. (Hrsg.): Handbuch Medienselbstkontrolle. Wiesbaden, S. 112-124.

Baum, Achim / Scholl, Armin (2000): Wahrheit und Wirklichkeit. Was kann die Journalismusforschung zur journalistischen Ethik beitragen? In: Schicha, Christian / Brosda, Carsten (Hrsg.): Medienethik zwischen Theorie und Praxis. Normen für die Kommunikationsgesellschaft. Münster, S. 90-108.

Brosda, Carsten (2000): Doppelrolle im Diskurs. Journalisten als Diskursvermittler und -teilnehmer – Ethische Implikationen. In: Schicha, Christian / Brosda, Carsten (Hrsg.): Medienethik zwischen Theorie und Praxis. Münster, Hamburg, London, S. 109-123.

Brosda, Carsten (2002a): ‚Emotionalisierung' als Merkmal medialer Politikvermittlung. Zur Diskursivität emotionaler Äußerungen und Auftritte von Politikern im Fernsehen. In: Schicha, Christian / ders. (Hrsg.): Politikvermittlung in Unterhaltungsformaten. Münster, S. 111-134.

Brosda, Carsten (2002b): Sprachlos im Angesicht des Bildes. Überlegungen zum journalistischen Umgang mit bildmächtigen Ereignissen am Beispiel der Terroranschläge vom 11. September 2001. In: Schicha, Christian / ders. (Hrsg.): Medien und Terrorismus. Reaktionen auf den 11. September 2001. Münster, S. 94-113.

Brosda, Carsten (2008a): Diskursiver Journalismus. Journalistisches Handeln zwischen kommunikativer Vernunft und mediensystemischem Zwang. Wiesbaden.

Brosda, Carsten (2008b): Normative Maßstäbe deliberativer Öffentlichkeit. Zur ethischen Verantwortung eines diskursiven Journalismus' in der Politikvermittlung. In: Zeitschrift für Kommunikationsökologie und Medienethik, Heft 1/2008, S. 14-19.

Brosda, Carsten / Schicha, Christian (2000): Medienethik im Spannungsfeld zwischen Ideal- und Praxisnormen – Eine Einführung. In: Schicha, Christian / Brosda, Carsten (Hrsg.): Medienethik zwischen Theorie und Praxis. Münster, Hamburg, London, S. 7-32.

Brosda, Carsten / Haller, Michael / Leif, Thomas / Schicha, Christian (2004): Leitlinien für einen seriösen Journalismus. In: Frankfurter Rundschau vom 21. April 2004, S. 9. [auch in: epd-medien, Nr. 30/2004, S. 25-27]

Brosius, Hans-Bernd (1998): Visualisierung von Fernsehnachrichten. Text-Bild-Beziehungen und ihre Bedeutung für die Informationsleistung. In: Kamps, Klaus / Meckel, Miriam (Hrsg.): Fernsehnachrichten. Prozesse, Strukturen, Funktionen. Opladen; Wiesbaden, S. 213-224.

Burkart, Roland (1998): Von verständigungsorientierter Öffentlichkeitsarbeit zum diskursiven Journalismus. In: Duchkowitsch, Wolfgang u.a. (Hrsg.): Journalismus als Kultur. Analysen und Essays. Opladen; Wiesbaden, S. 163-172.

Burkart, Roland (1993): Verständigungsorientierte Öffentlichkeitsarbeit – Ein Transformationsversuch der Theorie des kommunikativen Handelns. In: Bentele, Günter / Rühl, Manfred (Hrsg.): Theorien öffentlicher Kommunikation. Konstanz, S. 218-227.

Burkart, Roland / Probst, Sabine (1991): Verständigungsorientierte Öffentlichkeitsarbeit: eine kommunikationstheoretisch begründete Perspektive. In: Publizistik, Heft 1/1991, 36. Jg., S. 56-76.

Frey, Siegfried (1999): Die Macht des Bildes. Der Einfluß der nonverbalen Kommunikation auf Kultur und Politik. Bern u.a.

Habermas, Jürgen (1995 [1981]): Theorie des kommunikativen Handelns. 2 Bände. Frankfurt am Main.

Habermas, Jürgen (1999^7 [1983]): Moralbewußtsein und kommunikatives Handeln. Frankfurt am Main.

Habermas, Jürgen (1995 [1984]): Wahrheitstheorien. In: ders. Vorstudien und Ergänzungen zur Theorie des kommunikativen Handelns. Frankfurt am Main, S. 127-186.

Habermas, Jürgen (1986): Moralität und Sittlichkeit. Treffen Hegels Einwände gegen Kant auch auf die Diskursethik zu? In: Kuhlmann, Wolfgang (Hrsg.): Moralität und Sittlichkeit. Das Problem Hegels und die Diskursethik. Frankfurt am Main, S. 16-37.

Habermas, Jürgen (1991): Erläuterungen zur Diskursethik. Frankfurt am Main.

Habermas, Jürgen (1992): Faktizität und Geltung. Beiträge zur Diskurstheorie des Rechts und des demokratischen Rechtsstaats. Frankfurt am Main.

Habermas, Jürgen (2009): Diskursethik. Philosophische Texte. Band 3. Frankfurt am Main.

Haller, Michael (2003): Politisierung des Kulturellen? Zum Funktionswandel des Kulturjournalismus in der Mediengesellschaft. In: Aus Politik und Zeitgeschichte, B 12/2003, S. 3-5.

Hickethier, Knut (1997): Fernsehnachrichten als Erzählung der Welt. Teilhabe und Erzählung, Visualität und Virtualität. In: Bentele, Günter / Haller, Michael (Hrsg.): Aktuelle Entstehung von Öffentlichkeit. Akteure – Strukturen – Veränderungen. Konstanz, S. 511-528.

Hütig, Andreas (2003): Konventionen und Deliberationen. Die Diskursethik und die massenmediale Öffentlichkeit. In: Debatin, Bernhard / Funiok, Rüdiger (Hrsg.): Kommunikations- und Medienethik. Konstanz, S. 111-125.

Kohring, Mathias (2002): Fakten ins Töpfchen, Fiktionen ins Kröpfchen? Warum Vertrauen in Journalismus mehr ist als Glaubwürdigkeit. In: Baum, Achim / Schmidt, Siegfried J. (Hrsg.): Fakten und Fiktionen: über den Umgang mit Medienwirklichkeiten. Konstanz, S. 90-100.

Kopperschmidt, Josef (2000): Argumentationstheorie zur Einführung. Hamburg.

Kuhlmann, Christoph (1999): Die öffentliche Begründung politischen Handelns. Zur Argumentationsrationalität in der politischen Massenkommunikation. Opladen; Wiesbaden.

Langenbucher, Wolfgang (1986): Ethik und Wissenschaftsjournalismus. In: Ruß-Mohl, Stephan: Wissenschaftsjournalismus. Ein Handbuch für Ausbildung und Praxis. München, S. 174-185.

Lesch, Walter (1996): Diskursethik als Basis der Medienkommunikation? In: Funiok, Rüdiger (Hrsg.): Grundfragen der Kommunikationsethik. Konstanz, S. 97-105.

Loretan, Matthias (1994): Grundrisse der Medienethik. Eine „Ethik des Öffentlichen" als Theorie kommunikativen Handelns. In: Zoom K&M, Nr. 4, Oktober 1994, S. 56-62.

Loretan, Matthias (1996): Publikumsethik. In: Zoom K&M, Nr. 8, Oktober 1996, S. 38-47.

Loretan, Matthias (1999): Ethik des Öffentlichen. Grundrisse eine Medienethik als Theorie kommunikativen Handelns. In: Holderegger, Adrian (Hrsg.): Kommunikations- und Medienethik. Interdisziplinäre Perspektiven. Freiburg i. Ue.; Freiburg i. Br., S. 153-183

Loretan, Matthias (2002): Diskursethisches Programm zur kognitiven Begründung der Medienethik. In: Communicatio Socialis, Heft 3/2002, 35. Jg., S. 265-297.

Meyer, Thomas / Ontrup, Rüdiger / Schicha, Christian (2000): Die Inszenierung des Politischen. Zur Theatralität von Mediendiskursen. Opladen; Wiesbaden.

Meyer, Thomas / Schicha, Christian / Brosda, Carsten (2001): Diskurs-Inszenierungen. Zur Struktur politischer Vermittlungsprozesse am Beispiel der Debatte zur „Ökologischen Steuerreform". Wiesbaden 2001.

Mieth, Dietmar (1996): Die Grundnorm der Wahrhaftigkeit, ihre ethische Begründbarkeit und ihre Universalität. In: Funiok, Rüdiger (Hrsg.): Grundfragen der Kommunikationsethik. Konstanz, S. 15-40.

Ontrup, Rüdiger (1999): Test-Bilder. Theatralität und Visualisierungsstrategien in politischen Fernsehsendungen. In: Schicha, Christian / ders. (Hrsg.): Medieninszenierungen im Wandel. Interdisziplinäre Zugänge. Münster, S. 103-130.

Pätzold, Ulrich (1999): Die Reportage als Beispiel der Genreforschung in der Journalistik. In: Schäfer, Ulrich P. / Schiller, Thomas / Schütte, Georg (Hrsg:): Journalismus in Theorie und Praxis. Beiträge zur universitären Journalistenausbildung. Konstanz, S. 145-171.

Peters, Bernhard (2000): Normative Theorien und soziale Empirie. In: Müller-Doohm, Stefan (Hrsg.): Das Interesse der Vernunft. Rückblicke auf das Werk von Jürgen Habermas seit „Erkenntnis und Interesse". Frankfurt am Main, S. 274-298.

Peters, Bernhard (2001): Deliberative Öffentlichkeit. In: Wingert, Lutz / Günther, Klaus (Hrsg.): Die Öffentlichkeit der Vernunft und die Vernunft der Öffentlichkeit. Festschrift für Jürgen Habermas. Frankfurt am Main, S. 655-677.

Peters, Bernhard (2007): Der Sinn von Öffentlichkeit. Hrsg. von Hartmut Weßler. Frankfurt am Main.

Pörksen, Bernhard (2006): Die Beobachtung des Beobachters. Eine Erkenntnistheorie der Journalistik. Konstanz.

Pöttker, Horst (2000): Sloterdijk, Assheuer, Brumlik. Was die Diskursethik in deutschen Debatten wirklich zählt. In: Schicha, Christian / Brosda, Carsten (Hrsg.) Medienethik zwischen Theorie und Praxis. Normen für die Kommunikationsgesellschaft. Münster, S. 124-132.

Rager, Günther (2000): Ethik – eine Dimension von Qualität? In: Schicha, Christian / Brosda, Carsten (Hrsg.): Medienethik zwischen Theorie und Praxis. Münster, Hamburg, London, S. 76-89.

Rager, Günther / Rinsdorf, Lars (2002): Gesellschaftlicher Diskurs und journalistisches Handeln. In: Eurich, Claus (Hrsg.): Gesellschaftstheorie und Mediensystem. Interdisziplinäre Zugänge zur Beziehung von Medien, Journalismus und Gesellschaft. Münster; Hamburg; London, S. 43-57.

Reus, Gunter / Harden, Lars (2005): Politische „Kultur". Eine Längsschnittanalyse des Zeitungsfeuilletons von 1983 bis 2003. In: Publizistik, Heft 2/2005, 50. Jg., S. 153-172.

Thomaß, Barbara (2000): Vor Aristoteles zu Habermas. Theorien zur Ethik des Journalismus. In: Löffelholz, Martin (Hrsg.): Theorien des Journalismus. Ein diskursives Handbuch. Wiesbaden, S. 351-362.

Weischenberg, Siegfried (1992): Journalistik. Band 1: Mediensysteme, Medienethik, Medieninstitutionen. Opladen.

Wellmer, Albrecht (1989): Was ist eine pragmatische Bedeutungstheorie. Variationen über den Satz „Wir verstehen einen Sprechakt, wenn wir wissen, was ihn akzeptabel macht". In: Honneth, Axel (Hrsg.): Zwischenbemerkungen. Im Prozeß der Aufklärung. Jürgen Habermas zum 60. Geburtstag. Frankfurt am Main, S. 318-370.

Theologische Perspektiven

Johanna Haberer & Roland Rosenstock

1 Einführung: Gott und die Wilmots

Den Nobelpreis hat John Updike zu Lebzeiten nicht bekommen, aber er hat mit dem Roman *Gott und die Wilmots* zum Ende des 2. Jahrtausends buchstäblich ein Jahrhundertwerk geschaffen, das sich unterhalb der Ebene der erzählten Figuren mit dem Entstehen und den Ambivalenzen populärer Kultur befasst (Updike 1999). Im sezierenden Auge des Moralisten Updike sind die Medien die Ersatzreligion, die vorspiegelt, die verloren gegangene Geborgenheit der Existenz für einen Augenblick zu ersetzen.

Pfarrer Clarence Wilmot, ein ehrwürdiger presbyterianischer Geistlicher Anfang des 20. Jahrhunderts, ein Pfarrer, der in den Traditionen der Kirche aufgeht, der ein großzügiges Haus führt und seine Kinder im Geist des Christentums erzieht, verliert seinen Glauben. Er verliert ihn, weil die Relativität einer historischen Betrachtung biblischer Texte sein Wahrheitsfundament erschüttert. Er kann nicht mehr aus der einen göttlichen Wahrheit sprechen, und er kann sich nicht mehr auf die göttliche Wahrheit der Texte berufen. Er gibt sein Amt zurück und fristet sein weiteres Leben als Haustür-Verkäufer von Lexika. Eine Gattung von Texten, die ihm sicher erscheint, die den Käufern eine Art Grundbildung verspricht und eine Gattung darstellt, bei der er hofft, dass sie nach der zertrümmerten Wahrheit des Glaubens wenigstens die Richtigkeit der Information birgt.

An dem Tag, an dem Pfarrer Clarence Wilmot seinen Glauben verliert, wird an einem anderen Ort im Roman der erste Film gedreht, eine Tatsache, die Updike erzählerisch geschickt gegen schneidet und welche die Familie Wilmot im Weiteren tief prägen wird: Der Beginn der Virtualität des Daseins, der Reproduzierbarkeit und Vervielfältigung, der Beginn der visualisierten Geschichten, der in laufende Bilder gebannten Träume, der Beginn des Blicks von außen, der nicht Gott ist. Seine wunderschöne Enkelin Essie wird sich in ihrem Leben statt im Angesicht Gottes im Angesicht einer Kamera spiegeln und diese Kamera wird für sie zu einer Art Gotterersatz. Ihr lieblos gezeugter und lieblos mitlaufender Sohn Clark wird dann sein Leben essend und Bilder konsumierend vor dem Fernseher verbringen, bis er sich der Vielfältigkeit und der Sinnlosigkeit der dort gezeigten Geschichten und Lebensentwürfe in einem kommerziellen Fernsehsystem entzieht und sich einer fundamentalistischen Sekte zuwendet, mit einem diktatorischen und manipulativen Führer, der in einem Amoklauf endet und den Jungen zum Vollstrecker bestimmt hat. Doch er erinnert sich an die christlichen Werte, die sein Vater ihm einmal vermittelt hat, und verweigert die grausame Tat.

Die Entwicklung des Medienzeitalters, die offensichtliche Relativität aller Dinge, der Zerfall der Sicherheiten und der genormten Rollen, die Sehnsucht nach einer nicht mehr formulierbaren Wahrheit, die Flucht in den Fundamentalismus und in die Egomanie, das sind die heimlichen Themen dieses Jahrhundertromans, der von der Fragmentierung aller Lebensvollzüge handelt.

Die Medien als Begleiter oder gar als Ursache der kulturellen Depravation, die Medien als ungenügende Ersatzreligion, die Medien als Konkurrenz zum Glauben – Updike hat in Romanform auch beschrieben, was sich in der christlichen Debatte um Bedeutung und Stellenwert der Medien bis heute abspielt. Die Kirchen empfanden die geschichtenerzählenden Medien als Konkurrenz zu den kulturprägenden Geschichten der Bibel, und sie empfanden die Entstehung eines unabhängigen Journalismus als Verlust der Deutungshoheit über die Kultur.

Der Verlust der Identitäten in einer virtuellen Welt, die Auflösung von personalen Determinanten wie Raum und Zeit, die Auflösung von Gleichzeitigkeiten, und deren gleichzeitige Multiplikation, ist auf ganz andere Weise auch das Thema eines kleinen, aber feinen neuen Romans: *Ruhm* heißt er, verfasst von Daniel Kehlmann (2009[3]). Der Autor erzählt von der Auflösung von Identitäten. Er lässt als quasi göttlicher Schriftstellerschöpfer und Erfinder seine Figuren existieren oder ausknipsen und zeigt dabei, wie das Drama einer fehlgeleiteten Handynummer zum Existenzverlust werden kann, wie sich die reale, die körperliche Existenz gegenüber der virtuellen verflüchtigt, bis hin zu Personen, die praktisch keine reale Existenz mehr haben.

„Das alles passiert nicht wirklich", sagt eine seiner Figuren, „Oder?". Der Schriftsteller antwortet: „Wirklich. Dieses Wort heißt so viel, daß es gar nichts mehr heißt [...]. Wir sind immer in Geschichten", fährt er fort. „Geschichten in Geschichten in Geschichten. Man weiß nie, wo eine endet und eine andere beginnt! In Wahrheit fließen alle ineinander. Nur in Büchern sind sie säuberlich getrennt." (ebd.: 200f.)

Diese Szene spielt sich zwischen dem Schriftsteller Leo Richter und seiner Geliebten ab, und sie spielt in Afrika, wo es um einen humanen Einsatz in den Kriegs- und Mordswirren einer afrikanischen Diktatur geht, in die beide geraten sind. Die Geliebte resümiert, als sie sich umsieht: Es gab Orte des reinen Schreckens, und es gab Plätze, wo alle Dinge nichts anderes waren als sie selbst. Die Virtualität also endet hier in den realen Passionen der Menschen. „Wirklich das heißt so viel, dass es gar nichts mehr heißt." Das ist ein Satz, der sich theologisch gut nachbuchstabieren lässt.

Wirklichkeit wird in der Realität der populären Medien als multiperspektivisch, prozessual und dynamisch wahrgenommen. In theologischer Perspektive wird Wirklichkeit von Gott her konstruiert und ist nach biblischem Urteil immer fragmentarisch, immer Stückwerk: „Jetzt erkenne ich stückweise; dann aber werde ich erkennen, wie ich erkannt bin“, schreibt Paulus (1. Korinther 13, 12).[1] Eine christliche Theologie setzt sich immer mit dem Menschen als dem Autor von Wirklichkeit und seinen Konstruktionen von Wirklichkeit auseinander. Das spiegelt sich auch in der Vielfältigkeit, der Multiperspektivität, der Fragmentarität und den Doppelungen in der Überlieferungsgeschichte des christlichen Kanons wieder, die uns heute bewusst sind und an deren Relativität der Glaube des Pfarrer Wilmot scheiterte.

Das spiegelt sich auch in der Tatsache, dass die Gründungsurkunde des Christentums sich nur in einem hermeneutischen Prozess zugänglich macht. Die Überlieferung der christlichen Gründungsurkunde ist ein sich vervielfältigendes Übersetzungsphänomen – die Bibel ist heute in beinahe 3000 Sprachen übersetzt und hat in den jeweiligen Sprachräumen überall unterschiedliche Bedeutungsfarben, nimmt in unterschiedlichen Kulturen sprachliche Gestalt an.

Und weil sich christliche Existenz in einer anderen Wirklichkeit verortet – das Leben in der so genannten Realität ist christlich gesprochen das „second life“ , ein Leben in dem wir haben, als hätten wir nicht – und weil sich Identität theologisch gesprochen als ein Geschenk Gottes und seiner Rechtfertigung dekliniert, kann die sich in Virtualität auflösende Realität unserer gesellschaftlichen Prozesse für eine christliche Deutung nichts Neues hervorbringen.

Das Leben im –„hier und jetzt“- die gesellschaftlichen und politischen Einordnungen und Entscheidungen spielen im Leben von Gesellschaften eine nachhaltige Rolle im Aufbau und im Erhalt einer politischen Kultur: In der Glaubwürdigkeit der Informationen, deren Träger wir politisch und ökonomisch fördern müssen – in der Moralität der Entscheidungen, die den ‚Shalom‘, im Sinne der Orientierung am Gemeinwohl einer Gesellschaft, bestimmen. Diese Debatte gehört dann in den Bereich einer christlichen Ethik der Medien, in der die Fragen nach Orientierungswissen und Strukturwissen, nach Medienkompetenz, Sprachkompetenz und Bildung neu und anders gestellt werden müssen. Auch die Fragen nach den Verantwortlichkeiten für Medieninhalte, die des Individuums, des Autors und des Rezipienten, die der politischen Kontrollsysteme und der Systeme, in denen „Content“ hergestellt wird, müssen immer wieder durchbuchstabiert werden. Wobei durch die Individualisierung der medialen Produktion; wie der Rezeption; die Verantwortlichkeit des Einzelnen ein immer höheres Gewicht erhält.

Die Virtualität der modernen Medienwelt muss wahrgenommen, beschrieben und in ihren ökonomischen und politischen Bedingtheiten kritisch durchdrungen werden. Das ist die Aufgabe einer christlichen Medienethik und ebenso die Frage nach dem Stellenwert einer bei Gott verorteten religiösen Identität, um in dieser Vielheit bestehen zu können. Das ist die Aufgabe einer Theologie, die Sprachräume und Wirklichkeitsräume für die Beheimatung von Menschen bereitstellt: Das Gebet, das Ritual, das Sakrament, die tägliche Übung, wie sie auch Peter Sloterdeijk (2009) in seinem neuesten Essay empfiehlt, in dem er die Religion inhaltlich für nichtig erklärt, die Übung der

1 Soweit nicht anders vermerkt folgen Bibelzitate der Übersetzung der revidierten Lutherübersetzung von 1984, hier in der Ausgabe Deutsche Bibelgesellschaft 1985.

Religion aber für lebenswichtig hält. Und wir müssen nach einer Bildung fragen, die Medienkompetenz und Medienreflexion verbindet.

2 Christentumsgeschichte als Mediengeschichte

Der Medienwissenschaftler Werner Faulstich (1997) hat versucht den Medienbegriff in unterschiedliche Kategorien einzuteilen, um den rein technischen Medienbegriff zu überwinden bzw. ihn als eine Phase einer Menschheitsgeschichte zu sehen, die er insgesamt als Mediengeschichte beschreibt. Im Rahmen dieser Beschreibung kann mit Wilhelm Gräb (2002: 154ff.) das Christentum als eine Medienreligion gedeutet werden und die Christentumsgeschichte als eine Mediengeschichte. Faulstich entwickelt seinen Medienbegriff aus dem Kult als dem Kommunikationszentrum früherer Gesellschaften, die sich in der Weitergabe von Ursprungsmythen und Opferritualen ihrer Identität versicherten, und bietet damit nach Gräb Anknüpfungspunkte für eine theologische Medienreflexion. Faulstich unterscheidet vier Phasen der Medienentwicklung:

- *Phase A: Die Zeit der Menschmedien bis ca. 1500 n. Chr.* Hierzu gehören: Sprache, Erzählung, Ritual, Mythos, Spiel und die Schrift.[2]
- *Phase B: Die Verlagerung des kulturellen Gewichts auf die Druckmedien.* Diese Phase reicht von 1500 bis 1900. Die Druckmedien entwickeln sich von Individualmedien zu Massenmedien.[3]
- *Phase C: Der Durchbruch der elektronischen Medien.* Diesen Durchbruch haben wir im letzten Jahrhundert verfolgen können.
- *Phase D: Die Entwicklung der digitalen Medien seit dem Ende des 20. Jahrhunderts.* In der Gegenwart besteht die Möglichkeit, interaktional und individuell medial zu agieren.

Werner Faulstich präferiert ebenso wie der Mannheimer Germanist und Medienwissenschaftler Jochen Hörisch einen kulturgeschichtlichen Zugang zum Thema der Medien und beide sehen in der Geschichte der Menschheit die ganz enge Interaktion zwischen Religion und Medien (vgl. Gräb 2002: 150). Hörisch (2001) definiert anknüpfend an McLuhan Medien als „Interaktionskoordinatoren" und anknüpfend an den Systemtheoretiker Niklas Luhmann als „Unwahrscheinlichkeitsverstärker", als Instrumente also, die uns das Unwahrscheinliche – eine Mondlandung etwa – als wahrscheinlich erscheinen lassen. Er beschreibt die Geschichte der Medien aufsetzend auf diesen Definitionen als eine Geschichte der drei Massenmedien: *Eucharistie*, als

2 Wobei in der unterschiedlichen Verwendung der Begriffe zu fragen ist, ob man die Schrift tatsächlich als Medium verstehen kann oder nicht vielmehr die Schriftrolle, der Papyrus, der Brief usw. als Medium gelten müssen.

3 Es ist zu fragen, inwieweit die These, dass der Buchdruck die Reformation beschleunigt hat, nicht auch umgekehrt gilt: Die Reformation mit ihrem politisch und religiös hochrelevanten Gedankengut beschleunigte auch die Entwicklung des Buches zum Massenmedium, da es eine große Nachfrage nach dem „Content" der Heiligen Schrift in deutscher Sprache gab.

erstes Massenmedium, *Geld* als zweites globales Massenmedium und das *Internet* als das dritte.[4] Auch dies ist ein medientheoretischer Ansatz, der theologischen Entwürfen entgegenkommt, die mit der Religion – auch der christlichen – als einem Phänomen menschlicher Sinnkonstruktion und Grundverfasstheit rechnen, das sich in kulturellen Phänomenen spiegelt.

Gräb (2002: 67) postuliert auf diese Ansätze gestützt eine Religionstheologie als „Medienhermeneutik" und bestimmt als theologische Aufgabe in der Medienwelt die Sinndeutungskompetenz. Wenn man also über die rein technische Beschreibung von Medien hinausgeht, eröffnet sich ein kreativ spekulatives Feld, in dem sich Theologie und Medienwissenschaften gedanklich koordinieren lassen. Wobei hier die Art der medialen Vermittlerrolle zwischen Gott und den Menschen und *zwischen* den Menschen nicht unterschieden wird.

3 Verschriftlichung und Veröffentlichung oder: Die Gründungsurkunde des Christentums als Modell für eine mediale Mustererkennung

Im Zentrum des Alten Testamentes steht die Verschriftlichung der Gebote, die Gott dem Volk Israel nach seiner Befreiung aus der Unterdrückung in Ägypten verkündet haben soll.[5] Bei dem Geschenk der zehn Gebote als Vertragsgrundlage an sein Volk wird eine Niederschrift ins Zentrum der religiösen Beziehung gesetzt und aus der Unmittelbarkeit und Intimität der Begegnung, die als von höchster Relevanz für das Volk gezeichnet wird und die dann veröffentlicht wird. In der Präsenz der Tafeln, so die Fiktion, in der Anwesenheit dieser Niederschrift wird die Aufmerksamkeit und Anwesenheit Jahwes gesichert. Das schriftlich verfasste Wort, das Buch als Speichermedium und auch der Prophet – als Menschmedium – bekommen eine wichtige Bedeutung. Und mit der Medialität des Wortes Gottes entbrennt sofort ein Kampf um die Deutungs- und Auslegungshoheit, die bis zur Bücherverbrennung führen kann. Die Auslegungsgeschichte des Wortes Gottes ist auch der Beginn der Geschichte der Zensur.

3.1 Prophetie unter publizistischer Perspektive

In Nehemia 8, 5ff. erfahren wir von der Verlesung eines Buches und dessen Exegese:

> „Und Esra tat das Buch auf vor aller Augen […]: und als er's auftat, stand alles Volk auf. […] Und die Leviten […] legten das Buch des Gesetzes Gottes klar und verständlich aus, so daß man verstand was gelesen worden war."

4 Zur Kritik an Hörisch vgl. Gräb 2002: 194.

5 Zur Bedeutung der zehn Gebote in einer medialen Kultur vgl. Rosenstock 2008.

Hier kann man eine Entwicklung beobachten, die – folgt man den Spuren Faulstichs – das Zurücktreten des Kults zugunsten der schriftlichen Überlieferung dokumentiert. Die Vergegenwärtigung der Präsenz Gottes verliert die personale Unmittelbarkeit und wird dem Speichermedium Buch anvertraut, dessen Erschließung bestimmte Fertigkeiten voraussetzt. Damit entstehen neue Wissenseliten, damit entstehen Auslegungstraditionen, auch Auslegungsorte, damit entstehen aber auch die Zensur und der Kampf um die Deutungsmacht über die gespeicherte Geschichte. Die Zensur entsteht im Augenblick der Möglichkeit Zeichen bzw. Texte zu speichern, zu konservieren, zu archivieren und damit dem Gedächtnis der Generationen entnommene, von Menschen und ihrer Lebenszeit abgekoppelte historische Relevanzen zu erzeugen.

Neben dem Buch Nehemia verweist die alttestamentlich-prophetische Tradition wie zum Beispiel in Jeremia 36, 2 auf die Verschriftlichung und damit die Veröffentlichung göttlicher Mitteilungen von politischer Relevanz. Hier geschieht die unmittelbare Drohbotschaft Jahwes an Jeremia zur Rettung Israels, die eine massive Kritik an der politischen Klasse enthält. Und diese Botschaft wird verbunden mit dem Befehl sie schriftlich niederzulegen:

> „Nimm eine Schriftrolle und schreibe darauf alle Worte, die ich zu dir geredet habe über Israel, über Juda und alle Völker von der Zeit an, da ich zu dir geredet habe, nämlich von der Zeit Josias an bis auf diesem Tag."

Jeremia holt ein Buch und einen Schreiber, diktiert ihm die Worte, die ihm offenbart worden sind in eine Buchrolle und beauftragt seinen Schreiber im Tempel aus dieser Rolle vorzulesen, um zur Umkehr zu rufen und Unheil vom Volk abzuwenden. Ein Spitzel des Königs erfährt von der Aktion, erstattet Meldung und der Schreiber Baruch wird samt seiner Buchrolle von den Oberen einvernommen. Als sie die Worte vorgelesen bekommen, erschrecken sie wegen deren politischer Relevanz und beschließen, sie dem König vorzulegen. Jeremia und sein Sekretär werden aufgefordert unterzutauchen. Dem König wird die Rolle ebenso vorgelesen und der König reagiert darauf mit der Vernichtung der Buchrolle. Er wirft sie ins Feuer. Ein frühes Dokument für die erste Bücherverbrennung.

Dieser Text ist ein Dokument dafür, dass mit dem Beginn von Speichermedien die Zensur beginnt und auch ein Beispiel dafür, dass Propheten und Journalisten verwandte Berufe sind, in dem sie Gesellschaftsanalyse, das Gottesgebot, die sozialen Verhältnisse, die Rechtsverhältnisse und die politischen Machtverhältnisse kommentieren und sich damit nicht selten in Lebensgefahr begeben.

Mit der Möglichkeit der Niederschrift und der damit entstehenden personendistanten Gedächtnisleistung entsteht Geschichtsschreibung und -kommentierung nach den Maßstäben von Gottes Verheißung und Gebot. Geschichtsdeutung in einem prophetischen Sinn ist also von Speichermedien abhängig, damit auch die Entwicklung einer prophetischen Logik in Hinblick auf Gottes Wirken in der Geschichte seines Volkes.

Gerade an Jeremia kann man die Unmittelbarkeit und Mittelbarkeit der Botschaft und deren Weitergabe zeigen. Der Prophet empfängt in „hellwachem Bewusstsein" die Botschaft, er hört, er antwortet und verhält sich dazu, bisweilen abwehrend, bisweilen trauernd, immer individuell (vgl. Wolff 1987). Es gibt keine ekstatische Vereinigung des Boten mit der Botschaft, indem Sinn, dass die Individualität des Propheten ausgeschaltet würde. Keine vorbereitenden Rituale, keine Meditation. Der Bote als ‚Menschmedium' – wie das Faulstich formuliert – trägt allerdings dann die Verantwortung für die Botschaft, nimmt Leiden, auch körperliche in Kauf, leidet an und mit der Botschaft. Um die Botschaft in der Öffentlichkeit zu vertreten benutzt er die öffentliche Rede und Symbolhandlungen, Instrumente also,- die als medial gelten können. Der Prophet ist nicht nur Kommentator der Politik in der Opponentenrolle, er ist zugleich ein Faktor der Politik, er ist von enormer Bedeutung für die Speicherung und Tradierung nationaler Überlieferungen und geschichtlich-politischen Wissens, also eine Bildungsinstanz ersten Ranges. Die Arbeit des Propheten unter publizistische Perspektiven beschreibt der französische Orientalist Ernest Renan im Jahre 1889:

> „Der Prophet des 8. Jahrhunderts ist ein Journalist, der unter freiem Himmel wirkt, der seinen Artikel in eigener Person vorträgt und ihn mit Mimik und Gestik begleitet, ja nicht selten in Zeichensprache umsetzt. Es kommt vor allem darauf an, das Volk zu beeindrucken, eine Menschenmenge anzulocken. Um das zu erreichen, versagt sich der Prophet keiner Schelmerei, deren Erfindung sich die moderne Publizistik rühmt. Er stellt sich an einem Ort auf, wo viele Menschen vorbeikommen, vor allem am Stadttor. Um dort Zuhörer zu gewinnen, bedient er sich der kühnsten Reklametricks, der vorgetäuschten Verrücktheit, neuer Wörter und ungewöhnlicher Ausdrücke, trägt beschriebene Plakate selbst herum, Umstehen ihn Zuhörer, dann klopft er seine Sprüche, lässt sie dröhnen, beeinflusst sein Publikum bald durch vertraulichen Ton, bald durch bitteren Spott die Gestalt des Volkspredigers ist geschaffen." (zit.n. Faulstich 1987: 185; vgl. auch Hardmeier 1990)

Die Geschichte des Jeremia endet mit dem gloriosen Sieg des veröffentlichten Wortes über die Zensur des Königs. Im letzten Vers heißt es dort:

> -„Da nahm Jeremia eine andere Schriftrolle und gab sie Baruch […] dem Schreiber.[…] Der schrieb darauf, so wie ihm Jeremia vorsagte, alle Worte, die auf der Schriftrolle gestanden hatten, die Jojakim, der König von Juda, im Feuer hatte verbrennen lassen; und es wurden zu ihnen noch viele ähnliche Worte hinzugetan." (Jeremia 36, 32)

Die in literarischer Fiktion als unmittelbar beschriebene Botschaft Gottes wird durch die Niederlegung und prophetische Veröffentlichung geschichtsmächtig. Die um eine Begrifflichkeit aus der Journalistik zu gebrauchen – *Relevanz*, erhält die Veröffentlichung durch:

- die literarische Behauptung der Unmittelbarkeit des Propheten zu Gott, Ausweis seiner Legitimation und Autorität;
- den existenzbedrohenden bzw. -rettenden Inhalt der Botschaft;
- das persönliche Zeugnis, das der Prophet ablegt;
- die kritische Kommunikationssituation;

- den öffentlichen Stellenwert des Gesagten, dann schriftlich Festgehaltenen und dann gegen den Widerstand der Macht für die Öffentlichkeit erneut Niedergelegten als theologischer Kommentar zur Zeitgeschichte;
- das Eintreten für die sozial Schwachen und Benachteiligten.

Schon im Umgang mit prophetischen Zeugnissen wird die Frage nach der Freiheit und der Kontrolle von Medien gestellt und zugunsten der Freiheit beantwortet. Christliche Medienethik ist also immer ein Anwalt der Freiheit der Veröffentlichung und der Bildung von Menschen, die für diese Freiheit einstehen und den politischen Raum als einen Raum der Freiheit erhalten.

3.2 Das Wort wird Fleisch: Jesus Christus und die Dynamik der Literalität

Die prophetische Tradition kennt auch die zeichenhafte Zeugung: Ein Kind wird gezeugt und erhält einen Namen, der die Botschaft in Nuce enthält (vgl. Jesaja 8,1ff.; zur Deutung vgl. Jesaja 8,18). Die Vorstellung eines Zeugungsvorgangs zur Erzeugung einer Botschaft ist nicht ohne Grund auch auf die Jesusgeschichte bezogen worden. Jesus hinterließ keine Schrift, diktierte – ganz im Unterschied zu Mohammed später – nichts, er empfing auch keine Botschaften sondern proklamierte – nach der uns vorliegenden literarischen Fiktion des Evangeliums, sich selbst als Botschaft und Abbild Gottes in der Welt. Die Reaktion wird als eine Mischung von Widerspruch, Hass, Wundern, Staunen und Glauben beschrieben. In jedem Fall fällt sie disparat aus und löst neue Debatten aus. Dazu gehört auch die johanneische Deutung, die Wort und Person eng verbindet, ja Christus zu dem Menschmedium schlechthin werden lässt: „Im Anfang war das Wort, der Logos, und der Logos war bei Gott, und von Gottes Wesen war der Logos […]Und das Wort, der Logos, wurde Fleisch und wohnte unter uns […].“ (vgl. Johannes 1, 1ff.)[6]

Die Verschriftlichung der Worte, der Reden und Predigten Jesu, die Entdeckung eines neuen, nie kopierten literarischen Genres ‚Evangelium‘ mit erheblicher öffentlicher Wirkung wurde flankiert durch das mediale, schriftliche Genre der Reflexion und des Diskurses: den Brief, dessen geschichtswirksame Prägung für das Christentum der Schriftgelehrte und Jünger Paulus geleistet hat.

Ein Brief als öffentliche Institution, gedacht um zur Orientierung der jungen Gemeinde gelesen und verlesen zu werden als Grundlage weiterer Diskurse, ein Brief als ein Gesprächsimpuls, ist ein Medium, das Unmittelbarkeit schafft durch Partizipation am Gespräch. Ein Brief erwartet Antwort, ein Brief nimmt den Adressaten ernst, ein Brief führt in die Reflexion und schafft Aneignung der Botschaft durch wiederholtes Verlesen, durch Argumentieren und Unterscheiden, durch Wägen und Vergleichen, durch Ansprache und Rücksprache, durch Antwort, kurz durch Interaktivität.

6 Die Übersetzung folgt der Zürcher-Bibel 2007.

Das christliche Urmedium, der Mensch Jesus und seine Botschaft, spiegeln sich in den publizistischen Gattungen, die sie benutzen: sehen wir vom Zeichen der Eucharistie ab, dem Evangelium als literarischem Konstrukt, dem Brief als Medium einer partizipativen Aneignung. Die Kraft der literarischen Ästhetik, die Diskursivität der publizistischen Genres, die Öffentlichkeit als Kriterium der Weitergabe: „Gehet hinaus in alle Welt", „Ihr seid das Licht der Welt", die Auslegung als Teil der Aneignung (vgl. Matthäus 28, 19 und Johannes 8, 12). Die mediale Vermittlung der Botschaft im Christentum dient der Inszenierung der Unmittelbarkeit und der Eröffnung neuer Öffentlichkeiten.

Es ist nur ein Apercu, dass die Korinther schon über die Differenzen von personal und medial debattierten, wenn sie über Paulus feststellen: Seine Briefe sind gewichtig und voll Kraft; aber wenn er selbst anwesend ist, ist er schwach und seine Rede kläglich (vgl. 2. Korinther 10, 10). Es werden also unterschiedliche Begabungen bzw. Charismen gebraucht, um Unmittelbarkeit zu erzeugen und die Botschaft zu übermitteln.

Medialität ist ein durchgehendes Thema der jüdisch-christlichen Tradition. Die biblische Überlieferung weist sie als Medienkultur aus und die Geschichte der Medien ist eng mit der Christentumsgeschichte verbunden. Dabei zeigt sich, dass die Person als Menschmedium sowohl in der Frage einer Gesellschaftskritik aus der prophetischen Tradition heraus als auch in christologischer Perspektive unverzichtbar ist. Da in der biblischen Tradition der Sprache eine wirklichkeitsschaffende Kraft zugemessen wird, wird eine christliche Ethik sich auch um eine zeitgemäße Sprachethik bemühen. Sprache kann Hoffnung vermitteln, wie dies exemplarisch in der Sprache der Psalmen und der Bergpredigt erkennbar ist, Sprache kann aber auch Menschen in einen Unheilzusammenhang stellen, sie kann eine heilvolle Wirkung haben durch einen Segensspruch, sie kann aber auch eine vernichtende Wirklichkeit eröffnen durch einen Fluch. Aus der Mustererkennung der Christentumsgeschichte und den medienethischen Ansätzen der letzten Jahrzehnte lassen sich Kriterien entwickeln, die auch für eine zeitgemäße Medienethik wichtige Anstöße bieten können. Dabei wird die Frage der Bilderkritik und des Bilderverbotes wieder neu überdacht werden müssen, wenn die Wahrnehmung von Wirklichkeit heute vor allem durch Bilder geschieht, die sich in das individuelle oder kollektive Gedächtnis einprägen.

4 Ansätze einer ‚christlichen' Medienethik

Eine wissenschaftlich fundierte Medienethik aus christlicher Perspektive steht noch aus.[7] In den wissenschaftlich verantworteten Ansätzen einer zeitgemäßen Medienethik

7 Erste noch vorläufige Versuche finden sich bei Drägert/Schneider 2001; Derenthal 2006; König 2006. In Kürze wird der Bochumer Systematiker Günter Thomas unter dem Titel „Medienethik. Ansätze, Probleme und Perspektiven" eine Medienethik aus christlicher Perspektive vorlegen, die diese Lücke schließen könnte.

finden sich allerdings gewichtige Einsichten, die aus der christlich-jüdischen Tradition gewonnen werden. Dabei finden sich sowohl normative Ansätze, ‚case studies' und Überlegungen in Anschluss an eine ‚communitarian ethics' als auch verantwortungsethische Perspektiven, die den Rezipienten mit in ihre Überlegungen einbeziehen. Es werden sowohl individualethische als auch sozialethische Argumentationsmuster geltend gemacht, die sich direkt auf ethische oder moralphilosophischen Ansätze beziehen. Eine christliche Perspektive wird stets die Verantwortung des Individuums – auch des Konsumenten – und der gesellschaftlichen Interessensgruppen hervorheben, sich in der Perspektive des Shaloms am Gemeinwohl orientieren und für einen breiten Diskurs über medienethische Fragen in der Gesellschaft eintreten. Rein konstruktivistische oder systemtheoretische Ansätze, die die Verantwortung des Einzelnen auf einen unspezifischen Begriff der ‚Achtung' reduzieren wollen, berufen sich dagegen eher nicht auf eine jüdisch-christliche Tradition in ihrer Argumentation.

4.1 Normative Ansätze

4.1.1 Die Verantwortung der Person und die Orientierung an Normen

Hermann Boventer (1984, 1988) appellierte in Anschluss an den jüdischen Philosophen Hans Jonas in der Tradition der klassischen christlichen Moralphilosophie an die Wahrhaftigkeit, das Selbstverständnis und die Sozialverantwortung des Journalisten. Im Alltag wird der Journalist mit moralphilosophischen Fragestellungen nach dem ‚summum bonum' nach dem richtigen und guten Handeln konfrontiert. Gesetzliche Regelungen und Pressekodizes dienen als Grundbestand gemeinsamer Werte, die als moralische Verhaltensregeln Geltung beanspruchen. Boventer forderte eine Professionsethik und eine Ethik der Sprache. Medien sind keine Herrschaftsmittel, keine vierte Gewalt: Sie haben eine Dienstleistungsfunktion für die Gesellschaft, sind an einen öffentlichen Auftrag gebunden, stellen Öffentlichkeiten her, begleiten Prozesse dialogischer Kommunikation in einer Wertegemeinschaft, fördern das Ethos der Demokratie und bieten Orientierung. Der Gedanke der Verantwortung als ethische Selbstverpflichtung und der Unverrechenbarkeit der menschlichen Würde sind dabei die tragenden Muster, die Boventer aus der christlich-jüdischen Tradition heraus für den Journalismus als Beruf entwickelt.

4.1.2 Ein diskursives Gottesbild als theologische Begründung

Der Tübinger Sozialethiker Alfons Auer (1982, 1988) trat in den siebziger Jahren für einen sachgerechten Umgang mit den Bedingungen und Möglichkeiten der Massenkommunikation ein. Im Prozess der sozialen Kommunikation handelt derjenige sittlich richtig, der die inneren ‚Gesetzlichkeiten' und ‚Sinnziele' der Medien respektiert. In seinen Überlegungen zu einem Ethos der Kommunikation, die sich an die Veröffentlichung der katholischen Kirche *Pastoralkonstitution über die Instrumente der sozialen Kommunikation* (1971) anschließen, weist er dem Journalisten die Rolle eines ‚ehrlichen Maklers' zu, der die Offenheit und Ausgewogenheit des Zeit- und Selbstgespräches einer Gesellschaft gewährleistet. Die technologische Indirektheit der Kommunikation birgt nach Auer die Gefahr, dass die Wirklichkeit nur verkürzt dargestellt wird: Der Kommunikator hat die Aufgabe gegenüber dem Aktuellen auch das Bleibende und gegenüber der Übermächtigkeit des Negativen auch Modelle gelingenden Lebens darzustellen. Aus seinem christlichen Wirklichkeitsverständnis heraus, sieht Auer die Verwurzelung der Kommunikation in der trinitarischen Struktur Gottes. Der Mensch als Ebenbild Gottes ist daher von seinem Wesen her auf Kommunikation ausgerichtet. Die Medien leisten einen wichtigen Beitrag zum Austausch der Menschengemeinschaft untereinander. In Anschluss an Gisbert Deussen (1973) überwindet Auer eine individualistische Anthropologie, die die Komplexität des medialen Kommunikationsprozesses auf personale Strukturen reduziert.

4.2 Case studies und Mediennutzungsethik

4.2.1 Die Notwendigkeit eines dauernden Falldiskurses zur Vergewisserung der Normen und der kulturellen Unterschiede

In den neunziger Jahren hat der amerikanische Theologe und Lutheraner Clifford G. Christians auch in Deutschland eine breite Aufmerksamkeit erfahren. In seinem Lehrbuch für Journalistikstudierende führt der christliche Kommunikationswissenschaftler u.a. 75 (Grenz-) Fälle auf, an denen die ethische Urteilsbildung erprobt wird. Die angelsächsische Rechtstradition des ‚case law' oder ‚case studies' also das Lernen am tatsächlich stattgefundenem Konflikt, dient als Vorbild. Als Hilfsmittel wird die sog. ‚Potter Box' eingeführt, ein Modell sozialethischer Argumentation: In jeder Entscheidung treffen Wertvorstellungen und Loyalitäten des Journalisten mit moralischen Grundsätzen der Gesellschaft und des Unternehmens zusammen. Es wird aufgezeigt, dass Entscheidungen in Güterabwägungen verwickelt sind, analytische Fähigkeiten werden geschult, ethisch-moralische Strukturen transparent gemacht und Lösungsmöglichkeiten vorgestellt. Die Tradition der Fallstudien stellt ein Instrumentarium von Moralprinzipien zur Verfügung, die zur Vergewisserung einer normativen Ethik dient (vgl. Christians/Covert 1980; Christians/Gjelsten 1981; Christians/Rotzoll/Fackler 1983).

Wie Boventer befürwortet Christians eine normative Berufsethik, die über ihr Handeln Rechenschaft ablegt. In seiner neuesten Veröffentlichung erweist er sich darüber hinaus als Vertreter einer ‚communitarian ethics' die die Werte der Sozialverantwortlichkeit, Solidarität und des Gemeinwohls einer Gesellschaft stärken will. Er stellt ein Konzept vor, welches das Bewusstsein für die ethisch-moralische Dimension journalistischen Handelns weckt und Kriterien vermittelt, die für eine Urteilsbildung bedeutsam sind. Dabei wird dem Leser kein starrer Normenkatalog vorgegeben, sondern der offene Weg einer selbstständigen ethischen Urteilsbildung gewiesen. Christliche Werte und ethische Prinzipien werden dabei vorausgesetzt, die allerdings keine allgemeine Gültigkeit mehr beanspruchen können. Clifford G. Christians prägte auch den Begriff einer communal responsibility; darunter versteht er eine kollektive Verantwortung eine „*umfassende moralische Pflicht der Öffentlichkeit, soziale Prozesse wie die gesellschaftliche Kommunikation zu überwachen*" (Christians 1989: 258; vgl. auch Christians/Fackler/Ferre 1993).

4.2.2 *Die Verantwortung des Konsumenten*

Im Anschluss an Christians tritt die Mediennutzensethik für die Selbstverantwortung des Publikums unter dem Eindruck der wachsenden Kommerzialisierung des Medienmarktes und für den Erwerb einer *kommunikativen Kompetenz* ein: dazu gehört auch die Partizipation an medienpolitischen Entscheidungen oder durch Programmgestaltung im offenen Kanal oder bei Hörervereinen, Feedback durch Leserbriefe, Hörer- und Zuschauerpost etc., Korrekturen durch Gegendarstellungen und die Einforderung von Informationen. Auch die Einrichtung einer Vermittlungspersönlichkeit (ombudsman) nach amerikanischem Vorbild wird erwogen. Eine individuelle Verantwortungsethik für die eigene Mediennutzung und Freizeitgestaltung durch Programmauswahl bzw. -verzicht und den Erwerb kritischer Medienkompetenz durch Medien(selbst)erziehung können zu einem gelingenden Leben beitragen. Auch die familiäre Verantwortung für die Heranwachsenden wird betont, die die kindliche Medienkompetenz stärken soll.

Die Ansätze für eine erweiterte Publikumsethik, wie sie unter anderem von Rüdiger Funiok (1996) vertreten werden, sensibilisieren für die Verantwortung und gegen die gesellschaftliche Bewusstlosigkeit der Mediennutzer.[8] Der Mut zur Öffentlichkeit, das Recht auf Meinungsäußerung und die Tugend der Mäßigung sind Voraussetzungen für eine demokratische Medienordnung. Hierzu gehört auch die Entwicklung eines medienspezifischen Verbraucherschutzes.[9]

4.3 Weitere Impulse

Auch die beiden Kirchen haben gewichtige Dokumente vorgelegt, die sich mit medienethischen Fragestellungen beschäftigen. Hier ist vor allem die ökumenische Denkschrift *Chancen und Herausforderungen der Mediengesellschaft* von 1997 zu nennen, die vom christlichen Menschenbild her eine Medienethik postuliert, die sich an der Men-

8 Siehe auch den Beitrag von Funiok zum Publikum in diesem Band.
9 Siehe auch den Beitrag von Krotz zur Zivilgesellschaft in diesem Band.

schenwürde bzw. dem Recht auf Freiheit und Selbstbestimmung orientiert (vgl. Evangelische Kirche in Deutschland/ Sekretariat der Deutschen Bischofskonferenz 1997). Und gegen den visuellen Geltungs- und Wirkungsanspruch der Medien plädierte der Münchner Praktische Theologe Michael Schibilsky von evangelischer Seite im Kontext der Barmer Theologischen Erklärung für eine Medienbegrenzung: Mit Barmen II und IV verband sich für ihn auch der Auftrag der Kirche, Versuchen entgegenzutreten, den Menschen nicht mehr unter die Herrschaft Jesu Christi sondern unter die Herrschaft der Medien zu stellen (vgl. Schibilsky 1998). In jüngster Zeit wird aus der Perspektive einer katholischen Sozialethik und unter dem Eindruck der Medienentwicklung vor allem die Herausforderungen einer Informations- und Netzethik bzw. Beteiligungsethik hervorgehoben (vgl. Hausmanninger/Capurro 2002; Filipovic 2007).[10]

Zudem engagieren sich die katholische und die evangelische Kirche in den Medienselbstkontrolleinrichtungen, dem Jugendmedienschutz und der qualifizierten Medienbeobachtung (*epd-medien*) und unterstützen Projekte der Medienkompetenzförderung. Wie in der Theorie der Demokratie die Publizistik als notwendiges Korrektiv gegenüber Parlament und Regierung angesehen wird, so wird der Evangelischen Publizistik im Protestantismus die Funktion eines kritischen Korrektivs gegenüber der verfassten Kirche und ihrer PR-Arbeit zugeschrieben (vgl. Rosenstock 2002).

Eine kritische Publizistik hat in der jüdisch christlichen Tradition in ihrer prophetischen Dimension auch die Aufgabe, dass Themen in das Blickfeld der außerkirchlichen Öffentlichkeit gerückt werden, die bewusst oder unbewusst im gesellschaftlichen Diskurs übergangen werden. Dabei ist vor allem auf die Rolle der evangelischen Presse in den letzten Jahren der DDR hinzuweisen, die das Anliegen des konziliaren Prozesses für Frieden, Gerechtigkeit und Bewahrung der Schöpfung in die Öffentlichkeit trugen und damit einen wesentlichen Beitrag zur intellektuellen Vorbereitung der friedlichen Revolution leisteten. In anderer Weise hat sich vor allem die ökumenische Zeitschrift *Publik Forum* einen Namen gemacht, die selbst aus einer breiten katholischen Basisbewegung hervorgegangen ist.

Die innere Pressefreiheit einer ‚freien Publizistik' wird heute noch durch kirchenamtlich unabhängige Medienverbände und den Agenturjournalismus der Pressedienste *epd* und *KNA* gewährleistet. Nicht zuletzt erhebt die christliche Publizistik auch den Anspruch, denjenigen Gruppen eine stellvertretende Stimme zu leihen, die keine publizistische Lobby beanspruchen können oder von der Partizipation an den Medien weitgehend ausgeschlossen sind. Dies könnte als ein gesinnungsethisches oder auch diakonisches Motiv einer christlichen Medienethik bezeichnet werden (vgl. Uden 2004). Außerdem beteiligen sich beide Kirchen an einer qualitativ hochwertigen Journalistenausbildung, die sich aktiv den medienethischen Fragestellungen stellt. Auch wird die Öffnung des öffentlich-rechtlichen Rundfunks für Programmformate

10 Außerdem liegen bereits erste Ergebnisse eines Erlanger Habilitationsprojektes von Thomas Zeilinger zu einer Netzethik vor, die eine dezidiert protestantische Perspektive eröffnen wird.

nicht christlicher Religionen unterstützt, um den Dialog der Religionen zu fördern (vgl. Haberer 2001).

5 Kriterien für eine zeitgemäße Medienethik aus christlich-jüdischer Sicht

Aus der Mustererkennung der Medialität der jüdisch-christlichen Überlieferung können einige Folgerungen gezogen und einige ethische Aspekte benannt werden:

- Die biblische Überlieferung weist die jüdisch-christliche Kultur als Medienkultur aus. Wobei sich die Religion unterschiedlichster Medien bedient. Die jüdisch-christliche Religion argumentiert schon früh mit der Erzählung und dann der Niederschrift als einer geschichtsrelevanten kritischen Größe und einer Größe zur kritischen Geschichtsschreibung. Dieser bewusste, reflektierte und kompetente Umgang zieht sich durch die Geschichte des Christentums und erfährt signifikanterweise einen Höhepunkt in der Reformation. Die Reformation, mit ihrer geistig-geistlichen und politisch-ökonomischen Freiheitsbotschaft vom geschenkten Heil kann im Nachhinein als ein Marketingereignis globalen Ausmaßes identifiziert werden. Diese Botschaft von Heil und Freiheit evozierte die ganze Klaviatur der damals neuen Medien und schuf ein ineinander greifendes Räderwerk diskursiver und appellativer medialer Ansprache: Von der Predigt, die nicht nur gehalten, sondern auch schriftlich verbreitet wurde, von den Liedern, die die Reformation in Rhythmen fasste, den Sendbriefen, den Traktaten, die eine Millionenauflage erhielten, den Flugblättern, die die Funktion eines heutigen Nachrichtendienstes entsprechen, und natürlich Straßentheater, Karikaturen usw. Diese Freiheitsstruktur setzt sich schließlich in der kritischen Auseinandersetzung mit der Säkularisierung der Medien schließlich durch (vgl. Hamm 1996). Es bereitet zugleich den Inhaltswandel von einer Gruppenorientierung zur Orientierung am Gemeinwohl vor, den Inhaltswandel vom Evangelium zum Shalom.
- Die öffentliche Weitergabe des individuell empfangenen Wortes (der Heilsbotschaft, der Drohbotschaft, der Rettungsbotschaft) gehört zum Auftrag der Überlieferung. Und damit das Öffentlichmachen von Verschwiegenem, das Aufdecken von Geheimnissen, die Unrecht decken, und damit die Stellvertretung für alle denen Unrecht geschieht und die keine Stimme mehr in der Öffentlichkeit haben.
- Insbesondere für die prophetische Tradition, in der mit der Speicherung und Übertragung des Gesagten eine kritische Geschichtsschreibung ermöglicht wird, gilt in Verlängerung zu heute, dass christliche Medienethik die kritische Chronistenpflicht von Medien fördert, die Bedeutung der Medien für den Shalom im Sinne von Gemeinwohl, reflektiert, die Bedeutung für das Recht in einer Gesellschaft, die Bedeutung für die Mühe der ständigen Balance der Interessen und die Wahrheitsfrage medienpolitisch und theologisch begleitet.

- In der medialen Vielgestaltigkeit der Person Jesus treffen sich Menschmedium und Gattungsbegriff, wobei beide in unterschiedlicher Weise eine publizistische Dimension haben. Das Evangelium, als Person, Inhalt und Gattung, wird beschrieben als wesentliches Element eines offenen Diskurses, der in Annahme oder Ablehnung münden kann. Es geht nie um die fraglose Annahme des Gehörten, Gesehenen oder Gelesenen, sondern die Aneignung geschieht in individuellen Akten bzw. in individuellen Prozessen. Das bedeutet, dass die christliche Religion für die Freiheit steht: Für die Meinungs- und Deutungsfreiheit, für den Raum für Diskurse im Rahmen von Sorgfalt und intellektueller Redlichkeit.
- In der biblischen Tradition wird der Sprache eine wirklichkeitsschaffende Kraft zugemessen. Eine christliche Ethik wird sich daher um eine zeitgemäße Sprachethik bemühen, die eine Perspektive der Hoffnung eröffnet und Menschen in ihrer Würde nicht verletzt.
- Die Diskursivität einer Buchreligion, die sich in Geschichten und Geschichte spiegelt und sich in den unterschiedlichsten literarischen Gattungen und in einem kommunikativ gedachten Gottesbild äußert, erfährt eine theologische Herausforderung durch den Einzug von Bildern und bildlichen Darstellungen in den christlichen Gottesdienstraum, die performative Behauptung des Bildes gegenüber dem diskursiven Angebot. Heute leben wir in einer Gesellschaft, deren Diskurse von Bildern überwölbt werden und wir erziehen und bilden eine Generation, die in Teilen vor der Übermacht der Bilder verstummt. Die Institutionen der Bildung stehen für das Eröffnen der Sprachfähigkeit der Analyse und der Reflexion. Denn: Zum Bild, zum Symbol muss das Wort treten, weil das Symbol und das Bild erst durch das Wort gedeutet wird und damit seine Bedeutung erhält.[11]
- Die Argumente rund um die theologische Debatte um die Macht der Bilder und ihre Wirkung im beginnenden Mittelalter begleiten in säkularer Anmutung die modernen Debatten um Wirkung und Macht der Bilder und deren Aneignung im Guten wie im Bösen, wie sie die Medienwirkungsforschung anhand des Fernsehkonsums und des Konsums von Computerspielen versucht. In dieser Debatte erkennen wir auch das Wissen um die zerstörerische Macht von Bildern, wenn sie eine Distanzierung schwer machen.

Fazit: Eine Medienethik aus christlich-jüdischer Perspektive wird sich nicht auf eine individualistische Ethik reduzieren lassen, sondern – aus der Perspektive des Shaloms – immer auch die Frage der Gemeinwohlorientierung stellen. Hierbei kommt den beiden Kirchen gelegentlich auch die Funktion des Wächteramtes zu, das die Aufgabe beinhaltet, der Reduzierung von Medien auf Fragen der Ökonomie entgegenzutreten und immer wieder zu verdeutlichen, welche Verantwortung die Medien für die Kommunikation in einer ausdifferenzierte Gesellschaft haben.

---

11 Siehe auch den Beitrag von Knieper und Isermann zur Bildethik in diesem Band.

Literatur

Auer, Alfons (1982): Anthropologische Grundlegung einer Medienethik. In: HCE. Bd. III. Freiburg; Gütersloh, S. 535-546.

Auer, Alfons (1988).: Verantwortete Vermittlung. Bausteine einer medialen Ethik. In: Glässgen, Heinz / Tompert, Hella (Hrsg.): Zeitgespräch. Kirche und Medien. Freiburg; Basel; Wien, S. 63-84.

Boventer, Hermann (1984): Ethik des Journalismus. Zur Philosophie der Medienkultur. Konstanz.

Boventer, Hermann (1988): Wertorientierter Journalismus. Die Sicht der Moralphilosophie. In: Erbring, Lutz / Ruß-Mohl, Stephan u.a (Hrsg.): Medien ohne Moral. Variationen über Journalismus und Ethik. Berlin, S. 226-237.

Christians, Clifford G. (1989): Gibt es eine Verantwortung des Publikums? In: Wunden, Wolfgang (Hrsg.): Medien zwischen Markt und Moral. Beiträge zur Medienethik. Stuttgart, S. 255-266.

Christians, Clifford G. / Covert, Catherine L. (1980): Teaching Ethics in Journalism Education. New York, USA.

Christians, Clifford G. / Gjelsten, Gudmund (Hrsg.) (1981): Media Ethics and the Church. Kristansand, Norway.

Christians, Clifford G. / Fackler, P. Mark / Ferre, John P. (1993): Good News. Social Ethics & the Press. New York, USA.

Christians, Clifford G. / Gjelsten, Gudmund (Hrsg.) (1981): Media Ethics and the Church. Kristansand, Norway.

Christians, Clifford G. / Rotzoll, Kim B. / Fackler, Mark (1983): Media Ethics. Cases and Moral Reasoning. New York; London.

Derenthal, Birgitta (2006): Medienverantwortung in christlicher Perspektive. Ein Beitrag zu einer praktisch-theologischen Medienethik. Münster; Hamburg; London.

Deussen, Gisbert (1973): Ethik der Massenkommunikation bei Papst Paul VI. Abhandlungen zur Sozialethik 5. München; Paderborn; Wien.

Deutsche Bibelgesellschaft (Hrsg.) (1985): Die Bibel. Stuttgart.

Drägert, Christian / Schneider, Nikolaus (Hrsg.) (2001): Medienethik. Freiheit und Verantwortung, Stuttgart 2001.

Evangelische Kirche in Deutschland / Sekretariat der Deutschen Bischofskonferenz (Hrsg.) (1997): Chancen und Risiken der Mediengesellschaft. Gemeinsame Erklärung der Deutschen Bischofskonferenz du des Rates der Evangelischen Kirche in Deutschland. Hannover.

Faulstich, Werner (1997-2004): Die Geschichte der Medien. Bde. 1-5. Göttingen.

Faulstich, Werner (1997): Die Geschichte der Medien. Bd.1: Das Medium als Kult. Göttingen.

Filipovic, Alexander (2007): Öffentliche Kommunikation in der Wissensgesellschaft. Sozialethische Analysen. Bielefeld.

Funiok, S.J. Rüdiger (1996): Grundfragen einer Publikumsethik. In: ders. (Hrsg): Grundfragen der Kommunikationsethik. München, S. 107-122.

Gottberg, Joachim von / Rosenstock, Roland (Hrsg.) (2009): Werbung aus allen Richtungen. Crossmediale Markenstrategien als Herausforderung für den Jugendschutz, München.

Gräb, Wilhelm (2002): Sinn fürs Unendliche. Religion in der Mediengesellschaft. Gütersloh.

Haberer, Johanna: Der Dialog der Religionen – eine Zukunftsaufgabe des öffentlich-rechtlichen Rundfunks. In: Drägert, Christian / Schneider, Nikolaus (Hrsg.): Medienethik. Freiheit und Verantwortung, Stuttgart, S. 281-290.

Haberer, Johanna / Kraft, Friedrich (Hrsg.) (2004): Lesebuch Christliche Publizistik, Erlangen

Haberer, Johanna / Rosenstock, Roland (2005): Medium der Selbstverantwortung. Jugendschutz und Ethik im Internet, epd-medien 51/2005, S. 3-8.

Hafenbrack, Hans (2004): Geschichte des Evangelischen Pressedienstes. Evangelische Pressearbeit von 1848 bis 1981. Bielefeld.

Hamm, Bernd (1996): Die Reformation als Medienereignis, in: Jahrbuch für biblische Theologie Bd. 11: Glaube und Öffentlichkeit. Neukirchen-Vluyn, S. 137-166.

Hardmeier, Christof (1990): Prophetie im Streit vor dem Untergang Judas: erzählkommunikative Studien zur Entstehungssituation der Jesaja- und Jeremiaerzählungen in 2 Reg 18-20 und Jer 37-40. Berlin.

Hausmanninger, Thomas / Capurro, Ralf (2002): Netzethik. Grundlegungsfragen der Internetethik. München.

Hörisch, Jochen (2001): Der Sinn und die Sinne. Die Geschichte der Medien. Frankfurt.

Kehlmann, Daniel (2009³): Ruhm. Ein Roman in neun Geschichten. Reinbek.

Kirchenrat der Evangelisch-reformierten Landeskirche des Kantons Zürich (2007): Zürcher Bibel. Zürich.

König, Andrea (2006): Medienethik aus theologischer Perspektive – Medien und Protestantismus – Chancen, Risiken, Herausforderungen und Handlungskonzepte. Marburg.

Rosenstock, Roland (2002): Evangelische Presse im 20. Jahrhundert. Stuttgart.

Rosenstock, Roland (2005): Jugendschutz und Menschenwürde. Von der öffentlichen Funktion der Freiwilligen Selbstkontrolle Fernsehen (FSF). In: Baum, Achim u.a. (Hrsg.): Handbuch Medienselbstkontrolle. Wiesbaden

Rosenstock, Roland (2008): Die Zehn Gebote und was sie heute bedeuten. Eine Gebrauchsanweisung. Reinbek.

Schibilsky, Michael (1998): Der Verkündigungsauftrag der Kirche und die Herrschaft der Medien. Theologische Fragen zur Aktualität von Barmen IV. Hrsg. v. der Spar- und Kreditbank in der evang. Kirche in Bayern eG. Nürnberg.

Sloterdijk, Peter (2009): Du musst dein Leben ändern: Über Anthropotechnik. Frankfurt am Main.

Uden, Ronald (2004): Gewissenfragen. Theorien zur Medienethik. In: Haberer, Johanna / Kraft, Friedrich (Hrsg.): Lesebuch Christliche Publizistik. Erlangen, S. 184-191.

Updike, John (1999): Gott und die Wilmots. Reinbek.

Wolff, Hans Walter (1987): Studien zur Prophetie. Probleme und Erträge. München.

Cultural Studies

Andreas Dörner

1 Grundzüge

Die medienethische Dimension der Cultural Studies speist sich vor allem aus zwei Quellen. Zum einen entstand das Konzept kritischer Kulturstudien im Kontext der englischen Arbeiterbewegung, genauer: im Kontext von Bemühungen, über die Dimension der Erwachsenenbildung den Prozess der Emanzipation voranzutreiben und so konkrete politische Arbeit zu leisten. Damit stehen die Anfänge der Cultural Studies in der klassischen Tradition der Aufklärung, die in der Bildung und in der Befähigung, sich des „eigenen Verstandes zu bedienen" (Immanuel Kant), eine wichtige Möglichkeit des selbstbestimmten Lebens jenseits irrationaler gesellschaftlicher Zwänge erblickte.

Zum anderen griff man bei der inhaltlichen Auseinandersetzung mit etablierten Kulturvorstellungen zunächst vorzugsweise auf marxistische Konzepte der Gesellschafts- und Ideologiekritik zurück. Die Produkte der populären Medienkultur wurden primär als Momente eines gesellschaftlichen Unterdrückungszusammenhangs kritisiert. Im Laufe der Entwicklung wurden die Perspektiven des klassischen Marxismus zunehmend ergänzt und verfeinert durch Ansätze, die den deterministischen Tendenzen des strukturalistischen Paradigmas (die ökonomischen Strukturen der ‚Basis' bestimmen den kulturellen ‚Überbau') handlungstheoretische Alternativen entgegensetzten. Neben die Annahme einer determinierenden Macht gegebener Herrschaftsverhältnisse trat zunehmend der Blick auf die Möglichkeiten, die einer eigensinnigen kulturellen Praxis im Umgang mit populärkulturellen Produkten *auch* offen stehen (vgl. ausführlich Hall 1999).

Die medienethische Analyse hob bei den Autoren der Cultural Studies im Gefolge dieser handlungstheoretischen Wende nicht mehr nur auf die unterdrückenden Wirkungen von Kultur – insbesondere von Unterhaltungskultur – ab. Stattdessen versuchte sie auch, die subversiven Potentiale des Populären freizulegen und diese dann in einer „ermächtigenden" medienpädagogischen Praxis zu unterstützen. Insbesondere die Arbeiten von John Fiske haben in diese Richtung argumentiert.[1]

Obwohl viele konzeptionelle Grundlagen der Cultural Studies bereits in den 1960er Jahren in England ausgearbeitet wurden, setzte der Boom erst relativ spät ein. Ferguson und Golding (1997: XIV) haben aufgrund von bibliographischen Recherchen zeigen können, dass das einschlägige Schrifttum in den 1990er Jahren geradezu explodiert ist: Bei nur 100 Titeln im Jahr 1970 und 156 im Jahr 1985 werden schon 1991 nicht weniger als 431 Titel verzeichnet, und ein Ende dieser Hochkonjunktur scheint derzeit nicht in Sicht. Waren neben dem 1964 gegründeten *Centre for Contemporary Cultural Studies* in Birmingham zunächst die akademischen Kulturen der USA und Australiens die wichtigsten Hochburgen dieser Forschungspraxis, hat seit den 1990er Jahren auch in Deutschland eine intensivere Rezeption eingesetzt.[2]

Der große Erfolg der Cultural Studies hängt vor allem damit zusammen, dass ihre Fokussierung auf Massenmedien und Unterhaltungskultur mit einem deutlich gestiegenen sozialen Stellenwert dieser Bereiche korrespondiert. In der medialen Gegenwartsgesellschaft unserer Tage finden Prozesse der Deutungsmusterbildung, der Inszenierung von Identitäten und der Vermittlung von sozialem und politischem Sinn weitgehend in der Sphäre medienvermittelter Kommunikation statt. Hier wiederum hat das Unterhaltungssegment in den vergangenen Jahrzehnten eine derartige Dominanz gewonnen, dass auch der Informationsdiskurs ohne die typischen Attribute des Entertainment vom Publikum kaum noch akzeptiert wird (vgl. ausführlich Dörner 2001). Die Cultural Studies scheinen daher mit ihrer Schwerpunktbildung schon sehr früh die Zeichen der Zeit verstanden zu haben.

In Raymond Williams' zentralem Text *The Long Revolution* (1961) wurde eine für die weiteren Arbeiten sehr wichtige, soziale Definition von Kultur formuliert. Kultur ist demnach ein „particular way of life, which expresses certain meanings and values not only in art and learning but also in institutions and ordinary behaviour" (Williams 1961: 57). Nicht hochkulturelle Objektivationen, sondern die Logik der Alltagswelt soll im Mittelpunkt stehen. Kultur erscheint als Teilhabe an einem sozialen und politischen Zusammenhang.

Eine wichtige Folgerung aus dieser Bestimmung besteht darin, dass kulturelle Objekte nicht nur im Hinblick auf ihre Inhalte und textuellen Merkmale, sondern auch im Hinblick auf ihre Beziehung zu den sozialen Strukturen und Institutionen in ihrem Kontext zu betrachten sind (Williams 1961: 63).

Dadurch, dass kulturelle Praxis in den alltagsweltlichen Zusammenhang eingebettet wurde, erkannte man bald auch die Notwendigkeit, der Analyse des Produktionszusammenhangs von Kultur und der textuellen Objekte auch den der Rezeption bzw.

---

1 Siehe dazu den Überblick von Arbeiten Fiskes, der in dem von Winter und Mikos herausgegebenen Reader *Die Fabrikation des Populären* dem deutschsprachigen Publikum vorgelegt wurde (Fiske 2001).

2 Neuere Darstellungen zur Entwicklung der Cultural Studies, zum Analysepotential und zu den Auswirkungen im kultur- und sozialwissenschaftlichen Diskurs finden sich bei Hall 1999; Hepp 2004 und Winter 2001.

der Aneignung der Angebote durch konkrete Mediennutzer hinzuzufügen. Das wichtigste, von vielen Forschern rezipierte Modell zur modernen Medienkommunikation, das dieser Erweiterung der Aufmerksamkeit auf die Mediennutzer Rechnung trägt, hat Stuart Hall (1980) formuliert. Verschiedene Momente der theoretischen Tradition wie Semiotik, Marxismus und Poststrukturalismus sind hier zu einem komplexen Ansatz verbunden worden. Hall versucht einerseits die Wirkungspotentiale der Medien zu berücksichtigen, dabei jedoch andererseits die Eigenaktivität der Nutzer in Rechnung zu stellen. Die Medien definieren zwar einen Rahmen zur Perzeption und Interpretation der Welt, die Zuschauer sind jedoch keine passiven „Rezeptoren", sondern sie wählen aus und sie gewichten. Sie können sich auf die vom Text nahegelegte Vorzugslesart einlassen, sie können den Text aber auch mit einer oppositionellen Lesart „gegen den Strich" wenden.

Halls Encoding-Decoding-Modell stellt die Klassenzugehörigkeit der Mediennutzer als entscheidende Variable heraus. Gerade dies aber ist dann durch die empirischen Publikumsstudien innerhalb der Cultural Studies weitgehend widerlegt worden. So hat David Morley in seinen Studien zur englischen Sendung *Nationwide* und ihrem Publikum zeigen können, dass die Variable Klassenzugehörigkeit nur eine von vielen und keineswegs die entscheidende ist (vgl. Brunsdon/Morley 1978, Morley 1980).[3] Alter, Geschlecht, ethnische Zugehörigkeit erwiesen sich als zumindest genauso wichtig.

Die zum damaligen Zeitpunkt neuen Publikumsstudien begnügten sich nicht mit den abstrakten Zugängen über die Umfrageforschung, die zumindest über lange Zeit hinweg bei der etablierten Medienwirkungsforschung nahezu ausschließlich verwendet wurde und noch heute den Mainstream der empirischen Forschung bildet (vgl. dazu Winter 1995). Stattdessen untersuchte man mit Hilfe ethnographischer Methoden die Mediennutzungsprozesse in ihrem genuinen alltagsweltlichen Kontext, d.h. etwa in der gemeinsam fernsehenden Familie (vgl. Morley 1997). Erst durch diesen methodischen Schritt war der Kulturbegriff von Raymond Williams als „whole way of life" auch weitgehend einzulösen.

In der neueren Praxis und Theoriediskussion der British Cultural Studies hat sich dann ein buntes Nebeneinander von Ansätzen und methodischen Vorgehensweisen herausgebildet. Dabei sind zwei Pole beobachtbar, die unterschiedliche Akzente im Hinblick auf die kulturellen Machtverhältnisse in der modernen Gegenwartsgesellschaft setzen (vgl. Winter 1997: 47 ff):

- Der Pol der Medienmacht, der die ideologischen Einflussmöglichkeiten betont. Hier wird der Akzent zum einen auf die politische Ökonomie des Medienbetriebs gesetzt, der sich in der Hand großer Konzerne befindet. Zum anderen wird auf die determinierende Kraft sozialer Strukturen verwiesen, durch welche die Autonomie der Mediennutzer stark eingeschränkt werde.[4]

3 Vgl. auch weitere Aneignungsstudien u.a. von Ang 1985, 1991; Dyer 1986; Radway 1984 sowie Lull 1990

4 Vgl. dazu vor allem die Beiträge in Ferguson/Golding 1997; Davies 1995 sowie McGuigan 1992.

- Der Pol der Rezipientenmacht: Betont wird hier die Fluidität der Machtverhältnisse in einer Medienkultur, in der neue Technologien nicht nur das Werkzeug ideologischer Hegemonien und ökonomischer Ausbeutungsprozesse sind, sondern auch Instrumente des Widerstands.[5] Die Polysemie der Texte und die Vielfalt der Nutzungsmöglichkeiten eröffnen Autonomieerfahrungen und Widerstandspotentiale gegen die ideologische Vereinnahmung (vgl. schon Fiske 1987, 1989, 1999).

2 Medienethische Implikationen der Cultural Studies

Im Zentrum der medienethischen Implikationen der Cultural Studies steht die enge Verflechtung der Sphären Kultur und Politik. Jegliche kulturelle Praxis wird, in den Worten Fiskes, darauf hin durchleuchtet, wie sie in der asymmetrischen Konstellation zwischen „Power Bloc" und „The People", zwischen den Herrschenden und Beherrschten verortet ist: Hilft sie den „Leuten", sich mit ihrem jeweiligen Eigensinn, mit ihren Wünschen, Begehren und Träumen einen Freiraum gegenüber den Zumutungen des Machtblocks zu verschaffen, oder ist sie Teil einer gesamtgesellschaftlichen Befriedungs- und Disziplinierungsmaschinerie? Es geht hier um das „Empowerment", das die Kultur für die Akteure leisten kann, um sie in ihrem alltäglichen Kampf um Anerkennung zu bestärken.

Dass es sich hierbei um eine empirisch durchaus offene Frage handelt, unterscheidet den Ansatz der Cultural Studies grundlegend von einer Sichtweise, wie sie etwa im Kontext der Kritischen Theorie der ‚Frankfurter Schule' entwickelt wurde. War für Horkheimer und Adorno beispielsweise immer klar, dass Unterhaltungskultur die Massen betrügt, verblödet und pazifiziert, so verweist der Ansatz der Cultural Studies immer wieder auf die Freiräume der Mediennutzer. Sie können durch oppositionelle Lesarten ihren sozialen Eigensinn auch gegen die Intentionen der herrschenden Gruppen und Institutionen wenden, oder sie können sich durch konsequenten Entzug („evasion") dem Zugriff der integrativen Ideologien entziehen.

Dies versucht Fiske mit seinem bekannten Beispiel der Obdachlosen klarzumachen, die in einem Heim den durchaus mainstreamigen Actionfilm *Die Hard* rezipieren. Entgegen der intendierten Vorzugslesart, der zufolge sich der Zuschauer mit dem Helden und seinem Projekt einer Wiederherstellung der Ordnung identifizieren möge, schlagen sich die Obdachlosen eindeutig auf die Seite der Schurken. Sie bejubeln die Destruktion jeglicher Repräsentanz der bestehenden Herrschaftsordnung und klatschen beispielsweise laut Beifall, als ein Polizeipanzer gesprengt wird. Und als der Film seine Wende zur Re-Etablierung der Rechtsordnung nimmt, schalten die Obdachlosen einfach ab und wenden sich anderen Vergnügungen zu (vgl. Fiske 1993: 1ff.).

Auch hier, im Punkt des Vergnügens, zeigt sich die deutliche Distanz zur klassischen Perspektive der Frankfurter Schule: Hatten Horkheimer und Adorno (1944:

5 So etwa Fiske mit Hinweis auf die Videotechnik, 1996: 125ff.

130) noch klar konstatiert „Vergnügtsein heißt Einverstandensein", so zeigt Fiske immer wieder in seinen Studien, dass das Vergnügen auch ein hervorragendes Vehikel der Subversion sein kann. Dies gilt für jugendliche Madonna-Fans in ihrer Positionierung gegen das herrschende Patriarchat ebenso wie für Studenten, die eine Serie wie *Married... with children* zur kulturellen Störung familialer Herrschaftsverhältnisse nutzen (Fiske 1999).

Medienethik im Sinne der Cultural Studies basiert im Wesentlichen auf ihrem spezifischen Kulturverständnis, das im Folgenden gekennzeichnet werden soll.

Der *erste* und wichtigste Punkt besteht darin, dass der Kulturbegriff der Cultural Studies grundlegend politisch dimensioniert ist. Wir haben es hier nicht mit einzelnen Berührungspunkten und Verbindungslinien zwischen Kultur und Politik und auch nicht mit einem separierten Subsystem „Politische Kultur" zu tun, sondern mit einer politischen Perspektivierung jeglicher kulturellen Praxis. Dies bedeutet im Einzelnen:

(1) Kultur wird nicht als eine homogene Sphäre, sondern als ein Forum des Kampfes und des Konflikts verstanden. In diesem Forum werden Bedeutungen, Werte, Zielsetzungen, Sinnentwürfe und Identitäten gegeneinander gesetzt und miteinander ausgehandelt.[6]

(2) Im Zusammenhang damit wird die kulturelle Praxis immer im Hinblick auf Machtrelationen und Herrschaftsverhältnisse beleuchtet. Konflikthaftigkeit und Machtdynamik entstehen dadurch, dass politische Bedeutungen nicht etwas Gegebenes sind, sondern das Resultat von interaktiven Prozessen, die jeweils durch die Benennungsmacht und das rhetorische Geschick der Beteiligten beeinflusst sind. Jedes Zeichen, jede symbolische Form ist deutungsoffen und somit Gegenstand von Deutungskämpfen.

(3) „Politisch" heißt aber schließlich auch, dass die Wissenschaftler keine wertungsfreie Analyse durchführen. Sie nehmen kritisch Stellung und greifen selber ein in den politisch-kulturellen Prozess, um den Machtlosen mehr Möglichkeiten zu verschaffen. Cultural Studies, so Hall (1999: 12), sind „Politik mit anderen Mitteln". Grossberg (1999: 72), der in verschiedenen Beiträgen versucht hat, das Selbstverständnis der Cultural Studies zu formulieren,[7] betont, dass das Projekt der Cultural Studies genuin politisch motiviert sei: „Es hat sich der Produktion von Wissen verschrieben, welches helfen soll zu verstehen, dass man die Welt verändern kann, und es gibt Hinweise, wie sie zu verändern ist."

Medienethik im Sinne der Cultural Studies versteht sich daher ebenfalls als politisches Projekt. Es ergibt sich aus der beständigen Kritik kultureller Praktiken in Bezug auf die Frage, ob und ggf. wie diese jeweils daran beteiligt sind, bestehende Macht- und Herrschaftsverhältnisse auf Dauer zu stellen. Sie schließen hier durchaus an der marxistischen Tradition der Ideologiekritik an. Gleichzeitig wird jedoch immer danach gesucht, welche möglichen Potentiale widerständiger Praxis in der Kultur, nicht

---

6 Hier stimmt die Perspektive der Cultural Studies mit der Konzeption Bourdieus (1982, 1985, 1998) überein.

7 Siehe jetzt auch die durch Winter edierte Sammlung von Beiträgen in Grossberg 2008.

zuletzt auch in der populären Kultur einer Gesellschaft aufzufinden und ggf. zu unterstützen sind. Die aktiv eingreifende kritische Haltung der Cultural Studies verbindet sich dabei mit einem aufklärerischen Optimismus im Hinblick auf die eigene kulturelle und damit politische Wirksamkeit (vgl. ebd.: 73).

3 Medienethische Anwendung

Es sind bereits einige Studien erwähnt worden, die im Kontext der Cultural Studies insbesondere von Fiske durchgeführt wurden, um zu zeigen, wie populäre Kulturprodukte medienethisch beurteilt werden können. Im Folgenden soll nun anhand eines Beispiels aus dem deutschen Raum gezeigt werden, wie der Blick der Cultural Studies eine alternative medienethische Bewertungspraxis inspirieren kann. Das gewählte Beispiel entstammt dem so genannten Trash-Fernsehen und hat in der deutschen Öffentlichkeit schon wiederholt zu medienethischen Debatten geführt: die RTL-Dschungel-Show *Ich bin ein Star, holt mich hier raus.*

Die Show zählt zu den vergleichsweise neuen Formaten im deutschen Fernsehen. Sie kombiniert Elemente der Game-Show mit dem Prominenzfaktor der traditionellen Abendunterhaltung, den Talk-Boom mit Reality-TV und trägt schließlich auch dem Authentizitätsversprechen jener Dauerbeobachtungsformate Rechnung, die seit dem großen Erfolg der ersten *Big Brother*-Staffeln aus der deutschen Fernsehlandschaft nicht mehr wegzudenken sind.

Zunächst einmal ist die Grundstruktur der Sendungen ausgesprochen simpel. Insgesamt zehn so genannte B-Prominente, die den Zenit ihres Ruhms noch vor, meist aber bereits hinter sich haben, werden in ein Lager im australischen Busch verbracht. Sie haben im Camp tägliche Prüfungen zu bestehen, um für sich und die Mitinternierten das Essen zu verdienen. Misslingt die Prüfung, bleibt es bei trockenem Reis und Bohnen. Dadurch werden Konflikte geschürt, an denen sich der Zuschauer weiden kann. Das Moderatorenpaar mit der Daily-Talk-erprobten Sonja Zietlow und dem Komiker Dirk Bach macht sich in schadenfrohen und zynischen Kommentaren jeweils über die Kandidaten lustig.

Ein entscheidendes Moment, das sich schon bei *Big Brother* kommerziell bewährt hat, ist die Zuschauerbeteiligung. Das Publikum kann per Telefon darüber abstimmen, welcher Kandidat jeweils zur Prüfung gehen soll und darüber, wer das Camp schließlich zu verlassen hat. Partizipation ist hier nicht nur durch Marktteilnahme, durch Nachfrage und Quote, sondern über direkte Abstimmungsmöglichkeiten organisiert.

Um sich in einem umkämpften Medienmarkt hinreichend von anderen Angeboten absetzen und somit aufmerksamkeitsökonomische Vorteile erringen zu können,[8] greift die Dschungelshow auf einen Erfolgfaktor zurück, auf den das Privatfernsehen im Grunde schon seit seinen Anfängen setzt: den kalkulierten Tabubruch mit entsprechendem Sensationseffekt. Die Dschungel-Show setzt den Tabubruch beim Ekelge-

8 Zur Logik der Aufmerksamkeitsökonomie siehe grundsätzlich Franck 1998.

fühl der Zuschauer an. Die Kandidaten müssen so genannte Dschungel-Prüfungen absolvieren, in denen engste Tuchfühlung mit Jauchegruben, Schlangen, Spinnen, Aalen und Kakerlaken aufzunehmen ist. Den Höhepunkt bilden in dieser Hinsicht jeweils Mahlzeiten, bei denen Kandidaten lebendige Maden, Ameisen, Mehlwürmer, Käfer und Krokodilhoden zu verspeisen haben.

Das Konzept ging besser auf, als selbst die Senderverantwortlichen zu hoffen wagten. Quoten und Marktanteile steigerten sich stetig, nicht zuletzt auch deshalb, weil die einschlägige Boulevardpresse im symbiotischen Medienverbund täglich Bericht erstattete und das Interesse auf diese Weise hochtrieb. Bei einigen Folgen erzielte man eine Reichweite von über 8,3 Millionen Zuschauern und einen Marktanteil von stattlichen 43,4 Prozent; im Januar 2008 konnte am Samstagabend in der Zielgruppe sogar das ZDF-Flaggschiff *Wetten, dass...?* übertroffen werden.

Die öffentliche Diskussion verlief zunächst in sehr ablehnenden Bahnen. Die Einwände, die gegen das Format erhoben wurden, reichten vom leichtfertigen Umgang mit Schadenfreude bis hin zu Foltervorwürfen. Politiker wie der rheinland-pfälzische Ministerpräsident Kurt Beck erhoben scharfe Kritik gegen den Sender und Tierschutzverbände zogen sogar – erfolglos – vor Gericht. Bundestagspräsident Norbert Lammert (2006) griff die Dschungel-Show beim 10. Bundeskongress für politische Bildung auf, um das fragwürdige Unterhaltungsbedürfnis der Gesellschaft anzuklagen.

Die Kommission für Jugendmedienschutz der Landesrundfunkanstalten (KJM) schließlich, das 2003 neu gegründete Aufsichtsgremium, befasste sich ausführlich mit der Sendung. Eine Pressemitteilung der Landesmedienanstalten vom 23. Januar 2004 formulierte, ein Verbot sei zwar nicht möglich, da die Sendung nicht offen die Menschenwürde verletze und die Akteure freiwillig mitmachten. Aber vor allem im Hinblick auf Kinder und Jugendlich habe man erhebliche Bedenken: „Häme, Spott und Schadenfreude ziehe sich durch alle Sendungen der Dschungelshow hindurch. [...] Die Vermittlung wichtiger sozialer Werte wie Verständnis, Achtung und Respekt Anderen gegenüber werde somit konterkariert.[9] Zugleich wird kritisiert, dass die Freiwillige Selbstkontrolle Fernsehen (FSF) im Rahmen der „regulierten Selbstregulierung" hätte tätig werden müssen, um der Sendung die ärgsten Spitzen zu nehmen.

Anders als Politiker und Jugendschützer nutzten die Zuschauer selbst jedoch die Sendung dazu, über genau jene Werte zu diskutieren, die hier angeblich so deutlich verletzt würden. Sie nahmen die Sendung zum Anlass, das Verhalten der Mitwirkenden zu erörtern, ethisch zu prüfen, selbst Stellung zu nehmen und somit die eigene Identität in der Alltagswelt zu reflektieren. Hochgradig spannend wird es tatsächlich da, wo die reale Rezeption der Mediennutzer ins Spiel kommt, wo sie tatsächlich ihre eigenen und eigen*sinnigen* Lesarten des Medienprodukts entfalten.[10] Was also machen junge Zuschauer aus dem umstrittenen Format? Das Chat-Forum, dem die nun zu betrachtenden Wertedebatten entnommen sind, heißt „Daniel Küblböck. Das offiziel-

9 Siehe IRIS. Rechtliche Rundschau der europäischen audiovisuellen Informationsstelle 2 (2004): 10.

10 Zur sozialen Funktion der Aneignung von Unterhaltungsformaten bei Jugendlichen siehe die empirischen Analysen von Göttlich/Nieland 2002.

le Forum". Es ist zu finden auf der Website *www.danielsuperstar.de*. Wer hier zum Chatten kommt, der versteht sich als Fan von Daniel Küblböck, dessen Semi-Prominenz sich der Teilnahme an der ersten Staffel der Castingshow *Deutschland sucht den Superstar* verdankt.

Der zum damaligen Zeitpunkt in der Ausbildung zum Kinderpfleger befindliche Nachwuchssänger war in der Show bald zum Publikums- und Medienliebling geworden, weil er dort zugleich selbstbewusst und betont unkonventionell agierte. Küblböck wählte meist ein geschmackloses Outfit, das durch die Inszenierung zum Kult avancierte. Die demonstrative Absage an die ästhetische Correctness, die ja für Trash-Phänomene typisch ist, war bei Daniel Küblböck gleichsam zum persönlichen Inszenierungsstil geworden. Er sang nach Meinung aller Beteiligten ausgesprochen schlecht, wurde aber von der Fachjury wie von den Zuschauern trotzdem immer wieder den stimmstarken Konkurrenten vorgezogen, weil er eine provokative und zugleich unterhaltsame Performance bot. Der Trash gewinnt hier, als konsequente Absage an etablierte Geschmacksnormen, ein subversives Potential, das später auch dem Dschungel-Format insgesamt zugesprochen wurde. Küblböcks Erfolg gegen die Stromlinie, nicht zuletzt aber auch das androgyne Erscheinungsbild und gelegentliche Bekenntnisse zur Bisexualität machten aus dem jungen Brillenträger eine hyperreale Medienfigur, die mit ihren Identitätsentwürfen offenbar für viele Jugendliche interessant erschien.

Die Daniel-Fans hatten schon seit Tagen den Auftritt ihres Stars in der Dschungel-Show verfolgt und ihm die Daumen für den Sieg gedrückt. Diverse Dinge wurden thematisiert: Die Ungerechtigkeit von Daniels Qualen, als er dreimal hintereinander vom Publikum in die Ekel-Prüfungen geschickt wurde, dabei tapfer ein Kakerlakenbad über sich ergehen ließ, im „Terror-Aquarium" jedoch vor den Wasserspinnen weinend davonlief. Oder auch die sexuellen Annäherungsversuche, die Daniel gegenüber seiner attraktiven Mitkandidatin Mariella Ahrens startete; hier schlossen sich Mutmaßungen der Fans über die sexuellen Vorlieben ihres Stars, über sein Erwachsenwerden und sein Rollenbild an.

Die intensivsten Debatten entbrannten jedoch, als Daniel am vorletzten Abend der Show einen heftigen Streit mit dem 59 Jahre alten Schlagersänger Costa Cordalis führte. Cordalis, der nach einer leidlichen Schlagerkarriere in Deutschland seit vielen Jahren seinen Lebensunterhalt mit Auftritten am mallorcinischen Ballermann bestreitet, hatte die Dschungel-Show als Comeback-Chance ergriffen und sich mit tapferen Taten in die Herzen der Zuschauer gespielt. An besagtem Abend gerieten der junge Daniel und der deutlich ältere Costa heftig aneinander.

Costa hatte Daniel kritisiert, er mische sich überall ein, gebe zu allem seinen Senf dazu, habe aber selber gar nichts drauf. Das entscheidende Zitat lautet: „Das wirst du im Laufe deines Lebens lernen müssen: Respekt haben, bescheiden sein und auf Ältere hören!" Der Jüngere lässt das nicht gelten, meint, er habe sich sowieso schon zu oft zurückgehalten, und fasst seine Position zusammen mit den Worten „Du kannst mich mal. Ich hab' vor dir keinen Respekt!". Weitere Gesprächsversuche des Älteren werden mit konsequenter Missachtung beantwortet.

An diese Sequenz schließt sich noch am gleichen Abend eine Wertedebatte im Internet an, die zeigt, dass hier die alltagsweltliche Relevanzstruktur der Nutzer tatsächlich in starkem Maße getroffen wurde. Den Beginn der Debatte macht eine Teilnehmerin mit der folgenden Stellungnahme: „Sorry, ich hab ihn unheimlich gern und wirklich bis grad eben ohne Ende bewundert für sein Durchhaltevermögen, aber Daniels Verhalten grad war ja nun echt das Allerletzte! Wie kann jemand wie Daniel, der sich wünscht, respektiert zu werden, wie er ist, zu jemanden sagen: ‚ich habe kein Respekt vor dir!' Das ist das schlimmste, was man einem Menschen sagen kann, Respekt hat man vor jedem zu haben. Ich finde es nicht überheblich oder überholt, wenn Costa Daniel nach zehn Tagen stiller Beobachtung steckt, dass er noch viel zu lernen hat, denn das sehe ich genau so, und ich bin erst 22 Jahre alt, habe aber in den letzten vier Jahren mehr gelernt als ich damals je gedacht hätte. Daniel lebt da seine Gefühle dann auch wirklich ohne Rücksicht auf Verluste aus und ruht sich dann auf seinem augenscheinlich jugendlichen Alter aus".

Auf diese erzürnte Äußerung hin entfaltet sich fast die gesamte Nacht hindurch ein erregter, aber durchaus auch differenzierter Diskurs über Respekt und Anerkennung. Einige nehmen Daniel in Schutz, andere votieren für Costa mit seiner Lebenserfahrung. Eine Teilnehmerin des Chats führt schließlich zur Verteidigung ihres Stars eine begriffliche Differenzierung zwischen Achtung und Respekt ein: Daniel begegne durchaus jedem Menschen mit Achtung. Das beinhalte aber nicht, dass er nun auch zwangsläufig jeden Menschen respektieren müsse, denn: „Respekt muss man sich erarbeiten". Diese allgemeine ethische Maxime wird dann anhand eines Beispiels aus der eigenen Alltagswelt erläutert: „Ich bin irgendwo auf Arbeit und es wird verkündet, dass ein neuer Chef kommen soll. In erster Linie hat man natürlich auch vor dem neuen Chef Achtung, denn es ist ein Mensch. Ob man diesen Chef auch wirklich als Vorgesetzten respektieren kann, zeigt sich erst im Laufe der Zeit, nämlich daran, was der Chef leistet". Und weiter: „Eines der größten Probleme unseres Landes ist das Obrigkeitsdenken. Der / die hat eine höhere Position oder ist älter [...], und schon fangen die Leute an, sich zu ducken [...]. Nur weil ein Mensch älter ist, gibt es keinen Grund, vor der Person zu kriechen."

So und ähnlich führen noch viele Beiträge den Diskurs weiter. Immer wieder geht es um Achtung und Respekt, um Jugend und Alter, ein Thema, das die Teilnehmer offenbar sehr bewegt. Das vermeintlich werteverachtende Unterhaltungsformat wird von den Mediennutzern zu einer symbolischen Form gemacht, die Grundlage und Anlass eines reflektierten Diskurses über Respekt und Anerkennung ist. Die Akteure nutzen den „Trash" zur sozialen Selbstverortung und Identitätsbildung. Der ökonomische Erfolg des Formats steht dabei nicht im Widerspruch zu seinen positiven Funktionen. Die finanzielle und die kulturelle Ökonomie gehen Hand in Hand, Vergnügen und ernsthafte ethische Reflexion machen sich an ein und demselben Objekt fest.

4 Fazit: Stärken und Schwächen

Die Arbeiten der Cultural Studies machen mit ihrer Schwerpunktverschiebung von der Produktion und vom Text zur Rezeption den Blick frei auf die eigensinnige Aneignung der Mediennutzer. Das medienethische Argument betrachtet dabei nun auch die Möglichkeiten, die ein audiovisueller Text jenseits der intendierten Vorzugslesart für die kulturelle Praxis, für Identitätsbildung und Selbstverortung der Menschen bietet. Die enge Kopplung zwischen kulturindustrieller Produktion und ideologischer Vereinnahmung der Rezipienten, wie sie in der Perspektive der traditionellen kritischen Medientheorien angenommen wurde, erweist sich hier als Fehlschluss.

Probleme liegen demgegenüber sozusagen in der gegenteiligen Engführung. Nicht jede Rezeption verläuft widerständig, nicht jedes Vergnügen bietet Freiräume für Eigensinn. Da die empirischen Studien der Cultural Studies, insbesondere die innovativen Arbeiten von Fiske, meist Einzelfallstudien darstellen, die methodisch keinesfalls immer dem *state of the art* in der interpretativen Sozialforschung entsprechen, besteht die Gefahr, periphere Einzelfälle allzu schnell als systemisch repräsentativ für das Ganze zu nehmen.

In fast allen Arbeiten der Cultural Studies sind Beschreibung und Wertung, deskriptive und normative Ebene der Argumentation unmittelbar ineinander verwoben. Diagnose und Polemik sind teilweise gar nicht mehr zu trennen, die normative Stellungnahme überdeckt den analytischen Zugriff. Sinnvoller erscheint mir, im Sinne der Methodologie Max Webers zu verfahren[11], d.h. konkret: Zunächst einmal ist *sine ira et studio* eine deskriptive Analyse dessen vorzulegen, was in der Medienkultur der Fall ist. In einem zweiten Schritt kann dann, vor dem wohlbegründeten Hintergrund normativer Theorien der Medienöffentlichkeit, nach den Implikationen dieser Befunde gefragt werden. Dies kann im Modus von Wenn-dann-Verknüpfungen geschehen, etwa nach dem – hier sehr vereinfacht dargebotenen – Muster: Wenn in der Medienkultur möglichst viel Sachinformation zum politischen System und politischen Prozess einer Gesellschaft vermittelt werden soll, dann ist der Rückgang an Informationssendungen im Verhältnis zu den Unterhaltungssendungen zu kritisieren. Dadurch wird die Kritik transparenter und letztlich auch effektiver.

Literatur

Ang, Ien (1985): Watching Dallas. Soap Opera and the Melodramatic Imagination. London.

Ang, Ien (1991): Desperately Seeking the Audience. London.

Bourdieu, Pierre. (1982): Die feinen Unterschiede. Kritik der gesellschaftlichen Urteilskraft. Frankfurt am Main.

11 Zur Weberschen Methodologie vgl. grundlegend den Aufsatz zur „Objektivität“ sozialwissenschaftlicher Erkenntnis: Weber 1904.

Bourdieu, Pierre (1985): Sozialer Raum und ‚Klassen'. Leçon sur la leçon. Zwei Vorlesungen. Frankfurt am Main.

Bourdieu, Pierre (1998): Über das Fernsehen. Frankfurt am Main.

Brunsdon, Charlotte / Morley, David (1978): Everyday Television: Nationwide. London.

Davies, Ioan (1995): Cultural Studies and Beyond. Fragments of Empire. London.

Dörner, Andreas (2001): Politainment. Politik in der medialen Erlebnisgesellschaft. Frankfurt am Main.

Ferguson, Marjorie / Golding, Peter (1997): Cultural Studies and Changing Times. An Introduction. In: dies. (Hrsg.): Cultural Studies in Question. London u.a., S. XIII-XXVII.

Fiske, John (1987): Television Culture. London.

Fiske, John (1989): Reading the Popular. Boston.

Fiske, John (1993): Power Plays, Power Works. London.

Fiske, John (1996): Media Matters. Race and Gender in U.S. Politics. Revised Edition. Minneapolis; London.

Fiske, John (1999): Wie ein Publikum entsteht. Kulturelle Praxis und Cultural Studies. In: Hörning, Karl H. / Winter, Rainer (Hrsg.): Widerspenstige Kulturen. Cultural Studies als Herausforderung. Frankfurt am Main, S. 238-263.

Fiske, John (2001): Die Fabrikation des Populären. Der John-Fiske-Reader. Hg. von Lothar Mikos und Rainer Winter. Bielefeld.

Franck, Georg (1998): Ökonomie der Aufmerksamkeit. Ein Entwurf. München.

Göttlich, Udo / Nieland, Jörg-Uwe (2002): Selbstauslegung – Anerkennung – Integration. Zur Rolle und Stellung von Unterhaltungsangeboten in der Rezeption durch Jugendliche. In: Imhof, Kurt u.a. (Hrsg.): Integration und Medien. Wiesbaden, S. 219-243.

Grossberg, Lawrence (1999): Was sind Cultural Studies? In: Hörning, Karl H. / Winter, Rainer (Hrsg.): Widerspenstige Kulturen. Cultural Studies als Herausforderung. Frankfurt am Main, S. 43-83.

Grossberg, Lawrence (2008): Die Perspektiven der Cultural Studies. Der Lawrence-Grossberg-Reader. Hg. von Rainer Winter. Köln.

Hall, Stuart (1980): Encoding/Decoding. In: ders. u.a. (Hrsg.), Culture, Media, Language. London, S. 128-138.

Hall, Stuart (1999): Die zwei Paradigmen der Cultural Studies. In: Hörning, Karl H. / Winter, Rainer (Hrsg.): Widerspenstige Kulturen. Cultural Studies als Herausforderung. Frankfurt am Main, S. 13-42.

Hepp, Andreas (2004): Cultural Studies und Medienanalyse. Eine Einführung. 2. Aufl. Wiesbaden.

Hörning, Karl H. / Winter, Rainer (Hrsg.) (1999): Widerspenstige Kulturen. Cultural Studies als Herausforderung. Frankfurt am Main.

Horkheimer, Max /Adorno, Theodor W. (1944): Dialektik der Aufklärung. Philosophische Fragmente. Frankfurt am Main.

Lammert, Norbert (2006): Festvortrag des Bundestagspräsidenten anlässlich des 10. Bundeskongresses für politische Bildung zum Thema „Die Verantwortung der Medien in der Demokratie" am 2. März 2006 in Mainz. Manuskript, S. 6.

McGuigan, John (1992): Cultural Populism. London; New York.

Morley, David (1980): The Nationwide Audience. London.

Morley, David (1997): Theoretical Orthodoxies. Textualism, Constructivism and the "New Ethnography" in Cultural Studies. In: Ferguson, Marjorie / Golding, Peter (Hrsg.): Cultural Studies in Question. London u.a., S. 121-137.

Radway, Janice (1984): Reading the Romance. Feminism and the Representation of Women in Popular Culture. Chapel Hill.

Weber, Max (1904): Die "Objektivität" sozialwissenschaftlicher Erkenntnis. In: ders.: Soziologie, weltgeschichtliche Analysen, Politik. Hrsg. von J. Winckelmann. Stuttgart 1968, S. 186-262.

Williams, Raymond (1961): The Long Revolution. London.

Winter, Rainer (1995): Der produktive Zuschauer. Medienaneignung als kultureller und ästhetischer Prozeß. München.

Winter, Rainer (1997): Cultural Studies als kritische Medienanalyse. Vom „encoding/decoding"-Modell zur Diskursanalyse. In: Hepp, Andreas / Winter, Rainer (Hrsg.): Kultur-Medien-Macht. Cultural Studies und Medienanalyse. Opladen, S. 47-64.

Winter, Rainer (2001): Die Kunst des Eigensinns. Cultural Studies als Kritik der Macht. Weilerswist.

Empirische Perspektiven

Matthias Rath

Es ist Konsens in den meisten gängigen Darstellungen der Ethik (vgl. z. B. Quante 2003: 121-123), dass spätestens seit David Hume die Moralphilosophie vor einem Problem und zugleich einer Entlastung steht: Sie steht vor dem Problem, dass aus *Seins*sätzen, also dem, was wir empirische Aussagen nennen, logisch keine *Sollens*sätze, also normativen Aussagen, wie sie eine Moralphilosophie formulieren sollte, folgen. Dieses Problem ist aber zugleich eine Entlastung: Denn wenn empirische Aussagen logisch keinen argumentativen Beitrag zur Formulierung normativer Sätze leisten können, dann muss sich die Ethik auch nicht der Empirie als „Verfahren" (vgl. Krotz 2005) der Erkenntnisgewinnung bedienen. Obwohl „Humes Gesetz", aus Seinsaussagen können logisch stringent keine Sollensaussagen gefolgert werden, grundsätzlich richtig ist, gibt es dennoch eine empirische Perspektive der Ethik, vor allem der angewandten Ethik, wie sie die Medienethik eine darstellt. Es ist die Zielrichtung dieses Beitrags, diese empirische Perspektive für eine medienethische Argumentation zu umreißen.

1 (Medien-)Ethik vs. Empirie?

Unter „Empirie" lässt sich eine methodische, auf Beschreibung der direkt oder indirekt wahrnehmbaren Wirklichkeit ausgehende Forschung verstehen, die durch den Bezug auf verallgemeinerbare Annahmen über die beobachtete Wirklichkeit diese *erklärbar* oder *verstehbar* und damit der Prognose zugänglich macht (vgl. Eichhorn 2006; Daschmann 2003; Krotz 2003). *Erklären* und *verstehen* soll Ethik die Wirklichkeit allerdings nicht. Ethik gehört zu den Disziplinen der so genannten *praktischen Philosophie*. Damit sind jene Teildisziplinen gemeint, die die menschliche Praxis, also das menschliche Handeln, zu ihrem Objekt gemacht haben. Verstehen wir unter *Moral* den in einer bestimmten Gruppierung, Gemeinschaft oder Gesellschaft geltenden Komplex von Wertvorstellungen, Normen und Regeln, dann ist philosophische *Ethik* die wissenschaftliche Lehre von der Sitte, der Moral, dem Richtigen im Sinne des „rechten" Handelns. Sie begnügt sich dabei allerdings nicht damit, eine bestimmte sittliche Gewohnheit zu konstatieren. Dies wäre Aufgabe und Ziel einer „empirischen Ethik", wie sie z. B. die Soziologie und Ethnologie betreiben. Als normative Disziplin fragt sie vielmehr nach der *Legitimierbarkeit* solcher normativen Vorstellungen. Ihr Ziel ist es, gemäß verallgemeinerungsfähiger Argumentationsregeln handlungsleitende Prinzipien zu formulieren, die als vernünftig ausgewiesen sind und als „allgemein gültig" jeder Frage nach dem rechten Tun schon vorausgesetzt werden können.

Hier greift nun die oben erwähnte Feststellung Humes, dass diese Prinzipien – wie alle normativen Sätze – nicht aus *empirischen* Sätzen abgeleitet werden können. Sein Schluss, dieser logische Widerspruch zwischen empirischen Prämissen und normativen Schlussfolgerungen widerlege auch jeden Versuch, Ethik aus Vernunftgründen heraus zu begründen, ist ein Stachel, der seither jede Ethik treibt. George Edward Moore (1970) hat diesen logischen Widerspruch in seinem Hauptwerk *Principia Ethica* mit dem Schlagwort „naturalistischer Fehlschluss" belegt (Moore 1970: 168). *Naturalistisch* wird der Schluss, wenn „gut" durch einen anderen, der empirischen Deskription zugänglichen Begriff ersetzt werden kann, z. B. durch den Begriff „lustvoll". Wird eine bestimmte Wirklichkeit (Situation, Handlung, Handlungsfolge), empirisch nachprüfbar (Hautwiderstand, Blutdruck etc.), als lustvoll erlebt, dann folgt daraus – vorausgesetzt, der Ausdruck „gut" ist ein Synonym zu „lustvoll" – dass diese Wirklichkeit „gut" ist. Meint „gut" jedoch ein *normatives* Präferenzurteil im Sinne „Dies soll sein", und so verwenden wir gemeinhin in ethischen Kontexten den Ausdruck „gut", dann gelingt der Schluss gemäß „Humes Gesetz" nicht: Aus der Tatsache, dass eine Situation als lustvoll erlebt wird, folgt keineswegs die Auszeichnung, diese Situation sei auch immer herbeizuführen.

Viele nicht-philosophische, von Einzelwissenschaftlern vorgebrachte „Sollens-Sätze" sind in dem eben entfalteten Sinne nicht ethisch. Entweder wird von Seinsaussagen auf Sollenssätze im ethische Sinne geschlossen, dann haben wir einen naturalistischen Fehlschluss vor uns, oder aber es wird auf ein instrumentelles Sollen geschlossen, ein „gesollt, weil tauglich für ein vorgegebenes Ziel". Dann ist der Schluss zumindest unvollständig. Vor allem wirtschaftethische Auseinandersetzungen im Rahmen der Medienethik haben ihren Kern genau in dieser Verwechslung von Tauglichkeit und Begründetheit. Mediale Angebote haben, zumindest in marktwirtschaftlich verfassten Gesellschaften, auch die Funktion, Gewinne zu generieren. Ihre Tauglichkeit dazu rechtfertigt sie damit ethisch jedoch noch nicht. Sonst wäre jede Jugendschutzdiskussion sinnlos, sofern das Angebot nur rezipiert und damit erfolgreich als Umfeld für die Werbewirtschaft verwertbar wäre (vgl. Rath 2003a).

Empirische Medienforschung kann für die Legitimation moralischer Prinzipien also nicht herangezogen werden. Medienethische Argumentationsverfahren sind daher auf Plausibilität und vernünftige Akzeptanz angewiesen. Für unsere Zwecke hat diese metaethische Analyse einen ersten Hinweis auf das Verhältnis von Empirie und Ethik geliefert. Ein naturalistischer Fehlschluss ist logisch falsch. Denn in ihm wird eine Aussage deskriptiv oder empirisch verstanden, die nicht deskriptiv oder empirisch ist. Empirie kann daher für die eigentliche Aufgabe der Ethik, Präferenzurteile als begründet oder unbegründet auszuweisen, nichts beitragen. Heißt das, Ethik ist empirieresistent? Ein Blick in die klassischen Ethikentwürfe belehrt uns eines anderen.

Schon Aristoteles beginnt seine *Nikomachische Ethik* mit der aus der Erfahrung genommenen Behauptung, alle Handlung ziele auf ein Gut (vgl. *Nikomachische Ethik* 1094 a 1). In allen Ethiken werden wir Grundannahmen über die Menschen, ihre soziale Struktur, ihre anthropologischen Befindlichkeiten oder ähnliches finden. Dies scheint auch niemanden zu stören, obwohl diese Behauptungen über den Menschen als Handelnden ja keineswegs immer den strengen Kriterien „der Empirie" entsprechen. Diese „Toleranz" hat ihre Wurzel darin, dass Ethiker sich als Handelnde quasi selbst beobachten. Ethiker können kompetent über das Handeln des Menschen sprechen, weil Ethiker Menschen sind und als Handelnde im Großen und Ganzen immer schon wissen, unter welchen Bedingungen Menschen handeln. Man kann dies die *alltagsempirische Verwurzelung der allgemeinen Ethik* nennen. Auch die allgemeine Ethik baut also auf letztlich erfahrungsgestützten Behauptungen über den Menschen auf — nicht im Sinne des naturalistischen Fehlschlusses, als formales Argumentationskriterium, aber als *Prüfstein der Umsetzbarkeit und Sachadäquatheit unserer moralischen Urteile* an der Realität. Die Berücksichtigung erfahrungsgestützter Erkenntnisse im Rahmen normativer Argumentation ist also keinesfalls der Ethik abträglich. Allerdings, und dies macht den Unterschied zur allgemeinen Ethik aus, sind die *handlungsfeldspezifischen* Problemstellungen der *angewandten* Ethik eben nicht mit alltagsempirischen Erkenntnissen überprüfbar. Es bedarf spezifischer Kenntnisse. Und diese liefert die Fachwissenschaft.

Trotz „Humes Gesetz" stehen sich Ethik und empirische Medienforschung also nicht gänzlich fremd gegenüber. Ausgangspunkt ethischer Reflexion und Legitimation sind zum Beispiel real vorfindbare internalisierte Handlungspräferenzen, die dann auf ihre Sachadäquatheit und normative Legitimierbarkeit hin überprüft werden. Dazu sind sehr wohl empirische Ergebnisse, zum Beispiel aus der Medienpsychologie (vgl. Rath 2006), sinnvoll und notwendig.

Zusammenfassend kann man demnach sagen: *Die These, Medienethik hätte Empirie zur Basis, ist nur in dem Sinne richtig und zu verstehen, dass Empirie bzw. empirische Forschung keinen Begründungszusammenhang herstellt, sondern einen Anwendungszusammenhang klärt: Empirie ist insofern „Basis" der Medienethik, als sie das Feld umreißt, die Struktur- und Handlungsbedingungen benennt, unter denen dann ethisch auszuweisende Prinzipien angewandt, normative Regeln formuliert und moralischer Konsens argumentativ hergestellt wird.*

2 (Medien-)Ethik und ihre empirische „Basis"

Medienethik benötigt also Informationen über das Handlungsfeld und der darin agierenden Protagonisten, für die sie Geltung beansprucht. Hier ist die Historie, wie so oft, bestimmend für die Zielgruppe. Denn die in den USA früher beginnende kritische, auch ethische Auseinandersetzung mit den Medien war für Europa stilbildend. *Media ethics* kam in den USA allerdings vor allem im Rahmen der Journalistenausbildung zum Zug (vgl. Boventer 1983). Damit ist die Medienethik zum Teil noch heute belegt: Sie wird häufig verstanden als journalistische Ethik, obwohl Journalisten nur eine Gruppe möglicher Akteure der medialen Realität ausmachen, aber auch diese Gruppe ist komplex genug: Journalisten kultivieren ganz verschiedene Wertüberzeugungen, nach denen sie ihre Handlungen ausrichten (vgl. Kepplinger/Knirsch 2000; Rath 2006b), und handeln unter ganz unterschiedlichen Handlungsbedingungen, für die jeweils auch unterschiedliche normative Prinzipien in Anschlag gebracht werden müssen (vgl. Karmasin 2005, 2006).

Das Beispiel „Journalistische Ethik" zeigt für die Frage, auf welche empirischen Erkenntnisse Medienethik rekurrieren soll und muss, zweierlei: Zum einen müssen wir anscheinend die mediale Verantwortung nach den möglichen *Trägern* dieser Verantwortung differenzieren. Zum anderen scheinen diese Träger der Verantwortung unter jeweils unterschiedlichen *Handlungs- und Strukturbedingungen* zu agieren.

Maß der Beurteilung der verschiedenen Teilgruppen und Strukturebenen kann – je nach ethischer Theoriebildung – unterschiedlich sein. Im ersten Teil dieses Bandes werden die verschiedenen Positionen verdeutlicht.[1] Wir werden uns im Folgenden darauf beschränken, aus der Fülle möglicher Kategorisierungen zwei Differenzierungsebenen näher betrachten, die *Funktionsebene*, die im Rahmen der medialen Wertschöpfungskette zu erfüllen ist, und die *Handlungsebene*, auf der die medialen Protagonisten agieren.

2.1 Mediale Funktionsebenen

Funktional lässt sich die Verantwortung nach den Gliedern der Wertschöpfungskette differenzieren. Wunden (1999) unterscheidet z.B. zwischen „Produktion" bzw. dem (Infra-)Strukturaufbau, „Distribution" bzw. der Bereitstellung medialer Angebote und „Rezeption" bzw. der Nutzung dieser Angebote. Natürlich ließe sich diese Trias noch unterdifferenzieren. Im Folgenden stützen wir uns jedoch aus Gründen der Übersichtlichkeit auf die Dreiteilung von Wunden.

2.1.1 „Qualität" in Produktion bzw. Infrastrukturaufbau

Aus ökonomischer Sicht ist es nicht Interesse eines privatwirtschaftlichen Medienunternehmens, ein bestimmtes Medienprodukt zu produzieren, sondern einen Gewinn zu erwirtschaften. Die *Qualität* des Produkts kommt nur insofern in den Blick, als der Kunde oder Nutzer eine bestimmte Qualitätsvorstellung hat, die das Produkt oder die Dienstleistung aufweisen muss, um überhaupt konsumiert zu werden. Empirisch sind die Qualitätsvorstellungen und die Zufriedenheit der Kunden mit der jeweiligen medialen Dienstleistung oder dem medialen Angebot zu erfassen – was auf dem Wege

---

1 Siehe auch die Beiträge von Schicha, Hömberg und Klenk, Pörksen, Scholl, Brosda, Dörner sowie Haberer und Rosenstock im Abschnitt Begründungen der Medienethik in diesem Band.

der Marktforschung auch geschieht. Ob der Zweck selbst, unter dem das Produkt steht, ethisch begründbar ist, bleibt dabei noch völlig offen. So kann z. B. eine bestimme Form der Kriegsberichterstattung sehr effizient den Zweck der politischen Propaganda erfüllen; dieser dem Medienprodukt vorgegebene Zweck kann aber, je nach normativer Position, selbst ethisch abzulehnen und moralisch verwerflich sein. Damit verliert das Produkt, obzwar zweckdienlich, seine ethisch-normative Legitimität. In gleicher Weise ist die Tatsache, dass ein Produkt eine bestimmte Kundenerwartung erfüllt, nicht hinreichend für das medien- und wirtschaftsethische Merkmal Qualität. Ein kinderpornographischer Videofilm kann natürlich bestimmte Kundenerwartungen erfüllen, es wäre aber ethisch absurd, daraus seine normative Legitimiertheit ableiten zu wollen. Der ethisch zu fordernde Qualitätsbegriff (vgl. Schicha 2003) ist also selbst auslegungsbedürftig.

2.1.2 „Öffentlichkeit" in Distribution bzw. Bereitstellung

Wunden (1999: 41) führt als Grundwert der *Mediendistribution* den Wert *„Öffentlichkeit"* ein. Er verwendet hier einen sehr weiten Begriff von Öffentlichkeit, der verhältnismäßig formal auf die Verbreitbarkeit der Medienprodukte abhebt. In Bezug auf die Mediendienste können wir das Kriterium „Öffentlichkeit" übernehmen, sofern wir darunter auch die öffentliche Zugänglichkeit der Dienste verstehen. Empirisch ist die Durchdringung einer Population mit bestimmten medialen Plattformen erfassbar, ebenso die Nutzungsfrequenz einzelner Gruppen innerhalb einer Gesellschaft. Aber ebenso wie Qualität ist auch *Öffentlichkeit* ethisch ein auslegungsbedürftiger Wert. So mögen z. B. im Rahmen letztlich beliebiger Medienangebote auch ethisch die Marktmechanismen ausreichen. Geht es jedoch um die Aspekte politische Meinungsbildung, Teilhabe an der öffentlichen Diskussion, Bildung und freier Zugang zur Information, so können zum Beispiel ökonomische Konzentrationstendenzen im Hinblick auf die mediale Vielfalt bedenklich sein. Außerdem muss gerade beim Kriterium „Öffentlichkeit" berücksichtigt werden, wer *keinen* Zugang zu Produkten bzw. Dienstleistungen hat. Dabei kommen sowohl der Aspekt der Diskriminierung wie auch der des Schutzes (z. B. Jugendschutz) in den Blick.

2.1.3 „Kompetenz" in Rezeption bzw. Nutzung

Am Ende der medienwirtschaftlichen Handlungskette steht die *Rezeption* oder Nutzung. In diesem Zusammenhang wird, nicht nur von medienethischer Seite (vgl. Funiok 1996), sondern vor allem von Seiten der Medienpädagogik (vgl. Baacke 1996), auf die *Medienkompetenz* verwiesen. Damit ist nicht allein die technische Fertigkeit gemeint, moderne Medien zu nutzen, sondern auch die Fähigkeit, die Medienangebote, Produkte wie Dienstleistungen, in ihrer weltvermittelnden Bedeutung zu erfassen, zu verstehen und gegebenenfalls durch Medienkritik zu kompensieren. Kriterien dieser Kritik sind jedoch erst ethisch auszuweisen.

2.2 Mediale Handlungsträger

Handlungstheoretisch kommen die medialen Akteure in den Blick. Mit Buchwald (1996) kann man z. B. auf die „Macher" oder die Medienproduzenten, die „Rezipienten" oder die Mediennutzer und den „Gesetzgeber" oder den Medienregulierer verweisen. Je nach Betrachtungsweise benötigt man für die sachadäquate medienethische Beurteilung dieser Verantwortungsfelder oder Verantwortungsgruppen unterschiedliche empirische Daten der Medienforschung.

2.2.1 „Macher" oder Medienproduzenten

Macher sind nicht nur Journalisten, wenn diese Gruppe auch sicher sehr wichtig ist. Daneben stehen heute, gerade in den elektronischen, aber auch in den Neuen Medien, noch ganz andere Macher, wie Produzenten, Programmhändler, Senderbetreiber, im weiteren Umfeld Kanalbetreiber (zum Beispiel die *Deutsche Telekom*), werbetreibende Industrie, Internet-Provider — man denke nur an die alte und dennoch immer wieder aktuelle Frage nach den Wirkungen der Gewaltdarstellung in den Medien (vgl. Groebel 1999; Wunden 2000; Kunczik/Zipfel 2006) oder die Frage nach der juristischen Verantwortung von Internet-Providern für politisch radikale, fundamentalistische oder kinderpornographische Inhalte. Viele andere Macher wären noch zu nennen und es kommen, dies ist wichtig festzuhalten, immer noch mehr Macher hinzu. *Multimedia*, das Zauberwort der 1990er, ist eben nicht ein Medium neben den anderen, sondern die bestimmende Form, in Zukunft Medium zu sein – das *Web 2.0* als jüngstes intermediales und interaktives Kind der Multimediatechnik, lässt ohne viel ökonomischen und technischen Aufwand jeden zum Macher, zum Produzenten werden. Die Grenzen zwischen Macher und Nutzer verschwimmen zunehmend (James 2008). Die Verantwortungsverhältnisse zu formulieren und moralische Forderungen oder Leitlinien zu entwickeln, kann aus dem ethischen Bauch heraus nicht gelingen. Dies bedarf der genauen Information über den Stand und die Wirkung medialer Anwendungen aber auch Strukturen ihrer Entstehungsverhältnisse.

2.2.2 „Rezipienten" oder Mediennutzer

Die Gruppe der *Rezipienten* wird in der öffentlichen Diskussion häufig unterschätzt. Wie keine andere Gruppe bestimmt sie in einem marktwirtschaftlich ausgerichteten und weitgehend privatisierten Medienmarkt durch ihre Nachfrage, also ihr Marktverhalten, das Angebot. Erst die Akzeptanz eines Angebots, zumindest im privaten

Medienbereich, entscheidet darüber, ob es weiterhin angeboten wird. Der Rezipient kann, egal wie seine Nachfrage entsteht, bestimmte Angebote evozieren oder aber ablehnen. Dafür können unterschiedlichste Motive maßgebend sein, Überzeugungen ebenso wie, vor allem bei Jugendlichen, Gruppendruckphänomene. Diese Motivlagen werden z.B. im Rahmen der Mediennutzungsforschung empirisch erfasst. Diese Ergebnisse sind die Basis einer sachadäquaten *Rezipienten-* oder *Publikumsethik* (vgl. Funiok 1996).[2] Der Rezipient ist nicht einfach nur Spielball der medialen Angebote (vgl. Rath 2000) – zumindest der Ausschaltknopf ist ein untrügliches Zeichen medialer Souveränität des Rezipienten. Aber die Frage bleibt natürlich, wann und warum er ausschaltet. Vor allem Kinder und Jugendliche als Mediennutzer bleiben ein ethisches – und empirisches – Thema (vgl. Marci-Boehncke/Rath 2006). Eltern haben die Pflicht der stellvertretenden Rezipientenverantwortung wahrzunehmen — als ersten Schritt hin zur bereits genannten „Medienkompetenz" (Baacke 1996).

2.2.3 „Gesetzgeber" oder Medienregulierer

Gesetzgeber stecken die Rahmenbedingungen ab, innerhalb derer so etwas wie Medien allererst geschehen kann. Wir verwenden den Plural *„die Gesetzgeber"*, da wir ja heute sehen, dass die nationalstaatliche Souveränität an den Staatsgrenzen zwar endet, die Medien aber längst schon global und transkulturell geworden sind (Möbius/Rath 2008). Daran ändern auch Sprach- und Kulturgrenzen nichts, wie sie häufig für Print- und Rundfunkangebote angenommen werden. Gerade das schnellste und modernste Medium, das Internet, hat längst schon die englische Sprache als *lingua franca* der Wissensgesellschaft durchgesetzt. Die nationalen und, zumindest in Europa, supranationalen *Rahmenordnungsinstanzen* und ihre Aufsichtsbehörden (zum Beispiel die Rundfunkräte und Landesmedienanstalten oder die EU-Kommission) sind ebenso wie Macher und Rezipienten Verantwortliche in Sachen Medien. Und diese Verantwortung kann nicht allein demoskopisch definiert werden. Dafür ist es aber zunächst notwendig zu wissen, welche „Nebengeräusche" (Noam 1995), also ungewollte Folgen, die Medienentwicklung zeitigen wird (*Medienwirkungsforschung*) und welche wir bereit sind, hinzunehmen (*Medienethik*). Und es muss dann der Boden bereitet werden für einen eigenverantwortlichen Umgang mit diesen globalen, nationalstaatlich kaum noch zu steuernden Medienangeboten (vgl. Rath/Erdemir 2007). Erst von dieser, politisch zu ermöglichenden Bildung in Sachen Medienkompetenz (*Medienpädagogik*) kann dann ein sehr viel stärkerer, realitätsgestaltender Impuls ausgehen — nämlich der Impuls der Nachfrage, der im Notfall schlicht das Medienangebot abschaltet.

2 Siehe auch den Beitrag von Funiok zum Publikum in diesem Band.

3 Zusammenfassung: Folgen empirisch abgestützter (Medien-)Ethik

Eine angewandte Ethik wie die Medienethik bedarf der empirischen Basis, nicht zur Begründung normativer Prinzipien, aber zur Beschreibung des Handlungsfeldes, in dem diese Prinzipien angewandt werden sollen. Aus diesem Empiriebezug der Medienethik folgen einige charakteristische Eigenschaften der Medienethik:

- Medienethik ist *konsequentialistische* Ethik. Das heißt, für *applied ethics* ist die Frage wichtig, welche Folgen Handlungen zeitigen. Ethiken, die diese Frage, etwa, weil sie nach deren Überzeugung nicht absolut wahr beantwortbar ist, prinzipiell ausschließen, beziehen sich allein auf Gesinnung oder Pflichten des Handelnden. Die lebensweltlichen Probleme können von diesen „deontologisch" genannten Ethiken zwar konstatiert, aber nicht bearbeitet werden.
- Medienethik ist *Verantwortungsethik*, und zwar in einem sehr viel radikaleren Sinne, als ihn Max Weber (1919/1973) bei der Einführung dieses Terminus gedacht hat. „Verantwortung" als ethische Kategorie meint einen umfassenderen Anspruch (Jonas 1984). Verantwortung heißt nicht nur ethische Orientierung an den Folgen, sondern ethische Verpflichtung, das ganze Feld möglicher Folgen zu erfassen. Stichworte sind zum Beispiel „Fernverantwortung" (vgl. Schulz 1972) und „Verantwortung für zukünftige Generationen" (vgl. Birnbacher 1988). Daraus folgt schließlich:
- Medienethik ist *prospektive* Ethik. Die Folgen, um die es geht, sind nicht dergestalt, dass man den Nachweis ihres Eintretens abwarten könnte. Wer heute eine Verantwortungsethik vertritt, muss sich auch mit den Möglichkeiten und Grenzen der Folgenabschätzung beschäftigen (Rath 2003b). Das heißt z. B. auf den Bereich der Medienkontrolle bezogen, dass statt einer Sanktionierung medialer „Fehler" im Nachhinein die aktive Selbstbindung und Selbstkontrolle der medialen Anbieter zu fördern ist (Rath 2003c; Gottwald u. a. 2006). Diese Selbstkontrolle bedarf der ethischen Beratung, will sie mehr sein als „Vorab"-Erfüllung rein justiziabler Jugendschutzauflagen.

Medienethik steht, wie die Ethik überhaupt, unter dem Diktum des naturalistischen Fehlschlusses. Gleichzeitig macht ihr spezifischer Handlungsfeldbezug empirische Perspektiven der Medienethik notwendig:

- Medienethik bedarf der empirischen Forschung zum Handlungsfeld Medien, um überhaupt sinnvolle Aussagen machen zu können, die die Sachgesetzlichkeit des Handlungsfeldes treffen. Mediale Realität, die Vielfalt medialer Wirkungen, das Wechselspiel der Akteure und die unterschiedlichen Strukturbedingungen medialen Handelns bedürfen der Forschung, auch über die engen Grenzen einer Disziplin hinaus. Psychologie, Kommunikationswissenschaft, Politologie, letztlich alle Bindestrichdisziplinen mit dem Kennwort „Medien" müssen dabei zusammenarbeiten.
- Doch die Medienethik ist nicht nur Nehmende. Sie ist auch Themengeberin für die empirische Forschung, sofern sie auf empirisch erforschungsbedürftige, mora-

lische Fragen hinweist. Beispiele hierfür sind die Geltung und Wirkung standesmoralischer Kodizes, aber auch konkrete und aktuelle Wirkungsfragen. Die Kooperation zwischen empirischen und normativen Disziplinen muss jedoch den Rahmen der fachwissenschaftlichen Diskussion dann auch verlassen und offensive Öffentlichkeitsarbeit leisten, z.B. in Gremien der Professionalisierung der Medien (*Presserat*, *Werberat*, *Freiwillige Selbstkontrolle Fernsehen* usw., vgl. Baum u. a. 2005), oder der politischen Meinungsbildung.

- Nicht zuletzt erhält die Medienethik thematischen Input von der empirischen Forschung. Voraussetzung dafür ist jedoch ein reger Austausch, der auf der Seite der Medienethik auf der Bereitschaft fußt, sich mit der empirischen Forschung aktiv auseinander zu setzen, d. h. auch, sie zu rezipieren. Auf der Seite der Empirie setzt dies die Klarsichtigkeit und Sensibilität voraus, die eigene *Nichtzuständigkeit* in normativen Fragen zu erkennen und diese dann nicht einfach methodisch zu ignorieren, sondern an die Medienethik weiterzugeben.

Literatur

Baacke, Dieter (1996): Medienkompetenz – Begrifflichkeit und sozialer Wandel. In: von Rein, Antje (Hrsg.): Medienkompetenz als Schlüsselbegriff. Bad Heilbrunn, S. 4-10.

Baum, Achim u.a. (2005): Handbuch Medienselbstkontrolle. Wiesbaden.

Birnbacher, Dieter (1988): Verantwortung für zukünftige Generationen. Stuttgart.

Boventer, Hermann (1983): Journalistenmoral als „Media Ethics“. Kodifizierte Pressemoral und Medienethik in den Vereinigten Staaten von Amerika. In: Publizistik, 28. Jg., S. 19-39.

Buchwald, Manfred (1996): Die drei Ebenen der Verantwortung am Medienmarkt. In: Hamm, Ingrid (Hrsg.): Verantwortung im freien Medienmarkt. International Perspektiven zur Wahrung professioneller Standards. Gütersloh, S. 48-59.

Daschmann, Gregor (2003): Quantitative Methoden der Kommunikationsforschung. In: Bentele, Günter / Brosius, Hans-Bernd / Jarren, Otfried (Hrsg.): Öffentliche Kommunikation. Handbuch Kommunikations- und Medienwissenschaft. Wiesbaden, S. 262-282.

Eichhorn, Wolfgang (2006): Empirische Methoden. In: Bentele, Günter / Brosius, Hans-Bernd / Jarren, Otfried (Hrsg.): Lexikon Kommunikations- und Medienwissenschaft. Wiesbaden, S. 52-53.

Funiok, Rüdiger (1996): Grundfragen einer Publikumsethik. In: Funiok, Rüdiger (Hrsg.): Grundfragen der Kommunikationsethik. Konstanz, S. 107-122.

Gottwald, Franzisca / Kaltenbrunner, Andy / Karmasin, Matthias (2006): Medienselbstregulierung zwischen Ökonomie und Ethik: Erfolgsfaktoren für ein österreichisches Modell. Studien zur Medienpraxis. Münster.

Groebel, Jo (1999): Ergebnisse der internationalen UNESCO-Studien „Gewalt in den Medien“. In: Roters, Gunnar / Klingler, Walter / Gerhards, Maria (Hrsg.): Mediensozialisation und Medienverantwortung (Schriftenreihe Forum Medienrezeption Band 2). Baden-Baden, S. 99-112.

James, Carrie (2008): Young People, Ethics, and the New Digital Media: A Synthesis from the Good Play Project. Online-Quelle: *http://www.pz.harvard.edu/eBookstore/PDFs/GoodWork54.pdf* [Zugriff: 20.08.2008].

Jonas, Hans (1984): Das Prinzip Verantwortung. Versuch einer Ethik für die technologische Zivilisation. Frankfurt am Main.

Karmasin, Matthias (2005): Journalismus: Beruf ohne Moral? Von der Berufung zur Profession. Wien.

Karmasin, Matthias (2006): Medienkritik als Selbst- und Fremdkritik. Anmerkungen zur ethischen Sensibilität der Journalisten am Beispiel Österreich. In: Niesyto, Horst / Rath, Matthias / Sowa, Hubert (Hrsg.): Medienkritik. Grundlagen, Beispiele und Praxisfelder. München, S. 129-143.

Kepplinger, Hans Mathias / Knirsch, Kerstin (2000): Gesinnungs- und Verantwortungsethik im Journalismus. Sind Max Webers theoretische Annahmen empirisch haltbar? In: Rath, Matthias (Hrsg.) (2000): Medienethik und Medienwirkungsforschung. Wiesbaden, S. 11-44.

Krotz, Friedrich (2003): Qualitative Methoden der Kommunikationsforschung. In: Bentele, Günter / Brosius, Hans-Bernd / Jarren, Otfried (Hrsg.): Öffentliche Kommunikation. Handbuch Kommunikations- und Medienwissenschaft. Wiesbaden, S. 245-261.

Krotz, Friedrich (2005): Neue Theorien entwickeln. Eine Einführung in die Grounded Theory, die heuristische Sozialforschung und die Ethnographie anhand von Beispielen aus der Kommunikationsforschung. Köln.

Kunczik, Michael / Zipfel, Astrid (2006): Medien und Gewalt: Der aktuelle Forschungsstand. In: Niesyto, Horst / Rath, Matthias / Sowa, Hubert (Hrsg.): Medienkritik. Grundlagen, Beispiele und Praxisfelder. München, S. 145-165.

Marci-Boehncke, Gudrun / Rath, Matthias (Hrsg.) (2006): Jugend – Werte – Medien: Der Diskurs. Weinheim.

Möbius, Thomas / Rath, Matthias (2008): Globale Produktion – globale Inhalte – globale Rezeption? Zur Transkulturalität medialer Symbolsysteme am Beispiel Kinderfilm. In: LiCuS – Journal of Literary Theory and Cultural Studies, 3. Jg., Nr. 4, S. 41-57.

Moore, George Edward (1970): Principia Ethica. Stuttgart.

Noam, Eli M. (1995): Visionen des Medienzeitalters: Die Zähmung des Informationsmonsters. In: Alfred Herrhausen Gesellschaft für internationalen Dialog (Hrsg.): Multimedia. Eine revolutionäre Herausforderung. Perspektiven der Informationsgesellschaft. Stuttgart, S. 35-62.

Quante, Michael (2003): Einführung in die Allgemeine Ethik. Darmstadt.

Rath, Matthias (2000): Medienwirkungsforschung in Deutschland – eine Annäherung. In: Kerlen, Dietrich / Kirste, Inka (Hrsg.): Buchwissenschaft und Buchwirkungsforschung (VIII. Leipziger Hochschultage für Medien und Kommunikation. Leipzig, S. 89-98.

Rath, Matthias (2003a): Die medienphilosophische Perspektive: Medien, Wirtschaft, Sinn. In: Altmeppen, Klaus-Dieter / Karmasin, Matthias (Hrsg.): Medien und Ökonomie. Bd. 1/2: Grundlagen der Medienökonomie. Wiesbaden, S. 125-139.

Rath, Matthias (2003b): Media Assessment: The Future of Media Ethics. In: Schorr, Angela / Campbell, William / Schenk, Michael (Hrsg.): Communication Research and Media Science in Europe: Perspectives for Research and Academic Training in Europe's Changing Media Reality. Berlin; New York, S. 187-198.

Rath, Matthias (2003c): Medien in Zeiten der Globalisierung – Selbstregulierung zwischen Freiheit und Verantwortung. In: Medienjournal, 27. Jg., Nr. 1: „Interdependenzen des medialen und sozialen Wandels" (hrsg. von Thomas Steinmaurer), S. 41-50.

Rath, Matthias (2006a): Medienforschung zwischen Sein und Sollen: Wissenschaftstheoretische Überlegungen zu einem komplexen Verhältnis. In: Marci-Boehncke, Gudrun / Rath, Matthias (Hrsg.): Jugend – Werte – Medien: Der Diskurs. Weinheim, S. 191-215.

Rath, Matthias (2006b): Wahrhaftigkeit des Journalismus: Moralanspruch oder Marktfaktor? In: Niesyto, Horst / Rath, Matthias / Sowa, Hubert (Hrsg.): Medienkritik. Grundlagen, Beispiele und Praxisfelder. München, S. 117-128.

Rath, Matthias (Hrsg.) (2000): Medienethik und Medienwirkungsforschung. Wiesbaden.

Rath, Matthias / Erdemir, Pinar (2007): „Denn sieh', das Fremde liegt so nah!" Der Einbruch kultureller Heterogenität in die nationale Medienethik. In: Zeitschrift für Kommunikationsökologie und Medienethik, 9. Jg., Nr. 1, S. 62-68.

Schicha, Christian (2003): Medienethik und Medienqualität. In: Zeitschrift für Kommunikationsökologie, 5. Jg. Nr. 2, S. 44-53.

Schulz, Walter (1972): Philosophie in der veränderten Welt. Pfullingen.

Weber, Max (1919/1973): Vom inneren Beruf zur Wissenschaft. In: Winkelmann, Johannes (Hrsg.): Max Weber. Soziologie, Universalgeschichtliche Analysen, Politik. Stuttgart, S. 311-339.

Wunden, Wolfgang (1999): Freiheitliche Medienmoral. Konzept einer systematischen Medienethik. In: Funiok, Rüdiger / Schmälzle, Udo F. / Werth, Christoph H. (Hrsg.): Medienethik – die Frage nach Verantwortung. Bonn, S. 35-55.

Wunden, Wolfgang (2000): Medienwirkungsforschung und Medienethik: Fallbeispiel Gewaltdarstellungen im Fernsehen. In: Rath, Matthias (Hrsg.): Medienethik und Medienwirkungsforschung. Wiesbaden, S. 149-168.

II. Institutionen der Medienethik

Redaktion

Selbstkontrolle

Deutscher Presserat

Medienunternehmung

Publikum

Zivilgesellschaft und Stiftung Medientest

Redaktion

Klaus Meier

1 Die Redaktion als vernachlässigte Institution der Medienethik

Wer wissenschaftliche Analysen und praktische Anleitungen zur journalistischen Ethik im deutschsprachigen Raum nach der Relevanz der Redaktion als Institution der Medienethik durchsucht, der wird nur punktuell oder mit einigem Interpretationswillen fündig. Reflexionen von Verantwortung im Journalismus thematisieren in der Regel vier Bereiche: das Individuum Journalist, die Profession aller Journalisten, das Publikum und das sozialen System Journalismus bzw. Massenkommunikation mit all seinen komplexen Zusammenhängen und strukturellen Möglichkeiten und Grenzen – inklusive einer Organisations- oder Unternehmensethik. Neuere Ansätze sprechen zwar von einer „gestuften Verantwortung" (Pürer 1992: 319) oder einem „Medienethik-Netzwerk" (Ruß-Mohl 2000: 179) und berücksichtigen alle am Kommunikationsprozess beteiligten Gruppen (vgl. Meier 2007: 238-241) – dennoch tauchen Redaktionen nur an zwei Punkten medienethischer Überlegungen en passant auf:

- Aus Sicht individueller Verantwortung und auch aus Perspektive der Professionsethik bündeln sich in Redaktionen im Idealfall kollegiale Diskurse über ethische Grundlinien und Konflikte. An Redaktionen richten sich z.B. die Sanktionen des Presserats. Die Redaktion ist in diesen Zusammenhängen aber nicht explizit eine eigene Institution der Medienethik, sondern lediglich der Ort, an dem sich im „Redaktionsalltag" (Institut zur Förderung publizistischen Nachwuchses/ Deutscher Presserat 2005) individuelle Verantwortung und Professionsethik entfalten sollen. Das „Gespräch in der Redaktion" (Ruß-Mohl 2000) ist dann wichtiger Baustein journalistischer Ethik. Es ist aber im deutschsprachigen Raum traditionell nicht institutionalisiert, sondern bleibt dem Zufall und der Gutmütigkeit einzelner Journalisten überlassen.
- Die Organisations- oder Unternehmensethik sieht eine Verantwortung in erster Linie beim Medienunternehmen als Institution (vgl. z.B. Saxer 1992; Karmasin 1993) und sucht nach einem Ausweg aus dem Dilemma zwischen kommerzieller Ausrichtung einerseits und Sozialverantwortung und öffentlicher Aufgabe ande-

rerseits.[1] Wissenschaftliche Analysen sind zu einem Teil skeptisch: Weischenberg (1992: 214) stellte z.B. fest, „daß die heutigen Unternehmensziele und Unternehmensstrukturen der Medienbetriebe Moral- und Ethik-Postulate ins Leere laufen lassen". Zum anderen Teil wird darauf verwiesen, dass ethische Überlegungen zunehmend als strategisch wichtige Dimension von Medienunternehmen gesehen und unter Begriffen wie ‚Unternehmenskultur', ‚Stakeholder Theory' oder ‚Corporate Social Responsibility' diskutiert werden (vgl. Saxer 1992: 113-117; Karmasin 1999; Stern 2008). Bei all diesen Analysen differenziert die Organisationsethik indes in der Regel nicht zwischen dem Medienunternehmen als Wirtschaftsbetrieb und der Redaktion als Abteilung, welche die publizistische Leistung erbringt: Die medienethische Institution ist das Medienunternehmen als Ganzes (vgl. exemplarisch Gottwald/Kaltenbrunner/Karmasin 2006: 120-125; Stapf 2006: 345-348). Unberücksichtigt bleibt dabei, dass die „Gleichsetzung von Medien und Journalismus zusehends brüchig wird" (Altmeppen 2006: 15).[2] Medien und Journalismus lassen sich als eigenständige Organisationen definieren, die unterschiedliche Leistungen, Strukturen und unterschiedliches Management aufweisen.

Eine Übertragung dieses differenzierenden Ansatzes auf die Ethik schärft den Blick auf die Verantwortung der Redaktion und auf spezifische redaktionell institutionalisierbare Bausteine einer umfassenden Institutionsethik. Einerseits wird klarer, wie Medienunternehmen den ökonomischen – und damit auch: ethischen – Spielraum einer Redaktion einengen oder erweitern (z.B. durch Ressourcenausstattung oder Zielvorgaben; vgl. Blankenburg 1995). Andererseits kann die Redaktion nur dann eine eigenständige Verantwortungslogik entwickeln, wenn ihr Verantwortungsgebiet aus einer allgemeinen Unternehmensethik herausgelöst wird. Dass dies nicht absolut geschehen kann, liegt auf der Hand – die Interdependenzen und Dependenzen (vgl. Altmeppen 2006: 203-208) zwischen Unternehmen und Redaktion werden nicht geleugnet – aber Redaktionsmanagement und -organisation können andere ethische Impulse setzen als das Medienmanagement.

Allerdings vernachlässigten die redaktionell Verantwortlichen im deutschsprachigen Raum bis in die 1990er Jahre weitgehend die Aufgaben von Redaktionsmanagement und -organisation sowie redaktioneller Qualitätssicherung. Erst allmählich wurden sich z.B. Chefredakteure von Tageszeitungen bewusst, dass sie nicht nur schreiberische und andere publizistische, sondern auch Managementaufgaben haben (vgl. Meier 2002: 266-271).

Es ist sinnvoll und zunehmend relevant, die Redaktion als eigenständige Institution der Medienethik anzusehen. Anhand von Beispielen redaktionell institutionalisierter Ethik kann dargelegt werden, welche Potentiale zur Durchsetzung medienethischer Standards in der Institution Redaktion stecken – aber auch welche Tendenzen einer erfolgreichen Implementierung im Wege stehen.

---

1 Siehe auch den Beitrag von Karmasin zur Medienunternehmung in diesem Band.
2 Siehe auch den Beitrag von Altmeppen und Arnold zu Ethik und Profit in diesem Band.

2 Korporative Verantwortung von Redaktionen

Die Möglichkeiten und Grenzen „korporativer Verantwortung" haben u.a. Debatin (1997) und Saxer (1992) diskutiert. Demnach ist „das kollektive Handeln in Korporationen nicht einfach bloß die Summe der individuellen Einzelhandlungen" (Debatin 1997: 291), sondern das korporative Handeln hat eine spezifische Eigenqualität. Dieser Ansatz kann auf Redaktionen übertragen werden: Wenn z.B. redaktionelle Strategien entworfen werden, Redaktionskonferenzen entscheiden, ein Beitrag im redaktionellen Workflow von der Hand eines Journalisten in die des nächsten wandert oder qualitätssichernde Prozesse und Strukturen eingeführt werden – dann geht es um ‚kollektives Handeln' und ‚korporative Verantwortung'.

Redaktionen als Organisationen werden von der Öffentlichkeit als schuldfähige und damit auch ethisch verantwortliche Akteure aufgefasst und auch belangt (vgl. Saxer 1992: 115). Das Sanktionsmittel ist der Gewinn oder Verlust von öffentlicher Reputation. Eine Redaktion kann Glaubwürdigkeit aufbauen oder verspielen. Dabei müssen Redaktionen Glaubwürdigkeit und Vertrauen beim Publikum langfristig erwerben (vgl. Neuberger 2002: 37). Sie sind ihr wichtigstes Kapital. Verliert eine Redaktion das Vertrauen des Publikums in ihre Unabhängigkeit, in die Qualität ihrer Rechercheprozesse, in die Aktualität und Relevanz ihrer Themen- und Faktenauswahl sowie in die Fähigkeit, Nachrichten angemessen zu kommentieren und einzuordnen (vgl. Kohring/Matthes 2007), dann verliert das journalistische Produkt seinen Sinn und Wert für die Nutzer: Es ist funktional äquivalent ersetzbar durch andere Publikationsformen wie Medienunterhaltung, Public Relations, Werbung oder Laienkommunikation (vgl. Meier 2007: 226-227).

Glaubwürdigkeit ist ein redaktioneller Wert, kein individueller: Das Publikum vertraut nur in geringem Maße einem einzelnen Journalisten. „They become part of a ‚brand' that has, over time, succeeded in gaining public trust as a source of credible information. The actions and ethical decisions of individual practitioners can strengthen that trust or undermine it, but in terms of public perception, it is the institution that generally takes the credit – or the hit." (Hayes/Singer/Ceppos 2007: 268)

Sind sich Redaktionen dieser Zusammenhänge bewusst? – Dann müssten sie z.B. auf redaktionell (mit)verschuldete Skandale entsprechend reagieren. Werden daraus organisatorische Konsequenzen gezogen und diese auch öffentlich kommuniziert, um Vertrauensverluste zu reparieren? Redaktionen übernehmen Verantwortung z.B. durch öffentliche Erklärungen, Garantien und ihre tatsächliche Umsetzung, Rücktritte von symbolischen Repräsentanten, Umstrukturierungen – und natürlich durch den Abdruck von Rügen des Presserats oder regelmäßigen Fehlerkorrekturen. Dazu vier Beispiele:

- Als der freie Journalist Michael Born Anfang der 1990er Jahre dem *RTL*-Magazin *Stern TV* mehrere gefakte Beiträge – teilweise auf Bestellung – verkaufte, die weitgehend ungeprüft ins Programm genommen wurden, stilisierte Chefredakteur und Moderator Günter Jauch sich und die Redaktion als Opfer (vgl. Sonntag 2007: 182; Born 1996). Redaktionelle Konsequenzen gab es nicht, die korporative Verantwortung wurde heruntergespielt.[3]

- Ähnlich reagierte der *Hessische Rundfunk* nach dem Skandal um gekaufte Sportsendeplätze. Zwar wurde Sportchef Jürgen Emig 2004 entlassen und musste sich juristisch verantworten, Intendant Helmut Reitze stritt jedoch jede weitere Verantwortung des Senders ab. In einem internen HR-Memo hieß es: „Der HR hat nach der Ablösung von Emig kein Eigeninteresse daran, die Sache weiter zu erforschen." (zit.n. Zydra 2008)
- Ein anderes Signal sendete im Jahr 2000 die Redaktion der *Süddeutschen Zeitung* an ihre Leser, nachdem herausgekommen war, dass das *SZ Magazin* mehrere gefälschte Interviews des freien Journalisten Tom Kummer gedruckt hatte: Die Chefredakteure Ulf Poschardt und Christian Kämmerling mussten die Redaktion verlassen (vgl. Reus 2004: 254); die SZ-Redaktion dokumentierte ihr Versagen ausführlich und offen (vgl. Ott/Ramelsberger 2000).
- Noch weiter ging die Verantwortungsbereitschaft der *New York Times* im Jahr 2003 nach dem Skandal um den Reporter Jayson Blair, der viele Reportagen frei erfunden hatte: Unter anderem wurden die Chefredakteure Howell Raines und Gerald Boyd entlassen, die Organisation der Redaktion verändert, ein *Handbook of Values and Practices for the News and Editorial Departments* (The New York Times 2004) erarbeitet sowie die Stelle für einen ‚Public Editor' – einen Ombudsmann – geschaffen, die seitdem alle zwei Jahre neu besetzt wird (vgl. Okrent 2004; Dillon 2005). In der Zeitung erschien am 11. Mai 2003 eine mehrseitige Aufarbeitung des Skandals, in der es heißt: „The widespread fabrication and plagiarism represent a profound betrayal of trust and a low point in the 152-year history of the newspaper." (The New York Times 2003)

3 Indizien für eine zunehmende medienethische Relevanz der Institution Redaktion

„Our greatest strength is the authority and reputation of The Times. We must do nothing that would undermine or dilute it and everything possible to enhance it," heißt es in der Präambel des Ethik-Handbuchs der *New York Times* (2004). Nicht nur die *Times* sorgt sich um ihre Reputation, auch andere Redaktionen in den USA und in anderen Teilen der Welt bemühen sich kundzutun, dass sie sich auf die traditionellen journalistischen Werte und Standards besinnen wollen. So beginnt z.B. der im Mai 2007 unterzeichnete Verhaltenskodex der deutschen *WAZ Mediengruppe* (2007) mit

3 Siehe auch den Beitrag von Schicha zu Medienskandalen in diesem Band.

folgenden Sätzen: „Regionalzeitungen genießen im Vergleich mit anderen Medien ein hohes Maß an Glaubwürdigkeit. Dieses Vertrauenskapital darf nicht gefährdet werden."

Das Vertrauen in Journalismus ist über Jahrzehnte hinweg gesunken: in Deutschland genauso wie in anderen Ländern. Nur noch 31 Prozent der Deutschen vertrauen der Berufsgruppe der Journalisten; der Durchschnitt in Westeuropa liegt bei 33 Prozent, in den USA bei 43 Prozent (vgl. GfK 2007: 2). Dies hat verschiedene Ursachen. Der Journalismus hat vor allem in den 1980er und 1990er Jahren mit diversen Medienskandalen seine Glaubwürdigkeit aufs Spiel gesetzt (vgl. Pürer 1992): In der zunehmenden Konkurrenzsituation nach Einführung des privat-kommerziellen Rundfunks war es branchenüblich, dass sich Redaktionen durch Sensations- und Katastrophenjournalismus, durch eine sinkende moralische Hemmschwelle profilieren wollten und sich eher an kurzfristigen hohen Quoten und Auflagen orientierten als an einem langfristigen Schutz des Vertrauensverhältnisses mit dem Publikum. Auch die Regel, zwischen redaktionellem Teil und Werbung strikt zu trennen, wurde zunehmend aufgeweicht (vgl. Baerns 2004; Volpers 2007). Dass der Journalismus damit seine Besonderheiten aufgibt, die Grundpfeiler der Glaubwürdigkeit sind, sahen viele aber zunächst nicht als problematisch, so lange das journalistische Monopol der Selbstbeobachtung und Synchronisation der Gesellschaft nicht wankte (vgl. Meier 2007: 249-255).

Aufgrund der neuen Konkurrenzsituation im digitalen Zeitalter wird das Monopol indes in Frage gestellt; journalistische Redaktionen geraten fundamental unter Druck. Es stellt sich nun sogar die Frage, ob Journalismus noch überlebensfähig ist (vgl. Weischenberg/Malik/Scholl 2006: 202; Meier 2007: 252). Andere Publikationen nähern sich innerhalb und außerhalb des Internets dem Journalismus an und imitieren Darstellungs- und Erscheinungsformen, ohne den „normativen Ballast" (Altmeppen/Quandt 2002: 48) der Unabhängigkeit mit sich zu tragen: einerseits mit dem hohem Kapitaleinsatz der Unternehmenskommunikation, andererseits mit den neuen Möglichkeiten für Laienkommunikation durch Weblogs und andere nutzergenerierte Plattformen. Journalistische Redaktionen geraten im Internet in die Gefahr der ‚Unsichtbarkeit' (vgl. Neuberger 2002), wenn sie ihre normative Exklusivität vernachlässigen. Auch außerhalb des Internets versuchen immer mehr Organisationen, den „Gatekeeper" Journalismus zu umgehen: durch die eigenen Publikationsplattformen der Public Relations (Corporate Publishing, Corporate TV, Parlamentsfernsehen etc.).

Optimisten sehen deshalb einen normativen Wendepunkt (vgl. z.B. Hayes/Singer/Ceppos 2007; Meier 2007: 252): Nur wenn sich Redaktionen auf die journalistischen Standards besinnen und „ihre Vorzüge unmissverständlich herausarbeiten" (Lorenz-Meyer 2007), bleiben sie unterscheidbar im unendlichen Universum des massenmedialen Contents. „Wir liefern verlässliche Informationen" ist die Botschaft, die eine journalistische Marke im digitalen Zeitalter sichtbar macht.

Die Redaktion ist die Institution, die diese Werteorientierung garantieren und dem Publikum signalisieren muss. Jede einzelne Redaktion muss um Vertrauen beim

Publikum werben, um das diffuse Misstrauen zu durchbrechen, das sich auf alle Medienanbieter gelegt hat. Die Bindung des Publikums an die journalistischen Marken nimmt ab – nicht nur im Internet, wo *Google* eine neue starke Marke etabliert hat, sondern auch in traditionellen Märken: Auswertungen der Daten der Media-Analyse haben z.B. ergeben, dass die Bindung der Zeitschriftenleser an ein Nachrichtenmagazin immer weiter zurückgeht (vgl. Risel 2008).

4 Vertrauensstiftung durch Transparenz

Wie können Redaktionen diese Herausforderungen aufgreifen und ihre Glaubwürdigkeit erhöhen? – Ethisch begründete Normen können in die Qualitätsdiskurse einer Redaktion einfließen (vgl. Funiok 2006). Damit dies nicht der Beliebigkeit überlassen bleibt, braucht es institutionelle Strukturen, die Qualität im Alltag fördern. Mit einem ganzheitlichen Qualitätsmanagement (vgl. Wyss 2002) formuliert eine Redaktion Qualitätsziele und -kriterien – z.B. mit Leitbildern oder Kodizes – und sie nähert sich diesen Zielen in einem fortlaufenden Prozess an oder aktualisiert die Ziele – z.B. in der Redaktionskonferenz (vgl. Hermes 2006).

Bei der Vertrauensstiftung kommt dem Qualitätskriterium der Transparenz besondere Bedeutung zu. „Sunlight is the best disinfectant." (Dillon 2005) Eine Redaktion sollte möglichst viel Licht in ihre Strukturen und Prozesse lassen, die Berichterstattungsbedingungen offen legen, Quellen angeben und die Güte und Eigeninteressen der Quellen diskutieren, Fehler eingestehen und offen korrigieren. Transparenz verlangt nach Ruß-Mohl (1999: 1), „der Klientel möglichst ‚reinen Wein' einzuschenken und sie präzise über ‚Risiken und Nebenwirkungen' der jeweiligen Dienstleistung in Kenntnis zu setzen; im Fall der Medien also: sie über die Konditionen zu informieren, unter denen Publika informiert werden".

Vor allem in den USA haben Journalismusforscher und Medienkritiker erkannt, dass redaktionelle Transparenz an Bedeutung gewonnen hat (vgl. z.B. Plaisance 2007: 193ff.). „Transparency – telling the public how the media gets its stories – has become one of the biggest issues facing newspapers", schreibt zum Beispiel der Medienkritiker der *St. Petersburg Times*, Eric Deggans (2006).

Redaktionelle Transparenz widerspricht allerdings der journalistischen Tradition: Redaktionen sind eher darauf bedacht, ihre Entscheidungen geheim zu halten, um politische und wirtschaftliche Einflüsse aus der Redaktion fern zu halten und Quellen zu schützen. Dieser Aspekt ist z.B. in der Richtlinie 6.1 des Schweizer Pressekodex festgehalten: „Die Berufspflicht, das Redaktionsgeheimnis zu wahren, geht weiter als das gesetzliche Zeugnisverweigerungsrecht. Das Redaktionsgeheimnis schützt die Quellen der Journalistinnen und Journalisten [...]." (Schweizer Presserat 2008: 14) Doch tieferen Sinn und ethische Relevanz haben Redaktionsgeheimnisse nur im Bereich der investigativen Recherche, bei der Quellen und Journalisten gegenüber politischer, wirtschaftlicher und juristischer Macht und vor den Folgen des

„Whistleblowings" geschützt werden müssen. Bei allen anderen journalistischen Routinen, bei denen kein Quellenschutz nötig ist, wird der Begriff „Redaktionsgeheimnis" inflationär ge- und missbraucht. Zwei Beispiele mögen die Gegensätze – Redaktionsgeheimnis versus redaktionelle Transparenz – illustrieren:

- Als Günter Wallraff im Buch *Der Aufmacher. Der Mann, der bei ‚Bild' Hans Esser war* die journalistischen Methoden und die redaktionelle Arbeit der *Bild*-Zeitung nach verdeckten Recherchen in der Lokalredaktion Hannover detailliert beschrieb, sah es das Bundesverfassungsgericht als Verletzung der Pressefreiheit, dass Wallraff eine Redaktionskonferenz schilderte, „auf der in alltäglicher Weise und ohne Erwähnung von Informationsquellen Themen für die nächste Ausgabe durchgesprochen wurden" (BVerfGE 66, 116 vom 25. Januar 1984: 118).
- Die US-amerikanische Tageszeitung *The Spokesman-Review* hat 2005 die Initiative „Transparent Newsroom" ins Leben gerufen: Auf der *Spokesman*-Website werden nicht nur Blogger und andere Leser eingeladen, die Zeitung zu kritisieren, der Chefredakteur fasst zudem täglich die Ergebnisse der Redaktionskonferenz im Blog „Daily Briefing" zusammen (*www.spokesmanreview.com/blogs/briefing/*), redaktionelle Entscheidungen werden begründet und mit den Lesern diskutiert – und die beiden täglichen Redaktionskonferenzen werden um 10 Uhr und um 16.30 Uhr live per Webcast im Internet übertragen (*www.spokesmanreview.com/webcast*). Das Projekt „Transparent Newsroom" solle die „Festung Redaktion" („fortress newsroom") niederreißen, meint Chefredakteur Steven A. Smith (2005).[4]

Das zweite Beispiel zeigt, wie das Internet die Möglichkeiten von redaktioneller Transparenz erweitert. Transparenz durch Quellenbezug und gegenseitige Verlinkung sowie durch interaktive und offene Fehlerkorrektur gehört zur Grundbedingung für Glaubwürdigkeit in der Blogosphäre (vgl. z.B. Lasica 2004; Meier 2003: 261-262). Auch Wallraffs Nachfolger operieren im Internet: Die „Media Watchdogs" führen ein „Watchblog" (vgl. z.B. *bildblog.de*; *mediabloggers.org*). Signalisiert eine Redaktion Transparenz, gesteht Fehler ein und lädt Leser und Blogger ein, sich an der Produktkritik zu beteiligen, dann kann sie den Watchblogs zuvorkommen – oder zumindest versuchen, Kritik zu neutralisieren.

Transparenz als strategische Option der Vertrauensstiftung ist allerdings ein zweischneidiges Schwert. Journalistische Selbstthematisierung wird traditionell skeptisch beurteilt (vgl. Pöttker 2005: 123-128; Malik 2008: 438-444). Denn den erwähnten ethischen Potentialen stehen Aktivitäten von Redaktionen gegenüber, die Reputationsmanagement als oberflächliche und selbstverliebte PR-Maßnahme begreifen und ethische Erwägungen allenfalls am Rande mitschleppen. So beschränkte die „Initiative

---

4 Nach Redaktionsschluss dieses Beitrags hat die US-Zeitungskrise auch *The Spokesman-Review* erwischt: Nachdem der Verlag massive Entlassungen in der Redaktion und eine Verkleinerung der Print-Ausgabe angekündigt hatte, verließ Chefredakteur Steven A. Smith Anfang Oktober 2008 *The Spokesman-Review*. Die Rest-Redaktion arbeitet inzwischen auch für einen lokalen Radiosender; sie hat nach und nach die Initiative „Transparent Newsroom" aufgegeben.

Tageszeitung“ ein Papier zum Thema „Redaktionelle Transparenz“ einzig auf die Frage „Wie stellen sich Redaktionen und Verlage nach außen dar?“; zwei der drei wichtigsten Thesen sind demnach „Mehr Mut zur Selbstdarstellung“ und „Inhalt ist Imagepflege“ (Initiative Tageszeitung 2007: 2).

Natürlich gehören beide Seiten dazu. Transparenz darf auch unter ethischen Gesichtspunkten zum redaktionellen Marketing (vgl. Möllmann 1998) und zur redaktionellen Öffentlichkeitsarbeit beitragen. Sogar explizite „Eigenwerbung“ kann ethisch positiv wirken: „Eigenwerbung […] ist der publizistische Ort, an dem Strukturen der Medienproduktion sich zu erkennen geben.“ (Pöttker 2005: 127) Im Einzelfall wäre indes zu prüfen, ob nur die eine Seite des Schwertes scharf und die andere stumpf ist. Dieser Verdacht drängt sich z.B. auf, wenn die *Bild*-Zeitung unter dem Druck rapider Auflagenverluste zwar eine Korrekturspalte einführt (seit Juli 2006) und einen 32-köpfigen Leserbeirat gründet (Oktober 2007) sowie den Leitlinien des *Axel-Springer-Verlags* (seit August 2003) unterliegt, die sich ausdrücklich auf den Pressekodex beziehen – gleichzeitig aber Chefredakteur Kai Diekmann den Deutschen Presserat öffentlich unter Druck setzt und den Abdruck von Rügen monatelang verschleppt (vgl. Baum 2006). Immerhin ist die Anzahl der Rügen für *Bild* seit 2005 leicht rückläufig (vgl. Presserat 2008).

Exemplarisch für die „Zweischneidigkeit“ steht die öffentliche Blattkritik, die *Bild* zwischen September und November 2008 im Internet zelebriert hat: Prominente Politiker und Stars – von Frank-Walter Steinmeier bis Dieter Bohlen – wurden in den Newsroom geladen, um die aktuelle Ausgabe in ein paar Minuten zu besprechen. Ein Video dieser Blattkritik wurde kurz danach im Internet veröffentlicht. Einerseits kann diese Art der Blattkritik beim Publikum Verständnis für redaktionelle Arbeitsweisen fördern, andererseits ist es schwierig, in öffentlichen fünf Minuten in die Tiefe zu gehen und offen zu diskutieren – zumal wenn (wie im Falle Steinmeiers) der Kritiker nicht als griesgrämiger Oberlehrer aussehen will, sondern ein Jahr später den Bundestagswahlkampf gewinnen will. Der Publicity-Effekt war für *Bild* wohl der stärkste Grund, die öffentliche Blattkritik einzuführen.[5]

5 Zentrale Beispiele redaktionell institutionalisierter Ethik

- *Redaktioneller Kodex:* In US-amerikanischen Redaktionen haben sich Ethik-Kodizes schon länger ausgebreitet; in Deutschland sind sie traditionell weitgehend unbekannt (vgl. Ruß-Mohl 2004; Möllmann 2001). Einige Redaktionen haben in den

5 Ausgerechnet ein Video der öffentlichen Blattkritik wurde für *Bild* zum Kronzeugen gegen eine Rüge des Presserats: Dieser hatte Leichenfotos in der *Bild*-Berichterstattung über einen Flugzeugabsturz gerügt („unangemessen sensationelle Darstellung von Gewalt und Brutalität“). Die betreffende Ausgabe hatte Ernst Elitz, Intendant des *DeutschlandRadio*, besprochen und zum später gerügten Artikel im Video gesagt: „[…] eine textlich und fotomäßig sehr gut, bestens recherchierte Geschichte […] sicher eine tolle Teamleistung“.

vergangenen Jahren einen eigenen Kodex erlassen – mit unterschiedlichen Anliegen: Der *WAZ Mediengruppe* (2007) ging es ausschließlich um das Trennungsgebot und die journalistische Unabhängigkeit; der *Axel Springer Verlag* (2003) wünscht darüber hinaus die Autorisierung von Interviews; journalistische Online-Anbieter wie *netzeitung.de* (2001) oder *faz.net* (2008) betonen neben Unabhängigkeit und Trennungsgebot auch die Sorgfaltspflicht und regeln den Umgang mit Besonderheiten des Online-Journalismus wie E-Commerce. Kein vorliegender redaktioneller Kodex ist so ausführlich wie der Pressekodex des deutschen Presserats – meist bezieht man sich aber darauf. Redaktionelle Kodizes sind nicht unumstritten: Während Ruß-Mohl (2004: 129-130) argumentiert, dass lokale auf einzelne Redaktionen bezogene Verhaltensrichtlinien effektiver sein können als zentralisierte Schiedsinstanzen, sieht Baum (2006) darin eine „Tendenz zum ethischen Wildwuchs" und befürchtet einen Bedeutungsverlust des Presserats.

- *Offene Redaktion:* In Deutschland gab es schon in den 1970er Jahren Initiativen z.B. für „mobile Redaktionen", die vor Ort gehen und sich den Lesern öffnen (Meier 2002: 180). Ein jüngeres Beispiel sind die *Elmshorner Nachrichten*, die ihre Redaktionskonferenzen in Dorf-Gasthöfen unter dem Slogan „Dörfer machen Zeitung" abhielten (Initiative Tageszeitung 2007: 6). Hierzulande findet sich allerdings keine Redaktion, welche die neuen Möglichkeiten des Internets so weitgehend nutzt wie die erwähnte *Spokesman Review*. Transparenz in die Zwänge und Routinen der Nachrichtenproduktion bringt das Redaktionsblog der *Tagesschau* (*blog.tagesschau.de*). Mehr als 50 Autoren der *Tagesschau-* und *Tagesthemen*-Redaktion – darunter auch die Redaktionsleiter Kai Gniffke, Thomas Hinrichs, Jörg Schönenborn und Jörg Sadrozinski – diskutieren mit den Nutzern unter anderem über Themenauswahl und Themengewichtung der Nachrichtensendungen. Mitunter treffen mehrere hundert Nutzerkommentare auf einen Blogeintrag ein. Das Blog startete im August 2006 und wurde ein Jahr später mit dem *Grimme Online Award* ausgezeichnet. Noch weiter geht die Nachrichtensendung *Aktuellt* des schwedischen öffentlich-rechtlichen Senders *SVT* mit dem Projekt „Öppen Redaktion": Zwei Videoreporter sind permanent in der Redaktion unterwegs und filmen Konferenzen und Gespräche; die Videoclips werden sofort ins Web gestellt (vgl. Elia 2008; *svt.se/aktuellt/*).
- Der *Ombudsmann* ist keine Erfindung des digitalen Zeitalters; schon 1980 wurde die *Organization of News Ombudsmen (ONO)* gegründet (vgl. *www.newsombudsmen.org*). Neben bislang ungezählten Ombudsleuten bei Rundfunkanstalten gibt es heute weltweit rund 90 Presse-Ombudsleute, die meisten davon in den USA (Elia 2007); sie werden auch „public editor" (*NYTimes*), „readers' editor" (*Guardian*), „Leseranwalt" (*Main-Post*) oder „Defensor del Lector" („Verteidiger des Lesers", *El Pais*; vgl. Kaltenbrunner 2006) genannt. In Deutschland ist der Presse-Ombudsmann nach ersten Versuchen in den 1970er Jahren (vgl. Völkl 1980) weitgehend verschwunden und taucht erst allmählich wieder auf: Einer der wenigen ist Anton

Sahlender, stellvertretender Chefredakteur der Würzburger *Main-Post*, der im April 2004 als „Leseranwalt“ begann und mit dem zweiten Platz beim Lokaljournalisten-Preis 2006 der Konrad-Adenauer-Stiftung ausgezeichnet wurde. Ein Ombudsmann vermittelt zwischen Publikum und Redaktion, wirkt nach innen als Qualitätsexperte und nach außen als Aufklärer und Mediator. Diskutiert werden indes immer wieder seine Unabhängigkeit, sein Vertragsverhältnis und seine hierarchische Position – und damit seine Einflussmöglichkeiten. Einige Ombudsleute führen inzwischen nicht nur eine Kolumne im gedruckten Blatt, sondern auch ein *Weblog*. In Deutschland gibt es Sonderfälle, die zwar nicht alle Funktionen von Ombudsleuten erfüllen, aber Qualitätskritik mit Leserkontakten vereinen: Sie „leben“ in redaktionellen Weblogs – wie z.B. „Bronski“ von der *Frankfurter Rundschau* (*www.frblog.de*) oder „Onkel Brumm“ von der *Zeit* (*blog.zeit.de/meckern*).

- *Leserbeiräte* sollen Anregungen für vernachlässigte Themen geben; nur am Rande können sie auch kontrollierenden und ethischen Einfluss auf die Redaktion nehmen. Sie haben bei weitem nicht die Macht der öffentlich-rechtlichen Rundfunkräte. Insgesamt gibt es noch wenig Erfahrung mit Leserbeiräten. Außer beim *Axel-Springer-Verlag* wurden bei der *Westdeutschen Allgemeinen Zeitung (WAZ)* im März 2008 Leserbeiräte für jede einzelne Lokalredaktion berufen.
- *Fehlerkorrekturen* sind vor allem in US-amerikanischen und britischen Zeitungen üblich (vgl. *www.regrettheerror.com*). In Deutschland gibt es inzwischen vereinzelte Korrekturspalten. Einige Beispiele: seit 20 Jahren bei der *tageszeitung (taz)*, seit mehr als zehn Jahren bei der *Berliner Zeitung* und seit 2005 bei der *Süddeutschen Zeitung* und der *Main-Post*. Dass eine regelmäßige und offene Fehlerkorrektur zur Glaubwürdigkeit einer Redaktion beiträgt, ist heute weitgehend unumstritten. Kritisiert wird hingegen, dass in den Korrekturspalten fast ausschließlich nur Kleinigkeiten thematisiert werden – wie z.B. falsch geschriebene Namen oder Größenangaben (Bugeja/Peterson 2007) – und nicht die „wirklich großen journalistisch-inhaltlichen Fehler“, wie es Arno Widmann zugibt, der die Korrekturspalte als Chefredakteur der *taz* eingeführt und später als Leitender Redakteur bei der *Berliner Zeitung* betreut hat (zitiert nach Initiative Tageszeitung 2006: 5).
- *Redaktionelle Routinen und Strukturen* können grundsätzlich qualitätssichernd optimiert werden. Ein Beispiel: Der Trend in deutschsprachigen Redaktionen, nach anglo-amerikanischem Vorbild stärker zwischen Reporter und Editor zu trennen (z.B. Meier 2006), kann dazu führen, dass Beiträge besser redigiert, Fehler frühzeitig erkannt und rechtliche und ethische Standards überprüft werden – wenn am Newsdesk genug Zeit dafür eingeplant wird. Immerhin hat in Deutschland die Häufigkeit, mit der eigene Beiträge gegengelesen oder abgenommen werden, zwischen 1993 und 2005 massiv zugenommen: Bei 66 Prozent der Journalisten ist nun gegenseitige Korrektur „meistens oder fast immer“ üblich – gegenüber 37 Prozent zwölf Jahre zuvor (vgl. Weischenberg/Malik/Scholl 2006: 84-88).

6 Ausblick: Erhebliche Entwicklungspotentiale

Die Redaktionen in Deutschland sind sich in der aktuellen Umbruchsituation des Journalismus erst allmählich darüber bewusst, welche Rolle sie als Institutionen der Medienethik und Qualitätssicherung spielen können und vor dem Hintergrund des generellen Vertrauensverlusts in Medien auch spielen müssen. Die Beispiele zeigen, dass in jüngster Zeit Modelle dafür entwickelt oder von anderen Ländern übernommen werden, um das Gespräch in der Redaktion und mit dem Publikum zu Ethik und Qualität zu institutionalisieren – vor allem durch die Nutzung der neuen Möglichkeiten im Internet. Insofern stecken in diesem Feld noch erhebliche Entwicklungspotentiale – in der redaktionellen Praxis genauso wie in der Forschung: Endet Reputationsmanagement ausschließlich in redaktioneller PR oder führt es tatsächlich zu einem stärkeren Verantwortungsgefühl und ethisch gerechtfertigtem Verhalten von Journalisten? Wie effektiv sind die (neuen und alten) Möglichkeiten der redaktionellen Selbstkontrolle? Können Redaktionen, die Ethik-Maßnahmen ergreifen, Vertrauen und Glaubwürdigkeit bei ihrem Publikum aufbauen – entgegen dem Branchentrend? Und: Wie transparent kann ein Transparenz-Konzept sein – oder anders formuliert: Inwiefern kann die Qualität der journalistischen Transparenz überhaupt vom Publikum beurteilt werden?

Diese Forschungsfragen wurden bislang nur in vereinzelten empirischen Studien – vor allem in den USA – aufgegriffen (vgl. z.B. Boeyink 1994; Kaltenbrunner 2006; Bugeja 2007; Cline 2008). Diese zeigen, dass methodisch am sinnvollsten mit qualitativen, ganzheitlichen Fallstudien vorzugehen ist. Das ist mühsam, und die Ergebnisse lassen sich kaum generalisieren. Die Fallstudien können indes Anregungen für Redaktionen geben und somit redaktionelle Qualitätssicherung befruchten (vgl. Meier 2007: 256-258).

Am Horizont erscheinen bereits neue ethische Herausforderungen für Redaktionen im digitalen Zeitalter, das nicht zuletzt durch Medienkrisen gekennzeichnet ist (vgl. Meier 2009). Zum Beispiel: Wie verändern sich ethische Standards und Qualitätsmaßstäbe in crossmedialen Newsrooms (vgl. Singer 2006; Kaltenbrunner 2006: 179; Schantin/Juul/Meier 2007; García Avilés u.a. 2009)? Schlagwörter sind hier zum Beispiel die plattformübergreifende Orientierung an Quoten und Klickzahlen (vgl. Meier/Tüshaus 2006) oder die Optimierung der redaktionellen Produkte für Suchmaschinen.

Literatur

Altmeppen, Klaus-Dieter (2006): Journalismus und Medien als Organisationen. Leistungen, Strukturen und Management. Wiesbaden.

Altmeppen, Klaus-Dieter / Quandt, Thorsten (2002): Wer informiert uns, wer unterhält uns? Die Organisation öffentlicher Kommunikation und die Folgen für die Kommunikations- und Medienberufe. In: Medien & Kommunikationswissenschaft, 50. Jg., S. 45-62.

Axel Springer Verlag (2003): Leitlinien zur Sicherung der journalistischen Unabhängigkeit bei Axel Springer [*http://www.axelspringer.de/dl/22484/journalistische_leitlinien.pdf*; 8.9.08].

Baerns, Barbara (Hrsg.) (2004): Leitbilder von gestern? Zur Trennung von Werbung und Programm. Wiesbaden.

Baum, Achim (2006): Pressefreiheit durch Selbstkontrolle. In: Aus Politik und Zeitgeschichte, Nr. 38 vom 18.9. [*http://www.das-parlament.de/2006/38/Beilage/002.html*; 8.9.08].

Blankenburg, William B. (1995): Measuring Morality in Newspaper Management. In: Journal of Mass Media Ethics, 10. Jg., S. 147-153.

Boeyink, David E. (1994): How Effective Are Codes of Ethics? A Look at Three Newsrooms. In: Journalism Quarterly, 71. Jg., S. 893-904.

Born, Michael (1996): Ich klage an. In: Playboy, Nr. 6, S. 100-105.

Bugeja, Michael (2007): Making Whole. The Ethics of Correction. In: Journal of Mass Media Ethics, 22. Jg., S. 49-65.

Bugeja, Michael / Peterson, Jane (2007): How Complete are Newspaper Corrections? An Analysis of the 2005 „Regret the Error" Compilation. In: Media Ethics, 18. Jg., Nr. 2 [*http://media.www.mediaethicsmagazine.com/media/storage/paper655/news/2007/07/01/AnalysesCommentary/How-Complete.Are.Newspaper.Corrections.An.Analysis.Of.The.2005.regret.The.Error-2923347.shtml*; 8.9.08].

Cline, Andrew R. (2008): Ethics and Ethos: Writing an Effective Newspaper Ombudsman Position. In: Journal of Mass Media Ethics, 23. Jg., S. 79-89.

Debatin, Bernhard (1997): Medienethik als Steuerungsinstrument? Zum Verhältnis von individueller und korporativer Verantwortung in der Massenkommunikation. In: Weßler, Hartmut / Matzen, Christiane / Jarren, Otfried / Hasebrink, Uwe (Hrsg.): Perspektiven der Medienkritik. Die gesellschaftliche Auseinandersetzung mit öffentlicher Kommunikation in der Mediengesellschaft. Opladen, S. 287-303.

Deggans, Eric (2006): Media struggle with demands for transparency. In: St. Petersburg Times vom 16.1. [*http://www.sptimes.com/2006/01/16/Worldandnation/Media_struggle_with_d.shtml*; 8.9.08].

Dillon, Mike (2005): In the Wake of Jayson Blair: A Conversation with *The New York Times* Public Editor Daniel Okrent. In: Media Ethics, 16. Jg., Nr. 2 [*http://media.www.mediaethicsmagazine.com/media/storage/paper655/news/2005/05/05/AnalysesCommentary/In.The.Wake.Of.Jayson.Blair.A.Conversation.With.The.New.York.Times.Public.Editor-959313.shtml*; 8.9.08].

Elia, Cristina (2007): Vierzig Jahre Presseombudsmann. In: Zeitschrift für Kommunikationsökologie und Medienethik, 9. Jg., Nr. 1, S. 92-97 [dokumentiert unter *http://www.ejo.ch/analysis/ethics/ZfKM-2007-schwerpunkt-lektorat-Elia.pdf*; 8.9.08]

Elia, Cristina (2008): Den Fernsehjournalisten in die Karten schauen. In: Neue Zürcher Zeitung vom 22.8. [dokumentiert unter *http://www.ejo.ch/index.php?option=com_content&task=view&id=1558&Itemid=167*; 8.9.08].

FAZ.NET (2008): Redaktioneller Kodex. Leitlinien der Berichterstattung [*http://www.faz.net/s/Rub11D82053A9234F23B56715D15DCC317E/Doc~EEF76F7AD18A341B282979DBC971FC0A3~ATpl~Ecommon~Scontent.html*; 8.9.2008].

Funiok, Rüdiger (2006): Ethische Analyse im Qualitätsmanagement. Plädoyer für die Verschränkung zweier Handlungsorientierungen. In: Weischenberg, Siegfried / Loosen, Wiebke / Beuthner,

Michael (Hrsg.): Medien-Qualitäten. Öffentliche Kommunikation zwischen ökonomischem Kalkül und Sozialverantwortung. Konstanz, S. 185-199.

García Avilés, José A. u.a. (2009): Newsroom Integration in Austria, Spain and Germany: Models of Media Convergence. In: Journalism Practice, 3. Jg., Nr. 2 (in Druck).

GfK (2007): Ärzte und Lehrer genießen das meiste Vertrauen. Internationale GfK-Studie zum Vertrauen der Bürger in verschiedene Berufsgruppen. [*http://www.gfk.com/imperia/md/content/presse/pd_trust_index_2007_dfin.pdf*; 8.9.2008].

Gottwald, Franzisca / Kaltenbrunner, Andy / Karmasin, Matthias (2006): Medienselbstregulierung zwischen Ökonomie und Ethik. Erfolgsfaktoren für ein österreichisches Modell. Wien; Berlin; Münster.

Hayes, Arthur S. / Singer, Jane B. / Ceppos, Jerry (2007): Shifting Roles, Enduring Values: The Credible Journalist in a Digital Age. In: Journal of Mass Media Ethics, 22. Jg., S. 262-279.

Hermes, Sandra (2006): Qualitätsmanagement in Nachrichtenredaktionen. Köln.

Initiative Tageszeitung (2006): mehrWERT 2/06: Fehlermanagement [*http://www.initiative-tageszeitung.de/fileadmin/dokumente/themenspecial_fehlermanagement.pdf*; 8.9.2008].

Initiative Tageszeitung (2007): mehrWERT 2/07: Redaktionelle Transparenz [*http://www.initiative-tageszeitung.de/fileadmin/dokumente/themenspecial_transparenz.pdf*; 8.9.2008].

Institut zur Förderung publizistischen Nachwuchses / Deutscher Presserat (2005) (Hrsg.): Ethik im Redaktionsalltag. Konstanz.

Kaltenbrunner. Andy (2006): Der Defensor del Lector von El Pais. Das Modell Leseranwalt in der Praxis. In: Verband Österreichischer Zeitungen (Hrsg.): Presse 2006. Wien, S. 174-189 [*http://www.voez.at/download243*; 8.9.2008].

Karmasin, Matthias (1993): Das Oligopol der Wahrheit. Medienunternehmen zwischen Ökonomie und Ethik. Wien, Köln; Weimar.

Karmasin, Matthias (1999): Stakeholder Orientierung als Kontext zur Ethik von Medienunternehmen. In: Funiok, Rüdiger / Schmälzle, Udo F. / Werth, Christoph H. (Hrsg.): Medienethik – die Frage der Verantwortung. Bonn, S. 183-211.

Kohring, Matthias / Matthes, Jörg (2007): Trust in News Media. Development and Validation of a Multidimensional Scale. In: Communication Research, 34. Jg. Nr. 2, S. 231-252.

Lasica, J. D. (2004): Transparency Begets Trust in the Ever-Expanding Blogosphere. In: Online Journalism Review vom 12.8. [*http://www.ojr.org/ojr/technology/1092267863.php*; 3.9.2008].

Lorenz-Meyer, Lorenz (2007): Eine permanente Revolution. Zum Berufsfeld des Online-Journalisten. In: Journalistik Journal vom 15.4. [*http://journalistik-journal.lookingintomedia.com/?p=53*; 8.9.2008].

Malik, Maja (2008): Selbstverliebte Fremdbeobachter. Zum Dilemma der journalistischen Selbstbezüglichkeit. In: Pörksen, Bernhard / Loosen, Wiebke / Scholl, Armin (Hrsg.): Paradoxien des Journalismus. Theorie – Empirie – Praxis. Wiesbaden, S. 429-446.

Meier, Klaus (2002): Ressort, Sparte, Team. Wahrnehmungsstrukturen und Redaktionsorganisation im Zeitungsjournalismus. Konstanz.

Meier, Klaus (2003): Qualität im Online-Journalismus. In: Bucher, Hans-Jürgen / Altmeppen, Klaus-Dieter (Hrsg.): Qualität im Journalismus. Grundlagen – Dimensionen – Praxismodelle. Wiesbaden, S. 247-266.

Meier, Klaus (2006): Newsroom, Newsdesk, crossmediales Arbeiten. Neue Modelle der Redaktionsorganisation und ihre Auswirkung auf die journalistische Qualität. In: Weischenberg, Siegfried / Loosen, Wiebke / Beuthner, Michael (Hrsg.): Medien-Qualitäten. Öffentliche Kommunikation zwischen ökonomischem Kalkül und Sozialverantwortung. Konstanz, S. 203-222.

Meier, Klaus (2007): Journalistik. Konstanz.

Meier, Klaus (2009): Journalismus in Zeiten der Medienkrise. In: Journalistik Journal [im Druck].

Meier, Klaus / Tüshaus, Benedikt (2006): Echtzeit-Quoten. Klickzahlen im Online-Journalismus. In: epd medien, Nr. 56 vom 19.7., S. 3-7 [erweitert dokumentiert unter *http://www.onlinejournalismus.de/2006/08/03/im-quotenparadies*; 8.9.08]

Möllmann, Bernhard (1998): Redaktionelles Marketing bei Tageszeitungen. München.

Möllmann, Bernhard (2001): Gefahrenpotenzial aufdecken. In: Message, Nr. 4, S. 68-71.

netzeitung.de (2001): Redaktioneller Kodex. Die journalistische Definition der Netzeitung [*http://www.netzeitung.de/ueberuns/kodex/&item=155463*; 8.9.2008].

Neuberger, Christoph (2002): Alles Content, oder was? Vom Unsichtbarwerden des Journalismus im Internet. In: Hohlfeld, Ralf / Meier, Klaus / ders. (Hrsg.): Innovationen im Journalismus. Forschung für die Praxis. Münster, S. 25-69.

Okrent, Daniel (2004): Quellenkunde. Exklusiv-Interview mit dem Ombudsmann der New York Times. In: Medium Magazin Abo-Service [*http://www.mediummagazin.de/download/2518.pdf*; 8.9.2008].

Ott, Klaus / Ramelsberger, Annette (2000): Der Fall Tom Kummer: Eine Dokumentation in eigener Sache. Ein Mann und sein ganz besonderer Draht. In: Süddeutsche Zeitung vom 27./28.5, S. 21-22.

Plaisance, Patrick Lee (2007): Transparency: An Assessment of the Kantian Roots of a Key Element in Media Ethics Practice. In: Journal of Mass Media Ethics, 22. Jg., S. 187-207.

Pöttker, Horst (2005): Ende des Millenniums – Ende des Journalismus? Wider die Dogmatisierung der professionellen Trennungsgrundsätze. In: Behmer, Markus u.a. (Hrsg.): Journalismus und Wandel. Analysedimensionen, Konzepte, Fallstudien. Wiesbaden, S. 123-141.

Presserat (2008): Chronik der Rügen [*http://www.presserat.de/Chronik-der-Ruegen.29.0.html*; 8.9.2008].

Pürer, Heinz (1992): Ethik in Journalismus und Massenkommunikation. Versuch einer Theorien-Synopse. In: Publizistik, 37. Jg., S. 304-321.

Reus, Gunter (2004): Mit doppelter Zunge. Tom Kummer und der New Journalism. In: Bleicher, Joan Kristin / Pörksen, Bernhard (Hrsg.): Grenzgänger. Formen des New Journalism. Wiesbaden, S. 249-266.

Risel, Maren (2008): Der Griff zum selben Nachrichtenmagazin wird sporadischer. Nr. 29/2008 der Reihe des Medienwissenschaftlichen Lehr- und Forschungszentrums der Universität Köln vom 29.7. [*http://www.mlfz.uni-koeln.de/assets/files/Medientrends/Medientrend_29_2008.pdf*; 8.9.2008].

Ruß-Mohl, Stephan (1999): Transparenz und Interaktivität bei amerikanischen Zeitungen. Vortragsmanuskript zur Tagung „Qualität im Journalismus" am 15.9. in St. Gallen.

Ruß-Mohl, Stephan (2000): Ethik im Journalismus und in den Medien. Das Gespräch in der Redaktion ist wichtiger als das geschriebene Dokument. In: Gerhardt, Rudolf / Pfeifer, Hans-Wolfgang (Hrsg.): Wer die Medien bewacht. Medienfreiheit und ihre Grenzen im internationalen Vergleich. Frankfurt am Main, S. 173-186.

Ruß-Mohl, Stephan (2004): Organisationsethik und Medienmanagement: Wie wirksam sind medienbetriebliche Ethik-Kodizes? In: Baerns, Barbara (Hrsg.): Leitbilder von gestern? Zur Trennung von Werbung und Programm. Wiesbaden, S. 123-137.

Saxer, Ulrich (1992): Strukturelle Möglichkeiten und Grenzen von Medien- und Journalismusethik. In: Haller, Michael / Holzhey, Helmut (Hrsg.): Medien-Ethik. Beschreibungen, Analysen, Konzepte für den deutschsprachigen Journalismus. Opladen, S. 104-128.

Schantin, Dietmar / Juul, Torben / Meier, Klaus (2007) (Hrsg.): Crossmediale Redaktionen in Deutschland. IFRA Special Report 07.2007. Darmstadt.

Schweizer Presserat (2008): Richtlinien zur Erklärung der Pflichten und Rechte der Journalistinnen und Journalisten [*http://www.presserat.ch/Documents/Richtlinien2008.pdf*; 8.9.2008].

Smith, Steven A. (2005): Fortress Journalism Failed. The Transparent Newsroom Works. In: Pressthink vom 23.11. [*http://journalism.nyu.edu/pubzone/weblogs/pressthink/2005/11/23/spk_ss.html*; 8.9.2008].

Singer, Jane B. (2006): Partnerships and Public Service: Normative Issues for Journalists in Converged Newsrooms. In: Journal of Mass Media Ethics, 21. Jg., S. 30-53.

Sonntag, Christian (2007): Der Gesichtsvermieter. Christian Sonntag über Günter Jauch. In: Weichert, Stephan / Zabel, Christian (Hrsg.): Die Alpha-Journalisten. Deutschlands Wortführer im Porträt. Köln, S. 180-187.

Stapf, Ingrid (2006): Medien-Selbstkontrolle. Ethik und Institutionalisierung. Konstanz.

Stern, Reuben J. (2008): Stakeholder Theory und Media Management: Ethical Framework for News Company Executives. In: Journal of Mass Media Ethics, 23. Jg., S. 51-65.

The New York Times (2003): Correcting the Record. Times Reporter Who Resigned Leaves Long Trail of Deception. In: The New York Times vom 11.5. [*http://www.nytimes.com/2003/05/11/national/11PAPE.html?ex=1220155200&en=0121a1be28bb6270&ei=5070*; 8.9.2008].

The New York Times (2004): Ethical Journalism. A Handbook of Values and Practices for the News and Editorial Departments. New York [*http://nytco.com/pdf/NYT_Ethical_Journalism_0904.pdf*; 8.9.2008].

Völkl, Carl (1980): Ombudsmann an Tageszeitungen. In: Projektteam Lokaljournalisten (Hrsg.): Materialien für Lokaljournalisten. Teil 1. München, S. 175-204.

Volpers, Helmut (2007): Public Relations und werbliche Erscheinungsformen im Radio. Eine Typologisierung persuasiver Kommunikationsangebote des Radios. Berlin.

WAZ Mediengruppe (2007): Verhaltenskodex [*http://www.waz-mediengruppe.de/fileadmin/template/Inhalte/Downloads/PDF/Aktuelles/Kodex.pdf*; 8.9.2008].

Weischenberg, Siegfried (1992): Journalistik. Theorie und Praxis aktueller Medienkommunikation. Band 1: Mediensysteme, Medienethik, Medieninstitutionen. Opladen.

Weischenberg, Siegfried / Malik, Maja / Scholl, Armin (2006): Die Souffleure der Mediengesellschaft. Report über die Journalisten in Deutschland. Konstanz.

Wyss, Vinzenz (2002): Redaktionelles Qualitätsmanagement. Ziele, Normen, Ressourcen. Konstanz.

Zydra, Markus (2008): Ein stoischer Auftritt. In: Süddeutsche Zeitung vom 4.9., S. 15.

Selbstkontrolle

Ingrid Stapf[1]

1 Medien-Selbstkontrolle als Spannungsfeld: Eine Einleitung

Die Medien-Selbstkontrolle existiert in der Bundesrepublik aufgrund des Prinzips der Staatsferne und der verfassungsrechtlich garantierten Medienfreiheiten (nach § 5 GG). Diese gewähren den Medien wegen ihrer besonderen Funktionen für die Demokratie und Öffentlichkeit die autonome Regelung ihrer Kontrolle. *Selbstkontrolle* impliziert, anders als die *Fremdkontrolle* (durch Gesetzesgrundlagen oder staatliche Behörden), die Aspekte *Freiheit*, *Anerkennung* durch die Kontrollierten sowie eine primär *„symbolische" Kontrolle.* Aufgrund der besonderen Macht der Medien ist es das Ziel der Selbstkontrolle, die Medienfreiheiten *verantwortlich im gesellschaftlichen Interesse* zu nutzen.

Angesichts wiederkehrender Krisenfälle in den Medien (z.B. die Berichterstattung über Unglücke, der „Fall Lady Diana", der „Fall Uwe Barschel", aber auch viele alltägliche Fälle moralischen Fehlverhaltens) stellt sich die Frage, ob die Medien-Selbstkontrolle effektiv ist bzw. unter welchen Bedingungen sie wirksam sein kann.

Die „Zwitterfunktion" (Ruß-Mohl 1994: 88) der meisten Medien als professionell-öffentliche und ökonomisch-privatwirtschaftliche Einrichtungen[2], birgt jedenfalls das Risiko, dass die Selbstkontrolle als „kleinster gemeinsamer Nenner" nur eine Alibifunktion erhält. Gerade im Bereich der Boulevardmedien finden sich gehäuft Verstöße gegen die Berufsmoral. Im Extremfall wird moralisches Fehlverhalten zu Gunsten kommerzieller Profite und unter Rechtfertigung einer Nachfrage auf dem Markt gezielt einkalkuliert. Dabei besteht die Gefahr einer „strukturellen Verantwortungslosigkeit" (Künzli 1992: 292) gerade *aufgrund* der Medienfreiheiten.

Die Medien-Selbstkontrolle befindet sich demnach in einem Dilemma: Kommen traditionelle staatliche Regulierungskonzepte im Medienbereich aufgrund der besonderen Freiheiten und der notwendigen Flexibilität für wirtschaftliche Entwicklung nicht in Frage, so besteht andererseits Regulierungsbedarf im Hinblick auf Jugend- und Persönlichkeitsschutz im Rahmen der Allgemeinen Gesetze. Dies berührt die

---

1 Dieser Artikel basiert auf der Einleitung von Stapf (2005) im *Handbuch Medienselbstkontrolle.*

2 Dies trifft in unterschiedlichem Maße auf die Presse (Marktmodell) und den Rundfunk (Integrationsmodell) zu.

Frage, wie sich Moral und Recht als Steuerungssysteme im Medienbereich ergänzen sollen und was die Medien-Selbstkontrolle in *ethischer* Hinsicht bedeutet.

Bei der Beantwortung dieser Frage, der sich dieser Artikel widmet, gilt es die Theorie und Praxis der Selbstkontrolle sowie die Sondersituation der Medien in freiheitlichen Demokratien zu berücksichtigen. Es wird argumentiert, dass sich Selbstkontrolle – als eine *ethische* Frage – im Spannungsfeld von Freiheit und Verantwortung bewegt. Medien-Selbstkontrolle kann Krisenfälle damit nicht verhindern. Vielmehr sollen ethische Spannungsfelder als wesentlicher Teil der Medienethik die Selbstkontrolle als *Prozess* vorantreiben. Medienrecht und -politik kommt die Aufgabe zu, angemessene Rahmenbedingungen zu schaffen. Für den Erfolg mit entscheidend ist die Einsicht, dass eine *effektive* Medien-Selbstkontrolle *im Interesse aller beteiligten Akteure* liegt.

2 Theorie der Medien-Selbstkontrolle: Ein Definitionsversuch

Um sich einer Definition von Medien-Selbstkontrolle zu nähern, erscheint es hilfreich, die Medien-Selbstkontrolle von ihrem Gegenpol abzugrenzen: der Fremdkontrolle.

2.1 Abgrenzung Selbst- und Fremdkontrolle: Moral und Recht

Selbstkontrolle als eine ethische Frage definiert sich in Abgrenzung zur Fremdkontrolle als primär rechtliche Frage. Dies verdeutlicht sich bei der Betrachtung eines für die Medien typischen Spannungsfeldes: dem Missbrauch der Medienfreiheit gegenüber von den Medien Betroffenen. Die Freiheit der Medien erhält im Rahmen ihrer Macht gegenüber potenziell Betroffenen – z.B. im Persönlichkeits- oder Jugendschutz – eine *moralische Qualität*, die über rechtliche Ansprüche hinausgeht.

Der durch den möglichen Machtmissbrauch entstehende Normierungs- und Regelungsbedarf der Medien erfolgt durch *Moral* und *Recht*. Anders als die Moral, regelt das Recht die *äußeren* Handlungen von Menschen und bedarf aufgrund seiner Setzung *nicht der Anerkennung* oder *Einsicht*. Als äußerer Steuerungsmechanismus verfügt das Recht über Zwangsmittel zur Sanktionierung. Dagegen bedürfen moralische Normen der *inneren* Anerkennung von Menschen, die aufgrund von *Einsicht* und *Autonomie* handeln. Die Einforderung der Verantwortung als „ethischer Schlüsselkategorie" (Funiok 2000b) ist somit nicht mit äußerem Zwang vereinbar. Aufgrund ihrer Appell- und Orientierungsfunktion unterliegt damit auch die Berufsmoral primär der *Selbst-Bindung*.

Die Selbst-Bindung als Konsequenz aus der Freiheit macht die Selbstkontrolle zu einer *Frage der Ethik (als Moralphilosophie)*.[3] Obwohl sich Medienrecht und Medienethik

3 Anders als in der Gegenwartssprache werden die Begriffe „Ethik" und „Moral" in der Philosophie differenziert. Während die *Moral* ein komplexes vielschichtiges System der Regeln, Normen und Wertmaßstäbe umfasst, so ist *Ethik* die „philosophische Theorie der Moral" oder „Moralphilosophie" (vgl. Birnbacher 2003: 2).

als Steuerungssysteme der Medien ergänzen (vgl. Widmer 2003: 113ff.), unterscheidet sich der Regelungsgegenstand der Medien von anderen – rein kommerziellen Gesellschaftsbereichen – durch seine besonderen Funktionen für die Öffentlichkeit und Demokratie. Betrachtet man zudem die Mediengeschichte in Deutschland und dabei vor allem die Instrumentalisierung der Medien während der Nazizeit, läuft eine zu starke rechtliche Reglementierung Gefahr, die Kontroll- und Kritikfunktion der Medien zu beschneiden und damit der Zensur preiszugeben. Medien-Selbstkontrolle ist damit idealiter der gesetzlich legitimierte Versuch, die Macht der Medien *in moralischer Hinsicht* zu verantworten.

Wie für den Bereich der angewandten Ethik typisch, stellt sich auch in der Medienethik das Problem von Spannungsfeldern zwischen Idealen einerseits und praktischen Gegebenheiten andererseits:[4] Konkret: Warum sollte sich eine Boulevardzeitung an die ideale Forderung nach Wahrheit und Achtung der Menschenwürde halten, wenn die Veröffentlichung solcher Bilder Profite für das Unternehmen bringt? Warum sollte der Journalist auf die sensationelle Darstellung eines Themas verzichten, wenn die Wettbewerbssituation mit Kollegen sowie die informelle Redaktionskultur diese nicht verurteilen, sondern durch weitere Aufträge sogar fördern? Warum sollte die Freiheit der Medien moralisch reflektiert werden, wenn das Publikum „moralisch problematische Produkte“ nachfragt?

Damit lässt sich das Problem der Selbstkontrolle in ethischer Hinsicht auf die Frage bringen: *Wie wird die Verantwortung der Freiheit eingefordert – unter Bewahrung der Freiheit aller Beteiligten*: dem Freiheitsanspruch Betroffener auf Achtung ihrer Menschenwürde, der Freiheit der Rezipienten, „unmoralische“ Produkte zu nutzen, der Freiheit des Journalisten, berufsmoralische Grundsätze zu unterlaufen sowie der Freiheit der Medienunternehmen, dieses Verhalten nicht zu sanktionieren?

In Bezug auf das postulierte Spannungsfeld erscheint es wesentlich, Freiheit und Verantwortung nicht als Gegensätze zu interpretieren, sondern anzuerkennen, dass ihm ein gleiches Interesse unterliegt. In einem nächsten Schritt soll eine Auseinandersetzung mit dem Begriff der Selbstkontrolle zu einer Definition der Medien-Selbstkontrolle führen.

4 So stoßen *ideale Anforderungen* an die Medien in der Demokratie wie gesellschaftliche Aufgaben (Integration), politische Funktionen (Information, Kontrolle, Kritik) und damit verbundene Werte (Wahrheit, Wahrung der Menschenwürde) auf *praktische Rahmenbedingungen* wie journalistische Praxis (Zeit-, Aktualitätsdruck), Medienstrukturen und -märkte (Kommerzialisierung, Medienkonzentration, Wettbewerb) und Medienrecht (vgl. Schicha/Brosda 2000, Teichert 1996, Stapf 2006).

2.2 Aspekte der Medien-Selbstkontrolle: Ein Definitionsversuch

2.2.1. Begriff

In der Beschäftigung mit der Frage nach Selbstkontrolle im Medienbereich finden sich verschiedene Bezeichnungen von *Presse-Selbstkontrolle* (vgl. Suhr 1998; Wiedemann 1992; Löffler/Hébarre 1968, Fischer u.a. 1976), *Medien-Selbstkontrolle* (vgl. Eisermann 1993; Stapf 2005, 2006) über *Selbstregulierung der Medien* (vgl. Widmer 2003, Schulz/Held 2002)[5], *Publizistische Selbstkontrolle* (vgl. Verein zur Förderung der publizistischen Selbstkontrolle 2005) und *Medien-Selbstorganisation* (vgl. Jarren u.a. 2002).[6]

Obwohl für die Begriffe „Selbstkontrolle" und „Selbstregulierung" keine allgemein anerkannten Definitionen vorliegen (vgl. Widmer 2003: 18ff.), ist für ihre Verwendung die *Abgrenzung zur staatlichen Regulierung bzw. Kontrolle* entscheidend. Legt der Staat bei der *imperativen Regulierung* bzw. *Fremdkontrolle* die Ge- und Verbote selbst fest, die von den Kontrollierten zu befolgen sind und überwacht deren Einhaltung, so geht der Staat bei der *Selbstregulierung* davon aus, dass die Steuerungsziele durch gesellschaftliche Prozesse *explizit* (durch Handlungsregeln, z. B. Kodizes) oder *implizit* (ohne Reflexion der Beteiligten, z. B. durch Marktprozesse) erfüllt werden (vgl. Schulz/Held 2002: A-2).

Diese Kategorisierung hat jedoch durchlässige Grenzen. So wird von *regulierter Selbstregulierung*, oder *Koregulierung*, gesprochen, wenn der Staat Einfluss auf die Selbstregulierung nimmt, um die Zielerreichung zu unterstützen oder bei Versagen der Selbstregulierung das Ziel selbst zu erreichen.[7] Regulierte Selbstregulierung gilt als „Mischform" oder „[...] ‚dritter Weg' zwischen in vielen Bereichen weiterhin unverzichtbarer rein staatlicher Regulierung auf der einen, und rein freiwilliger Selbstkontrolle auf der anderen Seite, die in bestimmten Bereichen die auch rechtlich einzige Möglichkeit bildet, etwa dort, wo dem Staat das Eingreifen aus verfassungsrechtlichen Gründen verwehrt ist" (Schulz/Held 2002: F-6).

Im Medienbereich liegt dies primär im Jugendschutz (auch *Jugendmedienschutz*) vor. Trotz der verfassungsrechtlich gewährleisteten Medienfreiheiten (nach Art. 5 GG) und der Reduzierung staatlicher Tätigkeit auf eine Rahmenkompetenz (nach Art. 75 Ziffer 2 GG), muss der Staat gleichzeitig die Einhaltung der Allgemeinen Gesetze (die nach Art. 5 Abs. 2 GG die Medienfreiheiten einschränken) garantieren. Im privaten

---

5 Widmer (2003) bezeichnet „Selbstkontrolle" als den Teil der „Selbstregulierung", der sich mit der *Kontrolle* der materiellen Normen befasst und eine Kontrolltätigkeit umfasst.

6 Dort wird der Begriff „Selbstorganisation" verwendet in Bezug auf Regeln, die sich nur auf eine Institution oder Organisation beziehen.

7 Die Rolle des Staates oder von ihm eingesetzten unabhängigen Regulierungsbehörden in der Koregulierung kann von der Verpflichtung der Rundfunkveranstalter zur Selbstregulierung über inhaltliche, strukturelle und prozedurale Vorgaben hin zu einer Beteiligung an der Regelsetzung, Durchsetzung und Sanktionierung reichen.

Rundfunk- und Online-Medien-Sektor hat sich in den vergangenen Jahren daher das Modell der regulierten Selbstregulierung durchgesetzt.[8]

Deutlich wird hier, dass der Selbstkontrolle im Medienbereich Unterschiede, aber auch Gemeinsamkeiten unterliegen. Zu *unterscheiden* gilt es folgende Aspekte:

- Die *betroffenen Medien*: Die Selbstkontrolle kann medienspezifisch oder medienunspezifisch erfolgen (vgl. Suhr 1998: 32ff.). So ist der *Deutsche Presserat* traditionell für gedruckte Medien (mittlerweile aber auch für Online-Medien)[9] zuständig, wohingegen der *Deutsche Rat für Public Relations* sich mit jeder Art von Organisation und allen Formen der PR-Tätigkeit beschäftigt.
- Der *Grad der redaktionell-journalistischen Tätigkeit*: An rein journalistisches Handeln werden – beispielsweise in Bezug auf den Wahrheitsanspruch – andere Erwartungen gestellt als an kommerziell ausgerichtetes Arbeiten im PR- oder Werbebereich.
- Die Unterscheidung *künstlerisch-fiktionaler Inhalte versus journalistisch-realitätsbezogener Inhalte*: Art. 5 GG garantiert die Meinungs-, Presse-, und Kunstfreiheit. Die Presse-, Rundfunk- bzw. Filmfreiheit werden gleichgestellt. Dennoch ergeben sich unterschiedliche Ansprüche an fiktionale Filme (die auch als Kunstwerke gelten) oder die politische Berichterstattung einer Tageszeitung.
- Ähnliches gilt für den *Informations- versus Unterhaltungsauftrag*: Medien in freiheitlichen Demokratien haben politische, gesellschaftliche und kulturelle Funktionen. Obwohl sich die Informations- und Unterhaltungsbereiche zunehmend vermischen („Infotainment" „Edutainment"), sind an Unterhaltungsformate andere Kriterien zu stellen als an Informationsformate.
- *Unterschiedliche Aufträge an die Medien*: Allgemein funktioniert die Presse nach dem *Marktmodell* und der Rundfunk nach dem *Integrationsmodell*. Ist die Presse als Instrument privater Meinungsverbreitung im Rahmen eines ökonomisch-publizistischen Konkurrenzmodell marktgesteuert, so obliegt der Rundfunk aufgrund seiner gesellschaftlichen Aufgaben als fremdnützig-dienendes Instrument der Gesellschaft einer stärkeren Regulierung.
- *Individual-* versus *Massenkommunikation*: Die Normierung der publizistischen Tätigkeit hängt davon ab, ob die Kommunikation zwischen einzelnen Individuen stattfindet oder an Massen gerichtet ist. So fallen bestimmte mediale Tätigkeiten in den Neuen Medien (z. B. E-Mail) in den Bereich der Individualkommunikation und werden anders normiert und sanktioniert.

---

8 Eine vergleichbare Überwachung findet im Printbereich aufgrund der Organisation nach dem Marktmodell nicht statt.

9 Seit dem 1.1.2009 hat der Deutsche Presserat seine Zuständigkeit auf Beschwerden über journalistisch-redaktionelle Online-Beiträge ausgeweitet, nachdem er zuvor nur für den klassischen Printbereich zuständig war. Mit diesem Schritt sollen auch die Anbieter von Telemedien mit journalistisch-redaktionellen Inhalten, soweit diese nicht Rundfunk sind, die Möglichkeit erhalten, sich der publizistischen Selbstkontrolle anzuschließen (vgl. Pressemitteilung vom 4.12.2008 unter *www.presserat.de*)

Grundsätzlich führen die gegenwärtigen Entwicklungen der *Medienkonvergenz* zu einer wachsenden Vermischung von beispielsweise Individual- und Massenkommunikation, aber auch der traditionellen Mediengattungen und Tätigkeitsbereichen.[10]

Der Medien-Begriff ist im Bereich der Selbstkontrolle also sehr weit gefasst. Je nach Tätigkeitsbereich, Medium sowie gesellschaftlichem Auftrag und Adressaten ergeben sich unterschiedliche Freiheiten und Grenzen publizistischer Tätigkeiten, die rechtlich verschieden normiert und berufsmoralisch durch die Instanzen der Selbstkontrolle ausgestaltet werden. Dies bezieht sich vor allem auf die Grenzen der Freiheit durch den Jugend- und Persönlichkeitsschutz. In der bisherigen Diskussion um Selbstkontrolle wurden diese Unterschiede allerdings kaum berücksichtigt.[11]

Trotz der Unterschiede verfügen die verschiedenen Bereiche der Selbstkontrolle über *Gemeinsamkeiten* in Form allgemeiner Ziele und Interessen, die sich an einigen Aufgaben des *Deutschen Presserates* verdeutlichen:[12]

- die Abwehr staatlicher Kontrollmaßnahmen (*Selbst*-Kontrolle)
- die Wahrung der Presse- und Medienfreiheiten (Freiheit)
- die Wahrung des Ansehens der Presse (Glaubwürdigkeit)
- die Verteidigung von Journalisten gegen die Angriffe Dritter (Unabhängigkeit)
- der Eintritt für den unbehinderten Zugang zu Nachrichtenquellen (Zugang)
- das Aufstellen von Normen und professionellen Grundsätzen (Normierung)
- die Beseitigung von Missständen (Beschwerdearbeit)

Ähnlich führt auch der Repräsentant von „Freedom of the Media" der OSZE, Miklós Haraszti, fünf Gründe für die Medienselbstregulierung auf (OSCE 2008):

- „it preserves editorial freedom;
- it helps to minimize state interference;
- it promotes media quality;
- it is evidence of media accountability;
- it helps readers access the media."[13]

---

10 „Medienkonvergenz" beschreibt das „Zusammenwachsen ehemals getrennter Medienbereiche und findet auf einer technischen und auf einer inhaltlichen Ebene statt. Technische Konvergenz bezieht sich auf das Zusammenlaufen von Übertragungswegen auf Basis der Digitalisierung medialer Daten, bspw. die Möglichkeit über das Internet oder das Handy fernzusehen oder Radio zu hören. Diese Perspektive der Konvergenz rückt insbesondere die multifunktionalen Medien Computer, Internet und Handy in das Blickfeld. Inhaltliche Konvergenz bezieht sich auf die Möglichkeit, einen Inhalt über verschiedenste Medien und mediale Tätigkeiten zu verfolgen. [...] Computer und Internet nehmen in diesem Zusammenhang die Funktion wichtiger Schaltstellen im Medienensemble ein" (vgl. *www.uni-leipzig.de/~mepaed/medienkonvergenz-monitoring/projekthintergrund* (Zugriff: 02.04.2009)).

11 Allerdings empfiehlt z.B. der *Verein zur Förderung der publizistischen Selbstkontrolle (FPS)*, die Verhaltensgrundsätze und Zuständigkeiten der einzelnen Gremien nicht mehr für Medien, sondern für Berufsbereiche (Journalisten, künstlerische Inhalte, Werbung, Öffentlichkeitsarbeit) zu formulieren (vgl. Verein zur Förderung der publizistischen Selbstkontrolle 2005).

12 Vgl. Selbstdarstellung des Presserats (Desgranges/Wassink 2005) sowie *www.presserat.info*.

Diese Ziele und Gründe liegen gleichermaßen im Interesse der Professionsmitglieder im Medienbereich, werden im Einzelfall aber unterschiedlich ausgestaltet und in ihrer Wichtigkeit bewertet. Ihre genauere Betrachtung legt nahe, dass sie in das *Spannungsfeld von Freiheit und Verantwortung* fallen. Das Spektrum dieser Aufgaben findet sich auch in den drei Komponenten des Begriffs der Presse-Selbstkontrolle nach *Wiedemann* wieder (vgl. Wiedemann 1992: 19ff.):

- Freiwilligkeit („Presse“-Selbstkontrolle)
  „Freiwilligkeit“ bedeutet das Fehlen eines Zwangs zur Selbstkontrolle. Sie ist gegeben, wenn sie nicht auf Gesetzen beruht oder wenn die Gründung der Institution nicht nur aufgrund massiven politischen Drucks und der Androhung gesetzgeberischer Maßnahmen im Fall des Nicht-Zustandekommens bzw. des unzulänglichen Funktionierens zu Stande kommt.
- „Selbst-Kontrolle“
  Selbst-Kontrolle beinhaltet, dass die Einrichtungen der Selbstkontrolle von denen geschaffen werden, für die sie existiert. Die Kontrolle geschieht aus sich selbst heraus und nicht von außen. Für die Glaubwürdigkeit der Selbst-Kontrolle entscheidend ist das Kriterium der Anerkennung.
- Kontrolle
  Um effektiv sein zu können, muss eine Form der Aufsicht und Überwachung stattfinden, die bestimmte Verhaltensweisen bewirken und unerwünschtes Verhalten verhindern kann. Diese Überwachung hat im Rahmen der Selbstkontrolle vorwiegend symbolischen Charakter.

2.2.2. Definition der Medien-Selbstkontrolle

Damit ergeben sich Anhaltspunkte für eine Definition der ethischen Medien-Selbstkontrolle: *Freiwillige Medien-Selbstkontrolle umfasst die Gesamtheit der von den Medien oder Teilen der Medien anerkannten und freiwillig auferlegten Normen, Verfahrensweisen und Institutionen, die der besonderen Verantwortung freier Medien gegenüber dem Gemeinwohl und der Öffentlichkeit gerecht zu werden versuchen. Sie dient der Wahrung der Berufsethik nach innen, der Unterbindung von Fehlverhalten vor allem im Rahmen des Machtmissbrauchs der Medien gegenüber potenziell Betroffenen und verfolgt nach außen das Ziel, die Medienfreiheiten gegenüber dem Staat zu verteidigen.*

Freiwillige und autonome Selbst-Regulierung liegt also vor, „wenn dies ohne staatliche Einflussnahme durch gesellschaftliche Akteure – etwa die Unternehmen in dem betreffenden Markt – *selbst* geleistet wird und dies auch so intendiert ist“ (Schulz 2002: 42). Die Qualität von Pressefreiheit und des demokratischen Systems wird auch danach bemessen, inwieweit Journalismus und Mediensystem zu einer effektiven und sozialverträglichen Selbstkontrolle befähigt sind (vgl. Ruß-Mohl 1994: 100).

13 OSCE 2008: 12.

Zentral ist die Idee der *Selbst*-Kontrolle für die *Professionsethik*. Aufgrund von Macht und Privilegien postuliert sie eine besondere Verantwortung der Profession.[14] Soll die Selbstkontrolle die *verantwortliche Nutzung der Medienfreiheiten im gesellschaftlichen Interesse* garantieren, dann impliziert sie zwei Spannungsfelder für die Profession: Sie muss das Spannungsfeld von *Freiheit und Verantwortung* austarieren und gleichzeitig zwischen ihrer *Innenfunktion* (durch die Wahrung der Berufsethik innerhalb der Profession) und *Außenfunktion* (durch die Verteidigung der Pressefreiheit gegenüber dem Staat und den Schutz der Öffentlichkeit vor dem Missbrauch der Freiheit) vermitteln.

Als Medien-Profession sollen hier die Summe der einzelnen Journalisten und Medienproduzenten sowie die Summe der auf dem Medienmarkt agierenden Medienunternehmen und -institutionen gelten. Die Profession ist aber keine homogene Gruppe von Menschen im gleichen Tätigkeitsbereich, sondern besteht aus Segmenten:[15] Ein Redakteur in der Rundfunkabteilung des Deutschlandsfunks geht anderen Tätigkeiten und Entscheidungsprozessen nach als ein freier Journalist beim Lokalteil einer Kleinstadt-Zeitung oder ein Mediengestalter eines Online-Magazins. Trotz verschiedener Tätigkeitsbereiche ist die Profession eine Entität mit grundsätzlich ähnlichen Interessen und Zielen, die als Ganze Verantwortung in der Gesellschaft trägt. Der strukturelle Unterschied zu anderen Berufsgruppen liegt also auch bei der Medien-Profession in der Institutionalisierung einer Tätigkeit, die mit Erwartungen an Rollenverhalten und beruflichen Idealvorstellungen und Verantwortlichkeiten einhergeht.

Weiterhin zentral für das Innen- und Außenverhältnis der Profession ist ihr Bezug zur *Öffentlichkeit*. Massenmedien stellen – durch Information, Unterhaltung oder andere publizistische Tätigkeiten – Öffentlichkeit(en) her und agieren in der Öffentlichkeit. Damit erlangt die Öffentlichkeit als *Rechtfertigungs- und Sanktionsinstanz* (vgl. Debatin 1997) eine qualitätssichernde Funktion (vgl. Neidhardt 1993: I). Gerade weil die Medienkontrolle als *Selbst*kontrolle festgelegt ist, muss die Überprüfung von Wert, Richtigkeit und Vernünftigkeit öffentlich kursierender Informationen und Meinungen in der Öffentlichkeit selbst stattfinden. Damit hat die Öffentlichkeit als ihre eigene Kontrolle zu funktionieren. So sind ausgesprochene Mahnungen und Rügen durch den Deutschen Presserat oder den Deutschen Rat für Public Relations primär symbolische Sanktionen, die den Normverstoß moralisch thematisieren (vgl. Eisermann

14 Wie in anderen Gesellschaftsbereichen mit asymmetrischer Machtverteilung (Medizin, Recht, Priestertum) kommt die Selbstkontrolle primär der *Profession* zu. Durch ihre besonderen gesellschaftlichen Funktionen unterscheiden sich Professionen von rein kommerziellen Berufen. Da im Medienbereich aufgrund der Medienfreiheiten wesentliche Professionsmerkmale fehlen (wie uneinheitliche Berufsausbildung und -zugang, Unmöglichkeit der Lizensierung, fehlende Sanktionierung) gilt die Medien-Profession allerdings nur als eine „Quasi-Profession" (vgl. Teichert 1997; Stapf 2006).

15 Sieht der Funktionalismus die Profession als homogene Gemeinschaften, deren Mitglieder eine gemeinsame Berufsidentität, gleiche Werte, Rollenvorstellungen und Interessen haben, so bietet es sich im Medienbereich an, den Aspekt von Wandlungen und Prozessen einzubeziehen. Aufgrund der Vielzahl von Identitäten, Werten und Interessen sind diese Gruppierungen in der Profession vielmehr „Segmente" (vgl. Bucher/Strauss 1972).

1993: 7). Die Veröffentlichung der Rüge, wie sie beim Presserat sogar in seinem Kodex eingefordert wird (vgl. Ziffer 16 im Pressekodex des Deutschen Presserates), definiert ein bestimmtes Verhalten als normabweichend und stellt die Sanktion selbst dar. Hierbei zeigt sich zugleich die Notwendigkeit von *Transparenz*: Das Regulierungsprinzip Öffentlichkeit impliziert die transparente Tätigkeit von Instanzen der Selbstkontrolle.

Werden die zuvor aufgeführten Aspekte der Medien-Selbstkontrolle herangezogen, ergibt sich folgendes Modell der *gestuften Medien-Selbstkontrolle*:

Abbildung 1: Modell gestufter Medien-Selbstkontrolle

Medien-Selbstkontrolle			**Medien-Fremdkontrolle**
Komponenten	*Freiwillige Selbstkontrolle*	*Regulierte Selbstregulierung*	*Fremdkontrolle*
Freiheit/ Freiwilligkeit	Freiwilligkeit – primär moralische Steuerung	Bedingte Freiwilligkeit – moralische und rechtliche Steuerung	Keine Freiwilligkeit – rechtliche Steuerung
Selbst-Kontrolle/ Anerkennung	*Selbst*-Kontrolle – primär durch professionelle Anerkennung	*Selbst*-Kontrolle – durch staatliche und professionelle Anerkennung	Keine *Selbst*-Kontrolle – rechtliche Anerkennung
Kontrolle	Sanktionierung – primär durch Öffentlichkeit und Berufsmoral	Sanktionierung – durch Medienrecht, Öffentlichkeit und Berufsmoral	Sanktionierung – durch Medienrecht

3 Praxis der Medien-Selbstkontrolle: Institutionen und ihre Grenzen

3.1 Institutionen der Medien-Selbstkontrolle in der Bundesrepublik

In der Bundesrepublik treten verschiedene Institutionen der Selbstkontrolle durch ihre Beschwerdearbeit für die Pressefreiheit ein und versuchen die Berufsethik durch das Unterbinden von Fehlverhalten zu wahren (vgl. Beauftragter der Bundesregierung 1999). Grundsätzlich haben sich die Selbstkontrolleinrichtungen in Deutschland aufgrund der unterschiedlichen rechtlichen Ausgangslage für die Printmedien, die öffentlich-rechtlichen und die privaten Fernsehveranstalter sowie die Anbieter von Informations- und Kommunikationsdiensten sehr verschieden entwickelt.[16]

16 Vgl. zum Medienrecht einzelner Medien Fechner 2002; zu Rechtsbereichen vgl. Wandtke 2008.

Abbildung 2: Institutionen der Medien-Selbstkontrolle in der BRD

Institutionen der Selbstkontrolle im Printbereich • *Der Deutsche Presserat (seit 1956)* • *Interessengemeinschaft DT-Control (seit 1995)*
Institutionen der Selbstkontrolle im Werbe- und PR-Bereich • *Der Deutsche Werberat* (seit 1972) • *Der Deutsche Rat für Public Relations (DRPR)* (seit 1987)
Institutionen der Selbstkontrolle im Rundfunk- und Fernsehbereich • *Die Freiwillige Selbstkontrolle Fernsehen (FSF)* (seit 1994) • *Rundfunkspezifische Gesellschaftskontrolle des öffentlich-rechtlichen Rundfunks* • *15 Landesmedienanstalten im privaten Rundfunk*
Institutionen der Selbstkontrolle im Kino- und Videobereich • *Freiwillige Selbstkontrolle der Filmwirtschaft (FSK)* (seit 1949)
Institutionen der Selbstkontrolle für die Neuen Dienste • *Freiwillige Selbstkontrolle Multimedia Diensteanbieter (FSM)* (seit 1997) • *Unterhaltungssoftware Selbstkontrolle (USK)* (seit 1994)

3.1.1 Freiwillige Selbstkontrolle

In den Bereich der „reinen", freiwilligen Selbstkontrolle fallen vor allem die *Räte*: Der *Deutsche Presserat,* der *Deutsche Werberat* sowie der *Deutsche Rat für Public Relations.* Sie setzen sich aus Verbänden ihres Bereichs zusammen,[17] und arbeiten als „selbstdisziplinäres Organ"[18], indem sie über die Einhaltung moralischer und professioneller Standards in ihrem Bereich wachen. Sie erlassen selbst Verhaltensrichtlinien,[19] und sanktionieren das Fehlverhalten in ihrem Bereich durch die Aussprache von Rügen.[20] Durch ihre Beschwerdearbeit agieren sie als „Konfliktregler" (Werberat) und haben eine gleichzeitige Schieds- und Schutzfunktion. Letztere artikuliert sich im Eintreten für die Presse- und Informationsfreiheit. Der Bezug zur Öffentlichkeit ist meist explizit formuliert und zeigt sich beim DRPR in der Formulierung, dass Transparenz „das Lebenselixier der Informationsgesellschaft"[21] sei, auch wenn dies in der Praxis nicht konsequent entwickelt wird. So sind die Beschwerdeverfahren meist nicht

17 So der Presserat aus den Verleger- und Journalistenverbänden im Printbereich, der Werberat aber nur aus Verbänden der Werbewirtschaft, der PR-Rat aus einem Berufs- und einem Wirtschaftsverband.

18 Vgl. Selbstdarstellung des Deutschen Werberates (Nickel 2005).

19 Z.B. der Pressekodex des Deutschen Presserats, die Verhaltensregeln des Deutschen Werberats, die Verhaltensrichtlinien des DGPR.

20 DRPR und Presserat sprechen auch Mahnungen aus, der Presserat zusätzlich noch Hinweise und nicht-öffentliche Rügen (beim Opferschutz).

21 *www.drpr-online.de* unter „Arbeitsweise und Urteilskriterien" (02.04.2009). Vgl. auch die Selbstdarstellung des Deutschen Rates für Public Relations (Avenarius 2005).

öffentlich und es finden sich keine Vertreter der Öffentlichkeit in den Gremien der Räte.[22]

3.1.2 *Regulierte Selbstregulierung*

In den Bereich der regulierten Selbstregulierung fallen sowohl *Träger-Medien* (Film, Video, CD-Rom) als auch *Online-Medien* (Rundfunk sowie Tele- und Mediendienste).

Online-Medien: Die regulierte Selbstregulierung bezieht sich vor allem auf den Jugendmedienschutz, der am 1. April 2003 reformiert wurde. Neben der Vereinheitlichung der rechtlichen Rahmenbedingungen,[23] wurde die *Kommission für Jugendmedienschutz (KJM)* als zentrale Aufsichts- und Anlaufstelle für Jugendschutz im privaten Rundfunk und den Telediensten gegründet. Den Einrichtungen der Freiwilligen Selbstkontrolle, die von der KJM anerkannt werden müssen,[24] wird ein gesetzlich festgeschriebener Entscheidungsrahmen zugebilligt, den die Medienaufsicht nur begrenzt überprüfen darf. Die KJM als ein staatlich beauftragtes, staatsfernes Aufsichtsorgan kooperiert mit Einrichtungen des Jugendschutzes und prüft mögliche Verstöße gegen den *Jugendmedienschutz-Staatsvertrag (JMStV)*. Im Falle einer Überschreitung kann sie rechtsaufsichtliche Maßnahmen ergreifen. Mögliche Sanktionen im Rundfunkbereich werden durch die *Landesmedienanstalten* – zuständig für die Zulassung und Kontrolle sowie den Aufbau und die Fortentwicklung des privaten Rundfunks in Deutschland – durchgesetzt.[25]

Im Bereich der Online-Medien agieren die *Freiwillige Selbstkontrolle Fernsehen (FSF)* sowie die *Freiwillige Selbstkontrolle Multimedia Diensteanbieter (FSM)* als anerkannte Selbstkontrollinstanzen. Nachdem die FSF und die FSM seit ihrer Gründung 1994 und 1997 für den privaten Fernsehbereich bzw. für Telemedien zuständig waren, haben diese 2008 eine „intensive langfristige Kooperation und Verzahnung der Prüfverfahren von Medieninhalten" beschlossen und damit eine Bündelung ihrer Kompetenzen. Hinter-

22 Allerdings kann der DRPR externe Berater kooptieren. Ob und inwieweit eine Beteiligung der Öffentlichkeit im Rahmen einer professionellen *Selbst*-Kontrolle der Fall sein sollte, wird vielseitig diskutiert.

23 Zum einen wurden das Gesetz zum Schutz der Jugend in der Öffentlichkeit (JÖSchG) und das Gesetz über die Verbreitung jugendgefährdender Schriften (GjS) zum Jugendschutzgesetz (JuSchG). Dieses regelt den Jugendschutz in Offline-Medien. Zum anderen wurden die Jugendschutzbestimmungen des Rundfunkstaatsvertrags (RStV) und Mediendienste-Staatsvertrag (MDStV) im Jugendmedienschutz-Staatsvertrag (JMStV) zusammengefasst, der den Jugendschutz in Online-Medien regelt.

24 Kriterien hierfür sind u. a. die Unabhängigkeit und Sachkundigkeit der Prüfer, die Beteiligung gesellschaftlicher Gruppen, Vorgaben für die Prüf- und Verfahrensordnung sowie eine sachgerechte Ausstattung.

25 Diese sind Beanstandung, Sendezeitbeschränkung, Ausstrahlungsverbot, Ordnungswidrigkeitsverfahren oder Abgabe an die Staatsanwaltschaft.

grund ist die fortschreitende Konvergenz der Medien, die es ermöglicht, „gleiche Inhalte über verschiedene Vertriebskanäle abzurufen.“[26]

Ähnlich wie die Räte werden die FSM und die FSF von der Profession getragen.[27] Die Gutachterkommission der FSM setzt sich allerdings aus Juristen, die Gremien der FSF setzen sich dagegen pluralistisch – aus den gesellschaftlich relevanten Gruppen – zusammen. Haupttätigkeit der FSF ist eine vorausgehende Programmprüfung im Hinblick auf Gewalthandlungen und sexuelle Darstellungen, von der die vorgeschlagene Sendezeit abhängt. Die Mitgliedersender sind eine Selbstverpflichtung eingegangen, sich an die Empfehlungen zu halten. Anders als bei den „reinen“ Institutionen freiwilliger Selbstkontrolle verfügen die Institutionen der regulierten Selbstregulierung über die Möglichkeiten einer „Vorkontrolle“ sowie über härtere Sanktionen. Über die öffentliche Rüge hinaus kann die FSF Geldstrafen verhängen oder einen Ausschluss aus der FSF bewirken. Einen besonderen Stellenwert für die regulierte Selbstregulierung spielt auch die Förderung der Medienpädagogik im Bereich des Jugendmedienschutzes.[28] Aufgrund des stärkeren medienpolitischen Einflusses und der Notwendigkeit der Anerkennung und Überwachung durch die KJM findet die regulierte Selbstregulierung damit nur bedingt freiwillig statt. Institutionen der Selbstkontrolle sind vielmehr dazwischen geschaltet.

Träger-/Offline-Medien: Im Vordergrund der Tätigkeit der Selbstkontrollinstanzen im Offline-Bereich steht eine Vorabkontrolle durch eine *Altersfreigabeprüfung* (FSK, USK)[29], *Vertriebsempfehlung* (DT-Control)[30] und *gutachterliche Tätigkeit.* Medienpolitischer Einfluss besteht bei der USK (Schwerpunkt Computerspiele) und der FSK (Schwerpunkt Film) durch die Zusammenarbeit mit den *Obersten Landesjugendbehörden (OLJB).* So erteilt bei der USK der Ständige Vertreter der OLJB die Altersfreigabe und wirkt in den Gutachtergremien mit. Ähnlich hat der Ständige Vertreter der OLJB den Vorsitz im Arbeitsausschuss der FSK. Außerdem werden die unabhängigen Prüfer u. a. von Vertretern der Länder und des Bundes berufen. Bei beiden Institutionen der Selbstkontrolle besteht keine Vorlagepflicht, vielmehr erfolgt die Einreichung freiwillig, und es bestehen Selbstverpflichtungen der Mitglieder zur Übernahme der Empfehlungen. Obwohl die Selbstkontrolle durch die Profession erfolgt, ist sie aufgrund der Zusammenarbeit mit staatlichen Stellen nur bedingt freiwillig.

---

26 Vgl. Pressemitteilung „Freiwillige Selbstkontrolleinrichtungen Multimedia-Diensteanbieter und Fernsehen bündeln Kompetenzen“ vom 15.10.2008 (vgl. *http://www.fsf.de/fsf2/ueber_uns/presse/pressearchiv.htm* (Zugriff: 02.04.2009).

27 Die FSF besteht aus 17 privaten Fernsehsendern, die FSM aus Medienverbänden und Online-Unternehmen (vgl. Selbstdarstellungen der FSF (von Gottberg 2005) und FSM (Frank/Rausch 2005).

28 Beispiele für Aktivitäten sind die Förderung der Medienkompetenz von Kindern und Jugendlichen, der Öffentlichkeitsarbeit für Eltern und Erzieher sowie der Organisation von Workshops und Tagungen.

29 Vgl. hierzu die Selbstdarstellungen der FSK (von Wahlert 2005) und USK (Gerstenberger 2005).

30 Vgl. hierzu die Selbstdarstellung von DT-Control (Auer 2005).

3.1.3. Gesellschaftskontrolle des öffentlich-rechtlichen Rundfunks

Ein dritter Bereich der Medien-Selbstkontrolle ist das *Modell der Gesellschaftskontrolle* im öffentlich-rechtlichen Rundfunkbereich.[31] Hier sollen sachverständige Repräsentanten unterschiedlicher gesellschaftlicher Gruppen die Verantwortung der Rundfunk-Veranstaltungen sichern. Anders als die bisher aufgeführten Institutionen der Selbstkontrolle agieren die Rundfunk- und Fernsehräte *organisationsintern*. Zwar werden die Mitglieder als Vertreter und „Sachwalter der Allgemeinheit" entsandt, dennoch ist ihre Zusammensetzung vorgeschrieben und die Mitglieder werden von politischer Seite berufen oder benannt. Damit ist die Kontrolle im öffentlich-rechtlichen Rundfunk weder eine professionelle *Selbst*-Kontrolle, noch eine reine Gesellschaftskontrolle im Sinne einer Kontrolle durch die Öffentlichkeit. Ähnlich wie die Professionsräte, die zwischen Professionsmitgliedern, den Medien und der Öffentlichkeit vermitteln, haben auch die Rundfunkräte eine gleichzeitige „Kontroll- und Wächterfunktion" (vgl. Grätz 2004). Neben ihrer Beratungsfunktion in allgemeinen Programmangelegenheiten gegenüber dem Intendanten ist es Aufgabe der Räte, die Sender und ihre gesetzlichen Aufgaben nach außen zu verteidigen. Als gleichzeitig „oberstes Organ DER Anstalt und Vertreter der Allgemeinheit IM Sender" stehen sie also „halb innerhalb und halb außerhalb der Anstalten" (vgl. ebd.).

Das Spektrum unterschiedlicher Strukturen, Rahmenbedingungen und Aufgaben im Medienbereich findet sich auch in der Ausgestaltung von Institutionen der Selbstkontrolle wieder. Vor allem im Bereich der regulierten Selbstkontrolle zeigen sich starke Überschneidungen moralischer und rechtlicher Regulierung. Einzig die Institutionen der freiwilligen Selbstkontrolle erfüllen die Kriterien ethischer Selbstkontrolle.

3.2 Schwächen und Probleme der Medien-Selbstkontrolle

3.2.1. Allgemeine Probleme der Regulierung

Im Zusammenhang mit unterschiedlichen Strukturen und Institutionen treten in jedem Medienbereich unterschiedliche Konflikte auf. Angesichts wiederkehrender Krisen vor allem im Boulevardbereich, stellt sich die Frage, ob die Medien-Selbstkontrolle „effektiv" ist. Grundsätzlich gilt, dass ein Mangel an effektiver Selbstkontrolle noch kein staatliches Eingreifen legitimiert.[32] Im Rahmen freiwilliger Selbstkontrolle gilt die staatliche Kontrolle allerdings nur dann als suspendiert, wenn die professionsinterne Kontrolle zumindest äquivalent funktioniert. Damit ist das Ver-

31 Vgl. hierzu beispielhaft die Selbstdarstellungen des Rundfunkrates des WDR (Grätz 2005) und des Fernsehrates des ZDF (Wirth 2005):

32 Eine Ausnahme bildet, wie bereits ausgeführt, der Jugendschutz.

sprechen der Selbstkontrolle gleichsam die „Gegenleistung für die eingeräumten Privilegien der organisierten Autonomie" (van den Daele 1990: 23).

Aufgrund primär symbolischer Sanktionen werden Selbstkontrollinstanzen wie der Deutsche Presserat immer wieder als „zahnloser Tiger" kritisiert. So lässt sich auch in Frage stellen, ob die oft Monate später abgedruckten Rügen wirklich Öffentlichkeit herstellen. Aufgrund wiederholter Verstöße gegen die Berufsmoral im Boulevardbereich stellt sich aber auch die Frage, inwieweit die Idee der Sanktionierung durch Öffentlichkeit überhaupt greift.

In der Praxis selektieren Rezipienten das Medienangebot im Kontext situativer Bedingungen (wie Langeweile) und Bedürfnisse (z.B. nach Ablenkung, Unterhaltung).[33] Das Mediennutzungsverhalten ist daher auch eine Frage des „privaten Konsumstils" (Funiok 2000a: 53), der unter die „Konsumentenfreiheit" (Korf 1999: 13) fällt. Dies erklärt vielleicht die Popularität der *Bild*-Zeitung, die sechsmal wöchentlich zwölf Millionen Leser erreicht und seit 50 Jahren Marktführer ist.[34] Sie ist gleichzeitig die Zeitung, die am meisten vom *Deutschen Presserat* gerügt wird.[35] Im Bereich der Boulevardpresse zeigen sich demnach die der Selbstkontrolle zu Grunde liegenden *Interessenkonflikte* verstärkt. Aufgrund der „unzureichenden" Sanktionierung lohnt sich der Verstoß gegen medienethische Normen oft noch für Medienunternehmen und findet sogar Absatz auf dem Markt.

Auch wird an der Situation der Selbstkontrolle kritisiert, dass sie oft eine „Alibifunktion" erfüllt und nur als Reaktion auf die Androhung verschärfter staatlicher Maßnahmen zur Regulierung erfolgt (vgl. Gerschel 1990: 41). So entstanden die Institutionen der Selbstkontrolle in der Bundesrepublik historisch meist in Abgrenzung gegen staatliche Kontrolle (vgl. Eisermann 1993: 3).[36] Selbstkontrolle ist dann ein „Selbstschutz" der Profession und wird gegenüber dem Recht als „geringeres Übel" abgetan. Hat die Selbstkontrolle nur eine Schutzfunktion gegenüber dem Gesetzgeber, ist ihre Funktion allerdings eingeschränkt, da sie der Akzeptanz bedarf und ethisch motivieren will. Selbstregulierung beinhaltet damit auch die Fähigkeit eines Sektors, die Formulierung und Implementierung von Maßnahmen zu sichern, die gewünschtes Verhalten wahrscheinlicher machen.

---

33 Dies zeigen Untersuchungen der „Uses-and-Gratification-Theorie" (vgl. Katz/Blumler 1974) und der psychologischen Mediennutzung.

34 Vgl. Interview der Bundeszentrale für politische Bildung mit Sven Gösmann vom November 2004 unter *www.bpb.de/veranstaltungen/5YVGW4,0,0,Es_geht_darum_wahrhaftig_zu_berichten.html* (02.04.2009).

35 Im Jahr 2007 richtete sich der Großteil der Beschwerden beim Presserat gegen regionale Tageszeitungen, und Lokalzeitungen (318) sowie Boulevardzeitungen (93). Ein Großteil der ausgesprochenen Rügen wurde jedoch an Boulevardzeitungen adressiert (vgl. Statistik im Jahrbuch Deutscher Presserat 2008: 217).

36 Dies trifft auch auf die Entstehungsgeschichte des Deutschen Presserats zu. Erst nach dem Scheitern des Pressegesetzes von 1952, das eine staatliche Aufsicht für die Presse vorgesehen hatte, verlagerte sich die Diskussion von einer gesetzlich verankerten Selbstverwaltung auf Formen freiwilliger Presse-Selbstkontrolle (vgl. Fischer 1976: 110).

Kritisiert wird auch eine zu starke Interessenvertretung der Selbstkontrollinstanzen, die mit fehlender Transparenz und Bezug zur Öffentlichkeit und mangelnder Sanktionsdurchsetzung einhergeht.[37] Neben ihrer geringen Kooperation untereinander ist die Tätigkeit vieler Selbstkontrollinstanzen oft auch nicht bekannt und damit die Publizität ihres Handelns als notwendige Voraussetzung für die Wirksamkeit der Selbstkontrolle „nicht erfüllt bzw. systematisch verhindert" (vgl. Eisermann 1993: 16).

3.2.2. Probleme durch aktuelle Medienentwicklungen: Beispiel Handy

Ein weiteres und wachsendes Problem der Medien-Selbstkontrolle ist die Konvergenz auf dem Medienmarkt, welche sich auf die Medien selbst, vor allem aber auf die Zuständigkeit und Regulierbarkeit durch bisherige Institutionen auswirkt (vgl. Stapf 2009). Beispiele hierfür sind das Web 2.0 mit Entwicklungen hin zu social communities sowie einer stärker interaktiven Ausrichtung mit einem Fokus auf user-generated-content ebenso wie die Entwicklung mobiler Medien. So hat sich beispielsweise das Handy zu einem „multimedialen mobilen Integrationsmedium" (Beispiel Handy-TV) entwickelt (Breunig 2006: 7).[38]

Die bislang gültigen Differenzierungen von verschiedenen Medienarten lösen sich in diesem Zuge langsam auf. Durch die „Fusion von Mobilität und Medialität" konvergieren Mobiltelefon und Computer hin zum Handy als „einer mobilen und multimedialen Kommunikationsplattform" (Grimm 2007: 9). Auf diesen neuen Plattformen entstehen auch neue Problemformen. Beispiele sind hier problematische Kontakte und Inhalte, wie die Beispiele des Happy Slapping, Bullying and Mobbing zeigen, die zunehmend auch Kinder und Jugendliche betreffen (vgl. Grimm 2007). Von Videos mit „problematischen Inhalten" haben, laut einer Studie von Petra Grimm 93,1 % der Kinder und Jugendlichen zumindest schon einmal gehört: „Vor allem Gewaltvideos, selbst gemachte Videos, in denen andere verprügelt werden (Happy Slapping), Sexvideos und selbst gemachte Videos, in denen andere in schlimmen oder peinlichen Situationen gezeigt werden (Mobile Bullying), sind zwischen 66% und 77% der Kinder und Jugendlichen ein Begriff." (Grimm 2007: 116) Wie werden derartige Problembereiche aber durch die bestehenden Selbstkontrollinstanzen reguliert, die noch auf die klassischen Massenmedien zugeschnitten sind?

Während das JuSchG den Bereich der *Trägermedien* regelt, d.h. Texte, Bilder oder Töne auf gegenständlichen Trägern im Offline-Bereich (z.B. DVD, CD), so reguliert der JMStV die *Telemedien* im Rahmen öffentlich zugänglicher Inhalte im Online-

37 Diese Kritik bezieht sich vor allem auf den Presserat, der sich aus Verleger- und Journalistenverbänden zusammensetzt.

38 Dabei steht Handy-TV noch am Anfang. Es wird erwartet, dass es als „Pausenfernsehen" der schnellen Nutzung dienen wird. Im Vergleich zum häuslichen Fernsehen wird ein häufigerer, kürzerer und über den Tag verteilter Konsum erwartet, der die klassischen Massenmedien ergänzt (vgl. Breunig 2006: 12ff.).

Bereich (z.B. elektronische Medien). Die Zurechnung der Inhalte zu Träger- oder Telemedien entscheidet, ob das *Jugendschutzgesetz* oder der *Jugendmedienschutz-Staatsvertrag* bei jugendgefährdenden Inhalten greift, die über Handys verbreitet oder zugänglich gemacht werden.

Die Evaluierung des Jugendmedienschutzsystems des Hans-Bredow-Instituts von 2007 kritisiert, dass es gerade bei multifunktionalen Geräten, wie PCs, Konsolen oder Handys, Anwendungsprobleme gibt (Hans-Bredow-Institut 2007: 3). Da das Handy viele Funktionen in sich vereinigt, ist seine Regulierung nicht eindeutig. So fallen Inhalte der Individualkommunikation von einem Handy zum anderen (z.B. Videos über MMS) nicht unter den Jugendmedienschutz. Normadressaten und Verantwortungsträger sind die Anbieter von Telemedien, d.h. die Mobilfunkunternehmer.[39] Das Handy kann aber Trägermedium sein, wenn einer dritten Person über das Display Bilder oder Töne präsentiert werden. Bestimmungen des Jugendschutzgesetzes gelten, wenn dadurch z.B. jugendgefährdende bzw. strafbare Inhalte zugänglich gemacht werden (vgl. Rat für Kriminalitätsverhütung in Schleswig-Holstein 2007: 20). Auch greift der JMStV beim individuellen Austausch von Inhalten per Handy nicht. Landesmedienanstalten und die KJM können weder selbst in die Vorgänge individueller Telekommunikation Einblick nehmen, noch Mobilfunkanbieter dazu verpflichten. Die Kontrolle individueller Übermittlungen ist durch das *Telekommunikationsgesetz* (TKG) untersagt.[40]

Der Jugendmedienschutz in seiner derzeitigen Form ist damit nur begrenzt wirksam im Handy- und Internetbereich. So werden nur die Anbieter im Inland erfasst, die der Selbstkontrollinstanz freiwillig beigetreten sind; zudem sind die Möglichkeiten der regulativen Kontrolle erschwert aufgrund des persönlichen, privaten Charakters des Handys und dadurch, dass die verschickten Inhalte oft nicht unter die Verantwortlichkeit der Mobilfunkanbieter fallen – wenn es nämlich Drittinhalte sind, welche diese weder selbst veranlasst noch sich zu eigen gemacht haben. Die Vermittlung eines *reinen Zugangs* durch die Bereitstellung technischer Schnittstellen *verursacht keine Verantwortlichkeit der Mobilfunkanbieter*. Ihr „Haftungsprivileg" bezieht sich auf das gesetzliche Zugeständnis, dass eine sachgerechte Kontrolle von online verbreiteten Inhalten weder technisch noch personell immer möglich oder zumutbar ist (vgl. Grimm 2007: 69).

Insgesamt erscheint die regulierte Selbstkontrolle des Jugendmedienschutzes noch nicht stark genug für die Eigengesetzlichkeiten des Handys ausdifferenziert. Gewalt und Pornografie sind nach wie vor Problemzonen bestimmter Segmente der Kinder- und Jugendkultur, die sich auf ein neues Medium hin verlagert haben, das schwerer regulierbar und in seinen Wirkungen noch nicht nachhaltig erfasst ist. Auch entstehen

---

39 Als Anbieter gilt jede natürliche oder juristische Person, die eigene oder fremde Inhalte von Tele- oder Mediendiensten (Telemedien) bereithält oder den Zugang zur Nutzung vermittelt (Vgl. § 3 Abs. 3 JMStV).

40 Vgl. Art. 10 GG, § 88 Abs. 3 TKG.

mit neuen Medien neue Nutzungsweisen und auch Gefährdungen und bislang bestehende Grenzen der Verantwortungsbereiche verwischen zunehmend.

Die aufgeführten Probleme legen nahe, dass insgesamt ein Vollzugsdefizit der Selbstkontrolle besteht: Die Profession allein kann sie nicht sicherstellen, der einzelne Journalist ist überfordert, die Sanktionskraft Öffentlichkeit ist nicht stark genug ausgebildet und neue Entwicklungen auf dem Medienmarkt stellen die alten Muster der Medien-Selbstkontrolle in Frage. Dies wirft die Frage auf, ob die Medien-Selbstkontrolle angesichts wiederkehrender Krisen scheitert bzw. was von der Medienethik, die nur ein „schwaches" Steuerungsinstrument ist, überhaupt gefordert werden kann?

4 Bedingungen für effektive Medien-Selbstkontrolle: Ethik als Prozess

4.1 Was lässt sich von einer wirksamen Medien-Selbstkontrolle erwarten?

Für die Pressefreiheit als Wesensmerkmal der Demokratie vom Typ der Bundesrepublik ist die Freiheit charakteristisch, dass die Medien über alles berichten dürfen. Über den Jugend- und Persönlichkeitsschutz hinaus hat die Medien-Selbstkontrolle die Aufgabe, sicherzustellen, dass die *Freiheit im Sinne des Gemeinwohls* genutzt wird. Denn die Macht der Medien ist auch eine Macht über gesellschaftliche und moralisch-ethische Diskurse und die Geltung der Moral.

Eine Aufgabe der Medien-Selbstkontrolle ist daher auch die *Qualitätssicherung* (vgl. Ruß-Mohl 1994, Stapf 2006). *Medienqualität* bedeutet die Möglichkeit der Integration publizistischer und ökonomischer Qualität (vgl. Karmasin 1998: 91). Sie impliziert die *Übereinstimmung medialer Produkte mit grundlegenden Normen der Journalismus- und Medienethik.* Qualitätssicherung kann somit über den ethischen Begriff der Verantwortung ideale Ansprüche auf die Unternehmens- und Professionsebene übersetzen.

In einer pluralistischen Gesellschaft ist die *Sicherung von Minimalstandards* in professionell-handwerklicher und moralisch-ethischer Hinsicht zentral. Qualitätssicherung kann formal (durch Ethik-Kodizes) oder informell (im Rahmen der Unternehmenskultur) institutionalisiert werden. *Damit* Qualitätssicherung verwirklicht werden kann, muss sie sich für die Unternehmen „lohnen". Sie ist daher so zu konzipieren, dass sie *gleichermaßen im Interesse der Unternehmen bzw. Organisationen und der Öffentlichkeit* liegt. Sollen Kundenzufriedenheit und ein positives Image in der sozialen Gemeinschaft als Motivation für Unternehmen greifen, bedarf es daher der *Institutionalisierung von Ethik.* Ihr Ziel ist es, Verantwortung und Transparenz auf der Professions- und der Unternehmensebene einzufordern und die Öffentlichkeit als Rechtfertigungs- und Sanktionskraft zu stärken. Im Bestreben, ethische und ökonomische Rationalitäten zu vereinbaren, sind auch *Medienpolitik* und *Medienrecht* zentral. Ihre Verantwortung besteht darin, angemessene Rahmenbedingungen zu schaffen für die Institutionalisierung von Ethik unter Wahrung der Medienfreiheit.

Im Hinblick auf Möglichkeiten der Institutionalisierung von Selbstkontrolle lohnt sich ein Blick in die USA (vgl. Ruß-Mohl 1994; Stapf 2006). Dort hat sich aufgrund eines noch stärker ausgeprägten Verständnisses von Medienfreiheit eine vielfältige Struktur von Institutionen der Selbstkontrolle entwickelt, deren Umsetzung nach Deutschland oder Europa empfehlenswert erscheint. Besonders viel versprechend sind die Institution des Ombudsmanns auf der Unternehmensebene, Medienkodizes von Unternehmen und professionellen Vereinigungen, kritische Media Watchdogs auf der Öffentlichkeitsebene, aber auch eine stark institutionalisierte Medienkritik und Medienforschung. Auch in der Bundesrepublik finden sich positive Bestrebungen in diese Richtung, wie z. B. durch den „Verein zur Förderung der publizistischen Selbstkontrolle e. V.“, die „Initiative Qualität im Journalismus“ des *Deutschen Journalismus-Verbandes* oder die zunehmende Entwicklung von Unternehmenskodizes. Gerade aufgrund der sich in ständiger Wandlung befindenden Medienmärkte wird eine Pluralität von Institutionen und sowie eine klar geregelte Verantwortungsverteilung zentral.

Die Frage nach der Wirksamkeit der Selbstkontrolle ist daher auch eine Frage der Bedingungen, der nun abschließend nachgegangen wird.

4.2 Konklusion: Bedingungen wirksamer Medien-Selbstkontrolle

Wiederkehrende Konflikte und systemimmanente Widersprüche sind *dann* nicht Ausdruck des Scheiterns der Selbstkontrolle, wenn die Spannungsfelder für sie genutzt werden. Damit wohnt der Medien-Selbstkontrolle *Prozesshaftigkeit* und *Diskursivität* inne (vgl. Krainer 2001). Als medienethische Frage ist die Selbstkontrolle ein „ongoing process“, der aus Krisen schöpft und in dem Verantwortung durch *Qualitätssicherung* und *Professionalisierung* zentral ist. Das komplexe Zusammenspiel von Medientätigen, Unternehmen, der Profession und des Publikums belegt die Notwendigkeit eines *integrativen Modells der Medienethik*, das die Ebenen Medienproduktion-, -distribution und -rezeption als vernetzt konzipiert (vgl. Stapf 2006).[41]

Selbstkontrolle als Prozess findet wesentlich durch die *Vernetzung* von Infrastrukturen und Institutionen auf den verschiedenen Ebenen statt (vgl. Ruß-Mohl 1994; Stapf 2006). Dabei kommt der Profession besondere Relevanz zu bei der Gestaltung der *Innen- und Außenfunktion* der Selbstkontrolle. Durch Sozialisierung, Normierung, Stimulation von Diskursen und der Sanktionierung agiert sie als *Ort ethischer Selbstkontrolle*, der die anderen Ebenen vernetzt (vgl. Stapf 2006).[42] Aufgrund der Bedingung der Anerkennung kann die Selbstkontrolle durch die Öffentlichkeit, Politik und Recht nur *indirekt* (z. B. im Rahmen der regulierten Selbstregulierung) wirken. Ethische Selbst-

41 Vgl. zu Mehrebenenmodellen der Medienethik auch Pürer 1992; Teichert 1996.
42 Vgl. zur Sozialisierungs- und Diskursfunktion der Profession Thomaß 1998.

kontrolle strebt ein *strukturelles Gleichgewicht* und strukturelle Verantwortungs*möglichkeit* durch eine Mehrstufenverantwortung an. Die vernetzte Medien-Selbstkontrolle sollte das Verhältnis zwischen Medienunternehmen, Profession und Öffentlichkeit verbessern, die aufgrund des Fehlverhaltens eingebüßte Glaubwürdigkeit wiederherstellen sowie die Anerkennung der Selbstkontrolle und die Bewahrung der Pressefreiheit anstreben.

Die ethische Medien-Selbstkontrolle hat zwar Interessenkonflikte zum Ausgangspunkt. Sie basiert letztendlich aber auch auf einem gleichen Interesse: der *Freiheit – der Aufrechterhaltung der Freiheit des Nutzers, zwischen verschiedenartigen journalistischen Produkten und Formaten wählen zu können, der Tendenz- und Pressefreiheit der Medienunternehmen, der Freiheit der Profession zu ihrer autonomen Regelung sowie der Freiheit, möglicher Betroffener auf die Achtung ihrer Menschenwürde.* Freiheit ist daher *Anfangspunkt* der Selbstkontrolle, da diese Selbstkontrolle überhaupt erst ermöglicht; sie ist ihr *Endpunkt*, da die Grenze der Freiheit darin liegt, sie durch (Macht)Missbrauch nicht zu gefährden.

Literatur

Auer, Wolfgang (2005): DT-Control – Interessengemeinschaft Selbstkontrolle elektronischer Datenträger im Pressevertrieb. In: Baum, Achim u.a. (Hrsg.): Handbuch Medienselbstkontrolle. Wiesbaden, S. 457-459.

Avenarius, Horst (2005): Der Deutsche Rat für Public Relations e.V. In: Baum, Achim u.a. (Hrsg.): Handbuch Medienselbstkontrolle. Wiesbaden, S. 295-318.

Beauftragter der Bundesregierung für Angelegenheiten der Kultur und der Medien unter Mitwirkung der Selbstkontrolleinrichtungen der Medienbranche (1999): Selbstkontrolle im Medienbereich der Bundesrepublik Deutschland. Bonn.

Birnbacher, Dieter (2003): Analytische Einführung in die Ethik. Berlin.

Breunig, Christian (2006): Mobile Medien im digitalen Zeitalter. Neue Entwicklungen, Angebote, Geschäftsmodelle und Nutzung. In: Media Perspektiven, Heft 1/2006, S. 2-15.

Bucher, Rue / Strauss, Anselm (1972). Wandlungsprozesse in Professionen. In: Luckmann, Thomas / Sprondel, Walter Michael (Hrsg.): Berufssoziologie. Köln, S. 182-197.

Daele, Wolfgang van den / Müller-Salomon, Heribert (1990): Die Kontrolle der Forschung am Menschen durch Ethikkommissionen. Stuttgart.

Debatin, Bernhard (1997): Ethische Grenze oder Grenze der Ethik? Überlegungen zur Steuerungs- und Reflexionsfunktion der Medienethik. In: Bentele, Günter / Haller, Michael. (Hrsg.): Aktuelle Entstehung von Öffentlichkeit. Akteure – Strukturen – Veränderungen. Konstanz, S. 281-290.

Desgranges, Ilka / Wassink, Ella (2005): Der Deutsche Presserat. In: Baum, Achim u.a. (Hrsg.): Handbuch Medienselbstkontrolle. Wiesbaden, S. 79-111.

Deutscher Presserat (2008): Jahrbuch 2008. Mit der Spruchpraxis des Jahres 2007. Konstanz: UVK.

Eisermann, Jessica (1993): Selbstkontrolle in den Medien: Der Deutsche Presserat und seine Möglichkeiten. In: Veröffentlichungsreihe der Abteilung Öffentlichkeit und soziale Bewegungen des Forschungsschwerpunktes Sozialer Wandel, Insitutionen und Vermittlungsprozess des Wissenschaftszentrums Berlin für Sozialforschung. FSIII; S. 93-102.

Fechner, Frank (2002; 3. Aufl.): Medienrecht: Lehrbuch des gesamten Medienrechts unter besonderer Berücksichtigung von Presse, Rundfunk und Multimedia. Tübingen.

Fischer, Heinz-Dietrich / Breuer, Klaus Detlef R. / Wolter, Hans-Wolfgang (1976): Die Presseräte der Welt. Struktur, Finanzbasis und Spruchpraxis von Medien-Selbstkontrolleinrichtungen im internationalen Vergleich. Band 13. Schriftenreihe des Zeitungs-Verlag und Zeitschriften-Verlag Bonn-Bad Godesberg.

Frank, Sabine / Rausch, Isabel (2005): Die Freiwillige Selbstkontrolle Multimedia-Diensteanbieter e.V. (FSM). In: Baum, Achim u.a. (Hrsg.): Handbuch Medienselbstkontrolle. Wiesbaden, S. 469-494.

Funiok, Rüdiger (2000a): Legitime Bedürfnisbefriedigung in einer gemeinwohlorientierten Rahmenordnung. In: Schicha, Christian / Brosda, Carsten (Hrsg.): Medienethik zwischen Theorie und Praxis: Normen für die Kommunikationsgesellschaft (ikö-Publikationen 2). Münster, S. 53-61.

Funiok, Rüdiger (2000b): Medienethik. Der Wertediskurs über Medien ist unverzichtbar. In: Aus Politik und Zeitgeschehen. Herausgegeben von der Bundeszentrale für politische Bildung. 6. Oktober 2000, B41-42/2000, S. 11-18.

Gerschel, Alfred (1990): Aufgaben und Funktionen des Presserates in Vergangenheit und Gegenwart. In: Mestmäcker, Ernst-Joachim (Hrsg.): Selbstkontrolle und Persönlichkeitsschutz in den Medien. Ein Symposium der Bertelsmann Stiftung am 27.3.1990 in Gütersloh, S. 41-47.

Gerstenberger, K.-Peter (2005): Die Unterhaltungssoftware Selbstkontrolle (USK). In: Baum, Achim u.a. (Hrsg.): Handbuch Medienselbstkontrolle. Wiesbaden, S. 429-450.

Grätz, Reinhard (2005): Der Rundfunkrat des WDR. In: Baum, Achim u.a.: (Hrsg.) Handbuch Medienselbstkontrolle. Wiesbaden, S. 133-158.

Grätz, Reinhard (2004): Pflichten und Rechte der Mitglieder in den Rundfunk- und Verwaltungsräten des öffentlich-rechtlichen Rundfunks. Vortrag gehalten auf der Fachkonferenz „Entwicklungsperspektiven der Medienpolitik in Deutschland der Friedrich-Ebert-Stiftung in Berlin am 20. September 2004.

Grimm, Petra / Rhein, Stephanie (2007): Slapping, Bullying, Snuffing! Zur Problematik von gewalthaltigen und pornografischen Videoclips auf Mobiltelefonen von Jugendlichen. Berlin.

Hans-Bredow-Institut (2007): Analyse des Jugendmedienschutzsystems – Jugendschutzgesetz und Jugendmedienschutz-Staatsvertrag (Zusammenfassung der Ergebnisse). [abgerufen unter *www.hans-bredow-institut.de/forschung/recht/jugendmedienschutz.htm*].

Jarren, Otfried u.a. (2002): Rundfunkregulierung – Leitbilder, Modelle und Erfahrungen im internationalen Vergleich. Eine sozial- und rechtswissenschaftliche Analyse. Zürich.

Karmasin, Matthias (1998): Oligopole in freien Gesellschaften. Medienfreiheit als ökonomisches und ethisches Problem. In: Wunden, Wolfgang (Hrsg.): Freiheit und Medien (Beiträge zur Medienethik; Band 4), Frankfurt, S.79-95.

Katz, Elihu / Blumler, Jay G. (1974): The Uses of Mass Communications. Current Perspectives on Gratification Research. Beverly Hills; London.

Korff, Wilhelm (1999): Neue Dimensionen der bedürfnisethischen Frage. In: Handbuch der Wirtschaftsethik. Hrsg. im Auftrag der Görres-Gesellschaft von Wilhelm Korff u.a.. Gütersloh, Bd. 1, S. 31-49.

Krainer, Larissa (2001): Medien und Ethik: zur Organisation medienethischer Entscheidungsprozesse. München-.

Künzli, Arnold (1992): Vom Können des Sollens. Wie die Ethik unter den Zwängen der Ökonomie zur Narrenfreiheit verkommt. In: Haller, Michael / Holzhey Helmut (Hrsg.): Medien-Ethik. Beschreibungen, Analysen, Konzepte für den deutschsprachigen Journalismus. Opladen, S. 280-293.

Löffler, Martin / Hébarre, Jean Louis (1968): Form und Funktion der Presse-Selbstkontrolle. Hrsg. im Auftrag der Deutschen Studiengesellschaft für Publizistik in Zusammenarbeit mit der Juristischen Section der AIERI/Paris und dem Französischen Presse-Institut der Universität Paris. München.

Neidhardt, Friedhelm (1993): Kontrollprobleme öffentlicher Meinungsbildung. Zur Einleitung. In: Eisermann, Jessica: Medienselbstkontrolle. Der Deutsche Presserat und seine Möglichkeiten. Berlin, S. I-VI.

Nickel, Volker (2005): Der Deutsche Werberat. In: Baum, Achim (Hrsg.) u.a.: Handbuch Medienselbstkontrolle. Wiesbaden, S. 229-254.

OSCE Representative on Freedom of the Media Miklós Haraszti (2008): The Media Self-Regulation Guidebook. All questions and answers. Wien.

Rat für Kriminalitätsverhütung in Schleswig-Holstein (2007): Happy Slapping und mehr. Brutale, menschenverachtende oder beleidigende Bilder auf Handys. Kiel.

Pürer, Heinz (1992): Ethik in Journalismus und Massenkommunikation. Versuch einer Theorien-Synopse. In: Publizistik, Heft 2; 37. Jg.; S. 304-321.

Ruß-Mohl, Stephan (1994): Der I-Faktor: Qualitätssicherung im amerikanischen Journalismus-Modell für Europa? Zürich; Osnabrück.

Schicha, Christian / Brosda, Carsten (2000): Medienethik zwischen Theorie und Praxis: Normen für die Kommunikationsgesellschaft (ikö-Publikationen 2). Münster.

Schulz, Wolfgang (2002): Demokratie und Selbstregulation – Geschichte, Möglichkeit und Grenzen. In: *TV Diskurs*, Januar 2002/ Ausgabe 19; S. 42-45.

Schulz, Wolfgang / Held, Thorsten (2002): Regulierte Selbstregulierung als Form modernen Regierens. Im Auftrag des Bundesbeauftragten für Angelegenheiten der Kultur und der Medien. Endbericht. Hamburg.

Stapf, Ingrid (2009): Wellen der Empörung. Ethische Überlegungen zum Jugendmedienschutz bei Handys. In: Zeitschrift für Kommunikationsökologie und Medienethik (ZfKM), 1/2009. S. 137-150.

Stapf, Ingrid (2006): Medien-Selbstkontrolle. Ethik und Institutionalisierung. Konstanz.

Stapf, Ingrid (2005): Medien-Selbstkontrolle – Eine Einführung. In: Baum, Achim u.a. (Hrsg.): Handbuch Medienselbstkontrolle. Wiesbaden, S. 17-36.

Suhr, Oliver (1998): Europäische Presse-Selbstkontrolle. Baden-Baden.

Teichert, Will (1997): Kritik als Beruf. Vom Nutzen der „Quasi-Profession" Journalismus. In: Weßler, Hartnut u.a. (Hrsg.): Perspektiven der Medienkritik: die gesellschaftliche Auseinandersetzung mit öffentlicher Kommunikation in der Mediengesellschaft. Opladen, S. 69-74.

Teichert, Will (1996): Journalistische Verantwortung: Medienethik als Qualitätsproblem. In: Nida-Rümelin, Julian (Hrsg.): Angewandte Ethik. Die Bereichsethiken und ihre theoretische Fundierung. Stuttgart, S. 751-776.

Thomaß, Barbara (1998): Journalistische Ethik. Ein Vergleich der Diskurse in Frankreich, Großbritannien und Deutschland. Opladen.

Verein zu Förderung der publizistischen Selbstkontrolle (2005): Der Verein zur Förderung der publizistischen Selbstkontrolle e.V. (FPS): In: Baum, Achim u.a. (Hrsg.): Handbuch Medienselbstkontrolle. Wiesbaden, S. 551-559.

von Gottberg, Joachim (2005): Die Freiwillige Selbstkontrolle Fernsehen (FSF). In: Baum, Achim u.a. (Hrsg.): Handbuch Medienselbstkontrolle. Wiesbaden: VS Verlag; S. 375-418.

von Wahlert, Christiane / Wiese, Heiko (2005): Freiwillige Selbstkontrolle der Filmwirtschaft GmbH (FSK). In: Baum, Achim u.a. (Hrsg.): Handbuch Medienselbstkontrolle. Wiesbaden, S. 37-64.

Wandtke, Artur-Axel (2008): Medienrecht: Praxishandbuch. Berlin.

Widmer, Michael (2003): Das Verhältnis zwischen Medienrecht und Medienethik. Unter besonderer Berücksichtigung der „Erklärung der Rechte und Pflichten der Journalistinnen und Journalisten" und des Schweizer Presserats. Bern.

Wiedemann, Verena A.-M. (1992): Freiwillige Selbstkontrolle der Presse: Eine länderübergreifende Untersuchung. Gütersloh.

Wirth, Stephen (2005): Der Fernsehrat des ZDF. In: Baum, Achim u.a. (Hrsg.): Handbuch Medienselbstkontrolle. Wiesbaden, S. 175-218.

Deutscher Presserat

Achim Baum

1 Auf schwankendem Boden

Schon von Beginn an war der Deutsche Presserat ein eher schwerfälliges Gremium. So lässt sich bereits seine Gründung vor allem als eine verspätete Reaktion auf den autoritären Stil interpretieren, mit dem die Regierung Adenauer – im Rahmen einer insgesamt restaurativen Kulturpolitik (vgl. Lattmann 1983) – auch ihre Medienpolitik betrieb. Die Zielstrebigkeit der Adenauer-Administration zeigte sich zunächst in dem Versuch, in den Jahren 1951/52 ein repressives Bundespressegesetz zu schaffen, das die Pressefreiheit geradezu mit einer „Flut von Beschränkungen" (Frei 1988: 82) überziehen wollte und so genannte ‚Presseausschüsse' als staatliche Kontrollinstanzen für die junge demokratische Presse vorsah. Zutreffend verurteilt Norbert Frei (1988: 90) diesen – am Ende gescheiterten – Vorstoß als das Ansinnen, eine „Rechtsgrundlage für Zeitungsverbote" zu schaffen.

Zwar formulierten amerikanische Beobachter in dieser Zeit die besorgte Prognose: „Bereiten wir uns auf den nicht mehr fernen Tag vor, da nichts außer entschiedener Vorstellungen auf höchster diplomatischer Ebene Deutschland von einer Knebelung der Presse abhalten kann." (zit. nach Sänger 1985: 159) Der *Manchester Guardian* bemühte sogar den Vergleich zwischen Adenauers Propagandamethoden und den Techniken von Joseph Goebbels, um vor den Gefahren eines derartigen Umgangs mit der Öffentlichkeit zu warnen (vgl. Sänger 1985: 159). Doch erst vier Jahre später waren Verleger und Journalisten zu einer gemeinsamen Reaktion fähig: Im November 1956 wurde endlich der Deutsche Presserat „nach dem Vorbild des schwedischen Presserats und des britischen ‚Press Council' durch je fünf Journalisten und Zeitungsverleger gegründet" – vor allem mit der Legitimation, dass „es eine Kontrollinstanz mit staatlicher Beteiligung nicht geben dürfe" (Pürer/Raabe 1994: 297). Diese Rechtfertigung – für die Aufbruchphase einer demokratischen Gesellschaft sicher nicht die schlechteste – trägt den Deutschen Presserat allerdings bis heute. Nach mehr als 50 Jahren jedoch bedarf auch eine solche Legitimation der Überprüfung und Erweiterung, die Institution des Presserats insgesamt einer Öffnung, die seine Existenz als demokratische Instanz untermauern und erneuern kann.

2 Zur Vorgeschichte und historischen Entwicklung des Deutschen Presserats

Die Idee einer freiwilligen Selbstkontrolle für die Presse ist weit mehr als hundert Jahre alt. Denn mit der Gewährleistung der Pressefreiheit entstand zugleich die Gefahr, diese Freiheit auch auf Kosten anderer zu missbrauchen. Schon früh war deshalb den Journalisten und Verlegern daran gelegen, eine journalistische Berufsethik zu konzipieren und zu bewahren:

> „Alle diese Bemühungen entsprangen dem schlechten Gewissen, der Unzufriedenheit darüber, daß es im bunten, ja buntscheckigen Bild der Presse zweifellos auch viele dunkle Flecken gab und gibt." (Maruhn 1987: 171)

Doch zunächst gingen alle Überlegungen von Journalisten und Verlegern sowie von staatlicher Seite dahin, die Selbstkontrolle der Presse auf einer gesetzlichen Basis zu etablieren – von *freiwilliger* Selbstkontrolle, wie wir sie heute kennen, konnte darum kaum die Rede sein. So wurde der eigentlich erste Schritt in diese Richtung bereits mit der Verabschiedung des Reichspressegesetzes von 1874 unternommen. Darin wurde erstmals der Begriff des „verantwortlichen Redakteurs" geprägt. Das bedeutete nicht zuletzt: Der Staat gestand damit der Presse auch implizit eine selbst verwaltete und selbst kontrollierende Tätigkeit zu (vgl. Heinrichsbauer 1954: 13). Es folgten verschiedene Versuche, eine Art Standesgerichtsbarkeit für Journalisten – vergleichbar derjenigen von Ärzten und Rechtsanwälten – zu initiieren. Der Reichsverband der Presse, die damalige Standesorganisation der Journalisten, entwickelte 1924 den ersten, wirklich bedeutenden Vorschlag, Presseräte auf gesetzlicher Grundlage einzurichten. An jedem Oberlandesgericht sollten diese Presseräte bzw. Pressekammern angesiedelt werden, unter dem Vorsitz eines Richters und in paritätischer Zusammensetzung von Journalisten und Verlegern. Gescheitert ist dieser Gesetzentwurf schließlich am Widerstand der Verlage, da den Journalisten darin eine eigene öffentliche Aufgabe zugesprochen wurde, die ihnen weit reichende Unabhängigkeit versprochen hätte. Das Gremium sollte disziplinarische Befugnisse besitzen und sogar Berufsverbote verhängen können – eine Kompetenz, die man von Verlegerseite den Journalisten nicht zubilligen wollte (vgl. Maruhn 1987: 171f.).

Bis in die dreißiger Jahre des 20. Jahrhunderts hielt die Diskussion um ein Reichspressegesetz und eine Standesgerichtsbarkeit für die Presse an. Noch im April 1933 legte der Reichsverband der deutschen Presse den Entwurf eines Pressegesetzes vor, in dem die Journalisten ihre Selbstverwaltung festzuschreiben versuchten. Doch angesichts der bereits vollzogenen Machtübernahme durch den Nationalsozialismus taugte der Entwurf der Journalistenverbände lediglich als eine Vorlage für das Schriftleitergesetz vom Oktober 1933. Darin ist zwar die journalistische Selbstkontrolle als Begriff noch enthalten, doch tatsächlich war sie der totalen Kontrolle des Staates unterworfen:

> „In diesem Gesetz offenbarte sich mit aller Deutlichkeit die tödliche Gefahr, die in der Errichtung einer Selbstverwaltung für die Presse liegen kann. [...] Nun war der Staat mit rücksichtsloser Brutalität über jahrelanges fruchtloses Für und Wider hinweggegangen und hatte der Presse eine Selbstverwaltung gegeben, wie er es sich vorstellte. Eine Selbstverwaltung freilich in einer Form und von einer Konsequenz der Durchführung, die auch ihre überzeugtesten Fürsprecher nicht für möglich gehalten hätten." (Heinrichsbauer 1954: 84)

Nach 1945 wurde mit der Neuorganisation der Presse in den einzelnen Besatzungszonen auch die Idee der Selbstkontrolle in Form von Presseräten wieder angestoßen. So herrschte vor allem in den drei westlichen Besatzungszonen Einigkeit darüber, dass Organe der Selbstkontrolle für die Presse geschaffen werden müssten. In einzelnen Bundesländern schufen die Landespressegesetze ab 1948/49 eine neue rechtliche Basis: Verleger, Journalisten und regionale Verbände verfassten Ehrengerichtsordnungen zur Durchsetzung ihres Berufsethos (vgl. ebd.: 96ff.). Mit dem Grundgesetz von 1949 wurde der Pressefreiheit dann endlich jener hohe Stellenwert eingeräumt, der ihr in einer demokratisch verfassten Gesellschaft gebührt. Und die Verbände der Verleger und Journalisten stellten erneut Überlegungen an, gemeinsam die Pressefreiheit gegen Angriffe von außen zu schützen und Missstände innerhalb der Presse aufzudecken. Manche Entwürfe sahen allerdings vor, die Organisation einer publizistischen Selbstkontrolle durchweg in Gesetzen zu verankern. So wurde – vor allem aus Journalistenkreisen – erneut der Ruf nach einem Bundespressegesetz laut (vgl. Fischer u.a. 1976: 107f.).

Den unmittelbaren Anstoß für die Gründung des Deutschen Presserats lieferte schließlich der eingangs beschriebene Entwurf zu einem Bundespressegesetz, den Bundesinnenminister Robert Lehr im März 1952 vorlegte. Vergleichbar der bereits 1949 gegründeten *Freiwilligen Selbstkontrolle der Filmwirtschaft (FSK)* sah Lehrs Planung die Beteiligung der Regierung und der Öffentlichkeit an der publizistischen Selbstkontrolle vor (vgl. Bermes 1991: 86). Die vorgeschlagene Einrichtung von Aufsichtsinstanzen auf Landes- und Bundesebene sowie eine Beteiligung von Vertrauensleuten der Öffentlichen Hand ließ freilich die gesamte Presselandschaft mit heftiger Kritik auf diesen Gesetzentwurf reagieren (vgl. Mauchenheim 1980: 254). Und weil die Verbände der Verleger und Journalisten generell fürchten mussten, dass ihnen über kurz oder lang der Staat vorschreiben würde, wie die Presse sich selbst zu kontrollieren habe, verfolgte man in Deutschland mit großem Interesse die Gründung des britischen Presserats, *General Council of the Press.* Vor allem durch die Initiative des Vorsitzenden der Hamburger Journalistenvereinigung, Alfred Frankenfeld, nahm schließlich auch die Selbstkontrolle der deutschen Presse nach dem Vorbild Großbritanniens konkrete Formen an.

Der Deutsche Presserat, am 20. November 1956 in Bonn gegründet, besteht seitdem in seiner paritätischen Struktur je zur Hälfte aus Journalisten und Verlegern. Anfangs zählte er zehn Mitglieder, fünf wurden vom Bundesverband Deutscher Zeitungsverleger (BDZV) und fünf vom Deutschen Journalistenverband (DJV) entsandt. Erst ein halbes Jahr später trat auch der Verband der Zeitschriftenverleger

(VDZ) und ab 1960 die Deutsche Journalistenunion (dju) dem Presserat bei. Die bei seiner Konstituierung im Bergischen Hof zu Bonn allein „von den Berufsverbänden dazu ermächtigten Herren" betrachteten die Gründung des Deutschen Presserats freilich als ein ausgesprochenes „Wagnis" (Deutscher Presserat 1960: 8). Denn als moralische Instanz ohne Exekutive und ohne umfassendes Mandat war der Presserat zunächst nicht mehr als ein institutionalisierter Ausdruck des Misstrauens – und das in mehrere Richtungen:

- gegenüber einem jungen Staat, der die publizistischen Organe der Öffentlichkeit mit ihren Kritik- und Kontrollfunktionen als Gegner betrachtete;
- gegenüber einem nach 1945 ungewohnt entfesselten Journalismus, dessen Möglichkeiten noch lange nicht ausgelotet waren; ebenso aber
- gegenüber einem marktwirtschaftlich ungezügelten Pressewesen, dessen Entwicklung nicht abzusehen war.

So beinhaltete die erste Geschäftsordnung des Presserats als Aufgaben fast zwangsläufig

- den Schutz der Pressefreiheit,
- die Beseitigung von Missständen im Pressewesen,
- die Abwehr von freiheitsgefährdender Pressekonzentration und
- die Vertretung der gesamten Presse gegenüber Regierung, Parlament und Öffentlichkeit

als vorrangige Ziele des neuen Gremiums (vgl. Deutscher Presserat 1960: 11).

Diesen Vorgaben entsprechend, stand in den ersten 15 Jahren die Bearbeitung von Beschwerden noch nicht im Vordergrund des Engagements. Vielmehr befasste sich der Presserat zunächst vorrangig mit der Pressegesetzgebung auf Bundes- und Länderebene und wehrte erfolgreich manche geplanten Verschärfungen des Medienrechts ab. So wurde etwa die so genannte ‚Lex Soraya', ein Gesetz zum stärkeren Ehrenschutz für ausländische Staatsoberhäupter, nicht zuletzt durch den Einsatz des Presserats abgewendet. Nach der Spiegel-Affäre 1962 machte sich das Gremium für eine Reform des Strafgesetzbuches stark und erreichte damit, dass der diffuse Begriff des Landesverrats als Rechtsgrundlage nicht mehr genügte, um eine Handhabe für staatsanwaltschaftliche Redaktionsdurchsuchungen zu besitzen (vgl. Bermes 1991: 127ff.). Auch im Streit um die Notstandsgesetzgebung, deren Entwürfe einschneidende Maßnahmen zur Pressezensur vorsahen, nahm das Selbstkontrollorgan wesentlichen Einfluss auf die öffentliche Diskussion und schuf am Ende mit seiner Argumentation sogar die Grundlage für die Ablehnung dieser Verfassungsänderung durch die oppositionelle SPD (vgl. Bermes 1991: 136).

Insgesamt hat der Presserat zwar in jener Phase durch eine intensive Auseinandersetzung vor allem mit der Adenauer-Administration die Pressefreiheit gegen verschiedene restriktive Gesetzgebungsvorhaben erfolgreich verteidigen können. Doch

> „darf dieser Erfolg […] nicht isoliert von der politischen und gesellschaftlichen Gesamtsituation in der Bundesrepublik zu dieser Zeit gesehen werden: Nach der ersten Phase der erfolgreichen Konsolidierung des jungen Staates hatten sich demokratische Überzeugungen und mit ihnen die Idee einer freien Presse auf breiter Basis durchgesetzt. Die Interessen der Presse bei gesetzgeberischen Reformvorhaben fanden deshalb Rückhalt und breite Unterstützung in der Öffentlichkeit." (Wiedemann 1992: 48)

Insofern stimmten in dieser Phase der Entwicklung die Intentionen des Gründungsaktes mit dem Image des Deutschen Presserats überein: Es ging ihm nicht vordergründig nur um die „Sicherung der Branchenprivilegien, sondern der Demokratie" (Bermes 1991: 133) im Ganzen. Als im Juni 1968 die Notstandsverfassung dennoch gegen den Willen einer aufgebrachten deutschen Öffentlichkeit den Bundestag passierte, hatte sich der Presserat aus dem politischen Streit allerdings bereits verabschiedet – ein deutlicher Hinweis auf die veränderte Rolle des Selbstkontrollorgans in der weiteren Geschichte. Denn schon während der Diskussion um die Aufnahme des journalistischen Zeugnisverweigerungsrechts in die Landespressegesetze – Mitte der sechziger Jahre – wurde die Bedeutung des Gremiums nicht selten heruntergespielt. Nicht nur die Regierenden, sondern auch seine Träger selbst nahmen den Presserat nur noch dann in Anspruch, wenn es „aus technischen Gründen […] einfacher schien, dieses Gremium als Zusammenschluß der Verbände zu konsultieren, anstatt die Organisationen einzeln anzusprechen" (ebd.: 151).

Endgültig offenbarte sich die Zögerlichkeit des Deutschen Presserats schließlich im Kampf gegen die Pressekonzentration. Denn hier ging es nicht mehr allein um ein *politisches* Engagement zu Gunsten der Pressefreiheit in der jungen Demokratie. Vielmehr waren nun auch unmittelbar die *ökonomischen* Interessen der im Presserat ja zu fünfzig Prozent vertretenen Verleger betroffen. Ihnen gelang es über Jahre hinweg, sogar mit Hilfe des Presserats die dringend notwendige Auseinandersetzung um eine Kontrolle publizistischer Monopole zu verschleppen. War in der Gründungsphase noch die Abwehr einer freiheitsgefährdenden Pressekonzentration als eines der Hauptziele der publizistischen Selbstkontrolle formuliert worden – eine Forderung, die auch von außen immer wieder an das Gremium herangetragen wurde –, so agierte der Presserat nun gerade im Widerspruch zu seiner eigenen Zielsetzung. Mit konsequenzlosen Beratungen, halbherzigen Absichtserklärungen, der Veranstaltung von Gastvorträgen und dem Verschieben des Problems der Pressekonzentration auf den Nebenschauplatz einer „mutmaßliche[n] Benachteiligung der Branche in der Konkurrenz mit anderen Medien" (ebd.: 153) verspielte der Presserat bereits zu Beginn der sechziger Jahre die Chance, seine zuvor errungene Glaubwürdigkeit weiter auszubauen.

Als sich zur Mitte des Jahrzehnts der Presserat angesichts massiver Monopolisierungstendenzen im Zeitungs- und Zeitschriftenwesen dazu durchringen konnte, einen eigenen Lösungsbeitrag zu leisten, berief er auf Drängen des DJV im Jahr 1965 – quasi zwischen den beiden von der Bundesregierung eingesetzten Gutachtergremien, der *Michel-Kommission* und der *Günther-Kommission* – einen eigenen Ausschuss zur Beurteilung der medienwirtschaftlichen Lage. Die mehr als 900 Seiten umfassende

Dokumentation dieser Bemühungen war nach Einschätzung des Presseratsgründers Walter Fabian freilich „eine rein theoretische Arbeit", aus der „nie irgendwelche Schlußfolgerungen gezogen" wurden – insgesamt „eben irgendwie eine Scheinaktivität" (zit. nach ebd.: 157).

Im Februar 1968 legte der Presserat denn auch *Empfehlungen zu den Konzentrationsvorgängen und zum Wettbewerb in der deutschen Presse* vor, die – wie alle vorangegangenen Erklärungen – den publizistischen Wettbewerb als Kernelement der Pressefreiheit herausstellten und in der Ankündigung gipfelten, der Deutsche Presserat werde „die weitere Entwicklung beobachten" (ebd.: 161). Nach Einschätzung Verena Wiedemanns (1992: 250) „versagte der Presserat" also

> „bei der ersten sich bietenden Gelegenheit, die Pressefreiheit auch gegen privatwirtschaftliche Machtansprüche zu verteidigen. Nach verschiedenen Modifikationen der Satzung, in denen die Zuständigkeit des Presserats für wirtschaftliche Entwicklungen immer mehr zurückgenommen wurde, ist diese Aufgabenstellung inzwischen gänzlich aus der Satzung des Deutschen Presserats gestrichen worden." (ebd.: 250)

3 Struktur, Arbeitsweise und Gremien

Rein formal betrachtet, zeichnet sich der Deutsche Presserat seit Ende der fünfziger Jahre durch eine gleichberechtigte Zusammenarbeit von Journalisten und Verlegern aus. Er wird von den vier großen Verbänden des Pressewesens getragen, von Seiten der Verleger durch den Bundesverband Deutscher Zeitungsverleger (BDZV) und den Verband Deutscher Zeitschriftenverleger (VDZ), von journalistischer Seite durch den Deutschen Journalisten-Verband (DJV) und den Gewerkschaftsverband ver.di, Fachbereich Medien, mit der Deutsche Journalistenunion (dju). Seit 1976 ist der Presserat ein eingetragener Verein im Sinne des Bürgerlichen Gesetzbuchs. Seit der Umstrukturierung im Jahr 1984 bilden diese vier Institutionen den Trägerverein des Deutschen Presserats e.V., der die organisatorische und finanzielle Verantwortung für die publizistische Selbstkontrolle besitzt.

Die Mitgliederversammlung des *Trägervereins*, die aus vier Repräsentanten der Verbände sowie vier weiteren natürlichen Personen besteht, die von den Verbänden benannt werden, beschließt in diesem überschaubaren Kreis sowohl die Geschäftsordnung für den Presserat als auch seine Beschwerdeordnung und schlägt den Sprecher des Presserats zur Wahl vor, der als Repräsentant gegenüber der Öffentlichkeit fungiert. Erst im Juni 2002 wurde in diesem Gremium beschlossen, die Dauer des Sprecheramtes (ebenso wie die Amtszeit des Trägervereins-Vorsitzenden) von einem auf zwei Jahre zu verlängern.

Das *Plenum* des Presserats setzt sich je zur Hälfte aus Verlegern und Journalisten zusammen und wurde Anfang des Jahres 2004 von 20 auf 28 Mitglieder aufgestockt.[1] Es legt den Schwerpunkt seiner Arbeit auf aktuelle Probleme des deutschen Pressewesens und der Medienpolitik und fällt darüber hinaus grundsätzliche Entscheidungen, die auch durch Beschwerden angestoßen werden können. Nur besonders gelagerte, außergewöhnliche Beschwerdefälle und presseethische Fragen entscheidet das Plenum mit allen Mitgliedern.

Die überwiegende Mehrheit der eingegangenen Beschwerden wird dagegen in einem weiteren Gremium, dem *Beschwerdeausschuss*, beurteilt, der seit der personellen Aufstockung des Presserats in zwei gleichberechtigten Kammern tagt. Zwölf Mitglieder aus dem Plenum des Presserats gehören jeweils zur Hälfte den beiden Kammern des Beschwerdeausschusses an. Mit der neuen Aufgabe des Presserats, den Redaktionsdatenschutz zu organisieren, wurde auch ein *zweiter Beschwerdeausschuss* für entsprechende Fälle eingerichtet. Dieser Ausschuss setzt sich aus sechs Personen zusammen. Der Presserat selbst entsendet fünf Mitglieder in den Beschwerdeausschuss für den Redaktionsdatenschutz, eine weitere Person wird vom Verband der Anzeigenblätter benannt. Insgesamt müssen auch hier die Mitglieder zur Hälfte verlegerisch und journalistisch tätig sein (vgl. Deutscher Presserat 2001: 6). Eine Übersicht über die Struktur des Deutschen Presserats liefert Abbildung 1.

Außenwirksam wird die Arbeit des Deutschen Presserats in erster Linie durch die Maßnahmen, die seine Beschwerdeausschüsse gegen einzelne Zeitungen und Zeitschriften verhängen. Die vermeintlich schwachen Sanktionsmaßnahmen dieser Ausschüsse bieten den Kritikern seit jeher Anlass, die Wirksamkeit der Publizistischen Selbstkontrolle prinzipiell in Frage zu stellen (vgl. u.a. Bermes 1989, Buchwald 1980 und 1989, Kühnert 1981, Raff 1982, Wiedemann 1994). Dabei wird einerseits kaum berücksichtigt, dass die viel gescholtene öffentliche Rüge – als schärfste Form der Maßregelung – nur eine von vielen Möglichkeiten darstellt, eine Redaktion auf ihr Fehlverhalten aufmerksam zu machen. Andererseits zeigen bereits die Auseinandersetzungen unterhalb der Schwelle einer öffentlich ausgesprochenen Rüge, dass die betroffenen Presseorgane schon auf eine Erwähnung ihres Namens im Zusammenhang mit der Beschwerdearbeit des Presserats äußerst sensibel reagieren.

---

1 Ausschlaggebend für die Erhöhung der Mitgliederzahl war sehr wahrscheinlich auch die Forderung der Chefredakteure einiger Tageszeitungen, die im Juni 2003 eine stärkere Vertretung ihrer Interessen in den Gremien des Presserats verlangt hatten. (vgl. dazu die entsprechende Einlassung des damaligen Presserat-Sprechers, Kay E. Sattelmair in: Deutscher Presserat 2003).

Abbildung 1: Struktur des Deutschen Presserates

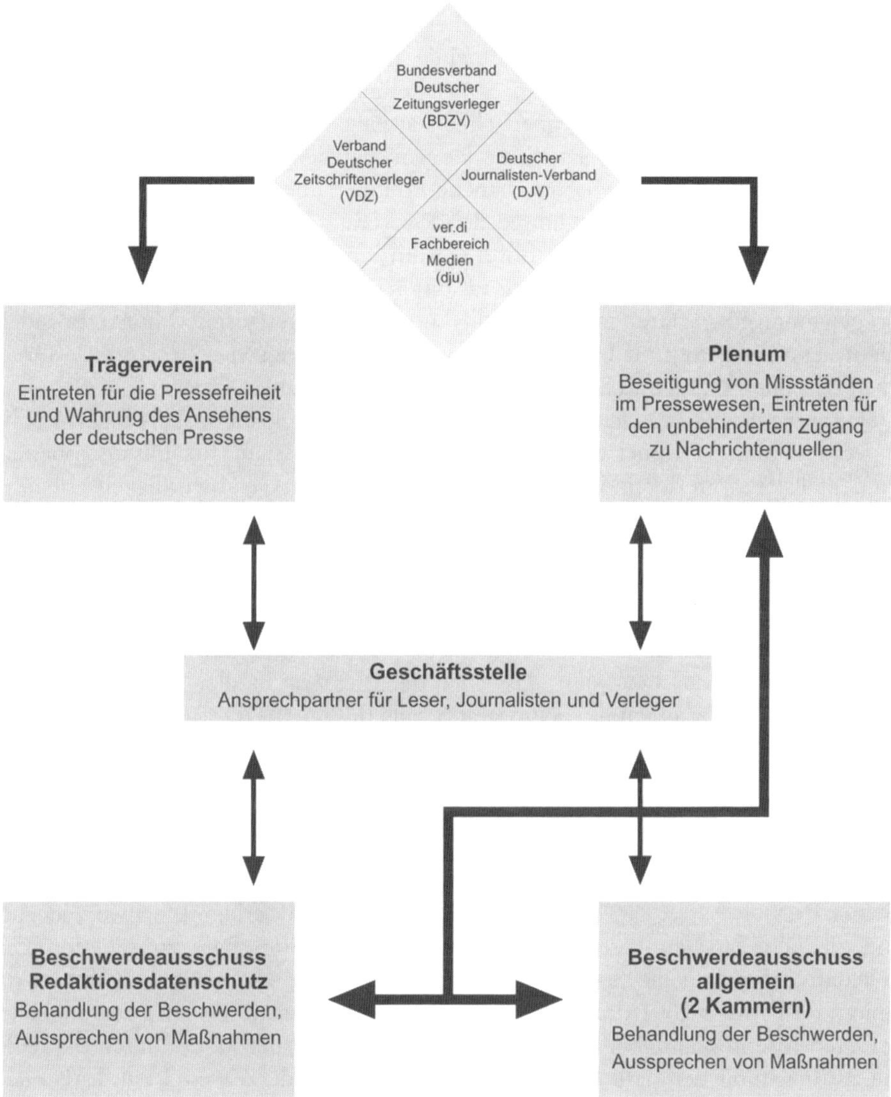

(Quelle: Deutscher Presserat)

Tatsächlich können die Mitglieder eines Beschwerdeausschusses eine ganze Reihe von Registern ziehen, die fast alle eines gemeinsam haben: Stets provozieren sie eine über die Gremien des Presserats quasi moderierte Auseinandersetzung zwischen Beschwerdeführern und Beschwerdegegnern (in den meisten Fällen vertreten durch die Chefredakteure der angesprochenen Publikationen). Schon der Umstand, dass ihr Blatt überhaupt Gegenstand der Beratungen im Beschwerdeausschuss werden könnte, veranlasst die meisten Chefredakteure – aber auch Justiziare und Rechtsabteilungen der Verlage – zu umfangreichen schriftlichen Darstellungen über die Gründe und Hintergründe ihrer Berichterstattung. So entstehen nicht zuletzt vieltausendseitige Beschwerdeakten, in denen die gegnerischen Parteien sich allein darum bemühen, ein Verfahren überhaupt in Gang zu setzen oder grundsätzlich zu verhindern.

Nicht zufällig machen sich darum manche Politiker, aber auch Prominente und deren Anwälte in den vergangenen Jahren den Presserat zu Nutze: Sie rufen mit großer PR-Begleitung die Sittenwächter in Bonn an, um ihre (echte oder nur vorgetäuschte) moralische Entrüstung medienwirksam zu unterstreichen. Ein Beispiel dafür lieferte die so genannte ‚Flugaffäre', in der damalige nordrhein-westfälische Ministerpräsident Clement versucht hatte, mit Hilfe einer – am Ende erfolglosen – Beschwerde Druck auf die Magazine FOCUS und SPIEGEL auszuüben (vgl. Baum 2000a).

Der Verdacht liegt in solchen und ähnlichen Fällen (vgl. Baum 2000b: 114) nahe, dass gerade Politiker immer wieder versuchen, den Presserat für Diskussionen zu instrumentalisieren, in deren Verlauf sie selbst moralische Glaubwürdigkeit anhäufen und eine kritische Berichterstattung diskreditieren wollen – der Ausgang des Beschwerdeverfahrens spielt dabei freilich oft eine untergeordnete Rolle.

Wenn eine Beschwerde nach der Vorprüfung (vgl. Deutscher Presserat 2006: 38f.) den Beschwerdeausschuss schließlich erreicht, stimmt der Ausschuss über jeden einzelnen Fall zunächst unter dem Aspekt seiner Berechtigung ab. Bereits damit wird dem Beschwerdeführer signalisiert, dass auch der Presserat in aller Regel die jeweilige Eingabe als begründet erachtet – cum grano salis die niedrigste Stufe einer Maßnahme, die beiden Seiten des Verfahrens auch als Beschluss mitgeteilt wird. Der Beschwerdeausschuss kennt in seiner Praxis darum den Spruch der *‚begründeten Beschwerde ohne Maßnahme'*, ein Instrument, mit dem gerade dieses Signal deutlich gemacht werden soll.

Der *Hinweis*, die mildeste Form einer Sanktion, wird immer dann ausgesprochen, wenn der Presserat zwar einen Verstoß gegen den Kodex erkennt, schwerwiegende Gründe jedoch dagegen sprechen, eine Berichterstattung scharf zu sanktionieren. Beispielhaft dafür sind die Sprüche des Presserats zum ‚Fall Sebnitz'. Während das Gremium im Februar 2001 drei Rügen gegen die Berichterstattung über den angeblich ermordeten Joseph Kantelberg-Abdulla aussprach, weil insbesondere durch die reißerische Aufmachung der Artikel und der Überschriften jeder Zweifel am Tathergang ausgeschlossen worden sei (vgl. Baum: 2001b), genügte in zwei Fällen auch ein Hinweis: Hier hatte sich die jeweilige Zeitung für eine widersprüchliche Berichterstattung gegenüber dem Presserat entschuldigt (vgl. Trägerverein 2002: 160) bzw. den Verstoß gegen den Kodex wieder gutgemacht, indem sie den „Brief des Beschwerdeführers

[…] zum Anlass genommen [hatte, A.B.], dem Thema Sebnitz nochmals die gesamte Seite 2 zu widmen.“ (Trägerverein 2002: 163)

Anschaulich wird an diesem Beispiel, dass der Hinweis die Funktion einer Ermahnung an die jeweilige Redaktion hat, unübersehbar ist aber auch die unbestreitbare Wirksamkeit der Beschwerdearbeit weit unterhalb der öffentlichen Rüge. Die Drohung nämlich, sich wegen eines ethischen Fehlverhaltens – aufgrund der Pflicht zum Rügenabdruck nach Ziffer 16 des Pressekodex – selbst an den Pranger stellen zu müssen, verfehlt ihre Wirkung keineswegs. Besonders in Journalistenkreisen erregt allein die Gefahr einer öffentlichen Rüge durchaus Aufsehen und führt zu einer kritischen Beurteilung der betroffenen Kollegen, erst recht dann, wenn sie am Anfang ihrer Berufskarriere stehen.

Auch die *Missbilligung* – als zweitschärfste Form der Sanktion – ist darum redaktions- und verlagsintern nur geringfügig milder einzustufen als die Rüge. Die *öffentliche Rüge* schließlich stellt eine Maßnahme dar, die – zumindest ihrer Idee nach – eine journalistische Leistung nachhaltig entwertet, wenn nicht sogar ungültig macht. Sie soll den Lesern anzeigen, dass die Redaktion ihres Blattes einen so schwerwiegenden Fehler begangen hat, dass die übrigen Angehörigen des Berufs und der Branche sich distanzieren und den Verursacher bloßstellen – für die betroffenen Journalisten eine Blamage im schlimmsten Sinne des Wortes.[2] Dass bis heute manche Presseorgane nicht bereit sind, eine Rüge des Deutschen Presserats abzudrucken, sagt deshalb wenig über den angeblich ‚zahnlosen Tiger‘, sondern vor allem etwas über diese Blätter selbst aus. Denn offensichtlich scheint die journalistische Glaubwürdigkeit in diesen Fällen im Verhältnis der Redaktion zu ihren Lesern eine allenfalls unbedeutende Rolle zu spielen.[3]

Eine der zuverlässigsten Chancen, der Sanktion einer Rüge – eventuell sogar einem Beschwerdeverfahren überhaupt – zu entgehen, ist die *Wiedergutmachung* (vgl. Trägerverein 2002: 39). Nicht zuletzt um die Eigenverantwortung der beteiligten Parteien herauszufordern und zu stärken, hat der Deutsche Presserat die Möglichkeit einer Vermittlung zwischen Beschwerdeführer und -gegner vorgesehen. Wenn eine Zeitung oder Zeitschrift von der Geschäftsstelle über den Eingang einer Beschwerde informiert wurde, wird ihr eine angemessene Frist eingeräumt, in öffentlicher Form den Grund der Beschwerde wieder gutzumachen – in aller Regel also durch eine erneute redaktionelle Veröffentlichung, die den kritisierten Sachverhalt richtig stellt. Der Vorsitzende des zuständigen Beschwerdeausschusses und der Geschäftsführer des Deutschen Presserats prüfen anschließend gemeinsam, wie danach mit der Beschwerde zu verfahren ist.

---

2 Einen Sonderfall stellt die *nicht-öffentliche Rüge* dar, die vor allem dann ausgesprochen wird, wenn ein Opfer der Berichterstattung vor einer nochmaligen Veröffentlichung geschützt werden soll.

3 Vgl. zur Diskussion um die Sanktionsgewalt des Presserats auch Pöttker (2003: 382), nach dessen zutreffender Analyse die „Rede vom ‚zahnlosen Tiger‘ […] der Grundidee der liberalen Demokratie zutiefst fremd“ sein muss.

Ständiger Ansprechpartner für Leser, Journalisten und Verleger ist die Geschäftsstelle des Presserats, die im Sommer 2009 von Bonn nach Berlin umzog. Hier werden die Sitzungen des Plenums und der Beschwerdeausschüsse organisiert. Die eingegangenen Beschwerden werden vorgeprüft und soweit vorbereitet, dass Zuständigkeiten und offene Fragen über einzelne Sachverhalte im Vorfeld der Beratungen geklärt werden. In einzelnen Fällen finden umfangreichere Recherchen über die zur Entscheidung anstehenden Beschwerden statt. Die Mitarbeiter der Geschäftsstelle informieren sowohl den Beschwerdeführer als auch den Beschwerdegegner über den Ermittlungsstand ihrer Verfahren und deren Ausgang. Der konkrete Ablauf des Beschwerdeverfahrens ist aus Abbildung 2 zu ersehen:

Abbildung 2: Ablauf des Beschwerdeverfahrens

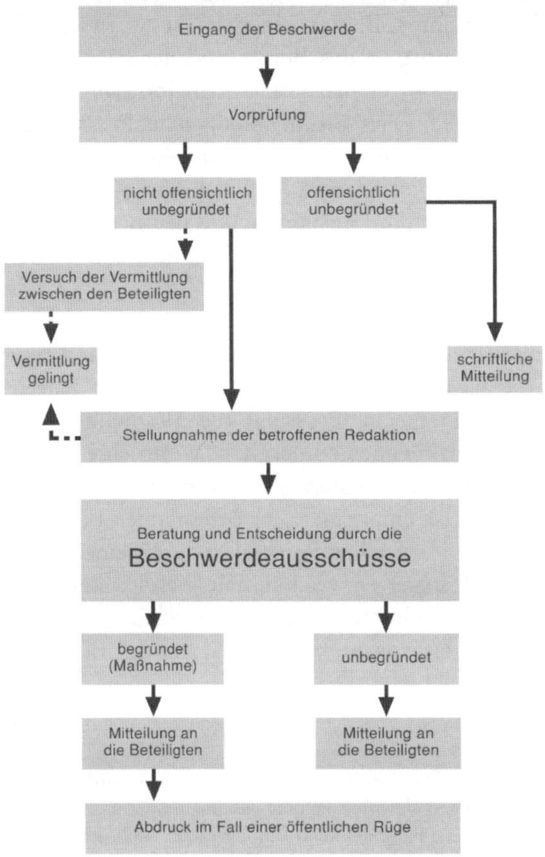

(Quelle: Deutscher Presserat)

4 Pressefreiheit, angewandte Ethik und ‚Publizistische Grundsätze'

Dass die Verteidigung der Pressefreiheit unter Berufung auf Artikel 5 des Grundgesetzes – als Dreh- und Angelpunkt im normativen Selbstverständnis des Deutschen Presserats – nicht allein durch die oben geschilderten Verfahrensweisen gesichert werden kann, zeigte sich in aller Deutlichkeit zu Beginn der achtziger Jahre.

So erwiesen sich damals im Streit um die Verpflichtung der Verlage zum Rügenabdruck und um die verdeckten Recherchen Günter Wallraffs die Differenzen zwischen Verlegern und Journalisten als derart unüberwindbar, dass der Presserat für den Zeitraum von vier Jahren seine Arbeit ruhen lassen musste. Die zunehmend wichtiger werdende Beschwerdearbeit nahm 1980 bereits einen großen Teil der beratenden Sitzungen ein. Als schärfste Sanktionsmaßnahme stand schon damals dem Gremium die öffentliche Rüge zur Verfügung, die nach Ziffer 16 des Pressekodex in der betroffenen Zeitung bzw. Zeitschrift abgedruckt werden muss. Dies wurde jedoch von den Verlagen in vielen Fällen verweigert, während die Journalistenvertreter bereits in der zweiten Hälfte der siebziger Jahre die konsequente Einhaltung von Ziffer 16 massiv einforderten.

Nachdem Günter Wallraff 1977 unter dem Pseudonym Hans Esser durch eine verdeckte Recherche in der BILD-Redaktion Hannover skandalöse Methoden der Boulevardzeitung aufgedeckt hatte, verschärfte sich die Lage im Deutschen Presserat zusehends.[4] Nach langem Zögern wurden 1979 endlich dreizehn exemplarische Fälle im Plenum des Presserats erörtert. Das Verhalten von *Bild* wurde in sechs Fällen gerügt, eine siebte Rüge erging gegen Günter Wallraff und seine Recherchemethoden (vgl. Deutscher Presserat 1982: 13f.) – vergeblich jedoch plädierten die Journalistenvertreter während der Sitzung für ein generelles Votum gegen die Arbeitsweisen der *Bild*-Zeitung. Die aufgestauten Konflikte mündeten kurz darauf in einen Eklat: Als der *Kölner Express* aus dem Haus Neven DuMont – dessen Verleger damals zugleich Präsident des BDZV war – sich nämlich kurze Zeit später weigerte, eine öffentliche Rüge abzudrucken, verlangte die Journalistenseite endgültig eine verbindliche Verpflichtung aller Verlage zum Abdruck der Rügen. Doch die Verlegerseite widersetzte sich weiterhin dieser Forderung, was die Journalisten veranlasste, die Beratungen zu boykottieren. Der Deutsche Presserat war damit arbeitsunfähig geworden. Bis zu seiner Neukonstituierung im Jahr 1985 gestalteten sich die Verhandlungen gerade um die Selbstverpflichtung zum Rügenabdruck als ausgesprochen schwierig. Und selbst bis heute ignorieren einzelne Zeitungen und Zeitschriften jegliche Aufforderung zum Rügenabdruck (vgl. Baum u.a. 2002: 8), auch wenn der deutlich überwiegende Teil der Verlage den Anspruch aus Ziffer 16 des Pressekodex erfüllt.

Vor diesem Hintergrund wird das Dilemma der freiwilligen publizistischen Selbstkontrolle überdeutlich. Denn der Ausgleich divergierender Interessen, die in der

4 Günter Wallraff veranschaulichte die Arbeitsmethoden der BILD-Redaktion an zahlreichen Beispielen in seinen Büchern *Der Aufmacher* (1977) und *Zeugen der Anklage* (1979).

Selbstkontrolle unter einen Hut gebracht werden müssen, verlangt im Zweifelsfall von den Beteiligten sogar den Verzicht auf Vorteile, die mit dem – den freiwilligen Regeln ja unterworfenen – Handeln gerade oft wie selbstverständlich verknüpft sind. Das gemeinsame Interesse, den allgemeinen Geltungsanspruch der Pressefreiheit zu verteidigen, erfordert nämlich

- eine permanente Problematisierung eben dieses Anspruchs hinsichtlich seiner moralischen Berechtigung,
- die konkreten Strukturen journalistischen und verlegerischen Handelns „über Ziel-Mittel-Relationen aufzudecken“,
- moralische Sprachspiele am konkreten Beispiel von normativ aufgeladenen Begriffen zu analysieren,
- „das moralische Bewußtsein über sich selbst aufzuklären“, und schließlich
- Anregungen „zur argumentativen Begründung und Rechtfertigung“ bestimmter Verhaltensweisen zu liefern sowie „zur Einübung in praktische Urteilskraft“ und „zum Erwerb moralischer Kompetenz“ (Pieper/Thurnherr 1998: 8).

Dieser, für die Angewandte Ethik grundsätzlich formulierte Aufgabenkatalog verlangt eine diskursive Einstellung der Beteiligten, d.h. die dauerhafte Unterstellung, dass „ein *täuschungsfrei* hergestelltes *gemeinsames* Interesse“ (Habermas 1973: 148, Herv. i. Orig.) argumentativ überhaupt herbeigeführt werden kann.[5] Darauf fußt am Ende auch die Wirksamkeit der Sanktionsmaßnahmen des Deutschen Presserats, auf der Einsicht nämlich, dass Normverstöße mit kommunikativen Mitteln problematisiert und wieder gutgemacht werden können:

> „Dann ist aber das Modell vertragschließender Parteien, die lediglich wissen müssen, was ein Imperativ bedeutet, unzureichend. Das angemessene Modell ist vielmehr die Kommunikationsgemeinschaft der Betroffenen, die als Beteiligte an einem praktischen Diskurs den Geltungsanspruch von Normen prüfen und, sofern sie ihn mit Gründen akzeptieren, zu der Überzeugung gelangen, daß unter den gegebenen Umständen die vorgeschlagenen Normen ‚richtig‘ sind. Nicht die […] Willensakte von Vertragspartnern, sondern die rational motivierte Anerkennung von Normen, die jederzeit problematisiert werden darf, begründet den Geltungsanspruch von Normen.“ (ebd.: 144)

Darin steckt die Chance der freiwilligen Selbstkontrolle als eine deliberative Form der demokratischen Kontrolle. Genauso ist nämlich die Präambel zu verstehen, die den Publizistischen Grundsätzen des Deutschen Presserats vorangestellt ist: Sie erhebt die demokratische Norm einer im Wesentlichen durch freie Medien gestalteten, vom Staat unabhängigen Öffentlichkeit zum freiwilligen Prinzip für die ethische Kontrolle des eigenen Handelns:

> „Die im Grundgesetz der Bundesrepublik verbürgte Pressefreiheit schließt die Unabhängigkeit und Freiheit der Information, der Meinungsäußerung und der Kritik ein. Verleger, Herausgeber und Journalisten müssen sich bei ihrer Arbeit der Verantwortung gegenüber der Öffentlichkeit

5 Siehe auch den Beitrag von Brosda zur Diskursethik in diesem Band.

> und ihrer Verpflichtung für das Ansehen der Presse bewusst sein. Sie nehmen ihre publizistische Aufgabe nach bestem Wissen und Gewissen, unbeeinflusst von persönlichen Interessen und sachfremden Beweggründen wahr." (Deutscher Presserat 2006: 3)

Der selbst gewählte Auftrag des Deutschen Presserats – quasi der Katalog seiner ethischen Aufgabenstellung – resultiert daraus und ist seit seiner Gründung im Wesentlichen unverändert geblieben. Die aktuelle Satzung des Presserats in der Fassung vom 19.11.2008 erläutert in § 9 folgende Aufgabenfelder:

> „1. Missstände im Pressewesen festzustellen und auf deren Beseitigung hinzuwirken,
> 2. Beschwerden über einzelne Zeitungen, Zeitschriften oder Pressedienste und journalistisch-redaktionelle Telemedien der Presse sowie sonstige Telemedien mit journalistisch-redaktionellen Inhalten außerhalb des Rundfunks zu prüfen und in begründeten Fällen Hinweise, Missbilligungen und Rügen gemäß § 12 Abs. 5 der BO auszusprechen,
> 3. Empfehlungen und Richtlinien für die publizistische Arbeit zu geben,
> 4. für den unbehinderten Zugang zu den Nachrichtenquellen einzutreten,
> 5. im Einvernehmen mit den Trägerorganisationen Entwicklungen entgegenzutreten, die die freie Information und Meinungsbildung des Bürgers gefährden könnten,
> 6. die Selbstregulierung im Bereich des Redaktionsdatenschutzes einschließlich des präventiven Datenschutzes sowie der Anlassaufsicht zu organisieren." (Deutscher Presserat 2008: 5f.)

Und in den Publizistischen Grundsätzen selbst, dem so genannten Pressekodex, ist schließlich das Normen- und Wertsystem festgeschrieben, das die publizistischen Akteure für sich selbst fixiert haben – notabene angelegt als ein permanenter Lernprozess:

Eine zunächst oberflächliche Legitimation für den Pressekodex ist die seit Jahrzehnten zunehmende Zahl der Eingaben an den Deutschen Presserat. Denn erst Anfang der siebziger Jahre wurde mit den Publizistischen Grundsätzen ein grundlegendes Verfahren zur Behandlung von Beschwerden geschaffen. Die Beschwerdeordnung regelte von nun an das Prozedere vom Eingang einer Beschwerde bis hin zu einer eventuellen Beratung im Beschwerdeausschuss. Und um eine Grundlage zur Beurteilung der Beschwerden, aber auch eine generelle Orientierungshilfe für die Arbeit der Journalisten zu gewinnen, wurde Rupert Giessler 1972 mit der Ausarbeitung „Publizistischer Grundsätze" beauftragt. Der Pressekodex – thematisch in Ziffern und in seiner 2006 überarbeiteten Fassung auch nach thematischen Überschriften gegliedert – legt in der Präambel seine Motive offen:

> „Die publizistischen Grundsätze konkretisieren die Berufsethik der Presse. Sie umfasst die Pflicht, im Rahmen der Verfassung und der verfassungskonformen Gesetze das Ansehen der Presse zu wahren und für die Freiheit der Presse einzustehen." (Deutscher Presserat 2006: 3)

Aktuelle Anlässe, wie zuletzt das Engagement des Presserats zur Aufsicht über den Redaktionsdatenschutz oder die Feiern zum fünfzigsten Jahrestag seiner Gründung, haben immer wieder dazu geführt, die Publizistischen Grundsätze zu ergänzen und neue Handlungsnormen in die verschiedenen Richtlinien für die redaktionelle Arbeit einzuarbeiten. Der Pressekodex umfasst 16 Ziffern, inzwischen ergänzt durch 42 Richtlinien. Die erste Ziffer des Kodex konstatiert die Achtung vor der Wahrheit und die Wahrung der Menschenwürde als oberste Gebote der Presse. Dieser Tenor ist ebenso in Ziffer 2 enthalten, die eine besondere Sorgfaltspflicht für eine wahrheitsgemäße, unverfälschte und sinngetreue Berichterstattung vorschreibt. Publizistische Inhalte, die sich nachträglich als falsch erweisen, sind unverzüglich richtig zu stellen (Ziffer 3).

In den folgenden Ziffern stehen insbesondere die journalistischen Arbeitsmethoden im Vordergrund. Bei der Recherche von Informationen dürfen keine unlauteren Methoden angewendet werden (Ziffer 4) und die vereinbarte Vertraulichkeit zwischen Informant und Journalist muss gewahrt bleiben (Ziffer 5). Alle in der Presse tätigen Personen sollen, wie in Ziffer 6 beschrieben, das Ansehen und die Glaubwürdigkeit der Medien wahren und durch Anwendung des Zeugnisverweigerungsrechts ihre Informanten schützen. Der Trennungsgrundsatz aus Ziffer 7 hält Journalisten und Verleger dazu an, redaktionelle Texte trennscharf von Anzeigen zu veröffentlichen und letztere deutlich kenntlich zu machen. Die Unabhängigkeit der Berichterstattung soll außerdem dadurch gewährleistet werden, dass sich Journalisten keine Vorteile z.B. durch Geschenke, Einladungen und Rabatte verschaffen, die ihre Entscheidungsfreiheit in irgendeiner Weise beeinträchtigen könnten (Ziffer 15).

Der Schutz der eigenen Persönlichkeit sowie anderer berechtigter Interessen wird in den Ziffern 8, 9, 10 und 12 behandelt. Zum einen geht es dabei um die Verletzung der Privatsphäre (Ziffer 8) und die Verletzung des Ehrgefühls (Ziffer 9). Zum anderen sind Verletzungen des sittlichen oder religiösen Empfindens einer Personengruppe (Ziffer 10) und Diskriminierungen aufgrund des Geschlechts oder der Zugehörigkeit zu einer rassischen, ethnischen, religiösen, sozialen oder nationalen Gruppe (Ziffer 12) nicht mit der Verantwortung der Presse vereinbar.

Auch die Verdächtigen aus laufenden Ermittlungs- und Strafverfahren, über die in der Presse berichtet wird, dürfen nicht in den Medien vorverurteilt werden (Ziffer 13). Besonders bei Verfahren gegen Jugendliche sollte die Presse im Hinblick auf die Zukunft der Betroffenen besondere Zurückhaltung üben. Eine unangemessen sensationelle Berichterstattung über Gewalt und Brutalität wird abgelehnt (Ziffer 11). Der Jugendschutz steht hier besonders im Vordergrund. Auch die unangemessen sensationelle Darstellung medizinischer Themen in der Presse wird nach Ziffer 14 abgelehnt, um keine unbegründeten Hoffnungen und Ängste bei den Lesern zu erwecken. In eigener Sache ermahnt der Presserat in Ziffer 16 die Printmedien, die öffentlich ausgesprochenen Rügen abzudrucken.

Eine grobe Systematisierung des Pressekodex würde demnach insgesamt neun Fallgruppen umfassen, die sowohl aus den Problemen der journalistischen Berufspraxis als auch aus der Spruchpraxis des Deutschen Presserats abgeleitet werden können:

- „oberste Gebote der Presse“ (Präambel und Ziffer 1)

- Sorgfaltspflicht (Ziffern 2 und 3)
- Recherchegrundsätze (Ziffern 4 und 5)
- Verbot unangemessener sensationeller Berichterstattung (Ziffern 11 und 14)
- Trennung von journalistischen und wirtschaftlichen Interessen (Ziffern 7 und 15)
- Schutz der Persönlichkeit (Ziffer 8)
- Diskriminierungsverbot bzw. Schutz vor Diskriminierung (Ziffern 10 und 12)
- Schutz der persönlichen Ehre und Schutz gegen Vorverurteilung (Ziffern 9 und 13)
- Schutz der Presseprivilegien (Ziffern 6 und 16).

Die erste Fassung der Publizistischen Grundsätze wurde 1973 dem damaligen Bundespräsidenten Gustav Heinemann überreicht. Im Herbst 2001 griff der Deutsche Presserat diese Tradition wieder auf und übergab dem Bundespräsidenten Johannes Rau einen überarbeiteten Pressekodex in der Fassung vom 20. Juni 2001; die neueste Fassung vom 13. September 2006 wurde anlässlich des 50jährigen Jubiläums im November an Bundespräsident Horst Köhler ausgehändigt. Dieser rein symbolische Akt, der eine offizielle Anerkennung der journalistischen Ethik durch den höchsten Repräsentanten des Staates zumindest andeutet, wirft ein bezeichnendes Licht auf den besonderen Charakter der Publizistischen Grundsätze.

Denn der Pressekodex – obwohl seine Inhalte selbstverständlich mit der allgemeinen Gesetzgebung im Einklang stehen – bietet keine Grundlage für eine publizistische Standesgerichtsbarkeit. Verstöße gegen die Publizistischen Grundsätze sind in der Regel nicht mit einer Überschreitung des Gesetzes gleichzusetzen. Genauso wenig darf der Umkehrschluss lauten, dass alles, was rechtlich nicht verboten ist, den Freiraum der Journalisten beschreibt. Und schließlich gilt der Grundsatz, dass nicht „alles, was von Rechts wegen zulässig wäre, [...] auch ethisch vertretbar" ist (Altendorfer 2001: 200). Vielmehr füllt der Kodex des Deutschen Presserats die Lücke zwischen dem Abwehrrecht auf Pressefreiheit (vgl. zum Überblick ebd.: 29ff. sowie 262ff.), den Privilegien, die daraus für alle publizistisch Tätigen erwachsen (vgl. ebd.: 265f.) und den im journalistischen und verlegerischen Handeln empirisch vorfindbaren Verhaltensweisen (vgl. Baum 2005a). Insofern greift er unmittelbar in die journalistische Tätigkeit ein und stellt dafür Handlungsnormen auf – bietet damit aber nicht zuletzt natürlich auch einen Anhaltspunkt für die Arbeit der Gerichte, die zunehmend in ihrer eigenen Urteilsfindung auf einzelne Ziffern und Richtlinien der Publizistischen Grundsätze Bezug nehmen.

Vor diesem Hintergrund greift die Kritik an der fehlenden „empirischen Überprüfbarkeit" des Pressekodex, wie Siegfried Weischenberg (1998: 238f.) sie an vielen Stellen formuliert hat, zu kurz:

> „Es ist zu bezweifeln, ob es für moralisches Handeln in einer modernen Gesellschaft fundamentale Routinen geben kann – wie sie die Pressekodices für das kommunikative Handeln von Journalisten anbieten. Ihr Fehler ist nicht nur das Beharren auf Maßstäben, die einer erkenntnistheoretischen wie empirischen Überprüfung nicht standhalten. Ihr Fehler ist auch, dass sie – wie jede

> Ethik – auf der binären Unterscheidung von gut und schlecht basieren, diese Unterscheidung aber selbst nicht problematisieren."

Und ebenso wird der Vorbehalt einer „Ganzheitsethik", den Manfred Rühl und Ulrich Saxer (1981: 501) gegenüber dem Presserat formuliert haben, der Idee der Publizistischen Grundsätze nicht gerecht:

> „Mit den Forderungen des Pressekodex mögen einfache Pressesysteme ohne nennenswerte Innendifferenzierung auskommen, hingegen fungiert für die komplexe Problemlage der Presse der Bundesrepublik Deutschland der *Pressekodex eher als Dekoration denn als Entscheidungsstruktur.*" (ebd., Herv. i. Orig.)

Vielmehr stellt die permanente *Spruchpraxis* als flexibles – weil lernfähiges – Bindeglied zwischen den im Kodex fixierten „Regeln für guten Journalismus"[6] auf der einen sowie einer „entfesselten Medienwirtschaft" und damit einhergehenden Entgrenzungen eines gelegentlich „mißlingenden Journalismus" (Baum 1996) auf der anderen Seite eine ‚Entscheidungsstruktur' dar, die gerade der ‚komplexen Problemlage' und damit einer ‚empirischen Überprüfbarkeit' angemessen ist.

Die aus der Beobachterperspektive Weischenbergs formulierte Kritik freilich, die binäre Unterscheidung von gut und schlecht werde selbst nicht problematisiert[7], trägt einen wahren Kern in sich. Hier liegt der eigentliche Zündstoff für Konflikte innerhalb eines Selbstkontrollorgans, das weitgehend unter Ausschluss der Öffentlichkeit zu seinen Entscheidungen gelangt. Denn vielfach dominiert in den Beratungen der Gremien das „berufskulturelle Selbstverständnis" (Boventer 1989: 108) der Teilnehmer – und gerade das ist häufig von schwer überwindbaren und deshalb tabuisierten Gegensätzen zwischen Verlegern und Journalisten geprägt. Denn das reine Selbstverständnis, die Überzeugung, richtig zu entscheiden und zu handeln, hat mit der diskursiven Herbeiführung von Normen nichts zu tun. So hat Boventer (1989: 108) nur vermeintlich den „tragende[n] Gedanke[n]" des Presserats beschrieben, als er seine Maßstäbe als „Selbstkontrolle und Selbstverpflichtung" bezeichnet hat.

> „Den ethischen Prinzipien in den Medien soll eben nicht dadurch Geltung verschafft werden, dass ‚von oben' eingegriffen und reglementiert wird, sondern das berufskulturelle Selbstverständnis der Handelnden ist ausschlaggebend. Es geht um das Selbstvertrauen in die Qualität der eigenen Arbeit. Nur so ist Glaubwürdigkeit zu erlangen." (ebd.)

In Wahrheit ist damit gerade die Schwäche des Konzepts der Selbstregulierung durch den Deutschen Presserat beschrieben, der sich standhaft weigert, seine Entscheidungsfindung für eine breite Öffentlichkeit transparent zu machen. So nährt die publizistische Selbstkontrolle auch gegenüber wohlwollenden Beobachtern den permanenten Verdacht, es handle sich beim Presserat doch nur um das exklusive Modell

---

6 So der Titel eines illustrierten Pressekodex, der im Jahr 2001 veröffentlicht wurde, um die teils abstrakten Regeln der Publizistischen Grundsätze an Beispielen zu erläutern.

7 Eigentlich meint er wohl die Unterscheidung von richtigem und falschem ethischen Handeln.

zweier ‚vertragschließender Parteien', die ihre eigenen Angelegenheiten ungestört und ohne den Einfluss gesellschaftlicher Autoritäten regeln wollen – ein relevanter Grund, warum aufmerksame Beobachter nicht selten der „regulierten gesellschaftlichen Selbstregulierung" (Hoffmann-Riem u.a. 2000; Jarren u.a. 2002) den Vorzug geben. Einen vorsichtigen Schritt in diese Richtung gingen die Bundesregierung und der Deutsche Presserat immerhin, als das Gremium im November 2001 seine Zuständigkeit auf die Selbstkontrolle der Printmedien beim redaktionellen Datenschutz ausdehnte.

5 Freiwillige Selbstkontrolle Redaktionsdatenschutz – ein Exkurs

Diese Entwicklung ist auf das Engagement des Presserats in den Jahren 1998 bis 2000 zurückzuführen, als die anstehende Novellierung des Bundesdatenschutzgesetzes (BDSG) die Pressefreiheit zu gefährden drohte. Die Richtlinie 95/46/EG des Europäischen Parlaments und des Europäischen Rates vom 24. Oktober 1995 lieferte den Anlass für eine Überarbeitung des BDSG auch in Deutschland. Diese so genannte EG-Datenschutzrichtlinie zum Schutz natürlicher Personen bei der Verarbeitung personenbezogener Daten und zum freien Datenverkehr fordert in Artikel 9, der den Bereich der Medien anspricht:

> „Die Mitgliedsstaaten sehen für die Verarbeitung personenbezogener Daten, die allein zu journalistischen, künstlerischen oder literarischen Zwecken erfolgt, Abweichungen und Ausnahmen [...] nur insofern vor, als sich dies als notwendig erweist, um das Recht auf Privatsphäre mit dem für die Freiheit der Meinungsäußerung geltenden Vorschriften in Einklang zu bringen." (Amtsblatt EG 1995: Artikel 9)

Mit dieser strengen Formulierung für den Datenschutz in den Medien waren die Datenschützer auf den Plan gerufen und forderten sogleich einen umfassenden Schutz der Persönlichkeit. Mit dem Recht auf Pressefreiheit ließen sich die Vorstellungen der Datenschützer allerdings kaum vereinbaren. Denn seit jeher enthielt das deutsche Datenschutzgesetz in § 41 ein Privileg für alle Unternehmen oder Hilfsunternehmen der Presse bei der Nutzung personenbezogener Daten zu journalistisch-redaktionellen Zwecken (vgl. Baum/Tillmanns 2001).

Journalisten können strenge gesetzliche Auflagen, gerade in Bezug auf die Recherche und Aufbewahrung personenbezogener Daten bei der Durchführung ihrer Arbeit nicht erfüllen, ohne ihren besonderen Informationsauftrag der Öffentlichkeit gegenüber zu beschneiden. Darum griff der Presserat aktiv in den politischen Streit ein, als ein Referentenentwurf des Bundesinnenministeriums vom 6. Juli 1999 bekannt wurde. Auf einer Pressekonferenz in Berlin deklarierte der Presserat das Gesetzesvorhaben als „Zensur durch die Hintertür" und traf damit die Stimmung von Journalisten und Verlegern. Innenminister Otto Schily erklärte sich noch am gleichen Tag dazu bereit, mit dem Presserat gemeinsam nach einer Lösung zu suchen. Den redaktionellen

Datenschutz – zumindest für die Presse – auf die publizistische Selbstkontrolle zu stützen, stellte gewissermaßen den nächsten logischen Schritt dar. Das Bundesinnenministerium schlug darum im Dezember 1999 eine Selbstverpflichtung der Presse nach dem Vorbild der Beschwerdearbeit des Deutschen Presserats vor. Die neue Fassung des § 41 BDSG zur Erhebung, Verarbeitung und Nutzung personenbezogener Daten durch die Medien enthält in Absatz 1 folgende Vorschrift:

> „Die Länder haben in ihrer Gesetzgebung vorzusehen, dass für die Erhebung, Verarbeitung und Nutzung personenbezogener Daten von Unternehmen und Hilfsunternehmen der Presse ausschließlich zu eigenen journalistisch-redaktionellen oder literarischen Zwecken den Vorschriften der §§ 5, 9 und 38a entsprechende Regelungen einschließlich einer hierauf bezogenen Haftungsregelung entsprechend § 7 zu Anwendung kommen." (Bundesanzeiger 2001: 919f.)

Die Presse bleibt danach bis auf wenige Bedingungen, insbesondere beim technischen und organisatorischen Umgang mit personenbezogenen Daten, privilegiert. Am 23. Mai 2001 wurde das Bundesdatenschutzgesetz – mit der oben zitierten Fassung des § 41 – im Deutschen Bundestag verabschiedet. Dabei wurde dem § 41 Abs. 1 eine bemerkenswerte Begründung beigefügt:

> „Der Deutsche Presserat wird im Wege der Selbstregulierung ergänzende Regelungen treffen. Inhalte dieser Selbstregulierung werden insbesondere die Erarbeitung von [...] Verhaltensregeln und Empfehlungen, eine regelmäßige Berichterstattung zum redaktionellen Datenschutz sowie die Schaffung eines Beschwerdeverfahrens sein, das Betroffenen die Möglichkeit einer presseinternen Überprüfung beim Umgang mit personenbezogenen Daten eröffnet. Dieses Konzept ist zu begrüßen, da es in besonderer Weise geeignet erscheint, den Datenschutz im Medienbereich weiter zu verstärken. Insbesondere vor diesem Hintergrund besteht nach Auffassung des Bundes keine Veranlassung für die Länder, über die im Gesetz genannten Vorgaben hinausgehende Regelungen zu treffen." (Bundestagsdrucksache 2001: 109)

Der Weg für eine Freiwillige Selbstkontrolle zum Redaktionsdatenschutz war damit geebnet. In den offiziellen Statuten des Presserats (wie Satzung, Geschäfts- und Beschwerdeordnung) wurden die Vorgaben zum Redaktionsdatenschutz eingearbeitet, die Publizistischen Grundsätze wurden um entsprechende Bestimmungen ergänzt und ein zweiter Beschwerdeausschuss zur Behandlung von Datenschutzfällen nahm im März 2002 seine Arbeit auf (zum Überblick: Fischer 2001).

6 Beschwerden, Verstöße und Rügen – ein Überblick in Zahlen[8]

Die Behandlung von Beschwerden ist heute das Hauptgeschäft des Deutschen Presserats. Die Anzahl der eingereichten Beschwerden steigt von Jahr zu Jahr, so dass es in naher Zukunft fast unmöglich sein wird, diese Fälle in den bestehenden Strukturen zu bearbeiten und zu entscheiden. Die seit 2009 bestehende Möglichkeit, Presserats-

8 Die folgenden Daten beruhen auf den Angaben in: Trägerverein des Deutschen Presserats 1990-2008 und eigenen Berechnungen. Für wertvolle Unterstützung danke ich Anne Fischer (Münster).

Beschwerden auch online einzureichen, wird diese Entwicklung voraussichtlich weiter vorantreiben. Die ersten Zahlen zur Beschwerdearbeit wurden 1974 dokumentiert. Damals wurden 40 Beschwerdevorgänge im Presserat behandelt (vgl. Bermes 1991: 217). Seitdem das Verfahren 1972 in einer konkreten Beschwerdeordnung festgeschrieben wurde, steigt deren Zahl stetig. In den letzten anderthalb Jahrzehnten hat sich die Zahl der Eingänge mehr als verdoppelt. Ebenso hat sich die Zahl der Beschwerdeverfahren verdreifacht. Insgesamt stehen 333 Eingänge und 109 Verfahren im Jahr 1991 inzwischen 735 Eingängen und 328 Verfahren im Jahr 2007 gegenüber. (vgl. Trägerverein 1990-2008).

Deutlich sprechen diese Zahlen dafür, dass der Presserat in den vergangenen Jahren seinen Bekanntheitsgrad in einer Öffentlichkeit erhöhen konnte. Denn die Beschwerdeführer sind mit rund 77 Prozent (2007) überwiegend Privatpersonen. Erst mit großem Abstand rangieren dahinter die Beschwerden von Organisationen, Verbänden und Behörden mit 6,3 Prozent sowie von Parteien und Vereinen mit 6,5 Prozent (vgl. Trägerverein 2008: 216).

Die Beschwerdegegner sind überwiegend bei den regionalen Tageszeitungen und Lokalzeitungen zu finden. Sie machen einen Anteil von 43,3 Prozent aus. Beachtlich ist der Anteil der Publikumszeitschriften, deren Berichterstattung mit 14,7 Prozent die zweitmeisten Beschwerden auf sich zieht. Dicht gefolgt von den Boulevardmedien, die trotz ihrer geringen Zahl immerhin noch in 12,6 Prozent der Verfahren als Beschwerdegegner auftreten. Überregionale Tageszeitungen nehmen hingegen nur mit einem Anteil von 4,2 Prozent an den Beschwerdeverfahren teil. Der Rest der Beschwerden verteilt sich auf Online-Inhalte – die bis dahin noch zeitungs- oder zeitschriften*identisch* sein mussten – Anzeigenblätter, Fachzeitschriften und ähnliche Publikationen (vgl. Trägerverein 2008: 217).

Die mit Abstand meisten Verstöße registriert der Presserat gegen Ziffer 2 der Publizistischen Grundsätze. Im Jahr 2007 fallen mit 35,9 Prozent mehr als ein Drittel der begründeten Beschwerden auf die mit der Überschrift ‚Sorgfaltspflichten' gekennzeichnete Ziffer (vgl. Trägerverein 2008: 214). Die behandelten Fälle drehen sich um den Abdruck von Leserbriefen ohne Verfasser, die Veröffentlichung von nicht überprüften Behauptungen und Vermutungen, um Bilder mit verfälschender Bildunterschrift oder gestellte Bilder ohne Kennzeichnung. Thematisch nahe an Ziffer 2 liegen die Ziffern 1 und 3, die unter dem Begriff der journalistischen Wahrheits- und Sorgfaltspflichten zusammengefasst werden können. Sie ziehen immerhin einen Anteil von rund 15 Prozent der Beschwerden auf sich. Ziffer 8 (Persönlichkeitsrechte) nimmt regelmäßig den zweiten Rang bei der Anzahl der Verstöße ein, rund 20,7 Prozent im Jahr 2007. Hier sind in der Regel die Verletzung der Privatsphäre durch die volle Namensnennung von Personen, die Bekanntgabe privater Adressen und der nicht autorisierte Abdruck von Fotos Inhalt der Beschwerden. Besonders im Zusammenhang mit tragischen Unfällen, Selbsttötungsdelikten oder Verbrechen werden derartige Verstöße gegen das Persönlichkeitsrecht zum Gegenstand der Beratungen im Presserat. Eine zweifelhafte Karriere hat die Behandlung der Beschwerden nach Ziffer 7 des

Pressekodex (Trennung von Werbung und Redaktion) in den letzten zehn Jahren erlebt: Im Jahr 1997 nur mit rund 4 Prozent vertreten, nimmt sie nach stetigem Zuwachs im Jahr 2007 einen fast fünffach höheren Anteil von 19 Prozent ein (vgl. Trägerverein 1997: 412; Trägerverein 2008: 214).

Die Statistik der letzten Jahre zeigt schließlich, dass der prozentuale Anteil der öffentlichen Rügen unter den Maßnahmen des Beschwerdeausschusses relativ stark schwankt. Im Jahr 1992 stellen sieben öffentliche Rügen 17,9 Prozent der Maßnahmen insgesamt dar, 1993 machen 14 öffentliche Rügen 31,8 Prozent der Sanktionen aus und 1998 sind es acht Rügen, die 13,5 Prozent der Maßnahmen ergeben, 2001 sind es dann 43 öffentliche Rügen (31,1 Prozent der Maßnahmen).

7 Konflikte und Perspektiven

Hinter den bloßen Zahlen verbergen sich freilich grundsätzlichere Konflikte, die in der Spruchpraxis des Deutschen Presserats ausgetragen werden müssen. Sie resultieren nicht zuletzt aus der verschärften Konkurrenzsituation zwischen den gedruckten und den elektronischen Medien, die nicht folgenlos für den Pressejournalismus und seine ethischen Standards bleiben können. Denn Tempo und Darstellungsformen von Fernsehen und Internet haben inzwischen an vielen Stellen die Maßstäbe einer Presse unterspült, die ihre Stärke vor allem in der sorgfältig recherchierten, fakten- und hintergrundgesättigten sowie meinungsabstinenten Berichterstattung findet. Aktualitäts- und Exklusivitätsdruck sowie der Trend zu Visualisierung und Personalisierung liegen hingegen nicht nur mit den Methoden einer seriösen Presseberichterstattung, sondern auch mit manchen Vorgaben der Publizistischen Grundsätze des Deutschen Presserats im Konflikt. Verschärft wird diese Tendenz durch ökonomische Zwänge und Anstrengungen in den Verlagen, die ein verstärktes crossmediales Engagement ebenso einschließen wie die Suche nach neuen Werbeformen, in denen die alte Trennschärfe von redaktionellem und Anzeigenteil aufgeweicht wird.

So ist einerseits zu erklären, dass der Deutsche Presserat seit mehr als einem Jahrzehnt um die Zuständigkeit wenigstens auch für diejenigen journalistischen Online-Angebote ringt, die von den Zeitungen und Zeitschriften selbst betrieben werden. Im November 1996 hatte der Presserat deshalb immerhin seine Kompetenz für derartige Beschwerden erklärt, doch lange standen noch die Selbstverpflichtungserklärungen mancher relevanten Verlagshäuser (wie dem *Axel Springer-Verlag*, *Gruner & Jahr* und dem *Spiegel-Verlag*) aus, sich den Sprüchen des Presserats über ihre Online-Angebote auch tatsächlich zu unterwerfen (vgl. Tillmanns 2000). Erst als der Deutsche Presserat im November 2006 sein 50. Gründungsjubiläum feierte, und prominente Journalisten, Verleger und Juristen im Berliner Museum für Kommunikation unter anderem eine öffentliche Diskussion zum Thema „Selbstregulierung auf dem Prüfstand" führten, kam – überraschend für alle Anwesenden – der entscheidende Impuls für die Zukunft der Online-Selbstkontrolle ausgerechnet von Mathias Döpfner, dem Chef des Axel-

Springer-Verlags. In einem Redebeitrag aus dem Plenum kündigte er an, sein Verlag werde den Presserat in der Absicht zu unterstützen, die Publizistischen Grundsätze auch auf die Internetangebote der Presse auszudehnen. Von diesem Zeitpunkt an dauerte es freilich noch weitere zwei Jahre, bis der Presserat einen entsprechenden Beschluss herbeigeführt hatte. Anfang des Jahres 2009 schließlich nahm er seine Arbeit auch im Internet auf (vgl. die Beiträge in Trägerverein des Deutschen Presserats 2008).

Andererseits aber muss der Presserat – wie die im vorangehenden Abschnitt erläuterten Daten zeigen – auch in seiner Spruchpraxis vorrangig diejenigen Grundsätze bemühen, die sich mit der sorgfältigen Darstellung und Recherche (Ziffern 2 bis 5), der unangemessen sensationellen Berichterstattung (vor allem: Ziffer 11), der Trennung von journalistischen und wirtschaftlichen Interessen (vor allem: Ziffer 7) sowie dem Schutz der Persönlichkeit (Ziffer 8) und der persönlichen Ehre (Ziffer 9) befassen. Denn auch angesehene Magazine wie der *Stern* geraten beispielsweise immer häufiger auf die schiefe journalistische Bahn, weil sie vermehrt Enthüllungen präsentieren, wo es nach den Regeln des Handwerks kaum etwas zu enthüllen gibt. Speziell in Wahlkampfzeiten werden Politiker für Verfehlungen angeprangert, die ihnen nicht hieb- und stichfest nachgewiesen werden können (vgl. Baum 2002a). Aber insbesondere Sensationen und „Skandal[e] um jeden Preis“ (Baum 2002a) – das zeigte zuletzt der so genannte „Fall Sebnitz“ ebenso wie die Recherchemethoden und Darstellungspannen in der Berichterstattung über den Amoklauf in Winnenden – werden zum vermeintlich entscheidenden Wettbewerbsfaktor auch für die gedruckten Medien.[9] Verletzungen der Intimsphäre, selbst bei einer verstorbenen Kanzler-Gattin (vgl. Baum 2001c: 104f.), ein leichter Verkehrsunfall, der einen Berliner Minister in Mitleidenschaft zieht (vgl. Baum 2001a) und immer wieder der – meist gewaltsame – Tod von Menschen[10], speziell wenn er Kinder und Jugendliche betrifft (vgl. auch Baum 2000b; Wieschowski 2009), setzen jeglichen Persönlichkeitsschutz und alle Regeln der sorgfältigen Informationsbeschaffung und Darstellung schnell außer Kraft. In diesen Fällen haben es die Mitglieder des Beschwerdeausschusses meist schwer, überhaupt noch Argumente für eine Pressefreiheit zu finden, die ein derartiges journalistisches Handeln legitimieren könnten.[11] Permanent bemüht sich darum der Presserat, *generelle* Fehlentwicklungen zu erkennen und mit den betroffenen Redaktionen sowie Experten zu diskutieren.[12]

9 Siehe auch den Beitrag von Schicha zu Medienskandalen in diesem Band.

10 Siehe auch den Beitrag von Stapf zu Sterben und Tod in den Medien in diesem Band.

11 Vgl. dazu Münch 2001, der speziell aus den Konflikten zwischen Pressefreiheit und Persönlichkeitsschutz weitreichende Schlussfolgerungen für Funktionen und Selbstverständnis des Deutschen Presserats zieht.

12 So befasste sich das Plenum im Juni 2001 nach den Vorgängen in und der Berichterstattung über Sebnitz mit den Bedingungen, unter denen journalistische Recherche heute stattfindet. Eingehend beriet der Beschwerdeausschuss im September 2000 mit Angehörigen der Unglücksopfer, deren Anwälten und mit Redaktionsleitern die Berichterstattung über den Concorde-Absturz am 25. Juli 2000 bei Paris.

Gerade hier zeigt sich erneut, dass auch die grundsätzlicheren Konflikte hinter der konkreten Beschwerdearbeit nur mit diskursiven Mitteln zu lösen sind, will die publizistische Selbstkontrolle ihre Prinzipien nicht aufgeben. Denn „Institutionen wie der Presserat", so urteilte Gebhard Müller, Präsident des Bundesverfassungsgerichts, schon im Jahr 1966, „können dazu beitragen, daß die Demokratie wirklich gelebt wird" (zit. nach Mauchenheim 1980: 265). Schließlich müsse es das Ziel sein, „möglichst viel staatliche Kontrolle durch möglichst viel Selbstkontrolle entbehrlich zu machen" (ebd.: 265).

An ihre gewissermaßen natürliche Grenze stößt die freiwillige publizistische Selbstkontrolle jedoch dann, wenn sie sich selbst der Kontrolle durch eine kritische Öffentlichkeit weitgehend entzieht.[13] Denn sie entzieht sich damit zugleich den Boden, auf dem sie steht. Seinem – weitgehend anerkannten – Anspruch nach gehört der Deutsche Presserat nämlich zu denjenigen Institutionen einer demokratischen Gesellschaft, die eine freie Meinungsbildung erst gewährleisten. Solange die Begründung und damit die ständige Erneuerung der allgemeinen Gültigkeit dieser Norm den Kern seiner Arbeit ausmachen, wird dieser Anspruch auch praktisch legitimiert. Und sogar die *eigenen Interessen* der im Presserat vertretenen Verbände liegen damit nicht im Konflikt, im Gegenteil: Das Eigeninteresse von Journalisten und Verlegern verlängert ja gerade die einmal in den bürgerlichen Befreiungskämpfen errungenen Rechte auf Informations- und Pressefreiheit (vgl. auch Stapf 2006: 362 f.). So kann der Presserat dauerhaft für sich die Unterstellung in Anspruch nehmen, die Jürgen Habermas so formuliert hat:

> „Die Texte derer, die mit ihren Äußerungen in der Öffentlichkeit zugleich die Strukturen dieser Öffentlichkeit reproduzieren, verraten den immer gleichen Subtext, der sich auf die kritische Funktion von Öffentlichkeit überhaupt bezieht." (Habermas 1992: 447)

Sobald jedoch hinter den verschlossenen Türen des Presserats diese Unterstellung zugunsten einer Durchsetzung *partikularer Interessen* aufgehoben wird, verwirkt das Gremium seine Legitimation umgehend.[14] Denn die

> „[…] Institutionen und rechtlichen Gewährleistungen der freien Meinungsbildung ruhen auf dem schwankenden Boden der politischen Kommunikation derer, die sie, indem sie davon Gebrauch machen, zugleich in ihrem normativen Gehalt interpretieren, verteidigen und radikalisieren" (ebd.: 447).

Damit ist das eigentliche ‚Wagnis' der Publizistischen Selbstkontrolle umrissen, die in Zeiten einer „inflationären Publizistik" (Baum 1996) wichtiger ist denn je. Zu Gunsten einer Ausdehnung der Kompetenzen des Deutschen Presserats auf den redaktionellen

13 So mehren sich in jüngster Zeit die Stimmen derjenigen, die dem Presserat mangelnde Transparenz vorwerfen, vgl. Suhr 2003; Pöttker 2003; Pöttker 2005; Baum 2002b.

14 Insofern ist auch die Äußerung des Presserat-Sprechers Kay E. Sattelmair (2003), seine Gremien benötigten „eine geschützte Atmosphäre", mit ausgesprochener Skepsis zu betrachten.

Datenschutz hat der Bundesbeauftragte für den Datenschutz, Joachim Jacob, die Situation prinzipiell zutreffend beurteilt:

> „In einer Zeit, in der stets vom Abbau der Verwaltung und vom Rückzug des Staates von Eingriffen in die private Wirtschaft die Rede ist, steht die deutsche Presse mit ihren Ansätzen zur Selbstkontrolle und Selbstregulierung gut da. Es ist ein gutes Zeichen für eine liberale Gesellschaft, wenn sie auf Selbstregulierungskräfte setzt und damit auch und gerade in einem wichtigen Bereich, wie der Pressefreiheit, die eine der zentralen Stützen jeder freiheitlichen Demokratie ist, von regulierenden Eingriffen des Staates weitgehend absieht." (Jacob 1998: 65)

Der normative Gehalt der Pressefreiheit kann allerdings nur verteidigt werden, indem er radikalisiert wird. Das heißt: Der schwankende Boden, auf dem die Arbeit des Deutschen Presserats ruht, bedarf nicht der Absicherung durch einen doppelten Boden, den das Publikum nicht einsehen kann.[15] Vielmehr kann das ‚Wagnis', das den Presserat seit seiner Gründung begleitet, nur durch eine konsequente Umsetzung dessen bewältigt werden, was die Präambel der Publizistischen Grundsätze selbst verlangt: ‚Unabhängigkeit und Freiheit der Information, der Meinungsäußerung und der Kritik' – auch gegenüber den Kontrolleuren selbst.

Doch gerade hier „fällt die Ohnmacht der Selbstkontrolle besonders auf" (Pöttker 2005: 40). Denn angesichts der bedrohlichen Situation, in die – zusätzlich beschleunigt durch eine globale Rezession – die Printmedien weltweit geraten sind, ist der Lernprozess ins Stocken geraten, der mit der Gründung des Deutschen Presserats vor über 50 Jahren begann (vgl. zur Kritik auch Baum 2005b und Baum 2006). Das Internet und seine Nutzer füllen mittlerweile, teils professionell, teils laienhaft jenen diskursiven Raum mehr und mehr aus, den der Presserat und seine Mitglieder nicht wahrnehmen. Dass die „zivilgesellschaftliche Notwendigkeit" (Pöttker) für eine breite, in der ganzen Öffentlichkeit geführten Debatte über Fragen der publizistischen Ethik besteht, zeigen nicht nur die Aktivitäten des *Netzwerks Recherche* oder des *Vereins zur Förderung der Publizistischen Selbstkontrolle (FPS)*.[16] Schon werden ernstzunehmende Stimmen laut, die mit guten Gründen einen allzuständigen Medienrat fordern, in dem der Presserat nur noch eine Nebenrolle spielt (Stapf 2006). Auch der einige Jahre sehr erfolgreich nur auf die *Bild-Zeitung* spezialisierte *bildblog* nimmt seit April 2009 alle deutschen Medien kritisch ins Visier[17] und bestätigt damit eine Entwicklung, die das „medienkritische Potenzial der Blogosphäre" als Ausweg aus der „Selbstbeobachtungsfalle" der bisherigen publizistischen Selbstkontrolle erscheinen lässt (Eberwein 2009; vgl. auch Mayer u.a. 2008).

---

15 Diese Abschottungstendenzen führen vielmehr zu alternativen Szenarien, in denen beispielsweise die Einsetzung von Ombudsleuten (vgl. Pöttker/Starck 2003) oder übergeordneten Medienräten (vgl. Jarren u.a. 2002) mit guten Gründen gefordert werden kann und sogar Begehrlichkeiten vermeintlich unterrepräsentierter Berufsgruppen entstehen, die – wie jüngst einige deutsche Chefredakteure – nach einer exklusiven Beraterposition in den Gremien des Presserats verlangen (vgl. Deutscher Presserat 2003).

16 Vgl. *www.publizistische-selbstkontrolle.net*

17 Vgl. *http://www.bildblog.de/6865/bildblog-wird-bildblog-fuer-alle/*

Hat auf die etwas unbeholfenen Frage einer Medienjournalistin: „Wer ist für Ethik zuständig?“ (Schnurr 2005), der Medienwissenschaftler Stephan Ruß-Mohl (2006) noch vor kurzem mit der Forderung nach einer Art von ethischern Wildwuchs geantwortet: „Am besten, jede Redaktion, jede Berufsgruppe, jeder Journalisten- und Verlegerverband hat einen eigenen Kodex […]“, so treten einzelne Verlage – ausgestattet mit eigenen Ethik-Kodizes – mittlerweile dem Deutschen Presserat gegenüber wie Konkurrenten im Streit um die Moral der Medien auf. So hat der *Axel-Springer-Verlag*, der schon seit geraumer Zeit eigene „journalistische Leitlinien“ für die Redakteure seiner Blätter besitzt, schon mehrfach das „Selbstkontrollgremium massiv unter Druck“ gesetzt: Ob dem Chefredakteur der Bild-Zeitung Interviewäußerungen von Presseratsmitgliedern missfallen (vgl. Baum 2002), das Blatt den Abdruck von Rügen monatelang ohne erkennbare Gründe verschleppt (vgl. etwa Trägerverein 2005: 314), oder generell in Zweifel zieht, ob Leser auch mehrere Beschwerden gleichzeitig gegen die Bild-Zeitung formulieren dürfen (vgl. Schilling 2007; Abbe 2008). Stets zeigt der Presserat, dass ihm der Schutz einer breiten Öffentlichkeit fehlt, indem er selbst vor den Forderungen derjenigen zurückweicht, die zugleich seine Träger sind. Denn am Ende hatten die Gremien des Presserats zwar die vom Springer-Verlag angezweifelten Beschwerden zur Beratung angenommen, doch grundsätzlich führten „die Einsprüche des Bild-Herausgebers Kai Diekmann gegen die Beschwerdebündel des Mainzer Journalistik-Professors Volker Wolff und des Bild-Blog-Autors Stefan Niggemeier“ (Schilling 2007: 93) dazu, dass der „Trägerverein des Presserats […] eine so genannte Missbrauchsklausel in die Beschwerdeordnung“ (ebd.) aufnahm. So wird es – abgesehen von diesem Einzelfall – Medienbeobachtern wie Niggemeier und Wolff in Zukunft schwer fallen, noch einmal ganze „Beschwerdebündel“ beim Presserat zu platzieren – ein taktisches Spiel der Presseratsmitglieder, das am Ende zur Schwächung des Selbstkontrollorgans führt.

In die normative Lücke, die der Presserat dabei hinterlässt, stoßen inzwischen Institutionen vor, die ohne Mandat aber marketingwirksam ethischen Ratschlag anbieten. So macht die Akademie für Publizistik (AfP) seit 2003 das Angebot, Fragen der journalistischen Ethik durch Mitglieder des so genannten ‚Ethikrats‘ elektronisch beantworten zu lassen. Ein Kodex, eine besondere Systematik oder weitergehende Dokumentationen der Sprüche des Ethikrats sind dabei nicht vorgesehen. Übrigens, so heißt es am Ende der Begrüßungsseite der AfP im Internet: „Auch der Deutsche Presserat […] befasst sich mit Fragen der journalistischen Berufsethik.“ Und der Verdacht drängt sich auf, dass die Verbände der Journalisten und Verleger, die den Deutschen Presserat aus der Taufe gehoben haben, heute den Presserat vor allem unter dem Prinzip „Minimallösung“ (Suhr 2003) regieren. Denn die Reputation eines allzu starken Presserats würde wohl die Interessen der ihn tragenden Korporationen bald in den Schatten stellen. Die freiwillige Selbstkontrolle der Presse, die – anders als neuere Formen der staatlich angestoßenen ‚regulierten Selbstregulierung‘ (vgl. zum

Überblick Schulz/Held 2002)[18] – streng auf ihre Distanz zum Staat achtet, kann sich nur durch eine breite gesellschaftliche Diskussion legitimieren und bedarf der kritischen Solidarität einer möglichst breiten Öffentlichkeit. Dazu gehört nicht zuletzt, dass der Presserat und seine Mitglieder nicht länger passiv und abwehrend gegenüber Dialogangeboten bleiben, sondern aktiv die Auseinandersetzung über medienethische Fragen suchen. Der Presserat muss – wie es fast alle Presseräte in Europa tun – unabhängige Beobachter und Berater zu seinen Gremiensitzungen einladen; er muss neue Medientechnologien nutzen, um in Internetforen oder Weblogs Journalisten und alle Interessierten über seine Normen und seine Spruchpraxis diskutieren zu lassen, kurz: Der Deutsche Presserat muss als eine hochrelevante Institution der freien Meinungsbildung in der Demokratie diejenigen als Mitstreiter und kritische Partner geradezu suchen, die Gebrauch von Meinungs-, Informations- und Pressefreiheit machen, und dabei diese Freiheiten ‚zugleich in ihrem normativen Gehalt interpretieren, verteidigen und radikalisieren'. Denn gerade für sie bilden Institutionen wie der Deutsche Presserat jenen ‚schwankenden Boden der politischen Kommunikation' (Habermas), der die kritische Funktion von Öffentlichkeit – und damit die Legitimation einer freiwilligen publizistischen Selbstkontrolle – überhaupt gewährleistet.

Literatur

Abbe, Susan (2008): Missbräuchliche Beschwerden? In: Medium Magazin, Heft 3/2008; S. 14-15.

Akademie für Publizistik in Hamburg e. V.: *http://www.akademie-fuer-publizistik.de/magazin/ethikrat/*

Altendorfer, Otto (2001): Das Mediensystem der Bundesrepublik Deutschland. Band 1. Wiesbaden.

Amtsblatt der Europäischen Gemeinschaft Nr. L 281 vom 23.11.1995; S. 31ff.

Antonioni, Marina (2000): Der Deutsche Presserat und seine Beschwerdeführer. Freie wissenschaftliche Arbeit zur Erlangung des Grades eines Diplom-Journalisten am Institut für Kommunikationswissenschaft der sozialwissenschaftlichen Fakultät der Ludwig-Maximilian-Universität, München.

Axel Springer AG (2003): Leitlinien zur Sicherung der journalistischen Unabhängigkeit bei Axel Springer. Berlin, 22.08.2003. In: *http://www.axelspringer.de/dl/22484/journalistische_leitlinien.pdf.*

Baum, Achim (1996): Inflationäre Publizistik und mißlingender Journalismus. Über das journalistische Handeln in einer entfesselten Medienwirtschaft. In: Altmeppen, Klaus-Dieter (Hrsg.): Ökonomie der Medien und des Mediensystems. Opladen; Wiesbaden, S. 237-249.

Baum, Achim (2000a): Flugaffäre: Das Prinzip Doppelpass. In: Message, Heft 3/2000, S. 76-79.

Baum, Achim (2000b): Unglücksberichterstattung: Aus Mangel an Beweisen. In: Message, Heft 4/2000, S. 112-114.

Baum, Achim (2001a): Publizistische Selbstkontrolle: Empörte Reaktionen. In: Message, Heft 1/2001, S. 92-93.

18 Siehe auch den Beitrag von Stapf zur Medienselbstkontrolle in diesem Band.

Baum, Achim (2001b): Sorgfaltspflicht: Ein Tiefpunkt. In: Message, Heft 2/2001, S. 103-105.

Baum, Achim (2001c): Deutscher Presserat: Neue Variante. In: Message, Heft 4/2001, S. 103-105.

Baum, Achim (2002a): Skandal um jeden Preis? In: Message, Heft 2/2002, S. 96-97.

Baum, Achim (2002b): Eine Rüge, die keine war. In: Message, Heft 4/2002, S. 90-92.

Baum, Achim (2005a): Formen ethischer Selbstverpflichtung. Was sollen Journalisten tun? Zur Notwendigkeit journalistischer Ethik. In: Institut zur Förderung publizistischen Nachwuchses e.V. / Deutscher Presserat (Hg.): Ethik im Redaktionsalltag. Konstanz, S. 22-30.

Baum, Achim (2005b): Lernprozess und Interessenkonflikt. Die freiwillige Selbstkontrolle der Presse dient der ganzen Gesellschaft. In: ders. u.a. (Hrsg.): Handbuch Medienselbstkontrolle. Wiesbaden, S. 112-124.

Baum, Achim (2006): Pressefreiheit durch Selbstkontrolle. In: Aus Politik und Zeitgeschichte, Heft 38/2006, 6-10.

Baum, Achim u.a. (Hrsg.) (2002): Gelogen wie gedruckt? Eine Studie zum Wahrheitsgehalt der ‚Berichterstattung' in der Boulevardzeitung Coupé. Unveröffentlichtes Manuskript, 81 Seiten, Münster.

Baum, Achim / Tillmanns, Lutz (2001): Redaktionsdatenschutz: Neues Modell. In: Message, Heft 3/2001, S. 107-111.

Bermes, Jürgen (1989): Deutscher Presserat nach der Reform. Ohne Biß auch mit den dritten Zähnen. In: Die Feder 10/1989, S. 43-47.

Bermes, Jürgen (1991): Der Streit um die Presse-Selbstkontrolle: Der Deutsche Presserat. Eine Untersuchung zur Arbeit und Reform des Selbstkontrollorgans der bundesdeutschen Presse. Baden-Baden.

Bildblog (2009): Aus Bildblog wird Bildblog für alle. Berlin, 03.04.2009. In: *http://www.bildblog.de/6865/aus-bildblog-wird-bildblog-fuer-alle.*

Boventer, Herrmann (1989): Pressefreiheit ist nicht grenzenlos. Einführung in die Medienethik. Bonn.

Buchwald, Manfred (1980): Sterbenskrank. In: Journalist, Heft 11/1980, S. 22-25.

Buchwald, Manfred (1989): Abgründe von Heuchelei. Brauchen und haben wir eine journalistische Ethik? In: Medium 2/1989; S. 39-43.

Bundesanzeiger (Hrsg.) (2001): Bundesgesetzblatt, Teil I, Nr. 23 vom 22.05.2001. Gesetz zur Änderung des Bundesdatenschutzgesetzes und anderer Gesetze. Bonn; S. 904-928.

Bundestagsdrucksache BT-Drs. 14/5793 vom 04.04.2001: Begründung zur Beschlussempfehlung des BT-Innenausschusses.

Deutscher Presserat (Hrsg.) (1960): Tätigkeitsbericht 1956 bis 1959. Bonn-Bad Godesberg.

Deutscher Presserat (Hrsg.) (1982): Jahrbuch 1981. Bonn.

Deutscher Presserat (Hrsg.) (2001): Publizistische Grundsätze (Pressekodex) in der Fassung vom 20. Juni 2001 und Beschwerdeordnung in der Fassung vom 22. Juni 2001. Bonn.

Deutscher Presserat (2003): Chefredakteure zu Gast beim Presserat. (Pressemitteilung). Bonn, 03.06.2003. In: *http://www.presserat.de/site/doku/presse/index.shtml.*

Deutscher Presserat (Hrsg.) (2006): Publizistische Grundsätze (Pressekodex) in der Fassung vom 13. September 2006 und Beschwerdeordnung in der Fassung vom 18. September 2006. Bonn.

Deutscher Presserat (Hrsg.) (2008): Satzung und Geschäftsordnung in der Fassung vom 19. November 2008. Bonn.

Eberwein, Tobias (2008): Raus aus der Selbstbeobachtungsfalle! Zum medienkritischen Potenzial der Blogosphäre. In: Neue Gegenwart. Magazin für Medienjournalismus, Heft 56/2008; *http://www.neuegegenwart.de/ausgabe56/medienjournalismus.htm*.

Fischer, Anne (2001): Im Zweifel für die Pressefreiheit. Die Chancen des Deutschen Presserats im Interessenkonflikt zwischen Datenschutz und Pressefreiheit. Hausarbeit zur Erlangung des Magistergrades der Philosophischen Fakultät der Westfälischen Wilhelms-Universität, Münster.

Fischer, Heinz-Dietrich/Breuer, Klaus-Detlef/Wolter, Hans-Wolfgang (1976): Die Presseräte der Welt. Struktur, Finanzbasis und Spruchpraxis von Medien- und Selbstkontrolleinrichtungen im internationalen Vergleich. Bonn-Bad Godesberg.

Frankenfeld, Alfred (1973): Der Deutsche Presserat 1956-1970. Ursprung, Funktion, Effizienz. In: Koschwitz, Hansjürgen / Pötter, Günter (Hrsg.): Publizistik als Gesellschaftswissenschaft. Internationale Beiträge. Konstanz, S. 277-290.

Frei, Norbert (1988): „Was ist Wahrheit?" Der Versuch einer Bundespressegesetzgebung 1951/52. In: Wagner, Hans (Hrsg.): Idee und Wirklichkeit des Journalismus. Festschrift für Heinz Starkulla. München, S. 75-91.

Habermas, Jürgen (1973): Legitimationsprobleme im Spätkapitalismus. Frankfurt am Main.

Habermas, Jürgen (1992): Faktizität und Geltung. Beiträge zur Diskurstheorie des Rechts und des demokratischen Rechtsstaats. Frankfurt am Main.

Heinrichsbauer, Jürgen (1954): Die Presseselbstkontrolle. Eine historisch-kritische Untersuchung. München.

Hoffmann-Riem, Wolfgang (1996): Aufgaben zukünftiger Medienregulierung. In: Tauss, Jörg (Hrsg.): Deutschlands Weg in die Informationsgesellschaft. Baden-Baden, S. 568-583.

Hoffmann-Riem, Wolfgang / Schulz, Wolfgang / Held, Thorsten (Hrsg.) (2000): Konvergenz und Regulierung. Optionen für rechtliche Regelungen und Aufsichtsstrukturen im Bereich Information, Kommunikation und Medien. Baden-Baden.

Jacob, Joachim (1998): Journalismus im Spannungsfeld zwischen Pressefreiheit und Datenschutz. In: Datenschutz und Datensicherheit, Heft 2/1998, S. 65-68.

Jarren, Otfried u.a. (2002): Medienrat und l'observatoire suisse des médias (OSM). Ein Plädoyer für die Ergänzung der Medienregulierung in der Schweiz durch neue wissensbasierte und diskursive Akteure. In: *http://www.mediapolicy.unizh.ch/transfer/osm.php*.

Kühnert, Hanno (1981): Aufgeblasen und folgenlos. Der Deutsche Presserat sollte sich auflösen. In: Medium, Heft 2/1981, S. 3-6.

Lattmann, Dieter (1983): Kulturpolitik. In: Benz, Wolfgang (Hrsg.): Die Bundesrepublik Deutschland. Geschichte in drei Bänden. Band 3: Kultur. Frankfurt am Main, S. 420-446.

Löffler, Martin / Ricker, Reinhart (1994³): Handbuch des Presserechts. München.

Maruhn, Siegfried (1987): Der Deutsche Presserat. In: Fischer, Heinz-Dietrich (Hrsg.): Positionen und Strukturen bei Druckmedien – Beiträge aus publizistischer Praxis und Wissenschaft. Festschrift für Dietrich Oppenberg. Düsseldorf.

Mauchenheim, Egon Freiherr von (1980): Der Deutsche Presserat – Organisation und Tätigkeit. In: Studienkreis für Presserecht und Pressefreiheit (Hrsg.): Presserecht und Pressefreiheit. Festschrift für Martin Löffler zum 75. Geburtstag. München, S. 253-265.

Mayer, Florian L. u.a. (2008): Watchblogs aus der Sicht der Nutzer. Befunde einer Onlinebefragung zur Nutzung und Bewertung von Bildblog. In: Media Perspektiven, Heft 11/2008, S. 589-594.

Münch, Henning (2001): Freiwillige Selbstkontrolle bei Indiskretionen der Presse. Ein Vergleich des deutschen und englischen Rechts. Baden-Baden.

Pieper, Annemarie / Thurnherr, Urs (1998): Einleitung. In: dies.: Angewandte Ethik. Eine Einführung. München, S. 7-13.

Pöttker, Horst (2002): Wann dürfen Journalisten Türken Türken nennen? Zu Aufgaben und Systematik der Berufsethik am Beispiel des Diskriminierungsverbots. In: Publizistik, Heft 3/2002, S. 265-279.

Pöttker, Horst (2003): Zahnloser Tiger? Plädoyer für wirksame Selbstkontrolle des Journalismus im Dienste der Kommunikationsfreiheit. In: Langenbucher, Wolfgang R. (Hrsg.) (2003): Die Kommunikationsfreiheit der Gesellschaft. Die demokratischen Funktionen eines Grundrechts. Publizistik Sonderheft 4/2003. Konstanz, S. 379-384.

Pöttker, Horst (2005): Publizistische Selbstkontrolle im Wandel. Über zivilgesellschaftliche Notwendigkeit und mediengesellschaftliche Irrwege. In: Zeitschrift für Kommunikationsökologie und Medienethik, Heft 1/2005, S. 40-48.

Pöttker, Horst (2007): Kosmetik oder großer Wurf? Der deutsche Presserat hat seinen Verhaltenskodex für Journalisten überarbeitet. (Newsletter des Vereins zur Förderung der publizistischen Selbstkontrolle e. V.). Dortmund, 05.01.2007. In: *http://www.publizistische-selbstkontrolle.de/fps_ dokumente/nl/fps_01_poettker_presserat.pdf.*

Pöttker, Horst / Starck, Kenneth (2003): Criss-Crossing Perspectives: contrasting models of press self-regulation in Germany and the United States. In: Journalism Studies, Heft 1/2003, S. 47-64.

Pürer, Heinz / Raabe, Johannes (1994): Medien in Deutschland. Band 1: Presse. München.

Raff, Fritz (1982): Presserat in der Krise. In: Journalist, Heft 1/1982, S. 16-22.

Rühl, Manfred / Saxer, Ulrich (1981): 25 Jahre Deutscher Presserat. Ein Anlaß für Überlegungen zu einer kommunikationswissenschaftlich fundierten Ethik des Journalismus und der Massenkommunikation. In: Publizistik, Heft 4/1981, S. 471-507.

Ruß-Mohl, Stephan (2006): Schafft Transparenz – und viele Kodizes. In: Message, Heft 2/2006, S. 81.

Sänger, Fritz (1985): Der Freiheit dienen. Kritische Kommentare zum Zeitgeschehen. Mit einem Vorwort von Willy Brandt. Göttingen.

Sattelmair, Kay E. (2003): „Wir benötigen eine geschützte Atmosphäre“. (Interview). In: Message, Heft 2/2003, S. 40-41.

Schilling, Horst (2007): Mit dem Kodex ernst gemacht. In: Message, Heft 2/2007, 90-94.

Schilling, Horst (2008): Der janusköpfige Presserat. In: Message, Heft 3/2008, 90-94.

Schnurr, Eva-Maria (2005): Wer ist für Ethik zuständig? In: Medium Magazin, Heft 6/2005, S. 50-51.

Schulz, Wolfgang / Held, Thorsten (2002): Regulierte Selbstregulierung als Form modernen Regierens. Im Auftrag des Bundesbeauftragten für Angelegenheiten der Kultur und der Medien. Endbericht. Hamburg.

Soehring, Claas Hendrik (1999): Vorverurteilung durch die Presse. Baden-Baden; Hamburg.

Stapf, Ingrid (2006): Medien-Selbstkontrolle. Ethik und Institutionalisierung. Konstanz.

Suhr, Oliver (1998): Europäische Presse-Selbstkontrolle. Baden-Baden.

Suhr, Oliver (2003): Absolute Minimallösung. In: Message, Heft 2/2003, S. 38-43.

Tillmanns, Lutz (2000): Kodex für Online-Medien. Die Reform reformieren. In: Message, Heft 2/2000, S. 56-58.

Trägerverein des Deutschen Presserats e. V. (Hrsg.) (1996): Schwarzweißbuch. Spruchpraxis Deutscher Presserat 1990-1995, Band 2. Bonn.

Trägerverein des Deutschen Presserats e. V. (Hrsg.) (1991): Jahrbuch 1990. Bonn.

Trägerverein des Deutschen Presserats e. V. (Hrsg.) (1992): Jahrbuch 1991. Bonn.

Trägerverein des Deutschen Presserats e. V. (Hrsg.) (1993): Jahrbuch 1992. Bonn.

Trägerverein des Deutschen Presserats e. V. (Hrsg.) (1994): Jahrbuch 1993. Bonn.

Trägerverein des Deutschen Presserats e. V. (Hrsg.) (1995): Jahrbuch 1994. Bonn.

Trägerverein des Deutschen Presserats e. V. (Hrsg.) (1996): Jahrbuch 1995. Bonn.

Trägerverein des Deutschen Presserats e. V. (Hrsg.) (1997): Jahrbuch 1996. Bonn.

Trägerverein des Deutschen Presserats e. V. (Hrsg.) (1998): Jahrbuch 1997. Bonn.

Trägerverein des Deutschen Presserats e. V. (Hrsg.) (1999): Jahrbuch 1998. Konstanz.

Trägerverein des Deutschen Presserats e. V. (Hrsg.) (2000): Jahrbuch 2000 (mit der Spruchpraxis des Jahres 1999). Konstanz.

Trägerverein des Deutschen Presserats e. V. (Hrsg.) (2001): Jahrbuch 2001 (mit der Spruchpraxis des Jahres 2000). Konstanz.

Trägerverein des Deutschen Presserats e. V. (Hrsg.) (2002): Jahrbuch 2002 (mit der Spruchpraxis des Jahres 2001). Konstanz.

Trägerverein des Deutschen Presserats e. V. (Hrsg.) (2005): Jahrbuch 2005 (mit der Spruchpraxis des Jahres 2004). Konstanz.

Trägerverein des Deutschen Presserats e. V. (Hrsg.) (2007): Jahrbuch 2007 (mit der Spruchpraxis des Jahres 2006). Konstanz.

Trägerverein des Deutschen Presserats e. V. (Hrsg.) (2008): Jahrbuch 2008 (mit der Spruchpraxis des Jahres 2007). Konstanz.

Ukrow, Jörg (Hrsg.) (2000): Die Selbstkontrolle im Medienbereich in Europa. Band 21. Schriftenreihe des Instituts für Europäisches Medienrecht Saarbrücken. München; Berlin.

Wallraff, Günter (1997[2]): Der Aufmacher. Der Mann, der bei Bild Hans Esser war. Köln.

Wallraff, Günter (1979): Zeugen der Anklage. Die „Bild“-Beschreibung wird fortgesetzt. Köln.

Weischenberg, Siegfried (1998): Medienethik. In: Pieper, Annemarie / Thurnherr, Urs (Hrsg.): Angewandte Ethik. Eine Einführung. München, S. 219-241.

Wiedemann, Verena (1992): Freiwillige Selbstkontrolle der Presse. Eine länderübergreifende Untersuchung. Gütersloh.

Wiedemann, Verena (1994): Die 10 Todsünden der freiwilligen Presse-Selbstkontrolle. In: Rundfunk und Fernsehen, Heft 1/1994, S. 82-94.

Wieschowski, Sebastian (2009): Es klingelt an der Tür. In: Die Zeit, Nr. 16/2009, S. 18.

Medienunternehmung

Matthias Karmasin

1 Zur Konzeption von Medienethik als Unternehmensethik

1.1 Unternehmensethik als unternehmerische Kernaufgabe: Warum Unternehmensethik?

In einer idealen Welt wäre Unternehmensethik so gut wie überflüssig: Eine ethisch fundierte Rahmenordnung würde (global gültige) Regeln festlegen, an die sich alle Unternehmen hielten; ein effizientes Anreizsystem (Strafen, Steuern, Gesetze etc.) würde Konsum, Investment und Arbeit regeln, der Markt wäre vollständig transparent und durch nahezu perfekte Konkurrenz charakterisiert, die Egoismen der Marktteilnehmer in Gemeinwohl transformiert und Handlungsspielräume würden durch verantwortungsvolle und vernünftige Aktanten im Sinne des ‚bonum commune' genutzt. „The business of business is business", schlussfolgert vor diesem Hintergrund dann stilbildend auch der Ökonom Milton Friedman (1970 [1997]: 287) und schreibt weiter: „[...] there is one and only one social responsibility of business – to use its resources and engage in activities designed to increase its profits so long as it stays within the rules of the game, which is to say, engages in open and free competition without deception or fraud". Das klingt plausibel. Nur: In dieser Welt leben wir nicht.

Weder gibt es ‚global governance' im Sinne einer Weltwirtschaftsordnung, die einen Standortwechsel verhindert, wenn Unternehmen sich nicht an bestimmte ordnungspolitische Vorgaben halten wollen, noch gibt es Markttransparenz, die eine souveräne Entscheidung der Nachfrager und Investoren ermöglichen würde, noch gibt es auch nur annähernd vollständige Konkurrenz, noch eine klare Trennung politischer und ökonomischer Interessen. Unternehmen können defizitäre Rahmenordnungen (‚time lags' der Regulierung, Eigeninteressen politischer Akteure, fehlende Regelungen) zu ihren Gunsten nutzen oder eben nicht: Und dies ist ethisch besehen keinesfalls neutral. Der Markt ‚funktioniert' (wie im Modell der vollständigen Konkurrenz intendiert) nicht mehr so, dass der Wettbewerb per ‚invisible hand' das ‚bonum commune' reguliert, sondern er wird in seinen Funktionen und seinen Wirkungsweisen durch die korporativen Hauptakteure bestimmt.

Die Unternehmung reagiert also nicht mehr bloß (als ‚price taker' oder Anpasser an Anreize), sondern sie agiert und gestaltet als korporativer Akteur die Beziehungen zu den Stakeholdern (Shareholder, Konkurrenten, Politik, Werbung, Medien, Mitarbeitern etc.). Kurz: Die Unternehmung ist vom Molekül der Marktwirtschaft zu deren Gravitationszentrum geworden. Die daraus resultierende Neubestimmung der Wirtschaft und der gesellschaftlichen Rolle der Unternehmung als neuem Modell des Sozialkontraktes ist wesentliches Merkmal der Wirtschaft der Informations- und Mediengesellschaft (vgl. ausführlich Karmasin 2005). Diese Änderung der ökonomischen Strukturen ist möglich, weil die Ökonomie eben kein materielles oder gar naturgesetzlich bestimmtes Substrat hat (vgl. hierzu Groys 2000: 224f.). Kurz: Die Unternehmung wird auch zum Adressaten ethischer Forderungen und zum Zurechnungspunkt von Verantwortung.

Diese Debatte ist in der Wirtschaftsethik keineswegs neu. Schon 1982 haben Goopaster und Mathews[1] die klassische Frage ob Unternehmen ein Gewissen haben können mit ja beantwortet und die Verantwortung der Unternehmung als ‚tertium datur' (als ‚third way') zwischen der regulativen Hand des Staates und jener des Marktes definiert. In der im Anschluss differenzierten Diskussion über Anwendungsfelder und Problemlagen der Unternehmensethik (vgl. zusammenfassend Kreikebaum/Behnam/Gilbert 2001; Göbel 2006) steht jedenfalls der Grundsatz fest, dass Unternehmen auch in ethischer Hinsicht Akteure sind und dass sie autonome Verantwortung tragen. Noll (2002: 94) vermutet dann auch resümierend, „[...] dass Unternehmensethik in einem durch Dynamik, schnellen Fortschritt und Globalisierung geprägten Umfeld zunehmend zum Kernthema von Wirtschaftsethik wird; Unternehmen müssen sich zu den entscheidenden moralischen Akteuren entwickeln." Die EU-Kommission, die sich zum Ziel gesetzt hat, Europa im Bereich ‚Corporate Social Responsibility' (CSR) weltweit an die Spitze zu führen, beschreibt CSR dann auch als ein „Konzept, das den Unternehmen als Grundlage dient, auf freiwilliger Basis soziale Belange in ihre Tätigkeit und in die Wechselbeziehungen mit den Stakeholdern zu integrieren". Und weiter heißt es: „Sozial verantwortlich handeln heißt, [...] über die bloße Gesetzeskonformität hinaus ‚mehr' zu investieren in Humankapital, in die Umwelt und in die Beziehungen zu anderen Stakeholdern". „Die soziale Verantwortung der Unternehmen" ist nach der EU-Kommission „eine freiwillige Verpflichtung der Unternehmen, auf eine bessere Gesellschaft und eine saubere Umwelt hinzuwirken".[2] Amerikanisch knapp und prägnant lautet der neue Imperativ für Unternehmen: „Make a profit, obey the law, be ethical and be a good corporate citizen." (Carroll/Buchholtz 2000: 36f.)

Es geht also in diesem Kontext nicht mehr um den paradigmatischen Konflikt zwischen Sozial- und Individualethik, sondern um ein Konzept *sozialer* Verantwortung, das

1 Der Aufsatz *Can a Corporation have a Conscience* im *Harvard Business Review* begründete eine intensive Debatte, deutsch im Harvard Manager 2000 erschienen

2 *http://ec.europa.eu/enterprise/csr/index_de.htm*

Macht als Möglichkeit der Realisierung ethischer Normen begreift – oder anders formuliert: Der ethische Imperativ ‚je mehr Macht, desto mehr Verantwortung' gilt auch für die Unternehmung als korporativen Akteur.[3] Unternehmensethik ist, wie Göbel (2006) materialreich argumentiert, im Kern das Management dieser Verantwortung.

Mit dem theoretischen und begründungstheoretisch fundierten Nachweis, dass jede Unternehmung auch Verantwortung trägt, ist noch nichts über die Praktikabilität und Realisierbarkeit dieser Verantwortung gesagt. Die Realisierung unternehmerischer Verantwortung wird sich stets im Spannungsfeld von Gewinnerzielung bzw. ökonomischer Rationalität und ethischer Vernunft bewähren müssen. Unternehmensethik versteht sich folglich nicht als Alternative *zum* Kapitalismus, sehr wohl aber als Alternative *im* Kapitalismus.[4]

In Anknüpfung an die aktuelle wirtschaftsethische Diskussion steht also die Frage im Mittelpunkt, wie (nicht ob) man der ethischen mit der ökonomischen Vernunft zum Durchbruch verhelfen kann, und nicht gegen sie.[5] Ohne die dafür notwendige Argumentation in voller Breite zu rekonstruieren sei angemerkt, dass hierfür weder ein ökonomischer Imperialismus (im Sinne eines erweiterten Utilitarismus[6]) noch eine auf Metapräferenzen abzielende Deontologie in Betracht kommen, sondern nur eine diskursive angelegte Reformulierung der ökonomischen Vernunft im Sinne eines integrativen Ansatzes, der Ethik und Ökonomie vereint.[7] Bei der Konkretion von

---

3 Ein Modell gestufter Verantwortung sieht vor, dass die Zurechnung der Verantwortung in einem sozialen System nicht so erfolgen kann, dass jeder prinzipiell für alles verantwortlich ist oder dass bestimmte Gruppen und Funktionsträger für bestimmte Vorgänge in der Gesellschaft allein verantwortlich gemacht werden. Die Wahrnehmung bestimmter Funktionen bedingt jenes Ausmaß an Verantwortung, das mit dieser Funktion verbunden ist. Zur Frage von Macht und Moral vgl. die Diskussion in EuS 6/1995, insbesondere Hösle 1995.

4 Wie Fulcher (2007) in seiner Geschichte des Kapitalismus darlegt, gibt es aktuell auch keine gangbare Alternative zum Kapitalismus, aber viel Potenzial für die Entwicklung von Alternativen innerhalb des Kapitalismus. Er endet: „Um Reformen durchzuführen, muss man sich jedoch auf den Kapitalismus einlassen. Bewegungen, die außerhalb stehen und sich darauf beschränken, gegen ihn zu demonstrieren, können keine Reformen bewirken." (ebd.: 179)

5 Zur Darstellung der aktuellen Diskussion im Überblick Noll 2002; Steinmann/Wagner 1998; Ulrich 1998; Hengsbach 1997; Suchanek 2001; Karmasin/Litschka 2008.

6 Zur ökonomischen Begründung der Ethik vgl. Homann 1997.

7 Wie dies etwa Ulrich 1998 und Steinmann 1998 tun. Zur Diskussion und Darstellung Neugebauer 1998. Ulrich (1998) begründet seinen „integrativen Ansatz" aus einer sozialökonomischen Rationalitätsidee (die Rückbindung der Ökonomie an die Idee der Lebensdienlichkeit) und fasst sie als die (diskursethisch explizierte) Leitidee vernünftigen Wirtschaftens aus dem Blickwinkel der Lebenswelt auf. Ulrich (1998: 124f.) „Der Ansatz einer integrativen Vernunftethik des Wirtschaftens zielt kurz gesagt auf eine Wirtschaftsethik ohne Reflexionsstopp vor irgendwelchen empirischen oder normativen Bedingungen der Marktwirtschaft. Es geht ihr darum, den gesamten normativen Unterbau des Verständnisses von vernünftigem Wirtschaften einer vorbehaltlosen ethischen Grundlagenreflexion zuzuführen. Die praktische Orientierungsaufgabe integrativer Wirtschaftsethik erstreckt sich [...] auf drei allgemeine Grundaufgaben:
(1) Die Kritik der ‚reinen' ökonomischen Vernunft [...].
(2) Die lebensnahe Entfaltung der sozialökonomischen Rationalitätsidee [...].
(3) Die ‚Erörterung' möglicher Orte der Moral des Wirtschaftens [...]".

Unternehmensethik geht es um die Entwicklung von Normen, d.h. von Aufforderungen, in bestimmten Situationen bestimmte Handlungen auszuführen (oder zu unterlassen), oder – unter Freistellung der Handlungen als solche – bestimmte Wirkungen herbeizuführen (oder nicht herbeizuführen) (vgl. Steinmann/Zerfaß (1993: 1118). „Unternehmensethik wird so als *Vernunftethik unternehmerischen Wirtschaftens* im Ganzen konzipiert." (Ulrich, 2001: 395; kursiv im Original) Das Unternehmen selbst ist in dieser Perspektive dann auch keine Organisation zur Gewinnmaximierung, sondern eine pluralistische Wertschöpfungsveranstaltung (vgl. ebd: 438).
Wenn man in einer Art aufgeklärtem Realismus davon ausgeht, dass Unternehmungen generell weder der Ort des Guten noch der Ort des Bösen sind, dann geht es mehr um die Art und den Modus der Kommunikation über die Möglichkeiten und Grenzen der Integration der ethischen und der ökonomischen Vernunft. Die Art und die Qualität des Umganges der Unternehmung mit der öffentlichen Exponiertheit und die Legitimation des unternehmerischen Handelns sind dabei nicht unbedingt von der absoluten Größe der Unternehmung abhängig, sondern von den Wirkungen, die dieses auf seine (relevanten) Umwelten bzw. Anspruchsgruppen (‚stakeholder') hat. Die Verantwortung für diese Wirkungen insbesondere für die Regelung der konfliktären Wirkungen des Zieles der Gewinnerzielung bzw. der Erzielung eines finanziellen Gleichgewichtes können nicht an den Markt oder den Staat delegiert werden. Sie sind unternehmerische Kernaufgabe.

1.2 Medienethik als Ethik der Medienunternehmung

Die Interpretation der Medienunternehmung als ethisches Gravitationszentrum, als Adressat ethischer Normen und als Verantwortungsträger schließt an die eingangs skizzierte wirtschaftsethische Diskussion an, die in einem Modell gestufter Verantwortung die (Markt-) Macht als wesentlichen Ansatzpunkt für unternehmerische Verantwortung interpretiert. Diese Argumente gelten in vollem Umfang auch für Medienunternehmen. Die Macht der Medienunternehmung, die für reale Marktverhältnisse konstitutiv ist, ist also auch für die Ethik der Medienunternehmung von Relevanz. Wäre die Medienunternehmung völlig determiniert, also nicht fähig, nach eigenen Interessen zu agieren, würde sich die Frage nach der Freiheit bzw. der damit verbundenen Verantwortung nicht stellen. Da dies aber nicht so ist, ist mit dem Nachweis von Macht auch Verantwortung verbunden. Medienunternehmungen haben politische, publizistische, ökonomische, gesellschaftliche, kulturelle und technologische Macht ebenso wie Macht über die physische Umwelt und Macht über Individuen. Die Macht der Medienunternehmung entscheidet über folgende Faktoren:

- die Freiheitsgrade in der Entscheidung (je mehr Macht, desto größer die Möglichkeit, proaktiv zu handeln);

- die Intensität der Wirkungen (die Externalitäten einer marktdominanten Unternehmung werden erwartbarerweise größer sein als jene einer kleinen; nämliches gilt, grosso modo, für den Kreis der Betroffenen);
- die Strukturierung des Kommunikationsprozesses nach innen und außen (damit die Möglichkeit, eine bestimmte Wirklichkeit zu schaffen und bestimmte Werte innerhalb wie außerhalb der Unternehmung zu vermitteln);
- die Nutzung der Marktbeherrschung zur Integration von Wertschöpfungsprozessen (die das Unternehmen auch gegen den Willen der Betroffenen bzw. der politischen Umwelten durchsetzen kann);
- den Grad der Beeinflussung politischer Prozesse (wie Medienrecht, Presserecht, Ordnungspolitik generell);
- die Qualität der Öffentlichkeit (als Teil demokratischer Prozesse, als fiktionale und unterhaltende Realität, als Reflexionsinstrument);
- die Möglichkeiten zur journalistischen Berufsausübung (die Trennung von Redaktion und Management, die Bezahlung, die Art der Motivation und Mitbestimmung);
- die Natur und Qualität der Unternehmenskultur (Strukturen, die nicht durch individuellen Willensakt veränderbar sind).

Wirtschaftliche Macht (in unserem Falle Unternehmensmacht) ist, der ‚klassischen' Definition von Weber (1972: 23) folgend, die Möglichkeit jener, die gleichermaßen über private Eigentumsrechte wie über öffentlich relevante Ressourcen verfügen, die von ihren Handlungen Betroffenen aus ihren so genannten ‚privaten' Entscheidungsprozessen auszugrenzen. In dieser *Möglichkeit* liegt das eigentliche ethische Dilemma der Unternehmensführung. Es ist, wie gesagt, eine Möglichkeit und keine Notwendigkeit; es ist Handeln, das über bestimmte Freiheitsgrade verfügt. Sicher hat dabei nicht jede Unternehmung dieselben Möglichkeiten, denn die Macht der Unternehmungen ist unter diesen nicht gleich verteilt. Gerade im Medienmarkt, in dem die Marktmacht nationaler Unternehmen oft conditio sine qua non für die Teilnahme im Spiel der ‚global players' ist, ist ein Modell gestufter Verantwortung anzuwenden. Diesem kommt umso größere Bedeutung zu, als die internationale Konzentration auf dem Medienmarkt nationalstaatliche Regelungen tendenziell obsolet macht.[8]

Mit dem Nachweis der Macht von Medienunternehmungen ist auch der Nachweis autonomer Verantwortung verbunden, die nicht völlig auf Staat (Legalität) und Markt (Wettbewerb) übertragen werden kann. Das Abstellen auf die positive Legalität des Handelns und das Abwälzen der Verantwortung für die Vermeidung negativer externer Effekte auf den Staat haben zwar eine moralische Entlastungsfunktion für die beteiligten Akteure bzw. die positiv Betroffenen, sie beantworten aber nicht die zentrale Frage, ob das Medienunternehmen zum Nutzen der Gemeinschaft existiert

8 Das wesentliche Problem ist dabei nicht die Internationalisierung und Globalisierung, sondern die Konzentration der Beschaffungs- und Absatzmärkte.

oder auf ihre Kosten. Sicher: Der Medienmarkt bzw. der Wettbewerb dient ab und an zur ethischen Exkulpation der Marktmächtigen, indem das Unternehmen als reiner Reaktionsträger (auf Konkurrenten oder Konsumentenaktivitäten) interpretiert wird. Aber es muss aus ethischer Perspektive deutlich werden, dass es sich hierbei um eine Metaphorik handelt, die maximal das Gewissen der Führungskräfte dieser Unternehmungen entlastet.

Aus medienethischer Hinsicht stellt sich damit die Frage, wem die Verantwortung für die Gestaltung medialer Produkte zukommt. Analog zur liberalen Theorie des Marktes behauptet die liberale Theorie der Medien ja, dass der mündige Medienkonsument in einem weitgehend deregulierten Mediensystem in der Lage sei, per Nachfrageverhalten (also via Beeinflussung der Ersatzwährung sprich Reichweite bzw. Quote) die bestmögliche mediale Leistung zu generieren. Der aufgeklärte, informierte Rezipient trüge letztlich (zumindest jedoch über die Konsum- und Wahlentscheidung) die Verantwortung für die mediale Produktion. Dies erweist sich bei näherer Betrachtung aber (ebenfalls) als ideologische, mystifizierende und nicht als empirische Aussage.

Erstens kann Nachfrageveränderung auf Grund von Informationsdefiziten oft nicht so realisiert werden, wie sie ‚rationalerweise' ausgeübt werden könnte. Das prinzipielle Problem des Medienmarktes ist, dass das Publikum bzw. Teile davon nicht in der Lage sind, ihre Qualitätsvorstellungen auf dem Markt durchzusetzen. Es kommt zu *Marktversagen* auf Grund von Qualitätsintransparenz. Dies gilt sowohl für ‚Information' im Sinne von Nachrichten und Berichten als auch für Unterhaltung.

Zweitens kann festgestellt werden, dass Marktverdrängung und Marktkonzentration nicht auf Grund publizistischen, sondern auf Grund ökonomischen Wettbewerbs erfolgt. Dieser ist aber wesentlich vom Werbemarkt und den Möglichkeiten zur Refinanzierung medialer Produkte dominiert.

Drittens kann die Medienproduktion in ihren Ursachen durch Rezipientenverhalten nur schwer gesteuert werden: Die Alternative zum Konsum besteht oft nur im Verzicht auf ein konkretes mediales Produkt, nicht in dessen Änderung. Sowohl national als auch international sind alle Produktionsstufen in einer Hand vereint und werden durch Diversifikation und Differenzierung im höchsten Maße effizient genutzt. Kurz: Die Rezipienten werden an die Medien angepasst, nicht umgekehrt. (vgl. ausführlich Karmasin 1998)

Viertens produzieren Medien quasi-öffentliche und duale Güter. Der Charakter von Medien bzw. eines Teils medialer Produkte als meritorische Güter macht also selbst bei (idealtypischer) voller Konsumentensouveränität autonome unternehmerische Verantwortung nicht obsolet. Meritorische Güter sind ja ex definitione Güter, von denen zu wenig erstellt werden, wenn nur die individuellen Entscheidungen das Ausmaß der Bereitstellung bestimmen. Wie Kiefer (1994: 433) treffend ausführt, begründen sie eine Verletzung des Konzepts der Konsumentensouveränität.[9]

9 Konsumentenpräferenzen gelten nach Kiefer (1994) vor allem unter drei Annahmen als verzerrt:

Fünftens nehmen Medienunternehmungen in der Konstruktion, Allokation und Wiederholung (als kollektives Gedächtnis) von gesellschaftlicher Realität eine zentrale Rolle ein. Dies insbesondere, da die mediale Öffentlichkeit auch überragende Priorität für die Schaffung und Definition kollektiver ethischer Grundwerte wie Freiheit, Gerechtigkeit, Sicherheit, Menschenwürde etc. hat.[10] Dies ist einerseits Grund für die gesellschaftliche Privilegierung der Medienunternehmung (Schutz der Meinungsfreiheit, Subventionen, Förderungen etc.), andererseits begründet eben diese spezielle ‚licence to operate' auch eine besondere Gemeinwohlverpflichtung. Damit macht also autonome unternehmerische Verantwortung für die Bereitstellung qualifizierter Öffentlichkeit, für Bildung, Kritik und Artikulationschancen und angemessene Rekreations- und Unterhaltungschancen auch unter den (ohnedies hoch idealisierten und irrealen) Bedingungen völliger Markttransparenz und Konsumentensouveränität Sinn.

Sechstens erschöpft sich (wie in anderen Branchen auch) die Wahrnehmung dieser Verantwortung nicht in appellativer Gesinnungsethik. Auch wenn Ethik nicht ohne individuelle Moral und entsprechende gesellschaftliche Strukturen realisiert werden kann, so ist die Verantwortung für mediale Produktion nicht *rein* individualethisch oder/und ordnungsethisch einforderbar.

Ceterum censeo: Die vertikale, horizontale, diagonale und konglomerate (multimediale) Konzentration medialer Märkte und die daraus resultierende Macht der Medienunternehmung, lässt die Medienunternehmung als sinnvollen medienethischen Ansatzpunkt erscheinen (vgl. auch Karmasin 2005a, 2006)

2 Macht und Verantwortung im Oligopol der Wahrheit: Zur Institutionalisierung von Medienethik

Wir fassen zusammen: Aus wirtschaftsethischer Sicht ist die Unternehmung auch ein ethischer Akteur und sie hat im Sinne eines Modells gestufter Verantwortung für ihre Handlungen einzustehen. Diese Verantwortung hat mit Göbel (2006: 103ff.), ein teleologisches (Verantwortung für Handlungsfolgen) ebenso wie ein deontologisches (ohne feste Werte und Pflichten wird der Verantwortungsbegriff schnell inhaltsleer) Moment. Unternehmensverantwortung vereint eine individualethische Komponente (Unternehmensmitglieder müssen Verantwortung übernehmen) mit einer institutio-

---

(1) fehlende Beurteilungsfähigkeit der Konsumenten,
(2) begrenzte Informationsverarbeitungskapazität der Konsumenten und Delegation von Entscheidungen (an Fachleute),
(3) unterschiedliche Präferenzordnungen für unterschiedliche Entscheidungssituationen.

Sie schlussfolgert daraus, dass alle drei Annahmen bei Medien und insbesondere beim Rundfunk als zutreffend angesehen werden müssen. Die dritte Annahme ist für das duale System aber besonders aufschlussreich.

10 Medien sind die Infrastruktur der Öffentlichkeit und sie repräsentieren in ihren negativen Wirkungen wohl auch die ‚Schmerzen der Zivilisation'.

nenethischen (die Verantwortungsfähigkeit der Unternehmung als Organisation) und ordnungsethischen (Unternehmensverantwortung steht unter ständiger Beobachtung der kritischen Öffentlichkeit) Dimension. Bei der Konkretion von Unternehmensethik geht es um die Entwicklung von Normen im konfliktträchtigen Spannungsfeld zwischen dem Ziel der Gewinnerwirtschaftung und Verantwortdung gegenüber der Gesellschaft. Unternehmensethik wird im Sinne integrativer Wirtschaftsethik als *Vernunftethik unternehmerischen Wirtschaftens im Ganzen* konzipiert. Das Unternehmen ist in dieser Perspektive dann auch keine Organisation zur Gewinnmaximierung, sondern eine pluralistische Wertschöpfungsveranstaltung, die Verantwortung für sich selbst und die Wettbewerbsbedingungen ihrer Umgebung übernimmt, wie dies Ulrich in seinem Konzept integrativer Unternehmensethik darstellt:

Abbildung 1: Das zweistufige Konzept integrativer Unternehmensethik

➤	**Zweite Stufe der Verantwortung:** **Republikanische Unternehmensethik („Corporate Citizenship")** Kritische Hinterfragung gegebener Wettbewerbsbedingungen Branchen- und ordnungspolitische Mitverantwortung für • Ethisch verantwortbare Standards • Faire Rahmenbedingungen des Wettbewerbs
➤	**Erste Stufe der Verantwortung: Geschäftsethik** „Geschäftsintegrität": • sinngebende Wertschöpfungsidee • bindende Geschäftsgrundsätze • Integritätsmanagementsystem

(vgl. Ulrich 2005: 153)

Auch für Medienunternehmungen ist deren Macht konstitutiv für ihre Verantwortung. Auch die Medienunternehmung ist Zurechnungspunkt von Verantwortung und Adressat von ethischen Forderungen. Insbesondere die Rolle der Medienunternehmung als Ort journalistischer Berufsausübung und in der Produktion von (informativer, unterhaltender und werblicher) Öffentlichkeit und die daraus resultierende gesellschaftliche Privilegierung (und die damit implizierte Gemeinwohlorientierung) begründen eine besondere Verantwortung der Medienunternehmung. Diese Verantwortung ist nicht völlig an den Staat, den Markt oder auch das Management (oder die Journalistinnen und Journalisten) delegierbar, sondern sie ist im Rahmen unternehmensethischer Prozesse wahrzunehmen. Ein entsprechendes Anreizsystem im Sinne regulierter Selbstregulierung bzw. Co-Regulierung soll dabei sicherstellen, dass der ethisch Gute nicht der ökonomisch Dumme ist. An entsprechenden regulativen Bedingungen (etwa im Sinne von Selbstkontrolle und regulierter Selbstregulierung) mitzuwirken ist im Sinne der in der Abbildung dargestellten zweiten Stufe der Verantwortung ebenfalls Verantwortung der Medienunternehmung.

CSR ist für Medienunternehmungen im deutschen Sprachraum unter den regulativen Rahmenbedingungen möglich, aber nicht zwingend notwendig.[11] Wie in anderen Branchen auch, lassen sich im Anschluss an Ulrich (2001) und Marrewijk (2003) für Medienunternehmen folgende Prototypen von CSR klassifizieren:

- *Compliance-driven CSR.* CSR wird nur im Rahmen gesetzlicher Rahmenbedingungen wahrgenommen. Dies kann sowohl direkte Regulierung als auch Aufforderungen zur Selbstregulierung (im Sinne einer „motivierten" Freiwilligkeit) meinen. Im Falle von Medienunternehmen wäre dies etwa dann denkbar, wenn gesellschaftliche Privilegien (Sendelizenzen, Förderungen) an den Nachweis von ethischen Maßnahmen geknüpft werden bzw. Strafen in medienrechtlichen Verfahren an das Ausmaß der ethischen Prävention (je mehr Prävention desto geringer die Strafe).
- *Instrumentalistische CSR.* Das Medienunternehmen integriert soziale, ethische und ökonomische Überlegungen, vorausgesetzt es bringt finanziellen Gewinn. Im Mittelpunkt stehen rein marketingtechnische Strategien mit dem Ziel der Verbesserung der Reputation und mittelbarer Steigerung des Markenwertes, Erhöhung der Publikumsbindung, Motivation der Mitarbeiterinnen und Mitarbeiter etc. CSR ist hier eine reine Geschäftsstrategie.
- *Caritative CSR.* CSR-Initiativen gehen in diesem Falle über rechtliche Verpflichtungen und instrumentelle Ansätze hinaus. Hier werden die Gewinne außerökonomisch (philanthropisch) eingesetzt, etwa im Rahmen von Spenden, Sponsorships, Sozialprojekten etc. Das Kerngeschäft jedoch wird von den CSR-Überlegungen nicht berührt. Dieser Form der CSR geht es nicht um die Art der Gewinnerwirtschaftung, sondern um die Art der Gewinnverwendung.
- *Synergetische, korrektive CSR.* Im Mittelpunkt steht das Streben nach funktionellen, aber ausbalancierten Lösungen, die eine Wertsteigerung im ökonomischen, sozialen und ökologischen Bereich bewirken. Ethische Verantwortung wirkt geschäftbegrenzend und kann in Gewinnverzicht münden.
- *Intergrative CSR.* CSR ist in jeden Aspekt der Organisation bzw. des organisationalen Handelns integriert. Ethik ist Geschäftgrundlage und wird vor allem im Kerngeschäft der Unternehmung wirksam. Dies ist gekoppelt mit einem hohen Maß von institutionalisierten CSR-Maßnahmen.

Auch für Medienunternehmungen bietet sich eine Vielzahl an von prozessualen und institutionellen CSR-Maßnahmen an. CSR-Aktivitäten im karitativen, philanthropischen Bereich, die sich nur um die Gewinnverwendung (etwa im Rahmen von Stiftungen, Sponsorings, Spenden), nicht aber um die Gewinnerwirtschaftung im Kernge-

11 Die mittlerweile umfängliche ethische und betriebswirtschaftliche Debatte über die rechtliche Regulierung und Determinierung von Unternehmensethik, Unternehmensverfassung und Branchenverfassung kann hier ebenso wenig rekonstruiert werden wie die juristische Diskussion über die nationalen und internationalen Implikationen solcher Rahmenordnung. Ich meine aber, dass die Ergebnisse dieser Debatte auch die Diskussion um Möglichkeiten und Grenzen medialer Ethik bereichern könnte.

schäft zentrieren, sind oft dem Vorwurf ausgesetzt, reine PR-Aktivitäten zu sein. Wenn wir Unternehmensethik im Kern (etwa mit Göbel 2006) als das Management unternehmerischer Verantwortung verstehen, dann ist dieses Management der Verantwortung auch für die Medienunternehmung als medienethische Institution zentral. Für das Gelingen eines solchen Ethikmanagements (oder in anderer Formulierung ‚Integrity Managements' oder ‚Integritätsmanagements') sind im Anschluss an Waxenberger (2004: 139) sowohl unternehmensinterne *Prozesse* der Selbstbindung (z.B. Managementsysteme), *Strukturen* (z. B. die Institutionalisierung) und die *Kommunikation von CSR* zentral. Damit gibt es auch für Medienunternehmungen eine Vielzahl von Möglichkeiten, CSR nicht nur an der kommunikativen Oberfläche, sondern auch in der unternehmerischen Struktur wirksam werden zu lassen. Die wesentlichsten wären in Kürze:

- Ein ethischer Kodex bzw. ein problemorientiertes Handbuch, das die Selbstverpflichtungen von Redaktion und Management festschreibt und u.U. die allgemeinen Regelungen des Branchenkodex (Ehrenkodex, Medienkodex) und des medienrechtlichen Rahmens auf unternehmensspezifische Probleme spezifiziert.[12]
- Die Berufung einer Ombudsperson bzw. eines Ethikbeauftragten (‚Ethics Officer') bzw. einer Ethik-Kommission (‚Ethics Commission'). Diese Maßnahme gibt den ethischen Problemlagen einen Ort in der Organisation. Eine Ethik-Kommission besteht nach Noll (2002: 127 zumeist aus einem internen und einem externen Direktor sowie einem ‚Ethics Officer', kann aber im Sinne des Stakeholder Managements auch Vertreter von Anspruchsgruppen (Media Watch Dogs, Werbung, Publikumsräten, Presseräten, Wissenschaft, Politik etc.) zumindest temporär in Entscheidungen einbeziehen. Das ‚Ethics Office' mit einem ‚Ethics Officer' dient neben der Überprüfung der Einhaltung der unternehmerischen Leitlinien als ‚Kommunikationszentrale' für ethisch relevante Fragen; Für Medienunternehmung ist diese (interne) Rolle oft mit einer nach außen wirksamen Ombudsperson verknüpft. Die Bandbreite der Aufgaben ist groß, wie etwa die *Organization of News Ombudsmen (ONO)* zeigt, sie kann vom ‚Readers' Editor', der unabhängig vom jeweiligen Verleger/Eigentümer Anregungen bzw. Beschwerden aus der Leserschaft beantwortet und an prominenter Stelle im Medium Korrekturen veröffentlicht. (z. beim englischen *Guardian* oder beim österreichischen *Standard*), bis zur Ombudsstelle als reiner Vermittlungsinstanz (z.B. bei Schweizer Rundfunkanstalten) reichen.
- Die Einrichtung einer Ethics-Hotline, ein besonders aus den USA bekanntes Instrument zur Anzeige moralischer bzw. rechtlicher Unregelmäßigkeiten und Beratung in Konfliktsituationen. Diese Hotlines können auch den Stakeholdern of-

12 Beispiele hierfür wären die *BBC Producers Guidelines* sowie die Kodizes der *Herald and Weekly Times*, des *Mirror Australian Telegraph*, der *RTL-Group* oder auch die ethischen Standards der *Los Angeles Times*, der *Washington Post* und der *New York Times*.

fen stehen und für den Diskurs (on- und offline) mit den oben genannten Ombudspersonen sorgen.

- Die Implementierung eines Stakeholder Managements. Als prozessuale bzw. unternehmenskulturelle Maßnahme kommt die Erweiterung der Managementorientierung in Betracht. Im Sinne des Stakeholder-Ansatzes sollen nicht mehr nur die Interessen der Kapitaleigentümer, sondern auch alle anderen Rechte (legaler oder ethischer Natur) und Interessen in Unternehmensentscheidungen einbezogen werden. Dies trägt der Idee der Unternehmung als pluralistische Wertschöpfungsveranstaltung Rechung. Prozessuale Implementierungen von Unternehmensethik umfassen meist auch die Einführung bestimmter Zertifizierungsstandards bzw. Berichtsstandards. [13]
- Die Durchführung von Ethik-Trainings und Ethik-Audits. Damit werden die Organisationsstrukturen, die Ziele und Strategien, die Führungsstile, die Rolle des Journalismus, die Aufgabe des Unternehmens in und für die Gesellschaft zum Gegenstand ethischer Diskussion und Bewertung.
- Die Kommunikation von CSR. Neben der institutionellen und prozessualen Implementierung kommt auch der Kommunikation von CSR (im Sinne der Wahrnehmung von Verantwortung durch Kommunikation) hohe Relevanz zu. (vgl. hierzu etwa Karmasin 2007) Wesentlich scheint es, z.B. nicht nur Stakeholder-Managementsysteme per se einzuführen, sondern auch Stakeholder-Commitment zu ermöglichen und die Stakeholder zu motivieren, sich an Unternehmensentscheidungen zu beteiligen. Hierbei hat sich eine Kombination aus direkten und indirekten kommunikativen Maßnahmen bewährt. Stakeholder-Dialoge und Stakeholder-Versammlungen, die vergleichbar der Hauptversammlung eine Rechenschaftslegung des Vorstands vor den relevanten Stakeholdern beinhalten, ebenso wie die Rückkoppelung der Stakeholder-Interessen über demoskopische Methoden (etwa die Einrichtung von Stakeholder-Panels) oder auch die Nutzung von Social Media and Web 2.0-Applikationen (vgl. Rochlin/Farrar 2008) zur Aufrechterhaltung des Dialoges und der Interaktion mit den Stakeholdern. Es scheint aber so zu sein, dass das Angebot, mit der Unternehmung in Kontakt zu treten, allein nicht hinreicht, sondern dass es auch Anreize geben

13 Zum Beispiel nach den Standards der *Global Reporting Initiative*, des *Global Compact* (globale Grundlage für ethische Standards für Unternehmen auf der Basis der Allgemeinen Erklärung der Menschenrechte, verschiedener arbeitsrechtlicher Leitlinien, Erklärungen und Gesetze und der Rio-Erklärung über Umwelt und Entwicklung), der *ILO-Basiskonvention* (International Labour Organization, Empfehlungen und Übereinkommen, nur die wenigsten Unternehmen können alle erfüllen), der *OECD-Leitsätze für multinationale Unternehmen* (Strategie zur Förderung der sozialen Verantwortung der Unternehmen), der EU Standards *„CSR Communication and Reporting"* (siehe hierzu: *www.csreurope.org/matrix*). Darüber hinaus bezieht sich die Berichterstattung oftmals auf Bewertungsprogramme wie die *SIGMA-Guidelines*, das Programm *AccountAbility 1000* (AA 1000), das *Business Conduct Management System Standard* (der Ethics Officer Association) oder das Programm *Social Accountability 8000* (SA 8000).

muss, um Stakeholder längerfristig an diesen Prozessen zu beteiligen. Gewinnen die Stakeholder den Eindruck, dass ihre Partizipation lediglich legitimatorischen Hintergrund hat bzw. dass ihre Beteiligung lediglich der Datengenerierung und des Gewinnens von strategischem Vorsprungswissens auf Seiten der Unternehmensführung dient, dann wird die Bereitschaft zur Partizipation niedrig sein. Freeman und Evan (1993: 263) schlagen deshalb ‚klassisch' neben der Ausarbeitung prinzipieller unternehmerischer Zielvorstellungen eine Institutionalisierung des Stakeholder Ansatzes vor. In ihrem Ansatz votieren sie für ein *„Stakeholder Board of Directors"*, das Vertreter der wichtigsten Anspruchsgruppen umfasst.[14] Zur Konstituierung dieses Boards schlagen sie eine ‚Stakeholder-Versammlung' vor, die ähnlich wie eine Aktionärsversammlung agiert.[15] Die jeweiligen Vertreter würden in den Board im Interesse und Auftrag der jeweiligen Anspruchsgruppen entsandt, um dort deren Ansprüche zu vertreten.[16] Damit die Implementierung von Stakeholder-Management auf verschiedenen Ebenen der Unternehmung (quasi als Fraktal) wirksam werden und damit über die strategischen Managementaufgaben bis in das Marketing, Controlling und Reporting hineinreichen kann, ist die offene Kommunikation mit den Stakeholdern notwendig. (From Visibility to Transparency). Wie Karmasin und Weder (2008) argumentieren, geht es bei prozessualen Implementierungen nicht nur um die Umsetzung von Managementprinzipien und unter Umständen um die Zertifizierung und das externe Audit dieser Maßnahmen, sondern vor allem auch um die Kommunikation dieser Maßnahmen. Es ist also von einer engen Verbindung von unternehmensethischen Implementierungen und kommunikativen Maßnahmen auszugehen.

---

14 „These directors will be vested with the duty of care to manage the affairs of the corporation in concert with the interests of its stakeholders. Such a board would ensure that the rights of each group would have a forum, and by involving a director for the corporation, would ensure that the corporation itself would not be unduly harmed for the benefit of a particular group. In addition, by vesting each director with the duty of care for all stakeholders, we ensure that positive resolutions of conflicts would occur." (Freeman/Evan 1993: 264)

15 Freeman/Evan (1993: 262) formulieren abstrakte „Stakeholder Management Principles", die als elementarer Bestandteil eines Kodex wie folgt lauten:
„P1: The corporation should be managed for the benefit of its stakeholders, its customers, suppliers, owners, employees, and local communities: The rights of these groups must be ensured, and, further, the groups must participate, in some sense, in decisions that substantially affect their welfare.
P2: Management bears a fiduciary relationship to stakeholders and to the corporation as an abstract entity. It must act in the interests of the stakeholders as their agent, and it must act in the interests of the corporation to ensure the survival of the firm, safeguarding the long-term stakes of each group."

16 Die Grundlage dieser Versammlung sollte eine „Stakeholder Bill of Rights" sein, deren Inhalt von Freeman/Evan (1993: 264) folgendermaßen beschrieben wird: „Each stakeholder group would have the right to elect representatives and to recall representatives to boards. [...] Each stakeholder group would have the right to free speech, the right to grievance procedures inside the corporation and if necessary in the courts, the right to civil disobedience, and other basic political rights."

3 Fazit

Die Auffassung von Medienethik als Unternehmensethik (CSR) der Medienunternehmung sieht die Macht der Medienunternehmung in publizistischer und ökonomischer Hinsicht als konstitutiv für ihre Verantwortung. Wie eingangs skizziert kann damit die Ethik der Medienunternehmung als ‚third way' zwischen Markt und Staat und als Ethik der Mesoebene zwischen Individual- und Sozialethik konzipiert werden. Eine autonome Ethik der Medienunternehmung im Sinne der Institutionalisierung von Verantwortung ist unter den Bedingungen einer Gesellschaft der Organisationen und der postkonventionellen Moral nicht nur möglich, sondern auch vernünftig.

Die Institutionalisierung ermöglicht moralisches Handeln in arbeitsteiligen Sozialsystemen, da individualethische Überforderungen und individuelle Beliebigkeiten oder rein gesinnungsethische Appelle vermieden werden. Eine Institutionalisierung bietet dem Einzelnen im Medienunternehmen die Möglichkeit[17], normativ-ethische Probleme und Prozesse zu diskutieren und zu realisieren, und bietet den Anspruchsgruppen (Stakeholdern) darüber hinaus die Möglichkeit, sich auf stabile und auf Dauer angelegte Kommunikation verlassen zu können. Der (mögliche) Beitrag von Medienunternehmen zur Erreichung des hehren Zieles der EU-Kommission, Europa im CSR-Bereich zum führenden Wirtschaftsraum zu machen, ist beträchtlich. Die Qualität der deliberativen Öffentlichkeit aber auch jene der Öffentlichkeit in unterhaltender und rekreativer Hinsicht sind Bedingungen der Möglichkeiten hierfür. Damit sind Medienunternehmen (und in weiterer Folge wohl auch die werbetreibende Wirtschaft als Hauptfinanzier medialer Produkte) nicht nur funktional was die Themenstruktur betrifft, sondern auch in ihrer Rolle als gelungenes Beispiel für die Implementierung von CSR-Maßnahmen gefordert. Denn stets wird – trotz aller Legitimität der Kritik – auch von den Produzenten öffentlicher Kritik verlangt werden, jene Regeln, die sie für andere fordern, auch selbstreflexiv wirksam werden zu lassen. Ob dies allerdings für Medienunternehmen ohne entsprechende Rahmenbedingungen und Anreize realisiert werden kann, ist fraglich. Denn obwohl Medien alle anderen aufklären – sich selbst aufzuklären, fällt Ihnen (naturgemäß) schwer. Dennoch: Medienethik als Unternehmensethik der Medienunternehmung ist möglich. Mehr noch: Sie ist vernünftig.

---

17 Eine solche Institutionalisierung entlastet das Individuum nicht von der moralischen Verantwortung, das Richtige respektive das Gute auch tun zu *wollen* und dieses Handeln vor dem Hintergrund normativer und wertpluraler Prinzipien auch zu begründen. Zum Verhältnis von individueller und korporativer Ethik vgl. auch Debatin 1997.

Literatur

Carroll, Archie B. / Buchholtz, Ann K. (2000): Business & Society. Ethics and Stakeholder Management. 4. Aufl. Cincinnati, Ohio.

Debatin, Bernhard (1997): Medienethik als Steuerungsinstrument? Zum Verhältnis von individueller und korporativer Verantwortung in der Massenkommunikation. In: Weßler, Hartmut u.a. (Hrsg.): Perspektiven der Medienkritik. Die gesellschaftliche Auseinandersetzung mit öffentlicher Kommunikation in der Mediengesellschaft. Opladen, S. 287-303.

Freeman, Edward R. / Evan, William M. (1993): A stakeholder theory of the modern corporation: Kantian capitalism. In: Chryssides, George D. / Kaler, John H.: An Introduction to Business Ethics. London u.a., S. 254-267.

Friedman, Milton (1970): "The Social Responsibility of Business is to Increase its Profits". In: The New York Times Magazine, Sep. 1970. [Reprinted in Donaldson, Thomas / Dunfee, Thomas W. (Hrsg.) (1997): Ethics in Business and Economics, Ashgate, S. 281-287.]

Fulcher, James (2007): Kapitalismus, Stuttgart.

Göbel, Elisabeth (2006): Unternehmensethik. Grundlagen und praktische Umsetzung. Stuttgart.

Goodpaster, Kenneth E. / Matthews, John B. (2000): Können Unternehmen ein Gewissen haben? Zum Problem der Verantwortung in einer veränderten Gesellschaft. In: Harvard Manager (Hrsg.): Unternehmensethik. Band 1. Hamburg, S. 9-18

Goodpaster, Kenneth E. / Matthews, John B. (1982): Can a corporation have a conscience?. In: Harvard Business Review, Vol. 60, S. 132-141

Groys, Boris (2000): Unter Verdacht. Eine Phänomenologie der Medien. München; Wien.

Hengsbach, Friedhelm (1997): Globalisierung" aus wirtschaftsethischer Sicht. In: Aus Politik und Zeitgeschichte. Beilage zur Wochenzeitung Das Parlament, B21/97, S. 3-13

Homann, Karl (1997): Individualisierung: Verfall der Moral?. Zum ökonomischen Fundament aller Moral. In: Aus Politik und Zeitgeschichte. Beilage zur Wochenzeitung Das Parlament, B21/97, S. 13-22

Hösle, Vittorio (1995): Macht und Moral. In EuS (Ethik und Sozialwissenschaften), Heft 6/1995, S. 379-387.

Karmasin, Matthias (2005): Medienethik in der Wissens- und Informationsgesellschaft: Unternehmensethik und Stakeholder. In: Kübler, Hans-Dieter / Elling, Elmar (Hrsg.): Wissensgesellschaft. Neue Medien und ihre Konsequenzen. CD der Bundeszentrale für politische Bildung (bpb). Bonn.

Karmasin, Matthias (2006): Medienethik – Normen, Werte und Verantwortung. In: Scholz, Christian (Hrsg.): Handbuch des Medienmanagements. Berlin; Heidelberg, S. 279-301.

Karmasin, Matthias (1998): Medienökonomie. Medienökonomie als Theorie (massen-)medialer Kommunikation. Graz; Wien.

Karmasin, Matthias (2005): Paradoxien der Medien. Über die Widersprüche technisch erzeugter Wirklichkeiten. Wien.

Karmasin, Matthias (2007): Stakeholder Management als Grundlage der Unternehmenskommunikation. In: Piwinger, Manfred / Zerfass, Ansgar (Hrsg.): Handbuch Unternehmenskommunikation. Wiesbaden, S. 71-89

Karmasin Matthias / Litschka, Michael (2008): Wirtschaftsethik. Theorien, Strategien, Trends. Münster u.a.

Karmasin, Matthias / Weder, Franzisca (2008): Organisationskommunikation und CSR: Neue Herausforderungen für Kommunikationsmanagement und PR. Wien.

Kiefer, Marie-Luise (1994): Wettbewerb im dualen Rundfunksystem. In: Media Perspektiven, Heft 9/1994, S. 430-438

Kreikebaum, Hartmut / Behnam, Michael / Gilbert, Dirk-Ulrich (2001): Management ethischer Konflikte in international tätigen Unternehmen. Wiesbaden.

Marrewijk, Marcel van (2003): Concepts and definitions of CSR and corporate sustainability. Between agency and communion. In: Journal of Business Ethics, Vol. 44/2-3, S. 95-105.

Neugebauer, Udo (1998): Unternehmensethik in der Betriebswirtschaftslehre. Vergleichende Analyse ethischer Ansätze in der deutschsprachigen Betriebswirtschaftslehre. Berlin.

Noll, Bernd (2002): Wirtschafts- und Unternehmensethik in der Marktwirtschaft. Stuttgart; Berlin; Köln.

Rochlin, Steve / Farrar, James (2008): Can Web 2.0 revolutionise corporate responsibility? In: The Financial Times, 10.07.2008. Online verfügbar unter *http://www.ft.com/cms/s/0/15cf29aa-4e60-11dd-ba7c-000077b07658,dwp_uuid=3bd54f56-21cb-11dd-a50a-000077b07658.html?nclick_check=1.*

Steinmann, Horst / Wagner, Rainer Gerd (Hrsg.) (1998): Umwelt- und Wirtschaftsethik. Stuttgart.

Steinmann, Horst / Zerfaß, Ansgar (1993): Unternehmensethik. In: Enderle, Georges u.a. (Hrsg.): Lexikon der Wirtschaftsethik. Freiburg; Basel; Wien, S. 1113-1122.

Stitzel, Michael (1992): Die ethische Dimension wirtschaftlich-technischen Handelns. In: Steger, Ulrich (Hrsg.): Unternehmensethik. Frankfurt; New York, S. 35-51.

Suchanek, Andreas (2001): Ökonomische Ethik. Tübingen.

Ulrich, Peter (1998): Integrative Wirtschaftsethik: Grundlagen einer lebensdienlichen Ökonomie. Bern; Stuttgart; Wien.

Ulrich, Peter (2001): Integrative Wirtschaftsethik: Grundlagen einer lebensdienlichen Ökonomie. Bern; Stuttgart; Wien. (2. verb. Auflage)

Ulrich, Peter (2005): Zivilisierte Marktwirtschaft. Eine wissenschaftsethische Orientierung. Freiburg; Basel; Wien.

Ulrich, Peter (Hrsg.) (2004): Reflexionsfelder integrativer Wirtschaftsethik. Tübingen.

Waxenberger, Bernhard: Prinzipiengeleitete Unternehmensführung. In: Mieth, Dietmar / Schumann, Olaf J. / Ulrich, Peter (Hrsg.) (2004). Reflexionsfelder integrativer Wirtschaftsethik. Tübingen, S. 132-141.

Weber, Max (1972): Wirtschaft und Gesellschaft. (hrsg. von Jürgen Winckelmann). Tübingen.

Publikum

Rüdiger Funiok

1 Institutionalisierung und Differenzierungsstand

Die ‚Abnehmer' von Medienprodukten – obwohl sie deren Adressaten und ‚Zielgruppen' sind – kommen bei der Aufzählung medienethischer Fragestellungen üblicherweise kaum in den Blick. Man bezieht sich schnell auf die journalistische Berufsethik. Sie ist (in Verhaltenskodizes) vergleichsweise klarer ausformuliert. Die Berufspraxis der Journalisten und anderer Kommunikationsberufe ist zudem durch Mediengesetze normiert. Für das Publikum dagegen gibt es kaum ethische Handlungsorientierungen, und rechtliche Regelungen ebenso wenig – wenn man vom Jugendschutz absieht.

Sich Medienangebote anzueignen, sie zu rezipieren, ist aber – genauso wie die Produktion und Distribution von Medieninhalten – auch eine Form des ‚Medienhandelns'. Dieses findet in einem sozialen Kontext statt: Die Nutzung des Leitmediums Fernsehen – oder heute vielleicht schon früher und attraktiver des Computers – geschieht als ‚Medien-Kindheit' in der Familie. Später bilden Peergroups, Lern- und Arbeitsteams, Netzcommunities oder Fankulturen die soziale Umgebung. Aber auch dort, wo eine Einzelperson für sich allein mit dem mp3-Player Musik hört, Zeitung liest, vor dem Computer sitzt, wird sie das dabei Aufgenommene zum Teil in Gespräche mit anderen Bezugspersonen einbringen, d.h. es findet Anschlusskommunikation statt.

Trotz dieser stets vorhandenen sozialen Einbettung von Medienrezeption fehlt es dem Publikum an sozialer Organisation. In der Massenkommunikation sind es disperse Teilpublika, in denen sich Einzelpersonen gleichzeitig, aber räumlich getrennt demselben Angebot zuwenden, ohne untereinander Kontakt zu haben. Verkaufzahlen, Einschaltquoten, Sitebesuche werden zwar gemessen, aber diese Aggregat-Zahlen interessieren vor allem die Redaktionen und Medienunternehmen. Die Beurteilungen oder Meinungsbildungsprozesse des Publikums selbst finden nur selten zu einem wirksamen Ausdruck. Sicher schreiben einzelne Aktive oder Betroffene Leserbriefe, Eltern finden sich in lokalen Fernsehbeobachtungs-Kreisen zusammen, und einzelne Bürger oder Media-Watch-Dog-Initiativen reichen Beschwerden bei Selbstkontrollgremien oder bei der Kommission Jugendmedienschutz wegen bestimmter Internet-Seiten oder Computerspiele ein.

Aber es bleibt die skeptische Frage: Ist das Publikum ein (kollektiver) Akteur? Schon Adorno fragte (1963) mit Blick auf das Fernsehen: Kann das Publikum wollen? Seine Antwort: Nicht, wenn es der Ideologie des Fernsehens verfallen, also zu wenig kritisch gebildet ist. Diese „Impfung des Publikums" durch Bildung (Adorno 1963b, 97) entspricht dem Ziel Emanzipation aus Bewusstseinszwängen, das die Medienpädagogik seit Baacke (1973) erreichen will: nicht nur durch kritische Rezeption fertiger Medienprodukte, sondern auch durch selbstbestimmte eigene Medienproduktion. Neuberger (1997) weist darauf hin, dass der aktive und kritische Rezipient nicht nur eine normative Annahme der Rezipientenethik ist. Auch in der deskriptiven Perspektive der Kommunikationswissenschaft hat (Medien-)Kommunikation die Funktion der Problembearbeitung und -lösung; soll diese dem Publikum gelingen, braucht es entsprechende Hilfestellungen durch die Journalisten (was wiederum Qualitätsanforderungen an diesen Berufsstand beinhaltet). Wenn das Publikum ein Akteur ist, der Medienqualität erwartet und – meist nur ungehört – einfordert, so bildet es eine natürliche Koalition mit dem Qualitätsjournalismus.

Und ferner ist deutlich geworden: Die Organisation des Publikumswillen beginnt mit der Medienbildung im Elternhaus – durch beispielhaftes Verhalten, oder durch Diskussion über Qualität und Eignung von Medienangeboten. Die Medienerziehung im Elternhaus findet ihre Fortsetzung in der – oft leider nur sehr mangelhaft betriebenen – schulischen Medienbildung und in der handlungsorientierten Jugendmedienarbeit, wie sie in manchen Jugendzentren, Internetcafés oder schulischen Projekten praktiziert wird (vgl. Schell 1993).

2 Medienethische Relevanz

Die Publikumsethik bildet einen unverzichtbaren Unterbereich einer integrativ verstandenen Medienethik (vgl. Funiok 2007, 16). Als solche formuliert sie ethische Begründungen der demokratischen Medienordnung und einer gemeinwohlorientierten Medienpolitik, sie diskutiert das Berufsethos der Medienschaffenden und die ethische Grundlagen der Selbstkontroll- und Aufsichtsgremien, sie ist Wirtschafts- und Unternehmensethik der Medienunternehmen – und eben Ethik der Medienrezeption.

So privat Mediennutzung erscheinen mag – sie ist gleichzeitig öffentlich wirksam und relevant, da die Mediennutzer an der Sphäre medienvermittelter Öffentlichkeit teilnehmen. Je nach Perspektive auf das Publikum erscheint es in drei unterschiedlichen Akteurs-Rollen mit verschiedenem Relevanzhintergrund (vgl. Hasebrink 2007; Herzog u.a. 2006):

- Aus der Sicht der Medienanbieter sind die dispersen Publika *Konsumenten-Gruppen* mit individuellen Bedürfnissen und Präferenzen. Die Publikumsforschung versucht täglich aggregierte Daten darüber zu erfassen und den Medienunternehmen sowie der Werbewirtschaft anzubieten. Dabei wird die Bindung des Publikums an ein Angebot wie eine „Ware“ gesehen. Hier sind die Publika von *wirtschaftlicher* Relevanz.

- In der Perspektive des Medienrechts sind die Rezipienten oder Nutzer *Inhaber von Rechten* (z.B. des Rechts auf Gegendarstellung) bzw. *schutzbedürftige Individuen* – Menschen, die sich durch Medienangebote in ihren religiösen Gefühlen verletzt fühlen können, oder Kinder und Jugendliche, deren soziale Orientierung (als wichtiger Teil ihrer Entwicklung) beeinträchtigt werden kann. Die Nutzer treten als Kritiker oder/und als Opfer der Medienangebote hervor. Der Relevanzhintergrund ist rechtlicher Natur.
- Die demokratische Perspektive betont das Interesse des Publikums an öffentlicher Kommunikation, an Meinungsbildung und Medienqualität. Hier erscheinen die Nutzenden als *Bürgerinnen und Bürger*, die in den Aufsichtsgremien von öffentlich-rechtlichen Medien repräsentiert sind, aber als zivilgesellschaftliche Akteure auch andere Beteiligungsformen entwickeln, und das europaweit.[1]

Für die Publikumsethik relevant sind die zweite und dritte Rolle. In beiden geht es um eine Mit-Verantwortung des Publikums; die Verantwortlichkeit der anderen Akteure bleibt wichtig. „Wenn also beispielsweise zuviel Gewalt in den Medien zu einem Anwachsen realer Gewalt führt [...], so ist dieser Argumentation zufolge der die Gewalt rezipierende Zuschauer der Verursacher, denn er hat sie sich ja schließlich – wegen Fehlens einer anständigen Moral – angesehen. Der Produzent, der Schauspieler, der Programmdirektor – sie sind ebenso von ihrer Verantwortung befreit wie der Medienpolitiker und -jurist.“ (Winterhoff-Spurk 1996, 190)

Geht es in der zweiten Publikumsrolle um das Recht von Minderheiten auf eine respektvolle Darstellung in den Medien oder um den Schutz von Kindern und Jugendlichen vor Inhalten, die für sie schwer zu verarbeiten sind, so betont die dritte Rolle die Beteiligungsmöglichkeiten des Publikums bei der Qualitätssicherung aller Medienprodukte. Die Mitverantwortung des Publikums hat unterschiedliche Institutionalisierungsformen. Eine Repräsentation in Aufsichtgremien und Regulierungsbehörden ist zwar in den meisten europäischen Ländern gegeben, auch hat jeder Bürger und jede Bürgerin die Möglichkeit, bei Selbstkontrollgremien Beschwerden einzureichen – aber diese Gremien tagen oft unter Ausschluss der Öffentlichkeit. Einen Ausgleich stellen selbst initiierte Leser- und Zuschauerorganisationen dar; sie haben z.B. in den Niederlanden, in Großbritannien und in Dänemark größere Bedeutung als im deutschen Sprachraum.

Die Publikumsethik regt zur Reflexion darüber an, welche Einflussmöglichkeiten der „aktive Nutzer“ hat und was eine verantwortliche Mediennutzung bedeutet. Als Rezipienten orientieren wir uns nicht nur an eigenen Bedürfnissen – auch diese können Ausgangspunkt ethischer Überlegungen werden –, sondern ebenso an der sozialen Umwelt, in welcher wir leben. Angesichts der heutigen „Mediatisierung“ fast aller gesellschaftlichen Bereiche und Lebensvollzügen erscheint es notwendig, dass wir uns

1 Siehe auch den Beitrag von Krotz zur Zivilgesellschaft in diesem Band.

gegenseitig Hilfestellungen zur Erweiterung und Aktualisierung unserer „Medienkompetenz" geben, die wesentlich eine Aufgabe der Selbstbildung bleibt.

3 Konzeptionelle Überlegungen

Mit welchen Konzeptionen lässt sich die Verantwortung des Publikums näher bestimmen? Die am meisten gebrauchte Perspektive ist die der Verantwortungsethik.

3.1. Pflicht- und verantwortungsethische Perspektive

Es gibt drei typischen Rollen oder lebensweltliche Bezüge, in welchen wir uns als Rezipienten befinden.

- in unserer Rolle als Staatsbürger und -bürgerinnen,
- in unserer Rolle als Gestalter unserer eigenen Freizeit und
- in der Rolle als Erziehende, welche die meisten von uns zumindest gelegentlich einnehmen.

An diesen Rollen lassen sich entsprechenden Pflichten oder Verantwortlichkeiten festmachen.

3.1.1 Staatsbürgerliche Mitverantwortung für die Medien

Als *Bürger und Bürgerinnen* tragen wir eine soziale Mitverantwortung für das Funktionieren demokratischer Institutionen und damit auch der Medienordnung. Die Prüfung, ob die Medien diesem verfassungsmäßigen Verständnis entsprechend agieren, sollte nicht völlig den Rundfunk- und Medienräten bzw. den Selbstkontrollgremien der anderen Medien überlassen werden. Wenigstens zu den wichtigsten medienpolitischen Entscheidungen, zu groben journalistischen Fehlern oder zu preiswürdigen Leistungen sollte es einen öffentlichen Diskurs geben, mit den Themen: Medienfreiheit, Qualität der Medienprodukte sowie gemeinsame Verantwortung von Medienproduzenten und -nutzern. Dieser öffentliche Diskurs ist zu ergänzen durch professionsethische ‚Infrastrukturmaßnahmen' wie eine gediegene, das Verantwortungsbewusstsein schärfende Aus- und Fortbildung der Medienschaffenden, genügend Zeit für Recherche, entsprechende Redaktionsstatute, das Ausloben von Journalistenpreisen usw. (vgl. Ruß-Mohl 1994) sowie eine demokratische Medienordnung.

Grundlegend ist, dass das Bewusstsein für die demokratische Rolle der politischen Medieninformation ausreichend in der Bevölkerung verankert ist. Nach Hamelink (1995: 499) ist das Publikum verpflichtet, einen aktiven Beitrag zur Freiheit und Qualität der Medien zu leisten: „This implies that the client also actively contributes to the professional performance." Wo in unverantwortlicher Weise irreführende Informationen verbreitet werden – das ist bei jeder gelenkten Kriegsberichterstattung der Fall, aber auch bei manch anderer Politikinszenierung –, geht das beide Seiten an: diejenigen, die andere in die Irre führen, und diejenigen, die sich täuschen lassen.

In den meisten Ländern haben die Mediennutzer die rechtlich garantierte Möglichkeit von Rückmeldungen. Die Nutzer entscheiden mit darüber, in welchem Ausmaß und mit welchem Ziel von diesem Recht Gebrauch gemacht wird: ob zum Einfordern bloß individueller und egoistischer Programmpräferenzen, oder auch zum Einfordern eines Qualitätsjournalismus. „Media consumption should be viewed, like professional media performance, as a social practice which implies moral choices and the assumption of accountability for these choices." (ebd.: 504)

3.1.2 Verantwortung für sich selbst und die eigene Freizeit

Der überwiegende Teil der Mediennutzung liegt zeitlich und situativ in unserer *Freizeit*. In ihr haben wir Verantwortung nur für uns selbst: für unsere Zeitplanung, für unsere (mit Spaß verbundene) Lernbereitschaft, für die Wahl der Inhalte, mit denen wir uns anregen und unterhalten lassen. Um hier nicht in einem überzogenen Sinne ‚moralisch' zu werden, ist von einer grundsätzlich positiven Sicht auf die freizeitliche Mediennutzung auszugehen, ohne die Augen vor Passivität zu verschließen und die Aufgabe einer bewussten Lebensgestaltung zu verdrängen. Dazu zählt die Fähigkeit und Bereitschaft des Einzelnen,

- aus den Medienangeboten mit einer bewussten Prüfung *auszuwählen* – und das Angebot wird sich in einer zunehmenden Medien-, Informations- und Erlebnisgesellschaft noch vermehren;
- die Informations- und Unterhaltungsangebote bei und/oder nach der Nutzung *kritisch zu beurteilen* und dies vor allem bei der *Öffentlichkeitsarbeit von Parteien und Wirtschaftsverbänden* zu tun;
- bei der Medienauswahl *bedürfnisorientiert* voranzugehen – u.a. auch um eine eigene *Identität*, individuelle Erlebnisformen und eine bewusste Lebenskultur auch über die Mediennutzung zu entwickeln.

Da unsere Freizeit begrenzt ist, kommt eine bewusste Programmauswahl nicht ohne *partiellen Medien- und Programmverzicht* aus. Die Entscheidung, eine Zeitung oder Zeitschrift zu lesen, Radio zu hören oder fernzusehen, steht immer im Kontext und in Konkurrenz zu anderen Freizeitaktivitäten, zu sozialen Kontaktmöglichkeiten und zu häuslichen Arbeiten. Wird die Mediennutzung nicht begrenzt, vertut man unnötig viel Zeit mit dieser Form von Freizeitaktivität. Hier kann man *tugendethisch* argumentieren: Ohne die Kardinaltugend des Maßhaltens versinken wir in der Flut des Informations- und Unterhaltungsangebots (vgl. Lübbe 1994).

Gegen ein maßloses und kritikloses Konsumieren brauchen wir in jüngeren Jahren Orientierung und erzieherische Hilfe, in späteren Jahren der Selbstdisziplin und

Selbstbildung. Aus der Kulturpolitik von Diktaturen des 20. Jahrhunderts wissen wir von der beruhigenden Kraft der Medienunterhaltung. Huxley beschreibt in seinem Roman *Schöne neue Welt* die ‚Verdunkelung' von Rationalität durch ein Zuviel an oberflächlicher Unterhaltung und ein Zuwenig an Distanz zu ihr. Wir bleiben nur durch Arbeit an uns selbst medienkompetent. Ohne Medien(selbst)erziehung gibt es kein greifbares Publikumsethos.

3.1.3 Verantwortung für Heranwachsende

Die dritte, bei der Mediennutzung relevante Rolle ist die von Eltern, Erzieherinnen und Erziehern im Kindergarten, Lehrerinnen und Lehrern in der Schule. Die meisten von uns sind immer wieder mit Kindern und Jugendlichen im Gespräch über Medien. Als Eltern wie als professionelle Erzieher tragen wir Verantwortung für ihre Entwicklung. Medien beeinflussen den Alltag von Jugendlichen, bieten Material für deren Abgrenzung gegenüber Eltern und für eine neue Beziehung zu ihnen, für Freundschaftsbeziehungen, für erotisch-sexuelle Erfahrungen, für die Arbeit am geschlechtsspezifischen Selbstbild u.ä. (vgl. Barthelmes 2001). Medien spielen eine kaum zu überschätzende Rolle für die Identitätsarbeit Heranwachsender; im produktiven Umgang mit Medieninhalten entwickeln sie ihr Selbstbild und ihre Konzepte von Mann- oder Frausein, von gelingenden und befriedigenden Beziehungen. Mehr noch als die Eltern sind Gleichaltrige als Interpreten und Helfer bei der Verarbeitung der Medienerfahrungen gefragt.

Bei Kindern, also bis etwa zwölf Jahren, mag es sinnvoll sein, sie von problematischen Medienangeboten fernzuhalten – dabei dürfte das Angebot gemeinsamer Aktivitäten einen gewissen Ersatz für Fernseherlebnisse darstellen. Aber Eltern werden nicht darum herumkommen, mit ihren Kindern über schwierige und problematische Inhalte zu sprechen – spätestens wenn sie bemerken, welche Probleme Kinder mit bestimmten Formen von Gewaltdarstellung haben. Eine, auf qualitative Kinder- und Jugendmedienforschung gestützte ‚Programmberatung für Eltern' kann dafür sensibilisieren.[2]. Auch wenn Kindern eine grundsätzliche Medienkompetenz unterstellt werden muss, so bleibt doch eine Förderung und Vertiefung der Fähigkeit, angstfrei, selbstbestimmt und kritisch mit Medien umzugehen, ein wichtiges elterliches Erziehungsziel. Dabei ist immer zu fragen: Welche Beurteilungskriterien haben die Kinder schon? Wie gelingt es ihnen, zu schwierigen Inhalten Distanz zu entwickeln? An welchen Punkten ist eine kritische Einstellung erst zu entwickeln?

In den *Jugendschutzgesetzen* und ihrer Umsetzung in Auflagen hinsichtlich der Zeiten der Ausstrahlung bzw. der freien Zugänglichkeit digitaler Rundfunkangebote, kommt

2 Diese bietet beispielsweise seit einigen Jahren der gleichnamige Verein an, dem die Landeszentralen für neue Medien bzw. privaten Rundfunk angehören. Er gibt die die vier Mal im Jahr erscheinende Broschüre *Flimmo* heraus.

die Gesellschaft den Eltern zu Hilfe, indem sie problematische Inhalte für die Kinder und Jugendliche schwerer erreichbar macht.

Neben gewalthaltigen, rassistischen oder pornografischen Inhalten sind auch die Glücksversprechungen der Werbung ein wichtiges Thema der Mediengespräche zwischen Eltern und Kindern. Eltern müssen ihren Kindern klar machen, dass man nicht alles haben kann, dass Zufrieden- und Mit-sich-identisch-sein nicht an diesem oder jenem Spielzeug, Genussmittel, an dieser oder jener Reise liegt, weder real noch virtuell.

3.2 Bedürfnis- und glücksethische Perspektive

Als allgemeines Mediennutzungsmotiv lassen sich der Wunsch und das Bedürfnis nennen, sich durch Medien anregen, informieren und unterhalten zu lassen. Das legt die Frage nahe, ob die Publikumsethik diese medienbezogenen Bedürfnisse nicht ernster nehmen und von ihnen her fragen sollte, worin eine humane Mediennutzungsmoral besteht? Mediennutzung kann politische Informiertheit (als Voraussetzung überlegten Wahlverhaltens, aber auch politischer Partizipation und ehrenamtlichen Engagements) fördern, sie ist aber auch Teil des *privaten* Konsums. Wie ist dieser medienethisch zu bewerten?

Das Ernstnehmen der individuellen Wünsche und Bedürfnisse kommt nicht ohne Werte und ohne soziale und politische Verantwortung aus. Der bedürfnis- und glücksethische Ansatz erinnert an diese Verantwortung jedoch erst „nach" oder, besser gesagt, im Kontext der Anerkennung unserer (medienbezogenen) Wünsche und Bedürfnisbefriedigungen. Er ist daher vielleicht besser geeignet, die Konsumenten und Mediennutzerinnen bei ihrem Lebensgefühl abzuholen und die ethische Dimension der individuellen Lebensgestaltung aufzuzeigen, als dies Publikumsethiken vermögen, die sofort und ausschließlich bei ihrer politischen und sozialen Mitverantwortung ansetzen.

Aber müssen die Möglichkeiten zur Befriedigung von Bedürfnissen nicht *begrenzt* werden – mit Rücksicht auf die beschränkten Ressourcen, auf die eigene Gesundheit, auf die Rechte anderer? Ethik wird immer in irgendeiner Weise Grenzen ziehen und Qualitätskriterien benennen müssen. Aber es ist die Frage, ob diese Grenzen gleichsam von einer feststehenden menschlichen Natur, einer generellen Qualifizierung von Bedürfnissen als gut oder schlecht kommen – oder ob uns die Kultivierung unserer Bedürfnisse als eine persönliche Gestaltung aufgegeben ist, deren Orientierungspunkte aus dem Ernstnehmen unserer Freiheit und Selbstentfaltung zu gewinnen sind und nicht mehr gleichsam „von außen" vorgegeben werden.

Die neuzeitliche Rechtskultur kennt die Grundrechte des Einzelnen: das Recht auf Gewissens-, Religions- und Meinungsfreiheit, das Recht auf freie Berufswahl, auf unternehmerische Initiative, auf Privateigentum. Aber zentral bleibt doch das eigene Bemühen um ein ‚kultiviertes Bedürfnisleben' und die Ausbildung eines Konsumstils, der am Ziel der Selbstentfaltung ausgerichtet ist. Welche Kategorien und Maßstäbe lassen sich bei dazu benennen?

Der bekannteste Vorschlag zu einer „Architektur" oder Rangfolge menschlicher Grundbedürfnisse stammt von Maslow (1970), der Vorschlag einer Bedürfnispyramide ausführlich begründet hat. Auch für Mertens (1999: 453f.) kommt den physischen Basisbedürfnissen (Ernährung, Schlaf, Wärme, Bewegung) eine elementare Dringlichkeit zu. Die psychischen Grundbedürfnisse (Zugehörigkeit, soziale Geltung) haben eine persönlichkeitskonstituierende, existenzielle Bedeutung. Die Bedürfnisse geistig-personaler Sinnrealisation (Verlangen nach Wissen, Verstehen, Schönheit, sittlichem Gutsein, Transzendenz) verhelfen schließlich zu vollem Menschsein. Wann immer es einen Anlass gibt, über die eigenen Bedürfnisse nachzudenken, könnte dieses Ordnungsschema Hinweise auf eine wünschenswerte Weiterentwicklung des eigenen Bedürfnislebens geben.

Der Vorstellung einer Hierarchie der Bedürfnisse entnimmt Mertens noch einen zweiten Hinweis: Verhindert „[...] eine anhaltende Mangelsituation die Absättigung des jeweils vormächtigeren Bedürfnissektors, so birgt dies die Gefahr der Dominanz dieser einen Bedürfnissituation in sich. [...] Und umgekehrt gibt die rechtzeitige relative Absättigung einer vorgeordneten Bedürfnisdimension den Weg frei für die *fortschreitende Evolution* des Bedürfnislebens bis hin zur *Selbstentfaltung der Person.*" (ebd.: 454)

Im Zusammenhang mit der Kultivierung der Bedürfnisse stellt sich also die Aufgabe, einen Konsumstil zu entwickeln, der als Ausdruck freier Selbstbestimmung gelten kann, also wirklich Freiheit praktiziert, zugleich aber auch ökologisch und sozial verantwortlich ist. Um unserer Verantwortung für die Natur zu entsprechen, werden heute Tugenden eines ‚neuen Lebensstils', der ‚Bescheidenheit' und des ‚Maßhaltens' in vielen Bereichen propagiert.

Im Gegensatz dazu stehen für Mertens Konsumstile, die von einer Instrumentalisierung des Konsums oder von der Dominanz *eines* Bedürfnisses geprägt sind. Diese Verschiebungen lägen z.B. vor, wenn es beim Konsum nicht mehr um Selbstentfaltung und Genießen geht, sondern vordringlich um Statusrepräsentanz – und damit um zwanghaft gesuchte soziale Anerkennung – oder um Konkurrenzkampf (vgl. Mertens 1999, 457). Solche Zwänge und Fixierungen auf bestimmte Bedürfnisse und Konsumgüter signalisieren in der Tat jeweils einen Verlust an Freiheit und möglicher Selbstentfaltung. Sie weisen auf *Abhängigkeiten* hin, die aber nicht den Konsumgütern selbst anzulasten sind, sondern ihre Wurzel im Individuum selbst, in seinen Ängsten und Suchttendenzen haben.

Die Aufforderung, jede Bedürfnisbefriedigung daraufhin zu befragen, inwieweit sie einer umfassenden Selbstentfaltung dient, bildet also einen Kernpunkt des hier erläuterten bedürfnisethischen Ansatzes. Daneben ist jedoch auch die Frage nach der Sozialverträglichkeit und der Umweltverträglichkeit der Bedürfnisbefriedigung zu stellen.

Was heißt es konkret, dass individuelle Mediennutzung *sozialverträglich* sein muss? Es geht beispielsweise um Probleme, die sich aus der gemeinsamen Mediennutzung im familiären Kontext ergeben. Es geht aber auch um Stellungnahmen zu Inhalten, in denen die Rechte von Minderheiten missachtet werden, für deren Zustandekommen Menschen missbraucht wurden wie im Fall der Kinderpornographie. Damit wären wir wieder bei jenen „politischen" Forderungen, ohne die auch eine Publikumsethik nicht auskommt, bei der Mitverantwortung für eine humane und demokratische Medienkultur. Die Mediennutzung muss zudem *umweltverträglich* sein, beispielsweise im Hinblick auf den Stromverbrauch, den Verbrauch an Rohstoffen bei der Herstellung der Geräte, vor allem aber auch hinsichtlich des Recyclings von zum Teil hochgiftigem Elektronikschrott.

In seiner Ethik des Erziehens betont Fuhr (1998), dass Eltern nicht nur verpflichtet sind, ihren Kindern eine angemessene Vorstellung von Gerechtigkeit zu vermitteln und mit ihnen Empathie, Verständnis und Toleranz einzuüben – also ihnen moralische Tugenden und Verantwortlichkeit zu vermitteln. Eine, im Alltag ähnlich wichtige Pflicht der Eltern sieht er darin, das (kindliche) Bedürfnis nach Glück ernst zu nehmen und entsprechendes Glückserleben zu ermöglichen oder – weil Kinder selbst wissen, was ihnen Freude macht – dieses wenigstens nicht unnötig zu behindern. Die Mediennutzung ist und bleibt eine Quelle des Glückserlebens von Kindern und Jugendlichen – in der Prioritätenliste übrigens erst nach dem Treffen mit Freunden und draußen Spielen (vgl. Medienpädagogischer Forschungsverbund Südwest 2008). Daher muss nicht jedes Fernsehprogramm oder Computerspiel rigoros auf Lernen, Bildung von zutreffenden sozialen Vorstellungen usw. ausgerichtet werden, sondern es darf den Heranwachsenden auch einfach Spaß machen – so wie die Erwachsenen es sich auch zugestehen und praktizieren.

4 Entwicklungspotentiale

Wie lässt sich das Publikum als „Institution" von Medienethik stärken? Die Organisation des Publikumswillens beginnt bei der Medienbildung und Fortentwicklung der erworbenen Medienkompetenz.

4.1 Verantwortliche Mediennutzung als Teil von Medienkompetenz

Es ist heute viel von Medienkompetenz als einer Schlüsselqualifikation für die Informations- oder Wissensgesellschaft die Rede. Medienkompetenz ist eine globale Zielgröße, welche durch verschiedenartige erzieherische, unterrichtliche und selbstorganisierte Bildungsprozesse erreichbar oder aktualisierbar ist. Mit Baacke (1996) lassen sich vier Kompetenzfelder unterscheiden:

- Die Fähigkeit, die gesellschaftlichen Veränderungen hinter den Medienentwicklungen kritisch zu verstehen und zu hinterfragen („Medienkritik“);
- das notwendige Wissen, von der technischen Infrastruktur bis hin zum politischen Rahmen („Medienkunde“);
- die Fähigkeit zur praktischen „Mediennutzung“, die rezeptive und die interaktive Nutzung (wie beim Computer) und
- die Fähigkeit zur eigenen „Mediengestaltung“ (z.B. beim Erstellen einer Homepage, bei der aktiven Videoarbeit u.a.).

Ethische Fragen spielen in allen vier Feldern eine Rolle, nicht nur im ersten Feld der Medienkritik. Gefragt sind gleichermaßen persönliche Qualitäts- und Wertmaßstäbe wie politische Rahmenbedingungen für Medienfreiheit und -vielfalt. Von Bedeutung sind ethische Fragen auch beim vierten Feld, in dem aus dem Mediennutzer ein Mediengestalter wird: Er soll sich nicht nur ästhetisch kreativ, sondern auch sozialverantwortlich verhalten.

Dabei gilt: Wir *sind schon* medienkompetent in dem Sinne, dass niemandem – aufgrund seines Hineingewachsenseins in die Kultur – ein Kern an kritischer Urteilungsfähigkeit abgesprochen werden darf. Wir müssen jedoch im vollen Sinne medienkompetent *werden.* Eine solche Medien(selbst)erziehung ist noch immer dem Einzelnen aufgetragen und erfährt wenig staatliche Förderung – trotz gegenteiliger Beteuerungen. Betrachtet man die faktischen Ziele staatlicher Medienpolitik, so hat die Wirtschaftsförderung, welche heimischen Medienunternehmen und bloßen Infrastrukturmaßnahmen (z.B. ‚Schulen ans Netz‘) zugute kommt, einen hohen Stellenwert. Gleichzeitig fordert man – wenigstens in Reden – umfassende Medienkompetenz, nicht nur für den beruflichen, sondern auch für den Freizeitbereich. Kompetenz stellt sich aber nicht von selbst ein. Bei aller Bedeutung des beiläufigen Lernens braucht das Strukturwissen über Medien und die Kritikfähigkeit gegenüber deren Angeboten gezielte Lernprozesse.

4.2 Verbesserte Beteiligungsformen des Publikums

Um das Publikum besser zu organisieren und seinen Einfluss als gesellschaftlicher Akteur zu verbessern, sind eine wissenschaftliche Medienanalyse, ihre Verbreitung durch Medienjournalismus und damit eine qualifizierte öffentliche Medienkritik zu etablieren. Kritik fördert notwendigerweise auch den Dissens zutage, stellt noch ungeklärte Probleme und verbesserungswürdige Zustände heraus. Institutionell zu stärken wären ferner die Beteiligungsmöglichkeiten des Publikums, wie sie schon angesprochen wurden. Kommunikationsplattformen könnten die Entscheidungen in den Kontrollgremien einer größeren Öffentlichkeit zugänglich machen und zur Diskussion stellen. Es gibt den Vorschlag einer „Stiftung Medientest“ (Krotz 1997)[3] oder

3 Siehe auch den Beitrag von Krotz zur Zivilgesellschaft in diesem Band.

eines nationalen „Medienrats“, also eines Sachverständigengremiums, welches die Arbeit in den Medienräten der Landesmedienanstalten unterstützend und kritisch begleitet. Ein vergleichbares Ziel hat sich auch der Verein zur Förderung publizistischer Selbstkontrolle gesetzt.

Nach Jarren (1999) geht es künftig darum, die an Medienqualität und demokratischer Medienordnung interessierten Akteure zu vernetzen. Das könnte die Aufgabe einer neuartigen Medienpolitik sein, die „von einer rechtsförmigen Steuerung zu einer Netzwerkregulierung“ übergeht, wobei „sich der Staat in die zweite Linie zurückzieht und sich als moderierender Teil des Netzwerks begreift.“ (ebd.: 162) Es ist wohl ein Plädoyer auch für mehr Medienethik, wenn die Kommunikationswissenschaft aufgefordert wird, „verstärkt auch normative Prämissen und ihre soziale Bedeutung zu reflektieren“.

5 Fazit

Wer das Publikum unter die ‚Institutionen der Medienethik‘ einreiht, betont damit dessen Mitverantwortung für die Qualitätssicherung der Medienkommunikation. Die familiäre und schulische Medienerziehung sowie die lebenslange Medienbildung können Grundlagen für ein differenziertes Qualitätsbewusstsein schaffen. Es muss Ziel einer demokratischen Medienpolitik sein, innerhalb der verbliebenen Aufsichtsgremien die Beteiligung des Publikums institutionell zu verbessern.

Literatur

Adorno, Theodor W. (1963a): Kann das Publikum wollen? In: Katz, Anne Rose (Hrsg.): Vierzehn Mutmaßungen über das Fernsehen. Beiträge zu einem aktuellen Thema. München, S. 55-60.

Adorno, Theodor W. (1963b): Fernsehen als Ideologie. In: Adorno, Theodor W. (Hrsg.): Eingriffe. Neun kritische Modelle. Frankfurt am Main, S. 81-98.

Baacke, Dieter (1973): Kommunikation und Kompetenz. Grundlegung einer Didaktik der Kommunikation und ihrer Medien. München.

Baacke, Dieter (1996): Medienkompetenz – Begrifflichkeit und sozialer Wandel. In: Rein, Antje von (Hrsg.): Medienkompetenz als Schlüsselbegriff. Bad Heilbrunn, S. 112-124.

Barthelmes, Jürgen (2001): Funktionen von Medien im Prozess des Heranwachsens. Ergebnisse einer Längsschnittuntersuchung bei 13- bis 20-Jährigen. In: Media Perspektiven, 2/2001, S. 84-89.

Medienpädagogischer Forschungsverbund Südwest (2008): KIM-Studie. 2008. *www.mpfs.de*

Fuhr, Thomas (1998): Ethik des Erziehens. Pädagogische Handlungsethik und ihre Grundlegung in der elterlichen Erziehung. Weinheim.

Funiok, Rüdiger (2007): Medienethik. Verantwortung in der Mediengesellschaft. Stuttgart.

Hasebrink, Uwe (2007): Mediennutzer als Akteure der Medienpolitik. In: Jarren, Otfried / Donges; Patrick (Hrsg.): Ordnung durch Medienpolitik? Konstanz, S. 303-324.

Hamelink, Cees (1995): Ethics for Media Users. In: European Journal of Communication 10, S. 497-512.

Herzog, Anja / Hasebrink, Uwe / Eilders, Christiane (2006): Medien-Qualitäten aus der Sicht des Publikums. Europas Mediennutzer zwischen Konsum, Kritik und Partizipation. In: Weischenberg, Siegfried / Loosen, Wiebke / Beuthner, Michael (Hrsg.): Medien-Qualitäten. Öffentliche Kommunikation zwischen ökonomischen Kalkül und Sozialverantwortung. Konstanz, S. 399-414.

Jarren, Otfried (1999): Medienregulierung in der Informationsgesellschaft? Über die Möglichkeiten zur Ausgestaltung der zukünftigen Medienordnung. In: Publizistik, 44. Jg., Heft 2, S. 149-164.

Krotz, Friedrich (1997): Verbraucherkompetenz und Medienkompetenz. Die „Stiftung Medientest" als Antwort auf strukturelle Probleme der Medienentwicklung. In: Weßler, Hartmut u.a. (Hrsg.): Perspektiven der Medienkritik. Die gesellschaftliche Auseinandersetzung mit öffentlicher Kommunikation in der Mediengesellschaft. Dieter Ross zum 60. Geburtstag. Opladen; Wiesbaden, S. 251-263.

Lübbe, Hermann (1994): Mediennutzungsethik. Medienkonsum als moralische Herausforderung. In: Hoffmann, Hilmar (Hrsg.): Gestern begann die Zukunft. Entwicklung und gesellschaftliche Bedeutung der Medienvielfalt. Darmstadt, S. 313-318.

Mertens, Gerhard (1999): Konsum und personale Identität. In: Handbuch der Wirtschaftsethik. Hrsg. im Auftrag der Görres-Gesellschaft von Wilhelm Korff u.a. Gütersloh, Bd. 3, S. 449-463.

Ruß-Mohl, Stephan (1994): Der I-Faktor. Qualitätssicherung im amerikanischen Journalismus – Modell für Europa? Osnabrück.

Schell, Fred (1993[2]): Aktive Medienarbeit mit Jugendlichen. Theorie und Praxis. München.

Winterhoff-Spurk, Peter (1996): Individuelles Informationsmanagement: Psychologische Aspekte der Medienkompetenz. In: Jäckel, Michael / ders. (Hrsg.), Mediale Klassengesellschaft? Politische und soziale Folgen der Medienentwicklung. München, S. 177-195.

Zivilgesellschaft und Stiftung Medientest

Friedrich Krotz

1 Die Zivilgesellschaft und die Medien

In den demokratischen Gesellschaften von heute sind die Medien entweder privatwirtschaftlich organisiert wie in Deutschland die Zeitungen, oder sie werden vom Staat unterhalten und garantiert, dann aber zum Teil staatsfern wie hierzulande der öffentlich-rechtliche Rundfunk. Damit stehen Staat und Wirtschaft aber immer in einer doppelten Beziehung zu den Medien: Sie sind auf vielfältige Weise an der Arbeit und den Organisationsformen der Medien beteiligt und kontrollieren, beeinflussen und benutzen sie. Andererseits bedrohen sie die Medien in ihrer Funktionserfüllung für die Demokratie aber auch, weil sie sie für ihre Interessen und Zielsetzungen zu instrumentalisieren versuchen.

Deshalb wäre es wichtig, wenn die Zivilgesellschaft als ein gesellschaftlicher Kernbereich neben und unabhängig von Staat und Wirtschaft an der Gestaltung und Regulierung der Medien relevant beteiligt wäre. Mehr noch, während es autoritäre oder diktatorische Staatsformen gibt, die ohne freie Medien und ohne Zivilgesellschaft funktionieren, und während auch die Wirtschaft zumindest kurzfristig nicht unbedingt auf politische Demokratie angewiesen ist, hängen zivilgesellschaftliche Interaktions- und Kommunikationsformen direkt von freien Medien ab. Dementsprechend sollten eigentlich Medien und Zivilgesellschaft in einem engen Bezug zueinander stehen – die Zivilgesellschaft sollte sich um die Entwicklung der Medien kümmern und diese nicht nur dem Staat und der Wirtschaft überlassen, und die Medien müssten sich in ihrem Selbstverständnis auch auf den Diskurs der Zivilgesellschaft beziehen.

Unter Zivilgesellschaft „wird in der Regel ein gesellschaftlicher Raum, nämlich die plurale Gesamtheit der öffentlichen Assoziationen, Vereinigungen und Zusammenkünfte verstanden, die auf dem freiwilligen Zusammenhandeln der Bürger und Bürgerinnen beruhen." (Adloff 2005: 8). „Zivilgesellschaft" bezeichnet dementsprechend einen Bereich von Gesellschaft, der durch spezifische Handlungsweisen von Bürgerinnen und Bürgern und ihren in dieser Hinsicht zur Verfügung stehenden Institutionen und Vereinigungen geprägt wird. Diese Handlungsweisen und die damit verbundenen Lebensbereiche sind in dem Sinn frei, als dass sie nicht durch ökonomische Interessen angeleitet und auch nicht durch die Orientierung am Staat und dessen

Zielsetzungen bestimmt sind. Sie beruhen vielmehr auf einem grundsätzlichen Selbstbestimmungsrecht, in dessen Rahmen die Menschen ihre eigenen Vorstellungen und Ideen zum Ausdruck bringen und umsetzen. In diesem nicht staatlich und nicht ökonomisch strukturierten Rahmen werden auch die Diskurse geführt, in denen sich Menschen individuell wie auch kollektiv Meinungen bilden und Entscheidungen für sich und über ihr Gemeinwesen treffen; für Meinungsbildung wie auch Entscheidungsfindung sind dementsprechend weder Geld noch Macht entscheidend, sondern, wenigstens prinzipiell, das beste Argument auf der Basis von verständigungsorientierter Kommunikation (vgl. Habermas 1987). Für diese Diskurse und für die Entscheidungsfindung sind die Medien heute unverzichtbar. Die für Demokratie zentrale und diese erst rechtfertigende Zivilgesellschaft wird in diesem Rahmen somit in ihrem Verhältnis zu den anders strukturierten Bereichen der Wirtschaft und des Staates gesehen, auf die sie bezogen ist, von denen sie sich aber auch in vielfältiger Weise abgrenzt. „Zivilgesellschaft" ist dementsprechend als eine Art dritter Sektor demokratischer Gesellschaften den beiden Bereichen Staat und Privatwirtschaft gegenübergestellt.

Es liegt auf der Hand, dass die Zivilgesellschaft in diesem Sinn der aktive Kern jedes demokratischen Gemeinwesens ist. Hier finden Leben und Alltag der Menschen in ihren eigenen Vergemeinschaftungs- und Vergesellschaftungsformen statt, die Staat und Wirtschaft in ihren Zielsetzungen überhaupt erst rechtfertigen. Hier liegt der Sinn von Konzepten wie Menschenwürde, Meinungs- und Pressefreiheit. Und hier liegt auch eine der zentralen Aufgaben der Medien, Diskurse und darauf bezogene Entscheidungen zu ermöglichen und dafür notwendiges Wissen und Motivation zu distribuieren. Hier müssen auch die fundamentalen Diskurse über die Zukunft der Gesellschaft geführt und die großen gesellschaftlichen Entwicklungslinien und deren Grenzen beraten und beschlossen werden, ganz gleich ob es um Gentechnik, um die Abwägung von Maßnahmen der inneren Sicherheit in ihrem Bezug zu den Freiheitsrechten, um die Rolle der Wirtschaft im Gemeinleben oder auch um die zukünftige Entwicklung und Rolle der Medien geht.

Die Frage, die sich angesichts dieser Aufgabenbestimmung der Zivilgesellschaft sofort stellt, ist die, ob die Zivilgesellschaft all diese Aufgaben überhaupt erfüllen kann. Die demokratietheoretisch notwendige Antwort darauf ist eine einfache Gegenfrage: Wer sonst? Wer sonst kann sich das Recht anmaßen, solche Entscheidungen zu treffen, wenn nicht die ‚Zivilgesellschaft'? Aus einer derartigen normativen Antwort folgt, dass Staat und Wirtschaft mit Zivilgesellschaft pfleglich umgehen müssen, weil dem demokratischen Staat sonst jede Legitimation und damit der Wirtschaft über kurz oder lang die Rechts- und Planungssicherheit, beiden zugleich darüber hinaus ihr Bezug zur Wirklichkeit der Bürgerinnen und Bürgern in ihrem Gemeinwesen abhanden kommt. Staat und Wirtschaft müssen sich dementsprechend darum kümmern, den Diskurs und die Entscheidungsfindungsprozesse der Zivilgesellschaft zu unterstützen, ohne sie inhaltlich zu lenken oder gar zu präformieren; eigentlich sollten sich Staat und Wirtschaft der Zivilgesellschaft zur Verfügung stellen.

Das bedeutet zum Beispiel, dass es eine freie Wissenschaft geben muss, wie sie die Humboldtsche Universität in der Vergangenheit gewährleistet hat, wie sie aber heute im Zuge der Ökonomisierung der Hochschulen gefährdet ist. Das bedeutet aber vor allem auch, dass die Medien die wichtige Rolle, die sie für die Zivilgesellschaft haben, nämlich als Informant und Mittler, als eigenständiger Akteur im Rahmen von Öffentlichkeit und als Forum für Diskurse (Newcomb/Hirsch 1986), in hinreichendem Ausmaß und auf transparente und zugängliche Weise ausfüllen; sie sind für eine funktionierende Zivilgesellschaft notwendig und damit auch verantwortlich.

Dementsprechend ist es eine fundamentale Aufgabe für Staat und Wirtschaft, eine geeignete Medienlandschaft zu erhalten und zu pflegen, die zugänglich, transparent und nach entsprechenden Normen funktioniert. In mediatisierten Gesellschaften wie den europäischen heißt das heute insbesondere auch, dass der Staat die Zivilgesellschaft befähigen und unterstützen muss, mit immer mächtigeren Medien umzugehen. Dazu bedarf es vielfältiger unterstützender zivilgesellschaftlicher Institutionen und auch einer Stiftung Medientest.

2 Zivilgesellschaft, Öffentlichkeit, Demokratie – Zusammenhänge

Der Begriff der Zivilgesellschaft ist in seiner heutigen Form erst in den neunziger Jahren in der politischen Diskussion heimisch geworden (vgl. Adloff 2005). Wissen und Diskurs um die Bedeutung dieses Kernelements von Demokratie fangen aber schon mit Aristoteles an. Das Thema wurde seither in zahlreichen Schriften von Rousseau über Dewey bis hin zu Habermas (1987, 1990) diskutiert und entwickelt, Der Begriff selbst geht auf Gramsci zurück (Langemeyer 2009) und hat erst in der Folge der Auflösung der Sowjetunion in den 1990ern des vergangenen Jahrhunderts Verbreitung gefunden. Festzuhalten ist, dass der Begriff „Zivilgesellschaft" zwar in ganz unterschiedlichen Kontexten auf ganz unterschiedliche Weise verwendet wird; dass aber dahinter immer im Sinne Ernst Blochs eine „Utopie" (Bloch 1960) steht, die auf eine demokratische und zukunftssichernde Gestaltung der Gegenwart gerichtet ist. Heute ist der Begriff auch mit den verschiedenen Konzepten von sozialem Kapital im Sinne Bourdieus (als individuelles Vermögen, Bourdieu 2004) und im Sinne Putnams (als kollektives Vermögen, Putnam 1995), mit der Analyse sozialer Bewegungen und mit den Theorien von Elias (1994) und Foucault (vgl. Danaher/Schirato/Webb 2000) verbunden.

In kommunikationswissenschaftlicher Perspektive ist das Konzept der Zivilgesellschaft eng mit dem Begriff der deliberativen Öffentlichkeit verknüpft, vor allem in seiner Begründung durch die Arbeiten Habermas', aber auch im Hinblick auf die Weiterentwicklung der Kulturindustrietheorie von Adorno und Horkheimer (vgl. etwa den von Müller-Doohm 2008 verwendeten Begriff einer partizipatorischen Öffentlichkeit sowie Imhof 2008). Während Gerhards und Neidhardt (1991) mit ihrem funktionalistisch-empiristischen Modell von Öffentlichkeit vor allem demokratietheoretisch relevante Voraussetzungen für Öffentlichkeit und damit implizit für Zivilgesellschaft wie Transparenz und Zugänglichkeit betonen, hat Habermas (1987, 1990) in seinen Schriften nicht nur Entstehung und Entwicklung von Öffentlichkeit, sondern auch ihre zentralen Funktionsweisen herausgearbeitet, wobei er Kommunikation als soziales Handeln mit dem Ziel der Verständigung begreift: Aufgrund der wechselseitigen Anerkennung der Mitglieder untereinander, die der (idealisiert angenommenen) Abwesenheit politischer und ökonomischer Macht geschuldet ist und nur funktionieren kann, insofern derartige Machtressourcen irrelevant bleiben, können Einvernehmen und Entscheidungen nur auf der Ebene von Überzeugung aufgrund des besseren Arguments entstehen. Habermas hat dabei immer wieder auf die Fragilität und Gefährdung der zivilgesellschaftlichen Kommunikationsprozesse verwiesen – in seinen früheren Schriften in Anlehnung an Adorno und Horkheimer durch die Ökonomisierung der Gesellschaft, in seinen späteren im Hinblick auf die immer weiter gehende funktionale Durchdringung gewachsener Lebenswelten, die vermachtet und vergeldlicht werden, ohne deren erfahrene und verarbeitete Sinnbezüge Zivilgesellschaft aber nicht möglich ist, weil die Basis im Handeln der einzelnen verloren geht.

3 Zivilgesellschaft in mediatisierten Gesellschaften

Zivilgesellschaft macht also den unverzichtbaren Kern von Demokratie aus. Darüber können und dürfen sich Staat und Wirtschaft nicht hinwegsetzen, sie müssen sie vielmehr aktiv unterstützen und dafür entsprechende Bedingungen herstellen. Das gilt um so mehr, als dass wir seit einigen Jahrzehnten und noch auf unabsehbare Zeit einen Mediatisierungsschub erleben, der völlig neue Fragestellungen aufwirft, die Frage nach der Zivilgesellschaft neu stellt und vermutlich ohne neue zivilgesellschaftliche Einrichtungen Demokratie in ihrer derzeitigen Form gefährdet.

Dieser Mediatisierungsschub ist dem Erfolg der digitalen Medien bzw. der Übernahme der durch sie angebotenen Potenziale in die Kommunikationspraktiken der Menschen zu verdanken. Er äußert sich in der zunehmenden Verbindung medialer Angebote mit der Universalmaschine Computer und ihren durch Software erzeugten kommunikativen Potenzialen, der Entwicklung der Telekommunikation und dem Zusammenwachsen der mit diesen Geschäftsfeldern befassten Industrien und dem darauf beruhenden Bedeutungswachstum der medienvermittelten Kommunikation. Dementsprechend lassen sich diese Entwicklungen als lang andauernder und empirisch feststellbarer sozialer Wandel begreifen, der unter dem Titel der „Mediatisierung“ (Krotz 2001, 2007) parallel und verwoben mit Globalisierung, Ökonomisierung und Individualisierung verläuft. Mediatisierung meint dementsprechend nicht einen technisch induzierten Wandel von Kommunikation, sondern einen Wandel von allem, was auf Kommunikation beruht, weil sich die Formen kommunikativen Handels durch die individuelle und gesellschaftliche Aneignung medialer Techniken verändern: Alltag, soziale Beziehungen und Identität der Individuen auf der Mikroebene, Funktionsweise und Zweck von Institutionen, Organisationen, Unternehmen auf der Mesoebene, Demokratie, Sprache und die Konstruktion von Sinn und Bedeutung auf der Makroebene.

Der damit angesprochene Mediatisierungsprozess, der längst nicht zu einem Ende gekommen ist, muss zugleich als Chance und Bedrohung für die Formen des Zusammenlebens der Menschen und als Chance und Bedrohung für die herkömmlichen Medien und ihre Funktionen für Demokratie und Zivilgesellschaft gesehen werden. Er ist bisher wissenschaftlich nur unzureichend untersucht und verstanden worden und auch dem Diskurs der Zivilgesellschaft weitgehend entzogen, er wird von anderen Bedingungen gesteuert. Entwicklungen dieser Art, die für die Zukunft von erheblicher Bedeutung sind, dürfen aber nicht auf derartige Weise bewusstlos verlaufen und können auch nicht an Staat und Wirtschaft delegiert werden. Sie bedürfen vielmehr der zivilgesellschaftlichen Diskussion. Über sie muss vom Souverän, und das ist in der Demokratie letztlich die Zivilgesellschaft, entschieden werden. Das ist bisher nicht hinreichend geschehen:

- Medien sind heute wesentlich stärker als früher von ihrem Erfolg auf dem Markt als von ihrem journalistischem Renommee und ihrem Einfluss auf den politischen Diskurs geprägt. Ihre Entwicklung wird dementsprechend von ökonomischen Faktoren im Kreislauf von Angebot und Nachfrage bestimmt. Die Zivilgesellschaft ist an ihrer Entwicklung nur am Rande beteiligt.
- Deshalb wird Kommunikation auch zunehmend als Unterhaltungs- und Überzeugungskommunikation definiert, die professionell von Unternehmen und Parteien, also von Instanzen der Wirtschaft und des Staates, instrumentalisiert wird, um deren Ziele zu unterstützen, während sich der Journalismus unter ökonomischem Druck tendenziell entdifferenziert und entprofessionalisiert.
- Der Staat begleitet diese Entwicklungen weniger als Moderator und Gestalter denn als eine Institution der Wirtschaftsförderung. Zunehmend wird Medienpolitik auch als eine Form der Wirtschafts- (und keineswegs der Sozial-)politik behandelt.
- Hinzu kommen neue Problemfelder, die für einen politischen bzw. gesellschaftlichen Diskurs unter freien Bürgerinnen problematisch sind. Dazu zählt vor allem das ‚Kommuniziert-werden' der Menschen, also die immer feiner und immer umfassender werdende Kontrolle, Aufzeichnung und Verwertung der kommunikativer Akte von Bürgern. Dies führt zu immer massiveren Einschränkungen von Freiheitsrechten und einem entsprechend zurückgenommenen Selbstbewusstsein der Bürgerinnen und Bürger.
- Parallel dazu sammelt die Wirtschaft immer umfassendere Datenmengen je Kopf der Bevölkerung, verbindet sie mit anderen Daten, wertet sie aus und verwendet sie gezielt dazu, um ihren Absatz zu erhöhen, indem Verhalten kontrolliert und gelenkt wird.

All dies wirkt sich auf die öffentliche Kommunikation und auf die diese tragenden Medien aus. Es fehlt infolgedessen zunehmend an Medien, die zivilgesellschaftliche Kooperation stützen und ermöglichen. Gleichzeitig greifen Staat und Wirtschaft auf immer massivere Weise in zivilgesellschaftliche Diskussionen ein. Unabhängigkeit, Glaubwürdigkeit, Transparenz und Zugänglichkeit der Medien, auf die die Zivilgesellschaft als partizipatorische Öffentlichkeit angewiesen ist, sind dementsprechend zunehmend schwerer zu sichern. Zudem muss man von einem Machtzuwachs der Medien sprechen. Um derartige Entwicklungen erfolgreich bestehen zu können, können Einrichtungen wie eine „Stiftung Medientest" hilfreich sein.

4 Das Potenzial einer Stiftung Medientest und die Diskussion darum

Natürlich lassen sich derartige gesamtgesellschaftliche Entwicklungen nicht durch einzelne Maßnahmen begrenzen oder umdrehen. Gleichwohl geht es darum zu überlegen, wie zivilgesellschaftliche Diskurse gefördert werden können. Dabei ist freilich zu berücksichtigen, dass Zivilgesellschaft als kommunikative Veranstaltung letztlich auf dem Diskurs gleichberechtigter Teilnehmer und deren Verständigung beruht, und damit nach anderen Mechanismen als Staat und Wirtschaft funktioniert und auch funktionieren muss.

Eine Hilfe dabei sind bürgerschaftlich getragene und kontrollierte Einrichtungen, zum Beispiel eine Stiftung Medientest, die auf dem Feld der Medien ähnlich wie eine unabhängige Verbraucherschutzorganisation tätig sein könnte. Dabei handelt es sich eigentlich noch um eine „vordigitale" Idee, die in der ersten Hälfte der 1990er Jahre entstanden ist, als etwa auch ein bundesweit tätiger „Medienrat" im Gespräch war, als dem Bundespräsidenten ein Bericht „zur Lage des Fernsehens" (Groebel u.a. 1995) vorgelegt wurde, als öffentliche Diskurse um Medienqualität und Medienverantwortung kreisten. Dies waren im Grunde Reaktionen auf den Erfolg des gewinnorientierten Fernsehen und die Vielzahl anstatt Vielfalt von Radio- und Fernsehprogrammen in den 1980er Jahren, und nur am Rande auf die damals nur langsam wichtiger werdenden digitalen Medien wie Mobiltelefon, Computer, Internet. Damals wurde auch immer wieder deutlich, dass in den politischen Diskussionen und Entscheidungen die Lobby der Medienunternehmer mit dem Staat und seinen Institutionen verhandelte, die beide durchaus eigene Interessen verfolgten, und dass Zivilgesellschaft und Publika bei derartigen Entscheidungen kaum berücksichtigt wurden.

Angesichts all dieser Defizite stand die Frage nach wirksameren, staats- und wirtschaftsfernen Einrichtungen auf der Tagesordnung, wobei das Spektrum von „Screenpeace" bis zu einem staatlich eingesetzten Medienrat reichte. Der Vorschlag einer Stiftung Medientest war am Vorbild der Stiftung Warentest ausgerichtet, die in den Jahrzehnten ihres Bestehens viele absurde, ungerechte oder gefährliche Auswüchse der Industrieproduktion verhindert hatte und dabei auch immer als Lobbyist der Verbraucher aufgetreten war (vgl. Krotz 1996).

„Insgesamt bedarf es folglich verbraucherorientierter, umfassender, zugänglicher, neutraler Informationen über die zunehmenden traditionellen und erst recht die neuen audiovisuellen Kommunikationsangebote, die sich an Publika richten.“ (Krotz 1996: 218) Diese Institution sollte zugleich „für systematische und unabhängige Tests von Medienangeboten sowie für die Information und Beratung von Mediennutzern als Verbrauchern [zuständig sein und] zudem auch als gesamtgesellschaftlicher Akteur im Konzert der Meinungen eine verbraucherorientierte Position [einnehmen].“ (ebd.: 220; Hervorhebungen im Original). Dafür wurde auch ein erstes Organisationsmodell mit vier Arbeitsbereichen beschrieben, die eine Test- und Archivfunktion, eine Informationsfunktion, eine Forums- und eine Ombudsmannfunktion übernehmen sollten. Die Stiftung sollte also über mediale Angebote differenziert und unabhängig informieren, Angebote testen, ordnen und empfehlen oder davor warnen, den zivilgesellschaftlichen Diskurs über Medien ankurbeln und unterfüttern, und in der öffentlichen und politischen Diskussion für eine angemessene Vertretung der Perspektiven von Publika und Zivilgesellschaft sorgen. Für eine Finanzierung war neben Publikationen und Veranstaltungen an einen – vergleichsweise geringen – Anteil an der Rundfunkgebühr gedacht.

Diese Ideen wurden in einem Schwerpunktheft von *Rundfunk und Fernsehen* propagiert (Hans-Bredow-Institut 1996), für das Vertreter zahlreicher Institutionen um Stellungnahmen gebeten wurden: Rundfunkräte, Vertreter der Landesmedienanstalten und der Politik, Wissenschaftler, Journalistenausbilder sowie Vertreter von mit Medien befassten Institutionen wie dem Presserat oder der Freiwillige Selbstkontrolle Fernsehen.

Gegen eine solche Einrichtung wurden im Grunde nur zwei Argumente vorgetragen: Erstens die Befürchtung, dass eine derartige Stiftung zu einem bürokratischen Moloch werde, wofür sich aber – sieht man die Stiftung Warentest an – keine zwingende Begründung findet. Zweitens wurde behauptet, dass nach den Dienstleistungen einer solchen Stiftung eigentlich keine Nachfrage bestünde – dagegen ließen sich aber leicht Nachfrageinteressen auflisten: Im Übrigen hatte sich vor ein paar Jahrzehnten auch niemand vorstellen können, dass qualitätsbewusste Verbraucher eine Stiftung Warentest zu dem machen würden, was sie heute ist – denn auf deren Reputation bei den Verbrauchern kommt es letztlich an.

Das Thema ‚Stiftung Medientest‘ war damit im Gespräch und wurde bis heute immer wieder, etwa bei Skandalen oder neuen, ungewohnten Sendeformaten auch von den Printmedien aus der Schublade geholt. In zwei Bundesländern (Schleswig-Holstein und Sachsen-Anhalt) wurde die Stiftung Medientest immerhin in den Wahlprogrammen der SPD angesprochen; in der Schweiz wurde dazu eine Machbarkeitsstudie durchgeführt, zudem hat die Friedrich-Ebert-Stiftung das Thema aufgegriffen (vgl. Günther 2001).

Umgesetzt wurde die Idee bisher nicht. Dafür gibt es mehrere Gründe: Erstens ist das Feld staatlich veranlasster medienbezogen tätiger Einrichtungen schon mit vielen Institutionen besetzt, die zum Teil ihren Sinn verloren haben, die sich in ihren Aufgabenbereichen zum Teil überschneiden und andere notwendige Aufgaben nicht zur

Kenntnis nehmen. Von daher ist die Einrichtung einer solchen Stiftung nur im Rahmen einer grundlegenden Neuordnung der medienbezogen wirksamen Institutionen zu erwarten. Zum zweiten wäre eine derartige Institution in einem Feld von Tretminen zu etablieren: Der Diskurs über Medienleistungen in Deutschland ist einerseits durch konservative Bewahrideologien, andererseits durch die Kulturindustriethese der Frankfurter Schule ausgesprochen verfallstheoretisch orientiert; und die Medien selbst werden eine solche Einrichtung auch nicht mit Wohlgefallen betrachten. Solche Felder gehen politische Entscheidungsgremien dann bekanntlich ausgesprochen ungerne an. Zum dritten geht es bei den Medien heute um sehr viel Geld und Einfluss, an dem nicht nur die direkt Beteiligten, sondern auch Politik und Wirtschaft große Interessen haben. Es bedürfte vermutlich eines ziemlichen Drucks auf Entscheidungsträger und -gremien, hier tätig zu werden, und dieser Druck besteht derzeit nicht.

Die ursprünglich im Hinblick auf die Massenmedien entwickelte Idee einer „Stiftung Medientest" besitzt aber gerade auch in den mediatisierten Gesellschaften von heute hohe Relevanz. Denn angesichts des zunehmenden Bedeutungszuwachses der Medien und angesichts der vielfältigen damit verbundenen Probleme sind Staat und Wirtschaft alleine hoffnungslos überfordert, soweit sie sich überhaupt für die Folgen ihres Tuns für Bürgerinnen und Bürger, für Demokratie und soziale Gerechtigkeit interessieren. Viele der offenen Fragen ließen sich mit Hilfe einer derartigen Einrichtung in einem demokratischen Sinn lösen: die systematisch erzeugte Unübersichtlichkeit des Marktes von Mobiltelefonen und -tarifen, der Datenmissbrauch allenthalben, die gezielten Regelverletzungen etwa von Callcentern, der Missbrauch von Kontonummern und das Erzwingen von Kundenbeziehungen durch Kleingedrucktes, die Monopole im Internet, die durch schlechte Software erzeugten Schäden, der Druck durch Spammails und die immer komplexer werdenden Betrugsversuche. Auch jenseits der traditionellen Problemthemen ‚Sex' und ‚Gewalt' in den Medien und des Jugendschutzes lassen sich dementsprechend immer mehr Bereiche medienvermittelten Alltagslebens aufzeigen, in denen Transparenz ein Fremdwort ist und in denen mit und mittels Medien abgezockt wird: Klingeltonabonnements, unsicheres Online-Banking, Microsofts und Googles Geschäftsgebaren, überteuerte Auslandstelefonate, Datenschutz usw. Im Grunde ist die Nutzung vieler kommunikativer Angebote im Zusammenhang mit den digitalen Medien eher einem Surfen im Haifischbecken vergleichbar als einer rechtsstaatlich geschützten Aktivität mündiger und informierter Wirtschaftsbürger (vgl. Krotz 1998). Gleichzeitig macht beispielsweise die Rede von Web 2.0 deutlich, dass gerade bei den nachwachsenden Generationen im Hinblick auf Medien ein hohes Partizipations- und Gestaltungsinteresse besteht, das von Anbietern von Diensten wie StudiVZ oder Facebook missbraucht werden kann, wenn diese sich Daten oder Arbeitsleistungen aneignen.

Test- und Archiv-, Informations-, Ombudsmann- und Forumsfunktionen im Hin blick auf *alle* Medien und für *alle* Nutzer sind nach wie vor unzureichend entwickelt. Zwar gibt es Initiativen und Einrichtungen, die einige einer Stiftung Medientest zugedachte Aufgaben in spezifischen Fällen übernommen haben – beispielsweise zivilgesellschaftliche Informationsdienste wie etwa *Flimmo* mit seinen „Testberichten“ von Kinder- und Jugendsendungen. Aber deren Anstrengungen bleiben punktuell, hinken den Entwicklungen oft nur hinterher und werden nicht hinreichend unterstützt.

Der dahinter stehende, auch demokratietheoretische Skandal ist, dass die Regeln und Gesetze, nach denen mediatisierte Gesellschaft funktionieren bzw. funktionieren sollen, zwar ausgehandelt werden, aber eben nur zwischen Wirtschaft und Staat. Die beteiligten Parteien vertreten ihre eigenen Interessen, während Publikum und Zivilgesellschaft kaum vorkommen und nur zur Legitimation vorgeschoben werden. Das zeigt sich in einer Vielzahl von Entscheidungen wie etwa der Urheberrechtsdebatte oder beim Datenschutz.

In den mediatisierten demokratischen Gesellschaften der Zukunft wachsen zivilgesellschaftlichen Einrichtungen also gerade im Bereich der Medien eine Vielzahl neuer Aufgaben zu. Und nur mit Hilfe derartiger bürgerschaftlicher Einrichtungen sowie mit einer Beteiligung von Zivilgesellschaft und Bürgern an den Gestaltungsprozessen der Medienpolitik kann das Internet ein Raum demokratischer Selbstbestimmung und persönlicher Selbstverwirklichung und ein Medium demokratisch angelegter Kommunikation werden.

5 Ausblick: Eine zivilgesellschaftlich gesteuerte Entwicklung oder: Staat und Wirtschaft gemeinsam gegen die Zivilgesellschaft

Eine Stiftung Medientest hätte als zivilgesellschaftliche Einrichtung in mediatisierten demokratischen Gesellschaften im Hinblick auf alle Medien viel zu tun, und sie könnte sofort anfangen. Sie wäre vor allem auch hilfreich und notwendig, um zivilgesellschaftliche Diskussionen und Entscheidungen zu unterstützen sowie diese in den Diskurs zwischen Wirtschaft und Staat einzubringen und zu vertreten.

Denn letztlich ist die Entwicklung dramatisch. Historisch hat sich die Demokratie vor allem im Hinblick auf die dafür notwendige Öffentlichkeit durch ein Zusammengehen von Zivilgesellschaft und Wirtschaft entwickelt, wie Habermas (1990) nachgezeichnet hat: Beide waren gegen die feudalistische Enge der Geheimräte auf unbeeinflusstes Denken, Sprechen und Handeln der Menschen und auf einen freien Informationsfluss angewiesen, um ihre Rolle und ihre Aufgaben angemessen zu erfüllen. Demgegenüber kooperieren heute im Rahmen einer mediatisierten, individualisierten, globalisierten und kommerzialisierten Welt Staat *und* Wirtschaft gegen die Zivilgesellschaft, indem sie die Menschen immer stärker kontrollieren und beeinflussen – nicht durch Gewalt, sondern durch die Verbreitung hegemonial gerichteter Handlungs- und Denkweisen und durch Formen wirtschaftlicher und politischer Lenkung. Am deutlichsten wird dies bei der Verletzung informationeller Grundrechte und beim Datenschutz. Hier ziehen Staat und Wirtschaft letztlich am gleichen Strang, um die Bürger als politische Akteure und als Konsumenten in den Griff zu bekommen.

Dadurch entstehen völlig neue, ‚sanfte' Repressionsformen, die die Demokratie an einen Scheideweg gebracht haben. Eine unabhängige Zivilgesellschaft als legitimer Träger demokratischer Diskurse und Entscheidungen für die Gesellschaft ist in derartigen Kontroll- und Optimierungsdemokratien nicht möglich. Damit könnte sich das, was bisher den Menschen so mächtig und erfolgreich gemacht hat, nämlich die Möglichkeit, frei und unkontrolliert miteinander zu kommunizieren, von einem Vorteil zu einem Nachteil verkehren – nicht Aufklärung als Massenbetrug, wie es Adorno und Horkheimer so wortmächtig formuliert haben ist heute das Problem, sondern eine von einem mächtigen Staat garantierte, auf den wirtschaftlichen Erfolg weniger Akteure ausgerichtete Konsumentengesellschaft, in der Kommunikation im wesentlichen instrumentalisiert ist und die zivilgesellschaftlichen Diskurse durch Shopping ersetzt werden.

Dagegen ist eine Stiftung Medientest alleine natürlich machtlos. Aber zusammen mit breit angelegten öffentlichen Diskursen, die sich mit der Entwicklung beschäftigen, wäre sie gleichwohl ein wichtiger erster Schritt.

Literatur

Adloff, Frank (2005): Zivilgesellschaft. Theorie und politische Praxis. Frankfurt am Main.

Bloch, Ernst (1960): Das Prinzip Hoffnung. Bd. 1. Berlin.

Bourdieu, Pierre (2005): Die verborgenen Mechanismen der Macht. Hamburg.

Danaher, Geoff / Schirato, Tony / Webb, Jen (2000): Understanding Foucault. Reprint 2005. London.

Elias, Norbert (1994): Die Gesellschaft der Individuen. 2. Auflage. Frankfurt am Main.

Gerhards, Jürgen / Neidhardt, Friedhelm (1991): Strukturen und Funktionen moderner Öffentlichkeit. Fragestellungen und Ansätze. In: Müller-Doohm, Stefan / Neumann-Braun, Klaus (Hrsg.): Öffentlichkeit, Kultur, Massenkommunikation. Oldenburg, S. 31-90.

Groebel, Jo u.a. (1995): Bericht zur Lage des Fernsehens. Gütersloh.

Günther, Eva (2001): Stiftung Medientest – Transparenz und Vertrauen als ökonomischer Motor der Informationsgesellschaft. Bonn-Bad Godesberg.

Habermas, Jürgen (1987): Theorie kommunikativen Handelns, 2 Bände, 4. Auflage, Frankfurt am Main.

Habermas, Jürgen (1990): Strukturwandel der Öffentlichkeit. Neuauflage. Frankfurt am Main.

Hans-Bredow-Institut (Hrsg.) (1996): Themenschwerpunktheft „Stiftung Medientest". Rundfunk und Fernsehen, 44. Jg., Heft 2.

Imhof, Kurt (2008): Theorie der Öffentlichkeit als Theorie der Moderne. In: Winter, Carsten / Hepp, Andreas / Krotz, Friedrich (Hrsg.): Theorien der Kommunikations- und Medienwissenschaft. Wiesbaden, S. 65-90.

Krotz, Friedrich (1996): Zur Konzeption einer Stiftung Medientest. In: Rundfunk und Fernsehen 44. Jg., Heft 2, S. 214-229.

Krotz, Friedrich (1998): Surfvergnügen im Haifischbecken? Über die Zweckmäßigkeit einer „Stiftung Medientest". In: Kubicek, Herbert u.a. (Hrsg.): Lernort Multimedia. Jahrbuch Telekommunikation und Gesellschaft 1998. Heidelberg, S. 275-286.

Krotz, Friedrich (2001): Die Mediatisierung kommunikativen Handelns. Wiesbaden.

Krotz, Friedrich (2007): Mediatisierung: Fallstudien zum Wandel von Kommunikation. Wiesbaden.

Langemeyer, Ines (2009): Antonio Gramsci: Hegemonie, Politik des Kulturellen, geschichtlicher Block. In: Hepp, Andreas / Krotz, Friedrich / Thomas, Tanja (Hrsg.)(2009): Schlüsselwerke der Cultural Studies. Wiesbaden, S. 72-82.

Müller-Doohm, Stephan (2008): Von der Kulturindustrieanalyse zur Idee partizipativer Öffentlichkeit. Reflexionsstufen kritischer Medientheorie. In: Winter, Carsten / Hepp, Andreas / Krotz, Friedrich (Hrsg.): Theorien der Kommunikations- und Medienwissenschaft. Wiesbaden, S. 49-64.

Newcomb, Horace M. / Hirsch, Paul M. (1986): Fernsehen als kulturelles Forum. In: Rundfunk und Fernsehen, 34. Jg., S. 177-191.

Putnam, Robert D. (1995): Bowling alone: America's Declining Social Capital. In: Journal of Democracy, 6. Jg., Heft 1, S. 65-78.

III. Anwendungsfelder der Medienethik

Journalismus

Public Relations

Werbung

Bildethik

New Media Ethics

Journalismus

Carsten Brosda

Über die Ethik journalistischen Handelns gibt es nicht erst in unseren Tagen unterschiedliche Ansichten. Vielmehr sind beispielsweise Fragen der vermeintlichen ‚Objektivität' journalistischer Berichterstattung und der Kritik an gesellschaftlichen Verhältnissen seit je her Gegenstand kontroverser Erörterungen. Exemplarisch lässt sich das in einem Disput zwischen Egon Erwin Kisch und Kurt Tucholsky nachlesen. 1925 stellt sich der Sozialreporter Kisch (1996 [1925]: 7f.) im Vorwort zu seiner Sammlung *Der rasende Reporter* mit emphatischen Worten auf den Standpunkt einer neutral-vermittelnden Nachrichtenpresse und fordert die Erfüllung der Rolle des unbeteiligten Reporters als genuine Aufgabe des Journalismus:

> „Der Reporter hat keine Tendenz, hat nichts zu rechtfertigen und hat keinen Standpunkt. Er hat unbefangen Zeuge zu sein und unbefangene Zeugenschaft zu liefern, so verlässlich, wie sich eine Aussage geben lässt – jedenfalls ist sie (für die Klarstellung) wichtiger als die geniale Rede des Staatsanwalts.
> Selbst der schlechte Reporter – der, der übertreibt oder unverläßlich ist – leistet werktätige Arbeit, denn er ist von den Tatsachen abhängig, er hat sich Kenntnis von ihnen zu verschaffen, durch Augenschein, durch ein Gespräch, durch eine Beobachtung, eine Auskunft.
> Der gute Reporter braucht Erlebnisfähigkeit zu seinem Gewerbe, das er liebt. Er würde auch erleben, wenn er nicht darüber berichten müsste. Aber er würde nicht schreiben, ohne zu erleben. Er ist kein Künstler, er ist kein Politiker, er ist kein Gelehrter, – er ist vielleicht jener ‚platte Mensch' Schopenhauers, und doch ist sein Werk, ‚vermöge des Stoffes sehr wichtig'.
> Die Orte und Erscheinungen, die er beschreibt, die Versuche, die er anstellt, die Geschichte, deren Zeuge er ist, und die Quellen, die er aufsucht, müssen gar nicht so fern, gar nicht so selten und gar nicht so mühselig erreichbar sein, wenn er in einer Welt, die von der Lüge unermesslich überschwemmt ist, wenn er in einer Welt, die sich vergessen will und darum bloß auf Unwahrheit ausgeht, die Hingabe an sein Objekt hat. Nichts ist verblüffender als die einfache Wahrheit, nichts exotischer als unsere Umwelt, nichts phantasievoller als die Sachlichkeit.
> Und nicht Sensationelleres gibt es in der Welt als die Zeit, in der man lebt!"

Gegen diese normative Stilisierung der eigenen Reportagetätigkeit protestiert der politische Publizist und Autor der *Weltbühne* Kurt Tucholsky (1975 [1925]: 48) in einer Rezension aufs Schärfste. „Das gibt es nicht", schreibt er in der Würdigung des Buches. „Es gibt keinen Menschen, der nicht einen Standpunkt hätte. Auch Kisch hat einen [...]" – manchmal sei das der des Schriftstellers, sehr oft der des Mannes, „der einfach berichtet". Generell aber gelte, dass sich auch der ‚nur' berichtende Journalist selbst durch eine noch so sachliche Berichterstattung nicht frei machen könne von subjektiven Einflüssen:

> „Aber wie ‚sachlich' man auch oder wie weit weg vom Thema man auch schreiben mag: es hilft alles nichts. Jeder Bericht, jeder noch so unpersönliche Bericht enthüllt immer zunächst den Schreiber, und in Tropennächten, Schiffskabinen, pariser Tandelmärkten und londoner Elendsquartieren, die man alle durch tausend Brillen sehen kann – auch wenn man keine aufhat –, schreibt man ja immer nur sich selbst." (ebd.: 49)

In dieser frühen Auseinandersetzung zeigt sich, was bis heute gilt: Zum Journalismus gehört auch die Debatte über seine Aufgabe, seine Qualität, seine Maßstäbe – mithin seine ethische Orientierung. Die öffentliche Nachvollziehbarkeit ihres Handelns veranlasst nicht wenige Journalistinnen und Journalisten dazu, Rechenschaft über ihr Tun abzulegen und die Maßstäbe zu begründen, nach denen sie Nachrichten auswählen, berichten und kommentieren. Insbesondere nach spektakulären journalistischen Verfehlungen, wie dem Gladbecker Geiseldrama oder dem vermeintlichen Kindsmord von Sebnitz[1], aber auch nach der zum Teil kampagnenartigen Berichterstattung im Vorfeld der Bundestagswahl 2005, setzen öffentliche Debatten ein, die das Selbstverständnis des Journalismus berühren. In den Themenzyklen der Berichterstattung werden sie zwar schnell wieder von anderen Inhalten abgelöst, aber sie bilden dennoch ein wichtiges Brückenspektrum zwischen wissenschaftlicher Analyse und praxisbezogener Reflexion. Wo sonst meist Sprachlosigkeit zwischen den „zwei Kulturen" (Haller 2000) herrscht, lassen sich in solchen Situationen bisweilen übergreifende normative Muster erkennen.

Die in den vergangenen Jahrzehnten vielfach aufgerissene Lücke zwischen Praxisannahmen und wissenschaftlichen Konzepten schließt sich zumindest ein wenig, wenn es um Fragen der Ethik geht. Wenn es um die Frage geht, was Journalismus in einer Gesellschaft und für eine Gesellschaft leisten soll, dann kann auch die Journalismusforschung angesichts der gesellschaftlichen Tragweite ihres Untersuchungsgegenstandes nicht umhin, eine normative Bewertung vorzunehmen. Gerade für die als Ausbildungswissenschaft konzipierte Journalistik ist deshalb die Beschäftigung mit der Ethik des Journalismus ein unabdingbarer Gegenstand ihres Curriculums. Doch auch darüber hinaus wird die Debatte um Wohl und Wehe des Journalismus geführt – nicht selten als Debatte über den allgemeinen Zustand öffentlicher Kommunikation in einer Gesellschaft.

1 Journalistische Ethik – mehr als nur ein Teil der Medienethik?

Wenn von Medienethik die Rede ist, dann ist damit in der überwiegenden Zahl der Fälle journalistische Ethik gemeint. Auch viele Beiträge des vorliegenden Handbuchs

1 Siehe auch den Beitrag von Schicha zu Medienskandalen in diesem Band.

wählen Journalismus als Beispiel, um ethische Begründungsmuster oder ihre institutionellen Rahmenbedingungen näher zu beschreiben. Dabei kann die journalistische Ethik zunächst als eine bereichsspezifische Ausdifferenzierung der Medienethik begriffen werden.

Ausgangspunkt journalismusethischer Erwägungen ist die Feststellung, dass Journalismus eine gesellschaftliche bzw. öffentliche Aufgabe zu erfüllen hat, deretwegen er gesellschaftlich ausdifferenziert wurde. Habermas (1990: 275) nennt die Presse in der Rückschau auf die Aufklärungszeit die „vorzüglichste[…] Institution" der Öffentlichkeit. Die öffentliche Aufgabe des Journalismus ist historisch gewachsen und definiert: Regelmäßig erscheinende Nachrichtenblätter und räsonierende Journale waren bereits in der frühen Neuzeit die Grundlagen der Etablierung einer auch politisch relevanten öffentlichen Kommunikationssphäre und haben Erwartungen geprägt, die bis heute wirksam sind. Die Herstellung von Öffentlichkeit ist die Aufgabe des Journalismus (vgl. Pöttker 1998).

Ganz besonders im Chaos des 30-jährigen Krieges wurde es überlebensnotwendig zu wissen, an welchem Ort welche Schlachten geschlagen wurden. Der korrespondierende Journalismus, wie ihn der Zeitungshistoriker Paul Baumert (1928) Anfang des 20. Jahrhunderts genannt hat, war geboren – und mit ihm ein Ideal, das Journalismus darauf verpflichtete, Vermittler zu sein. Die ersten Nachrichtenblätter reihten die Neuigkeiten unbearbeitet aneinander, die seit der letzten Ausgabe eingegangen war. Schlagzeilen oder Grafiken waren Fehlanzeige. In einem der ersten Bücher über Journalismus – *„Zeitungs Lust und Nutz"* – schrieb Kaspar von Stieler 1695:

> „Denn man lieset die Zeitungen darüm nicht / daß man daraus gelehrt und in beurteilung der Sachen geschickt werden / sondern das man allein wissen wolle / was sich hier und da begiebet" (zit. n. Weber 1997: 44f.).

Er traf damit den Ton und das Bedürfnis vieler seiner Zeitgenossen. Doch das Dogma der vermittelnden Neutralität geriet in der Bürgergesellschaft der Neuzeit immer mehr unter Druck. Insbesondere die schriftstellernden Journalisten der Aufklärung forcierten eine stürmische öffentliche Debatte. Ihr publizistisches Räsonnement war dabei auch performativer Protest gegen Zensur und Presseunfreiheit, ein Fanal für Meinungsfreiheit und Demokratie (vgl. Wehler 1987: 327). Schon die Öffentlichkeit eines Gedankens galt den Aufklärern als Beleg seiner Gerechtigkeit (vgl. Kant 1968 [1783]). Öffentlichkeit drängt zur radikalen Selbst-Verwirklichung. Sie verlangt idealtypisch, dass alle Themen ‚zur Sprache' gebracht und auf den Prüfstand eines rationalen Verständigungsprozesses gestellt werden können. Sie zielt auf die kommunikative Verflüssigung von Machtansprüchen, die argumentationsgestützte Revision gesellschaftlicher und politischer Entscheidungen, die rationale Begründung gesellschaftlicher Prinzipien des Zusammenlebens und die Bewährung von Traditionen auf dem Prüfstand des Räsonnements. Und nach wie vor dient Öffentlichkeit der Information und Orientierung.

Auch das Geschäft mit den Nachrichten begann sich zu verselbständigen, da die unsystematische Vervielfältigung von Information zunehmend weniger den komplexer werdenden Lebensumständen und den Lesebedürfnissen entsprach. Neuigkeiten mussten beschafft – und bald auch sortiert – werden. Nach und nach traten spätestens im 19. Jahrhundert Redakteure auf den Plan, die sich hauptberuflich um das Recherchieren, Verarbeiten und Vermitteln kümmerten. Journalismus wurde zum Beruf. Im Zuge dieser Entwicklung haben sich zwei unterschiedliche Vorstellungen eines ethisch richtigen Journalismus etabliert, die bereits in dem eingangs zitierten Disput zwischen Kisch und Tucholsky durchschienen:

- *Vermittelnder Journalismus:* In diesem Verständnis wird die Frage nach der Aufgabe journalistischer Kommunikationsangebote auf eine Konstante zurückgeführt: die Befriedigung des Informationsbedürfnisses der Bürgerinnen und Bürger durch journalistische Produkte. Journalistische Kommunikation verschafft Überblick in einer zunehmend unübersichtlicher werdenden Welt und stellt somit Information zur Verfügung, die dem Einzelnen in seinem sozialen Nahbereich nicht zugänglich wäre. Diese Begründung des Journalismus geht davon aus, dass journalistische Leistungen zur Koordinierung des eigenen Lebens in Gesellschaft notwendig sind und von den einzelnen Gesellschaftsmitgliedern gesucht und nachgefragt werden. Von Journalistinnen und Journalisten wird in diesem Verständnis erwartet, dass sie möglichst ‚objektiv' bzw. intersubjektiv nachprüfbar Informationen vermitteln. Die schöpferische und kreative Dimension des Journalismus wird weniger betont als seine dienende Aufgabe gegenüber der Gesellschaft.
- *Räsonierender Journalismus:* In diesem Verständnis wird Journalismus entweder als (aufklärerisches) Gesinnungshandeln moralisch motivierter Kommunikatoren oder aber als allgemeine öffentliche Inanspruchnahme kommunikativer Vernunft im Rahmen einer bürgerlichen Öffentlichkeit begriffen. Das kritische Räsonnement, mithin die Absicht der ‚Aufklärung der Wahrheit' (Wolfgang R. Langenbucher), hat wesentlich zur Etablierung des allgemeinen (Selbst-)Verständnisses des Journalismus beigetragen. Darüber hinaus reklamiert es gesellschaftliche und demokratische Relevanz insbesondere durch die enge Anlehnung an die Idee einer frei räsonierenden Öffentlichkeit als Grundlage eines demokratischen Gemeinwesens. Die ethische Idee des räsonierenden Journalismus ist die Kritik gesellschaftlicher Verhältnisse. Vorstellungen vom Journalismus als vierter Gewalt moderner Demokratien nehmen hier ihren Ursprung.

Die Unterscheidung zwischen dem Rollenmodell des referierenden und reportierenden Journalisten sowie dem Rollenmodell des räsonierenden und kommentierenden Journalisten, oder in moderneren Begriffen zwischen einer Vermittlerrolle und einer Kommunikatorrolle, ist in der Fach- wie in der Laiendiskussion normativ stark aufgeladen: In der Auseinandersetzung geht es um die Frage, ob der Journalist und Publizist, der selbst als kommunikativer Partner am gesellschaftlichen Gespräch teilhat, das zu untersuchende Rollenbild darstellt, oder aber der vermittelnde und referierende

Journalist, der einem Anwalt gleich zwischen den Kommunikationspartnern zu stehen hat. In vielen empirischen Journalismus-Studien lassen sich bis heute – mitunter in weiteren Sub-Differenzierungen – die beiden klassischen Rollenselbstdefinitionen identifizieren. 2002 werden in einem Einführungsband genannt:

- „der kritisch-advokatorische Journalist (‚Kritiker an Missständen'; „Wächter der Demokratie'; ‚Anwalt der Benachteiligten'; ‚Pädagoge'; ‚Politiker mit anderen Mitteln')
- der vermittelnde Informationsjournalist (‚Neutraler Berichterstatter'; ‚Vermittler neuer Ideen'; ‚Sprachrohr der Bevölkerung')" (Esser/Weßler 2002: 191)

In empirischen Befragungen zum Rollenselbstverständnis von Journalistinnen und Journalisten erhalten informationsjournalistische Vorstellungen wie die möglichst neutrale und präzise Information des Publikums höchste Zustimmungswerte (89%), aber immerhin mehr als die Hälfte (58%) will außerdem Kritik an Missständen üben; substanziell relevante Gruppen betonen außerdem, dass die unterhalten und entspannen (37%) bzw. serviceorientierte Lebenshilfe (44%) bieten wollen (vgl. Weischenberg/Malik/Scholl 2006: 97). Wenn in den letzten Jahren ein empirischer Trend in derartigen Studien festzustellen ist, dann geht er weg von einem kritikorientierten und hin zu einem vermittlungsorientierten Berufsethos. Aber immer noch sehen offensichtlich viele journalistische Akteure zu Recht nicht notwendig einen Widerspruch zwischen den beiden Rollenmustern.

Die Frage, welchem Modell Journalismus folgen soll, lässt sich letztlich nur durch ethische Grundentscheidungen ansatzweise beantworten oder aber durch einen theoretischen Perspektivwechsel aufheben (vgl. Brosda 2008). Weder ist ein bloßes Vermitteln ohne kommunikative Eigenleistung, wie es die klassische Zeitungswissenschaft und manche aktuelle Stränge der Journalismuskritik fordern, erkenntnistheoretisch begründbar, noch hätte eine ausschließlich räsonierende Publizistik, wie sie in manchen klassischen publizistikwissenschaftlichen Studien zum Leitbild wurde, demokratiepraktischen Sinn. Es muss auch theoretisch zusammengedacht werden, was praktisch immer eins gewesen ist: Journalismus soll in sich differenzierenden Gesellschaften Öffentlichkeit ermöglichen, um Orientierung zu gewährleisten – durch Weiterverbreitung von Nachrichten, durch das Popularisieren des kulturellen und politischen Räsonnements, durch kritische Teilnahme am öffentlichen Gespräch und durch die Etablierung einer Infrastruktur, die Nachrichten und Meinungen öffentlich zugänglich macht.

Journalistische Ethik hilft, die dabei notwendigen Entscheidungen zu treffen und gegen andere berechtigte Interessen und Einflüssen abzuwägen. Sie ist daher nicht bloß ein positives Handlungsprogramm, sondern markiert auch Grenzen journalistischen Handelns und damit auch Grenzen legitimer Öffentlichkeit. Das ist der Grund, warum ethische Erwägungen auch missbraucht werden für den Versuch, journalistische Leistungen zu delegitimieren und warum aus journalistischer Ethik, wenn sie falsch verstanden oder sogar missbraucht wird, tatsächlich ein „Maulkorb der Medien" (Koszyk 1992) werden kann.

2 Medienethischer Bedarf: Warum braucht Journalismus eine Ethik?

Es ist weitgehend Konsens, dass die journalistische Herstellung von Öffentlichkeit nicht nach den Maßstäben allgemeiner Moral oder Sittlichkeit erfolgen kann. Mit Ausnahme vor allem des publizistikwissenschaftlichen Strangs der Journalismuskritik (vgl. Kepplinger 1979, 1998; Donsbach 1982), der Journalismus immer noch an den normativen Erwartungen anderer gesellschaftlicher Funktionsbereiche abgleicht, gehen die meisten normativen Annäherungen an den Journalismus davon aus, dass sich dieser aus sich selbst bzw. aus dem Prinzip der Öffentlichkeit heraus begründen (lassen) muss. Damit sind weniger die normativen Überlegungen zur öffentlichen Aufgabe des Journalismus gemeint, die lange Zeit das Bild der Zeitungs- und mehr noch der Publizistikwissenschaft prägten (vgl. z.B. Dovifat 1962), sondern vor allem nüchterne Konzepte der Handlungsorientierungen und Maßstäbe, die für eine funktionierende journalistische Öffentlichkeit erforderlich sind. Dadurch wird die Last der Entwicklung einer eigenständigen journalistischen Ethik wesentlich auf die Schultern des Journalismus selbst gelegt.

Journalistinnen und Journalisten folgen einer eigenen ‚Moral' des Veröffentlichens, die unter Umständen auch allgemeinen Wertmaßstäben widersprechen kann und dies aus Verantwortung gegenüber dem gesellschaftskonstitutiven Konzept der Öffentlichkeit heraus rechtfertigen kann (vgl. Pöttker 1999: 299). Funiok spricht in diesem Zusammenhang sogar von einer „Veröffentlichungspenetranz von Journalisten" (Funiok 2007: 129). Das professionelle Veröffentlichungsgebot des Journalismus macht journalistisches Handeln prekär und potenziell begründungsbedürftig. Diesem Zweck und daran anschließend auch der Abwägung zwischen journalistischen Handlungsmaximen und ihren Folgen im Lichte allgemeiner Moral dient die Beschäftigung mit journalistischer Ethik. Sie oszilliert dabei zwischen der Betonung der Maxime des Veröffentlichens und der Reflexion der Folgen des journalistischen Handelns (vgl. Meier 2007: 236f.). Weischenberg (1992a: 222) zufolge ist die Aufgabe der journalistischen Ethik „die ständige Reflexion über die Unterscheidungen, die dem individuellen Handeln zugrunde liegen". Populäre Beispiele für ethische Fragen des Journalismus sind unter anderem verdeckte Recherchen oder das Eindringen in private Bereiche mit dem Ziel der Veröffentlichung. Auch Fragen der Käuflichkeit von Journalistinnen und Journalisten, des Product Placement oder auch der Vermischung von Werbung und redaktionellen Angeboten werden in diesem Zusammenhang regelmäßig diskutiert.

Aufgrund dieser vielfachen und ethisch prekären Entscheidungssituationen, in die Journalismus gesellschaftlich eingebunden ist, sind journalistische Akteure natürlich mit zum Teil sehr konkreten – zum Beispiel politischen, rechtlichen oder technischen – Erwartungen anderer gesellschaftlicher Funktionsbereiche konfrontiert. Journalismus ist zu mächtig, zu demokratiekonstitutiv und potenziell sogar zu lukrativ, um ihn aus der Sicht dieser Akteure sich selbst zu überlassen. Übergreifende Steuerungsversuche sind deswegen keine Seltenheit.[2]

> „Ethikbedarf im Journalismus haben wir also nicht deshalb, weil es keine anderen Steuerungsinstanzen gäbe, sondern gerade weil ein intaktes und von den Journalisten selbst weithin akzeptiertes System professioneller Normen am ehesten die Gewähr dafür bieten könnte, daß der Journalismus seine Autonomie wahren kann." (Müller-Schöll/Ruß-Mohl 1994: 274)

Ein Ziel ethischer Bemühungen ist es, dass die Regulierung journalistischen Handelns in der Hand journalistischer Akteure verbleibt. Ethikbedarf kann folglich als „Folgeproblem der fortschreitenden gesellschaftlichen Differenzierung" (Saxer 1992: 105) verstanden werden. Deshalb sind gerade aufgehitzte öffentliche Debatten im Nachgang zu (vermeintlichen) journalistischen Verfehlungen nicht nur regelmäßiger Anlass für den Ruf nach härterer Regulierung. Derart unter Druck gesetzt führen journalistische Akteure ihren Kampf um die eigene Unabhängigkeit oft mit ethischen Argumenten. Nur wenn es journalistischen Akteuren und Organisationen gelingt, eigenständige Wertmaßstäbe für ihr Tun und Unterlassen zu begründen und auszuweisen, werden sie ihre sozial differenzierte Eigenständigkeit bewahren können. Kritiker erkennen in diesen Ethik-Diskussionen allerdings immer noch eher eine „rührselige Nabelschau mit Alibi-Charakter" und kein „konstruktives Ringen um Ansätze zur Selbststeuerung oder gar -erneuerung" (Ruß-Mohl/Seewald 1992: 35).

Ethik kann die Rahmensteuerung durch Politik, Recht und Markt nicht ersetzen, aber sie kann die journalistische Lebenswelt im Idealfall strukturieren, journalistischen Handlungsprogrammen einen eigenständigen Sinn geben und Reflexionsmaßstäbe begründen (vgl. Debatin 1997: 300). Derartige ethische Selbstbindungen können Journalismus vor der Kolonialisierung durch andere Steuerungsmedien weitgehend sichern. Journalistische Akteure können eine derartige ethische Selbstregulierung umso besser leisten, je unabhängiger sie von zweckrational-instrumentellen Interessen (seien sie nun staatlich-bürokratisch, ökonomisch oder technisch) agieren können. Das Interesse an einer akzeptierten journalistischen Ethik ist daher nicht bloß das Ergebnis periodischer Moralisierungs-Moden, sondern vielmehr als eine Steuerungsproblematik in ausdifferenzierten Gesellschaften „strukturell bedingt" (Saxer 1992: 128).

Ethische Fragen sind für viele Journalismusforscher – zumal für diejenigen, die an ausbildungsorientierten Journalistik-Instituten arbeiten – in der Tat ein beinahe tägliches Geschäft. Und es ist sinnvoll, wenn sich auch die Journalismusforschung ethischen Fragen öffnet und die ethische Debatte aus den Verkürzungen praxologischer Annahmen herauszuführen versucht. „Die Sammlung von zitierfähigen Sollens-Sätzen zum Journalismus kann allenfalls das Gerüst für den ethischen Diskurs bilden", konstatiert Weischenberg (1992b: 524). Vielmehr benötigt die ethische Debatte auch

2 Siehe auch die Beiträge von Altmeppen und Arnold zu Ethik und Profit, von Branahl zu Ethik und Recht sowie von Haller zu Ethik und Qualität in diesem Band.

die dauerhafte Auseinandersetzung mit den wissenschaftlich erforschten Erkenntnis- und Handlungsprozessen des Journalismus. Rühl und Saxer (1981: 474) wenden sich dagegen, die Ethik des Journalismus „‚zünftlerisch', d.h. in Selbstdefinition der Journalistengruppierungen" zu bestimmen und plädieren deshalb für eine wissenschaftliche Begleitung dieses Prozesses. Trotz solcher wissenschaftlicher Selbstermächtigungen allerdings ist die daraus folgende Debatte in theoretischer Tiefe und Differenziertheit nach wie vor vergleichsweise überschaubar.

3 Stand der journalismusethischen Debatte: Was soll Journalismus?

Die wissenschaftliche Beschäftigung mit dem Journalismus ist trotz der zitierten Einlassungen nicht selten von einer eigentümlichen normativen Abstinenz bzw. von unausgesprochenen normativen Setzungen geprägt, die dem kommunikativen Programm des Journalismus entgegenstehen (vgl. Baum 1994). Inhaltliche Einlassungen wissenschaftlicher Beschäftigung mit der Journalismusethik konzentrieren sich auch deshalb oft kritisch auf den Vorwurf, dass journalistische Akteure durch eine „ethische Bewusstseinsverspätung" (Saxer 1992: 126) geprägt seien, weil ihr berufliches Selbstverständnis nicht mit der – wissenschaftlich beschriebenen – organisatorischen Entwicklung der Praxis Schritt gehalten habe. Die daraus erwachsende Kluft erschwere es, ethische Postulate in der journalistischen Praxis tatsächlich zu verwirklichen. Kritische Kommunikationswissenschaftler haben dem offensiven Vertreten einer ständischen Berufsethik daher bereits in den 1970er Jahren „Verblendungscharakter" vorgeworfen (Prott 1976: 375).

Allerdings kommen Auseinandersetzungen mit der extremen Zergliederung journalistischer Arbeit im redaktionellen Alltag auch zu dem Schluss, dass es paradoxerweise insbesondere das anachronistische Beharren auf überkommenen berufsethischen Vorstellungen ist, dass journalistischen Eigensinn bewahrt (vgl. Hienzsch 1990). Die traditionellen journalistischen Standesideologien verweisen schließlich nicht in erster Linie auf ökonomische Begründungen für den Beruf (vgl. Fabris 1979: 39f.). In ihnen werden nur selten „Routine und organisierte Tätigkeit", allerdings umso häufiger „Kreativität und Ethik" als zentrale Bestandteile journalistischer Arbeit genannt (Saxer 1993: 297). In ihrer Kontrafaktizität bewahren solche Aussagen paradoxer Weise einen Kern journalistischer Autonomie, der sonst verloren ginge.

Angesichts derart unterschiedlicher Diagnosen wirkt die Debatte über journalistische Ethik für Praktiker nicht selten irritierend:

> „Auf der einen Seite wird das journalistische Individuum zum großartigen Akteur stilisiert, das selbstbestimmt handeln könne und nach Art des Rechtsanwaltes oder des Arztes verbindliche Standesregeln besitzen müsse, die es bitteschön dann auch einzuhalten habe. Auf der anderen Seite wird der Journalist als kleines Rädchen im Getriebe der Medienorganisation beschrieben, das nicht selbstverantwortlich handeln und darum auch gar nicht Subjekt einer wirksamen Berufsethik sein könne; wenn schon, dann seien die Medienorganisationen die richtigen Adressaten

> für moralische Imperative. Von dritter Seite wird die Idee berufsspezifischer Handlungsnormen überhaupt verworfen; die im Rechtssystem verankerten Regeln und Normen seien allemal hinreichend, eine Sonderethik könnte zum Maulkorb der Pressefreiheit pervertieren." (Haller 1992, S. 196)

Vor dem Hintergrund derart widersprüchlicher Bewertungen stehen die analytischen Systematisierungsvorschläge, mit denen die journalismuswissenschaftliche Ethik-Debatte ihren Gegenstand gliedert. Weischenberg (1992a: 197ff.) beispielsweise unterscheidet zwischen normativ-ontologischen und empirisch-analytischen Ansätzen der journalistischen Ethik.

- *Normativ-ontologische Ansätze* konzentrieren sich darauf, eine individualistische Ethik aus Sollenssätzen heraus zusammenzustellen, die bisweilen eher praktizistisch geprägt sind. Autoren wie Boventer (1984: 14) verteidigen vehement die Stellung des Individuums gegenüber organisatorischen oder systemischen Zwängen und beharren darauf, dass der Begriff ‚Journalismus' nicht nur für Systeme und Medien steht, sondern gleichermaßen auch „für die Ideen und Werte" und „für die Personen, die das Werk des Journalismus hervorbringen". Boventer (1988: 236) fordert vom journalistisch handelnden Individuum eine permanente ethische Selbstreflexion und Selbstbindung, die er als die Kehrseite erfahrener Freiheit betrachtet: „Journalisten sind Moralisten und in einem wohlverstandenen Sinne müssen sie es sein. Um die Kennzeichnung dessen, was das gemeine Beste ist, kommen sie tagtäglich nicht herum." Die journalistische Freiheit korrespondiert hier mit einer sie gleichsam begrenzenden individuellen Verantwortung, die als Apriori der Freiheit dem freien Willen beigeordnet bzw. gegenübergestellt ist. Dadurch wird die Bearbeitung ethischer Fragen ausschließlich dem Individuum aufgebürdet.
- *Empirisch-analytische Ansätze* hingegen versuchen zu beschreiben, welche Normen im Journalismus wirken und wie sie zueinander in Beziehung zu setzen sind (vgl. z.B. Rühl/Saxer 1981; Weischenberg 1992b). Diese – oft systemtheoretischen[3] – Näherungen sind in dezidierter Abgrenzung zu den als unwissenschaftlich empfundenen normativen Forderungen entwickelt worden. „Besonders in bezug auf die soziale Organisiertheit des modernen Journalismus ist es erforderlich von einer Relativierung ethischer Ansprüche auszugehen", schreiben Rühl und Saxer (1981: 478). Sie plädieren dafür, ethische Postulate nicht mehr an Menschen zu richten, sondern als in systembedingte Berufsrollen eingelassen zu betrachten. Die journalistische Ethik richtet sich insofern auf eine „systeminterne Gebots- und Verbotsethik" (ebd.: 481), deren Grundzüge sie empirisch analysieren soll. Zentralkategorie dieser Ethik sei – auf Basis eines Konsenses über gemeinsame gesellschaftsbezogene Werte wie Freiheit und Menschenwürde – mitmenschliche Achtung (vgl. ebd.: 489).

Weischenberg (1992a: 204) selbst räumt ein, dass die empirisch-analytischen Ansätze „kaum handlungsleitende Qualitäten" besäßen und „weder dem Journalismus noch

3 Siehe auch den Beitrag von Scholl zur Systemtheorie in diesem Band.

der Journalistik etwas Praktikables anzubieten" hätten. Ihnen könne lediglich zugute gehalten werden, dass sie „die Ethikdiskussion entstaubt und das journalistische Handeln in Medienorganisationen entmythologisiert" hätten. Vielfach gestaltet sich der Verzicht auf individuelle Verantwortung als zu einfach, weil er praktisch relevante Verschränkungen ignoriert: Soziale Systeme können beispielsweise auch als Sozialstrukturen verstanden werden, die aus Externalisierungsleistungen handelnder Subjekte entstehen und zugleich internalisierend auf die Individuen wirken, die in ihren Kontexten handeln (vgl. dazu auch das Zwiebelmodell des Journalismus von Weischenberg (1992a).

Außerdem bewegen sich empirische Näherungen an Ethik immer in der Nähe essentialistischer Fehlschlüsse, wenn sie sich aus der Empirie heraus nicht in erster Linie über die Praxis informieren, die sie ethisch normieren wollen, sondern wenn sie Normen aus der empirischen Betrachtung entnehmen, um diese dann wiederum als normative Kategorien – quasi selbstverstärkend – an die Praxis herantragen.[4] Dabei ermöglicht erst die Analyse des Verhältnisses der Praxis zu den auf sie bezogenen normativen Erwartungen ein praktisches und sittliches Urteil darüber, wie die Praxis im Sinne ethischer Vorstellungen verbessert werden könne. „Es geht also gar nicht anders, als die Berufswirklichkeit zu idealisieren, wenn man sie verbessern will." (Gottschlich 1980: 147).

Allemal viel versprechender ist es deshalb, systemtheoretische Betrachtungen in die ethische Diskussion einzuführen, um unterschiedliche Verantwortungsebenen zu charakterisieren. Eine in dieser Hinsicht die Debatte stark prägende Systematisierung journalismusethischer Konzepte legt Pürer (1992) in seinem „Versuch einer Theorien-Synopse" vor

- Die *journalistische Individualethik* appelliert im bereits beschriebenen Sinne an die persönliche Moral des Journalisten. Vertreter dieses Ansatzes fordern individuelle Verantwortung ein und verlangen „mitmenschliche Achtung" gegenüber dem Berichterstattungsgegenstand ebenso wie gegenüber dem Publikum (ebd.: 314). Der Journalist trägt die Hauptlast der Verantwortung.[5]
- Die *Ethik des Mediensystems* bezieht sich dagegen in erster Linie auf ein Modell gestufter Verantwortung, dass den Einzelnen zwar nicht von seiner Verantwortung entbindet, diese aber angesichts struktureller Zwänge relativiert und auch die Politik sowie wirtschaftliche Medienakteure und hierarchisch höher stehende Kollegen mit in die Pflicht nimmt.
- Die *Publikumsethik* geht von der Prämisse aus, dass Journalismus nur das produziert, was auch konsumiert wird. Sie weist dem Publikum die Verantwortung dafür zu, sich Medieninhalten zu verweigern, die ethisch anstößig sein könnten.[6]

4 Siehe auch den Beitrag von Rath zu empirischen Perspektiven in diesem Band.
5 Siehe auch den Beitrag von Hömberg und Klenk zu individualethischen Ansätzen in diesem Band.
6 Siehe auch den Beitrag von Funiok zum Publikum in diesem Band.

Diese Differenzierung bezieht sich weniger darauf, welche Normen zur Anwendung kommen sollen, sondern beschreibt vielmehr verschiedene Adressatenkreise für die in journalismusethischen Diskursen zu entwickelten Verantwortungsmaßstäbe. Pürer selbst betont in seinem Fazit die Wichtigkeit eines gestuften Verantwortungskonzepts, weist aber zugleich darauf hin, dass die Journalistinnen und Journalisten als letztlich Handelnde „nicht zu Unrecht stets im Mittelpunkt medienethischer Überlegungen stehen" (ebd.: 319)

Diese Systematisierungsversuche lösen daher nicht das immanente Problem der Journalismusethik, dass es die vermuteten Umstände, unter denen Journalistinnen und Journalisten tatsächlich die volle Verantwortung für ihr Handeln übernehmen könnten, nicht (mehr) gibt. Es besteht daher immer die Gefahr, dass die eingeforderte Idealisierung, an der die berufliche Realität abzugleichen und zu verbessern wäre, so abgehoben ist, dass automatisch und ausschließlich Defizitanalysen zu schreiben wären, wenn man sich an den Vergleich machte.

In Konsequenz dieses Befundes wird daher zunehmend versucht, Institutionen zu benennen, in denen sich ethische Grundgehalte wirksam sedimentieren können. Der journalistische Beruf kann als eine solche notwendige Institution begriffen werden: Die Frage nach seiner Ethik wird routinemäßig im Rekurs auf das bereits benannte Prinzip des Veröffentlichens bezogen. Die berufliche Ethik besteht in der Regel aus „Sammlungen vergleichsweise bewährter Praktiken, wie verbreiteten Erwartungen an Medienleistungen einigermaßen Genüge getan und die Gefahr allzu heftiger Enttäuschung über diese eingedämmt werden kann." (Saxer 1992: 108). Derartige Normen und Routinen sind in Kodizes und Richtlinien niedergelegt und sollen Orientierung im Alltagshandeln geben können. Als normative Kerngehalte dieses beruflichen Ethos können „Unabhängigkeit, Sachlichkeit, Distanz, Gesetzesorientierung sowie auf die Trennung der Privatsphäre und der persönlichen parteipolitischen Einstellung gegenüber den journalistischen Berufen" betrachtet werden (Rühl/Saxer 1981: 502).

Pöttker (1999) zufolge begründet die Ethik des journalistischen Berufs klassischer Weise Trennungsgebote, die auf die klarere Erkennbarkeit journalistischen Berufshandelns und journalistischer Kommunikationsangebote abzielen. Zu diesen Trennungsgeboten zählen die Differenzierungen zwischen *Information und Werbung*, zwischen *Information und Fik*tion sowie zwischen *Information und Meinung*. In jedem dieser Fälle geht es vor allem darum, durch ethische Selbstverpflichtung Transparenz zu schaffen, und damit verdecktes Marketing, nicht erkennbare Fiktionalisierungen und verzerrende Persuasionsversuche auszuschließen, damit Journalismus in seinem informierenden und orientierenden Realitätsgehalt weiterhin auch aus Rezipientensicht unterscheidbar bleibt. Diese Trennungsgebote sind historisch wandelbar, wie das Beispiel Information vs. Meinung deutlich zeigt. Nicht wenige Qualitätszeitungen belegen heutzutage tagtäglich, dass eine reflektierte und erkennbare Subjektivität sehr wohl gegenüber vermeintlich harter Objektivität nicht nur ein qualitativer Vorteil sein kann, sondern außerdem auch die ethisch redlichere Alternative, da ‚Objektivität' letzten Ende doch wiederum ihrerseits als Fiktion gelten muss. Es ist eine Aufgabe ethischer Reflexion, derartige berufsethische Postulate immer wieder aufs Neue zu prüfen und gegebenenfalls zu verändern.

Debattierbar ist beispielsweise die Frage, ob Journalismus sich auf Basis seiner Gemeinwohlorientierung über seine funktional festgelegte Aufgabe hinaus auf anderen Feldern (wie Spendenaufrufen bewegen darf), ohne seine Unabhängigkeit und seine Glaubwürdigkeit zu verlieren (vgl. Haller/Pöttker 2005). Dieser Konflikt berührt auch Diskussionen, die in den USA unter der Überschrift ‚Public Journalism' geführt werden und darauf zielen, journalistische Institutionen in regionalen Kontexten auch über das Veröffentlichen im eigenen Medium hinaus zu Organisatoren gesellschaftlicher Debatten zu machen und so als Anwälte von Öffentlichkeit in einem viel umfassenden Sinn in prozedurale Verantwortung zu nehmen.

Derartige Fragen liegen in unmittelbarer Nachbarschaft zu der Debatte, ob es sich bei journalistischem Handeln im Sinne Max Webers um eine verantwortungsethische (also auf die Folgen des Handelns fokussierte) oder um eine gesinnungsethische (also auf das Tun selbst bezogene) Tätigkeit handelt. Gängiger Weise ist lange Zeit behauptet worden, dass Journalismus vorwiegend gesinnungsethisch zu verstehen sei: Die bislang untersuchten Verhaltensdispositionen von Redakteuren so konstatieren Kepplinger und Vohl (1976: 331) seien „Ausdruck einer überwiegend gesinnungsethischen und wertrationalen Verhaltensorientierung". Journalistisches Handeln sei unabhängig von Interessen und zunächst ausschließlich der sachlichen Richtigkeit verpflichtet. Dadurch würde zwar auch Handlungsautonomie gewonnen, aber eben nicht auf der Basis einer als Alleinstellungsmerkmal fungierenden professionellen Kompetenz. Vielmehr wirkt die Unterstellung, Journalistinnen und Journalisten handelten nur gesinnungsethisch stark verkürzend: Sie ignoriert entweder, dass auch journalistisches Handeln voller strategischer und zweckrational auf Folgen kalkulierter Handlungen ist (vgl. Fengler/Ruß-Mohl 2005). Oder sie öffnet Tür und Tor, konstruierte Legitimationsprobleme eines Journalismus zu kritisieren, der zwar zweckrational-strategisch handele, sich aber stets gesinnungsethisch geriere, um keine Verantwortung übernehmen zu müssen (vgl. Baum 1994: 286). Hier eine Entscheidung für eine der beiden Perspektiven erzwingen zu wollen, gestaltet sich als schwierig. Deshalb lassen sich in den gängigen journalistischen Ethik-Kodizes zwar tatsächlich mehr deontologische – also im weitesten Sinne wertrationale – Normen finden. Zugleich aber wird auch dort in verschiedenen Normen immer wieder die Notwendigkeit betont, auch die Folgen des eigenen Handelns zu beachten und die Herstellung von Öffentlichkeit nicht in jeder Situation unreflektiert zum primären Maßstab aller journalistischen Dinge allein zu machen.

Umstritten ist weiterhin, ob es die eine journalistische Ethik geben kann, oder ob weitere Differenzierungen notwendig sind. Rühl und Saxer (1981: 490) wenden sich gegen solche „Partialethiken bestimmter Journalismuskategorien und Mediengattungen ohne Berücksichtigung des Gesamtjournalismus und des Mediengesamtsystems", denen sie wenig Erklärungskraft zuschreiben. Und tatsächlich ist es zweifelhaft, ob es eine eigene Ethik des Radio-Journalismus braucht oder ob sich die notwendigen

Handlungsmaximen nicht aus einer allgemeinen Ethik des Journalismus ableiten lassen. Beachtenswert erscheint allerdings der Vorschlag von Haller (1992: 196) angesichts der Vielzahl unterschiedlichster Medienangebote, die heutzutage als Journalismus auf dem Markt erhältlich sind, im Hinblick auf ethische Erwartungen und Maßstäbe wenigstens eine Differenzierung in *„U-Journalismus"* und *„E-Journalismus"* vorzunehmen.

- Unter *„U-Journalismus"* wird ein ‚Animationsjournalismus' verstanden, der aus inszenierten Kommunikationsereignissen heraus entsteht und damit oftmals durch Medien selbst stimuliert wird (vgl. ebd.: 200). Abgesehen von ganz allgemeinen rechtlichen Ge- und Verboten – wie Jugendschutz, öffentlichen Frieden und Wahrung der Persönlichkeitsrechte – lässt sich für diesen Bereich kaum ein eigenständiges ethisches Raster beschreiben. Es sei beinahe aussichtslos, Regeln zu formulieren, die die Mannigfaltigkeit der im U-Journalismus behandelten Themen zwischen Handy-Klingeltönen, Star-Kult und Erotik-Videos angemessen zu normieren. Weil keine gesicherten Erkenntnisse über die psychosozialen Folgen solcher Berichterstattungsanlässe vorlägen, müsste aus prinzipieller verantwortungsethischer Perspektive auf eine Verbreitung ganz verzichtet werden – ein kaum praktikabler Vorschlag. Stattdessen lassen sich nur utilitaristische Einzelfall-Abwägungen verlangen, die weitgehend aus der Situation heraus erwachsen. Notwendig sei daher mindestens, den mangelnden Realitätsgehalt des Berichteten angemessen zu kennzeichnen, so dass nicht der Anschein erweckt wird, hier handele es sich um Tatsächliches oder auch nur tatsächlich gesellschaftlich Relevantes.
- Unter *„E-Journalismus"* wird der klassische ‚Informationsjournalismus' verstanden, der Informationen möglichst schnell und angemessen vermitteln und auf diese Weise orientieren soll (vgl. ebd.: 203). Daraus ergibt sich ein Spannungsverhältnis zwischen Geschwindigkeit und Gründlichkeit in der Recherche und Berichterstattung. Diese Zielkonflikte werden in professionellen Ethikregeln adressiert und für den einzelnen Journalisten bearbeitbar gemacht. Maßstab ist hier das bereits thematisierte Prinzip der Öffentlichkeit. Entsprechende Professionalitätsregeln als Kennzeichen journalistischer Kompetenz sind das Einholen von Gegeninformationen, die gleiche Distanz und Unabhängigkeit zu allen Seiten, das Aufzeigen von Konflikten oder Kontroversen, die einem Geschehen zugrunde liegen; die Betonung der auf Partizipation gerichteten Aspekte einer Nachricht: die Priorität des Öffentlichmachens; die Reduktion von Komplexität nach alltagsweltlichen und nicht nach medientechnischen Kriterien sowie das Adressieren der Rezipienten als handlungsfähige Subjekte der Öffentlichkeit (vgl. ebd. 206f.).

Die Grenzen des Journalismus diffundieren, deshalb sind derartige Differenzierungsvorschläge hilfreich. Tendenzen der journalistischen Boulevardisierung sind unter dem Druck der fortschreitenden Ökonomisierung selbst öffentlich-rechtlicher Anstalten zweifelsohne auch empirisch festzustellen – und zwar bis in ‚seriöse' Formate hinein. Sie können sowohl Ausdruck des journalistischen Bemühens um verständliche und

‚rezipientenfreundliche' Aufbereitung und Berichterstattung sein, als auch strategische Bemühungen zur Steigerung von Quoten und Auflagen. Selbst im letzteren Fall aber ist es noch eine empirisch offene Frage, ob ihr Einsatz dem berichteten Ereignis angemessen ist oder nicht. Generell gilt, dass eine unterhaltsame und rezipientengerechte Aufbereitung von Nachrichten auch demokratiefördernd sein kann, weil sie weitere Rezipientenkreise erreicht. Problematisch wird die Boulevardisierung, wenn sie auch eine Trivialisierung der Inhalte bedeutet, z.B. dadurch dass sich boulevardeske Journalismusformate den neueren Reality-Formaten als Berichterstattungsanlass zuwenden. Wenn mit Insekten überschüttete Semi-Stars auch in sich journalistisch nennenden Formaten zunehmend die Titelseiten und Top-Meldungen bestreiten, dann heißt das auch, dass Berichterstattung über politische oder soziale Prozesse abgedrängt wird. Statt Aufklärung zu betreiben schreibt Journalismus hier im schlechtesten Falle nur die (im Unterhaltungsprogramm ja durchaus legitimen) Realitäts- und Authentizitätsfiktionen fort. Das Ergebnis ist eine zunehmende Selbstbezogenheit und auch im Wortsinne Selbstgenügsamkeit in Journalismus und Medien: Journalismus berichtet über von den Medien geschaffene Ereignisse, die durch die Berichterstattung zunehmend weiter aufgewertet werden. Ethische Selbstverpflichtungen des Journalismus allein werden hier wahrscheinlich keine Abhilfe schaffen können, sondern lediglich Veränderungen in den Medienstrukturen.

4 Besonderheiten der journalistischen Ethik

Gerade weil Journalismus für moderne, komplex ausdifferenzierte Gesellschaften eine derart zentrale Institution ist, berühren journalistische Fehlleistungen nicht bloß das professionelle Selbstverständnis der beruflichen Journalisten, sondern zugleich auch das berechtigte Informations- und Orientierungsinteresse der Bevölkerung. Deshalb ist es eine notwendige Besonderheit der journalistischen Ethik, dass sie die Komplexität des sozialen Beziehungsgeflechts analytisch berücksichtigen muss, in das der moderne Journalismus eingewoben ist und aus dem heraus viele Ursachen für ethisch fragwürdigen Journalismus erwachsen können. Zwar stehen das individuelle Handeln und die Medienunternehmen im Mittelpunkt journalismusethischer Erörterungen; daneben lassen sich aber auch Politik und Wirtschaft, Publikum sowie Quellen und Public Relations als weitere ethisch relevante Handlungsebenen im journalistischen Kommunikationsprozess benennen (vgl. Meier 2007: 238ff.)

An den journalistischen Akteuren zerren viele Kräfte: Ausbildung, Redaktionsorganisation, Medienorganisation, Wettbewerbsdruck im Mediensystem, Partei- und Interessensgruppen und viele mehr konstituieren Maxime, Zwänge und Routinen, die individuelle journalistischen Handlungsnormen überformen (vgl. Haller 1992: 209f.). Thomaß (2003) hat deshalb einen Vorschlag für „fünf ethische Prinzipien journalistischer Praxis" vorgelegt, die die auch in systemtheoretischen Kontexten akzeptable journalismusethische Leitkategorie ‚Achtung' im Hinblick auf die zentralen Stakeholder-Beziehungen differenzieren:

- Die Beziehung des Journalisten zu seinen *Quellen* ist demnach geprägt vom ethischen *Prinzip des Informantenschutzes*,
- die Beziehung zu den Berichterstattungsobjekten vom Persönlichkeitsschutz,
- die Beziehung zu den Rezipienten von Fairness und Sorgfalt,
- die Beziehung zu den *Kollegen und Peers* von der *Vermeidung von Interessenkonflikten* im professionellen Interesse,
- die Beziehung zur allgemeinen Öffentlichkeit von angemessenen Methoden der Recherche.

In dieser Systematisierung zeigt sich deutlich, wie komplex ethische Entscheidungsbedarfe im Journalismus sein können. Ihre notwendige Abstraktheit verweist außerdem darauf, dass es im konkreten Einzelfall schwierig sein wird, das jeweilige Prinzip konkret zu füllen. Was eine faire und sorgfältige Berichterstattung ist und was angemessene Methoden der Recherche lässt sich kaum a priori definieren.

Ein Grund dafür ist, dass Journalismus mit mehreren Werte- und Normensystemen zeitgleich umgehen muss. Haller (2007) identifiziert diverse Spannungsfelder journalistischer Ethik, die sich aus Zielnormen für den Journalismus ergeben, die nicht deckungsgleich sind, aber gleichzeitig Geltung beanspruchen.

(1) Der *mediale Kommunikationsmodus* verlangt, dass journalistische Angebote öffentlich und von allgemeinem Interesse sind. Sie stellen vermittelte Kommunikation dar, die sich an ein weitgehend unbekanntes disperses Publikum richtet und gattungs- und typenspezifische Besonderheiten zu berücksichtigen hat.

(2) Die *systemischen Funktionszuschreibungen* verlangen im Falle des Journalismus, dass er als meritorisches Produkt demokratietheoretische Aufgaben ebenso erfüllt wie gesellschaftspolitische Erwartungen.

(3) *Ökonomische Imperative* ergeben sich unter anderem aus dem Medienwettbewerb, der Profitorientierung sowie der Koppelung an die Werbefinanzierung.

(4) Die *Bedürfnisstrukturen des Publikums* verlangen, dass journalistische Kommunikationsangebote Partizipationswünsche nach Sozialität, Kompensationswünsche nach Zerstreuung, Versicherungswünsche nach verminderter Ungewissheit und Kontemplationswünsche nach emotionaler Verbundenheit mit der Welt berücksichtigen.

(5) Die journalistische *Berufsrolle* wiederum erwächst aus den Traditionen und Herkünfte des Berufs, aus der gängigen Berufsorganisation und den mit ihr verbundenen Rollenverständnissen, aus der Formalisierung des Handwerks und der Ausbildung. Sie legt außerdem die Institutionalisierung von Selbstkontrolle als Ausdruck der Professionalisierung nahe.

(6) Die *individuellen Einstellungen der Medienakteure* erwachsen aus unterschiedlichen Selbstbildern, Sozialisationsprozessen, Berufsperspektiven und Persönlichkeitsstrukturen.

Ein ethisch handelnder Journalist steht gerade auch angesichts der beschriebenen Veränderung der Berichterstattungsanlässe in der Pflicht, diese zum Teil dissonanten Werte und Normen miteinander zu synchronisieren bzw. sich zwischen ihnen bewusst und begründet zu entscheiden (vgl. ebd.). Das erfordert eine hochentwickelte Professionalität, die es ermöglicht, die Geltungsbereiche der verschiedenen Normen gegeneinander abzuwägen und in Beziehung zu einander zu setzen.

Professionelle Kodizes können dabei eine entscheidende Hilfe sein.[7] Für den Journalismus lassen sich weltweit schon nach kurzer Recherche über 200 solcher Kodizes ausmachen; es dürfte weit mehr geben (vgl. Meier 2007: 241). In Deutschland am bekanntesten sind sicherlich die üblicherweise als ‚Pressekodex' bezeichneten Publizistischen Grundsätze des Deutschen Presserates. Sie umfassen in 16 Ziffern Ausführungen zur *Wahrhaftigkeit* und *Achtung der Menschenwürde*, zur *Sorgfalt*, zur *Richtigstellung*, zu *Grenzen der Recherche*, zum *journalistischen Berufsgeheimnis*, zur *Trennung von Tätigkeiten* sowie *von Werbung und Redaktion*, zu *Persönlichkeitsrechten* und *Ehrschutz*, zum *Umgang mit religiösen, weltanschaulichen oder sittlichen Differenzen*, zur *Sensationsberichterstattung* und zum *Jugendschutz*, zur *Vermeidung von Diskriminierungen*, zur *Unschuldsvermutung*, zu *unangemessener Medizin-Berichterstattung*, zur *Inanspruchnahme von Vergünstigungen* und zum *Rügenabdruck*. In vielen Fällen, so eine gängige Kritik, handele es sich dabei in erster Linie um eine „verbale Verdoppelung des Rechts" (Rühl/Saxer 1981: 499). Dem entgegen stehen Stimmen, die die Chance betonen, die in einem prüfenden Diskurs über journalistische Verfehlungen liegen könne. Der durch eine öffentliche Rüge verursachte Glaubwürdigkeitsverlust des Verantwortlichen bedeutet schließlich ein erhebliches Sanktionspotential.[8]

Verwunderlich ist im deutschen Kontext allerdings eine andere Leerstelle: Der Pressekodex richtet sich an den Printjournalismus, während TV-Sender und Radiostationen ihrer Arbeit jeweils eigene und weniger journalismusspezifische Kataloge zugrunde legen. Es gibt zwar ein von Deutschen Journalisten-Verband djv erarbeitetes Berufsbild, aber es gibt keinen umfassenden ‚Journalismuskodex', der in Form einer journalismusethischen Selbstverpflichtung und eines generellen Leitbildes das Gewicht des genuin Journalistischen in den Massenmedien quer über alle Sparten hinweg stärken könnte. Dabei könnte ein solcher Kodex die Vermittlung ethischer Handlungsanleitungen z.B. durch eine hochschulgestützte Ausbildung und durch eine reflektiertere Begleitung des praktischen Volontariats, aber auch durch ‚best practice'-Beispiele unterstützen (vgl. Brosda u.a. 2004). Ein solcher Kodex wäre ein wirksamer Kristallisationspunkt journalismusethischer Selbstverständigungsdebatten.

7 Siehe auch den Beitrag von Stapf zur Medienselbstkontrolle in diesem Band.
8 Siehe auch den Beitrag von Baum zum Deutschen Presserat in diesem Band.

5 Fazit und Ausblick

Wenn Gesellschaften pluraler werden, dann bedeutet das auch, „[...] daß es *die* Ethik und *die* Moral nicht geben kann" (Rühl/Saxer 1981: 475). In Theorien der Ethik des Journalismus stehen deshalb die Begründbarkeit von Normen und die Reichweite ihrer Geltung im Zentrum. Mehr noch als den Normen selbst wird dem Prozess der Formulierung von und Einigung auf Normen eine besondere Relevanz zugeschrieben. Es geht, wie Thomaß (2000, S. 362) anmerkt, immer weniger um die Frage „Was soll ich tun?" und immer mehr um die Frage „Wie können wir uns darüber einig werden, was wir tun sollten?" Journalismusethik kann dabei keine privilegierte Erkenntnis beanspruchen, sondern Journalismus allenfalls hinsichtlich seiner Berücksichtigung der angemessenen kommunikativen Prozeduren beraten – ein Umstand, dem journalismusethische Ausarbeitungen zunehmend mit Adaptionen diskursethischer Überlegungen begegnen.[9]

Weder sind konkrete Normen jenseits moralischer Allgemeinplätze oder praktizistischer Handlungsvorschriften abschließend zu klären, noch lassen sich die Adressaten ethischer Erwartungen an den Journalismus endgültig benennen. Es hat jedenfalls wenig Sinn, Journalismusethik entweder auf mediensystemische Organisationsnormen oder auf individuelle Moral zu verkürzen;

> „[...] sie ist vielmehr der Sammelbegriff für Begründungen, die professionelle Handlungs- und Verfahrensweisen rechtfertigen, soweit und solange die Medienproduktion im Sinne der erörterten Funktionsnormen vonstatten gehen soll" (vgl. Haller 1992: 210).

Denkbar ist in diesem Zusammenhang eine engere Verzahnung individualethischer Postulate mit Ansätzen von Professions- und Institutionenethiken, durch die sich, wie Teichert (1996: 767) anregt, die direkten Ansprachemöglichkeiten der Individualethik mit dem stabilen hohen Verantwortungsgrad einer institutionalisierten Ethik vereinbaren ließen.

Ungeachtet dieser Einschränkungen im Konkretionsgrad sind journalismusethische Debatten eine zentrale Schnittstelle zwischen wissenschaftlicher Journalismusforschung und praktischem Journalismus. In der Frage nach dem ethischen Gehalt eines beruflichen Handelns können normativ-praktisches Erfahrungswissen und empirisch-analytische Erkenntnisse sich wechselseitig befruchten. Jenseits der hektischen Aufgeregtheiten medial-journalistischer Skandalsituationen kann der Diskurs über journalistische Ethik deshalb dazu beitragen, das prekäre Verhältnis zwischen Wissenschaft und Praxis zu stabilisieren.

Als direkter Ausfluss des Prinzips der Veröffentlichung, mithin des Herstellens von Öffentlichkeit, kann journalistische Ethik deshalb mehr sein als bloß ein Unterfall einer allgemeineren Medienethik. Sie wird zum Präzedenzfall einer noch nicht abschließend bestimmten „Ethik des Öffentlichen" (Loretan 1999). Anders als andere

---

9 Siehe auch den Beitrag von Brosda zur Diskursethik in diesem Band.

öffentliche Sprecher bzw. öffentliche Leistungssysteme ist Journalismus schließlich primär dem Entstehen und Funktionieren von Öffentlichkeit selbst verpflichtet. Es ist seine ureigene Aufgabe, Öffentlichkeit als Sphäre gesellschaftlicher Verständigung durch Diskursvermittlung herzustellen. Aufgrund dieser engen Verbindung ist Journalismus nach wie vor die Referenzgröße öffentlich-medialen Handelns und seine Ethik damit auch Bezugspunkt normativer und moralischer Überlegungen für diesen gesellschaftlichen Bereich. Journalismus prägt unsere Vorstellungen öffentlicher Kommunikation. Eine wissenschaftliche Beschäftigung mit journalistischer Ethik sollte deshalb sehr genau auf die Veränderung berufsethischer Normen achten und sie im Zweifel im Sinne der gesellschaftlichen Leistungsfähigkeit des Journalismus im „Dialog mit der Praxis" (Brosda 2009) auch selbst anstoßen. Schließlich, so Pöttker (1999: 300), komme „[...] moderner Wissenschaft in einer dynamischen Gesellschaft die Aufgabe der Forschung und der dadurch angestoßenen Innovation zu, mithin die Rolle der Tabubrecherin". Hier konvergieren die normativen Vorstellungen von Wissenschaft und Journalismus ganz praktisch, denn es ist auch eine klassische und gut begründbare Aufgabe des Journalismus im Dienste und im Sinne der Öffentlichkeit Tabus zu brechen, wenn sie eine notwendige gesellschaftliche Debatte verhindern. Ethische Abwägungsprozesse sind dabei ein alltäglicher Begleiter. Es unterscheidet guten Journalismus von anderen Formen medialen Handelns, dass er sie zum integralen Bestandteil seines beruflichen Handelns macht.

Literatur

Baum, Achim (1994): Journalistisches Handeln. Eine Kritik der Journalismusforschung. Opladen.

Baumert, Dieter Paul (1928): Die Entstehung des deutschen Journalismus. Eine sozialgeschichtliche Studie. München; Leipzig.

Boventer, Hermann (1984): Ethik des Journalismus. Zur Philosophie der Medienkultur. Konstanz.

Boventer, Hermann (1988): Wertorientierter Journalismus. Die Sicht der Moralphilosophie. In: Erbring, Lutz u.a. (Hrsg.): Medien ohne Moral. Variationen über Journalismus und Ethik. Berlin, S. 226-237.

Brosda, Carsten (2008): Diskursiver Journalismus. Journalistisches Handeln zwischen kommunikativer Vernunft und mediensystemischem Zwang. Wiesbaden.

Brosda, Carsten (2009): Im Dialog mit der Praxis. Die Journalistik als „kritische" Wissenschaft. In: Kutsch, Arnulf / Raabe, Johannes (Hrsg.): Großbothener Vorträge zur Kommunikationswissenschaft IX. Bremen, S. 117-146.

Brosda, Carsten / Haller, Michael / Leif, Thomas / Schicha, Christian (2004): Leitlinien für einen seriösen Journalismus. In: Frankfurter Rundschau vom 21. April 2004, S. 9. [auch in: epd-medien, Nr. 30/2004, S. 25-27]

Debatin, Bernhard (1997): Medienethik als Steuerungsinstrument? Zum Verhältnis von individueller und korporativer Verantwortung in der Massenkommunikation. In: Weßler, Hartmut u.a. (Hrsg.):

Perspektiven der Medienkritik. Die gesellschaftliche Auseinandersetzung mit öffentlicher Kommunikation in der Mediengesellschaft. Opladen, S. 287-303.

Donsbach, Wolfgang (1982): Legitimationsprobleme des Journalismus. Gesellschaftliche Rolle der Massenmedien und berufliche Einstellung von Journalisten. Freiburg i. Br.; München.

Dovifat, Emil (1962): Zeitungslehre. Band 1. Theoretische und rechtliche Grundlagen – Nachricht und Meinung – Sprache und Form. Berlin. 4., neubearbeitete Auflage.

Esser, Frank / Weßler, Hartmut (2002): Journalisten als Rollenträger: redaktionelle Organisation und berufliches Selbstverständnis. In: Jarren, Otfried / Weßler, Hartmut (Hrsg.): Journalismus – Medien – Öffentlichkeit. Eine Einführung. Wiesbaden, S. 165-240.

Fabris, Hans Heinz (1979): Journalismus und bürgernahe Medienarbeit. Formen und Bedingungen der Teilhabe an gesellschaftlicher Kommunikation. Salzburg.

Fengler, Susanne / Ruß-Mohl, Stephan (2005): Der Journalist als „homo oeconomicus". Konstanz.

Funiok, Rüdiger (2007): Medienethik. Verantwortung in der Mediengesellschaft. Stuttgart.

Gottschlich, Maximilian (1980): Journalismus und Orientierungsverlust. Grundprobleme öffentlich-kommunikativen Handelns. Wien; Köln; Graz.

Habermas, Jürgen (1990): Strukturwandel der Öffentlichkeit. Untersuchung zu einer Kategorie der bürgerlichen Gesellschaft. Frankfurt am Main. (Neuauflage mit aktualisierendem Vorwort)

Haller, Michael (1992): Die Journalisten und der Ethikbedarf. In: Haller, Michael / Holzhey, Helmut (Hrsg.): Medien-Ethik. Beschreibungen, Analysen, Konzepte für den deutschsprachigen Journalismus. Opladen, S. 196-211.

Haller, Michael (2000): Die zwei Kulturen. Journalismustheorie und journalistische Praxis. In: Löffelholz, Martin (Hrsg.): Theorien des Journalismus. Ein diskursives Handbuch. Wiesbaden, S. 101-122.

Haller, Michael (2007): Journalistisches Handeln unter ethischen Maximen: Theorie und Praxis. Skript zur 1. und 2. Vorlesungsstunde. Uni Leipzig. abgerufen am 6.3.2008 unter *http://www.uni-leipzig.de/journalistik/haller/V_Journ_Ethik-WS07-1-2.pdf*

Haller, Michael / Pöttker, Horst (2005): Spendenaufrufe. Pro & Contra. In: Journalist, Heft 2/2005, S. 24-25.

Hienzsch, Ulrich (1990): Journalismus als Restgröße. Redaktionelle Rationalisierung und publizistischer Leistungsverlust. Wiesbaden.

Kant, Immanuel (1968 [1783]): Beantwortung der Frage: Was ist Aufklärung?. In: ders.: Werkausgabe. Band XI. Schriften zur Anthropologie, Geschichtsphilosophie, Politik und Pädagogik. Herausgegeben von Wilhelm Weischedel. Frankfurt am Main, S. 53-61.

Kepplinger, Hans Mathias (Hrsg.) (1979): Angepaßte Außenseiter. Was Journalisten denken und wie sie arbeiten. Freiburg; München.

Kepplinger, Hans Mathias (1998): Die Demontage der Politik in der Informationsgesellschaft. Freiburg i. Br.; München.

Kepplinger, Hans Mathias / Vohl, Inge (1976): Professionalisierung des Journalismus? Theoretische Probleme und empirische Befunde. In: Rundfunk und Fernsehen, Heft 4/1976, 24. Jg., S. 309-343.

Kisch, Egon Erwin (1996 [1925]): Der rasende Reporter. Berlin.

Koszyk, Kurt (1992): Zur Geschichte der Pressefreiheit in Deutschland: Als die Ethik zum Maulkorb der Medien wurde. In: Haller, Michael / Holzhey, Helmut (Hrsg.): Medien-Ethik. Beschreibungen, Analysen, Konzepte für den deutschsprachigen Journalismus. Opladen, S. 76-86.

Loretan, Matthias (1999): Ethik des Öffentlichen. Grundrisse eine Medienethik als Theorie kommunikativen Handelns. In: Holderegger, Adrian (Hrsg.): Kommunikations- und Medienethik. Interdisziplinäre Perspektiven. Freiburg i. Ue.; Freiburg i. Br., S. 153-183.

Meier, Klaus (2007): Journalistik. Konstanz.

Müller-Schöll, Ulrich / Ruß-Mohl, Stephan (1994): Journalismus und Ethik. In: Jarren, Otfried (Hrsg.): Medien und Journalismus 1. Eine Einführung. Opladen, S. 267-294.

Pöttker, Horst (1998): Öffentlichkeit durch Wissenschaft. Zum Programm der Journalistik. In: Publizistik, Heft 3/1998, 43. Jg., S. 229-249.

Pöttker, Horst (1999): Berufsethik für Journalisten? Professionelle Trennungsgrundsätze auf dem Prüfstand. In: Holderegger, Adrian (Hrsg.): Kommunikations- und Medienethik. Interdisziplinäre Perspektiven. Freiburg i. Ue. (Schweiz); Freiburg i. Br., S. 299-327.

Prott, Jürgen (1976): Bewußtsein von Journalisten. Standesdenken oder gewerkschaftliche Solidarisierung. Frankfurt am Main; Köln.

Pürer, Heinz (1992): Ethik in Journalismus und Massenkommunikation. Versuch einer Theorien-Synopse. In: Publizistik, Heft 3/1992, 37. Jg., S. 304-321.

Rühl, Manfred / Saxer, Ulrich (1981): 25 Jahre Deutscher Presserat. Ein Anlaß für Überlegungen zu einer kommunikationswissenschaftlich fundierten Ethik des Journalismus und der Massenkommunikation. In: Publizistik, Heft 4/1981, 26.Jg., S. 471-507.

Ruß-Mohl, Stephan / Seewald, Berthold (1992): Die Diskussion über journalistische Ethik in Deutschland – eine Zwischenbilanz. In: Haller, Michael / Holzhey, Helmut (Hrsg.): Medien-Ethik. Beschreibungen, Analysen, Konzepte für den deutschsprachigen Journalismus. Opladen, S. 22-36.

Saxer, Ulrich (1992): Strukturelle Möglichkeiten und Grenzen von Medien- und Journalismusethik. In: Haller, Michael / Holzhey, Helmut (Hrsg.): Medien-Ethik. Beschreibungen, Analysen, Konzepte für den deutschsprachigen Journalismus. Opladen, S. 104-128.

Saxer, Ulrich (1993): Medienwandel – Journalismuswandel. In: Publizistik, Heft 3/1993, 38. Jg., S. 292-304.

Teichert, Will (1996): Journalistische Verantwortung. Medienethik als Qualitätsproblem. In: Nida-Rümelin, Julian (Hrsg.): Angewandte Ethik. Die Bereichsethiken und ihre theoretische Fundierung. Ein Handbuch. Stuttgart, S. 750-776.

Thomaß, Barbara (2000): Vor Aristoteles zu Habermas. Theorien zur Ethik des Journalismus. In: Löffelholz, Martin (Hrsg.): Theorien des Journalismus. Ein diskursives Handbuch. Wiesbaden, S. 351-362.

Thomaß, Barbara (2003): Fünf ethische Prinzipien journalistischer Praxis. In: Debatin, Bernhard / Funiok, Rüdiger (Hrsg.): Kommunikations- und Medienethik. Konstanz, S. 159-168.

Tucholsky, Kurt (1975 [1925]): Der rasende Reporter. In: ders.: Gesammelte Werke. Band 4. 1925-1926. Herausgegeben von Mary Gerold-Tucholsky und Fritz J. Raddatz. Reinbek bei Hamburg, S. 48-49.

Weber, Johannes (1997): Avisen, Relationen, Gazetten. Der Beginn des europäischen Zeitungswesens. Oldenburg.

Wehler, Hans-Ulrich (1987): Deutsche Gesellschaftsgeschichte. Erster Band. Vom Feudalismus des Alten Reiches bis zur Defensiven Modernisierung der Reformära. 1700-1815. München.

Weischenberg, Siegfried (1992a): Journalistik. Band 1: Mediensysteme, Medienethik, Medieninstitutionen. Opladen.

Weischenberg, Siegfried (1992b): Die Verantwortung des Beobachters. Moderne Medienethik aus der Perspektive einer konstruktivistischen Systemtheorie (1). In: Rundfunk und Fernsehen, Heft 4/1992, 40. Jg., S. 507-527.

Weischenberg, Siegfried / Malik, Maja / Scholl, Armin (2006): Die Souffleure der Mediengesellschaft. Report über die Journalisten in Deutschland. Konstanz.

Public Relations

Lars Rademacher

1 Verortung des medienethischen Anwendungsfeldes

Im Kontext der Medienethik zählt das Feld der öffentlichen Kommunikation zu den wesentlichen Betrachtungsfeldern. Hier sind der Journalismus und die Public Relations (PR) die beiden wesentlichen Handlungsbereiche. Sie gehören daher auch zum Kern der wissenschaftlichen Beobachtung in den Medien- und Kommunikationswissenschaften. Folgt man der Einteilung Funioks (2007: 14-17), so geht es hier um das Berufsethos der Medienschaffenden – aber auch um die Unternehmensethik der Medienunternehmen. Die Ethik der PR verlässt sogar das Feld der medienethischen Beobachtung im engeren Sinn, da praktisch jedes Unternehmen auch im öffentlichen Raum agiert und PR-Maßnahmen durchführt. Damit gehen PR auch zum Feld der übergreifenden Wirtschafts- und Unternehmensethik.

Der Begriff Public Relations – oder der in der Regel synonym verwendete deutsche Begriff Öffentlichkeitsarbeit – beschreibt in der gängigen deutschsprachigen Literatur ein sozialtechnisches Verfahren, mit dem Organisationen (Unternehmen, Verbände, Parteien etc.) und (juristische oder natürliche) Personen Einfluss gewinnen möchten auf öffentliche Diskussionen, auf Einstellungs- und Meinungsbildung. Vorausgesetzt wird hierbei ein komplexes Modell ineinander verschachtelter öffentlicher Sphären (Teilöffentlichkeiten) in Gesellschaften, deren Mitglieder einen prinzipiell freien Zugang zu öffentlichen Medien besitzen und über die Kompetenz verfügen, diese in ihrem Sinne zu nutzen, sich zu ihrer Nutzung zu organisieren oder entsprechende Experten mit der Nutzung dieser Medien in ihrem Sinne zu beauftragen. Vorausgesetzt ist damit zudem eine ausreichende Professionalisierung der PR im Sinne der Herausbildung einer eigenständigen PR-Profession. Deshalb hat sich als Oberbegriff von Maßnahmen, mit denen Organisationen und Personen Einfluss auf die öffentliche Meinungsbildung nehmen möchten, der Terminus Auftragskommunikation eingebürgert.

Der Versuch der Einflussnahme auf die öffentlichen Sphären geschieht mit dem Ziel, die eigene Wettbewerbsposition zu verbessern oder abzusichern. Dabei ist nicht entscheidend, ob es sich um große Gruppen handelt, wie der Begriff der Öffentlichkeit zu suggerieren scheint. Stakeholder, deren Handeln potenziell oder faktisch erfolgskritisch sein kann, sollen über die Teilöffentlichkeiten in ihren Haltungen und Entscheidungen beeinflusst und im Sinne der Organisation für diese eingenommen werden.

Gegenüber anderen Formen der Auftragskommunikation (z.B. Werbung) lässt sich PR zumeist dadurch abgrenzen, dass die Produkte der PR (Texte, Bilder, Pressemitteilungen, Pressekonferenzen etc.) als Vorprodukte für die weitere mediale Aufbereitung dienen (vgl. Westerbarkey 1995: 160f.). Mal gehen Sie in journalistische Berichterstattungsroutinen ein, mal werden sie Teil größerer Berichtswerke (etwa Geschäftsberichte) oder wirken über Multiplikatoren auf Dritte. Weitere Unterschiede zwischen Werbung und PR bezüglich Zielsetzung, Zielgruppe und Argumentationsstil hat Fassihi (vgl. 2008: 16) gesammelt.

Kommunikationsmanagement wurde in jüngerer Zeit als drittes Synonym für PR eingeführt. In diesem Artikel allerdings werden die Begriffe unterschieden. Grunig und Hunt (1984) sehen PR als Teil des Managementsystems, das wiederum Teil der Organisation ist. Diese Position, die von den Autoren auf die Formel „Public Relations ist the management of communication between an organization and its publics" gebracht wurde, hat sich international am weitesten verbreitet. Wie die Autoren selbst ausführen (vgl. Grunig/Hunt 1984: 22) und wie Klaus Merten (vgl. 2008: 56) erneut betont, ist diese Definition so offen, dass sie auch auf Werbung zutreffen könnte.

Die Hegemonie der formal gehaltene Definition von Grunig und Hunt wurde jüngst mehrfach kritisiert. McKie und Munshi (2007: 2, 11-13) sprechen sogar vom „grunigian paradigm", das nach ihrer Ansicht weite Teile der internationalen Forschung dominiert und innovationsfeindlich gewirkt habe (vgl. ebd. 9, 11-13). Doch die Forschung hat sich seitdem stark entwickelt. Als in Wissenschaft und Praxis der PR am weitesten verbreitet kann die Auffassung gelten, dass Organisationen sich in komplexen Beziehungskonstellationen zu Stakeholdern befinden (vgl. Karmasin 2008). Als Bezugsgruppen der Kommunikation finden diese auch Eingang in die Praktikerliteratur (vgl. etwa Bogner 1990). Eine der wenigen ausführlichen Darstellungen der für die PR relevanten Stakeholder liefern Lamb und McKee (2005).

Trotz der Verknüpfbarkeit zum Stakeholder-Ansatz und ihre Einbettung in die Organisationstheorie ist die Definition des Kommunikationsmanagements von Grunig und Hunt nicht geeignet, um den begrifflichen Kern der Konzepte ‚Public Relations' und ‚Kommunikationsmanagement' darzustellen. Ich arbeite daher mit dem folgenden Distinktionsvorschlag, der auf einem aktuellen Organisationsverständnis und jüngsten Beschreibungen zum Mediensystem fußt. Im Rahmen von Organisationskommunikation ist das Kommunikationsmanagement zuständig für die koordinierte Realisierung und Steuerung des Kommunikationsprogramms einer Organisation, das deren Zielen verpflichtet ist. Dazu bedient sich das Kommunikationsmanagement verschiedener Leistungssysteme unter anderem der Public Relations (vgl. Rademacher 2009). Public Relations selbst werden als Kompaktbegriff konzeptualisiert, der Strategien, Aktionen, Organisationsformen und Maßnahmen der PR umfasst (vgl. ebd.). Denn all das wird – situativ – immer wieder unter PR verstanden. PR dienen damit dem Kommunikationsmanagement zur Erfüllung seiner Ziele, also dem Erreichen der organisationspolitischen Zielsetzung.

Diese Konkretisierung und Entzerrung der Termini PR und Kommunikationsmanagement bleibt aber dem sozialtechnisch entkernten Verständnis von PR verhaftet, das eingangs geschildert wurde. Dieses Verständnis ist in der internationalen Diskussion zunehmend in die Kritik geraten. Im Verlauf des Artikels wird gezeigt, warum diese Wendung für die PR-Ethik von entscheidender Bedeutung ist.

2 Medienethischer Bedarf des Anwendungsfeldes

PR stehen im Ruf des Trickreichen und Ruchlosen. In mehreren Studien haben Bentele und Seidenglanz (2005) aufgezeigt, wie gering das Ansehen PR-Verantwortlicher in der Bevölkerung ist. Prägende Fälle der letzten Jahre wie der Fall Hunzinger (vgl. Ahrens/Knödler-Bunte 2003) haben vor Augen geführt, dass ein hoher Diskussionsbedarf über Berufsnormen und moralisches Verhalten in den PR besteht.

Als interessengeleitete Kommunikation stehen PR zudem grundlegend unter Generalverdacht. Gemeint ist hier eine Interessenbindung im engeren Sinn, die auf Persuasion zur Interessendurchsetzung zielt – auch jenseits einer diskursiven Ethik. Statt sich auf den Dialog um das bessere Argument einzulassen und auf Konsens zu setzen, spielt Macht als Medium der Interessendurchsetzung eine entscheidende Rolle. Dies ist das Grundmodell der Propaganda. Durch die nationalsozialistische Massenkontrolle sind Begriff und Verfahren der Propaganda in Deutschland aber bis auf den Tag so negativ konnotiert, dass selbst die abgeleitete Begriffsverwendung des ‚Propagandisten‘ schon einer Beleidigung gleichkommt. International geht man hingegen mit dem Propaganda-Begriff wesentlich legerer um (vgl. etwa L'Etang 2008).

Der Begriff der Propaganda stand anfangs ganz selbstverständlich als Bezeichnung eines sozialtechnischen Verfahrens im Raum, das Edward Bernays nach intensiver Lektüre der Werke seines Onkels Sigmund Freud für die Führung der Massendemokratie entwickelt hatte. Doch schon nach wenigen Jahren war der Begriff derart desavouiert, dass Bernays den Titel seines Werkes in späteren Auflagen von *Propaganda* in *Public Relations* änderte. Beides meinte aber ein im Kern auf die Kontrolle der freien Kräfte zielendes Verfahren, das ein zutiefst demokratisches Ziel verfolgte: die Verhinderung des Chaos und damit die Stabilisierung der freien Gesellschaftsordnung, die sich nach dem Krieg erst vorsichtig zu entwickeln begann (vgl. Lotter 2009).

Doch die nationalsozialistischen Machthaber übernahmen die von Bernays vorgeschlagenen Techniken nur zu bereitwillig und setzten sie zur Führung der Massen und zur Steuerung ihres Regimes im Sinne der nationalsozialistischen Doktrin ein. Das setzt entsprechende Techniken – gleich unter welchem Namen – zunächst dem Generalverdacht aus, mit ihrer Hilfe sei eine Schreckensherrschaft zu errichten.

Die Gründervater der deutschen PR-Zunft scheinen sich vor allem vor diesem Hintergrund von Anfang an um eine ethische Aufladung der PR und ihrer Ziele bemüht zu haben. Solche ethischen Grundregeln finden sich entsprechend der Institutionentheorie v.a. in berufständisch ausdifferenzierten Professionen als Normenkataloge wieder. Die PR hat entsprechende Kodizes sowohl in Europa als international ausgebildet. Die nationalen Traditionen verarbeiten die Erfahrung des Krieges jedoch auf unterschiedliche Weise.

Das ist bereits den ersten PR-Definitionen der Autoren Hundhausen (1951) und Oeckl (1964) zu entnehmen. Besonders auffällig ist die Unterscheidung von „Wahrheit", „vollständigen Wahrheit" und „Offenheit" bei Hundhausen (1951: 159ff). Schon bei dem amerikanischen PR-Gründervater Ivy Lee standen den Werte „Offenheit" und „Genauigkeit" im Mittelpunkt. Seine *Declaration of Principles* von 1906 kann als der erste PR-Kodex überhaupt gelten. Der *Code d'Athenes* wurde 1965 vom europäischen PR-Dachverband CERP beschlossen und im Jahr darauf von der DPRG übernommen. Angesichts der hoch moralischen Bestimmungen in der Praktikerliteratur, die sich auf „das Verhältnis zwischen Wirklichkeit der Organisation und der kommunikativen Beschreibungen der Organisationen" beziehen, mutet es für Günter Bentele (2008: 568f.) „erstaunlich" an, „dass die Wahrheitsnorm im zentralen europäischen PR-Kodex ‚Code d'Athenes' nur beiläufig und an untergeordneter Stelle genannt wird".

3 Stand der medienethischen Debatte im Hinblick auf das Anwendungsfeld

Wahrheit und Wahrhaftigkeit bleiben die zentralen Werte der deutschsprachigen Diskussion bis auf den Tag. Die Spruchpraxis des Deutschen Rates für Public Relations (DRPR) orientiert sich heute sowohl an den gängigen internationalen Standards als auch an den *Sieben Selbstverpflichtungen* der DPRG, in denen Normen wie Wahrhaftigkeit, Fairness und Redlichkeit eine bedeutende Rolle spielen (vgl. *www.drpr-online.de*). Eine Vielzahl von Publikationen aus dem Umfeld des DRPR erscheinen aus der Feder des langjährigen Ratsvorsitzenden (1992-2008) Horst Avenarius (2005, 1998), der für die Diskussion der letzten Jahre und für die Politik des Selbstkontrollorgans DRPR prägend war.

Alles in allem sind die Kodizes zwar als sanfter Orientierungsrahmen und Reflexionsinstanz relevant. Doch ihre praktische Bedeutung ist deutlich eingeschränkt. DRPR-Entscheidungen erreichen längst nicht die Publizität vergleichbarer Entscheidungen des deutschen Presserates[1] oder des Werberates[2]. Nur in wenigen Extremfäl-

1 Siehe auch den Beitrag von Baum zum Deutschen Presserat in diesem Band.
2 Siehe auch den Beitrag von Bohrmann zur Werbung in diesem Band.

len kam es zu einer stärkeren öffentlichen Beachtung. 2002 etwa, als die Beratungspraxis des PR-Beraters Moritz Hunzinger in die Schlagzeilen geriet und sogar der damalige Bundesverteidigungsminister Rudolf Scharping sowie der grüne Bundestagsabgeordnete Cem Özdemir (heute Parteivorsitzender) wegen der ‚Affäre Hunzinger' derart unter Druck, dass sie aus ihren Ämtern schieden. Hunzinger hatte beiden Geld geliehen bzw. sie reichlich ‚beschenkt'. Erstmals in der Geschichte der Bundesrepublik stand die PR-Branche am Pranger und wieder unter dem alten Generalverdacht, mit unlauteren Methoden auf Menschen einwirken und sie gegen ihren Willen führen zu wollen. Branchenmagazine titelten „Sag meiner Mutter bloß nicht, dass ich PR mache" und die Branchengrößen selbst behaupteten, Hunziger sei gar kein „PR-Mann", sondern eine Art „Beziehungsmakler" oder „Netzwerker" (Süddeutsche Zeitung vom 25.07.02).

Der DRPR sprach am 11.09.02 dennoch eine Rüge gegen Moritz Hunzinger aus mit der Begründung, er habe mit seinem Verhalten dem Ansehen des Berufsstandes geschadet, indem er den Eindruckt erweckt habe, diese Geldzuwendungen, die Politiker „in Konflikt mit ihren öffentlichen Ämtern gebracht haben", seien „übliche PR-Praxis". Die nachfolgende Veröffentlichung aus dem Jahre 2003 (vgl. Ahrens/Knödler-Bunte 2003) über die „Affäre Hunzinger. Ein PR-Missverständnis" bemüht sich in gleicher Weise um die Reinerhaltung der Branche. Sie macht ganz überzeugend PR für PR.

Diese Funktion erfüllen Diskussionen über ethische Standards der PR parallel stets, wie Klaus Merten und Sonja Risse (2009) darlegen. Die frühen Diskussionen um Wahrheit und Wahrhaftigkeit haben die deutschsprachige Diskussion der letzten Jahre allerdings in eine begriffliche Sackgasse manövriert. Denn die deutschen Wächter der PR-Ethik halten an einem Sprachcode fest, der es dem Münsteraner PR-Forscher Klaus Merten (2008, 2009) in seinen stellenweise stark polemischen Artikeln nur zu leicht macht, die überzogene Rhetorik zu kritisieren.

Der DRPR seinerseits kritisierte Mertens Äußerungen aus Veröffentlichungen (2008) und öffentlichen Veranstaltungen, nach denen er der PR eine „Lizenz zum Täuschen" attestiert. Der DRPR reagierte auf diese Aussagen mit einer am 06.10.2008 ausgesprochenen „scharfen Missbilligung", da Mertens Äußerungen dazu geeignet seien, „einer Rufschädigung für die gesamte Branche Vorschub zu leisten" (Pressemitteilung des DRPR).

Merten zeigt den Widerspruch zwischen einem emphatischen, normativen Öffentlichkeitsbegriff und der Auftragnehmersituation in den beiden ersten Selbstverpflichtungen der DPRG auf. Geschult an Goffmans Rollentheorie kann Merten zudem zeigen, dass der Begriff der Täuschung sich auf die Möglichkeit der Wahrnehmungsänderung bezieht und darin wertfrei ein Verfahren beschreibt. Die Möglichkeit zur Beeinflussung von Wahrnehmung sei ein gängiges Verfahren der PR, so Merten/Risse (2009: 7). Ob eine wirkungsvolle PR-Ethik zu formulieren sei, müsse offen bleiben.

Im direkten Vergleich zwischen deutscher und englischsprachiger Literatur über PR-Ethik oder Communication Ethics fällt spontan auf, dass die englischsprachige

PR-Forschung auch in der Fokussierung ethischer Fragen durchgehend empirisch orientiert ist. Es werden beispielsweise die ethischen Regeln der Kommunikation im Public Sector am Beispiel konkreter öffentlicher Betriebe untersucht oder die nationalen PR-Kodizes verglichen. Die englischsprachigen Journals – v.a. das *Journal of Communication Management* – veröffentlichen in regelmäßigen Abständen Schwerpunkthefte zur PR-Ethik, in denen immer wieder empirische Studien vorgelegt werden. In Deutschland findet diese Diskussion schon mangels vergleichbarer Journals kaum statt. Allerdings lässt sich kritisch zu den amerikanischen Beiträgen einwenden, dass sie ihre theoretischen Voraussetzungen zwar klären (meist beziehen sich die Autoren auf das ‚two-way symmetric model' im Anschluss an Grunig, 1992), eine Rückwirkung ihrer empirischen Erträge auf die eingesetzte Theoriebasis aber kaum einkalkulieren. Das ist sicher durch den theoretischen Monismus und die daran angelehnte Auswahlpraxis der Journals erklärbar, die McKee und Munshi (s.o.) kritisiert hatten.

Die wenigen empirischen Beiträge in der deutschsprachigen PR-Forschung zur Ethik der PR beziehen sich – von Ausnahmen abgesehen – im Grunde nur auf eine Problemstellung, die regelmäßig abgefragt wird: Durch die Dominanz der berufsständischen Autoren in der Diskussion zur PR-Ethik dominieren – wie gezeigt – die PR-Kodizes. Von Zeit zu Zeit klären die deutschen Standesorganisationen oder mit ihnen kooperierende Forscher, wie hoch die Bekanntheit der Kodizes unter den PR-Schaffenden in Deutschland ist und wie viele von ihnen angeben, ihr Handeln an den Kodizes zu orientieren (vgl. zuletzt Förg 2004). Ihr Pendant findet die Kodexzentrierte Betrachtung der PR-Forschung in wiederkehrenden Erhebungen zur aktuellen Relevanz des Trennungsgrundsatzes von Redaktion und Werbung in der Journalismus-Forschung – jüngst erweitert um die Betrachtung der PR (vgl. Fassihi 2008). Begründen lässt sich das weitgehende Fehlen empirischer Forschung zur PR-Ethik sicherlich erneut historisch. Legitimieren lässt es sich allerdings nicht. Die deutschsprachige PR-Ethik ist empirisch gewissermaßen blind.

In ihren theoretischen Voraussetzungen orientieren sich die englischsprachigen Autoren somit stark an diskursethischen Modelle im Anschluss an Habermas (1981)[3], wie sie für die deutschsprachige Diskussion v.a. durch die „verständigungsorientierte Öffentlichkeitsarbeit" von Roland Burkart (1993) erörtert wurden. Aus dieser Tradition kommend werden viele Fragen der PR-Ethik zunächst in dem erweiterten Rahmen einer organisationstheoretischen Perspektive diskutiert. Es fällt auf, dass Unternehmenskommunikation, PR und Kommunikationsmanagement v.a. in der amerikanischen Forschung stets in einem Kontext der allgemeinen Organisationskommunikation diskutiert werden, die ihre Wurzeln tief in der Bürokratietheorie Max Webers hat. Das ist entscheidend, um zu verstehen, warum dieser Theoriestrang sich nie zu tief in den Spezifika einzelner Anwendungsfelder wie etwa PR verliert, sondern immer einen Bezug zur allgemeinen Bürokratietheorie hält.

3 Siehe auch den Beitrag von Brosda zur Diskursethik in diesem Band.

Durch den organisationstheoretischen Blick motiviert, werden zunächst die Rollen des Consultants und des organisationsinternen PR-Managers deutlich unterschieden. Für den PR-Manager lauter dann die Frage: Wie kann ich als angestellter Manager dazu beitragen, dass sich die Organisation an definierten ethischen Standards orientiert? Und wie gehe ich individuell mit den ethischen Dilemmata meines Arbeitsalltags um? Beim PR-Consultant steht die Frage der angemessenen Interessenvertretung (‚ethos of advocacy') im Mittelpunkt. Fokussiert wird also in beiden Fällen das komplizierte Beziehungsgeflecht, in dem Individuen als Organisations- und Professionsmitglieder unter divergierenden Wertvorstellungen und Zielsetzungen unter alternativen Entscheidungsmöglichkeiten eine Wahl treffen müssen.

Entsprechend werden Fragen der PR-Ethik stark aus einer allgemeinen kommunikationsethischen Perspektive diskutiert. Und das – wissenschaftstheoretisch betrachtet – aus gutem Grund. Denn letztlich existiert keine vom allgemeinen ethischen Kontext abstrahierte Bereichs- oder ‚Bindestrich'-Ethik (wie eben Wirtschafts-Ethik, Medien-Ethik oder eine spezielle PR-Ethik), sondern anwendungsbezogene Ausprägungen stehen stets im übergeordneten ethischen Rahmen und sind damit der Frage nach dem Sittlichen und Angemessenen im jeweiligen Bezugsbereich verbunden. Also können Fragen der PR-Ethik stets rückgebunden werden an allgemeinere Fragestellungen der Kommunikationsethik, wie dies bei Robert Beckett (vgl. 2003: 46) passiert. Auf Basis einer diskursethischen Rahmung modelliert er eine Kommunikationsethik mit konkreten Anwendungsfeldern wie ‚interpersonal', ‚group', ‚organisation', ‚media' und ‚political'.

Im Mittelpunkt stehen Fragen des Umgangs mit Informationen und Informationsgefällen in und zwischen Organisationen und gegenüber Öffentlichkeiten. Auch Fragen der Korruption und ‚Compliance' werden immer wieder auf den Bereich der PR bezogen. Anders als in der deutschen Diskussion enden die englischsprachigen Beiträge oft in praktischen Handlungsmodellen mit einer Vielzahl von Selbstbewertungsfragen, die betroffenen Managern dabei helfen sollen, die moralisch richtige Entscheidung zu treffen. Ein gutes Beispiel liefert der Beitrag von David und Hattori (2006: 366), in dem die Autoren einen abschließenden Selbsttest vorlegen, der auf der Frage endet: „Would I want children to take my behaviour as an example?"

Es geht also stets um die das Handeln generell orientierenden Standards, die auf das Feld der PR appliziert werden. Die deutsche Diskussion scheint hier eher anders herum zu funktionieren. Die englischsprachige Literatur ist zudem sehr darum bemüht, die Frage der Weiterentwicklung der orientierenden ethischen Standards für die Organisation zu diskutieren. PR-Verantwortliche sollen hier eine entscheidende Rolle spielen als Agenten des Wandels, Anwälte der Allgemeinheit und Berater der Führungsmannschaft. Ethische Prinzipien, die dem Organisationshandeln unterliegen sollen, argumentieren mehrere Autoren, machten die Organisation als Partner unterschiedlicher Stakeholdergruppen vertrauenswürdig und moralisch kalkulierbar (vgl. hierzu etwa Spickett-Jones u.a. 2003), weil sich dadurch Unsicherheit reduzieren lasse.

Der empirische Ansatz in der englischsprachigen PR-Forschung führt allerdings zu einer ausgesprochenen Mikroperspektive in vielen Studien. Das macht die Ableitung abstrakterer theoretischer Erträge in der englischsprachigen Forschungslandschaft sicher auch so schwer. Deren Fehlen, das zuletzt durch Wehmeier (2004) für die USA diagnostiziert wurde, wird in den letzten Jahren zunehmend kompensiert durch eine sozialwissenschaftlich aufgeklärte globale Perspektive der PR-Forschung. Durch diese neue Blickrichtung werden Fragen des allgemeinen Managements im globalen Kontext auf das PR-Management übertragen.

4 Besonderheiten des Anwendungsfeldes

In den letzten Jahren ist die Globalverantwortung des Handlungsfeldes PR als Unterstützungsfunktion von Organisationsprozessen insbesondere von Unternehmen in den Mittelpunkt der Diskussion gerückt. Ausgangspunkt für eine Vielzahl von Überlegungen stellen verantwortungsethische Fragen dar, die unter gesellschaftlichen Chiffren wie Nachhaltigkeit, Global Corporate Governance, Corporate Citizenship oder Corporate Social Responsibility diskutiert werden. All diesen Überlegungen liegt die Existenz eines Vertragsethik zugrunde, in der die an der Gesellschaft beteiligten Kräfte sich wechselseitig unterstellen, dass zum Fortbestand des gesellschaftlichen Miteinanders die Existenz eines bestimmten Maßes an Verhaltensregeln und Bestimmungen notwendig ist, die von allen respektiert und angewendet werden. Hinzu kommen wertethische Überlegungen, wie sie im globalen Rahmen über die Deklaration unveräußerlicher Menschenrechte, die Bewahrung der Umwelt und weitere gesellschaftsspezifische Elemente artikuliert werden.

Die genannten Aspekte rücken unter zwei Blickrichtungen in den Mittelpunkt der PR-Diskussion: Die globale Wirtschaft hat es mit dem Aufeinandertreffen von kulturellen Unterschieden zu tun – um die Jahrtausendwende v.a. anhand des von Samuel Huntington (1996) diagnostizierten „clash of civilisations“ diskutiert –, die den Kontext setzen für wirtschaftliches Handeln. Diese interkulturelle Frage ist eng verknüpft mit dem zweiten Gesichtspunkt: den Grenzen des ‚Hyperkapitalismus‘. Während über die Jahre hinweg das keynesianische und das neoliberale Paradigma in der Ökonomie um die Führungsrolle fochten, mehren sich nun Hinweise auf Einschränkungen der althergebrachten Wettbewerbsökonomie. Die Zeichen stehen derzeit (Stand: Frühjahr 2009) auf Regulierung des freien Marktes.

Erst mit der heutigen Erfahrung lässt sich das Aufkommen eines auf Ressourcenschonung zielenden und bürgerschaftlichen Denkens auch vor diesem Hintergrund motivieren – und nicht nur unter Bezug auf ein in sich zusammenfallendes Sozialsystem, in dem eben jeder sehen muss, wo er bleibt. Hier ist ein Bezug zur Diskussion um Corporate Citizenship herzustellen. Die Rede vom Corporate Citizenship bringt anders als das klassische Mäzenatentum zum Ausdruck, dass es sich um ein System von Rechten und Pflichten (besser: Verpflichtungen) handelt, in das die Unternehmensbürger in der Postmoderne eingebettet sind. Was die Unternehmen also als Beitrag leisten, hat anders als in der Moderne nicht mehr nur Komponenten der Freiwilligkeit, sondern entspringt auch der Notwendigkeit, sich als Bürger den geltenden Obliegenheiten zu unterwerfen.

Den Begriff des Bürgers auf Unternehmen auszuweiten – und zwar im globalen Maßstab – ist eine bewusste und voraussetzungsreiche theoretische Prämisse. Dieses Denken stützt sich auf Konzepte der politischen Philosophie, die ein republikanisches Politikverständnis des Bürgers voraussetzen. Hierdurch wird eine Doppelrolle des Bürgers als Privatbürger (‚bourgeois') und Staatsbürger (‚citoyen') auf den Unternehmensbürger übertragen, in der ein Spannungsverhältnis zwischen individuellem Interesse (hier: ökonomischem) und Gemeinwohlorientierung zum Ausdruck kommt (vgl. Moon u.a. 2005). Aus Sicht der Unternehmensführung entsteht damit laut Scherer und Baumann (2007: 861) die Herausforderung, „dieses Konfliktverhältnis zu lösen und einen Ausgleich zwischen dem (privaten) Gewinninteresse der Unternehmung und dem öffentlichen Interesse zu finden". Am Beispiel des Sportartikelherstellers Nike führen die Autoren vor, dass eine Konfliktlösung entweder als reine Kommunikationsstrategie oder als grundsätzliche Verhaltensänderung angelegt werden kann. Da dies zumeist einen erheblichen Unterschied für den Ressourceneinsatz bedeutet, orientiert sich die Strategiewahl am Veränderungsdruck, den die Stakeholder ausüben. Doch anders als Corporate Giving oder Cause Related Marketing ist Citizenship mehr als ein strategisches Manöver.

Theoretisch wie sozialpolitisch betrachtet hat die Idee einer Weltbürgerschaft, die spätestens seit dem Aufruf des früheren UN-Generalsekretärs Kofi Annan vor dem World Economic Forum in Davos 1999 an Popularität gewinnt, einen anderen Ausgangspunkt. Unternehmen übernehmen nach Matten und Crane (2005: 173) als Citizen dort Verantwortung, wo es nötig ist, Bürgerschaftsrechte stellvertretend für Individuen auszuüben – oder deren Ausübung zu verteidigen.

> „Dies gilt insbesondere dort, wo (1) der Staat sich zurückzieht oder zurückziehen muss, wo (2) der Staat noch nicht die Verwirklichung von Rechten übernommen hat oder wo (3) er prinzipiell nicht in der Lage dazu ist." (Scherer/Baumann 2007: 861)

Was konkret besagt die Formulierung der Einbeziehung des Citizenship-Ansatzes in die Unternehmensführung? Dies meint zunächst eine Verwurzelung in den unternehmerischen Grundwerten und Leitlinien. An ihnen orientiert sich das Handeln der Gesamtorganisation. Grundwerte werden in Führungsanweisungen und konkreten Leitlinien ausformuliert und zumeist um Compliance-Standards ergänzt. Das Citizenship-Engagement geht aber über den Bereich des geltenden Rechts und der üblichen Gebräuche in zwei Dimensionen hinaus: einerseits durch ihren Inhalt, indem ordnungspolitisch relevante Grundfragen adressiert werden, die gemeinhin nicht auf der Agenda der Unternehmung stehen, zum anderen durch die Form, wenn bürgerschaftliches Engagement mit der gleichen strukturierten Arbeitsweise betrieben wird, das auch die gewöhnliche Geschäftstätigkeit auszeichnet. Erst diese Verbindung von inhaltlicher Orientierung an ordnungspolitisch relevanten Fragestellungen und der professionalisierten Prozesshaftigkeit markiert den Übergang vom sporadischen und unsystematischen Engagement als guter Mitbürger zum Citizen, der eine Verpflichtung offensiv annimmt und sein Verhalten in diesem Bezug ‚auf Dauer' stellt. In dem Moment, wo ordnungspolitisch zentrale Fragen tangiert sind, handelt das Unternehmen politisch-strategisch. Das fällt (unabhängig vom jeweiligen Handlungsträger) in den Verantwortungsbereich der Unternehmensleitung. Typisch für die Unternehmensführung ist aber auch, Entscheidungen über den Ressourceneinsatz für zentrale Aufgaben zu treffen und eine Professionalisierung bisher unsystematisch betriebenen Handelns anzuregen. Die Unternehmung macht Citizenship damit zu seiner Sache und prägt ein bürgerschaftliches Bewusstsein aus.

Das hat konkrete Auswirkungen auf die Arbeit der Unternehmenskommunikation. Für die PR-Verantwortlichen diagnostizierten Starck und Kruckeberg bereits im Jahr 2003 (29) eine große Zahl inhaltlicher Herausforderungen aus dem globalen Relevanzkontext:

> „Many challenges confront contemporary public relations practitioners. These challenges involve a wide range of complex ideas and events – free trade, emerging democracies, public distrust, transnational corporations, a rapidly changing media environment (new media), megamergers, and globalisation, to name a few."

Von diesem Szenario ausgehend diskutieren sie die Idee der unternehmerischen Verantwortung in ihren Auswirkungen auf Public Relations unter dem Stichwort der Corporate Social Responsibility (CRS). Wegen des enormen Einflusses auf die Gesellschaft müssten PR-Verantwortliche ihrer Tätigkeit professionelle Standards unterlegen, argumentieren Starck und Kruckeberg (vgl. 2003: 37). CSR wird von ihnen hier als Perspektive vorschlagen, diese Verantwortung in die PR-Arbeit zu integrieren.[4] L'Etang (vgl. 2003: 64) weist allerdings darauf hin, dass ethische Orientierung meist im Rahmen eines Reputation Management diskutiert werde. Daher finde sich hier oft ein antrieb in schlechter Reputation oder der Angst vor Nachteilen. Beides seien allerdings keine moralischen Prinzipien. Entsprechend sei CSR kein Ersatz für moralische Integrität.

Und auch eine kritische Abwendung vom neuen Paradigma der CSR-Orientierung ist bereits zu erkennen. Denn verstanden als strategisch eingesetztes Kommunikationstool bergen CSR-Maßnahmen extreme Gefahren. Sie verweisen unmittelbar auf mögliche Bruchstellen: Immer dort, wo das Unternehmen nur aus strategischen Erwägungen handelt, kann die Frage der Motivation in den Mittelpunkt rücken und zum Bumerang werden. Deswegen empfiehlt May (2008) mit allem Nachdruck, CSR-Programme v.a. auf Mitarbeiter zu beziehen und diese damit als Botschafter des Unternehmens zu einem authentischen Engagement zu ermutigen, statt – wie in den

4 Siehe auch den Beitrag von Karmasin zur Medienunternehmung in diesem Band.

letzten Jahren üblich – CSR-Aktivitäten auf unternehmensexterne Zielgruppen zu beziehen.

Schließlich hat die fortschreitende Globalisierung eminente Auswirkungen auf die PR-Praxis und damit auf die PR-Ethik. Wie z.B. Sriramesh (vgl. 2008: 422) betont, hat sich bis zum Beginn des 21. Jahrhunderts niemand für die Entwicklungen der PR in Asien interessiert. Erst mit der „Explosion" der asiatischen Märkte und dem sprunghaften Anstieg der Konsumentenzahl mit mittlerem Einkommen hat sich auch der Blick v.a. auf China und Indien verändert. Doch internationale PR muss die kulturellen Regeln in den neuen Märkten zu Kenntnis nehmen und berücksichtigen. Und Fragen der Moral sind zwingend kulturabhängig. Entsprechend intensiv ist derzeit die Auseinandersetzung mit interkulturellen Fragen in der internationalen PR-Forschung. Themen wie Globalisation, Diversity oder Intercultural Communication dominieren seit gut zwei Jahren die internationalen Journals.

Aus der Gegenüberstellung der deutschen und der amerikanischen Diskussion um die PR-Ethik ergeben sich eine Reihe von Bezugsproblemen, die hier abschließend diskutiert werden sollen. PR-Ethik taucht in der deutschen Diskussion mal als individualethische Entscheidungssituation, mal als organisationsethische Fragestellung auf (vgl. die Diskussion bei Bentele/Andres 2005). Im Mittelpunkt jedoch steht die dritte, die professionsethische Perspektive: Was dürfen PR-Verantwortliche, was nicht; was leitet ihr Handeln und was ist geeignet, ihr Handeln zu leiten? Diese deutsche Diskussion steht dabei zwar zum einen in der Tradition internationaler Entwicklungen von PR-Kodizes, aber vor allem auch in der Tradition der Abgrenzung vom nationalsozialistischen Erbe, das vor allem die Gründerväter der deutschen Zunft – wie Oeckl und Hundhausen – in der Frühphase der Professionsbildung betrieben hatten. So kommt es zu Begriffsbildungen und Denkschulen, die bis in die Formulierung professionsethischer Standards der Gegenwart hineinwirken, wie die verbissen geführten Diskussionen um die Begriffe ‚Wahrheit', ‚Täuschung' und ‚Lüge' gezeigt haben.

Die englischsprachige Diskussion hat hingegen den Blick dafür geöffnet, dass PR in Organisationen und damit in der konkreten Unternehmensrealität angesiedelt sind. Das scheint die deutsche Diskussion immer gern zu vergessen und argumentiert, als gälten in der PR ganz eigene Regeln. Die englischsprachige Diskussion bindet PR hingegen zurück an eine allgemeine kommunikationsethische Perspektive und öffnet den Diskurs für allgemeine Fragen der Medienentwicklung und gesellschaftlichen Verantwortung von Unternehmen und Management.

In der deutschen (vgl. Bentele/Andres 2005) wie amerikanischen Literatur (vgl. L'Etang 2003) wird Rolle des PR-Verantwortlichen als Wächter unternehmensethischer Standards diskutiert. L'Etang verweist in diesem Zusammenhang auf eine exzessive Mythenbildung, die bis in die Gegenwart für die Selbstdarstellung und Selbstwahrnehmung als ‚ethical guardian' verantwortlich zeichne (vgl. L'Etang 2003; 2008). Sie beschreibt einen quasi-religiösen Eifer in der Erwartungshaltung an die Institutionen der PR, der sich in der britischen Tradition aufzeigen lässt (vgl. L'Etang 2008: 266). Diese Entwicklung steht zumindest historisch als Folge des zweiten Weltkriegs in Analogie zur deutschen Entwicklung. Allerdings sieht sie diese Funktion keineswegs gedeckt durch etwa berufsständische Kodizes, aus denen eine Orientierungsfunktion oder praktische Entscheidungshilfen für den Unternehmensalltag abzuleiten wären.

Merten/Risse (2009: 12f.) zeigen auf, welche Schritte als nächstes zu tun sind, um eine tragfähige und praxistaugliche Ethik der PR zu entwickeln: Öffentliches Verhalten muss endlich auf der Höhe des aktuellen theoretischen Wissensstandes diskutiert werden. Public Relations gehört – wie die englischsprachige Forschung es vormacht – in einen direkten Kontext zur allgemeinen Wirtschaftsethik. Die PR-Forschung hat genau den jeweiligen Handlungskontext zu betrachten und muss Begriffsarbeiten leisten, damit mehr Klarheit und Eindeutigkeit in die Diskussion einziehen. PR gehören also auf der einen Seite moralisch abgerüstet – v.a. begrifflich. Sie haben sich andererseits aber zusätzlicher Verantwortung zu stellen.

5 Fazit und Ausblick

McKie und Munshi (2007: 14) weisen mit aller Deutlichkeit darauf hin, dass die PR sich niemals nur auf ihre Managementfunktion zurückziehen kann. Kommunikationsmanagement hat immer auch Verantwortung für die Ziele zu übernehmen, die mit PR verfolgt werden. Wenn dem so ist, dürfen sich PR kaum auf die Rolle der Auftragskommunikation oder sozialtechnischen Mechanik zurückziehen. Da mit ihrer Hilfe Unternehmen gesteuert, unternehmerische Zielsetzungen angestrebt, aber auch unternehmerische Sinnsysteme arrangiert und etabliert werden, haben PR immer auch Verantwortung für die Anliegen, in deren Dienst sie stehen. Sie haben zudem Verantwortung für den Stil der Kommunikation. Die PR-Sicht der Dinge darf und muss zuweilen eine perspektivisch verkürzte sein. Sie steht darin vor der steten Herausforderung, die Grenze zur Verfälschung der Realität nicht zu übertreten. PR müssen hier nicht mit dem journalistischen Wahrheitsbegriff hantieren, unter dem Horst Pöttker (2008: 72-76) eine angemessen vollständige Weltbeschreibung versteht. Die Frage der Angemessenheit und Vollständigkeit der Realitätsdarstellung darf getrost dem Wechselspiel aus PR und Journalismus, der Produktionsgemeinschaft von PR-Verantwortlichen und Redakteuren überlassen werden. Gemeinsam produzieren sie leistungsfähige und prägende Sichten auf die Realität, die v.a. den heutigen Rezeptionsgewohnheiten, ästhetischen Konventionen und ökonomischen Bedingungen der Medienmärkte unterworfen sind. Das entbindet PR-Akteure nicht von ihrer persönlichen Verantwortlichkeit. Auch aus ihren organisatorischen Rollen kommen damit nicht heraus. Vielmehr steigt die individuelle und organisatorische Verantwortung für die Ziele von Kampagnen und Programmen, die im Mittelpunkt ihres Handelns stehen. Diese individuelle wie organisatorische Herausforderung wird von den berufsständischen Kodizes bislang kaum berücksichtigt. Es ist an der Zeit, dies alsbald zu ändern.

Literatur

Ahrens, Rupert / Eberhard Knödler-Bunte (Hg.) (2003): Die Affäre Hunzinger. Ein PR-Missverständnis. Berlin.

Avenarius, Horst (2005): Public Relations. Die Grundform der öffentlichen Kommunikation. Darmstadt.

Avenarius, Horst (1998): Die ethischen Normen der Public Relations. Kodizes, Richtlinien, freiwillige Selbstkontrolle. Neuwied/Kriftel.

Beckett, Robert (2003): Communication Ethics: Principles and Practice. In: Journal of Communication Management, 8. Jg., Nr. 1, S. 41-52.

Bentele, Günter (2008): Ethik der Public Relations – Grundlagen und Probleme. In: Bentele, Günter / Fröhlich, Romy / Szyszka, Peter (Hg.): Handbuch der Public Relations. Wissenschaftliche Grundlagen und berufliches Handeln. Mit Lexikon. 2. Auflage. Wiesbaden, S. 565-577.

Bentele, Günter / Seidenglanz, René (2008): Vertrauen und Glaubwürdigkeit. In: Bentele, Günter / Fröhlich, Romy / Szyszka, Peter (Hg.): Handbuch der Public Relations. Wissenschaftliche Grundlagen und berufliches Handeln. Mit Lexikon. 2. Auflage, Wiesbaden. S. 346-361.

Bentele, Günter/ Seidenglanz, René (2005): Das Image der Image-(Re-)Konstrukteure. Ergebnisse einer repräsentativen Studie zum Image der Public Relations in der deutschen Bevölkerung und einer Journalistenbefragung. In: Bentele, Günter / Piwinger, Manfred / Schönborn, Gregor (Hrsg.): Handbuch Kommunikationsmanagement [Loseblattsammlung]. Neuwied/Kriftel. Kap. 8.14.

Bentele, Günter/ Susanne Andres (2005): Ethische Herausforderungen an die Unternehmensführung. In: Bentele, Günter / Piwinger, Manfred / Schönborn, Gregor (Hrsg.): Handbuch Kommunikationsmanagement [Loseblattsammlung]. Neuwied/Kriftel. Kap. 1.26.

Bogner, Franz M. (1990): Das neue PR-Denken. Wien.

Burkart, Roland (1993): Public Relations als Konfliktmanagement. Ein Konzept für verständigungsorientierte Öffentlichkeitsarbeit. Untersucht am Beispiel der Planung von Sonderabfalldeponien in Niederösterreich. Studienreihe Konflikforschung. Bd.7. Wien.

David, Meryl / Hattori, Todd T. (2006): Public Relations and Ethical Conduct. In: Gillis, Tamara L. (Hrsg.): The IABC Handbook of Organizational Communication. San Francisco, S. 362-370.

Fassihi, Floria Fee (2008): Werbebotschaft aus der Redaktion? Journalismus im Spannungsfeld zwischen Instrumentalisierung und Informationsauftrag. Konstanz.

Förg, Birgit (2004): Moral und Ethik der PR. Wiesbaden.

Funiok, Rüdiger (2007): Medienethik. Verantwortung in der Mediengesellschaft. Stuttgart.

Grunig, James E. (Hrsg.) (1992): Excellence in Public Relations and Communication Management. Hillsdale.

Grunig James E. / Hunt, Todd (1984): Managing Public Relations. New York u.a.

Hundhausen, Carl: Werbung um öffentliches Vertrauen, „Public Relations“. Essen.

Huntington, Samuel (1996): Kampf der Kulturen. Die Neugestaltung der Weltpolitik im 21. Jahrhundert. München.

Karmasin, Matthias (2008): Stakeholder Management als Ansatz der PR. In: Bentele, Günter / Fröhlich, Romy / Szyszka, Peter (Hrsg.): Handbuch der Public Relations. Wissenschaftliche Grundlagen und berufliches Handeln. Mit Lexikon. 2. Auflage. Wiesbaden. S. 268-280.

L'Etang, Jaqueline (2008): Public Relations, Persuation and Propaganda: Truth, Knowledge, Spirituality an Mystique. In: Zerfaß, Ansgar / van Ruler, Betteke / Sriramesh, Krishnamurthy (Hrsg.): Public Relations Research. European and International Perspectives and Innovations. Wiesbaden, S. 251-270.

L'Etang, Jaqueline (2003): The myth of the ‚ethical guardian': An examination of its origins, potency and illusions. In: Journal of Communication Management, 8. Jg., Nr. 1, S. 53-67.

Lamb, Lawrence F. / McKee, Kathy Brittain (2004): Applied Public Relations: Cases in Stakeholder Management. London; New York.

Lotter, Wolf (2009): Propaganda! Public Relations will so gern objektiv erscheinen. Als ob es eine Schande wäre, Interessen zu offenbaren. In: Brandeins, 11. Jg., H. 2, Februar, S. 34-43.

McKie, David / Munshi, Debashish (2007): Reconfiguring Public Relations. Ecology, equity, and enterprise. London; New York.

Matten, Dirk / Crane, Andrew (2005): Corporate Citizenship: Toward an Extended Theoretical Conceptualisation, in: Aacademy of Management Review, 29. Jg., S. 166-179.

May, Steve (2008): Reconsidering Strategic Corporate Social Responsibility: PR and Ethical Engagement of Employees in a Global Economy. In: Zerfaß, Ansgar / van Ruler, Betteke / Sriramesh, Krishnamurthy (Hrsg.): Public Relations Research. European and International Perspectives and Innovations. Wiesbaden, S. 365-384.

Merten, Klaus / Sonja Risse (2009): Ethik der PR: Ethik oder PR für PR? In: PR Journal, Nr. 192, 10.03.2009 (*http://www.pr-journal.de/images/stories/downloads/merten%20ethik.pr. 09.03.2009.pdf*; Zugriff am 20.06.09).

Merten, Klaus (2008): Public Relations – die Lizenz zum Täuschen? In: PR Journal v. 24.07.2008 (*http://www.pr-journal.de/images/stories/downloads/merten-vortrag%20muenster%2019.6.pdf*; Zugriff am 20.06.09).

Moon, Jeremy u.a. (2005): Can Corporations be Citizens? Corporate Citizenship as a Metaphor for Business Participation in Society. In: Business Ethics Quaterly, 15. Jg., S. 429-454.

Oeckl, Albert (1964): Handbuch der Public Relations, München.

Pöttker, Horst (2008): Öffentlichkeit als Sisyphusarbeit. Über unlösbare Widersprüche des Journalismus. In: Pörksen, Bernhard / Loosen, Wiebke / Scholl, Armin (Hrsg.): Paradoxien des Journalismus. Theorie – Empirie – Praxis. Festschrift für Siegfried Weischenberg. Wiesbaden, S. 63-78.

Rademacher, Lars (2009): PR als ‚Literatur' der Gesellschaft. Die poietische Potenz des Kommunikationsmanagements. In: PR Magazin, 40. Jg., Nr. 3, S. 55-60.

Scherer, Andreas Georg / Baumann, Dototheé (2007): Corporate Citizenship: Herausforderung für die Unternehmenskommunikation. In: Zerfaß, Ansgar / Piwinger, Manfred (Hrsg.): Handbuch Unternehmenskommunikation. Wiesbaden, S. 859-874.

Spickett-Jones, J. Graham u.a. (2003): Social facts and ethical hardware: Ethics in the value proposition. In: Journal of Communication Management, 8. Jg., Nr. 1 , S. 68-82.

Sriramesh, Krishnarmurti (2008): Globalization and Public Relations. In: Zerfaß, Ansgar / van Ruler, Betteke / ders. (Hrsg.), Public Relations Research. European and International Perspectives and Innovations. Wiesbaden, S. 409-425.

Starck, Kenneth / Kruckeberg, Dean (2003): Ethical Obligations of public relations in an era of globalization. In: Journal of Communication Management, 8. Jg., Nr. 1, S. 29-40.

Westerbarkey, Joachim (1995): Journalismus und Öffentlichkeit. Aspekte publizistischer Interdependenz und Interpenetration. In: Publizistik, 40. Jg. Heft 2, S. 152-162.

Werbung

Thomas Bohrmann

1 Werbung als medienethisches Problemfeld

Güter, die im Überfluss vorhanden sind, gehören nicht zum Gegenstandsbereich der Wirtschaft. Erst dort, wo Güter knapp oder von Knappheit bedroht sind, entstehen wirtschaftliche Prozesse. Für die Wirtschaft spielt die Werbung, die über solche knappen Produkte informieren will, eine zentrale Rolle.[1] Ziel der Werbung ist es, mit Hilfe von Massenmedien Produktinformationen zu verbreiten, um möglichst viele Güter zu verkaufen und hohe Gewinne zu erzielen. Damit Unternehmen Märkte beeinflussen und den Absatz fördern können, sind sie auf grundlegende Marketinginstrumente angewiesen (vgl. Göbel 1999: 648f.). Vier absatzpolitische Instrumente werden innerhalb der Marketingtheorie unterschieden, die im so genannten Marketing-Mix zusammengefasst werden: Produktpolitik, Distributionspolitik, Entgeltpolitik und schließlich Kommunikationspolitik (vgl. Schweiger/Schrattenecker 1992: 23f.). Mit Hilfe der *Kommunikationspolitik* wird der Markt mit allen erforderlichen Informationen über das Produkt versorgt, wobei persönlicher Verkauf, Verkaufsförderung (Sales Promotion), Öffentlichkeitsarbeit (Public Relations) und *Werbung* zu den klassischen Kommunikationsinstrumenten der Werbewirtschaft gehören. Alternative Werbeformen, die insbesondere in den letzten Jahren zugenommen haben, sind etwa Product Placement und Sponsoring.

Primäres Kennzeichen von Werbung ist ihr persuasiver Charakter. Werbung will beeinflussen, sie ist *persuasive Kommunikation.* Folglich versteht man unter Werbung den geplanten Versuch, Meinungen, Einstellungen und Verhalten von Menschen über Produkte, Dienstleistungen, Marken und Unternehmen mit Hilfe spezieller Kommunikationsmedien öffentlich zu beeinflussen, um ökonomische Ziele zu erreichen (vgl. Bohrmann 1997: 37). „Für sich, für andere oder für eine Sache werben heißt im allgemeinsten Verständnis zu versuchen, Aufmerksamkeit zu wecken, eine positive werthafte Sicht zu vermitteln und Zustimmung oder irgendeine Art von Attraktion zu gewinnen, um Selektionen, Wahlen oder Entscheidungen zu bewirken. So verstanden,

---

1 Der folgende Text bezieht sich ausschließlich auf Wirtschaftswerbung und lässt die politische Werbung in Wahlkämpfen aufgrund des unterschiedlichen Gegenstandes unberücksichtigt (vgl. zur politischen Werbung: Schicha 2001).

impliziert Werbung eine Form der strategischen Rationalität." (Willems 1999: 116) Beeinflussen, überzeugen, überreden, sich um jemanden bemühen – all das darf nicht von vornherein als schlecht oder ethisch illegitim gelten. Auch Erziehung, Predigt, politische Reden, alltägliche Diskussionen sind Formen der Kommunikation, die – wie auch ökonomische Werbestrategien – andere zu beeinflussen versuchen. Beeinflussung ist eine gezielte Kommunikationsmethode, um menschliche Einstellungen oder Entscheidungen gezielt zu verändern.

Werbung sollte allerdings nicht mit Manipulation gleichgesetzt werden, wie es mitunter in der öffentlichen Auseinandersetzung um Wirtschaftswerbung geschieht. Erst wenn konkrete Bedingungen vorliegen, die ein zwanghaftes Einwirken auf die Umworbenen ausüben, so dass diese sich nicht oder nur unzureichend dagegen wehren können, kann Werbung als manipulativ gelten. Manipulation bedeutet nämlich immer eine mittels bestimmter Werbetechniken initiierte Freiheitsbeschränkung der Verbraucher bei ihrer Konsumentscheidung (vgl. Ruf 1974: 138). Es können drei Arten der manipulativen Werbung voneinander unterschieden werden: die subliminale, die getarnte und die verfälschende Werbung. Die *subliminale Werbung* arbeitet mit Techniken, die unterhalb der menschlichen Wahrnehmungsgrenze liegen; die *getarnte Werbung* kennzeichnet eine Werbemaßnahme nicht als solche und täuscht somit den Konsumenten; die *verfälschende Werbung* übermittelt schließlich selektive, falsche oder irreführende Produktinformationen (vgl. Bohrmann 1997: 50ff.). Konstitutives Charakteristikum für diese drei Manipulationsformen ist das *Verschleierungsprinzip* (vgl. Hausmanninger 1992: 231f.). Das heißt: Es wird nicht offen kommuniziert, sondern verdeckt; der Umworbene ist sich nicht bewusst, dass er manipuliert wird; er glaubt, in Freiheit zu handeln und Kaufentscheidungen zu treffen.

Werbung erfüllt eine Reihe von Funktionen, von denen hier nur die wichtigsten zur Sprache gebracht werden sollen (vgl. Bohrmann 1997: 38f.). Zunächst einmal ist Werbung ein absatzpolitisches Instrument, um bestimmte Produkte oder Dienstleistungen mit Hilfe medialer Techniken bekannt zu machen und Verbraucher damit zum Kauf anzuregen. Insbesondere bei innovativen Produkten oder Produktverbesserungen – seien sie auch noch so geringfügig – spielt die Bekanntheit des Werbeobjekts eine zentrale Rolle für das individuelle Kauf- und Konsumverhalten. Man kann hier von der *Bekanntmachungsfunktion* der Werbung sprechen. Produkte müssen den Konsumenten immer wieder – im wahrsten Sinne des Wortes – vor Augen geführt werden, nur durch eine ständige Präsentation bleiben Marken in Erinnerung. Dies ist die so genannte *Erinnerungsfunktion* der Werbung. Werbung möchte bestimmte Informationen über Produkte verbreiten, die über den Nutzen oder die Leistung des betreffenden Produktes Auskunft geben wollen. Mit der *Informationsfunktion* der Werbung kann Produktwissen aufgebaut, erhalten oder auch ausgebaut werden. Weiterhin gilt, dass die zeitgenössische Werbung verstärkt auf emotionale Motive setzt, die den sachlichen Gehalt eher überdecken. Mit einer Gefühlswerbung sollen dann primär bestimmte emotionale Empfindungen der Konsumenten angesprochen werden, die den Konsumenten z.B. ein positives Lebensgefühl vermitteln wollen. Die *Erlebnisfunktion* der

Werbung spielt im Kontext eines unübersichtlichen Konsummarktes eine immer größere Rolle. Vor allem auf gesättigten Märkten der Innovativwirtschaft, auf denen die Erlebnis-Produzenten relativ homogene Konsumartikel und Dienstleistungen anbieten, haben Produkte mit emotional besetzten Zusatzerlebnissen die Chance aufzufallen und vom Verbraucher erworben zu werden (vgl. Weinberg 1992: 53ff.).

Während besonders in den 1960er und 1970er Jahren ein ideologiekritischer Diskurs über Werbung geführt wurde, wird heute Werbung allgemein als integraler Bestandteil einer funktionierenden ökonomischen Struktur anerkannt. Als wirtschaftsrelevantes Kommunikationsinstrument nimmt Werbung innerhalb der marktwirtschaftlichen Ordnung, die das Wettbewerbsprinzip favorisiert, einen zentralen Platz ein. Denn Wettbewerb ist primär ein ökonomisches Verhalten, bei dem sich mehrere Akteure in ihren Leistungen messen und jeder danach strebt, die anderen Wettbewerbsteilnehmer zu überbieten. Ohne das kompetitive Element der Produzenten könnte die moderne Innovativwirtschaft, die durch ständige Produkt- und Verfahrensinnovationen gekennzeichnet ist, nicht funktionieren. Die Grundidee der Marktkommunikation besteht in der Information über Produktpreise, Produktinnovationen und Produktqualität. Produzenten und ihre Mitbewerber hätten ohne Werbung keine Motivation mehr, Güter zu optimieren. Produktinnovationen, die menschliches Leben erleichtern können, die umweltschonender oder kostengünstiger sind, würden ohne einen unternehmerischen Wettkampf kaum noch entstehen.

Weiterhin ist die Werbewirtschaft für eine Volkswirtschaft von großer Bedeutung. Das gilt auch für Deutschland, wenn man bedenkt, dass im Kernbereich der Werbung und in den Medien (z.B. Journalisten, Fotografen, Kameraleute) insgesamt ca. 600.000 Personen beschäftigt sind (vgl. Zentralverband der deutschen Werbewirtschaft 2008: 63ff.). Nicht nur die werbungtreibenden Unternehmen, also die Produzenten von Gütern und Dienstleistungen, sondern auch die Werbeagenturen, die Marktforschungsinstitute, die Medien als Träger von Werbemaßnahmen und die Zulieferbetriebe für Werbemittel (z.B. Papierwirtschaft und Druckindustrie) sind auf Werbung existentiell angewiesen. Vor allem die Massenmedien bilden einen wichtigen Arbeitsmarkt, da sich die privaten TV-Programme fast ausschließlich durch Werbeeinnahmen finanzieren und damit sowohl festangestellten als auch freien Mitarbeitern einen Arbeitsplatz sichern. Da die Medien (Printmedien und elektronische Medien) unverzichtbare Werbeträger für Güter und Dienstleistungen sind, gilt Werbung als wichtige Finanzierungsquelle für die gesamte Medienbranche. Nur mit Hilfe von Werbung können die unterschiedlichen Mediengattungen in ihren redaktionellen Teilen die Öffentlichkeit informieren und plurale Inhalte anbieten. Pluralität der Medien bedeutet immer auch Meinungsvielfalt, die für eine funktionierende Demokratie unverzichtbar ist.

Insgesamt lassen sich somit drei Gruppen herauskristallisieren, die von medialer Werbung in der Mediengesellschaft profitieren: Für die *Medienbetreiber* sind Werbeeinnahmen ein wichtiger Teil ihrer Existenzgrundlage, für die *werbungtreibende Wirtschaft* sind die Medien unverzichtbare Träger ihrer Marktkommunikation und den *Mediennut-*

zern (Hörern, Lesern, Zuschauern) sichert Werbung schließlich ein vielfältiges Medienangebot mit niedrigen Preisen.

2 Ethische Problemfelder der Marktkommunikation

Die im Grundgesetz garantierte Kommunikationsfreiheit (Art. 5 Abs. 1 GG) hinsichtlich der Massenmedien umfasst nicht nur allgemeine Meinungsäußerungen politischer, religiöser, weltanschaulicher und journalistischer Art, sondern bezieht sich ebenso auf den Bereich der Wirtschaftswerbung. Werbung ist prinzipiell durch das Grundgesetz legitimiert und Ausdruck der ökonomischen Meinungsfreiheit. Markt- und Werbefreiheit sind jedoch nicht grenzenlos. Die Grenzen medialer Werbung sind dort zu ziehen, wo Werbemaßnahmen die ökonomische Freiheitsentfaltung im Hinblick auf Produktion, Distribution und Konsumtion der anderen Wirtschaftssubjekte (Mitbewerber und Verbraucher) beschneiden und den Menschen in seiner Personalität angreifen.

Werbeethische Probleme können entweder auf der *Ebene des Werbeträgers* (Sozialtechnik der Werbung) oder auf der *Ebene des Werbemittels* (Werbegestaltung) verortet werden. Eine ethisch bedenkliche Form im Hinblick auf eine bestimmte Sozialtechnik der Werbung wäre dann gegeben, wenn die menschliche Freiheit im Sinne der Konsumentensouveränität durch manipulative Techniken, etwa durch subliminale oder getarnte Werbemittel, eingeschränkt werden würde. Während aber problematische Sozialtechniken der Werbung im Kontext der werbeethischen Diskussion nur eine geringe Rolle spielen, sind hingegen werbeethische Probleme auf der Ebene der Werbegestaltung häufig zu beobachten. Hier ist insbesondere an anstößige Bildmotive zu denken, die einzelne Menschen oder bestimmte Bevölkerungsgruppen etwa aufgrund ihrer Religionszugehörigkeit, ihres Geschlechts, ihres Alters, ihrer ethnischen Zugehörigkeit verletzten und diskriminieren.

Werbemotive dürfen darüber hinaus keine falschen oder irreführenden Produktinformationen verbreiten, um damit Konsumenten bewusst zu täuschen. Irreführende und unwahre Aussagen können sich z.B. auf die Produkteigenschaft, die Produktherkunft, die Produktzusammensetzung, die Produkterzeugung, den Produktvorrat, die Produktentsorgung oder auch den Produktpreis beziehen. Falsche Werbeaussagen schädigen den Verbraucher, da er sich an werblichen Äußerungen orientiert, die ihn zum Kauf bewegt haben. Weiterhin sind besondere ethische Kriterien bei der Werbung für gesundheitsschädliche Produkte (vor allem Tabakwaren, Alkohol, Arzneimittel) und für junge Zielgruppen zu beachten. Werbemaßnahmen dürfen etwa die Unerfahrenheit und die noch unzureichend ausgebildete Kritikfähigkeit junger Zielgruppen (Kinder und Jugendliche) mit gezielten Kaufappellen keinesfalls ausnutzen. Aufgrund neuer elektronischer Medien (etwa Internet, Telefon, Handy) ergeben sich gegenwärtig neue werbeethische Problemfelder (z.B. aufdringliche und unerwünschte Werbeformen).

3 Stand der medienethischen Debatte: Werbeethische Verantwortungsträger und Leitlinien

In der Bundesrepublik Deutschland ist Werbung einem umfassenden Kontrollsystem unterworfen, das in erster Linie durch folgende Akteure repräsentiert wird: Staat, Werbewirtschaft (d.h. besonders Werbungtreibende, Werbeagenturen und Medien), Landesmedienanstalten (zuständig für den privaten Rundfunk) und Verbände zur Förderung gewerblicher Interessen. Die Akteure der Werbewirtschaft haben sich zum Zentralverband der deutschen Werbewirtschaft ZAW e.V. mit der zentralen Kontrollinstitution, dem Deutschen Werberat, zusammengeschlossen.

Die primäre Verpflichtung des Staates besteht darin, eine effiziente Wirtschaftsordnung zu gestalten und zu sichern, in der sowohl die Freiheitsrechte der einzelnen Wirtschaftssubjekte garantiert werden als auch die Handlungen der ökonomischen Akteure in ausreichender Weise normativ geregelt sind. Im Kontext der marktwirtschaftlichen Ordnung bildet das Wettbewerbsrecht ein adäquates System der Markt- und Werbekontrolle. Zwar gibt es in Deutschland kein zusammenfassendes Werberecht, doch gilt das Gesetz gegen den unlauteren Wettbewerb (UWG) als Mittelpunkt des Wettbewerbsrechts und als Basis des gesamten Wettbewerbs. In der aktuellen Fassung (2009) wird der Aufgabenbereich des Wettbewerbsgesetzes wie folgt beschreiben: „Dieses Gesetz dient dem Schutz der Mitbewerber, der Verbraucherinnen und Verbraucher sowie der sonstigen Marktteilnehmer vor unlauteren geschäftlichen Handlungen." (§ 1). Unlautere Handlungen im Rahmen des Wettbewerbs sind unzulässig, „wenn sie geeignet sind, die Interessen von Mitbewerbern, Verbrauchern oder sonstigen Marktteilnehmern spürbar zu beeinträchtigen." (§ 3). Mit Hilfe einer „schwarzen Liste" (als Anhang zu § 3 UWG) werden konkrete Verhaltensweisen genannt, die ausnahmslos als unlauter verboten sind.

Die Medienkontrolle des privaten Rundfunks wird in Deutschland von den Landesmedienanstalten wahrgenommen. Dabei werden die gesetzlichen Bestimmungen zur Werbung von den „Gemeinsamen Richtlinien der Landesmedienanstalten für die Werbung zur Durchführung der Trennung von Werbung und Programm und für das Sponsoring im Fernsehen" (2000) konkretisiert.

Die Unternehmen, die Werbung in Auftrag geben, die Agenturen, die Werbung gestalten, und die Medien, die Werbung vermitteln, bilden insgesamt die *werbewirtschaftlichen Verantwortungsträger*. Die oberste werbeethische Regel für diese Akteure ist die Beachtung der Rahmenordnung in Form der speziellen Werbegesetze, Werberichtlinien und Wettbewerbsregeln. Neben der Befolgung der staatlichen Gesetze und Verordnungen zur Werbung müssen sich alle Akteure vor allem auch an den vom Zentralverband der deutschen Werbewirtschaft und vom Deutschen Werberat herausgegebenen Verhaltensregeln (Berufs- und Standesethos) orientieren. Der Zentralverband der deutschen Werbewirtschaft ist eine Interessengemeinschaft aller Mitglieder der Werbebranche, die ein gemeinsames Ziel haben, nämlich Werbung zu betreiben, zu gestalten und zu transportieren. Die Aufgabe des Werberats, der 1972 vom

ZAW in Bonn gegründet wurde, besteht darin, „durch geeignete Maßnahmen die Werbung im Hinblick auf Inhalt, Aussage und Gestaltung weiterzuentwickeln, verantwortungsbewußtes Handeln zu fördern, Mißstände im Werbewesen festzustellen und zu beseitigen sowie als ständiges Anspracheorgan für verbraucherbezogene Werbeprobleme zur Verfügung zu stehen." (Art. 1 der Arbeitsgrundsätze des Deutschen Werberats). Die vom Werberat ausgeübte Werbeselbstkontrolle ergänzt die staatliche Rahmenordnung und greift überall dort ein, wo gesetzliche Normen nicht mehr oder noch nicht greifen. Damit können also kritische Werbemaßnahmen, die entweder von einzelnen Akteuren der Werbewirtschaft oder von den umworbenen Verbrauchern als moralisch bedenklich definiert werden, bereits *vor* der Einleitung von juristischen Schritten unterbunden werden. Neben dieser grundsätzlichen Funktion erfüllt der Werberat drei spezielle Aufgaben (vgl. Nickel 1994: 52):

- Er begutachtet und bewertet konkrete Werbemaßnahmen, die Umworbene als anstößig empfunden und an den Werberat geleitet haben.
- Weiterhin informiert der Werberat nach *innen* (Werbewirtschaft) und nach *außen* (Öffentlichkeit) mit Hilfe unterschiedlicher Medien über seine Arbeit.
- Schließlich werden spezielle Normen für die Werbung (Verhaltensregeln und Werberichtlinien) erarbeitet.

Besonders mit den zuletzt genannten Kommunikationsmaßnahmen sollen Fehlentwicklungen bei der inhaltlichen Gestaltung von Werbemaßnahmen bereits bei der Werbeplanung verhindert werden. Solche ethischen Leitlinien (Verhaltensregeln), die ständig modifiziert und somit den aktuellen Veränderungen innerhalb der Mediengesellschaft angepasst werden, sind bislang:

- „Grundregeln zur kommerziellen Kommunikation" (2007),
- „Verhaltensregeln des Deutschen Werberats für die Werbung mit und vor Kindern in Hörfunk und Fernsehen" (1998),
- „Verhaltensregeln des Deutschen Werberats über die kommerzielle Kommunikation für alkoholische Getränke" (2009),
- „Grundsätze des Deutschen Werberats zur Herabwürdigung und Diskriminierung von Personen" (2004),
- „Deutscher Werberat zur Werbung mit unfallriskanten Bildmotiven" (1974),
- „Deutscher Werberat zur Reifenwerbung" (1974),
- „Verlautbarung des Deutschen Werberats zur Werbung mit Politikern" (2000),
- Verlautbarung des Deutschen Werberats zum verantwortungsvollen Umgang mit Verkehrsgeräuschen in der Hörfunkwerbung" (2000).

Mit den „Grundregeln zur kommerziellen Kommunikation" des Deutschen Werberats wird die moralische Basis der gesamten Werbewirtschaft gelegt. Als zentrale werbeethische Leitlinie gilt: „Kommerzielle Kommunikation hat die allgemein anerkannten Grundwerte der Gesellschaft und die dort vorherrschenden Vorstellungen von Anstand und Moral zu beachten. Sie muss stets von Fairness im Wettbewerb und Verantwortung gegenüber der Gesellschaft getragen sein." Wenn Akteure der Werbewirtschaft gegen diese Grundregel bewusst verstoßen, wird ausschließlich das moralische Fehlverhalten Einzelner zum Ausdruck gebracht, nicht jedoch die grundsätzliche Unmoral der gesamten Werbung und ihrer Vertreter. Ethische Grundregeln haben zunächst einen appellativen Charakter und dienen der Gewissensschärfung der Branche.

Ein häufig zu hörender Kritikpunkt an den Werberat betrifft seine personelle Zusammensetzung, da sich das Kontrollgremium ausschließlich aus Vertreterinnen und Vertretern der Werbewirtschaft zusammensetzt. Die Öffentlichkeit, vor allem die Verbraucherseite, wird nicht eigens berücksichtigt. Der Werberat ist daher zwar eine Kontrollinstitution der Wirtschaft für die ganze Gesellschaft, er ist jedoch keine Institution der gesamten Gesellschaft. Auch wenn die Beteiligung Außenstehender dem selbstdisziplinären Charakter des Werberats begrifflich bereits widerspricht, bleibt der Vorwurf einer „geschlossenen Gesellschaft" bestehen. Auch bei vergleichbaren selbstdisziplinären Medienkontrollinstanzen, etwa der Freiwilligen Selbstkontrolle der Filmwirtschaft, sind gesellschaftlich relevante Gruppen beteiligt (vgl. Gottzmann 2005: 201ff.; Schicha 2005: 264).

Während der Deutsche Werberat die Aufgabe der werbewirtschaftlichen *Selbstkontrolle* übernimmt, bilden die Mitbewerber am Markt, Verbände zur Förderung gewerblicher Interessen – hier ist an die Zentrale zur Bekämpfung unlauteren Wettbewerbs e.V. zu denken –, bestimmte Verbraucherschutzorganisationen und die Industrie- und Handelskammern die *Fremdkontrollorgane*, die den Leistungswettbewerb von außen beobachten und gegebenenfalls als Kläger in Wettbewerbsstreitigkeiten auftreten. Innerhalb der Fremdkontrolle haben insbesondere die verschiedenen Institutionen des Verbraucherschutzes eine herausgehobene Funktion. Zum einen gestalten sie das Anbieterverhalten, indem konkrete Beschwerdefälle verhandelt werden, zum anderen prägen sie weiterhin das Verbraucherverhalten, da sie eine Verbrauchererziehung und Verbraucherberatung institutionalisiert haben (vgl. Kuhlmann 1993: 1192ff.). Schließlich gehören auch die Verbraucher selbst zu den Verantwortungsträgern in der marktwirtschaftlichen Ordnung: Einerseits können sich Verbraucher über bestimmte Werbemaßnahmen, etwa beim Deutschen Werberat, bei einer Verbraucherschutzorganisation oder auch bei den betreffenden Unternehmen, beschweren; andererseits können Verbraucher mit ihrem individuellen Kaufboykott ein bestimmtes Produkt, eine Werbemaßnahme oder auch die Unternehmenspolitik ablehnen. Widerspruchsrecht, Plebiszit durch aktive Teilhabe an marktrelevanten Prozessen und autonome Konsumentscheidungsmöglichkeiten, die in solchen Steuerungsmöglichkeiten zum Ausdruck kommen, gehören zu den ökonomischen Spielregeln in einer wettbewerbsorientierten Marktwirtschaft.

Betrachtet man die hier skizzierte Ordnungsstruktur der Werbewirtschaft in Deutschland, wird deutlich, dass in dieser bereits verschiedene Ethosformen und eine bereichsspezifische Ethik enthalten sind. Diese den Strukturen und Institutionen *inhärente Ethik* wird von verschiedenen Interessengruppen getragen, die allesamt das

Marktgeschehen auf unterschiedliche Weise gestalten und normieren. Dazu gehören nicht nur die unterschiedlichen Produzenten, sondern auch die Konsumenten und alle Institutionen, die sich für die Belange dieser beiden Gruppen stark machen.

Werbeethik bewegt sich zwischen Fremdkontrolle und Selbstkontrolle. Damit hat sich eine werbeethische Ordnungsstruktur entwickelt, die sich sowohl für die Belange der Verbraucher als auch für die der Anbieter einsetzt. Institutionalisierte Werbenormen bewahren und fördern nicht nur die Stellung der Konsumenten, sondern ebenso auch die Wettbewerbsposition der Produzenten. Unternehmungen können nämlich zum einen durch unlautere Methoden seitens der Konkurrenz an ihrer freien wirtschaftlichen Entfaltung gehindert werden und zum anderen durch die Verbraucher, wenn ungerechtfertigte Kritik an ihre Marketingentscheidungen herangetragen wird. Nimmt man weiterhin die Position der Verbraucher auf dem Markt in den Blick, so wird ersichtlich, dass diese nicht wehrlos und ohnmächtig einem übermächtigen ökonomischen System ausgeliefert sind, sondern durch staatliche Elemente der Wettbewerbsordnung geschützt werden. Verbraucherschutz erfolgt auch mittels der selbstdisziplinären Ordnung der Werbewirtschaft, die durch den Deutschen Werberat repräsentiert wird. Durch Protest, Kaufboykott und Beschwerde beim Werberat beteiligen sich die Verbraucher aktiv am Marktgeschehen und lösen damit ihre Position als kritische Konsumenten ein (Konsumentensouveränität).

4 Besonderheiten der Wirtschaftswerbung

Wirtschaft ist ein Teilsystem der Gesellschaft mit eigenen Aufgaben, Funktionen und Berufsrollen. Ihr obliegt als Primärfunktion die Versorgung mit Gütern und Dienstleistungen zur menschlichen Bedürfnisbefriedigung. Ohne die Informationsfunktion der Werbung innerhalb der Mediengesellschaft könnte ein modernes Wirtschaftssystem allerdings nicht funktionieren. Denn erst wenn sich Wirtschaft und Medien gegenseitig durchdringen, gebrauchen und beeinflussen, sind beide Kultursachbereiche produktiv und können ihre eigenen systeminternen Aufgaben erfüllen. Die Systemtheorie bezeichnet diesen Zusammenhang mit dem Begriff *Interpenetration* (vgl. Luhmann 1988; Münch 1992; Siegert/Brecheis 2005: 115ff.). Damit Konsumprodukte gekauft werden, ist die werbungtreibende Wirtschaft nicht nur einfach auf kommerzielle Werbung angewiesen, sondern primär auf Kommunikationsformen die auffallen und in der Mediengesellschaft ‚aus dem Rahmen fallen'. Werbung will auffallen; sie muss bei den Verbrauchern Aufmerksamkeit erregen. Nur mit Hilfe eines außergewöhnlichen Sprach- und Bildmaterials besteht die Möglichkeit, sich von der Konkurrenz abzusetzen. In diesem Sinne benötigt insbesondere der Massenkonsumgütermarkt mit seinen zahlreichen homogenen Produkten innovative Werbeideen, kreative Kampagnen und auffällige Kommunikationselemente, damit bei den Konsumenten zunächst einmal Neugier geweckt wird.

Auch mit Hilfe der Inszenierung von Körperlichkeit und Nacktheit, der Verfremdung von religiösen Symbolen und Themen, der Darstellung von Gewalt und menschlicher Not versuchen Unternehmen eine solche Neugier zu erzeugen. Solche Aufsehen erregenden Werbemotive haben die Diskussion um eine Ethik der Werbung vor allem intensiviert. Die so genannte Aufmerksamkeits- und Schockwerbung der Firma *Benetton* hat beispielsweise gezeigt, dass die Öffentlichkeit eine problematische Werbegestaltung in Frage stellt und verstärkt ein Ethos der Werber einfordert. Provokationen in der Werbegestaltung sind aber nicht nur Erscheinungen der Erlebnisgesellschaft der 1990er Jahre. Bereits in den 1960er Jahren gab es Aufsehen erregende Werbeauftritte unterschiedlichster Unternehmen: 1968 sorgte beispielsweise ein Werbeplakat für *Afri-Cola* (von Charles Wilp) für großes öffentliches Aufsehen, auf dem drei Nonnen mit dem zweideutigen Spruch „1968 im Afri-Cola Rausch" warben (vgl. Schulze 1999: 208). Trotzdem gilt die *Benetton*-Werbung bislang als Höhepunkt einer Werbeform, die mit Hilfe von Werbebildern bewusst auf Schock und Tabubruch setzt (vgl. Bohrmann 1997: 112ff.; Könches 2001: 18ff.; Schicha 2001: 21f.; Schulze 1999: 238ff.). Die *Benetton*-Werbung ist aus werbeethischer Perspektive deshalb problematisch, weil das Leid anderer Menschen für eigennützige, rein ökonomische Zwecke ausgebeutet wird; die dargestellten Menschen werden folglich zu Werbeobjekten instrumentalisiert. Die dadurch beim Betrachter ausgelösten Gefühle dienen letztlich nur als Mittel, um ökonomische Ziele zu verfolgen. Mit den schockierenden, gefühlsbetonten Bildern soll weiterhin Mitleid erzeugt und ein Solidaritätsgefühl zwischen dem Unternehmen *Benetton* und den Verbrauchern aufgebaut werden. Damit wird suggeriert, dass *Benetton* sich zum Anwalt von Leid, Not, Krieg, Umweltverschmutzung etc. macht, auch wenn das Unternehmen mit seiner Kampagne ausschließlich kommerzielle Interessen verfolgt (vgl. Bohrmann 1997: 112ff.). Anstoßerregende, normverletzende und somit provozierende Werbekampagnen werden – so darf vermutet werden – auch in Zukunft auf den gesättigten Konsumgütermärkten der Innovativwirtschaft zu finden sein. Denn die werbungtreibende Wirtschaft glaubt, dass vor allem mit solchen Werbeauftritten die umworbenen Produkte auffallen und die Unternehmen somit ihre Gewinne maximieren können.

5 Fazit

Eine Ethik der Werbung berücksichtigt sowohl sozialethische als auch individualethische Fragen und nimmt den gesamten Medien- und Wettbewerbsbereich mit allen Akteuren, Systembereichen und Verantwortungsfeldern in den Blick. Als *Strukturenethik* geht Werbeethik von einem komplexen Geflecht aus Produktion, Distribution und Rezeption kommerzieller Kommunikation aus, wobei diese drei Bereiche durch eine alles umfassende Wettbewerbsordnung institutionell zusammengehalten werden. In diesem Sinne ist Werbeethik zwar *Berufsethik* der Produzenten und Distributeure, gleichzeitig aber auch *Verbraucher- bzw. Rezipientenethik* und zudem marktwirtschaftlich orientierte *Ordnungsethik*. Der strukturethische Zugang betont, dass Normen in der rechtlichen Rahmenordnung, in den branchenspezifischen Codes (beispielsweise in den Grundsätzen und Verhaltensregeln des Deutschen Werberats und im Werbekodex der Internationalen Handelskammer) und schließlich im Ethos der Konsumenten zur Geltung zu bringen sind. Eine solche Ausdifferenzierung in Verantwortungsstrukturen wird der Komplexität moderner Kommunikation unter den Bedingungen der Wirtschaftswerbung am besten gerecht. Gleichzeitig wird damit auch deutlich, dass Werbeethik nur gemeinsam als Sozialethik *und* Individualethik zu konzipieren ist. Auch wenn Individual- und Sozialethik jeweils unterschiedliche Perspektiven der ethischen Frage thematisieren, greifen beide Bereiche ineinander und gestalten das Entscheidungs- und Handlungsfeld gesellschaftlicher Teilsysteme. Werbeethik ist in diesem Sinne eine *Ethik individueller Akteure*, das heißt aller Handlungssubjekte der Werbewirtschaft und der Verbraucherschaft, und bezieht sich auf das Entscheiden und Verhalten der Einzelnen. Gleichzeitig ist Werbeethik auch eine *Ethik der gesellschaftlichen Rahmenbedingungen*, die das Handeln jener Akteure überhaupt erst ermöglichen. Vor dem Hintergrund des dargestellten Zuganges kann das Aufgabenfeld einer Ethik der Werbung wie folgt bestimmt werden: Werbeethik untersucht die kommerzielle Werbung (Wirtschaftswerbung) im Hinblick auf ihren humanen Wert und formuliert normative Handlungs- und Ordnungsanweisungen für die unterschiedlichen Akteure der Werbewirtschaft. Sie bezieht sich erstens auf das Entscheiden und Verhalten der Einzelnen (*Ethos der Kommunikationssubjekte und der Verbraucher*) und zweitens auf die Ordnung bzw. strukturelle Ausgestaltung des Wirtschafts- und Medienbereichs (*Ethos der Rahmenordnung*).

Literatur

Bohrmann, Thomas (1997): Ethik – Werbung – Mediengewalt. Werbung im Umfeld von Gewalt im Fernsehen. Eine sozialethische Programmatik. München.

Göbel, Elisabeth (1999): Werbung. In: Korff, Wilhelm u.a. (Hrsg.): Handbuch der Wirtschaftsethik. 4. Bd. Gütersloh, S. 648-670.

Hausmanninger, Thomas (1992): Kritik der medienethischen Vernunft. Die ethische Diskussion über den Film in Deutschland. München.

Luhmann, Niklas (1988²): Soziale Systeme. Grundriß einer allgemeinen Theorie. Frankfurt am Main.

Gottzmann, Nicole (2005): Möglichkeiten und Grenzen der freiwilligen Selbstkontrolle in Presse und der Werbung. Der Deutsche Presserat und der Deutsche Werberat. München.

Könches, Barbara (2001): Ethik und Ästhetik der Werbung. Phänomenologie eines Skandals. Frankfurt am Main.

Kuhlmann, Eberhard (1993): Verbraucher, Verbraucherschutz. In: Enderle, Georges u.a. (Hrsg.): Lexikon der Wirtschaftsethik. Freiburg; Basel; Wien, S. 1192-1201.

Münch, Richard (1992): Die Struktur der Moderne. Grundmuster und differentielle Gestaltung des institutionellen Aufbaus der modernen Gesellschaft. Frankfurt am Main.

Nickel, Volker (1994[11]): Werbung in Grenzen. Report über Werbekontrolle in Deutschland. Bonn.

Ruf, Ambrosius (1974): Werbung und Ethik. In: Die neue Ordnung, 28. Jg., S. 136-144.

Schicha, Christian (2005): Wirtschaftswerbung zwischen Information, Provokation und Manipulation. Konsequenzen für die Selbstkontrolle des Deutschen Werberats. In: Baum, Achim u.a. (Hrsg.): Handbuch Medienselbstkontrolle. Wiesbaden, S. 255-270.

Schicha, Christian (2001): Ethik der Werbung? Zu den Grenzen der persuasiven Kommunikation bei Produkten und Politikern. In: Zeitschrift für Kommunikationsökologie, 3. Jg., Heft 2, S. 20-28.

Schulze, Angela (1999): Werbung an der Grenze. Provokation in der Plakatwerbung der 50er bis 90er Jahre. Wiesbaden.

Schweiger, Günter / Schrattenecker, Gertraud (1992[3]): Werbung. Eine Einführung. Stuttgart, Jena.

Siegert, Gabriele / Brecheis, Dieter (2005): Werbung in der Medien- und Informationsgesellschaft. Eine kommunikationswissenschaftliche Einführung. Wiesbaden.

Weinberg, Peter (1992): Erlebnismarketing. München.

Willems, Herbert (1999): Werbung als Medieninszenierung: Genrespezifische Kontextbedingungen und dramaturgische Strategien. In: Soziale Welt, 50. Jg., S. 115-132.

Zentralverband der deutschen Werbewirtschaft (Hrsg.) (2008): Werbung in Deutschland. Berlin.

Bildethik

Holger Isermann & Thomas Knieper

1 Einführung

„Das riesige Bildmaterial, das tagtäglich von den Druckerpressen ausgespien wird und das doch den Charakter der Wahrheit zu haben scheint, dient in Wirklichkeit nur der Verdunkelung der Tatbestände. Der Photographenapparat kann ebenso lügen wie die Schreibmaschine“, schrieb der deutsche Schriftsteller Bertolt Brecht 1931. Auch noch über 70 Jahre später scheint dieses bildreflexive Zitat die Herausforderungen der visuellen Kommunikation trefflich zu beschreiben. Bilder, insbesondere medial verbreitete, haben – das ist unstrittig – seit den 1930er Jahren nicht nur quantitativ, sondern auch qualitativ ihre Vormachtstellung im Rahmen der Massenkommunikation deutlich ausgebaut. Dieser Entwicklung trägt nicht zuletzt der von Mitchell geprägte Begriff des „pictorial turn“ Rechnung, mit dem er die Ablösung der Schrift als bestimmendes Medium durch das Bild bezeichnet. (Mitchell 1994: 11-34)[1] Sowohl die beschriebene Bilderflut als auch ihr steigender Einfluss in der täglichen Massenkommunikation begründen mehr denn je die Notwendigkeit einer Ethik der visuellen Kommunikation. Und zwar vor allem, weil sich trotz der gesteigerten Bedeutung von Bildern keine Zunahme einer allgemeinen Bildkompetenz in der Gesellschaft attestieren lässt. (vgl. Knieper 2006: 29-39; Knieper 2005a: 56-70; Knieper, 2005b: 83-92) Grundsätzlich fügt sich eine derartige Bildethik in die allgemeine Medienethik ein, muss sich aber auch ganz eigenen Herausforderungen stellen.

---

1 Gegenwärtig bekommen die Bildjournalisten es zudem mit den überall gegenwärtigen Hobbyfotografen zu tun, die dank zunehmender Verbreitung und Leistungssteigerung von Digitalkameras selbst von genuinen Ereignissen print- bzw. sendefähige Bilder liefern. *Flickr*-Gründer Stewart Butterfield bezeichnet seine Amateur-Bilddatenbank entsprechend als „Augen der Welt“ und gibt sich überzeugt, dass im Nachrichtengeschäft die besten und frischesten Fotos oft auf *Flickr* zu finden seien – und nicht bei klassischen Agenturen wie *Reuters*, *AP* oder *Getty*. (Hornig 2007: 6)

2.1 Bildethischer Bedarf

Der allgemeine Authentizitätseindruck von Bildern ist ein kulturell und historisch gewachsenes Phänomen. Er manifestiert sich in der Illusion der Unmittelbarkeit, in der ein Bildrezipient als Beobachter zweiter Ordnung, weil er den Medien zuschaut, wie sie die Welt beobachten, davon überzeugt ist, Beobachter erster Ordnung zu sein, also mit eigenen Augen zu sehen, was vor sich geht (vgl. Müller-Doohm 2000: 116). „Alle Künste beruhen auf der Gegenwart des Menschen, nur die Fotografie zieht ihren Nutzen aus ihrer Abwesenheit", stellt Bazin (1981: 260) entsprechend fest. Certeau (1980) beschreibt das Phänomen mit dem Begriff der „Instituierung des Realen" durch die Verknüpfung von Sichtbarkeit und Glaubwürdigkeit. Barthes (1985: 84ff.) argumentiert semiotisch und spricht von einem „effect du réel", wenn Signifikant und Referent zusammenfallen.

Bildethischer Bedarf entwickelt sich also aus einem Missverständnis heraus, dem viele Rezipienten aufgrund mangelnder Bildkompetenz unterliegen, indem sie den Prozess der Bildproduktion auf vor allem technische Aspekte reduzieren, menschliche Einflussfaktoren ausblenden und so der Illusion eines intuitiven, unmittelbaren und Wahrheiten transportierenden Informationswerts erliegen. Ein Bild wird in diesem Fall nicht im symbolischen oder kommunikativen Modus, also als visuelle Konfiguration (vgl. Doelker 1999: 187) oder Inszenierung wahrgenommen, sondern in einem immersiven oder unreflektierten Modus rezipiert. Diese Selbstverständlichkeit des Sehens ist trügerisch: Sichtbarkeit ist nicht gegeben, sondern wird gemacht. Die verschiedenen Eingriffsmöglichkeiten in den Prozess der Bildproduktion reichen von handwerklichen Parametern über die Bildkontextualisierung bis hin zur bewussten Manipulation[2] und müssten für einen kompetenten Umgang mit Bildern beim Rezipienten präsent sein. Diese notwendige Bedingung ist – soviel zeigen zahlreiche Studien – allerdings nicht in einem ausreichenden Maße erfüllt (vgl. Stehle 2004). Selbst wenn Bilder von einigen Rezipienten durchaus kritisch beäugt werden, „das in rationaler Reflexion vollzogene kritische Fragen nach der Richtigkeit oder Authentizität eines Bildes ist ein dem Bildbewußtsein vorangehender oder nachträglicher Vorgang" (Leifert 2006: 22). Bei der Bildrezeption selbst spielt es also keine entscheidende Rolle.

Über den Schutz der Rezipienten hinaus entsteht auch aus einer allgemeinen Schutzwürdigkeit der Abgebildeten selbst besonderer bildethischer Bedarf, weil sich gerade Bilder dazu eignen, Privatheit und Intimität sichtbar zu machen.

2 Die technischen Hürden für nachträgliche Manipulationen sind durch den Einzug der Digitalität in die Bildproduktion und -verarbeitung nahezu verschwunden. Nie zuvor war es leichter Bildinhalte zu verändern oder zu konstruieren (vgl. Harris/Leser: 52; Ritchin 1999: 123).

2.2 Der Prozess der Bildkommunikation

Der komplexe und mehrstufige Prozess der Bildkommunikation zeichnet sich durch einen hohen Grad an individueller Einflussnahme der beteiligten Protagonisten aus. Dies sind vor allem die Berater- bzw. Strategeninstanz, der Abgebildete, der Bildproduzent, der Medienbetrieb und der Bildrezipient.

Abbildung 1: Der Prozess der Bildkommunikation.

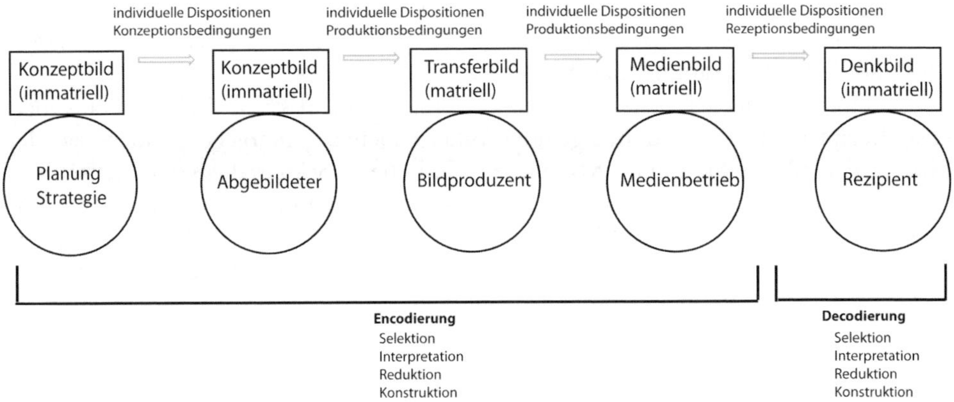

(vgl. Knieper 2007)

Sofern das Bild im Sinne einer Medienstrategie bzw. Werbekampagne konzeptionalisiert wird, kann zunächst ein größerer Beraterstab mit der Inzenierung eines Ereignisses und des Bildinhaltes beschäftigt sein (vgl. Forster/Knieper 2008: 434-441; Knieper 2006: 29-39). Bevor das eigentliche Medienbild entsteht, fließen zahlreiche individuelle Dispositionen des Produzenten, zum Teil unbewusst, in den Entstehungsprozess ein. Zum Beispiel eigene Erfahrungen, die Sozialisation, Meinungen, der kulturelle Hintergrund usw. Diese Dispositionen bilden zunächst ein finales Konzeptbild, das der Fotograf, Kameramann, Designer oder Zeichner verinnerlicht und anschließend unter Berücksichtigung der Restriktionen des Bildmotivs in das so genannte Transferbild überführt (vgl. Knieper 2003: 193-212). An dieser Stelle fließen erneut die individuellen Dispositionen des Produzenten, aber zum Beispiel auch der Produktionskontext, die Produktionsbedingungen und die Fähigkeiten des Produzenten bzw. handwerkliche Parameter ein. Bildproduzenten müssen bei der Bildproduktion zahlreiche Entscheidungen treffen (vgl. Grittmann 2003: 124f.; Knieper 2005b: 41f., 2005c: 85f.; Müller 2003: 47f.). Beim Fotografen gehören dazu zum Beispiel die Wahl der Kamera (digital oder analog), der Brennweite und Belichtungszeit (Tiefenschärfe, Dynamik), der Perspektive (Frosch-, Normal- oder Vogelperspektive), der Lichtquelle (Blitz oder Available Light), der Einstellungsgröße (Detail, Groß, Nah, Halbtotale, Amerikanische, Totale etc.), des Formats (Hoch- oder Querformat), der Bildaufteilung (Goldener Schnitt etc.), des Bildausschnittes und weiterer technischer Bildparameter (monochrom oder Farbe, Iso-Norm, Körnung, Auflösung). Diese Parameter haben entscheidenden Einfluss auf das spätere Bildmotiv und damit die spätere Bildwirkung.[3] Das Konzeptbild spiegelt zugleich den Selektionsschritt in Form der Motivauswahl[4], also die inhaltliche Ebene des Bildes wider. Die Kontextualisierung des Transferbildes durch den Medienbetrieb macht aus dem Transferbild das fertige Medienbild, das schließlich zum Beispiel in Form eines Print-, Fernseh-, Film- oder auch Online-Produktes distribuiert wird. Je nach Medium können Einzelbilder oder Bilderfolgen unter anderem im Zusammenhang mit auditiven oder textuellen Elementen auftreten. Dieser inhaltliche Kontext der schlussendlichen Bildverwendung hat genauso wie die Produktionsparameter entscheidenden Einfluss darauf, wie ein Bild wahrgenommen und eingeordnet wird. [5]

Der Vorgang der Rezeption oder Dekodierung ist hochkomplexer Natur und unterliegt genau wie der zuvor beschriebene Encodierungsprozess bestimmten Rahmenbedingungen. In den Dekodierungs- und Interpretationsprozess greifen wieder indivi-

---

3 So haben zum Beispiel Kepplinger und Donsbach bereits 1983 beobachtet, dass im Bundestagswahlkampf 1976 der Verlierer Helmut Kohl besonders häufig aus der für den Kandidaten ungünstigen Froschperspektive gezeigt worden war. „Die negative Darstellung brachte seinen politischen Bonus weitgehend zum Schwinden." (Kepplinger/Donsbach 1983: 45) Die These der optischen Kommentierung bestimmte für einige Zeit die medientheoretische Debatte in den 1990ern. Sie warf konkret dem Fernsehen vor, die Pflicht der medialen Neutralität zwar verbal zu erfüllen, aber gleichzeitig auf der visuellen Ebene zu unterlaufen (vgl. Frey 1999: 81).

4 Kommunikationswissenschaftlich unterscheidet man drei Arten von Ereignistypen (vgl. Boorstin 1961; Kepplinger 1996: 13), die entscheidenden Einfluss darauf haben, welchem Grad der Inszenierung bzw. welcher Differenz von Wirklichkeit und Illusion der spätere Bildinhalt entspricht. Genuine Ereignisse finden unabhängig von Journalisten statt und treten meist unangemeldet bzw. überraschend auf (zum Beispiel Naturschauspiele, Unglücke, Katastrophen). Bilder von genuinen Ereignissen stammen deshalb häufig von Amateuren. Diese meist technisch und optisch mangelhaften Bilder entfalten ihre besondere Evidenz gerade durch den eigenen Makel und die Tendenz das Bild verschwinden zu lassen. (Holert 2002: 199) Mediatisierte Ereignisse nehmen auf Journalisten Rücksicht und binden sie in den Ablauf ein (zum Beispiel Messen, Wahlkampfauftritte oder Sportveranstaltungen). Inszenierte Ereignisse werden sogar ausschließlich zum Zwecke der Berichterstattung durchgeführt (zum Beispiel Pressekonferenzen oder im negativen Sinne so genannte Pseudoereignisse).

5 Zahlreiche Studien haben ergeben, dass Bilder salienter sind als zum Beispiel Texte (vgl. Nisbett/Ross 1980: 146). In anderen Zusammenhängen, zum Beispiel der multimedialen, nonlinearen und hypertextuellen Umgebung des Internets, ist die Bildwirkung allerdings noch nicht annähernd erforscht. Neben der ikonologischen Kontextanalyse können auch Blickaufzeichnungsstudien helfen, Plausibilitäten zu lösen und im Zusammenspiel mit Befragungen und Experimenten das vorherrschende Semantisierungsproblem weitergehend zu analysieren. (vgl. Forster/Knieper 2006: 232-259).

duelle Dispositionen, diesmal die des Rezipienten, ein. Zum Beispiel vorab erhaltene Informationen, individuell angelegte Schemata oder Frames[6] und kulturell oder sozial geprägte Symbole. Das decodierte Bild wird schließlich durch hirnphysiologische und kognitive Verarbeitungs- und Speicherungsprozesse zu einem immateriellen Denkbild im Gedächtnis des Rezipienten. Dieses stimmt im Allgemeinen nicht mit dem immateriellen Konzeptbild des Bildproduzenten überein, weil der zwischengeschaltete komplexe und durch Individuen geprägte Prozess der visuellen Kommunikation zahlreiche Encodier-Decodier-Differenzen begünstigt, die unterstützt etwa durch die Existenz von Konnotationen eine eindeutige Bedeutungszuweisung erschweren. Zudem wird das im Gedächtnis abgelegte Denkbild durch andere visuelle Impressionen und die zeitliche Entfernung vom eigentlichen Rezeptionserlebnis weiter abgewandelt.

2.3 Die Bildfunktionen

Bilder übernehmen bzw. unterstützen im Kommunikationsprozess verschiedene Funktionen (zum Beispiel thematisierende Funktion, didaktische Funktion, psychologische Funktion, ästhetische Funktion oder ökonomische Funktion), je nachdem in welchem Kontext sie verwendet werden (vgl. Knieper 2006; Müller 2003; Meckel 2001; Domsich 1991; Meutsch 1990; Waller 1982; Schicha 2006). Für die bildethische Auseinandersetzung ist vor allem die von Funiok (2007: 136) beschriebene journalistische Funktion der professionellen Augenzeugenschaft entscheidend, weil sich in ihr sowohl der Rezipientenschutz als auch das Recht des Abgebildeten kristallisieren. Bildjournalisten schaffen demnach mit ihren Bildern Referenzpunkte für das öffentliche Wissen und die kollektive Erinnerung, sie visualisieren Geschehnisse, die ohne diese Sichtbarmachung bestreitbar und nicht konsenspflichtig wären. Besonders eindringlich erscheint diese professionelle Augenzeugenschaft im Fall der Kriegsberichterstattung[7], die zahlreiche Ikonen der Pressefotografie hervorgebracht hat. Die Bildern vielfach unterstellte Funktion einer Lingua franca (vgl. Miener 2004: 16), können sie nur bedingt erfüllen. Zwar gibt es insbesondere in Bezug auf Personenwahrnehmungen kulturstabile Zuschreibungen, in zahlreichen anderen Fällen werden Bilder aber abhängig vom jeweiligen kulturellen Hintergrund rezipiert und decodiert. Ein aktuelles Beispiel dafür ist der Karikaturenstreit um die Serie „Muhammeds ansigt" der dänischen Tageszeitung *Jyllands-Posten* (vgl. Knieper/Tinnefeld 2008: 473-482; Müller/Ozcan 2007: 287-291).

6 Diese auch als Framing-Effekte bezeichneten Vorgänge führen dazu, dass ein Rezipient auf der Basis bestimmter Schlüsselreize kognitive Muster zur Einordnung und Interpretation visueller Informationen aktiviert (vgl. Fiske/Taylor 1991). Eine Glatze, Springerstiefel oder spezielle Embleme auf einem Demonstrationsbild können zum Beispiel den Schlüsselreiz für eine Einordnung in den rechtsradikalen Kontext bilden.

7 Siehe auch den Beitrag von Bilke zur Kriegsberichterstattung in diesem Band.

3 Die zwei Ebenen der normativen Bildethik

Normative Formen der Bildethik lassen sich grundsätzlich auf zwei Ebenen finden. Zum einen in Form von gesetzlichen Schranken und Freiheiten und zum anderen in der medialen Selbstkontrolle.

Zusammen genommen schützen und beschränken sie alle fünf an der visuellen Kommunikation beteiligten Protagonisten und deren Freiheiten: Die Berater und Strategen, den Bildproduzenten und den Medienbetrieb zum Beispiel in Form des Presserechts, den Abgebildeten durch das Recht am eigenen Bild und den Rezipienten etwa durch den Jugendschutz. Ihre Interessen können naturgemäß miteinander konkurrieren, so dass des einen Freiheit des anderen Grenzen markiert: Der Wahrheits- und Authentizitätsanspruch des Bildjournalismus bzw. das Informationsbedürfnis der Gesellschaft konkurriert zum Beispiel mit dem Persönlichkeitsrecht des Einzelnen. In dieser Abwägung spiegelt sich die schwierige Gradwanderung einer normativen Bildethik wider.

3.1 Medienrechtliche Grundlagen

3.1.1 Pressefreiheit und öffentliches Interesse

Die allgemeine Pressefreiheit (Art. 5. Abs. 1 GG) garantiert Bildproduzenten und Medienmachern, dass sie ihre Arbeit ohne staatliche Zensur verrichten und ihre Meinung auch in Form von Bildern frei äußern und verbreiten können. Zudem lässt sich aus der in Artikel 5 geschützten Informationsfreiheit auch ein Spielraum ableiten, innerhalb dessen sie nach publizistischen Kriterien entscheiden können, was öffentliches Interesse ausmacht. Dieses Interesse kann sogar Unterhaltung sein (vgl. Schulenberg 2008: 245). Es leitet sich aus der verfassungsrechtlichen Gewährleistung der Informationsfreiheitsrechte ab. Gerichte unterscheiden in dieser Frage grundsätzlich zwischen dem Skandal im Bild und dem skandalösem Bild. Das Bild von Kim Phuc, die während des Vietnamkrieges als neunjähriges Mädchen nackt vor US-amerikanischen Soldaten flieht, ist zum Beispiel medienrechtlich unbedenklich. „Denn nicht der Bild-Text, sondern der Bild-Kontext, auf den die Darstellung verweist, ist skandalös." (Niesen/Frankenberg 2004: 37) Außerdem: „Bilder, die auf schockierende Weise Leiden, Schmerz und Demütigung vor Augen führen, werden zu einer ‚moralischen Anstalt' und verwirklichen zugleich das Recht, über die Verletzungen der Menschenwürde bildlich informiert zu werden." (ebd.: 37)

3.1.2 Recht am eigenen Bild

Rechtsfragen zum Schutz des Abgebildeten sind vor allem im Kunsturheberrechtsgesetz (KUG) geregelt.[8] Der Zusammenhang zwischen fotografischen Bildern und dem Persönlichkeitsrecht besteht darin, dass das Foto „eine bestimmte Herrschaft über persönliche Belange [bewirkt]. […] Dies umso mehr als die Verabsolutierung eines aus einem Handlungsablauf herausgerissenen Momentes eine Überzeichnung oder Verzeichnung zur Folge haben kann. Jemanden mit der Ungewissheit des eventuellen Missbrauchs einer solchen Aufnahme zu belasten, erscheint nur unter besonderen Umständen gerechtfertigt.“ (Wenzel 1994, 338) Das Recht am eigenen Bild (§ 22 KUG) besagt deshalb, dass ein Bild nur verbreitet werden darf, wenn der Abgebildete dieser Verbreitung zustimmt. „Nicht zu verwechseln ist dies mit dem Wunsch des Abgebildeten, nur so in der Öffentlichkeit dargestellt zu werden, wie er sich selbst sieht oder gesehen werden möchte. Darauf besteht kein Anspruch.“ (Schulenberg 2008: 240)

Das Recht am eigenen Bild kennt vier Einschränkungen, die in § 23 KUG geregelt sind und neben dem Informationsbedürfnis der Gesellschaft auch die Meinungs- und Kunstfreiheit repräsentieren, nämlich wenn der Abgebildete eine Person der Zeitgeschichte ein Beiwerk und nicht Hauptmotiv oder ein Teilnehmer an einer öffentlichen Versammlung ist oder ein höheres Interesse der Kunst besteht.

Was bedeuten diese Einschränkungen also konkret? Zum Beispiel, dass Bilder eines hochrangigen Politikers oder Prominenten – beide sind absolute Personen der Zeitgeschichte – unter bestimmten Voraussetzungen auch ohne deren Erlaubnis geschossen und verbreitet werden dürfen.[9] Der Begriff der Zeitgeschichte ist nämlich sehr weit gefasst und eher funktional als geschichtswissenschaftlich hergeleitet. „Zur

---

8 Das KUG wurde am 9. Januar 1907 geschaffen, nachdem zwei Fotografen sich Zugang zum Sterbebett des damaligen Reichskanzlers Otto von Bismarck verschafft hatten und Bilder des Toten veröffentlichen wollten (vgl. Gerhard 2002, 162). Entscheidend sind vor allem die Paragraphen 22, 23 und 24 des KUG, die das Recht am eigenen Bild regeln. Dieses Recht leitet sich aus dem allgemeinen Persönlichkeitsrecht (Art. 2 Abs. 1) und dem Schutz der Menschenwürde (Artikel 1 Abs. 1) des Grundgesetzes ab.

9 Allerdings schränkt an dieser Stelle ein weiterer Rechtsgrundsatz die Informationsfreiheit wieder ein, nämlich das berechtigte Interesse des Abgebildeten (§23 KunstUrhG), das die Sphärentheorie des Bundesverfassungsgerichts umschreibt. Rechtlich gesehen umgeben jeden Menschen drei verschiedene Sphären: Die Intimsphäre, die Privatsphäre und die öffentliche Sphäre. Bilder aus der Intimsphäre, zum Beispiel Nacktbilder oder Bilder von Toten, sind tabu. Die Privatsphäre dagegen darf bei Personen der absoluten Zeitgeschichte unter Umständen durchleuchtet werden, sofern ein ernsthaftes Informationsinteresse der Öffentlichkeit besteht (vgl. Schulenberg 2008;. 246 ff.). Zudem dürfen Bilder weder unmittelbar noch durch den Kontext, in den sie gestellt werden, die Ehre oder den Ruf des Abgebildeten beeinträchtigen. Auch entstellte oder verfälschte Darstellungen sind verboten, sofern sie persönlichkeitsverletztenden Charakter haben. Inzwischen geht die Rechtssprechung bisweilen sogar soweit, dass auch im öffentlichen Raum geschossene Bilder nur noch im nachrichtlichen Kontext publiziert werden dürfen (vgl. zum einschlägigen *Caroline-Urteil*: ebd.: 248)

Zeitgeschichte gehört alles, woran gegenwärtig allgemein Interesse besteht.“ (Wenzel 1994, 354) Relative Personen der Zeitgeschichte dagegen betreten die Bühne der Öffentlichkeit nur für eine bestimmte Zeitspanne. „Dementsprechend ist das Veröffentlichungsrecht des Bildes zeitlich, räumlich und thematisch durch den Zusammenhang mit dem Ereignis begrenzt.“ (Schulenberg 2008: 244) Dies ist ein entscheidender Hinweis auf die Tatsache, dass innerhalb der Bildkommunikation auch Zusammenhang und Zeitpunkt der Bildveröffentlichung von Bedeutung sind.

Zusammenfassend lassen sich auf der medienrechtlichen Ebene zwei gegensätzliche Entwicklungen erkennen. Während die allgemeine gesellschaftliche Liberalisierung und Desensibilisierung gleichzeitig eine Liberalisierung der Rechtssprechung nach sich zieht (vgl. Frankenberg/Niesen 2004: 40 f.), gibt es gleichzeitig auch rechtliche Verschärfungen, wie den so genannten Spannerschutz nach §201 a StGB. Er besagt, dass nicht erst die Veröffentlichung von Bildern aus der Intimsphäre unter Strafe steht, sondern schon deren Anfertigung (vgl. Fechner 2003: 215). Auch das so genannte *Caroline-Urteil* des Europäischen Gerichtshofs für Menschenrechte (EGMR) schränkt den Schutzbereich der Pressefreiheit ein (vgl. Schulenberg 2008: 249), indem es der Privatsphäre in der Güterabwägung gegen das Informationsinteresse der Gesellschaft einen größeren Stellenwert zugesteht.

3.2 Die mediale Selbstkontrolle

Als zweite Stufe über dem geltenden Recht findet sich die mediale Selbstkontrolle, die bedeutet, „dass Medien ihr Handeln und ihre Macht als vielzitierte vierte Gewalt im Staat in Eigenverantwortung prüfen und bei Verstößen gegen die von ihr formulierten Berufsnormen Sanktionen verhängen.“ (Leifert 2007: 160) Diese Selbstkontrolle ist nicht ganz uneigennützig, sondern will auch die Autonomie gegenüber staatlichen Steuerungsansprüchen und die Glaubwürdigkeit gegenüber den Rezipienten wahren. Für die Bildethik entscheidende Institutionen der Selbstkontrolle sind vor allem die Freiwillige Selbstkontrolle Fernsehen für die privaten Fernsehprogramme (FSF), die freiwillige Kontrolle der Filmwirtschaft (FSK), der deutsche Werberat, der Rat für Public Relations und der Deutsche Presserat. Jeder Bürger kann sich an die verschiedenen Institutionen wenden „um so das symbolische Sanktionspotenzial der öffentlichen Reputationszuschreibung“ (Debatin 1998, 123) und „ethischen Selbstbindung“ (Leifert 2007: 163) zu aktivieren.[10] Die meisten Beschwerden über Fotos beim Presserat lassen sich in zwei bereits bekannten ethischen Grundprinzipien zusammenfassen: „Wahrheit/Objektivität einerseits (Ziffer 1 und 2) und Menschenwürde und das daraus abgeleitete Persönlichkeitsrecht andererseits (v.a. Ziffern 1, 8 und 11)“ (ebd.: 166).

10 Siehe auch den Beitrag von Stapf zur Selbstkontrolle in diesem Band.

Weil selbst die schärfste Sanktion des Deutschen Presserates, die öffentliche Rüge, nicht einklagbar ist, wird er in Journalisten- und Publizistenkreisen mitunter auch als zahnloser Tiger bezeichnet (vgl. ebd.: 163; Niggemeier 2006).[11]

Abschließend lässt sich feststellen, dass die Bedeutung des Bildes im gesellschaftlichen Kommunikationsprozess noch nicht vollständig vom bildethischen Diskurs erfasst ist. Hier lässt sich wiederum eine Parallele zum bildwissenschaftlichen Diskurs ziehen: Beide stecken noch in den Anfängen (vgl. Leifert 2007: 165). Röhl spricht deshalb auch von einer „offen zu Tage tretenden Bilderscheu der Jurisprudenz“, die er auf die zentrale Bedeutung der Schrift für die moderne Rechtskultur zurückführt (zit.n. Niesen 2004: 74ff.).[12] Diese nicht zeitgemäße Einordnung der Rolle von Bildern führt sich auf der Ebene der medialen Selbstkontrolle fort: Bilder werden zum Beispiel vom Presserat immer noch als Anhängsel zum Text verstanden. (vgl. Leifert 2007: 166)

4 Zusammenfassende bildethische Reflexion und Handlungsempfehlungen

Bilder nehmen innerhalb der Gesellschaft eine immer wichtigere Rolle ein, und zwar auf allen erdenklichen Ebenen und in allen vorstellbaren Kontexten. Deshalb ist es unabdingbar, dass der Umgang der Menschen mit Bildern in einem kritischen Sinne selbstverständlicher wird, dass Bildern die aktive Rolle zugestanden wird, die sich längst im Kommunikationsprozess einnehmen. Diesen Topos des lebendigen Bildes greift Mitchell (2005: xvii) auf und spricht von einer „paradoxical creature, both concrete and abstract, both a specific individual thing and a symbolic form that embraces a totality”.

Neben einer aktualisierten Bild-Wahrnehmung innerhalb der Gesellschaft, also auf Rezipientenseite, müssen aber auch die Medienmacher ihren Umgang mit Bildern kritisch reflektieren und die eigene Klasse wirksamer an bildethische Grundprinzipien binden. Gerade im journalistischen Kontext ist die Glaubwürdigkeit ein entscheidendes und schutzwürdiges Gut. Der Fotograf John Long forderte deshalb bereits 1989 analog zu den Printjournalisten die Ausbildung eines eigenen Berufskodexes. “We need to develop the same internal standards, the same deep beliefs in the rightness of what we are doing. Our future depends on us and no one else.” (zit. n. Schwartz 2003: 33). Verallgemeinert ließe sich für Bildjournalisten eine Orientierung an den allgemeinen journalistischen Berufsethiken, wie „accuracy, reality, truth and fairness“ (Gordon/Kitross 1999: 72), oder auch die von den Konstruktivisten beizeiten belächelte

11 Siehe auch den Beitrag von Baum zum Deutschen Presserat in diesem Band.

12 Dies mag damit zusammenhängen, dass die für das Rechtssystem wichtige Abstraktion als spezifische Leistung der Schriftsprache gilt. Der wichtigste Abstraktionsmodus des Rechts ist die Formulierung allgemeiner Regeln. Gerade fotorealistische Bilder gelten allerdings als konkret und lassen sich deshalb nicht problemlos in die Logik des Rechts integrieren (vgl. Röhl 2005: 253ff.).

Hinwendung zu mehr Realismus fordern (vgl. Funiok 2007: 137). Dazu gehört auch die Grenze zwischen der Qualitätssteigerung und Manipulation von Bildern vor dem Hintergrund der digitalen Fotografie neu zu bestimmen (vgl. Forster 2003). Für den Medienbetrieb gilt: Er sollte Bilder kontextualisieren und nicht aus zeitlichen und inhaltlichen Zusammenhängen reißen (vgl. Holert 2002: 199; Schreitmüller 2005: 6), die Produktionsbedingungen von Bildern textuell aufklären (vgl. Haller 2008: 52) und Symbolbilder kennzeichnen (vgl. Rossig 2006: 172).

Fest steht: Es ist auf lange Sicht neben der Bildern eigenen Wahrheits- und Authentizitätsbehauptung vor allem die aus dem Handeln der Medienmacher heraus entstehende Glaubwürdigkeit, die Rezipienten in die medial präsentierte Wirklichkeit vertrauen lässt. Bildkonstruktionen sind schließlich – wirksame ethische Standards vorausgesetzt – nicht willkürlich, sondern analog zu journalistischen Wirklichkeitsbeschreibungen „in einem permanenten sozialen Prozess mit anderen abgestimmt und durch intersubjektive Vereinbarungen – gerade daran orientieren sich Medien und Journalisten – verbindlich“ (Weischenberg 1995: 111).

Literatur

Archer, Dane / Iritani, Bonita / Kimes, Debra / Barrios, Michael (1989): Männer-Köpfe, Frauen-Körper. Studien zur unterschiedlichen Abbildung von Frauen und Männern auf Pressefotos. In: Schmerl, Christiane (Hrsg.): In die Presse geraten. Darstellungen von Frauen in der Presse und Frauenarbeit in den Medien. Köln; Wien, S. 53-75.

Barthes, Roland (1985): Am Nullpunkt der Literatur. Frankfurt am Main

Barthes, Roland (1968): L´effect du reél. In: Communications 11, S. 84 ff.

Bazin, Andre (1981): Ontologie des photographischen Bildes. (Ontologie de l'image photo- graphique. Paris, 1945) In: Wilfried Wiegand (Hrsg.): Die Wahrheit der Photographie. Klassische Bekenntnisse zu einer neuen Kunst. Frankfurt am Main, S. 257-266

Daniel Boorstin (1961): The Image: A Guide to Pseudo-Events in America.

Debatin, Bernhard / Funiok, Rüdiger (2003): Kommunikations- und Medienethik. Konstanz.

Doelker, Christian (1999): Ein Bild ist mehr als ein Bild. Visuelle Kompetenz in der Multimedia-Gesellschaft. Stuttgart .

Dechner, Frank (2004): Medienrecht. 5. Auflage. Tübingen.

Fleissner, Karin (2002): Die Debatte um die Kanzlerkandidatenfrage in der CDU/CSU im Spiegel der Pressefotografie. Eine Analyse von Pressebildern der Konkurrenten Angela Merkel und Edmund Stoiber in ausgewählten Printmedien. Ludwig-Maximilians-Universität München: Magisterarbeit.

Fleissner, Karin (2004): Vor der Kür ist nach der Kür? Bundestagswahl 2002: Die Kandidatendebatte der Union im Spiegel der Pressefotografie. In: Thomas Knieper / Marion. G. Müller (Hrsg.): Visuelle Wahlkampfkommunikation. Köln, S. 129-147.

Forster, Klaus (2003): Rezeption von Bildmanipulation. In: Knieper, Thomas / Marion G. Müller (Hrsg.): Authentizität und Inszenierung von Bilderwelten. Köln, S. 66-101.

Forster, Klaus / Thomas Knieper (2006): Experimentelle Studien zur Bildrezeption in der sozialwissenschaftlichen Forschung. In: Sachs-Hombach, Klaus (Hrsg.): Bild und Medium: Kunstgeschichtliche und philosophische Grundlagen der interdisziplinären Bildwissenschaft. Köln, S. 232-259.

Forster, Klaus/Thomas Knieper (2008): Das Blutbad von München: Terrorismus im Fernsehzeitalter. In: Paul, Gerhard (Hrsg.): Das Jahrhundert der Bilder. Band II: 1949 bis heute. Göttingen, S. 434-441.

Frankenberg, Günter / Niesen, Peter (Hrsg.) (2004): Bilderverbot. Recht, Ethik und Ästhetik der öffentlichen Darstellung. Münster.

Frey, Siegfried (1999): Die Macht des Bildes. Der Einfluss der nonverbalen Kommunikation auf Kultur und Politik. Bern.

Funiok, Rüdiger (2007): Medienethik. Verantwortung in der Mediengesellschaft. Stuttgart.

Gerhardt, Rudolf / Steffen, Erich (2002): Kleiner Knigge des Presserechts. Wie weit Journalisten zu weit gehen dürfen – mit Extrateil „Recht im Bild". Frankfurt am Main.

Gordon, David / Kittross, John Michael (1999): Controversies in media ethics. Boston.

Grittmann, Elke / Neverla, Irene / Ammann, Ilona (Hrsg.) (2008): Global, lokal, digital – Fotojournalismus heute. Köln.

Haller, Michael (Hrsg) (2008): Visueller Journalismus. Beiträge zur Diskussion einer vernachlässigten Dimension. Berlin.

Hamann, Christoph (2001): Bilderwelten und Weltbilder. Fotos, die Geschichte(n) mach(ten). Berlin.

Harris, Christopher R. / Lester, Paul Martin (2002): Visual Journalism. A Guide for new media professionals. Massachusetts.

Henley, Nancy M. (1989): Körperstrategien. Geschlecht, Macht und nonverbale Kommunikation. Frankfurt am Main.

Hofmann, Wilhelm (Hrsg) (1999): Die Sichtbarkeit der Macht. Theoretische und empirische Untersuchungen zur visuellen Politik. Baden-Baden.

Holert, Tom (2002): Evidenz-Effekte. Überzeugungsarbeit in der visuellen Kultur der Gegenwart«, in: Bickenbach, Matthias / Fliethmann, Axel (Hrsg.): Korrespondenzen: Visuelle Kulturen zwischen früher Neuzeit und Gegenwart, S. 198-225.

Hornig, Frank (2007): Das Mitmachnetz. Ein bunter chaotischer Haufen. In: Spiegel special 3/2007, S. 6, [*http://wissen.spiegel.de/wissen/dokument/47/38/dokument.html?titel=Ein+bunter%2C+chaotischer+Marktplatz&id=52058374&top=SPIEGEL&suchbegriff=stewart+butterfield+interview&quellen=&vl=0*, eingesehen am 18.12.2008].

Huber, Hans Dieter / Lockemann, Bettina / Scheibel, Michael (Hrsg.) (2002): Bild, Wissen, Medien. Visuelle Kompetenz im Medienzeitalter. München.

Kepplinger, Hans Matthias / Donsbach, Wolfgang (1983): Der Einfluss der Kameraperspektiven auf die Wahrnehmung des Parteiredners durch Anhänger, Gegner und neutrale Zuschauer. In: Schulz, Winfried / Schönbach, Klaus (Hrsg.): Massenmedien und Wahlen. München, S. 406-423.

Kepplinger, Hans Matthias (1996): Inszenierte Wirklichkeiten. In: medien + erziehung, Jg. 40, Nr. 1, S. 12-19.

Kepplinger, Hans Matthias (1999): Nonverbal Communication. In: Brosius, Hans-Bernd / Holtz-Bacha, Christina (Hrsg.): The German Communication Yearbook. Cresskill, S. 9-37.

Kinnebrock, Susanne / Thomas Knieper (2008): Männliche Angie oder weiblicher Gerd? Visuelle Geschlechter- und Machtkonstruktionen auf Titelseiten von politischen Nachrichtenmagazinen. In: Holtz-Bacha, Christina (Hrsg.): Frauen, Politik und Medien. Wiesbaden, S. 83-103.

Knieper, Thomas (2003): Die ikonologische Analyse von Medienbildern und deren Beitrag zur Bildkompetenz. In: Knieper, Thomas / Marion G. Müller (Hrsg.): Authentizität und Inszenierung von Bilderwelten. Köln, S 193-212.

Knieper, Thomas (2005): Kommunikationswissenschaftliche Beiträge zu einer interdisziplinären Bildwissenschaft. In: Sachs-Hombach, Klaus (Hrsg.): Bildwissenschaft zwischen Reflexion und Anwendung. Köln, S. 56-70.

Knieper, Thomas (2005): Professioneller Bildjournalismus und Medienkompetenz. In: Fasel, Christoph (Hrsg.): Qualität und Erfolg im Journalismus. Festschrift zum 60. Geburtstag von Michael Haller. Konstanz, S. 83-92.

Knieper, Thomas (2006): Geschichtsvermittlung durch Ikonen der Pressefotografie. In: Kirschenmann, Johannes / Ernst Wagner (Hrsg.): Bilder, die die Welt bedeuten: ›Ikonen‹ des Bildgedächtnisses und ihre Vermittlung über Datenbanken. München, S. 29-39.

Knieper, Thomas (2007): Vortrag auf dem Visual Competence Symposium, Jacobs University Bremen.

Knieper, Thomas / Müller, Marion G. (Hrsg.) (2001): Kommunikation Visuell. Das Bild als Forschungsgegenstand – Grundlagen und Perspektiven. Köln.

Knieper, Thomas / Müller, Marion G. (Hrsg.) (2005): War Visions. Bildkommunikation und Krieg. Köln.

Knieper, Thomas / Tinnefeld, Marie-Theres (2008): Der Karikaturenstreit im säkularisierten Staat – Wie weit reichen Meinungsfreiheit und Toleranz? In: Schweighofer, Erich / Geist, Anton / Heindl, Gisela / Szücs, Christian (Hrsg.): Komplexitätsgrenzen der Rechtsinformatik: Tagungsband des 11. Internationalen Rechtsinformatik Symposions IRIS 2008. Stuttgart u.a., S. 473-482.

Krainer, Larissa (2001): Medien und Ethik. Zur Organisation medienethischer Entscheidungsprozesse. München.

Kuck, Katja (2008): Urheberrecht und Leistungsschutzrechte. In: Schwartmann, Rolf (Hrsg.) (2008): Praxishandbuch Medien-, IT- und Urheberrecht. Heidelberg u.a., S. 721-806

Land, Mitchell / Hornaday, Bill W. (2006): Contemporary Media Ethics. A Practical Guide for Students, Scholars and Professionals. Spokane; Washington.

Leifert, Stefan (2007): Bildethik. Theorie und Moral im Bildjournalismus der Massenmedien. München.

Lester, Paul (1991): Photojournalism: An Ethical Approach. Hillsdale, New Jersey.

Lester, Paul / Ross, Susann Dente (2003): Images That Injure. Pictural Stereotypes in the Media. Westport, Connecticut.

Liebert, Wolf-Andreas / Metten, Thomas (Hrsg.) (2007): Mit Bildern lügen. Köln.

Macias, José (1990): Die Entwicklung des Fotojournalismus. München.

Miener, Frank (2004): Bilder, die lügen. Tourist Guy und Co. – Digitale Gefahr für die Medien? Norderstedt.

Mitchell, William J. Thomas (1994): Picture Theory. Essays on Verbal and Visual Representation. Chicago.

Mitchell, William J Thomas (1995): Iconology: Image, Text, Ideology. Chicago; London.

Mitchell, William J Thomas (2005): What do pictures want? Chicago; London.

Mühlen-Achs, Gitta (1998): Geschlecht bewußt gemacht. Körpersprachliche Inszenierungen. Ein Bilder- und Arbeitsbuch. München.

Müller, Marion G. (2003): Grundlagen der visuellen Kommunikation. Konstanz.

Müller, Marion G. / Özcan, Esra (2007): The Political Iconography of Muhammed Cartoons: Understanding Cultural Conflicts and Political Action. In: PS: Political Science and Politics, S. 287-291.

Newton, Julianne H. (2001): The Burden of Visual Truth. The Role of Photojournalism in Mediating Reality. Mahwah.

Niggemeier, Stefan (2006): Presserat. Zur Sache, Kätzchen. In: Frankfurter Allgemeine Zeitung online. [*http://www.faz.net/s/Rub117C535CDF414415BB243B181B8B60AE/Doc~EC602BF04C905410 5863DCCE52FF70275~ATpl~Ecommon~Scontent.html*, eingesehen am 17.12.2008]

Paul, Gerhard (2008): Das Mädchen Kim Phúc. Eine Ikone des Vietnamkriegs. In: Gerhard Paul (Hrsg.): Das Jahrhundert der Bilder. Band II: 1949 bis heute. Bonn, S. 426-433.

Petersen, Thomas (2001): Der Test von Bildsignalen in Repräsentativumfragen. Vorschlag für ein Forschungsprogramm. In: Thomas Knieper / Marion G. Müller (Hrsg.): Kommunikation visuell: Das Bild als Forschungsgegenstand – Grundlagen und Perspektiven. Köln, S. 159-175.

Petersen, Thomas (2003): Der Test von Bildsignalen in Repräsentativumfragen: Erste Ergebnisse. In: Thomas Knieper / Marion G. Müller (Hrsg.): Authentizität und Inszenierung von Bilderwelten. Köln, S. 102-122.

Ritchin, Fred (1999): In Our Own Image: The Coming Revolution in Photographay. How Computer Technology is Changing our View of the World. 2. Auflage. New York.

Rössler, Patrick (2001): Visuelle Codierung und Vielfalts-Analysen auf Mikroebene. Kategorisierungs- und Auswertungsstrategien für die ikonographische Untersuchung journalistischer Berichterstattung. In: Werner Wirth / Edmund Lauf (Hrsg.): Inhaltsanalyse. Perspektiven, Probleme, Potentiale. Köln, S. 140-156.

Rossig, Julian J. (2006): Fotojournalismus. Praktischer Journalismus. Konstanz.

Sachs-Hombach Klaus / Rehkämper Klaus (2003): Was ist Bildkompetenz? Studien zur Bildwissenschaft. Wiesbaden.

Sachs-Hombach, Klaus (Hrsg.) (2005): Bildwissenschaft. Frankfurt am Main.

Sanders, Karen (2003): Ethics and Journalism. London.

Schicha, Christian / Brosda, Carsten (Hrsg.) (2000): Medienethik zwischen Theorie und Praxis. Normen für die Kommunikationswissenschaft. Münster.

Schicha, Christian (2006): Bildmanipulation. Visuelle Strategien am Beispiel politischer Motive. Vortrag vor dem Fachbereichsrat 09 der Philipps Universität Marburg am 8. November 2006. [Manuskript]

Schreitmüller, Andreas (2005): Alle Bilder lügen. Foto – Film – Fernsehen – Fälschung. Konstanz.

Schulenberg, Matthias (2008): Die Bildberichterstattung. In: Schwartmann, Rolf (Hrsg.): Praxishandbuch Medien-, IT- und Urheberrecht. Heidelberg, u.a., S. 240-270.

Schwartz, Dona (2003): Professional Oversight: Policing the Credibility of Photojournalism. In: Gross, Larry / Katz, John Stuart / Ruby, Jay (Hrsg): Image, ethics in the digital age. Minnesota, S. 27-51.

Taylor, John (1998): Body Horror. Photojournalism, Catastrophe and War. New York.

Weinlich, Alice (2002): Körpersprache von Politikern. Machtdemonstration und Selbstdarstellung. Münster.

Zillmann, Dolf / Harris, Christopher R. / Schweitzer, Karla (1993): Effects of Perspective and Angle Manipulations in Portrait Photographs on the Attribution of Traits to Depicted Persons. In: Medienpsychologie, 5. Jg., Heft 2, S. 106-123.

New Media Ethics

Bernhard Debatin [1]

1 Towards an Inclusive Foundation of Internet Ethics

The meaning of the term "new media" is historically variable because the novelty of a medium obviously decreases with time and its diffusion. The process of societal diffusion and routinization of technology has been widely observed and analyzed (see, for instance, Rogers 1962; Braun 1988; Rammert/Bechmann 1997). Communication media are no exception to this; rather they represent the self-referential core of this process since the diffusion and adoption of technical innovations rely on communication processes. Indeed, every new medium is usually its own best ambassador, be it book, radio, TV, or Internet.

New technology has always been the object of dreams, wishes, and projections. There are innumerable myths and tales in which a technical creation (homunculus, *l'homme de machine*, cyborg, artificial intelligence, etc.) becomes a universal helper and cure-all and/or revolts destructively against its creator. The coupling of technophilia and technophobia seems to be a constant of technological development; it is always present when new technology diffuses throughout society. Such utopian and apocalyptic expectations can only arise with an open horizon of time and possibility, which is characteristic of innovation. Familiar technology has already been integrated into everyday life and has a clear-cut horizon of expectation, which is saturated by experience. In contrast, new technology is vexed with the uncertainty of its still unfolding potential and dangers, and therefore provides a projection screen for euphoric and apocalyptic myths. Such myths disappear gradually as this technology becomes normalized, only to make space for new myths of the latest technology, as has been described by Steven Johnson:

> "This pattern of renunciation and acceptance has a long history. New technologies invariably possess the aura of unreality at their outset, and then march steadily toward the natural world." (Johnson 1997: 30)

---

1 This is a reprint of the chapter "The Future of New Media Ethics" that was published in *An Ethics Trajectory: Visions of Media Past, Present, and Yet To Come*, edited by Tom Cooper, Anantha Babbili, and Cliff Christians (2008), Urbana, IL: University of Illinois, pp. 257-263.

2 General Epistemology of the Ethics of Technology

In the widely quoted ninth thesis from his essay, *On the Concept of History*, Walter Benjamin (1971: 78ff.) describes the historical process, drawing on Klee's painting *Angelus Novus*, with the allegorical image of the angel of history who is inexorably propelled backwards into the future by the storm of progress, leaving behind a growing pile of debris.[2] This seemingly inevitable and auto-dynamic process of historical immanence is intrinsically tied to the development of technology and its consequences. As a driving force of modernization, the development of science and technology continues to accelerate, and although there are ethical concerns about this process and its consequences, the ethical discussion can hardly keep pace with the scientific-technological world, where 'progress' remains an unquestioned good. Ethicists have difficulty anticipating particular changes, and ethical reflection often begins only after damage has been done. As a result, new technologies rush into an ethical void and many scientists and engineers continue to believe that technical feasibility produces its own justification.

In the Aristotelian sense, technology is an artefact built by the creating human. However, it is not just an artificially created object, but also a *teleological* tool of extending, strengthening, and substituting for human organs (see Gehlen 1950). Its main purpose is control over the forces of nature, bringing predictability and order into a frightening and unpredictable world. Thus, technical prostheses are intended to extend and overcome the natural boundaries of the human realm of action and perception (see Weibel 1981). Technology is never value-neutral. The immanent *telos* of technology is boundlessness, the transcendence of spatial, temporal, and personal limitations. As technology develops and becomes increasingly institutionalized, it creates an instrumental 'in-between' sphere, a medium between the human and the world, which – in striving incrementally for boundlessness – continually creates new boundaries and constantly reshapes the world. In the words of Günter Anders (1987: 112; my translation), "*World* is the label for a virtual occupied zone," occupied by the "universal machine" called technology.

Paradoxically, as technical-scientific developments advance and technology progresses from mere use of tools to the employment of machines and then to the implementation of complex technical systems,[3] technology depends more and more on

2 In English, the passage reads: "Where we see the appearance of a chain of events, he sees one single catastrophe, which unceasingly piles rubble on top of rubble and hurls it before his feet. He would like to pause for a moment so fair, to awaken the dead and to piece together what has been smashed. But a storm is blowing from Paradise, it has caught itself up in his wings and is so strong that the Angel can no longer close them. The storm drives him irresistibly into the future, to which his back is turned, while the rubble-heap before him grows sky-high. That which we call progress, is this storm." Retrieved on Nov. 30, 2007 from *http://www.efn.org/~dredmond/ThesesonHistory.html.*

3 From a techno-philosophical point of view, one can ideal-typically distinguish the categories "tool"/"machine"/"system" according to different types of action, characterized by an increase in complexity and a decrease in the degree of individual freedom: *Tools* allow carrying out actions

its own mediating capacities, since technicization introduces greater complexity into the human realm of action and perception. In other words, the technologically created 'in-between' sphere requires increasingly technical mediation for its own operations. This is the birth of homeostatic machines, cybernetic systems, control technology, and user interfaces. In the technical-scientific world, the focus of technology changes from merely controlling the forces of nature to controlling increasingly intransparent technologies and compensating for their unintended and unforeseen consequences.

In a remarkable process of self-referentiality, technology now creates the problems for which it has to create ever new solutions, which in turn create further side-effects that again have to be dealt with technologically. Thus, technology creates a universe of immanence with its own inherent necessities and constraints – Schelsky's (1965) "Sachzwänge" – that drive technological, societal and economic progress. The philosopher Hans Jonas (1984: 32) called this "the cumulative dynamics of technological development," which are "not only irreversible, but also forward-pushing [...] and become cumulatively the law of [their] continuation." While it is important to note that this is not meant to be crude technological determinism because economic, sociopolitical, and cultural factors influence speed, direction, and success of technological developments, too, one has to recognize the systematic and increasingly self-determining structure of this process, which has been sociologically analyzed as "reflexive modernization" (see Beck 1999; Giddens 1990).

The ethically most relevant epistemological insight that follows from this process is the law of unintended consequences (see Merton 1976). The power of unanticipated and unintended consequences of human action was long regarded as mostly positive and a central element in teleological ideologies of history and economics. Negative side-effects were considered negligible or perceived merely as manageable insurance risks. This positive (and positivistic) attitude only holds up as long as the undesirable consequences of human action can be externalized into a seemingly infinite social and natural environment. Under the conditions of a globalized risk society, however, unintended consequences, undesirable risks, and external diseconomies can no longer be externalized without tangible consequences for their originators, even though externalization is still the first choice to cut costs and deflect responsibility (see Beck 2000).

Two main ethical principles can be derived from this situation: The *negative* principle of the "prevalence of the bad over the good prognosis," (Jonas 1984: 31) which is particularly concerned with avoiding irreversibly damaging developments and anticipating unintended consequences. Because this imperative could be interpreted as a categorical rejection of any progress and development in the name of future genera-

based on individual, autonomous decisions; *machines*, as predetermined instrumental linkage of means, allow the use of action schemata for autonomous decisions on ends but not on means; *systems* provide the condition of possibility for certain actions and therefore predetermine both means and ends of these actions, while the individual freedom is reduced to proper handling of the system's interface (see Hubig 1995: 53ff.).

tions, it needs to be complemented and limited by a *positive* principle. Such a maxim was proposed in the renowned Brundtland report as the principle of sustainable development, which is based on the regulatory idea that development must meet "the needs of the present without compromising the ability of future generations to meet their own needs" (World Commission on Environment and Development 1987: 8). The principle of sustainability thus allows for technological and societal development while making sure that this development cannot be achieved at the expense of the future. The emphasis is not only on equity between generations but also within generations, including democratic participation and fair distribution of wealth (see ibid: 8f.).

The two principles are directly applicable to communication technology and the media: The state of communication technology and its social organization, accessibility, and diffusion have an immediate impact on individual freedom, civil rights, and democratic participation. It is often emphasized that mass media are "the lifeblood of democracy" because the free flow of and access to information "enables citizens to participate in the democratic process" (Wellstone 2000: 551). The quality of public discourse depends on how much media fulfill their role as information providers, critical watchdogs, and sounding board for civil society (see Habermas 1998: Chapter 8). Sustainable development of communication technology should therefore ensure that present and future media foster an informed citizenry and a democratic polity. At the same time, any ethical evaluation of new media must also include an assessment of possible unintended consequences, particularly in light of the complexity and sophistication of networked media.

3 Paradoxes and Ethical Challenges of New Media

Communication technology, just like technology in general, has always been a means to the end of overcoming spatial, temporal, and personal limitations and thus liberating human communication from its natural confines by storing, transmitting, and distributing information. The *telos* of boundlessness is here accompanied by the *telos* of omniscience. Writing, books, and libraries are classic forms of communication media, which allow for preservation, extension, and dissemination of knowledge. Successive inventions of media technology, such as the printing press and electronic media, tremendously accelerated technology-based communication processes, which, in turn, made possible the development of complex societies (see Luhmann 1981; Luhmann 1997).

As communication technology becomes more sophisticated, the communicative realm of action and perception is – similarly to the instrumental 'in-between' sphere – transformed into a further 'in-between' sphere, the *information space*. Paradoxically, however, this sphere increasingly requires technical mediation by media that give access to information and thus allow for building second-order knowledge – that is, knowledge about knowledge. This is the birth of indexes, catalogues, retrieval systems, and information selection systems.

This paradox is based on the general paradox of complexity, which means that each and every increase in complexity causes a loss of transparency, which then has to be compensated for by reducing complexity. Yet, this reduction gives rise to new increases in complexity and new intransparencies in other areas. It is this very paradox of complexity that makes omniscience and boundlessness both an unattainable *telos* and a basic myth of communication technology. The myth feeds on the fact that omniscience and boundlessness seem to draw nearer with each new communication technology, yet become more remote as this very technology causes an additional increase in complexity, which again creates an insatiable need for better, more effective means for reducing complexity. This is why the myth of omniscience and boundlessness is not merely a recent phenomenon accompanying the advent of current new media but can in fact be observed with all historical media changes.

However, with computers and the Internet – the most recent new media – information and communication technology (ICT) shifts from amplifying, storing, and distributing information to processing and connecting information in an intelligent way. As an *intelligence reinforcing machine* the computer takes on specific knowledge processing functions of the human brain. Yet its very mode of operation also creates new intransparency; it produces not only knowledge but, as an unintended consequence, also additional non-knowledge: As the computer's power and potential grow, computer operations become increasingly intransparent. The development of more complex and efficient computers therefore requires the development of more intelligent user interfaces, which reduce this complexity (see Johnson 1997).[4] This advantage, however, is offset by the fact that these interfaces only allow structural coupling between user and computer, but no manipulation of deeper-level functions and processes (see Winograd/Flores 1987; Turkle 1995). The World Wide Web with its decentralized graphic interface and its client/server architecture exemplifies how this intransparency becomes even more salient in the case of complex computer networks, because its users are mere extensions of a black-box system that is usually neither fully understood nor controlled by them. The freedom of the average end-user is reduced to merely participating in a largely predetermined system through the computer/browser interface (see Hubig 1995: 53ff.). To reduce and compensate for these shortcomings, the development of ICT should be based on ethical standards that reflect the sustainability principle, such as the ones developed by Enid Mumford:

> "(1) Information systems should be designed to improve the quality of life for all. (2) Individuals should be able to participate in designing their own working circumstances and information systems. (3) Solutions to local problems have global consequences. (4) All research should include action to improve the situation being studied." (Porra/Hirschheim 2007)

4 Just consider the steps from punch card based input/output operation, to command language based interfaces, to modern user friendly graphic interfaces.

This, of course implies proper access to the Internet and ICT in the first place. Socio-cultural access barriers, such as income, gender, age, education, and ethnic status still prevail worldwide despite countervailing trends in the industrialized countries. New media and the Internet do not just perpetuate social inequalities, they often multiply them. The already existing knowledge gap within and between nations is exacerbated by the digital divide between the connected 'information rich' and the excluded 'information poor'. In reality, the global village is a gated community.[5] Moreover, non-western societies that join this community have demonstrated impressive resistance against assimilation of Western values and ideas, thus belying the naive deterministic assumption that the introduction of information technology automatically leads to a democratic polity (see Ess 2000).

Specific inequalities also arise with the type of access, such as broadband or wireless versus modem connection, and with the (currently only proposed) tiered service model that would basically abolish network neutrality and introduce a pay-by-use system for different transmission speeds.[6] With the tiered service, the common carrier model would be replaced with a commercially driven system with a built-in preference for financially potent customers. This would directly feed into the existing consolidation of big media companies and extend it to the Internet (see Chester 2007). This would have direct consequences for access to and production and distribution of Internet content, most likely at the expense of participation and diversity, thus exacerbating access barriers and knowledge gaps while reducing the democratic potential of the Internet.

A further complication of information and communication technology is the fact that the amount of data to be processed keeps growing with increases in computer efficiency. The digital proliferation of information does not automatically lead to more knowledge; instead, there is only an increase in the amount of information that has to be considered and evaluated in order to gain knowledge. A growing information flood requires ever more sophisticated and efficient instruments of recognizing, structuring, filtering, and evaluating relevant information. It is questionable if they can keep pace with the proliferation and multiplication of information. How far this information barrier can be pushed into the future might be uncertain, in empirical terms.[7] This problem is aggravated by the interactivity of globally networked computer culture, as

5 The problem of the 'have-nots', 'know-nots', and 'do-nots', as well as various strategies for coping with the digital divide is precisely analyzed in Tapscott 1998: 255-280. For a discussion of further implications of the digital divide see also DiMaggio et al. 2004.

6 For a good summary of the pros and cons in the network neutrality controversy see Yoo/Wu 2006.

7 The existence of this absolute limit was recognized as early as the 1960s by the Polish cybernetics expert and science fiction writer Stanislaw Lem (1981: 143; my translation): "In the end, a situation must emerge in which it proves to be impossible to further increase the capacity of science to transmit [knowledge] at the speed required by the growth of the amount of information. There will not be enough potential scientific personnel. This is exactly the situation of the *megabit bomb* or [...] the *information barrier*."

well as the changeability and instability of digital information, which replaces the durability of printed information. Unmanageable data floods, which have become prevalent with the Internet's global diffusion, are the logical result of this dilemma and at the same time the flip side of the myth of omniscience (see Tofler 1980; Virilio 1995). Again, the production of more knowledge also creates more non-knowledge in the form of information overload.

On the other hand, the Internet and related ICT have brought about considerable changes in the media system and in individual and societal communication. Due to its hypertextuality, interactivity, and user-friendliness, the Internet has opened up access to vast amounts of digitized information that used to be much harder to access in its analog form. It also has significantly lowered the publication threshold, so that anybody with Internet access can produce and publish content on the Worldwide Web. The Internet has thus opened up new information channels and new opportunities for democratic participation and for a revitalization of the public sphere (see Debatin 2008). This also provides new prospects for online journalism, ranging from blogging and citizen journalism to professional online news media and converging traditional media: “Online journalism has enormous potential to enhance the democratic purpose that has been the press' social and ethical foundation for centuries.” (Friend/Singer 2007: xx)

Yet this situation also raises the question of who is a journalist and how to distinguish reliable and truthful content from other forms of content. After all, the Internet has not only greatly contributed to a widespread diffusion of information, it has also created a breeding ground for disinformation, rumors, and conspiracy theories. Relevant and reliable information is located in direct vicinity to bogus news and self-absorbed chatter, often all jumbled together. As Cass Sunstein (2001) has shown, “this increasingly fragmented communications universe will reduce the level of shared experiences having salience to a diverse group of Americans”. The use of personalized net-based news diets and the highly self-referential political blogosphere, which is neatly separated by political ideologies, exemplify this trend towards a fragmented culture, in which people may increasingly lose the ability and motivation to listen to diverging points of view. To counter this trend, online journalism has an opportunity, but also a duty, to act as a citizen-oriented gatekeeper and provide reliable and credible information that is clearly distinguishable from the informational background noise of the Internet (see Friend/Singer 2007: chapter 1 and 2).

Finally, the Internet and related ICT have greatly facilitated data collection, privacy invasion and surveillance. Particularly after the terror attacks of September 11, 2001, and the ensuing ‘War on Terror’, ICT-based surveillance policies and practices have become a great cause for concern (see Lyon 2003). Invasion of privacy can also occur as a result of questionable information gathering practices by journalists who use the Internet as a handy source, often without revealing their identity and intentions (see Friend/Singer 2007: chapter 3). Invasion of privacy and (ab)use of personal data by third parties, as well as harassment and identity theft are also oft-criticized side-effects of data networks and new communication technology.[8] Popular Web 2.0 applications, such as social networking sites, provide a convenient socializing tool for its users, who often carelessly reveal detailed personal information in their profiles (see Acquisti/Gross 2006). This makes social networking sites gigantic data collection agencies that allow highly individualized forms of marketing and advertising through the combination of user profiles and user behaviors.[9]

Smart micro-media, such as mobile phones, podcasts, blogs, and social networking sites are increasingly and often naïvely used to publicize personal and intimate information in a pseudo-anonymous digital environment, thus dramatically changing the relationship between public and private. It can be assumed that the threats to privacy will only be aggravated as new smart communication technologies become pervasive technology. This type of technology tends to become invisible because it is "so widely adopted, so ubiquitous within its environment that it is readily taken for granted and given very little thought" (Luedtke 2003). In the not-too-distant future, ubiquitous computer technology will be embedded in every aspect of our everyday environment. It is obvious that this new pervasive technology will inevitably lead to unintended consequences with ethical implications due to its invisibility, definitional power, and deep impact on existing social structures.

One can only hope that the possible consequences of this new wave of technicization will be scrutinized with the same diligence as the proponents of ubiquitous computing tout its benefits. A pervasively computerized environment might turn the whole world into a convenient automatic information space, yet it is unclear who would define the values and preferences built into it. Technological development cannot be left to the contingencies of private interests and unregulated market forces. The future of new media ethics is intrinsically tied to democratic decision-making processes about the direction, risks, and impositions of new ICT. This would require informed *technological citizenship* "where the responsibilities and the privileges – and perhaps rights – associated with living in a world suffused with technology are a matter for ethical reflection and political practice." (Lyon 2003: 160)

Literature

Acquisti, Alessandro / Gross, Ralph (2006): Imagined Communities: Awareness, Information Sharing, and Privacy on Facebook. Workshop on Privacy-Enhancing Technologies (PET) 2006. Retrieved on Oct. 2, 2007 from *http://privacy.cs.cmu.edu/dataprivacy/projects/facebook/facebook2.pdf.*

Anders, Günter (1987): Die Antiquiertheit des Menschen. Vol. 2. München.

Benjamin, Walter (1971): Zur Kritik der Gewalt und andere Aufsätze. Frankfurt am Main. [original 1940]

Beck, Ulrich (1999): World Risk Society. Cambridge.

8 For a detailed discussion of ICT and privacy issues see Solove/Rothenberg/Schwartz 2006.

9 See, for instance, the debate about Facebook's intrusive Beacon feature in Perez 2007.

Beck, Ulrich (2000): Risk Society Revisited: Theory, Politics, and Research Programmes. In: Adam, Barbara / Beck, Ulrich / van Loon, Joost (eds.): The Risk Society and Beyond: Critical Issues for Social Theory. London, pp. 211-229.

Braun, Ingo (1988): Maschinisierung des Alltags oder Veralltäglichung der Maschine? Berlin.

Chester, Jeff (2007): Digital Destiny. New Media and the Future of Democracy. New York.

Debatin, Bernhard (2008): The Internet as a New Platform for Expressing Opinions and as a New Public Sphere. In: Donsbach, Wolfgang / Traugott, Michael W. (eds.): Handbook of Public Opinion Research. London, pp. 64-72.

DiMaggio, Paul et al. (2004): Digital Inequality: From Unequal Access to Differentiated Use. In: Neckerman, Kathryn (ed.): Social Inequality. New York, pp. 355-400.

Ess, Charles (2000): We are the Borg: The Web as Agent of Assimilation or Cultural Renaissance? In: ephilosopher, retrieved on Nov. 22, 2007, from *http://www.ephilosopher.com/page.php?62.*

Friend, Cecilia / Singer, Jane B. (2007): Online Journalism Ethics: Traditions and Transitions. Armonk, NY.

Gehlen, Arnold (1950): Der Mensch. Seine Natur und seine Stellung in der Welt. Bonn. [4th ed.]

Giddens, Anthony (1990): The Consequences of Modernity. Cambridge.

Habermas, Jürgen (1998): Between Facts and Norms. Cambridge.

Hubig, Christoph (1995): Technik- und Wissenschaftsethik. Ein Leitfaden. Berlin.

Johnson, Steven (1997): Interface Culture. How New Technology Transforms the Way We Create and Communicate. San Francisco.

Jonas, Hans (1984): The Imperative of Responsibility: In Search of Ethics for the Technological Age. Chicago.

Lem, Stanislaw (1981): Summa Technologiae. Frankfurt am Main.

Luedtke, Joe (2003): Toward Pervasive Computing – RFID Tags: Pervasive Computing in Your Pocket, on Your Key Chain and in Your Car. In: DMReview.com, July 17, 2003. Retrieved on Nov. 22, 2007, from *http://www.dmreview.com/article_sub.cfm?articleId=7096.*

Luhmann, Niklas (1981): Veränderungen im System gesellschaftlicher Kommunikation und die Massenmedien. In: Luhmann, Niklas: Soziologische Aufklärung. Vol. 3. Opladen, pp. 309-320.

Luhmann, Niklas (1997): Die Gesellschaft der Gesellschaft. Frankfurt am Main.

Lyon, David (2003): Surveillance after September 11. Cambridge.

Merton, Robert K. (1976): Sociological Ambivalence and Other Essays. New York.

Perez, Juan Carlos (2007): Facebook doesn't budge on Beacon's broad user tracking. In: InfoWorld, December 07, 2007, retrieved on Dec. 10, 2007, from *http://www.infoworld.com/article/07/12/07/Facebook-not-budging-on-Beacon-broad-user-tracking_1.html.*

Porra, Jaana / Hirschheim, Rudy (2007): A Lifetime of Theory and Action on the Ethical Use of Computers: A Dialogue with Enid Mumford. In: Journal of the Association for Information Systems, Volume 8, Issue 9, Article 29, September 2007, retrieved on Nov. 3, 2007, from *http://jais.aisnet.org/articles/default.asp?vol=8&art=29.*

Rammert, Werner / Bechmann, Gotthard (eds.) (1997): Innovation: Prozesse, Produkte, Politik. Frankfurt am Main; New York.

Rogers, Everett M. (1962): Diffusion of Innovations. New York. [4th edition 1995]

Schelsky, Helmut (1965): Der Mensch in der wissenschaftlichen Zivilisation. In: Auf der Suche nach Wirklichkeit. Düsseldorf; Köln, pp. 439-480.

Solove, Daniel J. / Rothenberg, Marc / Schwartz, Paul M. (2006): Privacy, Information, and Technology. New York.

Sunstein, Cass S. (2001): The Daily We: Is the Internet really a blessing for democracy? In: Boston Review, Summer 2001. Retrieved on Nov. 29, 2007, from *http://bostonreview.net/BR26.3/sunstein.html.*

Tapscott, Don (1998): Growing Up Digital: The Rise of the Net Generation. New York.

Tofler. Alvin (1980): The Third Wave. New York.

Turkle, Sherry (1995): Life on the Screen. Cambridge/MA.

Paul Virilio (1995): Speed and Information: Cyberspace Alarm! Retrieved on Nov. 12, 2007, from *http://www.ctheory.net/text_file.asp?pick=72.*

Weibel, Peter (1989): Territorium und Technik. In: Ars Electronica (ed.): Philosophien der neuen Technologie. Berlin, pp. 81-111.

Wellstone, Paul (2000): Growing media consolidation must be examined to preserve our democracy. In: Federal Communications Law Journal, May 2000, Vol. 52, Issue 3, pp. 551-554.

Winograd, Terry / Flores, Fernando (1987): Understanding Computers and Cognition – A New Foundation for Design. Reading.

World Commission on Environment and Development (1987): Our Common Future. Oxford.

Yoo, Christopher S. / Wu, Timothy (2006): Keeping the Internet Neutral? In: Legal Affairs, May 1, 2006, retrieved on Nov. 12, 2007, from *http://www.legalaffairs.org/webexclusive/dc_printerfriendly.msp?id=86.*

IV. Spannungsfelder der Medienethik

Ethik und Profit

Ethik und Qualität

Ethik und Recht

Ethik und Profit

Klaus-Dieter Altmeppen & Klaus Arnold

1 Kapitalismusprobleme der Berichterstattung

Der entfesselte Marktkapitalismus kannte eigentlich nur eine Moral: Möglichst viel Profit erwirtschaften und das egal wie: Löhne senken, Jobs auslagern, Umweltprobleme ignorieren und hohe Risiken bei Geldgeschäften eingehen – all dies schien durch das Versprechen gerechtfertigt, dass auf diese Weise der Wohlstand einer Gesellschaft am besten vermehrt werden könnte. Der Zusammenbruch des Weltfinanzsystems im Herbst 2008 zeigte jedoch, dass es gefährlich ist, wenn sich Teile der Wirtschaft weitgehend verselbstständigen und nicht mehr an die anderen Bereiche der Gesellschaft angekoppelt sind. Letztendlich schadet sich das Wirtschaftssystem dann selbst und kann nur unter enormen Kosten vor Stillstand und totalem Zusammenbruch bewahrt werden.

Unternehmen können nun einerseits über die Verordnung und Sanktionierung von Regeln dazu gezwungen werden, im Sinne der Interessen der Gesamtgesellschaft zu handeln. Hier mag in manchen Bereichen – besonders der Finanzwirtschaft – in den letzten Jahren ein erhebliches Defizit bestanden haben. Allerdings können derartige Eingriffe nicht zu weit gehen, droht doch dann wieder das Problem, die Systemdynamik durch Überregulierung abzuwürgen. Andererseits besteht auch die Möglichkeit, das Unternehmen freiwillig Verantwortung gegenüber der Gesellschaft wahrnehmen. Dies muss jedoch einen Mehrwert versprechen, der zum Beispiel in einem Reputationsgewinn liegen kann, und letztendlich muss die Übernahme von sozialer Verantwortung mit dem Hauptziel des Unternehmens – Profit zu erwirtschaften – vereinbar sein.

Im Medienbereich gibt es Reihe von Regelungen, mit denen der Journalismus auf bestimmte gesamtgesellschaftliche Ziele hin verpflichtet wird. Aufgrund der besonderen Problematik staatlicher Regelungen in diesem Bereich – jeder Eingriff gefährdet wiederum die Unabhängigkeit und Freiheit der Medien – wird stark auf Freiwilligkeit gesetzt: Soziale Verantwortung soll vor allem im Printbereich über ethische Selbstverpflichtungen erreicht werden.

Ethische Selbstverpflichtungskataloge – am bedeutendsten ist sicherlich der Pressekodex des deutschen Presserats – haben nun allerdings das Problem, dass sie sich vor allem an den einzelnen Medienmitarbeiter, beim Pressekodex an den einzelnen Journalisten wenden. Ethisches Verhalten wird somit zu einer Privatangelegenheit der Mitarbeiter, Organisations- und Systemzusammenhänge werden ausgeblendet.[1] Appelle an die einzelnen Journalisten, moralisch zu handeln, bleiben jedoch letztendlich sinnlos, wenn im Medienbetrieb entsprechende Bemühungen nicht unterstützt werden bzw. wenn nicht für passende Rahmenbedingungen gesorgt wird. Der Medienbetrieb als ökonomisch denkende Einheit ist primär nicht an ethischen Werten und sozialer Verantwortung im Journalismus orientiert, sondern daran, den Profit zu maximieren. Somit stoßen zwei Grundprinzipien gegeneinander: das Profitstreben als unternehmerisches Ziel und die ethische Verantwortung als gesellschaftliche Erwartung. Damit ist das zentrale Problem umschrieben: Während die Berichterstattung besondere Vorkehrungen erfordert, um qualitativ und ethisch verantwortlich zu sein, folgen andererseits die Medienunternehmen den Markt- und Kapitalgesetzen.[2] In diesem Ringen setzen sich die Kapitalmechanismen regelhaft durch.

Damit kein Missverständnis aufkommt: Medien waren immer erwerbswirtschaftliche Betriebe und selbst die öffentlich-rechtlichen Anstalten sind der Wirtschaftlichkeit verpflichtet. Die erwerbswirtschaftliche Ausrichtung soll auch hier nicht grundsätzlich kritisiert werden. Problematisch wird es jedoch, wenn Medienunternehmen – wie derzeit beobachtbar – nur noch dem erwerbswirtschaftlichen Prinzip folgen und die publizistischen Ziele völlig aus den Augen verlieren; wenn ihnen die Qualität wenig, die Profitsicherung aber enorm viel bedeutet; wenn bislang gültige Mindeststandards wie tarifvertragliche Bezahlung und dauerhafte Bindung der Journalisten an das Unternehmen weit weniger wichtig erscheinen als kurzfristige Renditeziele.[3]

Wer sich mit journalistischer Verantwortung oder Verantwortung der Medien beschäftigt, landet unweigerlich bei journalistischer Ethik und Medienethik, was nicht das Gleiche sein muss, aber häufig so verstanden wird: „Wegen der ‚Macht der Medien' werden immer häufiger Fragen nach der journalistischen Verantwortung gestellt", heißt es dann, und so entsteht „unter dem Etikett ‚Medien und Moral' der berufsethische Diskurs" (Weischenberg 1990: 29).

Im Folgenden soll es jedoch weniger um die ethische Debatte gehen (vgl. dazu zum Beispiel Weischenberg 1992: 170 ff.), sondern um eine Konkretisierung der Begriffe soziale Verantwortung und Ökonomisierung im Zusammenhang mit der Unterscheidung von Journalismus und Medien. Dahinter steckt die Annahme, dass

1 Der Pressekodex wurde häufig kritisiert, vgl. zum Beispiel Debatin/Funiok 2003: 11ff.; Weischenberg 1992: 187-193; Rühl/Saxer 1981: 498-504.

2 Siehe auch den Beitrag von Karmasin zur Medienunternehmung in diesem Band.

3 In der Anfang 2009 heraufziehenden Medienkrise ist die Versuchung natürlich besonders groß, publizistische Ziele zu schleifen und die Qualität der Berichterstattung noch weiter nach unten zu fahren. Damit drohen die Medienkonzerne jedoch noch tiefer in eine Abwärtsspirale aus Angebotsverschlechterung und Einnahmereduktion zu geraten, in der sie sich bereits seit geraumer Zeit befinden. Vgl. zur Situation auf dem Medienmarkt Anfang 2009 zum Beispiel Riesterer/Wittrock 2009.

beide Begriffe im Hinblick auf Journalismus und Medien unterschiedliche Bedeutungen haben. Die soziale Verantwortung und damit das ethische Handeln im Journalismus, so die hier vertretene Grundthese, bezieht sich auf seine Aufgabe, für die Gesellschaft relevante Inhalte zu produzieren; die Medien als Unternehmen haben dagegen eine unternehmerische Verantwortung wie andere Unternehmen auch. Für die Medien als Unternehmen und für die Medienmanager sind Unternehmensfortbestand, Profitabilität sowie Rentabilität zentrale Kriterien ihres Handelns, und nur auf einer sekundären Ebene und in Verbindung mit diesen Anforderungen können sozialverantwortliche Fragen behandelt werden, Fragen nach der gesellschaftlichen Verantwortung, der Arbeitnehmerverantwortung, der Umweltverantwortung. Einen Funktionsauftrag zur Übernahme gesellschaftlicher Verantwortung durch Berichterstattung haben die Medien nicht, ihr Handeln zielt nicht auf die Erfüllung irgendwelcher gesellschaftlichen Aufgaben ab. Sozialökonomische Phänomene wie Ökonomisierung und Profite zu erwirtschaften betreffen zunächst die Medienunternehmen, der Journalismus wird hingegen nur vermittelt über die Medienunternehmen von diesen Phänomenen erfasst.

2 Verantwortlichkeiten – Journalismus und Medienbetriebe

Der kommunikationswissenschaftliche Ethikdiskurs richtete sich zunächst nur auf den einzelnen Journalisten. In der so genannten normativ-ontologischen Denkschule (vgl. Boventer 1984; vgl. auch Auer 1996; Binkowski 1981) richteten sich Moralappelle an das Individuum, organisatorische und gesellschaftliche Zusammenhänge wurden genauso wie das Verhältnis von Moral und Markt nicht diskutiert. In der empirisch-analytischen, sozialethischen Richtung (vgl. Rühl/Saxer 1981; vgl. auch Haller 1992; Spinner 1988; Gottschlich 1980) wurde hingegen thematisiert, dass aufgrund der Komplexität von Gesellschaft und Journalismus sowie der verschiedenen Ansprüche wie sozialer Verantwortung und Markterfolg eine verbindliche persönliche Ethik nicht mehr möglich sei. Sinnvoll ist nach diesem Ansatz höchstens eine verschiedenen Berufsrollen, Organisationstypen und Journalismusarten angepasste Ethik. Hier droht dann natürlich die Gefahr des Relativismus, in dem ethische Maßstäbe – im Sinne eines „systemischen Fatalismus" (Pörksen 2006: 237) – ihre Verbindlichkeitsansprüche von vornherein nicht mehr geltend machen können.

Neuere Überlegungen zum Thema Ethik gehen davon aus, dass in einem gestuften Verhältnis die Besitzer und Betreiber von Massenmedien, die Medienschaffenden sowie auch die Nutzer für das Medienhandeln verantwortlich sind (vgl. zusammenfassend Funiok 2002: 49f.). Gefordert wird in diesem Zusammenhang die Verantwortlichkeiten im Medienbetrieb klar zu regeln, also zwischen einzelnen Ebenen zu unterscheiden (vgl. Debatin 1997). Um zu klären, wie im profitorientierten Medienbetrieb ethisch gehandelt werden kann, muss also differenziert werden, es muss dargelegt werden, wer im Medienbetrieb für was zuständig ist. Was haben die Mitarbeiter – wir konzentrieren uns hier vor allem auf den Journalismus – zu leisten und was sind die Aufgaben auf der ökonomisch orientierten Unternehmensebene? Was hat das jeweils für ethische Implikationen? Und welche Rolle spielen die Rezipienten – als Bürger und als Konsumenten? Es sind also mehrere Unterscheidungen sinnvoll, von denen diejenige zwischen Journalismus und Medienunternehmen in diesem Beitrag im Vordergrund steht, da wir es mit zwei unterscheidbaren Systemen mit verschiedenen Handlungslogiken zu tun haben. Auf den unterschiedlichen Handlungslogiken basieren im Weiteren dann nicht nur unterschiedliche Operationsweisen, sondern auch unterschiedliche Verantwortlichkeiten.

2.1 Die Unterscheidung von Journalismus und Medien

Nur wenn zwischen journalistischen und Medienorganisationen deutlich unterschieden wird, kann bestimmt werden, wer jeweils wofür eine soziale Verantwortung zu übernehmen hat. Dafür sind bestimmte Referenzen notwendig – Orientierungspunkte, an denen gemessen werden kann, ob Verantwortung übernommen wurde oder nicht. Soziale Verantwortung wahrzunehmen und soziale Verantwortung zurechnen zu können ist demnach an bestimmte Kriterien gebunden.

Bühl (1998) hat einen derartigen Referenzrahmen für Sozialverantwortung aufgezeichnet. Danach kann Verantwortung nur konstituiert werden als ein Sozialverhältnis, für das je nach Verantwortungsbereich spezifische Bedingungen und Rechtsverhältnisse vorliegen (vgl. dazu ebd.: 13). Damit Sozialverantwortung wahrgenommen und sanktioniert werden kann, ist es notwendig, dass innerhalb der jeweils gültigen Verantwortungsbereiche oder Subsysteme der Gesellschaft (wozu Bühl auch die Medien zählt), „institutionell geprägte und normativ [...] gesicherte Wahrnehmungsmuster und Zurechnungskonstrukte zur Verfügung“ gestellt werden, die es ermöglichen, „eine verantwortliche Person oder ein zuständiges Kollektivum ausfindig zu machen.“ (ebd.: 16)

Bühl macht mit diesem Referenzrahmen auf einige wesentliche Faktoren aufmerksam, die eine Unterscheidung von Journalismus und Medien unterstützen. Verantwortung als Sozialverhältnis erfordert es, die beteiligten Personen und Institutionen konkret zu benennen, die das Verhältnis bilden und prägen. Die Personen und Institutionen unterscheiden sich bei Journalismus und Medien ebenso wie die spezifischen Bedingungen und Rechtsverhältnisse, also die Strukturen und Leistungen. Diese Differenzen können wahrgenommen und die damit verbundenen Rechte und Pflichten können zugerechnet werden. Auf diese Weise lassen sich die Akzeptanz und die Erfüllung sozialverantwortlichen Handelns bestimmten Personen und Institutionen zuordnen. Wir werden im Folgenden sehen, dass beide Organisationen – Journalismus und Medien – unterschiedliche gesellschaftliche Leistungen erfüllen und demgemäß differente Verantwortungsregeln zu erfüllen haben.

Die institutionellen und normativen Wahrnehmungsmuster der journalistischen Organisationen entstehen aus der gesellschaftlichen Aufgabe des Journalismus, die Zurechnungskonstrukte sind Redaktionsstatute, Pressegesetze und Rundfunkstaatsverträge sowie der Pressekodex des Presserats (vgl. Baum u.a. 2005).

Die Medienunternehmen – und die Medienmanager – sind nur bedingt in diese Form von Sozialverantwortung eingebunden. Statt am Pressekodex orientieren sich Medienunternehmen an wirtschaftsrechtlichen nationalen oder internationalen Regelungen (wie etwa den Fernsehrichtlinien der EU, dem Kartellrecht oder der Strukturpolitik). Da Medienorganisationen im Wirtschaftssystem verankert sind, können sie einer Sozialverantwortung im Sinne einer gesellschaftlichen Erwartung und Aufgabe leicht ausweichen. Für sie geht es weniger um eine übergeordnete Aufgabe – um die Realisierung eines gesellschaftlichen Zentralwerts (vgl. Mayntz 1988: 18f.) –, sondern um die Profitmaximierung. Die Übernahme sozialer Verantwortung und damit der Einbezug fremder Handlungslogiken werden dann zunächst als Gefährdung aufgefasst. Und dies bleibt auch so, wenn keine Verbindung zur Handlungslogik in der Wirtschaft wahrgenommen und hergestellt werden kann.

Beim Journalismus ist das sozialverantwortliche Handeln im Hinblick auf dessen Leistungserfüllung zu prüfen. Gemäß seiner gesellschaftlichen Aufgabe besteht die Leistung von Journalismus darin, relevante Themen zu selektieren und zu bearbeiten. Journalisten handeln dementsprechend publizistisch, ihre Verantwortung bezieht sich darauf, alle Stufen des journalistischen Produktionsprozesses von der Themenfindung bis zur Präsentation auf ihre ethische Kriterien zu prüfen – und somit auch die Qualität der Berichterstattung zu sichern. Diese Verantwortungsleistung übernimmt der Journalist jedoch nicht allein, sie kann vernünftigerweise nur gesichert werden auf der Basis institutioneller Verantwortungskriterien, die durch die journalistischen Organisationen formuliert und abgesichert werden.

Die Leistung der Medien besteht demgegenüber darin, Information, Unterhaltung und Werbung zu distribuieren. Medienorganisationen betreiben die Distribution als Geschäft und sie handeln dementsprechend ökonomisch, also nach der Referenz von Zahlung/Nichtzahlung. Bei diesem Geschäft der Distribution von Information, Unterhaltung und Werbung steht die Distribution im Zentrum (vgl. Altmeppen 2006). Zur Wertschöpfungskette dieses Geschäfts gehören ferner die Beschaffung von Inhalten, deren Bündelung zu einem Programm oder einer Zeitung und schließlich die Finanzierung dieser medienwirtschaftlichen Aktivitäten. Damit wird zum Beispiel auch klar ausgedrückt, dass Werbung kein Bestandteil journalistischen Handelns ist und nicht zu den journalistischen Leistungen gehört. Werbung ist aber sehr wohl ein gewichtiger Bestandteil des medialen Handelns, wobei sie eine Zwitterrolle einnimmt, weil Werbung Inhalt ist und bei den meisten Medien gleichzeitig auch die hauptsächliche Einnahmeart.[4]

---

4 Siehe auch den Beitrag von Bohrmann zur Werbung in diesem Band.

Der häufig postulierte Einfluss der Werbung auf den Journalismus ist auch deshalb so schwierig nachzuweisen, weil er indirekt verläuft. Werbekunden beschweren sich bei unerwünschter Berichterstattung bei den Medienunternehmen, denn dorthin gehen ihre Zahlungen. Sie erwarten, dass die Medienmanager den Journalismus zügeln, was die Manager mit einem Bündel an Maßnahmen tun können, das von Einfluss nehmenden Gesprächen bis zur Androhung (oder Durchführung) von Ressourcenentzug reicht.

Angesichts dieser Lesart des Verhältnisses von Journalismus und Medien können die Abhängigkeitsverhältnisse und die Verantwortungszuschreibungen neu sortiert werden. Nach gewohnter Ansicht, wie etwa bei Karmasin (1993: 20), ist der Journalist in „die Medienunternehmen als soziales System [...] eingebunden. Sein Handeln, seine Freiheit, die Möglichkeit seiner Verantwortung, sind von diesem System geprägt und abhängig." Auch Weischenberg (1992: 220) hält die „Strukturen der Medienbetriebe, in denen Journalisten arbeiten" für wesentliche Parameter, denn Journalisten „werden durch ökonomische, politische und technische Bedingungen in erheblichem Maße beeinflusst". Für beide Autoren legen die Medien das Maß an wahrzunehmender Verantwortung immer mit fest.

Damit werden Medien und Journalismus In-eins-gesetzt und das verdeckt den Blick darauf, dass beide Organisationen zwar eng miteinander verbunden sind, aber grundsätzlich eigenen Handlungslogiken und damit unterschiedlichen Deutungsmustern und Formen der Sozialverantwortung folgen. Der Mechanismus, der Medien und Journalismus zusammenbindet, ist der öffentliche Kommunikationsprozess. Da nur Produktion (Informationsproduktion des Journalismus) und Distribution (Mitteilungsleistung der Medien) zusammen diesen Kommunikationsprozess konstituieren, entstehen enge Formen gegenseitiger Dependenzen und Interdependenzen zwischen Journalismus und Medien. Die jeweilige Beschränkung beider Systeme – der Journalismus verfügt nur über die Kernkompetenz der Produktion öffentlicher Kommunikationsangebote, nicht aber über die Distributionskompetenz, die Medien dagegen verfügen nur über das Geschäft der Distribution, sie benötigen dafür aber Inhalte – sorgt dafür, dass beide Systeme zwar in Form einer Ko-Orientierung miteinander verbunden sind, sich aber bei grundlegenden Merkmalen, und dazu gehört die Sozialverantwortung, unterscheiden.

2.2 Der Journalismus und seine Verantwortung

Journalistische Ethik wird regelhaft nach individueller, professioneller und institutioneller Ethik unterschieden. Es liegt in der Verantwortung der Redaktion, also der Journalisten, die sich innerhalb des gesellschaftlichen Teilsystems Journalismus bewegen, ein professionelles und hochwertiges Produkt zu erstellen. Dabei ist für sie die Funktion und die darauf basierende Aufgabe von Journalismus entscheidend: Journalismus hat sich als ein gesellschaftliches Teilsystem in einer Zeit entwickelt, als religiöse und politische Gewissheiten ins Wanken gerieten, sich räumliche und zeitliche Horizonte öffneten und sich gesellschaftliche Funktionssysteme wie Politik und Wirtschaft entfalteten (vgl. Blöbaum 1994). Die vorher eng begrenzte Lebenswelt wurde zunehmend komplexer, aktuelle Handlungsorientierung wurde für immer mehr Akteure zu einem Problem. Journalismus stellt eine evolutionäre und erfolgreiche Lösung für dieses Problem dar. Indem er über wichtige Vorgänge in der ereignisreichen und sich ständig ändernden Gesellschaft berichtet, erbringt er Orientierungsleistungen für die Akteure. Die Funktion von Journalismus besteht dann darin, aktuelle Themen aus den diversen Teilsystemen der Gesellschaft zu sammeln, auszuwählen, zu bearbeiten und über die mit ihm verbundenen Medienorganisationen diesen Systemen als Medienangebote wiederum zur Verfügung zu stellen, um so eine in hohem Maße anschlussfähige Selbstbeobachtung der Gesellschaft zu ermöglichen. Der Leitcode, der seine Operationen steuert, kann als relevant/irrelevant bezeichnet werden, wobei Relevanz eine zeitliche, soziale und sachliche Dimension hat (vgl. Arnold 2008b; vgl. zur systemtheoretischen Diskussion auch Scholl/Weischenberg 1998: 75ff.).

Auf der politischen und rechtlichen Ebene sowie in journalismusinternen Regelungen selbst wird die Funktion des Journalismus als „öffentliche Aufgabe“[5] umschrieben und mit zentralen Werten und Anforderungen einer demokratischen Gesellschaft in Verbindung gebracht. Somit erfährt die Funktionsbestimmung eine normative Aufwertung. Demnach geht es auf der Basis grundlegender Werte wie Freiheit, Gleichheit und Brüderlichkeit und im Interesse des politischen Systems darum, dass Journalismus einen Beitrag zum Funktionieren der Demokratie leistet, den Bürgern also insbesondere Kommunikation über politischen Themen ermöglicht (vgl. McQuail 1992; Weischenberg 1992: 130ff.).

Da eine modernen Gesellschaft darauf angewiesen ist, dass die aktuellen Orientierungsprobleme der Akteure zumindest rudimentär gelöst werden und zudem die Gesellschaftsform der Demokratie gewisse Anforderungen an die Ausgestaltung der Öffentlichkeit stellt, ist es sinnvoll, dass sozial verantwortlicher Journalismus einigen Regeln folgt, die größtenteils professionelle berufliche Handlungsnormen darstellen, die in der Ausbildung sowie in Hand- und Lehrbüchern vermittelt werden. Dabei geht es zunächst darum, die verschiedenen Bereiche der Gesellschaft zu erfassen und eine gewisse Vielfalt an Themen, Argumenten, Quellen und Akteuren anzubieten. Bei kontroversen Themen ist es zudem im Sinne der Orientierung des mündigen Bürgers angebracht, die verschiedenen Seiten in einer in etwa ausgewogenen Vielfalt zu berücksichtigen. Unbegrenzte Vielfalt kann vom Journalismus aufgrund von Kanal- und Kapazitätsbeschränkungen natürlich nicht erwartet werden, stets muss nach Relevanz selektiert werden. Dabei kommt es darauf an, Ereignisse auszuwählen, die gesellschaftliche Folgen haben und die das jeweilige Publikum stark betreffen. Dazu hat der

5 Vgl. zum Begriff der „öffentlichen Aufgabe“ im Sinne der Rechtssprechung des Bundesverfassungsgerichts zum Beispiel Branahl 1992: 231. Siehe auch den Beitrag von Branahl zu Ethik und Recht in diesem Band.

Journalismus als Hilfsprogramm die Nachrichtenfaktoren entwickelt (vgl. zum Beispiel Eilders 1997).

Weiter ist es für Journalismus konstitutiv, dass er über aktuelle Ereignisse berichtet bzw. über solche Ereignisse, die aktualisierbar sind, um somit für die Gesellschaft und ihre Akteure eine gemeinsame Jetzt-Zeit definiert. Um hohe Anschlussfähigkeit zu erreichen und seine öffentliche Aufgabe zu erfüllen muss Journalismus auch glaubwürdig sein, d.h. seine Angebote müssen auf Ereignissen in der natürlichen Umwelt oder in anderen Systemen beruhen und plausible Verknüpfungen verschiedener Kommunikationen vornehmen (vgl. Neuberger 1996: 176). Journalismus kann nur glaubwürdig sein, wenn er sich nicht der Logik anderer Systeme unterwirft, also unabhängig von externen politischen oder wirtschaftlichen Einflüssen arbeitet. Um Glaubwürdigkeit und Unabhängigkeit zu sichern, hat der Journalismus das Instrument der Recherche entwickelt. Journalismus muss zwar nicht alle Informationen recherchieren, dies ist wiederum eine Frage der Glaubwürdigkeit der Quellen, jedoch stellt allein die Möglichkeit, stets recherchieren zu können, eine ‚Bedrohung' für die anderen Systeme dar (vgl. Blöbaum 1994: 230). Als unabhängiges System, dass auf die Orientierung der gesellschaftlichen Akteure ausgerichtet ist, ist Journalismus auch gut dazu geeignet, Kommunikationen und Handlungen in anderen Systemzusammenhängen zu kritisieren. Spekulative Erklärungen und explizite Wertungen können dabei vom Nachrichtenteil abgetrennt und in eigenen Darstellungsformen vorgenommen werden. Allerdings ist zu bedenken, dass aufgrund der Selektionsproblematik subjektive Einflüsse nie ganz ausgeschlossen werden können. Eine wichtige Rolle spielt vor allem innerhalb des journalistischen Ethik-Diskurses zudem die Achtung der Persönlichkeit, wobei die Achtung der Mitmenschen als grundlegende Bedingung für Kommunikation und Gemeinschaft überhaupt betrachtet werden kann (vgl. Arnold 2008a). Trotz gesetzlicher Regelungen besteht hier ein relativ weiter Spielraum, der im Boulevardjournalismus auch ausgenutzt wird.

Journalismus muss schließlich, um tatsächlich zu orientieren und im Sinne demokratischer Gesellschaftsmodelle wirksam zu werden, so gestaltet sein, dass seine Angebote von möglichst vielen Menschen genutzt werden. Deshalb müssen journalistische Kommunikationen verständlich und leicht zugänglich präsentiert werden. Weiter sollte Journalismus an die Lebenswelten des Publikums anknüpfen: Seine Angebote sollten etwas mit dem Leben der Menschen zu tun haben und von ihnen in ihrer Sphäre auch anwendbar sein. Da sich Journalismus gegen fiktionale und ludische Medienangebote behaupten muss, ist es zudem wichtig, dass seine Angebote attraktiv, d.h. unterhaltsam sind. Zwar ist es wichtig, dass Journalismus seine Informationen unterhaltsam gestaltet, um so dem Publikum entgegen zu kommen, jedoch dürfen die Information nicht vollkommen verdrängt werden, da Journalismus sonst keinen Beitrag mehr dazu leistet, die Akteure in der Gesellschaft ausreichend zu orientieren und in das demokratische politische System zu inkludieren.

Betrachtet man den Journalismus als einen Produktionsprozess, kann Verantwortung als ein Prozessmodell für eine gesellschaftlich relevante und professionelle Berichterstattung konzipiert werden. Von der Themenfindung zur Recherche, vom Texten bis zum Gegenlesen: Die Gewähr eines ethisch korrekten und qualitativ hoch stehenden journalistischen Produktionsprozesses kann in jeder Phase dieses Produktionsprozesses anhand einer Reihe von Kriterien geprüft werden.

2.3 Medien und mediale Verantwortung

Im Gegensatz zum Journalismus folgen Medienunternehmen den ökonomischen Funktionen, ihrem Ziel der Erwirtschaftung von möglichst hohem Profit bei möglichst geringen Kosten werden alle weiteren Handlungen unterworfen. Daraus folgt, dass Medienunternehmen monetär gesteuert werden, entlang der Entscheidung von zahlen oder nicht zahlen. Es sind also gerade nicht die Redaktionen diejenigen Orte, die monetär steuern, sondern es sind die Geschäftsführungszentralen der Medien. Monetäre Steuerung heißt, dass die Medien Geld als wesentliches Steuerungsmedium einsetzen, und zwar auch und gerade im Hinblick auf den Journalismus, denn ihn versorgen die Medienunternehmen mit Ressourcen, die wiederum Geld kosten, also erst einmal eingenommen werden müssen. So ringt der Journalismus mit den meritorischen Anforderungen an seine Leistungen (gesellschaftlich wünschenswerte Berichterstattung), während die Medienorganisationen ein breites Arsenal an ökonomischen Mechanismen aufbieten, mit dem das Verhältnis von Zahlung und Nichtzahlung (von Ressourcen) an den Journalismus beeinflusst werden kann.

Vergleichbar den Beziehungen von Automobilhersteller und Zulieferer suchen die Medien die Bedingungen der Kooperationsbeziehungen zu diktieren. Während jedoch der Zulieferer tatsächlich Geld erhält, ist das Verhältnis von Medien und Journalismus diffiziler. Zwar existieren rudimentäre Formen direkter Geldzahlungen der Medien für die Zulieferung journalistischer Leistungen. Doch zahlen bedeutet bei diesem Verhältnis viel mehr, dass die Medienorganisation die journalistische Organisation mit den für die Produktionsprozesse notwendigen Ressourcen ausstattet. Die Redaktion erhält Räume, die mit Büromöbeln und Technik ausgestattet sind. Sie erhält Mitarbeiterstellen und ein Finanzbudget, um Telefon, Fotoapparat und Reisekosten bezahlen zu können. Sie erhält Zugriff auf Ton- und Bildaufnahmegeräte, dies allerdings zumeist schon in Form des internen Marktes, bei dem die Redaktionen, wenn sie Technik nutzen wollen, deren Nutzung bezahlen müssen, dafür also wiederum Ressourcen benötigen.

Die Medienorganisationen finanzieren diese unterschiedlichen Ressourcen, die für die Erstellung der journalistischen Leistungen nötig sind. Die Sicherstellung der Ressourcen des Journalismus ist somit als wichtigste soziale Verantwortung der Medien anzusehen. Die Tauschgeschäfte zwischen Medien und Journalismus, Informationsprodukte gegen Ressourcen, begründen eine Reihe von strukturellen und sozialen Beziehungen zwischen journalistischen und Medienorganisationen. Auf der strukturellen Ebene ist das Maß für die Zuweisung der Ressourcen das wirtschaftliche Ergebnis der Medienorganisation im abgelaufenen Geschäftsjahr. Ein weiterer Mechanismus sind die Strategien der Medienunternehmen, also die künftigen Zielvorstellungen. Beides wirkt sich auf die Verteilung der Jahresbudgets aus, die zwischen Medien und Journalismus ausgehandelt werden.

Während nun aus der gesellschaftlichen Aufgabe des Journalismus institutionelle und normative Strukturen entstehen und Zurechnungskonstrukte wie z.B. ethische Kodizes vorhanden sind, ist für die Medienunternehmen – und die Medienmanager – diese Form von Sozialverantwortung allenfalls mittelbar relevant, über ihre Verantwortung für die Ressourcen des Journalismus. Wesentlich verankert sind Medienorganisationen im Wirtschaftssystem, dort gelten die Zurechnungskonstrukte der wirtschaftlichen Freiheit, und Sozialverantwortung im Sinne einer gesellschaftlichen Erwartung und Aufgabe hat keine besondere Handlungsrelevanz. Zwar zeigt die gegenwärtige Debatte um Corporate Social Responsibility und Corporate Governance, dass auch (Medien-)Unternehmen nicht in einem verantwortungsfreien Raum agieren können (vgl. Habisch/Wildner/Wenzel 2008; Backhaus-Maul/Braun 2007), aber wirtschaftsethische Maßnahmen unterliegen weit weniger der Verpflichtung durch das einzelne Unternehmen als die Zurechnungskonstrukte des Journalismus.[6]

Medienorganisationen können aufgrund ihrer Einbettung in den wirtschaftlichen Sektor allenfalls hinsichtlich wirtschaftlicher Verfehlungen sanktioniert werden. Und Forderungen nach der Erfüllung eines gesellschaftlichen Auftrages durch die Medien betreffen zumeist die journalistischen Anteile im medialen Portfolio, weniger beispielsweise die Unterhaltungsangebote. Eine gesellschaftliche Verantwortung der Medienunternehmen für die Berichterstattung kann, wenn eine Autonomie der Redaktionen unterstellt wird, sich also nur darauf richten, dass Medienorganisationen dem Journalismus die notwendigen Ressourcen zur Verfügung stellen, und zwar auch über die betriebswirtschaftliche Bilanzrechnung hinaus, mit einem ‚Meritorik-Zuschlag' sozusagen, der eine qualitätsvolle Berichterstattung garantiert.

Bei der Durchsetzung dieses ‚Meritorik-Zuschlages' jedoch kommt zum Tragen, dass Verantwortung immer als ein Sozialverhältnis existiert: In der Ko-Orientierung von Medien und Journalismus (die notwendig ist, damit aus der Information auch eine Mitteilung wird) spielt vor allem Macht eine große Rolle. Das ist auch nichts besonderes, denn Macht überhaupt stellt einen wesentlichen Bestandteil von Sozialverantwortung dar, sie bildet quasi ihre andere Seite (vgl. Altmeppen 2007). Karmasin (1993: 19) etwa sieht Verantwortung als unmittelbar und untrennbar mit Macht verbunden an. Verantwortung kann nicht an den Markt oder den Staat abgegeben werden, sondern „muss Theorie verantworteter Macht sein", und diese Macht muss nicht nur legitimiert, sondern auch „(ethisch) begründet und verantwortet sein" (ebd.: 135). Dementsprechend können auch Medienunternehmen nicht auf eine unsichtbare Hand des Marktes verweisen oder auf Wettbewerbsfaktoren, sondern sie müssen als Unterneh-

6 Siehe auch den Beitrag von Karmasin zur Medienunternehmung in diesem Band.

men die Verantwortung für ihr wirtschaftliches Handeln wahrnehmen und ihre Machtposition auch gegenüber dem Journalismus legitimieren.

Machtpositionen unterscheiden sich zwischen Journalismus und Medienorganisationen. Beim Journalismus geht es um die Macht der Berichterstattung, um öffentliche Meinung und Meinungsmacht. Das schließt eine direkte kausale Handlungsverantwortung nahezu aus, denn die Folgen einer Berichterstattung können kaum abgeschätzt und sie können nur in Ausnahmefällen auf eine konkrete Berichterstattung zurückgeführt werden (vgl. Weischenberg 1992: 172). Gleichwohl aber müssen auch Journalisten ihr Handeln sozialverantwortlich legitimieren und beispielsweise eine Verantwortung im Sinne von ‚verantwortlich fühlen' wahrnehmen (vgl. Jonas 1979: 175 ff.). ‚Verantwortlich fühlen' heißt, die Verantwortung für des eigene Handeln auch ohne direkt zurechenbare Handlungsfolgen zu erkennen und zu akzeptieren, um es selbstkritisch beurteilen zu können. Verantwortung kann somit nur in Form einer kognitiven Disposition wahrgenommen werden, was zum Beispiel die Bedeutung der Ethik in der Ausbildung unterstreicht, in der über journalistisches Handeln diskutiert und die Fähigkeit zur Selbstreflexion entwickelt werden kann.

Der Macht der Berichterstatter steht auf Medienunternehmensseite die Macht der ökonomischen Gestaltung gegenüber. Medienunternehmen tragen in erster Linie Verantwortung gegenüber ihren Mitarbeitern, ihren Zulieferern (wie etwa dem Journalismus), ihren Gesellschaftern und Aktionären. Da Medien ein Geschäft sind, das zunehmend ökonomisiert wird, werden sozialverantwortliche Handlungen an den Rand gedrängt. Ökonomisierung ist in der Medienbranche kein neues Phänomen, denn Medien(betriebe) sind seit ihrer Gründung immer wirtschaftende, geldabhängige Organisationen gewesen. Das Prinzip wirtschaftlichen Handelns gilt selbst für die öffentlich-rechtlichen Sender, wie die immer wieder aufflammende Debatte über die Anpassung der Rundfunkgebühren lehrt, bei der es um ausgeglichene Bilanzen, Wirtschaftlichkeit, Effektivität und Effizienz geht, wenn auch medienpolitisch verklausuliert – und häufig instrumentalisiert. Die Profitabilität ist für die kapitalistischen Medienunternehmen die Richtschnur ihres Handelns, und zwar in allen Mediengattungen. Zum Problem wird diese Richtschnur, wenn – wie seit einigen Jahren in der Medienbranche zu beobachten – die Profitabilität mehr und mehr in den Vordergrund rückt, was zur Folge hat, dass mehr und mehr Entscheidungen in den Medienunternehmen allein unter Profitabilitätsgesichtspunkten fallen – und Sozialverantwortung an den Rand gedrängt wird.

2.4 Die gesplittete soziale Verantwortung

Wir haben es also, nach unserer Einschätzung, mit einer gesplitteten Verantwortung zu tun, wenn über Journalismus und Medien geredet wird, und das hat ganz erhebliche Folgen. Wir haben weiter oben festgehalten, dass es Verantwortliche braucht und eine Orientierung für das Maß an Verantwortung, um diesen Begriff überhaupt in den

Griff zu bekommen. Nötig ist also die Feststellung, wer denn Verantwortung zu übernehmen hat, wofür Verantwortung übernommen werden soll und inwieweit sie dann tatsächlich übernommen wird.

Solange Medien und Journalismus in einen Topf geworfen werden, lassen sich weder die Verantwortlichen noch die Referenzpunkte genau bestimmen. Wer ist für den publizistischen Erfolg oder Misserfolg verantwortlich? Die Redaktion, das Redaktionsmanagement, der einzelne Journalist? Wer ist für den wirtschaftlichen Erfolg oder Misserfolg verantwortlich? Der Verlag, der Programmdirektor, die Geschäftsführung, die Redaktion?

Lösungen zu diesen Fragen entspringen unterschiedlichen Quellen. So besteht eine Forderung darin, dass es kulturell eingebundenes Kapital brauche, damit die ökonomischen nicht die publizistischen Rationalitäten dominieren (vgl. Jarren/Zwicky 2008). Nur wenn die Medieneigner auch den kulturellen Wert der Medien in ihre Investitionsentscheidungen einbeziehen, könnte ein Freiraum für guten Journalismus entstehen. Dieser kulturelle Wert aber ist kaum zu beziffern, geschweige denn zu operationalisieren.

Ein weiterer Vorschlag besteht darin, nach einem Marktmodell und einem Moralmodell des Journalismus zu unterscheiden (vgl. Karmasin 1996: 226 ff.). Im Marktmodell lassen sich, so Karmasin, deutliche Defizite journalistischer Moral erkennen, während das Moralmodell eher zu Gewissenskonflikten bei den Journalisten führe.

Beiden Modellen gemeinsam ist, die Lösung im Ausgleich, im Gleichzeitigdenken von Medien und Journalismus, von ökonomischen Rationalitäten und publizistischer Autonomie, zu suchen. Die hier vorgeschlagene Lösung läuft darauf hinaus, die soziale Verantwortung nach derjenigen des Journalismus und derjenigen der Medien aufzuteilen. Dies hat verschiedene Vorteile:

- Es können klare Referenzpunkte für das Maß an Verantwortung und Zuschreibungen für die Verantwortlichkeit von Akteuren verbindlicher fixiert werden.
- Es können die Rationalitäten der jeweiligen Bereiche angemessen berücksichtigt werden. Eine soziale Verantwortung der Medien erfordert die Integration verantwortlicher, ethischer Überlegungen in einen ökonomischen Rahmen. Eine soziale Verantwortung des Journalismus erfordert die Integration verantwortlicher, ethischer Überlegungen in den Rahmen des Journalismus.

Allerdings sorgen auch klare Referenzpunkte und Rationalitäten noch nicht für eine langfristige Sicherstellung der Verantwortung, wenn diese nicht auch angenommen wird und wenn sie nicht eingefordert werden kann. Beide Kriterien verlangen nach Indikatoren, anhand derer Verantwortung zugeschrieben und bewertet werden kann. Erst wenn operationalisierbare Indikatoren vorliegen, können auch Forderungen einer Medienverantwortung erhoben werden, die normative Appelle (Medien sollen…, Medien müssen…, Medien dürfen nicht…) überwinden. Erst durch operationalisierbare Kriterien kann Verantwortung definiert werden, können Verantwortlichkeiten zugeschrieben und Sanktionspotenziale festgelegt werden.

Für den Journalismus kann über das Prozessmodell der professionellen Berichterstattung die Aussagenentstehung in einzelne Stadien zerlegt werden, die jeweils eigene Verantwortungsbereiche enthalten. Bei der Themenfindung beispielsweise können andere Indikatorensets angelegt werden als bei der Recherche oder bei der Gestaltung des Produkts. Auf diese Weise kann jeweils festgestellt werden, in welchem Stadium welche Verantwortung von wem wahrgenommen oder eben nicht wahrgenommen wurde. Dies ist eine Form einer ‚public responsibility' (vgl. Karmasin/Weder 2008: 71), die sich allerdings von der wirtschaftsethischen unterscheidet. Dort ist ‚public responsibility' eine unternehmerische Aufgabe, über die Profitmaximierung (‚economic resposibility') indirekt für gesellschaftliche Wohlfahrt zu sorgen. Die ‚public responsibility' des Journalismus besteht nicht in der Mehrung gesellschaftlicher Wohlfahrt, sondern in der direkten Verantwortung für eine umfassende, ethische und qualitätsorientierte Berichterstattung.

Die Verantwortung von Medienunternehmen geht allerdings über die Profitmaximierung und die Mehrung der gesellschaftlichen Wohlfahrt hinaus. Im Sinne der meritorischen Güter, die sie herstellen, beschaffen, bündeln und distribuieren, im Sinne der speziellen Rechtslage von Medienunternehmen und damit im Sinne der herausragenden Funktion, die Medienunternehmen im gesellschaftlichen Diskurs zugebilligt wird, erwächst eine besondere Verantwortung zur Sicherung der Rahmenbedingungen für die Ermöglichung einer hochwertigen Berichterstattung im oben genannten Sinn.

Über diese Verantwortung reden die Medienmanager bislang nur, auch weil sie sehr genau wissen, dass es nahezu keine objektivier- und validierbaren Indikatoren für eine sozialverantwortliche Berichterstattung gibt und weil sich die Medienunternehmen im Ernstfall immer auf die Notwendigkeit der ‚economic responsibility' zurückziehen können. Soziale Verantwortung wird somit genauso wie die Qualität im Journalismus auf Tagungen und in Festreden zeremoniell beschworen, während das tägliche Geschäft nach anderen, rein ökonomischen Kriterien abläuft.[7] Auch wenn so kurzfristig höhere Profite erreicht werden können, droht damit das Unternehmen langfristig das Publikum zu verlieren, wenn die billig hergestellten journalistischen Produkte immer standardisierter, austauschbarer und belangloser werden.

Bei einer gesplitteten Verantwortung wird den Medienunternehmen ein Ressourcenmodell der sozialen Verantwortung aufgetragen. Der Referenzpunkt ist das Maß an Ressourcen, dass die Medienunternehmen den journalistischen Organisationen allozieren. Die einzelnen Ressourcen können benannt und das Maß ihrer Notwendigkeit kann übergreifend festgestellt werden. Auf dieser Grundlage können positive oder negative Abweichungen gemessen werden. Die Verantwortung für diese Abweichungen können dann dem Medienmanagement zugeschrieben werden, denn dort fallen die Entscheidungen über die Ressourcenallokation.

7 Vgl. zur doppelten Handlungsorientierung in Organisationen die Überlegungen im so genannten Neo-Institutionalismus v.a. Meyer/Rowan 1999 [1977].

3 Ethik, Verantwortung und Profit: Ein Fazit mit Vorschlag

Im Widerstreit von Ethik und Profit bleiben ethische und verantwortliche Kriterien regelmäßig auf der Strecke. Trotz aller Bekenntnisse der Medieneigner zu ihrer sozialverantwortlichen Rolle in der Gesellschaft verdrängen ökonomische Parameter die ethischen. Dabei ist aufgrund fehlender Daten und Erkenntnisse über die tatsächliche Lage der Medienunternehmen nur sehr schwer unterscheidbar, welche ökonomisch rationalen Entscheidungen tatsächlich notwendig sind und in welchen Fällen sozialverantwortliche Einflüsse möglich wären, aber nicht zur Geltung kommen. Sind die derzeit durchgeführten Rationalisierungen in den Medienbetrieben wirklich notwendig, um die Leistungsfähigkeit und das Überleben zu sichern? Oder dienen sie nur dazu, hohe Renditeforderungen zu sichern?

Diese Fragen richten sich primär, was die mediale Verantwortung angeht, an die Führungsebenen der Medienunternehmen, denn dort wird über den sozialverantwortlichen Anteil des wirtschaftsmedialen Handelns entschieden, und sie richten sich an die redaktionellen Führungsebenen, denn dort wird über das verantwortliche journalistische Handeln entschieden.

Sozialverantwortliches Handeln in Medienunternehmen setzt bewusste Entscheidungen des Managements voraus, es beruht nicht auf systemischen Faktoren allein. Möglichkeit und Bereitschaft zum sozialverantwortlichen Handeln sind in den Etagen des Medienmanagements jedoch kaum zu erkennen. Das wirft die Frage auf, ob eine Sozialverantwortung der Medien nur durch entsprechende institutionelle Etablierungen gesichert werden kann, und hier schließt sich gleich die Frage an, wie eine solche institutionelle Etablierung gestaltet sein könnte.

In der allgemeinen Diskussion um die sozial- und gesellschaftsweite Verantwortung von Unternehmen wird die Corporate Social Responsibility (CSR) als eine Herausforderung an das Unternehmensmanagement angesehen. Es handelt sich dabei um eine Denkschule, die Markt/Profit und Ethik zusammenbringen will. CSR gilt als ein Konzept, nach dem Unternehmen auf freiwilliger Basis soziale Belange in ihre Aktivitäten und die Wechselwirkungen mit den Stakeholdern einbringen (vgl. Habisch/Wildner/Wenzel 2008; Backhaus-Maul/Braun 2007; Karmasin/Weder 2008). CSR geht davon aus, dass Unternehmen soziales oder Umweltengagement leisten und dadurch eine Wertsteigerung für das Unternehmen erreichen können (vgl. Habisch/Wildner/Wenzel 2008: 23). Das Engagement sollte, muss aber nicht immer produktaffin sein. Karmasin/Weder (2008: 266 ff.) koppeln CSR an die Unternehmenskommunikation und sehen die Erfordernisse darin, Verantwortungswahrnehmung zu kommunizieren und das Kommunikations- als Verantwortungsmanagement wahrzunehmen. CSR trägt über Kommunikation zur Imagesteigerung sowie zum Reputationsgewinn bei und kann damit letztendlich einen Beitrag zur Profisteigerung leisten.

Für Medienunternehmen bedeutet das zum einen intern – wie erläutert – dem Journalismus genügend Ressourcen zur Verfügung zu stellen, um somit die Produktion eines ethisch und qualitativ hochwertigen Produkts mit gesamtgesellschaftlicher Bedeutung zu sichern. Neben dieser primären internen Ressourcensicherung kann sich ein Medienunternehmen aber auch extern und möglichst produktaffin engagieren: Zum Beispiel kann eine Zeitung Leseförderprojekte unterstützen oder sich darum kümmern, innerhalb der Gemeinde den politischen Diskurs und das bürgerliche Engagement zu stärken. Damit übernimmt der Verlag soziale Verantwortung und trägt in seinem Interesse dazu bei, über die Verbesserung von Bildung und der Belebung des politischen und sozialen Lebens die Nachfrage nach einem ethisch und qualitativ hochwertigen Produkt im Sinne einer „Moralisierung der Märkte" (Stehr 2007) zu stärken.

Das gesellschaftlich besonders relevante Produkt Journalismus verlangt nach einer besonderen Verantwortung der Medienunternehmen, die stärker ausgeprägt sein sollte als bei anderen Unternehmen und Branchen. Mit der internen Ressourcen- und darüber hinaus einer externen gesellschaftlichen Verantwortung liegt dafür auch, so meinen wir, ein Instrument vor, mit dem diese Verantwortung nicht nur normativ eingefordert werden kann, sondern das darüber hinausgehend empirisch prüfbare Kriterien liefert. Es könnte die Grundlage bilden für Strukturüberlegungen in Richtung des Vorschlags einer Stiftung Medientest[8] oder zumindest für ein „Good Media Company Ranking", das alle zwei Jahre in Zusammenarbeit beispielsweise mit einer Fachzeitschrift für den Medienbereich eingerichtet werden könnte.

Ein solches Ranking erfordert es, spezifische, prüfbare Kriterien für die Bewertung aufzustellen. Diese könnte zum Beispiel darin bestehen, neben dem gesellschaftlichen Engagement auch zu bewerten, ob und in welcher Weise in die journalistische Berichterstattung investiert wird. Ein (vergleichend anwendbares) Ressourcenmodell bietet dafür eine zentrale Grundlage. Medienunternehmen mögen darin Fesseln des Kapitalismus sehen. Es geht aber um nichts weniger als darum, die wirtschaftliche und die gesellschaftliche Verantwortung auszutarieren.

Literatur

Altmeppen, Klaus-Dieter (2006): Journalismus und Medien als Organisationen. Leistungen, Strukturen und Management. Wiesbaden.

Altmeppen, Klaus-Dieter (2007): Journalismus und Macht: Ein Systematisierungs- und Analyseentwurf. In: ders. / Hanitzsch, Thomas / Schlüter, Carsten (Hrsg.): Journalismustheorie: Next Generation. Soziologische Grundlegung und theoretische Innovation. Wiesbaden, S. 421-447.

Arnold, Klaus (2008a): Kann guter Journalismus unmoralisch sein? Zum Verhältnis von Qualität und Ethik in den Medien. In: Communicatio Socialis, 41. Jg., S. 254-275.

Arnold, Klaus (2008b): Qualität im Journalismus – ein integratives Konzept. In: Publizistik, 53. Jg., S. 488-508.

8 Siehe auch den Beitrag von Krotz zur Zivilgesellschaft in diesem Band.

Auer, Alfons (1996): Verantwortungsvolle Vermittlung. Bausteine einer medialen Ethik. In: Wilke, Jürgen (Hrsg.): Ethik der Massenmedien. Wien, S. 41-52.

Backhaus-Maul, Holger / Braun, Sebastian (2007): Gesellschaftliches Engagement von Unternehmen in Deutschland. Konzeptionelle Überlegungen und empirische Befunde. In: Stiftung & Sponsoring, 10. Hg., H. 5, S. 1-15.

Baum, Achim u.a. (2005) (Hrsg.): Handbuch Medienselbstkontrolle. Wiesbaden.

Binkowski, Johannes (1981): Publizistisches Berufsethos. In: Publizistik, 26. Jg., S. 25-32.

Blöbaum, Bernd (1994): Journalismus als soziales System. Geschichte, Ausdifferenzierung und Verselbständigung. Opladen.

Boventer, Hermann (1984): Ethik des Journalismus. Zur Philosophie der Medienkultur. Konstanz.

Branahl, Udo (1992): Recht und Moral im Journalismus. Der Beitrag des Rechts zur Förderung von „gutem" beruflichen Verhalten des Journalisten in der Bundesrepublik Deutschland, in: Haller, Michael/Holzhey, Helmut (Hrsg.): Medien-Ethik. Beschreibungen, Analysen, Konzepte für den deutschsprachigen Journalismus. Opladen, S. 224-241.

Bühl, Walter L. (1998): Verantwortung für soziale Systeme. Grundzüge einer globalen Gesellschaftsethik. Stuttgart.

Debatin, Bernhard (1997): Medienethik als Steuerungsinstrument? Zum Verhältnis von individueller und korporativer Verantwortung in der Massenkommunikation. In: Weßler, Hartmut / Matzen, Christian / Jarren, Otfried/Hasebrink, Uwe (Hrsg.): Perspektiven der Medienkritik. Die gesellschaftliche Auseinandersetzung mit öffentlicher Kommunikation in der Mediengesellschaft. Dieter Roß zum 60. Geburtstag. Opladen, S. 287-303.

Debatin, Bernhard / Funiok, Rüdiger (2003): Begründungen und Argumentationen der Medienethik – ein Überblick. In: Dies.: (Hrsg.): Kommunikations- und Medienethik. Konstanz, S. 9-20.

Eilders, Christiane (1997): Nachrichtenfaktoren und Rezeption. Eine empirische Analyse zur Auswahl und Verarbeitung politischer Information. Opladen.

Funiok, Rüdiger (2002): Medienethik. Trotz Stolpersteinen ist der Wertediskurs über Medien unverzichtbar. In: Karmasin, Matthias (Hrsg.): Medien und Ethik. Stuttgart, S. 37-58.

Gottschlich, Maximilian (1980): Journalismus und Orientierungsverlust. Grundprobleme öffentlich-kommunikativen Handelns. Graz.

Habisch, André / Wildner, Martin / Wenzel, Franz (2008): Corporate Citizenship (CC) als Bestandteil der Unternehmensstrategie. In: Habisch, André / Schmidpeter, René / Neureiter, Martin (Hrsg.): Handbuch Corporate Citizenship. Corporate Social Responsibility für Manager. Berlin; Heidelberg, S. 3-43.

Haller, Michael (1992): Die Journalisten und der Ethikbedarf. In: ders. / Holzhey, Helmut (Hrsg.): Medien-Ethik. Beschreibungen, Analysen, Konzepte für den deutschsprachigen Journalismus. Opladen, S. 196-211.

Jarren, Otfried / Zwicky, Pascal (2008): Es braucht kulturell eingebundenes Kapital. Die Finanzinvestoren und die Finanzierungsprobleme der Medien. In: NZZ Online, 7.7.2008 (download 7.7.2008)

Jonas, Hans (1979): Das Prinzip Verantwortung. Versuch einer Ethik für die technologische Zivilisation. Frankfurt am Main.

Karmasin, Matthias (1993): Das Oligopol der Wahrheit: Medienunternehmen zwischen Ökonomie und Ethik. Wien u.a.

Karmasin, Matthias (1996): Ethik als Gewinn. Zur ethischen Rekonstruktion der Ökonomie. Konzepte und Perspektiven von Wirtschaftsethik, Unternehmensethik, Führungsethik. Wien.

Karmasin, Matthias / Weder, Franzisca (2008): Organisationskommunikation und CSR: Neue Herausforderungen an Kommunikationsmanagement und PR. Münster.

Mayntz, Renate (1988): Funktionelle Differenzierung in der Theorie sozialer Differenzierung. In: dies. u.a. (Hrsg.): Differenzierung und Verselbständigung. Zur Entwicklung gesellschaftlicher Teilsysteme. Frankfurt am Main; New York, S. 11-44.

Meyer, John W. / Rowan, Brian (1991): Institutionalized organizations: Formal structure as myth and ceremony. In: Powell, Walter W. / DiMaggio, Paul J. (Hrsg): The new institutionalism in organizational analysis. Chicago; London, S. 42-62 [zuerst 1977].

McQuail, Denis (1992): Media performance. Mass communication and the public interest. London; Newbury Park; New Delhi.

Neuberger, Christoph (1996): Journalismus als Problembearbeitung. Objektivität und Relevanz in der öffentlichen Kommunikation. Konstanz.

Pörksen, Bernhard (2006): Die Beobachtung des Beobachters. Eine Erkenntnistheorie der Journalistik. Konstanz.

Riesterer, Florina / Wittrock, Olaf (2009): Medienkrise. In: journalist, H. 1, S. 13-17.

Rühl, Manfred / Saxer, Ulrich (1981): 25 Jahre Deutscher Presserat. Ein Anlaß für Überlegungen zu einer kommunikationswissenschaftlich fundierten Ethik des Journalismus und der Massenkommunikation. In: Publizistik, 26. Jg., 471-507.

Scholl, Armin / Weischenberg, Siegfried (1998): Journalismus in der Gesellschaft. Theorie, Methodologie und Empirie. Wiesbaden.

Spinner, Helmut F. (1988): Wissensorientierter Journalismus. Der Journalist als Agent der Gelegenheitsvernunft. In: Erbring, Lutz (Hrsg.): Medien ohne Moral. Variationen über Journalismus und Ethik. Berlin, S. 238-266.

Stehr, Nico (2007): Die Moralisierung der Märkte. Eine Gesellschaftstheorie. Frankfurt am Main.

Weischenberg, Siegfried (1992): Journalistik. Theorie und Praxis aktueller Medienkommunikation, Bd. 1: Mediensysteme, Medienethik, Medieninstitutionen. Opladen.

Ethik und Qualität

Michael Haller

1 Einführung

Die als „Qualitätsdiskurs" (Arnold 2009: 80) geführte Debatte über Ansprüche, Leistungsvermögen und Produktionsbedingungen journalistischer Medien ist von vergleichsweise kurzer Dauer. In Gang kam sie in der Folge der 1983 mit der Deregulierung im Markt etablierten werbefinanzierten Fernsehprogramme privater Rundfunkproduzenten, die mit Gewaltdarstellungen, softpornografischen Darbietungen und neuen Reality-Formaten um Marktanteile buhlten; munitioniert wurde die Debatte durch mehrere als skandalös empfundene Fehlleistungen verschiedener Printmedien, deren bekannteste die so genannten Hitler-Tagebücher waren, eine plumpe Fälschung, die das Magazin Stern 1983 als vermeintlichen Jahrhundert-Scoop veröffentlichte; dann die so genannte Barschel-Affäre, ausgelöst von einem Stern-Reporter, der 1987 den toten Barschel in der Badewanne eines Hotelzimmers in Genf fotografierte; im Folgejahr voyeuristische Bilder vom Grubenunglück in Borken sowie das ‚Geiseldrama von Gladbeck', als sich ein Journalisten-Tross den kriminellen Entführern andiente, um exklusive Bildberichte zu ergattern (vgl. Ruß-Mohl/Seewald 1992: 23ff.).

Viele der beteiligten Chefredakteure diskutierten schuldbewusst den Kanon ihrer Handwerksregeln, wie er im Deutschen Pressekodex festschrieben ist – sie unterstellten damit, dass ihnen „im Grunde" bekannt sei, was guten Journalismus von schlechtem unterscheide – und sprachen von gesteigertem „Ethikbedarf" (Haller/Holzhey 1992: 9), der dazu führen müsse, dass berufsethische Maximen, vor allem die Sorgfaltspflichten besser eingehalten würden (vgl. Themenheft journalist 7/1988). Immerhin zeigte jene journalismusinterne Diskussion, dass über den Geltungsanspruch einer Reihe berufsethischer Regeln – wie: Respekt vor den Persönlichkeitsrechten; keine gewaltverherrlichenden Darstellungen – grosso modo Einigkeit besteht.

Gleichwohl führte jene Debatte zu einer Wende des öffentlichen Ethik-Diskurses. Diese ist im Rückblick darin zu sehen, dass der bei journalistischen Fehlleistungen übliche Verweis auf die Existenz berufsethischer Standards für unzulänglich erklärt wurde (vgl. Erbring u.a. 1988; Weischenberg 1992a). Insbesondere die Medienwissenschaften interessierten sich nun für die Umstände und Rahmenbedingungen, die immer wieder zur Aufweichung bzw. Missachtung moralischer Verhaltensnormen führen und sich nicht mit situationsgebundenen individuellen oder redaktionellen ‚Pannen' erklären lassen. Die damals ins Zentrum gerückte Frage betraf die Begründ- und Durchsetzbarkeit eines Qualitätsbegriffs für den Journalismus, der an die Stelle narrativer Qualitätsvorstellungen verschiedener Medienmacher wie auch Medienkritiker zu treten hätte. Seither bemüht sich die Medienwissenschaft um die Erarbeitung möglichst unstrittiger, das heißt allgemein konsentierter Gütekriterien für die Medienkommunikation, mit dem konkreten Ziel, anhand solcher Kriterien die Qualität der real stattfindenden Medienkommunikation zu ermitteln und Hinweise zu deren Verbesserung zu geben.

Dabei ist zu berücksichtigen, dass sich die Qualitätsdebatte ausschließlich auf den – seit der Verbreitung der Web 2.0-Medien als ‚klassisch' zu bezeichnenden – Journalismus der Massenmedien bezieht. Ob die Kommunikationsformen in den Forums-, Netzwerk- und Individualmedien des Internet auch unter der Frage der Qualitätssicherung untersucht und beurteilt werden müssen, wird gewiss ein Thema der nächsten Jahre werden.

2 Qualität und Normativität

Aufgrund der seit den 90er Jahren des vorigen Jahrhunderts durchgeführten Erhebungen, Studien und Diskussionsveranstaltungen hat sich in der Journalistik ein differenziertes Verständnis des Funktionszusammenhangs zwischen Medienethik/Berufsethik einerseits und der Gebrauchsqualität journalistischer Medien andererseits herausgebildet (vgl. Weischenberg 1992b; Haller 1992; Ruß-Mohl 1994). Analytisch vertieft wurde dieses Verständnis durch die die Erfahrung, dass es dem Journalismus zunehmend schwerer fällt, die seit der Gründung der Bundesrepublik Deutschland 1949 ihm zugeschriebenen Aufgaben angemessen zu erfüllen (vgl. Hienzsch 1990; Künzli 1992: 280; Ruß-Mohl 1995: 103ff.; Haller 2006: 239).

Unter normativ-demokratietheoretischer Sicht soll der Journalismus die Erwachsenenbevölkerung über das (tages-)aktuelle Geschehen möglichst zutreffend orientieren – wobei das Verb ‚orientieren' als Konglomerat aus Informieren, Einordnen, Bewerten und Beurteilen zu verstehen ist. Diese auf Art. 5 GG gestützten, in mehreren Urteilen des Bundesverfassungsgerichts bekräftigten und in den Landesmediengesetzen und Rundfunk-Staatsverträgen präzisierten Aufgaben sind indessen an apriorische Voraussetzungen gebunden; sie geben den für Qualität notwendigen Rahmen. Die zwei wichtigsten sind

(1) die Gewährleistung der Kommunikationsrechte (Informationszugangs- und Meinungsäußerungsfreiheit) sowie
(2) die Existenz einer rechtstaatlichen, auf Gewaltenteilung aufbauenden Ordnung.

Dem zufolge kann der Journalismus in autoritären oder gar totalitären Systemen keine Qualität entfalten, weil er seine Aufgaben nicht oder nur partiell wahrnehmen kann;

überhaupt ist fraglich, ob es sich unter solchen Bedingungen noch um Journalismus handelt (vgl. Siebert/Peterson/Schramm 1956).

Für die westlichen Gesellschaften ist unstrittig, dass deren demokratische Organisation auf die Orientierungsleistung des Journalismus vermittels des Mediensystems angewiesen ist; freilich gilt auch umgekehrt, dass gehaltvoller Journalismus seinerseits eine rationale, gewaltenteilige Organisation staatlicher Macht sowie größtmögliche Informationsoffenheit der Einrichtungen und Organisationen zur Bedingung hat (vgl. Weaver/Buddenbaum/Fair 1985). In theoretischer Hinsicht lässt sich dieses Bedingungsgefüge als makroethischer Handlungskontext des Journalismus beschreiben, welches auf die Handwerksregeln der Berufspraxis durchschlägt und sich mit operativen Fragen der Produktqualität vermengt; als ein Beispiel gilt die Trennungsregel zwischen tatsachen- und meinungsbetonten Texten.

3 Organisationsgrundsätze und Handlungsmaximen

Dank dieser grundrechtlichen Rahmensicherung konnte der moderne Journalismus die für die Wahrnehmung seiner Aufgaben erforderlichen Organisationsgrundsätze und Handlungsmaximen ausbilden und wie folgt absichern.

(1) *Die Organisationsgrundsätze* des demokratietheoretisch legitimierten Journalismus: Staatsunabhängigkeit der Eigentümer sowie Autonomie (gegenüber Interessen Dritter) der Redaktion, beides vereint im „Prinzip Unabhängigkeit" (Duve/Haller 2004); kartellrechtliche Sicherung der publizistischen Vielfalt und der Grundversorgung der Bevölkerung mit journalistisch produzierter Information (vgl. Schatz/Schulz 1992: 690ff.).

(2) *Handlungsmaximen* des normativ legitimierten Journalismus: Primat des Öffentlichen (‚Herstellen von Öffentlichkeit') für zutreffende (sachrichtige) und einordnende Aussagen; Relevanz der verbreiteten Nachrichten; Respekt vor den Persönlichkeitsrechten der von der Berichterstattung Betroffenen; Rücksicht auf die psychosoziale Disposition der Publika (Zumutbarkeit der Art der Darstellung der Inhalte).

In diesen Grundsätzen spiegelt sich die Grundverfassung der bürgerlich-liberalen Gesellschaft, die im Laufe mehrerer Jahrhunderte das Recht des Individuums auf freie Selbstentfaltung (individuelle Freiheitsrechte) erstritten und als Gegengewicht den Persönlichkeitsschutz (Menschenwürde) festgeschrieben – und beides mit den Partizipationsrechten der Bürger (soziale und politische Gestaltungsrechte) verknüpft hat. Man kann dieses Konzept als sozialethisch gewollt verstehen, doch gelten seine Prinzipien und Maximen nach Maßgabe des beschriebenen Demokratiekonzepts als *notwendige Funktionsnormen*: Auf diesem Niveau sollte oder müsste Journalismus in einer informationsoffenen, demokratisch verfassten Gesellschaft funktionieren.

4 Markt- und Gemeinwohlorientierung

Soweit Journalismus im Sinn und Geist dieser Grundverfassung die ihm zugewiesene Orientierungsfunktion auch wirklich wahrnimmt, dient er dem Gemeinwohl und kann – darin vergleichbar dem Bildungssystem oder dem öffentlichen Verkehr – als eine *meritorische Einrichtung* beschrieben werden, deren öffentliche Güter nur bedingt marktfähig sind (weitgehendes Marktversagen mangels Konsumrivalität und Fehlen des Ausschlussprinzips – vgl. Kiefer 2001: 157). Tatschlich kümmert sich diese normative Journalismusbegründung nicht um die Ökonomie und lässt die Frage offen, ob und wie dieser Journalismus zu finanzieren sei. Die in den westlichen Gesellschaften anzutreffenden Finanzierungsmodelle – von der Gebühr über Pauschalabonnements (so genannte Flatrates) und Mischfinanzierungen (Verkaufs- und Werbeerlöse) bis zur kompletten Drittfinanzierung (Gratiszeitungen, private Rundfunkprogramme) – scheinen mit den demokratietheoretisch begründeten Funktionsformen prima vista nicht zu kollidieren.

Zum beschriebenen normativen Wertesystem dieser Gesellschaft gehört auch die Handels- und Gewerbefreiheit und der daraus hervorgegangene marktwirtschaftliche Wettbewerb. Seit dem Wegfall des Lizenzzwangs und des staatlichen Anzeigenmonopols in der Mitte des 19. Jahrhunderts wird die journalistische Aussagenproduktion von den Medieneigentümern nach den Paradigmen der Marktökonomie (Rentabilität) vermarktet. Somit müssen die meritorisch begründeten Leistungen des Journalismus in marktgängige Güter transformiert werden (die gebührenfinanzierten Rundfunkprogramme bildeten während der Zeit des Rundfunkmonopols die Ausnahme).

Diese *Ökonomisierung* war deshalb erfolgreich, weil der redaktionelle Teil mit dem Werbeträger verkuppelt und die Zielgruppe der Leser an die Werbewirtschaft quasi verkauft werden konnte (die Presse als so genanntes Koppelprodukt). Die heute zu beobachtende Kommerzialisierung ist eine Steigerung dieses Trends und zielt darauf ab, das (vom redaktionellen Teil zu erbringende) öffentliche Gut ‚Orientierung' den Erfordernissen des angekuppelten Werbeträgers unterzuordnen und den Gesetzen des Wettbewerbs zu unterwerfen. Mit anderen Worten: Die Regeln des Werbemarktes werden auf den (nach anderen Leistungserwartungen strukturierten) Rezipientenmarkt übertragen. Da der Webeträger keine Inhalte, sondern den Zugang zu Konsumenten (Kontakte) verkauft, ist er uneingeschränkt marktfähig (vgl. Heinrich 2001: 60f; Kiefer 2001: 156f.; Rau 2007: 111).

Mit dieser Transformation verliert der redaktionelle Teil seine meritorische Bedeutung, er wird zum Konsumangebot, das den Regeln des Wettbewerbmarktes unterworfen ist. Folgt man dem Marktsteuerungsmodell von Angebot und Nachfrage, dann unterliegt der Journalismus folgenden zwei Marktforderungen:

(1) Der Wettbewerb der Anbieter dreht sich um das knappe Gut ‚Aufmerksamkeit', indem die Attraktion der journalistischen Angebote (Aktualität, Exklusivität, Sensationalismus) gesteigert wird.

(2) Die Nachfrage der Konsumenten richtet sich auf unterhaltsame, optimal verständliche und nutzwertige Dienste, deren Rezeption einen persönlichen Gewinn (Nutzen, Entschädigung) verspricht.

Der Ökonomisierungstrend veränderte die Medienleistungen und erzeugte spezifische Nutzungserwartungen, die erfüllt werden müssen, wenn das Angebot im Medienwettbewerb erfolgreich sein soll. Einschlägigen Studien zufolge belohnt der Medienmarkt insbesondere folgende *rezipientenbezogene* Medienleistungen: Attraktion (=Aufmerksamkeit), Aktualität (=Handlungssicherheit), Verständlichkeit (=Reichweite) sowie Nutzwert (=Gewinn) und Unterhaltsamkeit (=Entschädigung).

5 Kommerzialisierungstrend als Problem

In den Jahrzehnten der Nachkriegszeit befanden sich die beiden Normensysteme – die Funktionsnormen des Journalismus und die von den Medien erbrachten Kommunikationsleistungen im Medienmarkt – in einem labilen Gleichgewicht, das vermittels selbstregulierender Steuerungsinstrumente (wie ZAW-Richtlinien, Pressekodex, Rundfunkräte) weitgehend im Lot gehalten werden konnte. Mit der so genannten Deregulierung Anfang der 1980er Jahre, der Vervielfachung der Medienangebote und der Verschärfung des Medienwettbewerbs, dann der Erweiterung der Channels in der Folge der Digitalisierung verschärfte sich der Kommerzialisierungstrend – und bewirkte eine „Überformung“ (Haller 1992:199f.), auch „Entgrenzung“ (Weischenberg u.a. 2006: 13) des Journalismus. Diese Trends führten zur einleitend referierten Frage der Medienbeobachter und -wissenschaftler, ob Verfahren der Qualitätssicherung (Gattungsebene) und des Qualitätsmanagements (Prozessebene) die in ihrer Geltungskraft schwachen Regeln der Berufsethik flankieren, stützen oder gar ersetzen könnten. Zwar ist der Begriff ‚Qualität' gegenstandsbezogen (Produkt oder Dienstleistung), während die ‚Berufsethik' auf Handlungsgründe und -ziele gerichtet ist. Doch beziehen sich beide Begriffe auf Leitbilder, die sich um ‚gelingende gesellschaftliche Verständigung' drehen und insofern eine Schnittmenge bilden. Tatsächlich standen die zwanzig Jahre, die der einleitend skizzierten Wertekrise folgten, für die Journalistik unter dem Zeichen ‚Qualitätssicherung'.

6 Die Paradigmen der Qualitätsdebatte

Die Ende der 80er Jahre einsetzende Qualitätsdebatte speiste sich aus zwei Quellen: der betriebswirtschaftlichen Sicht (Optimierung der Güterproduktion) einerseits und der kommunikations- und medienwissenschaftlichen andererseits. Im Fortgang jener Debatte wurde dann versucht, beide Sichtweisen zu verbinden.

6.1 Betriebswirtschaftliche Sicht

Der betriebswirtschaftliche Ansatz folgte dem auf Optimierung gerichteten Verfahren des Qualitätsmanagements. Die diesem Begriff zugrunde liegende Überlegung bestand darin, nicht etwa die Qualität eines Gegenstands zu normen (wie dies die ISO 8402 leistet), sondern den Weg zu beschreiben, der zu Qualität führt. Also wurden Normen und Verfahren entwickelt, die für jede Art der Güterproduktion und jede Form der Dienstleistung gelten (können), mithin produktunabhängig funktionieren – dies im Unterschied zur Qualitätssicherung, nach deren spezifischen, gegenstandsbezogenen Zieldefinitionen Maßnahmen festgelegt und umgesetzt werden.

Die weltberühmt gewordenen Normen für Qualitätsmanagement sind die von der Internationalen Organisation für Normung (ISO) entwickelten EN ISO 9000 ff. – ein Normenbündel, das keine Eigenschaften bzw. Merkmale eines Dienstes oder Produkts beschreibt, sondern Erzeugerprozesse auf einem definierten Niveau standardisiert und deren Anwendung „Qualitätsmanagementsysteme" nennt. Die sechs Hauptgrundsätze des ISO-Qualitätsmanagements lauten: Kundenorientierung, Verantwortung der Leitung für die gesetzten Qualitätsziele, Einbeziehung aller Beteiligten in die Optimierung, Prozessorientierter Ansatz, Systemorientierter Managementansatz, Kontinuierliche Optimierung durch Rückkoppelung.

In den Handbüchern der Betriebswirtschaftslehre wird die ISO 9001 auf folgende drei Managementfragen verdichtet: 1. Was wollen Sie erreichen? 2. Wie wollen Sie es machen? 3. Wie stellen Sie es sicher? Die mit der ISO 9004 entwickelte Antwort (Leitfaden) greift das aus den USA bekannte so genannte Kettenmodell (vgl. Schildknecht 1992: 66) auf und strukturiert das Qualitätsmanagement als eine infinite Ablaufoptimierung, in der die im Zuge der Produktion bzw. der Dienstleistung auftretende Mängel, Dysfunktionen und Zusatzkosten prozessanalytisch verarbeitet und rückgekoppelt werden. Als entscheidend für den Erfolg erwies sich dabei, dass sämtliche Abteilungen und Bereiche, die am Produktionsprozess wie auch an der Vermarktung direkt oder indirekt beteiligt sind, in das Qualitätsmanagement einbezogen werden. Dieses Konzept der „rekursiven Steuerung" wurde folgerichtig zum „Total Quality Management (TQM)" ausgebaut und als kundenzentrierte, zugleich ganzheitliche Unternehmensstrategie propagiert (Kaminske/Hahne 2000: 46). Die Norm ISO 8402 definiert TQM als „eine auf der Mitwirkung aller ihrer Mitarbeiter beruhenden Führungsmethode einer Organisation, die Qualität in den Mittelpunkt stellt und durch Zufriedenheit der Kunden auf langfristigen Geschäftserfolg sowie auf den Nutzen für die Mitglieder der Organisation und für die Gesellschaft zielt".

Der TQM-Ansatz schien wegen seines ganzheitlich-integrativen Prozessdenkens für Medienredaktionen besonders geeignet, zumal diese tagtäglich andere Inhalte (Aussagen) produzieren und deshalb für Fragen der Prozessqualität besonders empfänglich sind. Doch der mit dem TQM-Ansatz verbundene Gedanke, die internen und die externen (Kunden-)Interessen in den Produktionsprozess einzubeziehen, brachte Schwierigkeiten, „weil der Journalismus mit einem schillernden Kundenbegriff konfrontiert wird, den es im Journalismus so nicht gibt" (Wyss 2002: 177). Hinzu kommt die mit dem TQM-Ansatz verbundene ganzheitlich-integrative Sicht, die für Warenproduktionen zweckrichtig sein mag, im Journalismus jedoch „den Grundsatz der inneren Pressefreiheit bzw. Normen der journalistischen Autonomie und Unabhängigkeit tangiert" (ebd.). Erhebungen in Schweizer Medienredaktionen lieferten denn auch ein diffuses Bild darüber, ob und wie die Redaktionen die kommerziellen Ziele ihrer Medieneigentümer unterstützen. „Vorwiegend bei den großen Tageszeitungen und beim öffentlichen Rundfunk betonen die Redaktionsverantwortlichen die Bedeutung der ‚chinesischen Mauer' zwischen den Organisationseinheiten", lautete ein Ergebnis. Vertreter mittelgroßer Zeitungsverlage jedoch gaben an, „dass es immer häufiger zu Konflikten kommt, weil der Chefredakteur die bestmögliche Zeitung machen und der Verleger eine große Gewinnmarge erzielen will". Als Vertreter der „integrierten Kooperation" wird ein Ressortchef einer Regionalzeitung zitiert: „Guter Journalismus und Kommerz gehören heute zusammen, solange man nicht die Grenzen zwischen Anzeigen und Inhalt vermischt." (Wyss 2002: 278f.;)

Die genannte wie auch weitere Studien (vgl. Meckel 1999) bestätigten den Trend, dass sich bei den werbefinanzierten Anbietern (privater Rundfunk) und den Publikumszeitschriften das Qualitätsmanagement deutlicher auf die kommerziellen Ziele ausrichtete, während bei den Informationsmedien (Tageszeitungen, öffentlich-rechtlicher Rundfunk) sich der Zielkonflikt – Gemeinwohlorientierung versus Kommerzialisierung – weiter verschärfte.

In der Medienpraxis konnte der für die Redaktionen heikle TQM-Ansatz nur im Zeitschriftenbereich Bedeutung gewinnen; die Redaktionsforschung ergab, dass auch einfach strukturierte Managementziele (Recherche, Gegenlesen, Blattkritik u.ä.) kaum Erfolg brachten, weil die Redaktionen nach ökonomischen Vorgaben handeln und Qualitätssteigerung nicht honoriert würde (Wyss 2003: 142). Demnach scheint das Erfolgskriterium an die kommerziellen Interessen des Medieneigentümers gebunden: Als funktional guter Journalismus gilt, was sich – unter Berücksichtigung berufsethischer Standards – erfolgreich verkaufen lässt.

Der Einwand der Medienwissenschaft liegt auf der Hand: Es sei „eine allzu simple These, dass alles Qualität sei, was sich verkaufen lässt [...]. Mit Qualitätsvorstellungen, die sich an Normen journalistischer Professionalität orientieren, ist sie nicht vereinbar" (Held/Ruß-Mohl 2005: 49)

6.2 Kommunikations- und medienwissenschaftliche Sicht

Die kommunikations- und medienwissenschaftlichen Ansätze verfolgen verschiedene Richtungen, die das breite Spektrum zwischen idealistischen und marketingökonomischen Zielen ausfüllen.

Ein erster Ansatz ging von den systemtheoretisch begründeten Anforderungen bzw. Erwartungen aus und zielte auf einen meist abstrakten Qualitätsbegriff. Entsprechend praxisfern lautet die Definition: „Die Qualität von Journalismus wird an seiner Fähigkeit gemessen, Themen der sozialen Wirklichkeit aufzugreifen, durch adäquate Recherchetechniken zu erfassen und durch entsprechende Vermittlungsformen dem Leser nahezubringen." (Wallisch 1995: 233f.)

Etwa dieselbe Stoßrichtung verfolgen historisch hergeleitete, berufsethisch (deontologisch) aufgeladene Aufgabenbeschreibungen. Sie sollen „die Übertragung des jeweils isolierten Erfahrungswissens in eine jedermann zugängliche, eben ‚offene' Sphäre [leisten], um so für alle die Möglichkeit der Partizipation am gesellschaftlichen Ganzen zu sichern" (Pöttker 2000: 377). Als wesentliches Qualitätsmerkmal wird die Teilhabe möglichst aller gesellschaftlichen Gruppen an den Medien gesehen, wobei die Journalisten als „Veröffentlicher" auf Richtigkeit, Vollständigkeit, Wahrhaftigkeit zu achten und Unabhängigkeit, Aktualität, Verständlichkeit und Unterhaltsamkeit einzuhalten haben (ebd.: 388f.).

In eine andere Richtung zielte der hermeneutische Ansatz, der die einschlägigen Rechtsgrundlagen als normatives Set (i.S. der Geltung) zum legitimierenden Ausgangspunkt nahm, um die darin implizit enthaltenen „Gebote der Professionalität" herauszulösen und zu systematisieren. Am Beispiel des Fernsehprogramms wurden Kriterien „journalistischer Professionalität" deduziert und als qualitätssichernd beschrieben, etwa: Richtigkeit, Sachlichkeit, Vollständigkeit und Neutralität (Unparteilichkeit) sowie die „analytische Qualität" als Kriterium der Kritik- und Kontrollfunktion (Schatz/Schulz 1992: 702ff.). Die Autoren wiesen damals darauf hin, dass in der wissenschaftlichen Qualitätsforschung die Publikumsdimension zu kurz käme und die Bedeutung der Präsentationsformen (Gestaltung) unterschätzt werde, weshalb erheblicher Forschungsbedarf bestehe, mit dem Ziel, die Güte der Fernsehprogramme anhand „qualitativer Programmbeurteilungskriterien" zu messen und zu vergleichen (ebd.: 711.) – ein Vorschlag, der bis heute nicht eingelöst wurde.

Unter *kommunikationstheoretischer Sicht* – so eine weitere Richtung – müsse der Qualitätsbegriff die Eigenheiten der medialen Kommunikation erfassen und die Bedingungen ermitteln, die erfüllt sein müssen, damit gesellschaftliche Informiertheit hergestellt wird. Indem Kommunikation auf einen „maximal effektiven Informationsaustausch" gerichtet ist, müsse öffentliche Kommunikation relevante, ausreichende, verlässliche und verständliche Informationen vermitteln (Bucher 2003: 23) – ein seinerseits begründungsbedürftiger, das heißt an medienethische Apriori gebundener Anspruch, der journalistische Kommunikation auf die Informationsfunktion verkürzt.

Dieselbe Richtung verfolgt der *normativ-pragmatische Ansatz*, der aber Journalismus breiter fasst als kommunikatives Handeln, und der den Sinn und Zweck journalistischer Aussagenproduktion darin sieht, gesellschaftliche Verständigung („gelingende gesellschaftliche Kommunikation") zu ermöglichen (Haller 2003: 181; 2006: 251f.) – ein Ansatz, der eine gesellschaftsweit anzuwendende Diskursethik als normatives Konzept intendiert (vgl. Rau 2007: 251; Brosda 2008: 344ff.).

Eine abermals andere Richtung wählte der *empirisch-pragmatische* Ansatz, der sich mit den professionellen, den ökonomischen und den organisatorischen Bedingungen befasste, die qualitätssichernd bzw. -fördernd wirken – und bei deren Fehlen die journalistische Leistung abnimmt. Dieser eher deskriptive Ansatz stellt die Qualitätssicherung wieder ins Zentrum und diskutiert unter der Metapher des „magischen Vielecks“ die zahlreichen Ziel-/Mittelrelationen, die – darin ähnlich dem Prozessmanagement – als Netzwerk analysiert und optimiert werden sollten: „Qualitätssicherung ist ein auf Dauer angelegter Vorgang, ist selbst ein Prozess mit präventiven, mit den Produktionsprozess begleitenden und mit korrektiven Elementen [...] Qualitätssicherung vollzieht sich folglich im Rahmen eines Netzwerks von Institutionen und Initiativen, deren Aktivitäten sich [...] teils doppeln, teils überschneiden, teils konterkarieren“ (Ruß-Mohl 1994: 97). Mit diesem Ansatz sollte die Kernfrage nach den für den Journalismus maßgeblichen Qualitätskriterien von ihrer Normativität befreit und operativ über Praxisanalysen beantwortet werden: „Der Netzwerk-Charakter des Qualitätssicherungs-Systems stellt sicher, dass die Bewertung journalistischer Leistungen und Fehlschläge aus einer Vielzahl von Blickwinkeln und damit auch nach unterschiedlichen Maßstäben und Methoden erfolgt“ (ebd.: 101), und zwar in der Art einer kontinuierlichen „multiplen Evaluierung“ durch das Publikum, durch Experten und Analyse der publizistischen Infrastruktur (wie: redaktionelle Ausstattung, Art des Workflow, vergleichende Angebotsanalysen).

Eine weitere, die Printmedien fokussierende Denkrichtung zielt auf ein „integriertes Qualitätskonzept“, mit dem die systemtheoretisch begründeten mit den handlungstheoretisch argumentierenden Ansätzen verschmolzen werden sollen (Arnold 2009: 229ff.). Als normative Begründung für journalistische Leistungen wird auf die überkomplexe, auf Selbstbeobachtung angewiesene Gesellschaft verwiesen, die eine „umfassende Orientierungsleistung“ erforderlich mache. Daraus werden zehn Funktionsnormen abgeleitet, die sich von denen anderer Ansätze nur graduell (bedingt durch den von Arnold gewählten Fokus Regionalzeitungen) unterscheiden: Vielfalt, Aktualität, Relevanz, Glaubwürdigkeit, Unabhängigkeit, Recherche, Kritik, Zugänglichkeit, Hintergrundberichterstattung, regionaler/lokaler Bezug (vgl. ebd.: 232).

7 Probleme der Anwendbarkeit

Die diesen medienwissenschaftlichen Konzepten und Studien eigentümliche Problematik lautet: „Ob die journalistischen Qualitätskriterien im Journalismus auch umgesetzt werden, ist jedoch fraglich.“ (ebd.: 236). Als Erklärung für diesen Sachverhalt werden meist ökonomische Argumente angeführt: „Die Umsetzung von Qualitätskriterien (konfligiert) zumindest teilweise mit ökonomischen Überlegungen. Somit kann es sein, dass die in Bezug auf Funktion, öffentliche Aufgabe und Publikum rationalen journalistischen Qualitäten zwar ständig propagiert werden, in den journalistischen Organisationen [...] aber nicht hinreichend beachtet werden“ (ebd.: 237).

Tatsächlich erzielten die meisten der medienwissenschaftlich elaborierten Qualitätsmodelle einen nur geringen Einfluss auf die Medienpraxis. Dort werden neben betriebswirtschaftlichen vor allem folgende Gründe genannt: Verschiedene der theoretisch begründeten Kriterien (etwa: Glaubwürdigkeit als Effekt zutreffender Informationen) sind mit handwerklichen Berufsnormen (wie Pressekodex) identisch und ohnehin Gegenstand berufsethischer Selbstkontrolle (Presserat); andere Kriterien (etwa: Vielfalt, Zugänglichkeit) betreffen die Gattungsebene, für die der Journalismus sich nicht zuständig sieht; viele weitere Normen sind für die Anwendung in der Medienproduktion zu komplex strukturiert, auch vergleichsweise abstrakt (wie: Relevanz, Unabhängigkeit, Kritik) und müssten unter den Bedingungen redaktioneller Aussagenproduktion als Managementkonzept erst operationalisiert werden.

Das „missing link“ zwischen wissenschaftsbegründeten Anforderungen und den Gegebenheiten der Medienpraxis liefern Konzepte, die glaubhaft machen können, dass Qualitätsmanagement auch unter betriebs- und marktwirtschaftlichen Prämissen erfolgreich ist oder sein kann (vgl. Rau 2007: 270f.).

Den einen Brückenkopf bilden auch hier die Grundwerte und Verfassungsrechte mit ihren demokratietheoretischen Funktionszuweisungen, zu denen das Prinzip Öffentlichkeit sowie die kulturgeschichtlich tradierten Imperative der bürgerlichen (Zivil-)Gesellschaft gehören. Sie spielen für die Beschreibung konkreter Qualitätskriterien eine *gewährleistende* Rolle, sofern/soweit sie den von den Kommunikationspartnern geteilten Basiskonsens abbilden und den Journalismus als öffentliche Dauerveranstaltung legitimieren. Auf diesen Pfeiler stützt sich folgende (medienwissenschaftlich abgesicherte) funktionale Journalismusdefinition: „Journalistisch gemachte Medien sind darauf aus, mit allgemein verständlich aufbereiteten Aussagen über relevante Aspekte der aktuellen Ereignisrealität möglichst viele Menschen zu erreichen, um ihnen Orientierung zu geben“ (Haller 2003: 182).

Der andere Brückenkopf ist das empirisch überprüfbare Zweckverständnis des Journalismus als marktgängiges Leistungssystem. Ihm zufolge ist Journalismus dazu da, informationsbasierte Medienkommunikation mit dem Kommunikationsziel „soziale Orientierung“ in Gang zu halten. In diesem leistungsbezogenen Kontext könnte die im vorigen Absatz gegebene Zuschreibung etwa so lauten: ‚Wir wollen, dass unsere Leser/Hörer/Zuschauer über alles Wichtige auf möglichst interessante Art so ins Bild gesetzt werden, dass sie das aktuelle Geschehen verstehen (begreifen, einordnen und bewerten) und sich am sozialen, wirtschaftlichen und politischen Leben sowohl emotional als auch handelnd beteiligen können und gegebenenfalls auch wollen.‘

8 Qualitätsmanagement in der Praxis

Wenn dieses Kommunikationsziel tatsächlich erwünscht, erreicht und überprüft werden soll, müssen alle Kommunikationspartner in das Qualitätsmanagement einbezogen und das Konzept zu einem Marketing-Management erweitert werden (vgl. Kotler/Bliemel 1995: 7; Held/Ruß-Mohl 2005: 49ff.; Rau 2007: 153ff.). Hierzu gehören:

- die Akteure als Urheber und Quellen,
- die Journalisten als Kommunikatoren,
- die Beteiligten bzw. Betroffenen der Berichterstattung,
- die Medieneigentümer (sie setzen die Geschäftsbedingungen des Journalismus) und, nicht zuletzt,
- die Rezipienten als interagierendes Publikum.

Die systematische Befragung von Journalisten, öffentlichen Akteuren und Mediennutzern ergab – hier für Tageszeitungen – ein Set von überstimmend genannten Kriterien, nach denen die Kommunikationsleistung bestimmt und gesteigert werden kann (Haller 2003: 190ff.):

- Journalistische Aussagen sollten in Bezug auf den Status der Wirklichkeitsbeschreibung transparent sein (Unterscheidung von Sachverhaltsaussagen, deutenden Aussagen, Kolportage, Sachbehauptung, Bewertung eines Sachverhalts, Bewertung einer anderen Bewertung usw.).
- Journalistische Aussagen müssen aus der Sicht der Adressaten in Bezug auf die Ereignisrealität als gehalt-/bedeutungsvoll verstanden werden.
- Journalistische Aussagen sollten für möglichst viele Menschen so verständlich wie möglich sein (formal wie inhaltlich).
- Die Präsentation der Aussagen sollte für möglichst viele Menschen ‚angemessen attraktiv' sein (=Interesse als Partizipationsmotiv).
- Die Publikationen sollten so gewählt werden, dass die sachrichtigen Wirklichkeitsbeschreibungen möglichst zeitnah zum Vorgang, auf den sie sich beziehen, öffentlich werden.

9 Praxisbeispiel

Auf der To-do-Ebene des Qualitätsmanagements in Zeitungsredaktionen werden die Anforderungen mit den Erwartungen der Mediennutzer und dem publizistischen Profil (Selbstverständnis) der fraglichen Redaktion abgeglichen. Daraus ergibt sich ein ‚harter' Kriterienkatalog, der den Qualitätskonsens zwischen den Kommunikationspartnern abbildet – und mit dem dann die real stattfindende Medienproduktion inhaltsanalytisch untersucht und in der Art eines Stärken-/Schwächenprofils bewertet werden kann, um daraus gezielte Maßnahmen zur Steigerung der Kommunikationsleistung und deren Erfolgskontrolle abzuleiten. Die Vorteile dieser Strategie sind:

- Die Qualitätsziele sind konkret auf die Verbesserung der Medienkommunikation fokussiert (durch den Einbezug der Leser und Akteure);
- die Umsetzung lässt sich an das Innovationspotential der Redaktion anpassen (wie: Lernfähigkeit, Flexibilität in der Personalstruktur, personelle Ressourcen, Investitionen in die Infrastruktur);

- die Qualitätsziele lassen sich eindeutig beschreiben (Definition der einzelnen Ziele, Festlegung des Zeitrahmens und der Schritte);
- die Verbesserung wird als messbare Zielstellung (inhaltsanalytisch und/oder über Nutzungsforschung) nachweislich gemacht.

Jede nachhaltig umgesetzte Verbesserung ist ein Managementerfolg und wirkt stimulierend auf die Lernbereitschaft der Redaktion (zum Benchmark-Konzept vgl. Haller 2003: 187-199; Haller 2006: 241-251; Rau 2007: 241ff.).

10 Fazit

Unter Berücksichtigung der in der Medienpraxis gesammelten Erfahrungen sind Qualitätssicherungs- und Managementprogramme dann zielführend, wenn die normativ gerechtfertigten Qualitätsansprüche nicht nach dem top-down-Muster gesetzt, sondern im Kontext medialer Kommunikationsnetze erfasst werden. Nur so können Kommunikationsstörungen (Dysfunktionen, Abbrüche, Ausschlüsse, Verweigerungen u.a.m.) erkannt und untersucht und unter der Maxime ‚wie kann Orientierung gelingen?' auf der konkreten Ebene der Medienmache saniert werden. Es ist ein Programm, das auch unter dem Interaktionsparadigma ‚Web 2.0' funktioniert. Denn letztlich entscheiden die Kommunikationspartner darüber, ob die journalistische Aussagenproduktion zu einer verbesserten Kommunikationsleistung führt, die, wenn sie gelingt, in Bezug auf das Medienprodukt mit größerer Medientreue und in Bezug auf die gesellschaftliche Funktion des Journalismus mit sozialer Integration und politischer Partizipation belohnt wird.

Empirisch angelegte Benchmark-Programme und Best-Practice-Studien weisen für die vom Untergang bedrohten Regionalzeitungen nach, dass zwischen ihrer Kommunikationsleistung und ihrer Reichweite im Lesermarkt ein direkter Zusammenhang besteht (Schönbach 1997: 30; Haller 2001: 249ff.; Haller 2006: 249; Rau 2007: 231ff.; Arnold 2009: 407ff.). Vergleichbare Effekte wurden auch für den Rundfunk erzielt (vgl. Wyss 2005). Folglich ist Qualitätsmanagement nicht nur unter normativer Sicht, sondern auch unter kommunikationspraktischer Perspektive, schließlich auch in ökonomischer Hinsicht für den Journalismus ein Erfordernis.

Literatur

Arnold, Klaus (2009): Qualitätsjournalismus. Die Zeitung und ihr Publikum. Konstanz.

Brosda, Carsten (2008): Diskursiver Journalismus. Zwischen kommunikativer Vernunft und mediensystemischem Zwang. Wiesbaden.

Bucher, Hans-Jürgen (2003): Journalistische Qualität und Theorien des Journalismus. In: ders. / Altmeppen, Klaus-Dieter (Hrsg.): Qualität im Journalismus. Grundlagen – Dimensionen – Praxismodelle. Wiesbaden, S. 11-34.

Duve, Freimut / Haller, Michael (Hrsg.) (2004): Leitbild Unabhängigkeit. Zur Sicherung publizistischer Verantwortung. Konstanz.

Erbring, Lutz u.a. (Hrsg.) (1988): Medien ohne Moral. Variationen über Journalismus und Ethik. Berlin.

Haller, Michael (2007): Kann gesellschaftliche Kommunikation gelingen? Vom Berichterstatter zum Kommunikator – Überlegungen zu einem überfälligen Funktions- und Rollenwandel im Journalismus. In: Wirth, Werner / Stiehler, Hans-Jörg / Wünsch, Carsten (Hrsg): Dynamisch-transaktional denken. Theorie und Empirie der Kommunikationswissenschaft. Köln, S. 231-255.

Haller, Michael (2003): Qualität und Benchmarking in Printmedien. In: Bucher, Hans-Jürgen / Altmeppen, Klaus-Dieter (Hrsg.): Qualität im Journalismus. Grundlagen – Dimensionen – Praxismodelle. Wiesbaden, S. 181-202.

Haller, Michael (2001): Prüfstand: Benchmarking für redaktionelle Leistung. In: BDZV (Hrsg.): Zeitungen 2001. Berlin, S. 249-270.

Haller, Michael (1992): Die Journalisten und der Ethikbedarf. In: ders. / Holzhey, Helmut (Hrsg.): Medien-Ethik. Opladen, S. 196-211.

Haller, Michael / Holzhey, Helmut (1992): Die Frage nach einer Medienethik. In: dies. (Hrsg.): Medien-Ethik. Beschreibungen, Analysen, Konzepte. Opladen, S. 11-21.

Held, Barbara / Ruß-Mohl, Stephan (2005): Qualitätsmanagement als Mittel der Erfolgssicherung. In: Fasel, Christoph (Hrsg.): Qualität und Erfolg im Journalismus. Michael Haller zum 60. Geburtstag. Konstanz, S. 49-63.

Hienzsch, Ulrich (1990): Journalismus als Restgröße. Redaktionelle Rationalisierung und publizistischer Leistungsverlust. Wiesbaden.

Hohlfeld, Ralf (2002): Journalismus für das Publikum? Zur Bedeutung angewandter Medienforschung für die Praxis. In: ders. / Meier, Klaus / Neuberger, Christoph: Innovationen im Journalismus. Forschung für die Praxis. Münster, S.155-202.

Kamiske, Gerd F. / Hahne, Bettina 2000: Auf dem Weg zur „Qualitätskultur". In: Russ-Mohl, Stephan / Held, Barbara (Hrsg.): Qualität durch Kommunikation sichern. Frankfurt, S. 41-62.

Kotler, Philip (1999): Grundlagen des Marketing. München.

Kotler, Philip / Bliemel, Friedhelm (1995): Marketing-Management. Analyse, Planung, Umsetzung und Steuerung. Stuttgart.

Künzli, Arnold (1992): Vom Können des Sollens: Wie die Ethik unter den Zwängen der Ökonomie zur Narrenfrieheit verkommt. In: Haller, Michael / Holzhey, Helmut (Hrsg.): Medien-Ethik. Beschreibungen, Analysen, Konzepte. Opladen, S. 280-293.

Meckel, Miriam (1999): Redaktionsmanagement: Ansätze aus Theorie und Praxis. Opladen.

Meier, Klaus (2003): Qualität im Online-Journalismus. In: Bucher, Hans-Jürgen /Altmeppen, Klaus-Dieter (Hrsg.): Qualität im Journalismus. Grundlagen – Dimensionen – Praxismodelle. Wiesbaden, S. 247-266.

Meier, Klaus (2002): Ressort, Sparte, Team. Wahrnehmungsstrukturen und Redaktionsorganisation im Zeitungsjournalismus. Konstanz.

Pöttker, Horst (2000): Kompensation von Komplexität. Journalismustheorie als Begründung journalistischer Qualitätsmaßstäbe. In: Löffelholz, Martin (Hrsg.): Theorien des Journalismus. Wiesbaden, S. 375-390.

Rau, Harald (1999): Mit Benchmarking an die Spitze. Vom Besten lernen. Wiesbaden.

Rau, Harald (2007): Qualität in einer Ökonomie der Publizistik. Betriebswirtschaftliche Lösungen für die Redaktion. Wiesbaden.

Ruß-Mohl, Stephan (1996): Am eigenen Schopfe... Qualitätssicherung im Journalismus. Grundfragen, Ansätze, Näherungsversuche. In: Wilke, Jürgen (Hrsg.): Ethik der Massemedien. Wien, S. 100-114.

Ruß-Mohl, Stephan (1995): Redaktionelles Marketing und Management. In: Jarren, Otfried (Hrsg.): Medien und Journalismus 2. Eine Einführung. Opladen, S. 103-138.

Ruß-Mohl, Stephan (1994): Der I-Faktor: Qualitätssicherung im amerikanischen Journalismus – Modell für Europa? Zürich.

Ruß-Mohl, Stephan / Seewald, Bertold (1992): Die Diskussion über journalistische Ethik in Deutschland – eine Zwischenbilanz. In: Haller, Michael / Holzhey, Helmut (Hrsg.): Medien-Ethik. Beschreibungen, Analysen, Konzepte. Opladen, S. 22-36.

Schildknecht, Rolf (1992): Total Quality Management. Konzeption und State of the art. Frankfurt am Main.

Schönbach, Klaus (1997): Die Untersuchung des Zeitungserfolgs. In: Schönbach, Klaus (Hrsg) (1997): Zeitungen in den Neunzigern: Faktoren ihres Erfolgs. 350 Tageszeitungen auf dem Prüfstand. Bonn, S. 23-30.

Schönbach, Klaus (1977): Zeitungen in den Neunzigern: Faktoren ihres Erfolgs. 350 Tageszeitungen auf dem Prüfstand. Bonn.

Siebert, Fred S. / Peterson, Theodore / Schramm, Wilbur (1956): Four Theories of the Press. The Authoritarian, Libertarian, Social Responsibility, and Soviet Communist Concepts of What the Press Should Be and Do. Urbana, Illinois.

Wallisch Gianluca (1995): Journalistische Qualität. Definitionen – Modelle – Kritik. Konstanz.

Weaver, David / Buddenbaum, Judith M. / Fair, Jo Ellen (1985): Press freedom, media, and development, 1950-1979: A study of 134 nations. In: Journal of Communication, Heft 2, 35. Jg., S. 104-117.

Weischenberg, Siegfried (1992a): Journalistik. Theorie und Praxis aktueller Medienkommunikation, 1. Bd.: Mediensysteme, Medienethik, Medieninstitutionen. Opladen.

Weischenberg, Siegfried (1992b): Die Verantwortung des Beobachters. Moderne Medienethik aus der Perspektive einer konstruktivistischen Systemtheorie (1). In: Rundfunk und Fernsehen, Heft 4/1992, 40. Jg., S. 507-527.

Weischenberg, Siegfried / Malik, Maja / Scholl, Armin (2006): Die Souffleure der Mediengesellschaft, Konstanz.

Wyss, Vinzenz (2005): Radio-Controlling: Wie Radioredaktionen die Qualität ihres Programms kontinuierlich verbessern und sichern können. In: Message, Heft 3/2005, S. 72-75.

Wyss, Vinzenz (2003): Journalistische Qualität und Qualitätsmanagement, in: Bucher, Hans-Jürgen / Altmeppen, Klaus-Dieter (Hrsg.): Qualität im Journalismus. Grundlagen – Dimensionen – Praxismodelle. Wiesbaden, S. 129-143.

Wyss, Vinzenz (2002): Redaktionelles Qualitätsmanagement. Ziele, Nomen, Ressourcen. Konstanz.

Ethik und Recht

Udo Branahl

Recht lässt sich – wie Ethik – als Steuerungsinstrument für individuelles Handeln und die Entwicklung gesellschaftlicher Systeme begreifen. Mit der Rechtsordnung schafft und erhält der Staat ein System von Regeln, deren Einhaltung er grundsätzlich überwacht und notfalls gewaltsam durchsetzt. Für die Medien und die in ihnen tätigen Personen ist das Recht in diesem Sinne von doppelter Relevanz:

Zum einen setzt es der Handlungsfreiheit im Allgemeinen und der Kommunikations- und Medienfreiheit im Besonderen Grenzen, die dem Schutz der Allgemeinheit oder individueller Rechtsgüter dienen. Gesetzliche Schranken begrenzen die Medienfreiheit z.B. zum Schutz der äußeren Sicherheit oder des inneren Friedens sowie zum Schutz der Ehre oder des geistigen Eigentums.

Diese klassische Ordnungs- und Sicherungsfunktion des Rechts hat das Bundesverfassungsgericht in den 60er Jahren des vergangenen Jahrhunderts um einen zweiten Aspekt erweitert. Aus demokratietheoretischen Überlegungen hat es dem Grundrecht der Kommunikationsfreiheit (Informations-, Meinungsäußerungs- und Medienfreiheiten, Art. 5 GG) die Funktion zugeschrieben, die freie und öffentliche Diskussion von Angelegenheiten zu sichern, die die Allgemeinheit betreffen, und dadurch den politischen Amtsträgern die Möglichkeit zu geben, ihre Entscheidungen an den Inhalten und Ergebnissen der öffentlichen Debatte auszurichten.[1] Das Medienrecht ist demzufolge so zu gestalten, dass es den Medien die Wahrnehmung ihrer „öffentlichen Aufgabe" ermöglicht und ein Mediensystem entsteht und erhalten bleibt, das die Gewähr dafür bietet, dass diese „öffentliche Aufgabe" von ihm auch tatsächlich erfüllt wird. Die „öffentliche Aufgabe" besteht im Kern darin, dem Publikum die Informationen zu liefern, die dieses braucht, um sich auf rationale Weise eine eigene Meinung zu allen Angelegenheiten von allgemeiner Bedeutung bilden zu können. Dazu müssen die Medien auch Missstände – sowie das, was sie für einen Missstand halten – kritisieren dürfen.

Aus diesen Grundsätzen hat das Bundesverfassungsgericht eine Reihe von Vorgaben für das Medienrecht abgeleitet:

---

1 Grundlegend insoweit das Spiegel-Urteil, abgedruckt in der Amtlichen Sammlung der Entscheidungen des Bundesverfassungsgerichts, Band 7: 162ff, insbesondere 174f.

- Medien müssen staatsfrei organisiert sein. Der Staat darf eigene Medien nur herausgeben, soweit die Tätigkeit staatsfreier Medien dadurch nicht substanziell gefährdet wird.
- Die Berichterstattung der Medien in ihrer Gesamtheit soll die Vielfalt der im Volk tatsächlich vertretenen Auffassungen angemessen wiedergeben. Der Staat hat einen Ordnungsrahmen zu schaffen, der dies gewährleistet.
- Der Berichterstattungsfreiheit dürfen keine Schranken gezogen werden, die die Funktionsfähigkeit der Massenmedien gefährden.

Dementsprechend gliedert sich das Medienrecht in Organisations-, Inhalts- und Kontrollnormen.

1 Organisationsnormen

Die Organisation des Mediensystems in Deutschland ist durch zwei Dichotomien gekennzeichnet: Print- und Onlinemedien darf jeder in jeder beliebigen Rechtsform betreiben. Rundfunkanbieter hingegen bedürfen einer Zulassung; ihre Organisationsform muss speziellen rundfunkrechtlichen Vorschriften entsprechen. Rundfunk kann durch öffentlich-rechtliche Anstalten und durch privatrechtlich organisierte Anbieter betrieben werden („duales System“).

Medienvielfalt soll dieses Organisationsgefüge, das sich seit den zwanziger Jahren des 20. Jahrhunderts entwickelt hat,[2] in unterschiedlicher Weise sichern: Während die öffentlich-rechtlichen Rundfunkanstalten ein Gesamtprogramm anzubieten haben, das die Meinungsvielfalt in sich widerspiegelt („innere“ Vielfalt), soll die Angebotsvielfalt bei den privatrechtlich organisierten Medien durch die Nachfrage der Mediennutzer gesichert werden. Infolge der Gründungsfreiheit und freier Konkurrenz soll sich ein Medienmarkt entwickeln, der in seiner Gesamtheit die Vielfalt der unterschiedlichen Positionen abdeckt („äußere“ Vielfalt).[3] Um das Funktionieren des Wettbewerbs zwischen den privatrechtlich organisierten Medien zu sichern, enthält die Rechtsordnung Vorschriften, die die Entstehung von „vorherrschender Meinungsmacht“ eines Unternehmens oder einer Unternehmensgruppe verhindern sollen. So sind Rundfunkveranstalter, deren Programme bestimmte Marktanteile erreichen, verpflichtet, die innere Vielfalt ihres Programms dadurch zu sichern, dass sie unabhängigen Dritten Sendezeit einräumen oder einen Programmbeirat einrichten.[4] Presseunternehmen unterliegen einer verschärften Fusionskontrolle.[5]

---

2 Zur Entwicklung seit der Gründung der Bundesrepublik Deutschland vgl. Branahl 1999: 321ff.

3 Zur Problematik dieser Annahmen vgl. Heinrich 1999: 253 f.

4 Zu den Einzelheiten vgl. §§ 25 ff. Rundfunkstaatsvertrag 2007 (RStV)

5 Zu den Einzelheiten vgl. § 38 Abs. 3 Gesetz gegen Wettbewerbsbeschränkungen (GWB)

2 Inhaltsnormen

Inhaltsnormen können Kommunikationsbeschränkungen und Kommunikationsverbote (Schrankennormen) oder Zielvorgaben für die Gestaltung des redaktionellen Teils (Programmnormen) enthalten.

Schrankennormen verbieten beispielsweise Beleidigungen, Gewaltaufrufe oder den Verrat von Geheimnissen. Diese Beschränkungen gelten konsequenterweise für jede Form der Kommunikation, für Individualkommunikation, auch soweit sie technisch vermittelt ist, etwa durch Telefon, Telefax oder Email, ebenso wie für Kommunikation mittels Massenmedien. Dem Umstand, dass die Verbreitung einer Information durch Medien wegen deren großer Reichweite für den Betroffenen besonders starke Belastungen mit sich bringen kann, trägt die Rechtsordnung dadurch Rechnung, dass sie die Medien zusätzlichen Kommunikationsbeschränkungen zum Schutz der Privatsphäre und des Rechts auf informationelle Selbstbestimmung (allgemeines Persönlichkeitsrecht) und zum Jugendschutz (Vertriebsbeschränkungen für jugendgefährdende Schriften) unterworfen hat.[6] Andererseits erkennt sie an, dass Eingriffe der Medien in fremde Rechte durch ein entsprechendes öffentliches Informationsinteresse gerechtfertigt sein können. Deshalb haben die Gerichte vor jedem Eingriff in die Berichterstattungsfreiheit abzuwägen zwischen dem Interesse der Allgemeinheit, die entsprechende Information zu erhalten, und dem Schutzbedürfnis des von der Berichterstattung Betroffenen.

Programmnormen zielen zunächst auf die Sicherung von Mindestanforderungen an die Qualität publizistischer Beiträge. So verpflichten Presse- und Rundfunkgesetze die Medien beispielsweise, alle Informationen vor ihrer Verbreitung mit der gebotenen Sorgfalt auf ihre Wahrheit zu überprüfen, Kommentare von Nachrichten deutlich zu trennen und bei wertenden oder analysierenden Beiträgen das Gebot journalistischer Fairness zu beachten. Zuweilen wird auch die Einhaltung der „anerkannten journalistischen Grundsätze“[7] angeordnet – und damit auf berufliche Qualitätsstandards verwiesen.

Der Qualitätssicherung dienen ferner zahlreiche Normen, die den Einfluss der Werbekunden auf die Gestaltung des redaktionellen Teils begrenzen sollen. In diesen Zusammenhang gehören vor allem die Kennzeichnungspflicht für redaktionell gestaltete Werbung, das Verbot von Vereinbarungen, die den Inhalt des redaktionellen Teils von einer finanziellen Gegenleistung, etwa einem Anzeigenauftrag, abhängig machen (Kopplungsgeschäfte, product placement) und von Schleichwerbung jeder Art, d.h. von journalistischen Beiträgen, die nicht in erster Linie der Information des Publikums, sondern der Werbung für einzelne Unternehmen oder Branchen dienen.

---

6 Eine detaillierte Darstellung dieser Schrankenormen findet sich bei Branahl 2006: 94ff. (Kapitel 3-9)

7 So heißt es beispielsweise in § 48 Abs. 2 des Staatsvertrages über die Zusammenarbeit zwischen Berlin und Brandenburg im Bereich des Rundfunks: „Informationssendungen haben den anerkannten journalistischen Grundsätzen zu entsprechen.“

Neben diesen allgemeinen Normen zur Qualitätssicherung finden sich in Rundfunkgesetzen vielfach auch bestimmte *Wert- und Zielvorgaben* für die Gestaltung des redaktionellen Teils. So schreibt § 5 des ZDF-Staatsvertrages beispielsweise vor:

> „(1) In den Sendungen des ZDF soll den Fernsehteilnehmern in Deutschland ein objektiver Überblick über das Weltgeschehen, insbesondere ein umfassendes Bild der deutschen Wirklichkeit vermittelt werden. Die Sendungen sollen eine freie individuelle und öffentliche Meinungsbildung fördern.
> (2) Das Geschehen in den einzelnen Ländern und die kulturelle Vielfalt Deutschlands sind angemessen im Programm darzustellen.
> (3) Das ZDF hat in seinen Sendungen die Würde des Menschen zu achten und zu schützen. Es soll dazu beitragen, die Achtung vor Leben, Freiheit und körperlicher Unversehrtheit, vor Glauben und Meinung anderer zu stärken. Die sittlichen und religiösen Überzeugungen der Bevölkerung sind zu achten. Die Sendungen sollen dabei vor allem die Zusammengehörigkeit im vereinten Deutschland fördern sowie der gesamtgesellschaftlichen Integration in Frieden und Freiheit und der Verständigung unter den Völkern dienen und auf ein diskriminierungsfreies Miteinander hinwirken."

Schließlich haben die Länder zur Wahrung des *Vielfaltsgebots* die öffentlich-rechtlichen Rundfunkanstalten verpflichtet, dafür zu sorgen, dass in ihrem Programm

- die Vielfalt der bestehenden Meinungen und der weltanschaulichen, politischen, wissenschaftlichen und künstlerischen Richtungen in möglichster Breite und Vollständigkeit Ausdruck findet,
- die bedeutsamen gesellschaftlichen Kräfte im Sendegebiet zu Wort kommen und
- das Programm nicht einseitig einer Partei oder Gruppe, einer Interessengemeinschaft, einem Bekenntnis oder einer Weltanschauung dient.[8]

Für den Privatfunk hingegen gilt diese Verpflichtung auf ein „binnenpluralistisches" Programm (BVerfGE 57, 325) in den meisten Bundesländern nur, solange nicht durch eine ausreichende Anzahl konkurrierender Programme sichergestellt ist, dass ihr publizistisches Gesamtangebot hinreichend vielfältig ist („externe", „außenpluralistische" Vielfalt; BVerfGE 57, 325).

3 Kontrollnormen

Als Steuerungs- und Regelungselemente wirken die Inhaltsnormen indessen nur, soweit sie auch befolgt werden. Die Befolgung seiner Rechtsnormen sucht der Staat in der Regel dadurch zu sichern, dass er ihre Verletzung mit Sanktionen bedroht und solche Sanktionen notfalls unter Einsatz staatlicher Gewalt durchsetzt. Für die Durchsetzung der *Schrankennormen* steht auch im Medienrecht das allgemeine Instrumentarium zur Verfügung: Gravierende Verletzungen dieser Normen verfolgt der Staat als Straftaten oder Ordnungswidrigkeiten von Amts wegen oder auf Antrag des Verletz-

8 So beispielsweise die Formulierung für den *Westdeutschen Rundfunk* in § 5 Abs. 4 WDR-Gesetz.

ten. Daneben hat der durch die Rechtsverletzung Betroffene die Möglichkeit, seine Abwehr- und Entschädigungsansprüche auf dem Zivilrechtsweg durchzusetzen.

Ordnungsrechtliche Vorschriften, wie die Impressumspflicht, Aufzeichnungs- und Aufbewahrungspflichten der elektronischen Medien und die gesetzliche Regelung interner Verantwortlichkeiten (Einrichtung des verantwortlichen Redakteurs) verbessern die Möglichkeiten zur Abwehr bzw. Verfolgung von Rechtsverstößen der Massenmedien ebenso wie das medienspezifische Gegendarstellungsrecht.

Inhaltlich bilden die Schrankennormen einen *Rahmen* für journalistisches Handeln, determinieren es aber nicht. Zu einer freiheitlichen Demokratie gehört, dass der Staat die Handlungsfreiheit von Personen und Organisationen nur so weit beschränkt, wie dies zum Schutz anderer gleichwertiger Rechtsgüter unabweisbar erforderlich ist. Das gilt auch und insbesondere für Medien und Journalisten.

Diese Begrenzung staatlicher Eingriffsbefugnisse in die Handlungsfreiheit von Individuen und Unternehmen lässt sich beispielhaft zeigen an dem Konflikt zwischen dem Bundesverfassungsgericht und dem Bundesgerichtshof zur Zulässigkeit der Benetton-Werbung.[9] Der Bundesgerichtshof (BGH) hatte Plakate der Firma Benetton, auf denen Missstände wie Umweltverschmutzung, Kinderarbeit und die Ausgrenzung von HIV-Infizierten in schockierenden Bildern angeprangert wurden, als „sittenwidrig" im Sinne des damaligen § 1 des Gesetzes gegen den unlauteren Wettbewerb bewertet und für unzulässig erklärt (BGH NJW 1995: 2488ff.). Die Sittenwidrigkeit sah der BGH darin, dass das Unternehmen mit der Darstellung schweren Leids von Menschen und Tieren Gefühle des Mitleids erwecke und diese Gefühle ohne sachliche Veranlassung zu Wettbewerbszwecken ausnutze, indem der Werbende sich dabei als gleichermaßen betroffen darstelle und damit eine Solidarisierung der Verbraucher mit seinem Namen und seiner Geschäftstätigkeit herbeiführe. Als „Anstandsregel" erkannte das Bundesverfassungsgericht diese Auffassung des BGH durchaus an (AfP 2001: 44ff.). Dahinter stecke der durchaus nachvollziehbare Wunsch, in einer Gesellschaft zu leben, in der auf Leid nicht mit gefühllosem Gewinnstreben, sondern mit Empathie und Abhilfemaßnahmen, also in einer primär auf das Leid bezogenen Weise reagiert werde. Zur Rechtfertigung eines staatlichen Eingriffs in die Meinungsäußerungsfreiheit reiche die bloße Verletzung von Anstandsregeln jedoch nicht aus. Solche Eingriffe seien nur zum Schutz „hinreichend gewichtiger Gemeinwohlbelange oder schutzwürdiger Rechte Dritter" zulässig. Das gelte insbesondere für kritische Meinungsäußerungen zu gesellschaftlichen oder politischen Fragen (BVerfG AfP 2003: 149ff.). Da das Bundesverfassungsgericht solche Belange oder Rechte nicht zu erkennen vermochte, durfte diese Werbung trotz ihrer „Sittenwidrigkeit" nicht verboten werden. Damit ist sie erlaubt – ob sie auch unter ethischen Gesichtspunkten vertretbar ist, ist damit indessen noch nicht entschieden. Denn nicht jedes Verhalten, das rechtlich nicht verboten ist, ist „gut" im ethischen Sinne.

9 Siehe auch den Beitrag von Seim zu Zensur und Nicht-Öffentlichkeit in diesem Band.

4 Durchsetzung der Normen

Zur Durchsetzung der *Programmnormen* ist das rechtliche Instrumentarium nur bedingt tauglich. Das liegt in erster Linie daran, dass den Staatsorganen kein zu großer Einfluss auf den Inhalt der Medien eingeräumt werden darf, weil sonst ihre Funktion gefährdet würde, einen angemessenen Beitrag zu einer freien – und das heißt nicht zuletzt auch einer staatsunabhängigen – öffentlichen Meinungs- und Willenbildung zu leisten. Aus diesem Grund scheitert vor allem der Einsatz des Strafrechts zur Programmkontrolle schnell an der grundrechtlich geschützten Medienfreiheit (Art. 5 Abs. 1 Satz 2 GG).

Zum anderen enthalten die Programmnormen zu einem erheblichen Teil *Zielvorgaben*. Zur Optimierung der Zielerreichung aber eignen sich Gerichtsverfahren schlecht; sie sind auf die Feststellung von Rechtsverletzungen ausgerichtet, nicht aber auf die Entwicklung und Bewertung von Handlungsalternativen. Deshalb überträgt der Staat die Umsetzung von Programmnormen in der Regel der Verwaltung und räumt ihr dazu weite Ermessensspielräume (Planungsermessen) ein. Im Medienrecht aber ist dieser Weg nicht gangbar. Hier verbietet die grundrechtlich geschützte Programmfreiheit dem Staat und seinen Verwaltungsbehörden, zur Optimierung von Programmvorgaben in den Produktionsprozess einzugreifen.

Um dennoch zu erreichen, dass die Programmnormen befolgt werden, wurde für den Rundfunk eine staatsunabhängige Programmaufsicht installiert. Diese ist bei den Rundfunkanstalten den internen Aufsichtsgremien (Rundfunkräten) übertragen; die privaten Rundfunkanbieter unterliegen der Aufsicht der Landesmedienanstalten. In beiden Fällen sind die Aufsichtsgremien aus Vertretern der bedeutsamen gesellschaftlichen Gruppen zusammengesetzt. Mit ihrer Installierung ist die Erwartung verbunden, dass sie auf Grund ihrer pluralistischen Zusammensetzung zugleich auf ein vielfältiges Programmangebot hinarbeiten.

Das Bundesverfassungsgericht kann einem Demokratieverständnis folgen, das durch Pluralismus und rationalen Interessenausgleich geprägt ist, und den Staat verpflichten, für eine Rechtsordnung zu sorgen, die es den Medien *ermöglicht*, ihren Beitrag dazu zu leisten – dass Medien dies auch tatsächlich *tun*, kann weder der Staat noch das Bundesverfassungsgericht erzwingen.

In einem freiheitlichen Rechtsstaat ist jedes Verhalten erlaubt, das nicht gesetzlich verboten ist. Aber insbesondere für den Journalismus gilt, dass nicht alles, was die Rechtsordnung zulässt, nach ethischen Maßstäben auch gut ist.

Vom Selbstverständnis der Medien, d.h. ihrer Eigentümer und der für sie arbeitenden Journalisten, hängt es ab, inwieweit sie auf Information, Aufklärung und Bildung ihres Publikums zielen.

Geld verdienen lässt sich, wie die Erfahrung zeigt, auch mit der Sensationalisierung von Ereignissen, der Befriedigung von Neugier und der unterhaltsamen Darstellung von Belanglosigkeiten.

Werden Redaktionen einem verstärkten Rationalisierungsdruck unterworfen, führt dies tendenziell zu einer Verringerung redaktioneller Leistungen, die mit einem erheblichen Arbeitsaufwand verbunden und deshalb teuer sind. Die Folgen für die Qualität des Mediums sind gravierend:

Themen, die einen hohen Rechercheaufwand erfordern, werden vernachlässigt. Oder die Redaktion (bzw. ihr freier Mitarbeiter) lässt sich den Aufwand durch einen Interessenten bezahlen, der daran interessiert ist, mit seinen Produkten oder Leistungen in dem Medium (positiv) erwähnt zu werden. Diese im Reise-, Mode- und Autojournalismus weit verbreitete Praxis gefährdet naturgemäß eine unabhängige Berichterstattung.

Dasselbe gilt für die Auslagerung redaktioneller Leistungen in die PR-Abteilungen von Unternehmen, Interessenverbänden und Behörden. Beschränkt sich die Recherche zu einem bestimmten Thema darauf, Informationen von der Presseabteilung der betroffenen Institution einzuholen, ist ein Verlautbarungsjournalismus die Folge, der den Ansprüchen, die an eine sachgerechte Berichterstattung zu stellen sind, nicht genügt. Die Defizite in der Berichterstattung vergrößern sich, wenn redaktionell gestaltete Beiträge, die Öffentlichkeitsarbeiter über die Arbeit ihrer Auftraggeber kostenlos zur Verfügung stellen, ohne ergänzende Recherchen und weitgehend unredigiert in den redaktionellen Teil des Blattes oder Programms übernommen werden.

Erhalten und gesteigert werden kann die publizistische Qualität von Massenmedien deshalb nur durch ein Zusammenwirken kompetenter und integrer Journalisten mit Unternehmern, die bereit und in der Lage sind, ihre Aufgabe als Publizisten mit den wirtschaftlichen Anforderungen in Einklang zu bringen, die an das Medienunternehmen gestellt werden. Ein geeignetes Instrument zur Förderung des Gelingens der mit dieser Aufgabe verbundenen Optimierungsprozesse könnte ein Diskurs bilden, in den die einander teils widerstreitenden, teils ergänzenden Interessen und Argumente mit gleicher Wirkungsmächtigkeit eingehen.[10] Ansatzpunkte zu einem solchen Diskurs finden sich in der Redaktionskonferenz. Seine Ausweitung auf die Zusammenschau publizistischer und ökonomischer Gesichtspunkte könnte durch eine Organisation des (gleichberechtigten) Zusammenwirkens von Redaktion und Verlag/Sender gefördert werden, wie sie dem Konzept der "inneren Medienfreiheit" zugrunde liegt (Branahl/Hoffmann-Riem 1975, 73ff.).

Unter qualitativen Gesichtspunkten verspricht ein solches Konzept allerdings auch nur dann Erfolg, wenn sich die an der Produktgestaltung Beteiligten der Qualitätssicherung verpflichtet fühlen. Da keineswegs sicher ist, dass Qualitätssteigerungen im Journalismus zu einer Steigerung des Unternehmensgewinns führen, kommt als Anreiz wohl nur ein Gewinn an Einfluss und Ansehen in Frage.

Der Einfluss eines Mediums vergrößert sich mit steigender Qualität unter der Annahme, dass die Entscheidungsträger in Politik, Wirtschaft und Kultur durch das Informationsangebot von Qualitätsmedien beeinflusst werden – und zwar umso

10 Siehe auch den Beitrag von Brosda zur Diskursethik in diesem Band.

stärker, je breiter und besser dieses ist. Ebenso plausibel ist allerdings die Annahme, dass massenwirksame Informationsangebote zumindest die Politik auch unabhängig von ihrer Qualität beeinflussen können („Populismus").

Dass das Ansehen von Medien und Journalisten innerhalb der eigenen Profession von der Qualität ihrer Arbeit abhängt, konnte lange als erwiesen gelten. Die Diskussion um die Bildzeitung als Leitmedium lässt allerdings Zweifel daran aufkommen, dass diese Annahme noch immer zutrifft.

Falls eine Steigerung der Medienqualität geeignet ist, das öffentliche Ansehen ihrer Produzenten zu heben, könnte eine seriöse Medienkritik ein Instrument zu deren Sicherung sein (Ruß-Mohl 1997, 219ff.).

Zu den Elementen, die die Qualität von Medien bestimmen, gehört auch die Einhaltung ethischer Normen. Medienethik bildet deshalb einen Bestandteil der Qualitätsdebatte. Für ihre Wirksamkeit gelten dieselben Überlegungen wie für die Medienqualität allgemein.

Trotz der Differenz zwischen Recht und Moral können ethische Kodizes auf den Inhalt der Rechtsordnung zurückwirken und damit Verbindlichkeit gewinnen. So verpflichtet das Wettbewerbsrecht Wirtschaftsunternehmen zum Beispiel auf die Einhaltung der „guten Sitten" (§ 3 UWG). Guten Sitten entspricht ein Verhalten, das die beteiligten „Verkehrskreise" als „recht und billig" ansehen. Daraus ergibt sich, dass die Gerichte bei der Bestimmung, ob ein bestimmtes Verhalten sittenwidrig ist, auf die von einschlägigen Selbstkontrollgremien der Wirtschaft entwickelten Grundsätze zurückgreifen können.[11]

Solche Grundsätze existieren für einzelne Medien und für ganze Branchen. So haben einzelne Verlagshäuser publizistische Grundsätze für ihre Produkte mit medienethischem Gehalt erlassen. Zu diesen gehören z.B. die WAZ-Verlagsgruppe und der Axel Springer-Verlag. Branchenspezifische Regeln finden sich für Zeitungen und Zeitschriften, das private Fernsehen, die Filmwirtschaft, Unterhaltungssoftware und Multimedia-Dienste sowie die Werbewirtschaft.

Die meisten dieser Verhaltenskodizes sind thematisch begrenzt. Sie konzentrieren sich darauf, den Inhalt des redaktionellen Teils gegen den Einfluss von Werbekunden zu schützen[12] oder für die Einhaltung der Regeln zum Jugendschutz zu sorgen und diese im Einzelfall zu präzisieren.[13] Umfassendere Regelungen der journalistischen Berufsethik enthalten demgegenüber der Pressekodex des Deutschen Presserates und der Medienkodex des Netzwerks Recherche.

---

11 Dabei dürfen sie allerdings die Meinungsäußerungs- und Medienfreiheit nicht übermäßig einschränken (vgl. BVerfG AfP 2001: 44 ff. – Benetton I).

12 So die Verhaltensgrundsätze der *WAZ*-Verlagsgruppe und des *Axel-Springer-Verlages*. Auch die Richtlinien des Zentralverbandes der Deutschen Werbewirtschaft für redaktionell gestaltete Anzeigen und redaktionelle Hinweise in Zeitungen und Zeitschriften dienen in erster Linie der Verhinderung von Schleichwerbung.

13 Dies ist die Aufgabe der Selbstkontrolleinrichtungen des privaten Fernsehens (FSF), der Filmwirtschaft (FSK) sowie für die Unterhaltungssoftware (USK) und Multimediadienste (FSM).

5 Fazit

Ethik und Recht lassen sich als gesellschaftliche Steuerungssysteme begreifen, deren Normen idealiter an denselben Werten ausgerichtet sind und die sich wechselseitig ergänzen.

Die Möglichkeiten des Staates, das Mediensystem mit Hilfe des Rechts zu steuern, sind aus guten Gründen durch die verfassungsrechtliche Gewährleistung der Medienfreiheit begrenzt. Medien benötigen organisatorische und inhaltliche Unabhängigkeit von staatlichen Eingriffen, damit sie ihren Beitrag zu einer freien öffentlichen Meinungs- und Willensbildung erbringen können. Dieser wiederum ist zur Erhaltung einer freiheitlichen Demokratie unverzichtbar.

Medienfreiheit führt nicht automatisch zu einer guten Medienpraxis. Sowohl unter dem Aspekt der „öffentlichen Aufgabe" wie unter dem Gesichtspunkt der Wahrung berechtigter Interessen der von Medienveröffentlichungen Betroffenen ist ein Verhalten gefragt, das ethischen Anforderungen genügt.

Literatur

Branahl, Udo (2006): Medienrecht. Eine Einführung. 5. Aufl. Wiesbaden.

Branahl, Udo (1999): Der Beitrag des Rechts zur Steuerung und Regelung des Mediensystems. In: Imhof, Kurt / Jarren, Otfried / Blum, Roger (Hrsg.): Steuerungs- und Regelungsproblem in der Informationsgesellschaft. Opladen; Wiesbaden, S. 317-330.

Branahl, Udo / Hoffmann-Riem, Wolfgang (1975): Redaktionsstatute in der Bewährung. Eine empirische Untersuchung über Redaktionsstatute in deutschen Zeitungen – Zugleich ein rechts- und sozialwissenschaftlicher Beitrag zur Pressereform, Baden-Baden.

BVerfGE: Amtliche Sammlung der Entscheidungen des Bundesverfassungsgerichts, ohne Jahrgang, zitiert nach Band und Seite.

Heinrich, Jürgen (1999): Ökonomik der Steuerungs- und Regelungsmöglichkeiten des Mediensystems – Rezipientenorientierung der Kontrolle. In: Imhof, Kurt/Jarren, Otfried/Blum, Roger (Hrsg.): Steuerungs- und Regelungsproblem in der Informationsgesellschaft. Opladen, Wiesbaden, S. 249-259.

Ruß-Mohl, Stefan (1997): Infrastrukturen der Qualitätssicherung. In: Weßler, Hartmut/Matzen, Christiane / Jarren, Otfried / Hasebrink, Uwe (Hrsg.): Perspektiven der Medienkritik. Die gesellschaftliche Auseinandersetzung mit öffentlicher Kommunikation in der Mediengesellschaft. Dieter Ross zum 60. Geburtstag. Opladen, S. 219-224.

V. Beispiele medienethischer Grenzbereiche

Medienskandale

Tod und Sterben

Zensur und Nicht-Öffentlichkeit

Mediale Gewaltdarstellungen

Horrorfilm

Real Life Formate

Kriegsberichterstattung

Sportjournalismus

Medienskandale

Christian Schicha

1 Medienethische Relevanz

Medien haben im Rahmen ihrer Kontroll- und Kritikfunktion die Aufgabe, gesellschaftlich relevante Skandale aufzudecken und öffentlich zu machen. Der investigative Journalismus hat hier wichtige Arbeit geleistet. So wurde u.a. die Watergate-Affäre 1973-1974 in den USA durch die Recherche der *Washington Post*-Journalisten Bob Woodward und Carl Bernstein ans Licht gebracht, die dazu geführt hat, dass der damalige amerikanische Präsident Richard Nixon zurücktreten musste. Neben Umwelt-, Wirtschafts- und Sportskandalen standen auch in Deutschland in den letzten Jahren zahlreiche politische Skandale im Mittelpunkt des Interesses, die von renommierten Journalisten wie Hans Leyendecker von der *Süddeutschen Zeitung* ans Licht der Öffentlichkeit gebracht werden konnten (vgl. Kamps 2007, Ramge 2003, Hafner/Jacoby 1994a und b). Das Aufspüren von derartigen Missständen ist für freie Gemeinschaften von zentraler Bedeutung. Denn faktisch gilt: „Wo Skandale fehlen, ist etwas faul." (Schütze 1985) Nur in den Gesellschaften, in denen Pressefreiheit herrscht und in denen Journalisten die Möglichkeit besitzen, frei und ohne politischen Druck zu recherchieren, um Missstände und Skandale transparent zu machen, kann eine Demokratie funktionieren. Gleichwohl sind Skandale „[...] keine vorgegebenen Sachverhalte, die man aufdecken und berichten kann, sondern die Folge der öffentlichen Kommunikation über Missstände" (Kepplinger 2005: 63). Der Maßstab zur Beurteilung von Skandalen wandelt sich also im Laufe der Zeit und ist stets von den gängigen Norm- und Wertmaßstäben der entsprechenden Gemeinschaft abhängig.

In dem Beitrag geht es nicht um Skandale, die Medien aufdecken, sondern um solche, in die Medien unmittelbar involviert waren und somit selbst eine moralisch fragwürdige Rolle gespielt haben. Im Folgenden wird exemplarisch eine Typologie von Medienskandalen vorgelegt, bei denen nach den Motiven derartiger Verfehlungen gefragt wird. Dabei wird herausgearbeitet, welche Normen konkret verletzt worden sind und welche Konsequenzen die Medienskandale letztlich langfristig für das entsprechende Medium hatten.

2 Stand der öffentlichen Debatte

Beim Blick auf die einschlägige ‚Medienskandalliteratur' fällt auf, dass der Fokus primär auf einschlägige Fallbeispiele gelegt wird.

Ein primär theoretischer Zugang zum Phänomen der Medienskandale aus einer wissenssoziologischen Perspektive wird hingegen von Burkhardt (2006) vorgenommen. Der Autor greift unter auf Konzepte des Konstruktivismus sowie der Diskurs-, Narrations- und Systemtheorie zurück, um die Funktionen von Medienskandalen für das kollektive Differenz- und Identitätsmanagement der Gesellschaft aufzuzeigen.

Die Monographie von Kepplinger (2005) widmet sich der Frage, wie aus einem Missstand ein Skandal wird, in welcher Form Täter zu Opfer avancieren und inwiefern sich bei einem zunächst desinteressierten Publikum Empörung herausbildet.

Einen Überblick hinsichtlich zahlreicher Skandale, von den Hitlertagebüchern (vgl. auch Kuby 1983; Mayer 1998; Bissinger 1984; Seufert 2008; Denes 2008) über die Barschel-Affäre bis hin zum Gladbecker Geiseldrama (vgl. auch Weischenberg 1997), liefert der vom Haus der Geschichte (2007) herausgegebene Sammelband „Skandale in Deutschland nach 1945". Neben Gladbeck hat auch die Stadt Sebnitz den Stempel des Skandalösen erhalten, da mehrere z.T. voneinander abschreibende Zeitungen zu Unrecht über einen angeblichen rechtsradikalen Anschlag berichteten, der sich später als tragischer Badeunfall ohne Fremdeinwirkung herausstellte (vgl. Jogschies 2001).

Der Fall des Medienfälschers Michael Born, der u.a. Stern-TV frei erfundene Berichte lieferte, wird in gleich mehreren Publikationen aufgegriffen (vgl. Müller-Ullrich 1996; Born 1997; Graeff/Moles/Knaupp 1998; Ulfkotte 2001; Kreymeier 2004; Gerhards/Borg/Lambert 2005; Pritzl 2006; Denes 2008).

Die Monographie von Buck (2007) richtet den Fokus auf Studien zum inszenierten Terror. Hier steht die z.T. moralisch fragwürdige Rolle der Medienberichterstattung über Geiselnahmen im Zentrum der vergleichenden Analysen. Es wird u.a. Bezug genommen auf das „Geisel-TV" im Rahmen der Entführung und Ermordung von Gladbeck sowie auf die Berichterstattung im Zusammenhang mit der Entführung der Familie Wallert auf der philippinischen Insel Jolo.

Der von Debatin (2007) herausgegebene Sammelband dokumentiert die Argumentationslinien der Debatte um die ‚Mohammed Karikaturen', die nach ihrer Veröffentlichung durch die dänische Zeitung *Jyllands-Posten* im Jahr 2005 für kontroverse Debatten gesorgt haben. Während die Befürworter der Zeichnungen die Presse- und Meinungsfreiheit propagieren, haben Gegner der Veröffentlichung den Bildern einen mangelnden Respekt gegenüber dem Islam zugeschrieben.

Inszenierte Medienskandale, die für öffentliche Aufmerksamkeit in Form von Einschaltquoten sorgen, werden in den Bänden von Lücke (2002), Brunst (2003), Gerhards, Borg und Lambert (2005), Paus-Haase, Schnatmeyer und Wegener (2000), Herrmann und Lünenborg (2001) skizziert. Das Spektrum reicht von Talk- und Musikshows über Real-Life-Formate bis hin zu Spielshows, die provozieren und polarisieren.

Gleich zwei Publikationen beschäftigen sich systematisch mit skandalösem Kampagnenjournalismus. Scherz und Schuler (2007) dokumentieren in ihrem Sammelband ausgewählte Fälle, bei denen Prominente und Nicht-Prominente sich willkürlichen medialen Angriffen u.a. in Boulevardzeitungen wie *BILD* ausgesetzt sahen. Gmür (2007) greift in seiner Monographie ebenfalls derartige Rufmordfälle auf, deren typische Muster aufgezeigt, eingeordnet und bewertet werden. Beide Bücher liefern zentrale Analysekategorien, die wertvolle Anknüpfungspunkte für weitere Untersuchungen liefern. Konstruktiv werden konkrete Kriterien benannt, um Verfehlungen und Missstände zu reduzieren. Der Interviewband von Bergmann und Pörksen (2009) schließlich widmet sich Journalisten wie Hans Leyendecker und Volker Lilienthal, die Skandale aufgedeckt haben oder in Medienskandale involviert waren (z.B. Gerd Heidemann, Tom Kummer, Udo Röbel).

3 Medienethische Debatten

3.1 Skandale

> „Wer einen Skandal betrachtet, empfindet Vergnügen und Schauder; wer ihn betreibt, braucht starke Nerven; wer ihn erleidet, der wird verwandelt; wer ihn übersteht, der bleibt gezeichnet." (Schütze 1985: 350)

Der Begriff des Skandals ist auf seine griechischen Wurzeln zurückzuführen. Als „skandalon" wurde ein unter Spannung stehendes Stellhölzchen einer Tierfalle bezeichnet, das bei Berührung umfällt. In der Bibel wurde unter einem Skandal ein Glaubensverstoß verstanden. Dann hatte sich etwas Anstößiges ereignet, das öffentliche Empörung auslöste. Derartige Verfehlungen gelten als Verstöße, die sich gegen wirtschaftliche, politische oder gesellschaftliche Normen und Werte richten und daher geächtet werden können (vgl. Mork 2007).

„Da wo Scandalum ist, ist Ärger." Auf diese kurze Formel bringt Burkhardt (2006: 71) die Debatte um die negative Konnotation von Skandalen. Es geht um Streit und Auseinandersetzungen, um Eifersucht, Neid und Schmach. Der Skandal stellt einen Bruch von Normen und Konventionen dar und avanciert dadurch zu einer moralischen Kategorie.

Die Reputation der Skandalverursacher ist ggf. nachhaltig tangiert und kann zu einem massiven Vertrauensbruch führen. Demzufolge sollen Skandale aus Sicht der Verursacher möglichst nicht an das Licht der Öffentlichkeit gelangen, damit eine Rufschädigung vermieden wird. Insgesamt umfasst der Skandal die drei Komponenten Verfehlung, Enthüllung und Entrüstung (vgl. Kamps 2007; Hondrich 2002). Dabei findet zunächst eine moralische oder justitiable Verfehlung einer Person oder Institution statt. Insgesamt verfügen Skandale über eine große Anziehungskraft, da sie ein hohes Unterhaltungspotenzial besitzen. Entrüstung und Betroffenheit verschaffen den Rezipienten einen Erlebniswert. Darüber hinaus lassen sich zahlreiche Nachrichtenfaktoren wie Überraschung, Prominenz, Negativität und Konflikt mit Skandalen in Verbindung bringen (vgl. Saxer 2007). Zudem beruht jeder Skandal auf mehr oder weniger berechtigten Dramatisierungen, die kunstvoll inszeniert werden.

> „Skandale sind Kunstwerke mit klaren Botschaften und starken emotionalen Appellen. Die Skandalisierung von Missständen ist eine Kunst, und die Skandalierer sind viel eher Künstler als Analytiker – Geschichtenerzähler, die einem disparaten Geschehen subjektiven Sinn verleihen und dadurch für die Allgemeinheit nachvollziehbar machen." (Kepplinger 2005: 145f.)

Kepplinger (2005: 38ff.) zufolge lassen sich folgende Skandaltypen voneinander differenzieren:

- Horror-Etiketten (z.B. Waldsterben)
- Verbrechens-Assoziationen (z.B. Blutbad)
- Super-GAU-Spekulationen (z.B. nuklearer Winter)
- Katastrophen-Szenarien (z.B. Killerbakterien)
- Schuld-Stapelungen (z.B. Flugbereitschaftsaffäre)
- Optische Übertreibungen (z.B. durch Zeitlupe, Vergrößerung)

Wie bereits erwähnt hängt der Grad der Skandalisierung zentral von den gängigen Norm- und Wertvorstellungen ab und ist entsprechenden Wandlungen unterworfen. Zu definieren ist ein „Skandal stets im Spiegel seiner Zeit" (Kreymeier 2004: 7).

So galt der Kinofilm *Die Sünderin* von 1951 aus der Perspektive der katholischen Kirche als Skandal, weil die Schauspielerin Hildegard Knef in einer Szene unbekleidet gezeigt wurde (vgl. Burkhardt 2007).

Als im Jahr 1987 ein gleichgeschlechtlicher Kuss zwischen zwei Männern in der ARD-Serie *Lindenstraße* ausgestrahlt wurde, hagelte es ebenfalls Proteste, da die öffentliche Darstellung einer homosexuellen Beziehung im Unterhaltungsprogramm als Tabubruch eingestuft wurde. Inzwischen hat sich auch hier die Aufregung gelegt. Weder die Darstellung von Nacktheit noch die Zurschaustellung gleichgeschlechtlicher Liebesbeziehungen erzeugen heute noch großes Interesse. Daher gilt: „Skandale sind Konstrukte, die in einem spezifischen Kommunikationsprozess entstehen." (Burkhardt 2006: 82) Die Beurteilung von Normverstößen unterliegt demzufolge stets gesellschaftlichen Aushandlungsprozessen der moralischen Angemessenheit.

Wenn von Medienskandalen die Rede ist, werden konkrete Fallbeispiele benannt, bei denen mehr oder weniger dramatische Verfehlungen zu konstatieren sind. Auf einige dieser Fälle wird im Folgenden eingegangen.

3.2 Provokationen und Pseudo-Skandale

„Sensationen, Skurrilität und Tabus in den Medien" ist der Titel eines Sammelbandes von Ganguin und Sander (2006), der sich mit Grenzverletzungen und Tabubrüchen in

Abgrenzung vom Normalen und damit Langweiligen vor allem im Fernsehen beschäftigt. Bei der Suche nach Medienskandalen nach diesem Muster wird der Beobachter schnell fündig. Als Nina Hagen als Talkshowgast beim *Club 2* im *ORF* 1979 die Techniken der Selbstbefriedigung erläuterte, wurde der Skandal ausgerufen. Angebliche Kleidungsskandale gab es bei *Wetten, dass...?*, da die weiblichen Gäste Sarah Connor, Brigitte Nielsen und Cher für strenge Sittenwächter recht wenig Stoff am Körper trugen. Aus diesem Grund sorgte auch die RTL-Spielshow *Tutti Frutti* zwischen 1990 und 1993 für öffentliche Empörung.

Aus ökonomischer Perspektive ist es strategisch ggf. klug, mit provokativer Sprache und sexuellen Anspielungen zu operieren. Der Verkaufserfolg des Romans *Feuchtgebiete* von Charlotte Roche stützt diese These. Die beiden Fernseheauftritte der Porno-Rapperin Lady Bitch Ray in den ARD-Produktionen *Menschen bei Maischberger* und *Schmidt und Pocher* haben ebenfalls dazu beigetragen, dass der Marktwert der Künstlerin voraussichtlich steigen wird.

Derartige Provokationen sind keineswegs neu. Bereits bei der Spielshow *Wünsch Dir was*, die von 1969 bis 1972 im *ZDF* ausgestrahlt wurde, war eine Kandidatin in einer durchsichtigen Bluse aufgetreten.

Mehr oder weniger freiwillige ‚Mutproben' prägen das Unterhaltungsfernsehen. Angesichts dürftiger Dramaturgie wird gerne auf Möglichkeiten zurückgegriffen, Kandidaten lächerlich zu machen und die Schadenfreude auszukosten (vgl. nachfolgend Kreymeier 2004).So wurden in der *100.000 Mark Show*, die in den 1990er Jahren auf *RTL* lief, Bisamratten verzehrt, sowie Spinnen und Schlangen eingesetzt, um durch den Ekelfaktor Interesse beim Zuschauer zu erzeugen. In der *RTL*-Show *Glücksritter* wurden Dartpfeile auf den Rücken eines Fakirs geworfen.

In der *RTL2*-Sendung *Ihr seid wohl wahnsinnig* fanden sich Freiwillige, die durch einen See mit Krokodilen schwammen oder auf den Tragflächen eines Doppeldeckers mitflogen. Auf dem gleichen Sender leckten Menschen vor laufender Kamera in der Sendung „Cashman" Griffbänder von Rolltreppen ab und aßen Hundefutter, als ihnen dafür Bargeld angeboten wurde. Bei der *Glücksspirale (SAT1)* wurden Menschen mit Phobien lächerlich gemacht. Sie hatten Angst vor Aalen, Spinnen oder Vögeln und litten erheblich, als sie damit in Berührung gebracht wurden. Die Zuschauer waren jedoch begeistert und genossen die Sendungen mit Schadenfreude. Formate speziell aus dem privat-kommerziellen Programmspektrum werden häufig mit Skandalen in Verbindung gebracht, um die öffentliche Resonanz zu stärken. So wurden Meldungen kolportiert, dass Kandidaten in der RTL-Produktion *Deutschland sucht den Superstar* Drogen konsumiert hätten. Diese Castingshow arbeitet auch mit Provokationen. Zahlreiche Kandidaten werden besonders von Jurymitglied Dieter Bohlen beleidigt, da sich ihre Sangesqualitäten in engen Grenzen halten. Die Beschimpfungen sorgen neben dem schlechten Gesang für Erheiterung beim Publikum und damit für öffentliche Aufmerksamkeit. Insofern hat sich jetzt auch die Freiwillige Selbstkontrolle Fernsehen (2009) mit dem Talentwettbewerb befasst und Richtlinien für den Umgang mit den Kandidaten erstellt.

Im RTL-*Dschungelcamp* mit dem Titel *Ich bin ein Star, holt mich hier raus* wird den ‚Mutproben' der Kandidaten das Etikett des Skandals aufgedrückt, obwohl auch hier offenkundig ist, dass die Mitspieler aus freien Stücken am Wettbewerb teilgenommen haben, um neben der Gage für ihren Auftritt auch ihre eigene Popularität zu fördern. Dies gilt auch für die Teilnehmer in Real-Live-Formaten.[1]

George Orwells Politikthriller von 1949 schien den Ankündigungen der Programmmacher zufolge Wirklichkeit zu werden. Seine futuristische Warnung vor dem totalen Überwachungsstaat durch den Parteiführer „Big Brother", der eine flächendeckende Kontrolle organisiert, bei der es keine Intimsphäre mehr gibt, sollte nun im Fernsehen dokumentiert werden. „Big Brother is watching you" wurde zum geflügelten Begriff, der die Konsequenz ankündigte, dass eine Aufhebung der selbstbestimmten menschlichen Existenz zu befürchten war. Das auf RTL II werbewirksam angekündigte „TV-Event" des Jahres 2000 versprach Psychoterror und den ultimativen Kick, um Zuschauer anzulocken. Politiker bezeichneten *Big Brother* wahlweise als „Experiment wie mit Ratten", sahen in dem Format einen „Menschenversuch" und vermuteten „Käfighaltung". Roland Koch (CDU) sah „Menschen wie Labormäuse". Otto Schily (SPD) hielt Big Brother für den „schlimmsten Verstoß gegen die Menschenwürde seit 1945". Maria Böhmer (CDU) forderte in der Bild am Sonntag: „Schluss mit Big Brother". Roland Appel (Bündnis 90/Grüne) postulierte einen Boykott der Sendung. Der damalige Intendant des SWR, Peter Voß, bezeichnete Big Brother als „Menschenzoo" und der inzwischen zum Kardinal ernannte Karl Lehmann sah einen „schamlosen Enthüllungsjournalismus", wobei sich die Frage stellt, was dieses Format überhaupt mit Journalismus zu tun hat.

Das Format versprach zumindest Spannung. Die Authentizitätsillusion wurde bereits in der ersten Staffel durch das Musikstück *Leb, wie Du dich fühlst...* vermittelt. 250.000 DM Gewinn winkten dem Sieger. Programmmacher und die Presseberichterstattung versprachen wechselweise ‚Spanner-TV', ‚Gaffer-Show', Voyeurismus und ‚Totale Überwachung'. Der Medienhype war gewaltig. Die Merchandising-Maschine boomte und Kandidaten wie Zlatko wurden zumindest kurzfristig zu Stars, erhielten Plattenverträge und kamen in den Genuss zahlreicher Talkshowauftritte.

Aber hatte das Format tatsächlich ein Skandalpotenzial? Wurden die Kandidaten zum Objekt degradiert? Wurden Sie zur Teilnahme gezwungen? Waren Sie isoliert? Gab es überhaupt Kriterien für eine moralische oder rechtliche Beanstandung? Die medienrechtliche Beurteilung kam unisono in zahlreichen Gutachten zu dem Ergebnis, dass eine Beanstandung des Real-Life-Formates nicht berechtigt war. Die Handlungsautonomie der Kandidaten war zu keinem Zeitpunkt gefährdet. Sie wurden weder zum Objekt, noch zu Gefangenen degradiert. Sie kannten die Spielregeln und haben selbstbestimmt einen notariellen Vertrag zur Teilnahme an der Show unterzeichnet. Insgesamt war also kein Verstoß gegen die Achtung der Menschenwürde zu verzeichnen, wodurch das Skandalpotenzial auch erheblich an Bedeutung verlor. Es

1 Siehe auch den Beitrag von Mikos zu Real Life Formaten in diesem Band.

wurde kein Psychoterror ausgeübt. Die Gefahr für Leib, Leben und Psyche hielt sich in engen Grenzen und eine Verletzung des Jugendschutzes fand ebenso wenig statt wie der prognostizierte Tabubruch (vgl. weiterführend Frotscher 2000; Schweer/Schicha/Nieland 2002).

Die unlängst ausgestrahlte RTL-Serie *Erwachsen auf Probe* arbeitete ebenfalls mit gezielten Provokationen, um eine möglichst hohe Zuschauerresonanz zu erreichen. Hier waren Jugendlichen die Babys fremder Eltern überlassen worden. Die Heranwachsenden waren mit der Betreuung der Kleinkinder erwartungsgemäß überfordert. Folglich warnten zahlreiche Kinderschutzverbände vor der Ausstrahlung; die Bundesfamilienministerin war empört und die Kommission für Jugendmedienschutz sah einen potenziellen Verstoß gegen die Menschenwürde. So konnte von RTL erneut ein erfolgreiches Skandalmarketing betrieben werden, um die öffentliche Aufmerksamkeit auf die Serie zu lenken. Vordergründig wurden vom Sender sogar pädagogische Absichten propagiert. Angeblich sollte die Serie aufgrund des zu erwarteten Abschreckungseffektes durch die Darstellung überforderter Jugendlichen im Umgang mit Babys dazu beitragen, die Schwangerschaftsquote von jungen Frauen zu senken. Derartige Hilfsabsichten werden immer wieder als Begründung gegeben, entsprechende Formate auszustrahlen. Bei *Bauer sucht Frau* geht es angeblich um das Lebensglück der Landwirte und bei der *Super-Nanny* um Erziehungsfragen. Gleichwohl wird hier aber auch der angebliche Alltag von Menschen inszeniert, die sich vor einem Millionenpublikum lächerlich machen.

Auch Musikskandale gelten seit vielen Jahren als Mittel des strategischen Marketings, um die Verkaufszahlen von Tonträgern zu erhöhen. So hat Elvis Presley durch seinen Hüftschwung vor rund fünfzig Jahren erhebliche Reaktionen beim Publikum ausgelöst. Die Popikone Madonna provoziert seit vielen Jahren durch freizügige Auftritte und spielt mit biblischen Symbolen, um die gewünschte Aufmerksamkeit zu erreichen. Rapper provozieren bisweilen mit frauen- und ausländerfeindlichen Texten, und die Band Rammstein spielt bei ihren Auftritten mit Formen des nationalsozialistischen Ensembles.

Die Autorin und Moderatorin Eva Herman provozierte, indem sie in Interviews das Familienbild des Nationalsozialismus mit positiven Konnotationen assoziierte. Der dadurch provozierte Rauswurf aus der Talkshow von Johannes B. Kerner, der eine erhebliche öffentliche Resonanz erfuhr, hat die Verkaufszahlen ihres Buches zum Thema Familienpolitik gefördert.

Anfang Juni 2007 wurde auf dem niederländischen Sender *BNN* die *Grote Donorshow* ausgestrahlt, bei der sich drei Menschen um eine Niere ‚bewarben', die von der angeblich unheilbar kranken Spenderin Lisa zur Verfügung gestellt werden sollte. Das Ganze wurde dann im Rahmen einer typischen Spielshow inszeniert. In Einspielfilmen wurde die Lebensgeschichte der drei kranken Kandidaten vorgestellt. Die „Todkranke" wurde unter johlendem Applaus des Publikums begrüßt und die potenziellen Empfänger kämpften nach Kräften um die Sympathie der ‚Spenderin' und des Fernsehpublikums, das sich per SMS an der ‚Abstimmung' beteiligen konnte. Das Ganze war ein großer Bluff. Kurz bevor die Wahl des ‚Gewinners' der Niere verkündet werden sollte, klärte der Moderator darüber auf, dass es sich bei der angeblich todkranken Person um eine gesunde Schauspielerin handelte und dass die tatsächlich kranken Kandidaten darüber im Vorfeld der Sendung bereits aufgeklärt worden seien. Das Ziel – so die Macher der Show – bestand darin, auf die Problematik der geringen Organspendenbereitschaft in der Bevölkerung aufmerksam zu machen. Produziert wurde der Fake von *Endemol*. Vordergründig war die Nierenshow ein Erfolg. Noch während der Sendung haben mehrere Tausend Niederländer einen Organspendeausweis beantragt. Dennoch stellt sich die Frage, ob hier der Zweck die Mittel heiligt. Ist es moralisch angemessen, durch eine derartig spektakuläre Inszenierung die Aufmerksamkeit auf einen Missstand zu lenken? Oder ist bei einem so sensiblen Thema ein höherer Grad an Seriosität in der medialen Präsentation geboten? Was macht unter den Bedingungen moderner, unterhaltungszentrierter Medien eine angemessene Vermittlung aus? Stimmen die journalistischen und moralischen Standards, die zur Empörung über das niederländische Beispiel geführt haben? Oder erzwingt eine Ökonomie der Aufmerksamkeit bisweilen den kontrollierten Tabubruch, um Gutes zu bewirken? Diese Fragen werden weiter zu diskutieren sein.

3.3 Frei erfundene Berichte

Die solide Recherche mit der Berücksichtigung mindestens zweier Quellen gilt als Basis jeder seriösen Berichterstattung. Dass frei erfundene Berichte immer wieder ausgestrahlt oder gedruckt werden, dokumentiert das Versagen journalistischer Sorgfaltspflicht. Im Folgenden werden vier unterschiedliche Fälle skizziert, die vor allem Qualitätsmedienbetreffen.

Ein besonders eklatantes Beispiel ist der Fall Michael Born. Der von Pritzl (2006: 80) als „TV-Kujau" klassifizierte Fernsehproduzent hatte 1996 insgesamt 23 Fernsehbeiträge gefälscht und mit Erfolg an privat-kommerzielle und öffentlich-rechtliche Politikmagazine verkauft. Betroffen waren u.a. die Formate *STERN-TV (RTL)*, *FRONTAL (ZDF)* sowie *ZAK (ARD)*, die die z.T. völlig absurden Geschichten von Katzenjägern, wobei der falsche „Jagdmann" einen deutlich zu erkennenden aufgeklebten Bart trug, über Krötendrogen, die mit Dosenmilch beträufelt worden sind, bis hin zu angeblichen Auftritten des Ku-Klux-Klan in Deutschland, ausgestrahlt haben. Von *RTL* hatte Born nach eigenen Angaben insgesamt 350.000 DM für derartige ‚Fakes' erhalten (vgl. Kreymeier 2004). Er hatte die Geschichten frei erfunden und mit Freunden und Bekannten nachspielen lassen. Durch eine Stimmenanalyse kam heraus, dass ein und derselbe Schauspieler in zwei unterschiedlichen Spielszenen zum Einsatz kam. Ein weiterer Protagonist trug bei den unterschiedlichen Auftritten dieselben Turnschuhe. Es wäre also verhältnismäßig einfach gewesen, den Fälschungen auf die Schliche zu kommen. Born wurde aufgrund des Betruges zu vier Jahren Haft ohne

Bewährung verurteilt (vgl. Roth/Sokolowsky 2000). Davon hat er mehr als zwei Jahre abgesessen. Das Urteil wurde wie folgt begründet:

> „Die Höhe des Strafmaßes komme in erster Linie wegen Delikten wie Volksverhetzung, Aufstachelung zum Rassenhass, Urkundenfälschung oder dem Vortäuschen von Straftaten zu Stande. Diese Straftaten hätten schwerer gewogen als die Betrugsvorwürfe, erklärte Richter Weiland." (Pritzl 2006: 122)

Born (1997) nutze schließlich die Haftzeit, um in dem Buch *Die Geschichte eines Fernsehjournalisten* seine Perspektive der Ereignisse zu publizieren (vgl. weiterführend Gerhards/Borg/Lampert 2005). Dass neben den skizzierten Fernsehformaten auch Qualitätszeitungen vor frei erfundenen Berichten nicht sicher sind, dokumentieren die folgenden Beispiele. Der Journalist Tom Kummer arbeitete ab 1993 als Hollywood-Korrespondent u.a. für die seriöse *Süddeutsche Zeitung (SZ)*. Zahlreiche seiner gefälschten Interviews mit prominenten Filmstars wurden im Magazin der *SZ* abgedruckt. Kummer fungierte als Vertreter des Borderline-Journalismus, der sich dadurch „auszeichnet", dass fiktionale Inhalte als Journalismus verkauft werden (vgl. Kummer 2009). 2005 kam heraus, dass eine weitere Reportage für die Berliner Zeitung ein Konvolut aus zwei bereits veröffentlichten Texten darstellte, die Kummer zuvor bereits für die *Neue Zürcher Zeitung* und das *SZ-Magazin* veröffentlicht hatte. Darüber ist die Redaktion des Berliner Blattes zuvor nicht informiert worden. Interviews mit Pamela Anderson und Johnny Depp waren ebenso frei erfunden wie die Gespräche mit Sharon Stone, Kim Basinger und Brad Pitt (vgl. Wolf 2000, Ulfkotte 2002).

Im Borderline-Journalismus werden reale und fiktive Elemente miteinander kombiniert. Die somit neu entstehenden Berichte verfügen über einen nur sehr begrenzten Wahrheitsgehalt. Sie bieten den beteiligten Journalisten die Möglichkeit, sich zumindest solange zu profilieren und damit viel Geld zu verdienen, bis der Schwindel durch einen gut recherchierten Medienjournalismus auffliegt (vgl. Denes 2008). Mit wenig Aufwand eine möglichst hohe Auflage zu erreichen, prägte demzufolge das Verhalten von Kummer und anderen, die sich das Prinzip des Borderline-Journalismus zueigen gemacht haben.

Ökonomische Interessen standen auch im Mittelpunkt des wohl bekanntesten Medienskandals. Vor mehr als 25 Jahren erschütterte die Veröffentlichung der gefälschten Hitlertagebücher die Glaubwürdigkeit des *STERN*. Am 25. April 1983 gab es die legendäre Pressekonferenz, bei der der Journalist Gerd Heidemann die angeblichen 62 Hitler-Tagebücher präsentierte, die er für mehr als neun Millionen DM beim Fälscher Konrad Kujau erwarb (vgl. Heidemann 2009). Am 28. April 1983 begann eine Serie im Stern mit dem Titel „Hitlers Tagebücher entdeckt". Im Editorial ließ sich der damalige Chefredakteur Peter Koch zu dem Statement „Die Geschichte des Dritten Reiches muss teilweise umgeschrieben werden" hinreißen. Es stellte sich jedoch heraus, dass auch hier die Kontrollmechanismen beim *STERN* massiv versagt haben. Das Papier, auf dem Hitler angeblich seine Aufzeichnungen geschrieben haben soll, wurde mit den Weißmachern versetzt, die erst nach 1950 in der Papierherstellung zum

Einsatz gekommen sind. Teile der Bücher wurden aus historischen Dokumenten abgeschrieben, die zuvor längst publiziert worden waren. Kujau legte vor Gericht ein Geständnis ab, alle Fälschungen selbst verfasst zu haben. Er wurde zu vier Jahren und sechs Monaten Haft verurteilt. Heidemann erhielt eine Haftstrafe von vier Jahren und acht Monaten. Satirisch aufbereitet wurden die Geschehnisse um die gefälschten Tagebücher in dem Film von Helmut Dietl *Schtonk!*, der 1992 als gelungene Parodie des Skandals in die Kinos kam und den Deutschen Filmpreis erhielt (vgl. weiterführend Kuby 1983; Bissinger 1984; Seufert 2008).

Dass frei erfundene Berichte kein spezifisch deutsches Phänomen sind, dokumentiert der Fall der renommierten *Washington Post*, die sich zu Recht damit rühmen konnte, die Watergate-Affaire aufgedeckt zu haben, gleichwohl aber auch Bestandteil eines peinliches Medienskandals wurde. Einen „journalistischen Super-GAU“ (Mayer 1998: 80) erlebte diese renommierte Tageszeitung im Jahr 1980, nachdem ein Artikel der Journalistin Janet Cooke in dem Blatt erschien, der sich später als frei erfunden herausstellte. Es ging in der Story um den achtjährigen Jungen Jimmy, der angeblich heroinabhängig war. Cooke lagen zwar entsprechende Informationen aus der Drogenszene vor, die sich jedoch nicht erhärteten. Sie hat daraufhin jedoch nicht aufgegeben, sondern eine fiktive Geschichte über das Schicksal von Jimmy geschrieben, die schließlich auch als Reportage abgedruckt wurde. Ihr Phantasieprodukt bekam 1981 den renommierten Pulitzer-Preis, der alljährlich für herausragende journalistische Leistungen verliehen wird. Später kam noch heraus, dass sich die Journalistin bereits mit gefälschten Zeugnissen über Universitätsabschlüsse bei der Washington Post beworben hatte. Als beide Skandale aufflogen, kündigte Cooke bei ihrer Zeitung, für die sie bis dahin bereits 53 Geschichten geschrieben hatte.

3.4 Rufmord

Dass Medien neben ihrer Kontroll- und Kritikfunktion auch psychische Gewalt auf Opfer der Berichterstattung ausüben können, dokumentieren zahlreiche Beispiele, bei denen die *BILD*-Zeitung immer wieder eine negative Rolle gespielt hat.

Wie Boenisch (2007) auch Jahrzehnte nach den Recherchen von Günther Wallraff nachweisen konnte, sorgt dieses Blatt nach wie vor durch einen gezielten Kampagnenjournalismus dafür, dass Personen immer wieder systematisch persönlich diffamiert und diskreditiert werden. Provokation und Tabuverletzung stellen dabei zentrale Strategien dar, um die Aufmerksamkeit der Leser zu erreichen. Keine weit verbreitete Zeitung in Deutschland hat so gravierende Qualitätsmängel, wie auch *bildblog.de* regelmäßig nachweisen kann. Hier belegen renommierte Journalisten wie Stefan Niggemeier von der *Frankfurter Allgemeinen Sonntagszeitung* immer wieder, dass die Geschichten in *BILD* z.T. frei erfunden oder auch nur schlecht recherchiert sind.

Schließlich hat *BILD* aufgrund der zahlreichen moralisch fragwürdigen Berichte mit Abstand die meisten Rügen des Deutschen Presserates erhalten. Von 1986-2006 waren es 99 von insgesamt 397 ausgesprochen Rügen, die sämtliche beanstandeten Zeitungen erhalten hatten. Damit werden ca. 25% erreicht. Zudem ist die Zahl der Rügen seit 2001 überproportional gestiegen.

Typisches Merkmal von *BILD* ist der Sensationsjournalismus. Normale Ereignisse werden zu Skandalen hochstilisiert. Dabei kann die Grenze zur Lüge, Fälschung und Manipulation durchaus überschritten werden. Symbolische Zuspitzungen dienen der Komplexitätsreduktion und Vereinfachung. Es erfolgt eine klare, aber nicht zwingend berechtigte Zuordnung von Gut und Böse. Inhalte werden übertrieben dargestellt und aufgebauscht. Dabei kommen persuasive und manipulative Mittel und Methoden zum Einsatz, die Lügen und Verleumdungen enthalten können. Die Berichterstattung dient insgesamt einem übergeordneten, persönlich motivierten Ziel. Die Artikel über die Studentenbewegung in *BILD* führten dazu, dass demonstrierende Studierende pauschal als „Rabauken", „Akademische Gammler", „Eiterbeulen", „Schreihälse", „Geistige Halbstarke", „Politische Spinner" und „Krawall-Studenten" bezeichnet worden sind. Mehrfach wurden auch grüne Politiker Opfer von *BILD*-Kampagnen. Die Veränderung eines Bildausschnitts beispielsweise vermittelte den falschen Eindruck, dass der ehemalige Minister Jürgen Trittin bei einer Gewalt-Demo gewesen sei. Joschka Fischer hingegen wurde zu Unrecht in die Nähe des Terrorismus gerückt.

Doch nicht nur Politiker, sondern auch Künstler wurden regelmäßig Opfer der Bild-Berichterstattung. Durch die Streuung ehrverletzender Gerüchte werden Prominente zum ‚Freiwild'. So sah sich der Moderator einer Nachmittagstalkshow, Andreas Türk, dem Vorwurf der Vergewaltigung ausgesetzt. *BILD* startete eine Kampagne gegen den Moderator. Überschriften wie „Die Sex-Akte Türck" und „Hier steht Andreas Türck ein letztes Mal im Licht" trugen dazu bei, dass der zu Unrecht erhobene Vergewaltigungsvorwurf publizistisch ausgeschlachtet wurde. Da sich die Vorwürfe nicht erhärtet haben, wurde Türck freigesprochen. Dennoch war seine TV-Karriere für Jahre zerstört. Eine derartige Kampagne wurde auch gegen die Filmschauspielerin Sibel Kekili gestartet, da sie vor ihrem großen Erfolg in dem preisgekrönten Kinofilm *Gegen die Wand* Darstellerin in Pornofilmen war (vgl. Schertz/Schuler 2007). Die Doppelmoral der *BILD*-Zeitung, deren Chefredakteur Kai Diekmann sich mit den Päpsten Johannes Paul II und Benedikt XVI traf, um die „Volksbibel" zu überreichen, wird auch dadurch deutlich, dass in dem Blatt einerseits Bibeltreue propagiert wird, andererseits aber auch Sexanzeigen abgedruckt werden. Die Verleumdungskampagnen und häufigen Verletzungen des Persönlichkeitsschutzes von Prominenten wie auch von Nicht-Prominenten gehören ohnehin seit Jahren zum typischen Bestandteil zahlreicher *BILD*-Kampagnen (vgl. Henschel 2006).

3.5 Paparazzi-Journalismus

> „Gladbeck war der Super-Gau fast aller deutschen Medien und selbstverständlich auch meiner. Darüber, dass mein persönliches journalistisches Versagen mir dann die Rolle eines Prügelknaben eingebracht hat, darüber kann und will ich mich beschweren. Aber gerade, weil ich mich zu mei-

> nen Fehlern bekenne, nehme ich mir auch das Recht raus, meine Rolle etwas differenzierter zu sehen: Denn es war nicht nur Sensationsgier, die mich damals so handeln ließ, sondern auch Mitgefühl und persönliche Verantwortung." (Röbel 2009, S, 297)

So genannte Paparazzi sind Reporter, die Prominente verfolgen, um sensationelle und skandalträchtige Geschichten vorwiegend an Boulevardblätter zu liefern. Ihre Aufgabe besteht darin, ihren Opfern möglichst unbemerkt aufzulauern. Die Jagd nach Nachrichten entspricht einem „Katz- und Mausspiel" (Gmür 2007). Hierbei haben einige Berichterstatter auch keinen Respekt vor Toten. So wurden die Bilder des bewusstlosen Michael Jackson veröffentlicht, bevor er ins Krankenhaus gebracht wurde. Inzwischen sind auch Bilder der verstorbenen Lady Diana aufgetaucht, die sie kurz nach dem Autounfall zeigen, bei dem sie ums Leben gekommen ist.

Insgesamt geht es beim Paparazzi-Journalismus nicht immer um Prominente aus dem Showgeschäft, sondern auch um Bürger, die unvermittelt zu Betroffenen derartiger Berichterstatter werden können. Die Angehörigen der Opfer nach dem Amoklauf von Winnenden konnten nicht in Ruhe trauern, da Journalisten regelrecht in die Stadt einfielen, um Bilder zu machen und Interviews mit z.T. minderjährigen Schülern zu führen, die das Verbrechen miterleben mussten. Einige Reporter wurden sogar mit Hilfe der Polizei davon abgehalten, die Beerdigung zu stören.

Dass ein Verbrechen zum Medienereignis werden kann, dokumentiert auch das so genannte Geiseldrama von Gladbeck. Am 16. August 1988 wurden nach einem missglückten Banküberfall zwei weibliche Geiseln genommen, mit denen die Entführer in einem Auto flüchteten. Der Boulevardjournalist Udo Röbel hatte sich sogar in das Fluchtauto gesetzt und fuhr mit den Entführern und den Geiseln auf die Autobahn. Unterbrochen wurde die Flucht durch spontane ‚Pressekonferenzen' der Geiselnehmer, die u.a. im *ZDF Heute Journal* gezeigt wurden. Die Verbrecher bekamen dadurch einen regelrechten Prominentenstatus und konnten sich durch den ‚Schutz' der Journalisten vor den polizeilichen Zugriffen in Sicherheit wiegen. Die Interviewer behinderten dadurch die Polizeiarbeit. Es gab schließlich mehrere tote Geiseln und Verletzte (vgl. Kreymeier 2004, Wilke 2007).

Weiterhin ereignete sich im hessischen Borken 1988 ein Grubenunglück, bei dem 51 Bergleute verschüttet wurden und nur sechs von ihnen gerettet werden konnten. Journalisten verkleideten sich als Ärzte und Feuerwehrleute, um Zugang zum Grubengelände zu bekommen. Sie interviewten die fassungslosen Angehörigen der Opfer. Seitdem hat der makabere Begriff des „Witwenschüttelns" die medienethische Debatte erreicht (vgl. Weischenberg 1997; Reiche 2007).

Auch nach dem Amoklauf von Winnenden im Jahr 2009 haben einige Journalisten Angehörige der Opfer z.T. bis auf den Friedhof verfolgt, nachdem sie zuvor die Schule belagert haben, an denen das Verbrechen geschehen ist. Moralisch angemessen wäre hingegen eine sensiblere Berichterstattung gewesen, um die Menschen in Ruhe ihre Erschütterung über die Tat verarbeiten zu lassen. Zu Recht titelte eine Tageszeitung aus Winnenden: „Lasst uns in Ruhe trauern." Auch der Verzicht auf eine Berichterstattung vor Ort kann demzufolge zu einer moralischen Maxime avancieren.

Die Berichterstattung über die krebskranke Jade Goody, die als Kandidatin im *Big Brother*-Haus in England von ihrer Krebserkrankung live im Fernsehen erfahren hatte, führte ebenfalls zu zahlreichen Meldungen vorwiegend im Boulevardbereich, aber auch in den Qualitätsmedien. Die inzwischen verstorbene Mutter von zwei Kindern hat ihre Geschichte bis zum Tod selbst vermarktet, um ihre Nachkommen finanziell abzusichern.

Nachfolgend richtet sich der Fokus auf einen realen Fall, bei dem schlechte Recherche und unangemessene Verdächtigungen, Vorurteile und falsche Berichte nach sich zogen.

3.6 Falscher Verdacht

In der ostdeutschen Kleinstadt Sebnitz ist der sechsjährige Joseph bei einem Badeunfall am 13. Juni 1997 ums Leben gekommen. Diese Meldung hätte sicherlich einen begrenzten Nachrichtenwert, wenn die Eltern nicht fälschlich davon ausgegangen wären, dass ihr Kind von Skinheads ertränkt worden wäre. Drei Jahre später gab es in der *BILD*-Zeitung unter der Überschrift „Kleiner Joseph – gegen 50 Neonazis hatte er keine Chance" folgende Meldung (zit. n. Jogschies 2001: 18):

> „50 Neonazis überfielen den kleinen Joseph (6). Schlugen ihn, folterten ihn mit einem Elektroschocker, dann warfen Sie ihn ins Schwimmbecken, ertränkten ihn. Fast 300 Besucher waren an jenem Tag im „Spaßbad" im sächsischen Sebnitz. Viele hörten seine Hilferufe, keiner half. Seit 3 Jahren laufen die Täter frei herum. Erst jetzt ermittelt die Justiz, weil die Eltern – Mutter Renate und ihr Ehemann Saad – ein gebürtiger Iraker – mühsam Zeugen suchen."

Im Zuge der sich anschließenden polizeilichen Ermittlungen wurden drei angebliche Neonazis verhaftet, die etwas mit dem Tod des Jungen zu tun haben sollten. Die Brisanz des Falles führte dazu, dass sich später auch Politiker in die Debatte einschalteten. Der damalige Kanzler Gerhard Schröder forderte in *BILD* vom 25. November 2000 „rückhaltlose Aufklärung". Der ehemalige Bundestagspräsident Wolfgang Thierse war „erschüttert" und Roland Koch vertrat die Auffassung, dass man „über eine solche Tat [...] nur tiefe Abscheu empfinden" kann. Es folgte der obligatorische Betroffenheitstourismus zahlreicher Politiker:

> „Folgerichtig besuchte der sächsische Ministerpräsident Kurt Biedenkopf einen Gedenkgottesdienst in der Sebnitzer St.-Peter-und-Paul-Kirche und Bundeskanzler Gerhard Schröder empfing die Eltern des vermeintlichen Mordopfers im Willy-Brandt-Haus in Berlin." (Kepplinger 2005: 22)

Die Stadt Sebnitz wurde von zahlreichen Medienvertretern zwischenzeitig geradezu belagert. Weitere Zeitungen schlossen sich der *BILD*-Berichterstattung an. Erstaunlicherweise berief sich sogar die *Tageszeitung (taz)* in Artikeln auf Meldungen in der

BILD-Zeitung. Die *Süddeutsche Zeitung* hielt sich hingegen in ihrer Bewertung des Falls vernünftigerweise zurück und bewahrte Distanz hinsichtlich der nicht bewiesenen Vorwürfe gegen Rechtsradikale. Es stellte sich schließlich heraus, dass Joseph ohne weitere Fremdeinwirkung ertrunken war. Aufgrund der schlecht recherchierten Berichterstattung wurden neben der *BILD*-Zeitung auch die *Berliner Morgenpost* und die *taz* gerügt, da sie nicht sorgfältig genug gearbeitet hatten.

4 Medienethische Bewertung

Skandale sind von großem öffentlichem Interesse. Im Gegensatz zur harmlosen Verfehlung besitzt der Skandal eine weit größere Anziehungskraft. Emotionen werden geschürt. Es erfolgt eine klare Einteilung in Gut und Böse bzw. Opfer und Täter. Aber wo fängt der Medienskandal nun faktisch an? Am Beispiel von *Big Brother* wird deutlich, dass Skandale auch inszeniert werden können, um ein möglichst breites Publikum zu erreichen. Dabei arbeiten mehrere Akteure Hand in Hand. Politiker zeigen eine dramatisierende Empörung, um selbst Schlagzeilen und die daraus resultierende Aufmerksamkeit zu erhalten. So wird aus einer harmlosen und langweiligen Fernsehshow ein Fernsehevent, das Tabubrüche verspricht, aber nur inszenierte Alltäglichkeit zeigt.

Zum Teil versuchen Prominente aber auch entweder durch ein knappes Outfit oder durch verbale Entgleisungen zu provozieren, um damit den eigenen Marktwert zu steigern. Schließlich geht es bei öffentlichen Auftritten stets darum, die knappe Ressource der öffentlichen Aufmerksamkeit zu erreichen. Der Erfolg eines Medienereignisses wird zentral anhand der Einschaltquoten und Auflagenzahlen gemessen. Wer nicht wahrgenommen wird, existiert praktisch nicht. Zudem kann davon ausgegangen werden, dass provozierte Skandale mediale Anschlussdiskurse zur Folge haben. Die Selbstreferentialität der Medien führt dazu, dass Medien gerne über die Medienauftritte berichten, die über ein hohes Skandalpotenzial verfügen. Der Skandal liegt hierbei nicht zwingend am provozierenden Verhalten der Protagonisten, sondern ggf. vielmehr darin, dass ihnen zuvor eine Bühne gegeben wird, um sich skandalträchtig medial in Szene zu setzen.

Neben den inszenierten Skandalen, bei denen es in erster Linie darauf ankommt, öffentliche Aufmerksamkeit zu erhalten, existieren die aufgezeigten Formen eines moralisch fragwürdigen Scheckbuchjournalismus, bei dem weniger die Wahrhaftigkeit der Journalisten, als vielmehr ihre ökonomischen Interessen im Mittelpunkt stehen. Medienethisch relevant sind also die Fälle, in denen unter dem Etikett des glaubwürdigen Journalismus plumpe Fälschungen präsentiert werden, die das Vertrauen in die Berichterstattung nachhaltig erschüttern. Gerade die frei erfundenen Berichte von Born, Kummer, Cooke sowie Heinemann und Kujau dokumentieren, dass die Kontrollmechanismen der betroffenen Redaktionen kläglich versagt haben. Dabei ist es besonders auffällig, dass nicht nur Boulevardmedien in diese Medienskandale verwickelt waren, sondern auch Qualitätszeitungen und Fernsehsender aus dem öffentlich-rechtlichen Spektrum, die sich durch eine besonders hohe Glaubwürdigkeit auszeichnen sollten. Die bislang skizzierten Fälle haben jedoch den entscheidenden Vorteil, dass primär die Verursacher und die Betrogenen geschädigt worden sind. So landeten Born, Heinemann und Kujau wegen Betruges im Gefängnis und das Renommee des *STERN* ist bis heute nachhaltig geschädigt. Gleichwohl hat sich – zu Recht – eine gewisse Schadenfreude bei den Rezipienten entwickelt, da die betroffenen Medien und auch die Öffentlichkeit zumindest kurzfristig auf diese ‚Fakes' reingefallen waren.

Der „Spaß" hört aber an dem Punkt auf, an dem Menschen durch moralisch fragwürdige Aktionen von Berichterstattern massiv geschädigt werden. Dies ist beim Paparazzi-Journalismus ebenso der Fall wie bei den Rufmord-Kampagnen der *BILD*-Zeitung. Den traurigen Höhepunkt dieser Entwicklung dokumentieren die skizzierten Fälle in Borken und Gladbeck, bei denen Tote zu beklagen waren.

5 Künftiger Handlungsbedarf

Die medienethische Relevanz von Medienskandalen ist offenkundig, da diese moralische Fehlentwicklungen innerhalb der Berichterstattung öffentlich machen. Gleichwohl sollten derartige Entwicklungen nicht isoliert betrachtet werden. Der Skandal ist immer auch ein Spiegel gesellschaftlicher Rahmenbedingungen und sollte daher in einen entsprechenden Bewertungszusammenhang eingeordnet werden. Die immer schlechter werdenden Arbeitsbedingungen der Journalisten sollten dabei ebenso in die Analyse einfließen. Insgesamt kann nicht erwartet werden, dass Journalisten ‚a priori' bessere Menschen sind, nur weil sie einen öffentlichen Auftrag zur Berichterstattung besitzen und aufgrund des Informantenschutzes und des Zeugnisverweigerungsrechtes über besondere Privilegien verfügen. Journalisten sollen sich im Rahmen ihrer Tätigkeit natürlich profilieren können und dafür auch eine angemessene finanzielle Anerkennung sowie Respekt erhalten.

Als grundlegender Handlungsbedarf bleibt festzuhalten, dass journalistische Arbeitsbedingungen erforderlich sind, die den Berichterstattern trotz Zeit- und Konkurrenzdruck ermöglichen, gründlich zu recherchieren, um Qualität zu liefern. Dabei sind sowohl die Journalisten und Verantwortlichen in den Medienbetrieben selbst als auch die Rezipienten gefordert, Medienberichte kritisch und sensibel zu reflektieren. So benötigt die journalistische Sorgfaltspflicht neben einer gründlichen Recherche stets auch die Beachtung der Privat- und Intimsphäre sowie eine Zurückhaltung bei der Namensnennung potenzieller Straftäter. Zudem können Instanzen wie Leseranwälte und Ombudsleute ggf. einen konstruktiven Beitrag dazu leisten, dass Opfer sich gegen unangemessene Medienangriffe besser wehren können.

Es bleibt weiterhin zu hoffen, dass Journalisten handwerklich sauber arbeiten, indem sie die Grenze zwischen Information und Fiktion – wie etwa beim Borderline-Journalismus – nicht überschreiten. Geschichten zu erfinden ist dann kein Problem, wenn das Werk etwa in der Kategorie des Romans oder Spielfilms auf dem Markt erscheint. Auch hier gibt es Möglichkeiten, Skandale zu provozieren. Hierfür liefert der Roman *Feuchtgebiete* von Charlotte Roche sicherlich ein brisantes Beispiel.

6 Literatur

Bergermann, Ulrike (2000): TV-Trash. The TV-Show I love to hate. Marburg.

Bergmann, Jens / Pörksen, Bernhard (2009): Skandal! Die Macht öffentlicher Empörung. Köln.

Bissinger, Manfred (1984): Hitlers Sternstunde. Kujau, Heidemann und die Millionen. Hamburg.

Bösch, Frank (2006): Politische Skandale in Deutschland und Großbritannien. In: Aus Politik und Zeitgeschichte, Heft 7/2006, S. 25-32.

Boenisch, Vasco (2007): Strategie: Stimmungsmache. Wie man Kampagnenjournalismus definiert, analysiert – und wie ihn die BILD-Zeitung betreibt. Köln.

Born, Michael (1997): Wer einmal fälscht. Die Geschichte eines Fernsehjournalisten. Köln.

Brunst, Klaudia (2003): Leben und leben lassen. Die Realität des Unterhaltungsfernsehens. Konstanz.

Buck, Christian F. (2007): Medien und Geiselnahmen, Fallstudien zum inszenierten Terror. Wiesbaden.

Burghardt, Kirsten (2007): „Die Sünderin". In: Stiftung Haus der Geschichte der Bundesrepublik Deutschland (Hrsg.): Skandale in Deutschland nach 1945, S. 23-29.

Burkhardt, Steffen (2006): Medienskandale. Zur moralischen Sprengkraft öffentlicher Diskurse. Köln.

Debatin, Bernhard (2007): Der Karikaturenstreit und die Pressefreiheit. Berlin.

Denes, Benjamin (2008): Fälschungen im Journalismus. Geschichte, Theorie und Typologie von redaktionellen Fakes und Faction. Saarbrücken.

Döveling, Katrin / Mikos, Lothar / Nieland, Jörg-Uwe (Hrsg.) (2007): Im Namen des Fernsehvolkes. Neue Formate für Orientierung und Bewertung. Konstanz.

Franke, Elmar / Sonner, Franz-Maria (2005): Die Fünf-Minuten Enzyklopädie Skandale. München.

Freiwillige Selbstkontrolle Fernsehen (2009): Richtlinien zum Umgang mit Castingshows und vergleichbaren Formaten. Ergebnis der „AG Deutschland sucht den Superstar" des FSF-Kuratoriums. In: Jugend Medien Schutz-Report 1/2009, S. 2-3.

Frotscher, Werner (2000): „Big Brother" und das deutsche Rundfunkrecht, herausgegeben von der Landesanstalt für Privaten Rundfunk Hessen. München.

Ganguin, Sonja / Sander, Uwe (Hrsg.) (2006): Sensation, Skurrilität und Tabus in den Medien. Wiesbaden.

Gerhards, Claudia / Borg, Stephan / Lambert, Bettina (Hrsg.) (2005): TV-Skandale. Konstanz.

Gmür, Mario (2007): Das Medienopfersyndrom. München.

Graeff, Max Christian / Kaupp, Cristina Moles (1998): Was die Nation erregte. Skandalgeschichten der Bundesrepublik. München.

Hafner, Georg M. / Jacoby, Edmund (Hrsg.) (1994a): Die Skandale der Politik. Reinbek bei Hamburg.

Hafner, Georg M. / Jacoby, Edmund (Hrsg.) (1994b): Neue Skandale der Politik. Reinbek bei Hamburg.

Heidemann, Gerd (2009): Der Nazi-Tick. In: Bergmann, Jens / Pörksen, Bernhard (Hrsg.): Skandal! Die Macht öffentlicher Empörung. Köln, S. 143-151.

Henschel, Gerhard (2006): Gossenreport: Betriebsgeheimnisse der Bild-Zeitung. Berlin.

Herrmann, Friederike / Lünenborg, Margret (Hrsg.) (2001): Tabubruch als Programm. Privates und Intimes in den Medien. Opladen.

Hettlage, Robert (Hrsg.) (2003): Verleugnen, Vertuschen, Verdrehen. Leben in der Lügengesellschaft. Konstanz.

Hondrich, Karl Otto (2002): Enthüllung und Entrüstung. Eine Phänomenologie des politischen Skandals. Frankfurt am Main.

Hug, Heiner (1998): Wir, die Geier. Das knallharte Geschäft mit den Fernseh-News. Zürich.

Jogschies, Rainer (2001): Emotainment. Journalismus am Scheideweg. Der Fall Sebnitz und die Folgen. Münster.

Kamps, Klaus (2007): Politisches Kommunikationsmanagement. Grundlagen und Professionalisierung moderner Politikvermittlung. Wiesbaden.

Kepplinger, Hans Mathias (2005): Die Mechanismen der Skandalisierung. Die Macht der Medien und die Möglichkeiten der Betroffenen. 2. aktualisierte Aufgabe. München.

Kienzlen, Grit / Lublinslki, Jan / Stollorz, Volker (Hrsg.) (2007): Fakt, Fiktion, Fälschung. Trends im Wissenschaftsjournalismus. Konstanz.

Kreymeier, Holger (2004): Deutsche TV-Skandale. Hamburg.

Kuby, Erich (1983): Der Fall „stern" und die Folgen. Berlin.

Kummer, Tom (2009): Faction. In: Bergmann, Jens / Pörksen, Bernhard (Hrsg.): Skandal! Die Macht öffentlicher Empörung. Köln, S. 196-207.

Liedke, Rüdiger (1987): Skandal-Chronik. Das Lexikon der Affären und Skandale in Wildwest-Deutschland. Frankfurt am Main.

Lücke, Stephanie (2002): Real Life Soaps. Ein neues Genre des Reality TV. Münster.

Mayer, Hort Friedrich (Hrsg.) (1998): Die Entenmacher. Wenn Medien in die Falle tappen. Wien und München.

Meidenbauer, Jörg (2001): Skandale und Kriminalfälle. Die größten Skandale und Kriminalfälle der Welt. Gütersloh und München.

Mork, Andrea (2007): Zur Ausstellung. In: Stiftung Haus der Geschichte der Bundesrepublik Deutschland (Hrsg.): Skandale in Deutschland nach 1945, S. 16-21.

Müller-Ullrich, Burkhard (1996): Medienmärchen. Gesinnungstäter im Journalismus. München.

Nagel, Ivan (2004): Das Falschwörterbuch. Krieg und Lüge am Jahrhundertbeginn. Berlin.

Pauss-Haase / Schnatmeyer, Dorothee / Wegener, Claudia (Hrsg.) (2000): Information, Emotion, Sensation. Wenn im Fernsehen die Grenzen zerfließen. Bielefeld.

Pritzl, Thomas (2006): Der Fake-Faktor. Spurensuche im größten Betrugsfall des deutschen Fernsehens. München.

Ramge, Thomas (2003): Die großen Politik-Skandale. Eine andere Geschichte der Bundesrepublik. Frankfurt am Main.

Reiche, Jürgen (2007). Skandal und Medieninszenierung. In: Stiftung Haus der Geschichte der Bundesrepublik Deutschland (Hrsg.): Skandale in Deutschland nach 1945. Bonn, S. 10-15.

Röbel, Udo (2009): Gut und Böse. In: Bergmann, Jens / Pörksen, Bernhard (Hrsg.): Skandal! Die Macht öffentlicher Empörung. Köln, S. 296-305.

Roth, Jürgen / Sokolowsky (2000): Lügner, Fälscher, Lumpenhunde. Eine Geschichte des Betruges. Leipzig.

Saxer, Ulrich (2007): Politik als Unterhaltung. Zum Wandel politischer Öffentlichkeit in der Mediengesellschaft. Konstanz.

Schertz. Christian / Schuler, Thomas (2007): Rufmord und Medienopfer. Die Verletzung der persönlichen Ehre. Hamburg.

Schweer, K.W. / Schicha, Christian / Nieland, Jörg-Uwe (Hrsg.) (2002): Das Private in der öffentlichen Kommunikation. „Big Brother" und die Folgen. Köln.

Schütze, Christian (1985): Skandal. Eine Psychologie des Unerhörten. Bern und München.

Seufert, Michael (2008): Der Skandal um die Hitler-Tagebücher. Frankfurt am Main.

Stiftung Haus der Geschichte der Bundesrepublik Deutschland (Hrsg.) (2007): Skandale in Deutschland nach 1945. Bonn.

Ulfkotte, Udo (2002): So lügen Journalisten. Der Kampf um Quoten und Auflagen. München.

Weber, Frank (Red.) (2000): Big Brother. Inszenierte Banalität zur Primetime. Münster.

Weischenberg, Siegfried (1997): Neues vom Tage. Die Schreinemakerisierung unserer Medienwelt. Hamburg.

Wilke, Jürgen (2007): Gladbecker Geiseldrama. In: Stiftung Haus der Geschichte der Bundesrepublik Deutschland (Hrsg.): Skandale in Deutschland nach 1945. Bonn, S. 157-163.

Wolf, Fritz (2000): Grenzgänger. In: Freitag 27 vom 30.6.2000. *http://www.freitag.de/2000/27/00271403.htm* (Zugriff am 1.5.2009)

Tod und Sterben

Ingrid Stapf

1 Einleitung: Der Tod in den Medien als Thema der Medienethik

Der Tod gilt in der heutigen Gesellschaft als persönlich. Gleichzeitig erhält das Tabuthema Tod in der Mediengesellschaft ein (neues), öffentliches Gesicht: Allgegenwärtig waren Bilder des aufgebahrten Papstes Johannes Paul II.; von Millionen verfolgt wurde das Sterben der amerikanischen Komapatientin Terri Schiavo; durch alle Medien gingen Bilder von Opfern der Tsunami-Katastrophe und des Irak-Krieges. Gelten Sterben und Tod einerseits als Teil der Privatsphäre und würdiges Sterben als Menschenrecht, so stellt sich andererseits die Frage, wann Bilder von Sterben und Tod überhaupt öffentlich sind, es sein sollten und in welcher Form.

Die Medien haben in der Demokratie eine Informations- und Aufklärungspflicht für die Öffentlichkeit. Darunter fallen politische Attentate, Naturkatastrophen ebenso wie das Sterben prominenter Personen des Zeitgeschehens. Im Spannungsfeld der Medienberichterstattung zwischen Zeige-Gier, rücksichtslosem Katastrophen-Journalismus und der Pflicht zur öffentlichen Information liegt eine Verantwortung der Medien auch darin, *ethische Abwägungen* zu treffen:

- Unter welchen Umständen sind öffentliche Bilder von Tod und Sterben moralisch rechtfertigbar bzw. problematisch?
- Welche Auswirkungen hat die mediale Behandlung des Todes auf die Gesellschaft, die Wahrnehmung des Todes, die Achtung der Menschenwürde bzw. auf die „Moral der Medien?"
- Können beispielsweise Bilder der sterbenden Komapatientin Terri Schiavo gesellschaftliche Diskurse über Patientenverfügungen und selbst bestimmtes Sterben auslösen oder degradieren sie diese Person zu einem Objekt?

Dieser Beitrag widmet sich dem Thema Tod und Medien aus ethischer Perspektive. Zentraler Ansatzpunkt sind *Bilder*. Die Bildethik ist eine noch sehr junge Disziplin, die sich zudem von der klassischen Medienethik unterscheidet.[1] So stehen im Zentrum

1 Bislang gibt es zu diesem Thema nur wenige Publikationen, darunter von Leifert 2007 sowie Beiträge in der Zeitschrift für Kommunikationsökologie und Medienethik 1/2006. Siehe auch den Beitrag von Isermann und Knieper zur Bildethik in diesem Band.

normativer Ethik Fragen nach dem moralisch Richtigen von Handlungen und Entscheidungen. Eine Handlung (z.B. ein Mensch lügt) kann demnach als moralisch richtig oder falsch bewertet werden. Doch wie sieht dieser *ethische Aspekt im visuellen Bereich* aus? Können Bilder moralisch falsch oder richtig sein? Im Prozess ethischen Entscheidens wird vom Ganzen einer Situation abstrahiert: Es werden Vorannahmen gemacht, Aspekte ausgeblendet und damit aufgrund von zur Verfügung stehenden Informationen Urteile gefällt. Auch ein Bild ist ein Ausschnitt. Das Eingeblendete verweist auf das Ausgeblendete. Bilder können manipulieren, suggerieren, täuschen oder verschleiern. Sie können aber auch aufdecken, Aspekte zeigen, die sprachlich nicht fassbar sind bzw. in komprimierter Form Ausschnitte der Wirklichkeit vermitteln.

Bilder haben damit eine wichtige *Doppelfunktion* (vgl. Sontag 2005): Darin, dass sie dokumentarisch und appellativ sein können, liegt ihr Potential. Andererseits können wiederholte Bilder von Leichen und Kriegsopfern zu Abstumpfung führen oder nur Sensationslust befriedigen. Gerade aufgrund ihrer starken suggestiven Kraft geht mit der Auswahl und Aufbereitung von Bildern eine besondere Verantwortung einher. Im Zentrum der hier verfolgten Fragestellung steht die *Visualisierung von Tod in den Massenmedien*. Um zu einer ethischen Bewertung dieser Visualisierung zu gelangen, bedarf es einiger Differenzierungen, die nun folgend erarbeitet werden.

Begonnen wird mit der Frage, welche ethischen Aspekte sich beim Thema Tod überhaupt stellen, um dann zu der Frage überzugehen, welche Bedeutung diese bei der Visualisierung in den Medien und in Bezug auf den Betrachter haben.

2 Der Tod und die Toten

Die amerikanische Journalistin *Mary Roach* beschreibt in ihrem Buch *Die fabelhafte Welt der Leichen*, wozu Leichen unter anderem verwendet werden. Nicht nur testeten sie die ersten Guillotinen und wurden in den Weltraum geschossen. Sie werden in den USA seit 60 Jahren auch als *Crash Test Dummies* verwendet, um die Stoßtoleranz menschlicher Körper bei Unfällen zu untersuchen. Roachs Beschreibungen vom Umgang mit Leichen zu wissenschaftlichen Zwecken legen nahe, dass Leichen hierbei als ein Mittel dienen, ein *Medium*, das angeblickt werden kann, ohne den Blick zu erwidern:

> „Mit einer Leiche allein zu sein, ist fast so wie ganz allein zu sein. Mit Toten ist es wie mit den Leuten, die einem in der U-Bahn oder im Flughafengebäude gegenübersitzen, sie sind da und doch nicht da. Ab und zu richtet man den Blick auf sie, weil es nichts Interessanteres zu betrachten gibt, und dann schämt man sich, weil man sie angestarrt hat." (Roach 2005: 111)

Nach dem Tod wird der menschliche Körper zum Leichnam. Der Medizin-Ethiker Dieter Birnbacher (1998: 927) postuliert mit Eintritt des Todes einen „radikalen ontologischen Absturz: den irreversiblen Übergang von der Person zur Sache". Ein Leichnam wäre damit weder Person, noch ein Mensch, sondern eine Hülle oder ein materieller Gegenstand. Damit wäre er weder *Träger* von Rechten oder Pflichten, noch *Gegenstand* direkter moralischer Pflichten. Sein Status wäre vielmehr *Nicht-mehr-Dasein.*

Nach dieser Argumentation markiert der Tod das Zerbrechen der Einheit der verleiblichten Person. So kann der Mensch zu seiner Leiche nicht mehr „meine Leiche" sagen. Denn verloren geht der *Körper* (als Organismus) wie das *Selbst-Bewusstsein* (als Person). Unsere Sichtweise davon, was eine *Person*[2] ist und damit Rechte beanspruchen kann, prägt auch unsere moralischen Empfindungen und Bewertungen vom Umgang mit (Lebenden und) Toten. Selbst wenn wir einen toten Menschen als materiellen Gegenstand betrachten, so ist der Leichnam immer *mehr* als nur ein Gegenstand.

Denn ein Verstorbener ist auch Abbild der Person, die den Körper einmal behaust hat. Er ist – je nach Überzeugung – Verkörperung eines Geistes, Wesens oder einer Seele. Und an diesem Punkt tritt die Frage auf, *welche moralischen Pflichten im Zusammenhang mit dem Umgang von Toten – und damit auch ihrer Abbildung – auftauchen.*

Nach Birnbacher existieren gegenüber dem Toten nur *indirekte Pflichten.* Anders als beim Embryo zum Beispiel, der eine Zukunftsdimension hat, die mit seiner Behandlung in der Gegenwart zusammen hängt, besteht die moralische Pflicht gegenüber dem Leichnam nicht *ihm gegenüber*, sondern *gegenüber seiner Ansehung.* Der Leichnam ist also nur *Gegenstand* dieser Pflichten, ihr *Inhalt* ergibt sich erst aus den mit dem Leichnam verknüpften Interpretationen und symbolischen Werten.

Wem gegenüber sind die Pflichten dann aber *direkt*? Nach Birnbacher sind das erstens die *Interessen des noch lebenden Individuums* sowie zweitens die *Interessen Dritter*, die vom Umgang mit dem Verstorbenen tangiert sind. Dies können Nahestehende und Verwandte sowie die Öffentlichkeit als soziale Gemeinschaft sein.

- In Bezug auf das lebende Individuum, das der Tote einmal war, gilt es zunächst das *Selbstbestimmungsrecht* zu respektieren.[3] Dies meint die Prima-facie-Pflicht, den Willen des Verstorbenen zu respektieren und ihn von postmortalen Ehrverletzungen und Entwürdigungen zu verschonen. Das Schutzobjekt ist damit das Lebensgefühl und der Wille des Verstorbenen zu Lebzeiten.
- Zweitens kommt dem Verstorbenen ein Recht auf Achtung der *Menschenwürde* zu.[4] Der Würdebegriff hat bei Leichen allerdings einen schwächeren Bedeutungsgehalt als bei Lebenden.

---

2 Dem Personenbegriff kommt in der Angewandten Ethik eine Schlüsselfunktion zu. Er hat präskriptiven Charakter, wird geknüpft an kognitive oder moralische Fähigkeiten und leidet doch an begrifflicher Unschärfe. So wird nicht nur diskutiert, *was* eine Person ist, sondern auch *wer* eine Person ist. Nach Birnbacher (2006: 53f., 60) gilt der Personenbegriff in Bezug auf den Leichnam als unangemessen. Da dieser nicht mehr lebendig ist, kommen ihm keine *direkten* moralischen mehr Rechte zu.

3 Autonomie bzw. Selbstbestimmung eines Individuums wird in der Philosophiegeschichte als ein zentrales Ziel der Ethik angesehen (vgl. Gerhardt 2004: 164).

4 Die Menschenwürde wird verfassungsrechtlich geschützt durch *Artikel 1 GG Abs. 1.* Auch *Ziffer 1* des Pressekodex des Deutschen Presserats fordert sie als oberste Verpflichtung ein. Kritisiert wird der inflationäre Gebrauch des Begriffs, der einerseits universellen Anspruch erhebt, dabei allerdings begrifflich unscharf bleibt.

Die zweiten Träger *direkter* moralischer Pflichten sind Nahestehende und die Öffentlichkeit.

- Hier kommen Rücksichten der *Pietät* in den Blickpunkt, d.h. Gefühle des Andenkens, der Achtung und der den Tod überdauernden Verbundenheit in Bezug auf den Toten (vgl. ebd.). Anders als die Menschenwürde und Willensverletzung tangieren Pietätsverletzungen den Leichnam primär auf der *symbolischen* Ebene. Denn der Leichnam hat neben der *realen* vor allem auch eine *bildhafte* Beziehung zum Verstorbenen. Als Nachfolger des früheren lebendigen Organismus bewahrt er auch die Identität und Individualität des Körpers über den Tod hinweg. Der Leichnam verkörpert also auch ein *Bild des Lebenden*, das es zu wahren gilt.

Der Tote als ein *Bild der verstorbenen Person* führt an dieser Stelle zu den *Medien*. Schon zu Beginn der Fotografie im 19. Jahrhundert waren Porträtfotografien von gerade Verstorbenen sehr beliebt. Der Bildanthropologe Hans Belting postuliert, dass die Hilflosigkeit der Menschen angesichts des gekannten Toten durch das Herstellen eines Bildes kompensiert wurde. Ein Bild, wie z.B. das eines Vaters mit seiner verstorbenen Tochter von 1842, wurde gegen das Bild des Leichnams aufgeboten. Eine Aktivität sollte daran hindern, der Todeserfahrung nicht weiter passiv ausgeliefert zu sein.

Abbildung 1: Anonym: Vater mit toter Tochter, ca. 1842 (nach Ruby)

Abb. 6.3: Anonym: Vater mit toter Tochter, ca. 1842 (nach Ruby)

(aus: Belting 2001: 145)

Belting weist damit auf die grundlegende *Analogie zwischen Bild und Tod* hin. Verfolgt man die Geschichte der Bildproduktion, so führen uns „die Bilder zu der großen Abwesenheit hin, die der Tod ist. Der Widerspruch zwischen Anwesenheit und Abwesenheit, den wir auch heute noch an Bildern feststellen," so Belting (2001: 143), „besitzt seine Wurzeln in der Erfahrung des Todes der anderen. Man hat die Bilder vor Augen, so wie man Tote vor Augen hat, die dennoch nicht da sind."

Das Bild eines Toten ist damit „geradezu der Ursinn dessen, was ein Bild ohnehin ist" (ebd.: 144). Und dennoch verleiht das Bild dem Verstorbenen eine Art mediale Unsterblichkeit. Und macht die Fotografie, so die Philosophin Susan Sontag (2004: 21), zum *memento mori*, der Teilnahme an „der Sterblichkeit, Verletzlichkeit und Wandelbarkeit anderer Menschen". Bilder sind der Versuch eines Erinnerns, eines Behaltens, ähnlich wie die hinterbliebenen Objekte Verstorbener die Hoffnung wecken, trotz der Abwesenheit etwas von ihnen aufzuheben, das eine Präsenz enthält.

Bei der eingangs gestellten Frage, welche ethischen Aspekte sich beim Thema Tod und Medien ergeben, gilt es bereits folgendes zu differenzieren: Verbriefte Ansprüche auf Menschenwürde, Persönlichkeitsschutz und Selbstbestimmung können nur lebende Menschen beanspruchen. Zu unterscheiden ist daher die Visualisierung von Tod und Sterben: Erstere umfasst einen Leichnam und Letztere eine lebende Person. Trotz dieses Unterschieds tangieren ethische Fragen bei Toten die Person des Verstorbenen zu Lebzeiten sowie kulturelle Gefühle der Pietät. Die Vorstellung einer „Verwendung" von Leichen zu wissenschaftlichen Zwecken lösen im Betrachter – trotz des Wissens um eine vorherige Zustimmung des Verstorbenen – Unbehagen aus. Stellt sich dieses Unbehagen, so lässt sich nun fragen, beim Anblick von Toten in den Medien vergleichbar stark ein? Bilder können dokumentieren und erinnern. Sie können anklagen oder Stellung nehmen. Bilder werden „geschossen" und heben durch die Abbildung etwas auf, indem sie es festhalten. Bilder machen damit zum Objekt. Bei Toten tun sie dies im doppelten Sinne.

Bevor die Frage behandelt wird, inwieweit bei der Visualisierung von Tod in den Medien eine Abwägung stattfinden sollte und welche Kriterien dabei herangezogen werden könnten, wird ein Blick auf die Präsenz des Todes in den Medien geworfen.

3 Der Tod und die Medien

Worin genau liegt das Problem, wenn Tod und Sterben in den Medien gezeigt werden? Ist es nicht ein Thema unter vielen, ein Thema, das sich, wie Sexualität, immer gut verkauft? In den Medien wimmelt es nur so vom Tod. Ob Dokumentarfilme wie *Traumberuf Bestatter* (ZDF), eine US-Unterhaltungsserie um eine Bestatterfamilie *Six Feet Under* (VOX), ein Kino-Kinderfilm um eine Leiche *(Corpse Bride)*, tägliche Schlagzeilen zu Mord, Krieg oder den Tod von Prominenten sowie die jede Zeitung füllenden Nachrufe: „Death sells".

Zuschauer und Medien konsumieren den Tod am Bildschirm oder in der Zeitung. Es sei nicht mehr das „lustvolle Stöhnen junger und schöner Menschen," so Karl Bruckmaier (2005) in der *Süddeutschen Zeitung*, das für Einschaltquoten sorge, sondern „das Aushauchen des Lebens, das Erschlaffen welker Glieder, das Hervorstoßen letzter Worte". Kann dieser Todes-Voyeurismus sich steigern? Vielleicht, so der Autor, in einem Reality-Format mit dem Titel *Deathbed*, in dem „live" in die Kamera gestorben wird. Die größten Auflagen und Einschaltquoten erzielen die Medien bei spektakulären Todesfällen, Katastrophen oder Beerdigungen von Personen der Zeitgeschichte. Allein das Begräbnis von *Papst Johannes Paul II.* sollen weltweit zwei Milliarden Menschen im Fernsehen oder Radio verfolgt haben. Öffentliche Tode – wie der des Papstes oder der *Lady Dianas* – führen zu kollektiven Medienereignissen. Gerade emotionsgeladene Medienereignisse scheinen der Gemeinschaft den „Austausch von Emotionen" zu ermöglichen und zur „Gemeinschaftsbildung" beizutragen (Döveling/Funiok 2007: 108).

Doch nicht selten korreliert mit intensiver Trauer um beliebte Personen der Zeitgeschichte oder in Abgrenzung zu herausragenden negativen Ereignissen, wie dem 11. September 2001 oder der Tsunami-Katastrophe, eine Kluft zu eingeschränkter personaler Trauer bei direkten Bezugspersonen. Anders nämlich der ‚natürliche' Tod. Während ein 16-jähriger US-Amerikaner durchschnittlich bereits 18.000 Fernsehmorde (ein deutscher Jugendlicher etwas weniger) gesehen hat (vgl. Feldmann 2004) und aufgrund dieser Medien-Erfahrungen Gefahr läuft anzunehmen, dass der gewaltsame Tod häufig ist, findet der ‚normale', nicht-spektakuläre Umgang mit dem Tod in Alters- und Pflegeheimen medial seltener statt. Ausnahmen sind eine fünfteilige Doku-Soap *Die letzte Reise* über Sterben im Hospiz (16.-20.1.2006 auf *arte*) oder der Bildband von Lakotta und Schels (2004) *Nochmal Leben vor dem Tod*, der Fotografien vor und nach dem Tod von Menschen im Hospiz zeigt.

Abbildung 2: Noch mal Leben vor dem Tod: Edelgard Clavey

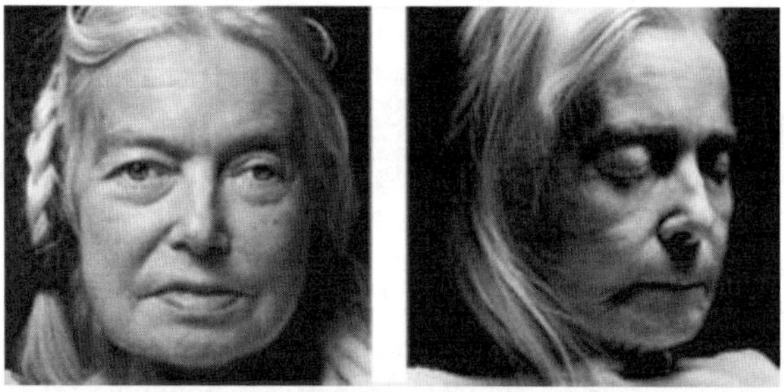

(aus: Lakotta/Schels 2004)[5]

5 *http://www.noch-mal-leben.de/h/exponate.php*, Zugriff 23.12.2008.

Der Sozialwissenschaftler Klaus Feldmann (2004: 75f., 109ff.) spricht von einer zunehmenden Ersetzung von Primär- durch Sekundärerfahrungen in der modernen Mediengesellschaft. Im Denken und Handeln des Alltags blenden Menschen meist ihre eigene Sterblichkeit aus. Sie überschätzen ihre Chancen, alt zu werden und distanzieren sich von Sterbenden und Toten.[6] Trotzdem kann nicht von der so oft postulierten *Verdrängung* oder *Tabuisierung* des Todes gesprochen werden, denn, so Feldmann (2004: 86), „[…] es gibt kein wie immer geartetes natürliches oder anthropologisch abgesichertes Verhalten gegenüber dem Tod. Somit gibt es auch keinen inter- oder intrakulturellen Standard, der eine verbindliche Einschätzung von Praktiken, Gefühlen oder Institutionen ermöglicht."

Sterben gilt heute als intim, der Tod als privat. Betrachtet man die Geschichte des Todes wird allerdings deutlich, dass der Tod nicht immer als privat angesehen wurde. Ganz im Gegenteil, nie war er so öffentlich und allgegenwärtig wie im Mittelalter, als der Friedhof nicht nur Ort für Bestattungen, sondern gemäß dem Kulturhistoriker Philippe Ariès (2002: 85f.), vielmehr Brennpunkt des sozialen Lebens war: „Der Friedhof diente als Forum, als Haupt- und Spielplatz, auf dem alle Einwohner der Gemeinde sich treffen, sich versammeln und spazieren gehen konnten, um ihre geistlichen und weltlichen Geschäfte zu erledigen und ihre Liebschaften und Belustigungen zu betreiben."

Die Vorstellung vom „persönlichen, unsichtbaren und intimen Tod" kam erst in der Moderne auf. Mit ihr wurde der Tod als „ewiger Schlaf" idealisiert und seit dem späten 18. Jahrhundert aus der Öffentlichkeit verdrängt (Macho 2008: 3). Gemäß dem Kulturwissenschaftler Thomas Macho existiert seit dem letzten Drittel des 20. Jahrhunderts allerdings wieder eine Vielfalt künstlerischer Auseinandersetzungen, welche den Tod und die Toten neu zeigt und reflektiert.[7] Ähnlich verändern sich, nach Macho, auch die Orte der Erinnerung. Dies belegt ein Trend zur letzen Ruhestätte im Internet durch multimedial inszenierte „Halls of Memory", die der Toten gedenken.

Der Tod ist somit auf eine spezifisch historisch-kulturelle Weise in jeder Gesellschaft eingebunden und wird auch in den Medien selbst unterschiedlich sichtbar. Er ist damit nicht unwichtiger geworden oder Gegenstand einer Verdrängung, sondern hat nur seine *Erscheinungsformen* (Feldmann 2004: 111) und *Symbolisierungsorte*[8] verändert.

6 Das Zurückweichen vor der Leiche ist in vielen Kulturen in Mythen und Riten verankert und kann, nach Feldmann (2004: 77), als „eine Form der Anerkennung und Ritualisierung der Distanz zwischen den Lebenden und den Toten" gelten. Der Abwehr der Erinnerung an den eigenen Tod kann damit eine *verdeckte Todesangst* – der Angst vor dem eigenen Tod bzw. vor dem Tod anderer – zugrunde liegen (vgl. Wittkowski 1978).

7 Beispiele sind Fernsehserien wie *Six Feet Under*, *Crossing Jordan* oder *Grey's Anatomy*, die Ausstellung *Six Feet Under – Autopsie unseres Umgangs mit Toten* (2007-2008) im Hygiene-Museum Dresden, Porträts und Detailstudien aus dem Leichenschauhaus der Fotografen Jeffrey Silverthorne, Hans Danuser, Rudolf Schäfer oder Andreas Serrano oder von Arnulf Rainer übermalte fotografierte Totengesichter (vgl. Macho 2007, 2008).

8 *www.chrismon.de/ctexte/2005/5/5-1.html* (14.05.2006): „Das Fernsehen entdeckt das Thema Trauer. Spektakel um Leben und Tod berühren die Zuschauer nämlich nicht mehr."

Massenmedien sind seine modernen kulturellen Foren geworden. In ihnen gewinnt die Todesdarstellung wieder öffentliche Bedeutung. Damit ergibt sich eine *Ambivalenz der Todeserfahrung in der Mediengesellschaft*:

Während die Primärerfahrungen mit dem Tod abgenommen haben, so hat die mediatisierte Erfahrung des Todes zugenommen. Dieser Tod ist ein *medienspezifischer* Tod. Seine heutige Ausprägung hat mit medialen Aufgaben wie der Informationspflicht sowie medialen Rahmenbedingungen wie Aktualitäts- und Wettbewerbsdruck, Homogenisierung und Kommerzialisierung genau so viel zu tun, wie mit existierenden Formaten (v.a. im Boulevardbereich) und medienspezifischen Tendenzen zur Emotionalisierung oder zum Überschreiten von Grenzen durch Schockwirkung.

Der Tod in den Medien stellt damit ein für die *Medienethik* typisches Spannungsfeld dar, in dem verschiedene Normen und Interessen in Konflikt geraten können. Die Medien-Selbstkontrolle in der Bundesrepublik soll einen verantwortlichen Umgang der Medien mit den Medienfreiheiten im gesellschaftlichen Interesse garantieren und ihnen eine weitgehend autonome (Selbst-)Kontrolle ermöglichen. Normen werden auf der Unternehmens- bzw. Professionsebene formuliert und sanktioniert. So konkretisiert der *Pressekodex* des *Deutschen Presserats* die Berufsethik der Presse im Printbereich.

Betrachtet man die Spruchpraxis des *Deutschen Presserats* (vgl. Deutscher Presserat 2008) werden bei der Beschwerdearbeit bezüglich Tod und Sterben primär drei Ziffern des Pressekodex heran gezogen:

- *Ziffer 1* – Forderung nach Wahrheit, Achtung der Menschenwürde;
- *Ziffer 8* – Schutz der Privatsphäre, Einhaltung der Persönlichkeitsrechte;
- *Ziffer 11* – Verbot einer unangemessen sensationellen Darstellung.

In Bezug auf den Persönlichkeitsschutz fordert *Ziffer 8* die Abwägung zwischen „dem Informationsinteresse der Öffentlichkeit und dem Persönlichkeitsrecht des Betroffenen" und legt fest, dass „Sensationsbedürfnisse [...] ein Informationsinteresse der Öffentlichkeit nicht begründen". Damit sind die Nennung der Namen und die Abbildung von Opfern und Tätern in der Berichterstattung über Unglücksfälle oder Straftaten in der Regel nicht gerechtfertigt. Eine Berichterstattung gilt nach Ziffer 11 als unangemessen sensationell, wenn „der Mensch zum Objekt, zu einem bloßen Mittel herabgewürdigt wird".[9]

Konkreter ist die mediale Behandlung des Todes im Printbereich berufsmoralisch nicht geregelt. Anders als in anderen Bereichen Angewandter Ethik können in Bezug auf Tote in den Medien zudem viele ethische Kriterien, wie die vorherige Zustimmung des Betroffenen zur Veröffentlichung, nicht mehr herangezogen oder von den Medienmachern unter Bezug auf die Medienfreiheiten abgewehrt werden. Vor allem im Boulevardbereich finden sich unzählige Verstöße gegen einen postmortalen Persönlichkeitsschutz sowie die Achtung der Menschenwürde.

Ein jüngeres Beispiel ist der Fall Anna Lindh. Eine Boulevardzeitung hatte 2003 ein Foto der schwer verletzten schwedischen Politikerin nach einem Attentat auf einer

9 Vgl. *www.presserat.de/Pressekodex.8.0.html*; Zugriff: 4.12.08.

Krankenhausbahre mit der Überschrift gezeigt: „Hier stirbt Anna Lindh." Nicht nur verstieß dieses Bild nach Ansicht des Presserats gegen die Wahrheit, da das Foto die Politikerin zwei Tage vor der Veröffentlichung gezeigt hatte (als sie noch lebte), es galt auch als unangemessen sensationell (vgl. Stapf 2005).

Worin liegt also das Problem, wenn der Tod in den Medien behandelt wird? In diesem Abschnitt hat sich gezeigt, dass Medien unter eigenen Bedingungen funktionieren und dass eine sensationshaltige Bild-Berichterstattung kommerziell verwertbar ist, auch wenn sie moralisch fragwürdig bleibt. Entscheidend aufgrund der Regelungslücke wird daher die Abwägung verschiedener Interessen und ethischer Kriterien.

Grundlage für eine jeweils im Einzelfall zu treffende Entscheidung könnten die bereits existierenden Normen und die hier zuvor genannten direkten und indirekten Pflichten gegenüber Toten bilden. Damit ergäbe sich folgende *Abwägung*:

Die Pflicht der Medien aufzuklären, zu informieren und zu kritisieren sowie das allgemeine Interesse der Öffentlichkeit sind abzuwägen gegen die Selbstbestimmungsrechte und das Recht auf Menschenwürde der verstorbenen Person zu Lebzeiten, das Pietätsempfinden und die Trauergefühle Nahestehender sowie den kulturellen Normen einer Gesellschaft zum Umgang mit Toten.

Ein zentraler Faktor in der Bewertung der medialen Behandlung von Tod ist das allgemeine öffentliche Interesse. Damit komme ich zu den Mediennutzern und wende mich der Frage zu, worin dieses Interesse besteht und wie sich dieses durch die mediale Erfahrung von Tod wandelt.

4 Der Tod und die Betrachter

Der Tod ist auch ein *Problem der Lebenden*. Bei der Frage, wann eine Visualisierung von Tod und Sterben von öffentlichem Interesse ist, gilt es auch die *Betrachter* zu berücksichtigen. Denn der Mensch *erfährt* den Tod über den *Anderen*. Er erfährt ihn aber immer als *Sterblicher*.[10] Jede Repräsentation von Tod und Sterben in den Medien ist einerseits unwiderrufliche Erinnerung daran, dass wir selbst jederzeit vom Tod betroffen sein können. Andererseits eine vermittelte, interpretierte, gestaltete Erfahrung – erlebt aus sicherer Distanz. Denn alltägliche Bestattungen auf dem Friedhof, Trauer-

10 Diese Prämisse hat in der Philosophiegeschichte zu verschiedenen Konklusionen geführt (vgl. Scherer 1979):

- Tod und Leben sind zwei voneinander getrennte Welten. Daher hat der Tod im Leben keine Relevanz. Dies propagiert die Stoa mit dem Ideal der Apathie bzw. Epikur mit dem Argument, dass der Tod nicht sei, wenn wir sind, und wir nicht mehr seien, wenn der Tod da ist.
- Unsere Sterblichkeit bestimmt unser Leben. Das Wissen um Tod und Sterben beeinflusst all unsere Handlungen, unser Denken und unsere Selbstwahrnehmung. Der Tod geht uns an, da wir darauf hin leben. So spricht der Lebensphilosoph Scheler von der Todesrichtung unseres Lebensganges, die Philosophen des Existenzialismus Kierkegaard oder Heidegger vom Vorlaufen in den Tod.

feiern beim Beerdigungsinstitut, das langsame Dahinsiechen alter Menschen im Krankenhaus ziehen keine Massen an. Der alltägliche, nicht-inszenierte Tod langweilt. Oder er macht Angst. Den Tod naher, geliebter Menschen können wir nicht wegzappen, keine dramatische Musik ist ihm unterlegt. Er muss ausgehalten werden.

Die Konfrontation mit Tod und Sterblichkeit kann aber wichtige öffentliche Diskurse auslösen oder Fragen wecken. So kann die öffentliche Symbolisierung der gegenwärtigen Bestattungskultur in Serien wie *Six Feet Under* Vorstellungen des Todes in der Gesellschaft sichtbar machen und die Wahrnehmung der Bestattungskultur verändern. Denn auch die Bestattungskultur ist „eingebettet in gesellschaftliche Wandlungsprozesse, Wertewandel und Moralvorstellungen", welche die Medien aufnehmen, aber auch mit prägen (Lange 2007).

Ob Patientenverfügungen für Krankheitsfälle oder individuelle Wünsche zur Beisetzung: Tod und Sterben in den Medien können Fragen für das Hier und Jetzt aufwerfen und damit die Frage, welches *Bild* der Einzelne von sich hinterlassen will. In dieser Hinsicht haben Medien eine Informations- und Aufklärungspflicht und die Funktion, Diskurse über wichtige Fragen in der Öffentlichkeit anzuregen. Auch bei der Berichterstattung über Katastrophen und Unglücke gilt es zu beurteilen, welche *Bilder* diese Informationen tragen und welche Wirkungen sie beabsichtigen.

An dieser Stelle eignet es sich, zwischen *Betrachtern* und *Betroffenen* zu unterscheiden. Ein Zuschauer, der nicht vor Ort ist und handelt wie ein Priester, Arzt oder jemand, der helfend eingreift, ist *reiner Betrachter*. Der Betrachter ist passiv und lässt auf sich wirken. Dafür typisch ist auch der Fotograf. Er dokumentiert und fotografiert, manchmal inszeniert er auch. Der reine Betrachter von Sterbenden, Leichen oder Totenbildern ist den Bildern zusätzlich ausgeliefert. Sie haben einen vorgegebenen Winkel und Ausschnitt und eine Perspektive, die der Betrachter selbst nicht einnehmen kann.[11] Der Betrachter konsumiert aus der Distanz, ohne selbst etwas zu bewirken. Das unterscheidet ihn vom beteiligten oder eingreifenden Betrachter. Dieser handelt aktiv als Teil des Geschehens und trägt damit verbunden Verantwortung. Es unterscheidet ihn auch von den direkt Betroffenen, wie Nahestehenden, die aus persönlicher Verbundenheit mit-leiden und ein Leben mit dem Toten verbinden oder geteilt haben.

Mit entscheidend für die Auseinandersetzung mit Tod und Sterben in den Medien aus der Betrachterperspektive ist damit die jeweilige *Beziehung*: zwischen Betrachtern, Betroffenen und Sterbenden bzw. Toten. Sie wird durch den situativen Kontext der

11 In ihrem Buch *Über Fotografie* beschreibt Sontag (2004: 160f.) die Machtlosigkeit im Zusammenhang mit medialem Betrachten und postuliert eine Verwundbarkeit als „Teil der spezifischen Passivität dessen, der Ereignisse beobachtet, die bereits zweimal Gestalt angenommen haben – zum ersten durch Menschen, die unmittelbar an ihnen beteiligt waren, zum zweiten durch die Arbeit des Fotografen".

Betrachtung ebenso geprägt wie durch die Beziehung zum eigenen Leben, die persönliche Sinngebung sowie die Einstellung zum oder Erfahrung mit dem Tod.[12]

Unterscheidet sich also die moralische Qualität des Betroffenseins von Betrachtern und Betroffenen? Die Tatsache, dass Mediennutzer reine Betrachter sind, bedeutet nicht, dass sie nicht vom Tod in den Medien *betroffen* sein können. Die TV-Berichte zur Tsunami-Katastrophe wurden kurz nach Weihnachten 2004 konstant von ca. 5,8 bis 7 Millionen deutschen Zuschauern verfolgt.[13] Doch nicht alle Katastrophen wühlen die Zuschauer auf: Was beim Tsunami und Hurricane Katrina noch neu war und Bürgersinn sowie Solidarität entfacht hat (vgl. Bittner u.a. 2005), hat die Medienkonsumenten beim Hurricane Wilma oder dem Erdbeben in Pakistan schon abgestumpft. Ein Gewöhnungseffekt tritt ein. Die amerikanische Wissenschaftlerin Susan Moeller (1999) spricht von „compassion fatigue", einer Ermüdung des Mitleids.

Bei den Betrachtern existiert also ein Interesse am Tod und Leiden anderer in den Medien. Der Zuschauer muss sich aber für die Katastrophen entscheiden, die er konsumiert. Er folgt dabei dem Gesetz von Angebot und Nachfrage ebenso wie dem Kriterium der Identifikation, dem Neuigkeitswert, der eigenen Bereitschaft zum Mitleid oder einfach dem Bedürfnis nach Sensation. Dieser Prozess, so Sontag (2004: 171), unterliegt der Logik des Konsums: „Indem wir Bilder machen und sie konsumieren, provozieren wir in uns das Bedürfnis nach mehr und mehr Bildern." Anders als bei unmittelbarer Betroffenheit beim Tod und Sterben Nahestehender, kann sich der Betrachter entscheiden, *ob* und *wie lange* er zusieht. Die durch die Medialität des Zusehens ermöglichte Distanz des Betrachters zum *konkreten Menschen* erlaubt diesem das Zusehen ohne Handeln und das Konsumieren von *Tod ohne Gedächtnis*.

Fotografien sind in ihrer Wirkung besonders *ambivalent*. Mediale Bilder können dokumentieren, appellieren oder aufklären – über Kriege, Ungerechtigkeit oder gesellschaftlich bedenkliche Zustände. Bilder können für verschiedene Zwecke instrumentalisiert werden, so wie die Terroristen die Gesetzmäßigkeiten der Medienproduktion bei den Terroranschlägen vom 11.9.2001 gezielt einkalkuliert haben (vgl. Schicha/Brosda 2002). Bilder können auch Gewalt verherrlichen oder Sensationsgelüste schüren. Ethisch-moralische Kriterien wie Pietät, Persönlichkeitsschutz oder Menschenwürde, die bei Nahestehenden eingefordert werden, können durch die Distanz, die Medien inhärent ist, ausgedünnt werden.

Was soll der Betrachter aber anfangen mit all den Bildern von Leiden und Tod? Machen sie ihn zum Voyeur oder Komplizen? Mitgefühl, so Sontag (2005: 118), „ist eine instabile Gefühlsregung; es muss in Handeln umgesetzt werden, sonst verdorrt es". Und der Betrachter fängt an, sich zu langweilen, wird zynisch oder apathisch. Es ist also nicht nur die *Quantität* der Bilder, die Menschen abstumpfen lassen können, sondern die mit dem Betrachten einher gehende *Passivität*.

---

12 Entscheidend für diese Beziehung sind auch der Aspekt der Bewertung des Lebens, die jeweilige Lebensphase sowie die Fähigkeit zur Empathie (vgl. Wittkowski 2007: 23ff.).

13 Vgl. *www.ku-eichstaett.de/Fakultaeten/SLF/jour/Forschung/PS%20Nutz* (Zugriff am 19.12.2008).

Aus ethischer Perspektive haben Bilder von Tod und Sterben auch die Funktion, zum Handeln, Nachdenken und Erinnern aufzurufen. Das Foto der verstorbenen Tochter auf dem Schoß des Vaters hatte eine Trauerfunktion; es hatte einen persönlichen Bezug für einen begrenzten Kreis von Betrachtern. Massenmediale Darstellungen von Tod und Sterben dagegen erreichen große Mengen von nicht involvierten Betrachtern. Damit stellt sich die Frage, welche Funktion sie im Einzelfall haben. Mitleid im Zusammenhang mit Tod und Leiden anderer Menschen ist dann kein Unterhaltungswert, der sich flüchtig beim Medienkonsum einstellt, wenn es für Verantwortung und Handeln sensibilisiert. Hierin liegt ein Teil des Interesses der Öffentlichkeit begründet – und eine Aufforderung zum verantwortungsvollen Veröffentlichen und Betrachten von Bildern.

Ein positives Beispiel einer massenmedialen Behandlung von Tod und Sterben ist das bereits erwähnte Buch *Noch mal Leben vor dem Tod* (Lakotta/Schels 2004). Hier hatten Journalist und Fotograf nicht nur räumliche Nähe, sondern handelten aktiv vor Ort, in dem sie ihre Subjekte über Wochen begleiteten. Die Fotografierten konnten freiwillig ihre Zustimmung dazu geben, auch als Tote fotografiert zu werden. Gleichzeitig wurden wichtige Themen wie Sterben im Hospiz für die Öffentlichkeit aufbereitet. Dass dies eine Ausnahme ist, liegt auch daran, dass Medien gewöhnlich so nicht funktionieren. Doch es ist ein Beispiel dafür, wie sich Verantwortung, Handeln und medial betrachtender Blick verbinden können.

Damit wurden die wesentlichen Perspektiven, die beim Thema Tod und Medien ins Spiel kommen, behandelt: der Tote selbst sowie ihm Nahestehende, die Medien und Medienmacher sowie die Betroffenen und Betrachter. Im letzten Abschnitt sollen nun einige Kriterien aus diesen Perspektiven extrapoliert werden.

5 Fazit: Ethische Aspekte und Kriterien

Die vorausgehenden Ausführungen verdeutlichen, wie schwierig eine pauschale moralisch-ethische Beurteilung der Visualisierung von Tod in den Medien ist. So verändert sich der Umgang mit Tod und Sterben kulturell und historisch, und die mit dem Tod einher gehenden Normen sind gesellschaftlichem Wandel unterworfen. Auch die Frage nach einer bildorientierten Medienethik kann damit nicht allgemein beantwortet werden, sondern bedarf einer konkreten Analyse des Einzelfalls.

Die unterschiedliche Relevanz ethischer Aspekte im Einzelfall verdeutlicht sich an den Beispielen des Sterbens des Papstes, der Komapatientin Terri Schiavo sowie Opfern der Tsunami-Katastrophe. Denn im Zentrum der Problematik von Tod und Sterben in den visuellen Medien steht die Frage der Menschenwürde, der „Pietät", und dem postmortalen Persönlichkeitsschutz der Betroffenen. Ab wann und in welchem Ausmaß konstituieren Bilder von Tod und Sterben also ein öffentliches Interesse? Dieses scheint bei Personen des Zeitgeschehens, z.B. beim Tod des Papstes, der sein Sterben bewusst in die Öffentlichkeit stellte, schon eher der Fall zu sein, als beim

Sterben einer Koma-Patientin, die nicht im öffentlichen Raum steht bzw. ihre Einwilligung nicht dazu geben kann. Andererseits erlangen Tod und Sterben öffentliche Relevanz in Bezug auf die Situation in Krankenhäusern, Fragen der Sterbehilfe, der medizinischen Lebenserhaltung oder Katastrophen und Epidemien.

Diese realen Beispiele gilt es wiederum abzugrenzen von Visualisierungen im fiktiven Bereich (Filme) bzw. künstlerischen Auseinandersetzungen mit Tod und Sterben.

Vergleicht man beispielsweise ein journalistisches Bild mit einem fiktiven Bild, so werden an Bilder einer Kriegsberichterstattung höhere normative Erwartungen gestellt (stammen die Bilder aus der Gegenwart aus dem jeweiligen Gebiet oder sind sie nicht als solches ausgewiesenes Archivmaterial) als an Bildabfolgen eines Horrorfilms.

Da die Definition einer eindeutigen Grenze schwierig scheint, ist es vielmehr wesentlich, Kriterien für eine Bildethik zu erarbeiten, die im Einzelfall herangezogen werden können. Diese Kriterien sollten nicht nur *inhaltlich* (bei welchen Themen wird wie berichtet, Bezug Aktualität, Neuigkeit, allgemeines Interesse), sondern auch *visuell* definiert werden. Muss der aufgebahrte Papst in Großaufnahme auf der Titelseite (*BILD*-Zeitung) abgebildet werden? Müssen bei Bildern von Flutkatastrophen einzelne Gesichter erkennbar sein? Welche Bild-Information steht beim jeweiligen Bild im Vordergrund? Dient das Bild der Untermalung eines Textes oder steht sein Sensationsgehalt im Vordergrund?

Dass es ein Interesse an sensationshaltigen Bildern gibt, steht außer Frage. Doch gerade in Bezug auf Betroffene stellt sich die Frage, *wie wir unsere Welt bebildern wollen.* Die Unterscheidungen sind also auch in Bezug auf Wirkungen hin zu betrachten. Die Bildwirkung bezieht sich auf den Betroffenen (den Sterbenden, Toten), die Nahestehenden der abgebildeten Person (Verwandte, Freunde) aber auch die Gesellschaft allgemein sowie jeden Betrachter als Sterblichen. Zu differenzieren gilt es hier auch mögliche Wirkungen auf Erwachsene bzw. Kinder und Jugendliche, die eines besonderen Schutzes bedürfen.

Die ethische Beurteilung der Frage, wie Tod und Sterben in den Medien repräsentiert werden sollen, hängt also einerseits ab von der Art und Weise der Darstellung, dem genutzten Medium, zugrunde liegenden Motiven und Zielen sowie andererseits von Interessen und Bedürfnissen der Beteiligten. Damit lassen sich einige *Differenzierungen* vornehmen:

In Bezug auf Medien:

- Mediale Formen und Medium (Text vs. Bild, journalistisch vs. fiktiv, Zeitung vs. elektronische Medien oder Internet)
- Aktualität und Brisanz des Themas (z.B. bei Kriegen oder Sterbehilfe)
- Darstellungsweisen (Bildausschnitt, Bildgröße, Platzierung, Bildmanipulation)

In Bezug auf den Toten / Sterbenden:

- Öffentliche Relevanz der Betroffenen (Personen des Zeitgeschehens vs. Privatpersonen oder anonyme Massen)
- Menschenwürde des Abgebildeten
- Selbstbestimmungsrechte der Sterbenden
- weitere Interessen von Betroffenen (z.B. Botschaft des Papstes durch Sterben)

In Bezug auf Nahestehende:

- Pietätsgefühle, Trauergefühle, hinterlassenes „Bild' des Verstorbenen

In Bezug auf die Öffentlichkeit:

- allgemeines Interesse der Öffentlichkeit an Information und Aufklärung
- Interesse des Betrachters als Sterblicher
- Pietätsgefühle der Öffentlichkeit als sozialer Gemeinschaft
- Besonderer Schutz von Kindern und Jugendlichen (Jugendmedienschutz)

Diese Differenzierungen könnten die Grundlage einer weiter zu führenden medienethischen Auseinandersetzung darüber sein, wie die Visualisierung von Tod in den Medien praxisrelevant normiert werden könnte. Dies könnte durch eine Liste von „Points to Consider" geschehen, wie sie in medizinischen Ethik-Kommissionen bei Entscheidungen zugrunde gelegt werden. Diese Punkte könnten im jeweiligen Fall ein Bewusstsein dafür schaffen, dass sich das Thema Tod von anderen Themen in den Medien dahingehend unterscheidet, dass das Verhältnis von privat und öffentlich besonders brisant ist. Auch wenn der jeweils abgebildete Tote keine Person mit moralischen Rechten mehr ist, so ist das Bild von ihm etwas, das in der Öffentlichkeit bleibt.

Literatur

Ariès, Philippe (2002): Geschichte des Todes. München.

Belting, Hans (2001): Bild-Anthropologie. Entwürfe für eine Bildwissenschaft. München.

Birnbacher, Dieter (2006): Bioethik zwischen Natur und Interesse. Frankfurt am Main.

Birnbacher, Dieter (1998): Philosophisch-ethische Überlegungen zum Status des menschlichen Leichnams. In: Stefenelli, Norbert (Hrsg.): Körper ohne Leben. Begegnung und Umgang mit Toten. Wien, S. 927-932.

Bittner, Jochen u.a. (2005): Leben nach dem Untergang. Frieden in Banda Aceh, Bürgersinn in New Orleans, Grenzöffnung in Kaschmir: Die Katastrophen des Jahres 2005 haben auch Ermutigendes hervorgebracht. In: Die Zeit, Nr. 52 vom 21.12.2005, S. 3.

Bruckmaier, Karl (2005): Ich steh' hier live am Sterbebett. Disney für die Kleinen, Echtfleisch für die Großen: Die neue Sehnsucht der Medien nach dem Tod wird uns noch richtig zu schaffen machen. In: Süddeutsche Zeitung, Nr. 115 vom 21./22.5.2005, (online unter: *http://www.sueddeutsche.de/kultur/257/409031/text/*. Zugriff: 9.4.2009).

Deutscher Presserat (2008): Jahrbuch 2008. Konstanz.

Döveling, Katrin / Funiok, Rüdiger (2007): Vergemeinschaftung durch religiöse Media Events. In: merz 2007/6: Wie Medien sich ins Beziehungsleben einklinken, S. 108-118.

Feldmann, Klaus (2004): Tod und Gesellschaft. Sozialwissenschaftliche Thanatologie im Überblick. Wiesbaden.

Gerhardt, Volker (2004): Die angeborene Würde des Menschen. Aufsätze zur Bioethik. Berlin.

Lakotta, Beate / Schels, Walter (2004): Noch mal leben vor dem Tod. Wenn Menschen sterben. München.

Lange, Rolf-Peter (2007): Die schwierige Akzeptanz der Alltäglichkeit des Sterbens. Was in der Realität verdrängt wird, hat in den Medien Konjunktur. In: tv diskurs, 11. Jg., Heft 3/2007: Tabuthema Tod, S. 36-41. [Interview]

Leifert, Stefan (2007): Bildethik. Theorie und Moral im Bildjournalismus der Massenmedien. München.

Macho, Thomas (2008): Sterben heute. In: Aus Politik und Zeitgeschehen, Nr. 4/2008, S. 3-4.

Macho, Thomas (2007): Die neue Sichtbarkeit des Todes. München.

Moeller, Susan D. (1999): Compassion Fatigue: How the media sell disease, famine, war and death. London; New York.

Roach, Mary (2005): Die fabelhafte Welt der Leichen. München.

Scherer, Georg (1979): Das Problem des Todes in der Philosophie. Darmstadt.

Schicha, Christian / Brosda, Carsten (Hrsg.) (2002): Medien und Terrorismus. Reaktionen auf den 11. September 2001. Münster; Hamburg; London.

Sontag, Susan (2005) Das Leiden anderer betrachten. Frankfurt am Main.

Sontag, Susan (2004): Über Fotografie. Frankfurt am Main.

Stapf, Ingrid (2006): Der Tod und die Medien. Überlegungen zu ethischen Aspekten und Kriterien einer Bildethik. In: Zeitschrift für Kommunikationsökologie und Medienethik, Nr. 1/2006, S. 57-64.

Stapf, Ingrid (2005): Medien-Selbstkontrolle – Eine Einführung. In: Baum, Achim u.a. (Hrsg.): Handbuch Medienselbstkontrolle. Wiesbaden, S. 17-37.

Wittkowski, Joachim (2007): Das Verhältnis zum Tod resultiert aus dem Leben. In: tv diskurs, 11. Jg., Heft 3/2007: Tabuthema Tod, S. 22-29. [Interview]

Wittkowski, Joachim (1978): Tod und Sterben. Ergebnisse der Thanatopsychologie. Heidelberg.

Zeitschrift für Kommunikationsökologie und Medienethik (2006): Nr. 1/2006: Bildethik.

Zensur und Nicht-Öffentlichkeit

Roland Seim

1 Problemaufriss

Massenmedien ermöglichen nicht nur die grundgesetzlich zugesicherte Informationsfreiheit, sondern können auch Inhalte transportieren, die gegen Gesetze, Moralvorstellungen und Jugendschutzbestimmungen verstoßen. Jedes neue Medium gilt bei seiner Einführung als potenziell gefährlich für die öffentliche Sicherheit und Ordnung, stellt es doch die erprobten Kontrollmechanismen in Frage. Rechtsfreie Räume sollen verhindert werden, möglichst ohne die alten Mittel der Zensur (Kürzen, Entfernen, Zerstören, Verbieten, Wegschließen, Unterbinden etc.) einzusetzen.

Doch den staatlichen Jugendschutz vor entwicklungsstörenden Medieneinflüssen gibt es erst seit rund 100 Jahren. Noch jünger ist der Gedanke einer Medienethik, die Produzenten, Distribuenten und Konsumenten einen verantwortlichen Umgang mit den Medieninhalten empfiehlt. Während das regulative Recht einen äußeren Zwangscharakter besitzt, soll die prospektive Medienethik eine internalisierte Steuerungsressource zur Selbstverpflichtung bilden (vgl. Funiok 2002: 42).

2 Definitionen

Medienobjekte werden vor, während und nach ihrer Veröffentlichung von unterschiedlichen Kontrollinstanzen geprüft. Je nach Eingriffszeitpunkt ist zwischen einer präventiv überwachenden Vor- und einer prohibitiv regulierenden Nachzensur zu unterscheiden.

Laut der juristischen Definition verstößt nur eine zwingend vorgeschriebene staatliche Vorprüfung gegen das Zensurverbot von Art. 5, Abs. 1 Grundgesetz.[1] Die schwer nachweisbare Selbstzensur aus Furcht vor möglichen Repressionen fällt ebenso wenig darunter wie die Nachzensur von einmal erschienenen Medien. Sie können

1 Die unterschiedlichen Selbstkontrollgremien für Filme (FSK), Computerspiele (USK), Fernsehen (FSF) etc. stellen einen Grenzbereich dar, da sie nur halbstaatlich und offiziell freiwillig sind. Ungeprüfte oder nicht freigegebene Medien werden allerdings wie „ab 18 Jahren“ behandelt, haben kaum Marktchancen, und können indiziert werden.

von der „Bundesprüfstelle für jugendgefährende Medien" (BPjM) indiziert[2], gerichtlich, polizeilich oder zollamtlich beschlagnahmt und/oder eingezogen (= Totalverbot auch für Erwachsene) bzw. per einstweiliger Verfügung oder Unterlassungsklage untersagt werden, wenn sie gegen allgemeine Gesetze, den Jugendschutz oder das Recht der persönlichen Ehre verstoßen (Art. 5, Abs. 2 GG).

Die weiter gefasste sozialwissenschaftliche Zensurdefinition umfasst alle Eingriffe in die freie interpersonale Kommunikation aufgrund von politischen, religiösen und/oder moralischen Gründen.

Hinzu kommt die kommunikationswissenschaftliche Problematik von Öffentlichkeit und Nicht-Öffentlichkeit im Habermasschen Sinne als Unterbindung der diskursiven Möglichkeiten medialer Kommunikation. Bourdieu (1993: 134) schreibt, die gründlichste Form, Leute zum Schweigen zu bringen, wäre, sie von den Positionen fernzuhalten, von denen man sprechen könne.

Weiterhin kann zwischen formeller und informeller, institutionalisierter und sozialer sowie interner und externer Zensur differenziert werden. Innere (z.B. durch die Selbstkontrollgremien, den Pressekodex oder redaktionsinterne Vorschriften) wie äußere (z.B. durch Straf-/Zivilrecht, Jugendschutz, Bundesprüfstelle etc.) Formen basieren letztlich auf einem ethischen Grundkonsens. Der Schutz mehrheitlicher Normen soll ein gedeihliches Miteinander ermöglichen (vgl. Hausmanninger 2002).

Jede Gesellschaft besitzt ihre spezifischen Empfindlichkeiten hinsichtlich der tolerablen Grenzbereiche des medial Darstellbaren. Während in Diktaturen z.B. Regimekritik verfolgt und in die Nicht-Öffentlichkeit gedrängt wird, ahnden fundamentalistische Systeme religionskritische Äußerungen. In westlichen Demokratien gilt Meinungsfreiheit als basales Grundrecht, das nur bei drohendem Schaden anderer Grundrechte eingeschränkt werden sollte. Medieneinschränkungen fußen auf der Annahme, dass bestimmte Inhalte einen schädlichen Einfluss haben können. Von den Selbstkontrollgremien, über die Bundesprüfstelle bis hin zu den Gerichten wird daher beispielsweise in Deutschland die Einhaltung der Zugangsregeln in dieser Frage überwacht.

3 Empirische Fallbeispiele

Wie variabel die jeweiligen Grenzen des Erlaubten sind und wie stark sich die Eingriffsrelevanz ändert, lässt sich am besten anhand von Beispielen zeigen. Befanden sich etwa in den 1950er Jahren Comics wie *Tarzan* oder *Akim* im Fadenkreuz der

2 Indizierung heißt Eintrag in die Liste der Bundesprüfstelle und bedeutet Jugendverbot inklusive weitreichenden Werbe- und Vertriebsbeschränkungen. Sie sind mindestens 25 Jahre gültig; danach wird über eine Folgeindizierung oder Listenstreichung erneut entschieden. Die Listen werden in „BPjM-Aktuell", dem amtlichen Mitteilungsblatt der Bundesprüfstelle, und im „JMS-Report" veröffentlicht. Nur der Index der Telemedien (Internet) ist nicht öffentlich zugänglich, sondern dient den Filtersoftwareherstellern u.a. zur Netzkontrolle.

Jugendschützer, so waren in den 1960er Jahren vor allem schlüpfrige Schlager wie Cramers *Der Novak lässt mich nicht verkommen* und erotische Literatur wie Apollinaires *11.000 Ruten* oder Sacher-Masochs *Venus im Pelz* ein Dorn im Auge. In den 1970ern kamen politische Bücher von Learys *Politik der Ekstase* bis zu „RAF"-Texten hinzu. Die Einführung neuer Massenmedien wie Video und CDs führten ab den 1980er Jahren zu einer Renaissance der Jugendschutzbehörden und zu Tausenden von Indizierungen sowie Hunderten von Beschlagnahmen. Seit den 1990er Jahren stehen vor allem Skinhead-Bands, Computerspiele sowie das Internet im öffentlichen Brennpunkt. Aktuell sind es vor allem HipHop-Bands, Ego-Shooter-Spiele und Nazi-Bands. Comics gelten heute als eher harmlos, Videos/DVDs als sinnvoll, und das Internet ist als Kulturtechnik akzeptiert. Daran zeigt sich, wie Medieninnovationen sowie eine Änderung von Erwartungshaltung und Rezeptionsgewohnheiten einen Wertewandel begünstigen. Auch die jeweilig sensibilisierte Öffentlichkeit beeinflusst das, was als tolerierbar gilt. Dies und die jeweils herrschende Meinung in der Rechtsprechung beeinflussen auch die Entscheidungen von Kontrollgremien wie der FSK und der BPjM, für die „moral- oder sozialethische Desorientierung" einer der zentralen Indizierungsgründe darstellt. Im Folgenden stelle ich nach Genres unterteilt einige zensurhistorisch relevante Fälle vor.[3]

3.1 Film

Anfang 2009 sind rund 2.800 Titel indiziert; 416 Videos/DVDs/Kinofilme sind wegen Gewaltverherrlichung oder Pornographie verboten.

Filme unterliegen wegen ihrer Herkunft als voyeuristisches Rummelplatzvergnügen der Ungebildeten sowie ihrer realitätsnahen Möglichkeiten der besonderen Kontrolle. Als pars pro toto sei Sam Raimis Low-Budget Horrorfilm *Tanz der Teufel* (1980) erwähnt, der in Deutschland Rechtsgeschichte schrieb, da der deutsche Verleih VCL gegen die Beschlagnahme und Einziehung 1984/85 als Video und Kinofilm durch alle Instanzen ging. 1993 entschied das Bundesverfassungsgericht sinngemäß, die Menschenwürde gelte nicht für Zombies. § 131 StGB wurde daraufhin geändert; Gewaltverherrlichung gilt nun auch für „menschenähnliche Wesen". Eine um 44 Sekunden gekürzte Fassung des Films wurde freigegeben, blieb aber indiziert.

Mehrere Teile von George A. Romeros *Zombie*-Reihe sind bei uns auch für Erwachsene wegen „Gewaltverherrlichung" ebenso verboten, wie Tobe Hoopers Horror-Klassiker *Das Kettensägen-Massaker* von 1974, obwohl sie ganze Generationen von Filmemachern beeinflussten und kaum explizite Gewaltszenen zu sehen sind.

3 Ausführliche Informationen zu wichtigen Fällen, Abbildungen der Cover und Beispielseiten sowie Reproduktionen von Indizierungsbegründungen, Beschlagnahmebeschlüssen und Verbotslisten findet man in den von Seim/Spiegel herausgegebenen Zensurdokumentationen „Ab 18" – Band 1 und 2, „Nur für Erwachsene" sowie meiner Diss. (Seim 1997).

Deutsche Richter interpretierten auch den grotesk übersteigerten Brachialhumor in Peter Jacksons Splatter-Komödie *Braindead* als Gewaltverherrlichung und verboten den Film seit 1999 in verschiedenen Fassungen.[4]

Wegen Persönlichkeitsrechtsverletzung des ‚Kannibalen von Rothenburg' wurde der Film *Rothenburg* in Deutschland verboten, während er im Ausland Preise erhielt. Übrigens mussten auch einige Passagen in dem Buch *Interview mit einem Kannibalen* aus ähnlichen Gründen geschwärzt werden.

3.2 Literatur

Anfang 2009 sind rund 610 Titel indiziert; 85 sind strafrechtlich verboten, einige zivilrechtlich.

Das Buch als kulturhistorisch ältestes Massenmedium hat die längste Erfahrung mit Zensureingriffen. Stellvertretend sei hier der erstmals um 1900 als Privatdruck anonym erschienene und vermutlich vom *Bambi*-Autor Felix Salten verfasste Roman *Josefine Mutzenbacher* erwähnt. Er schrieb weniger Literatur- als vielmehr Rechtsgeschichte. Erst in den 1960er Jahren traute sich ein Verlag, diese in Ich-Perspektive geschilderten erotischen Abenteuer einer österreichischen Prostituierten zu veröffentlichen. Da die titelgebende Figur anfangs als minderjährig beschrieben ist, galt der Roman der Jugendschutzbehörde als „kinderpornographisch" und schwer jugendgefährdend. Er ist bis heute indiziert, obwohl das Bundesverfassungsgericht 1990 zu diesem Fall urteilte: „Ein pornographischer Roman kann Kunst im Sinne von Art. 5 Abs. 3 Satz 1 GG sein" (zit.n. Schroeder 1992: 89ff.).

Für den Bereich der gar nicht so seltenen zivilrechtlichen Literaturverbote aufgrund persönlichkeitsrechtsverletzender Darstellungen[5] sei als bekanntester Fall Maxim Billers Roman *Esra* erwähnt. Nach einem aufwändigen Instanzenzug bestätigten sowohl der Bundesgerichtshof 2005 als auch das Bundesverfassungsgericht 2007 das Verbot, da durch die Schilderung intimer Details der identifizierbaren Hauptprotagonistin deren Rechte verletzt worden seien. Damit erging das zweite höchstinstanzliche Buchverbot der deutschen Nachkriegsgeschichte nach Klaus Manns *Mephisto*.

---

4 Siehe auch den Beitrag von Riedel zum Horrorfilm in diesem Band.

5 So wurden in jüngster Zeit z.B. auch der Roman *Meere* von Alban Nicolai Herbst, die Biographie *Grönemeyer* von Ulrich Hoffmann, und die Knef-Biographie *Das Glück kennt nur Minuten* von Jürgen Trimborn zivilrechtlich untersagt. Am bekanntesten dürfte der Streit um die Dieter Bohlen Bücher *Nichts als die Wahrheit* und *Hinter den Kulissen* sein, die medienwirksam in einer teilweise geschwärzten Fassung vertrieben werden durften. Da zivilrechtliche Verbote nicht in den amtlichen Listen der BPjM erwähnt werden, ist deren Anzahl schwer zu beziffern.

3.3 Musik

Anfang 2009 sind 882 Tonträger indiziert; 90 sind verboten.

Über Rock- und Popmusik definiert sich das Lebensgefühl vor allem adoleszenter Menschen wie über kaum sonst ein Medium. So erstaunt es wenig, dass Bewahrpädagogen gerade die unterschiedlichen Erscheinungsformen auf womöglich entwicklungsgefährdende Tendenzen hin überprüfen. Wurden in den 1980er Jahren in erster Linie Heavy Metal- und Punk-Platten indiziert, so gelangten seit den 1990er Jahren vor allem der Rechtsrock und aktuell die Rap-Szene ins Kreuzfeuer von Kritik, Jugendschützern und Justiz.

Ein seltenes Beispiel für nachträgliche Selbstzensur ist das Cover der LP *Virgin Killer* von den *Scorpions* (1976). Das heute undenkbare Motiv eines unbekleidet posierenden Mädchens mit darübergeblendetem Einschussloch im Schambereich erregte schon damals eine kontroverse Diskussion. Wegen des Kinderpornographievorwurfs brachte das Label RCA die LP 1977 noch einmal mit völlig harmlosem Covermotiv auf den Markt (vgl. Seim/Spiegel 2004: 70f.).

Die Berliner Fun-Punk-Band *Die Ärzte* hatten in den späten 1980er Jahren häufiger Probleme mit dem behördlichen Jugendschutz. Mehrere ihrer Platten kamen auf den Index. Zwei sind dort bis heute, u.a. wegen des Liedes *Geschwisterliebe* erfasst.

Das LP-Cover *Eating Lamb* der US-Punk-Band *NOFX* ist das einzige, das wegen „Tierpornographie" verboten wurde. Das vorher und erstaunlicherweise auch hinterher nie indizierte Motiv wurde 1996 vom AG Münster beschlagnahmt.

Da die häufig demokratiefeindlichen Botschaften von Skinhead- und Rechtsrockbands wie *Landser* (als kriminelle Vereinigung verboten) nicht nur jugendgefährdend, sondern auch gerichtlich als „sozialschädlich" bewertet wurden, sind viele neonazistische Tonträger indiziert und/oder verboten.

Aktuell steht besonders der deutschsprachige „Gangsta-Rap" u.a. des Labels Aggro-Berlin im Zentrum des Jugendschutzes. Dutzende von CD-Titeln u.a. von *Sido* und *Bushido* wurden indiziert, da die betont provokanten Texte sexistisch, diskriminierend, gewaltverherrlichend und drogenverharmlosend seien.

3.4 Satire

Das Maria-Syndrom, ein sog. Rock-Comical von Michael Schmidt-Salomon, ist eines der wenigen Beispiele aus der Populärkultur, die wegen „Gotteslästerung" bzw. Störung des öffentlichen Religionsfriedens nach § 166 StGB verboten wurden. Das Stück erlebte nicht einmal seine Uraufführung im Sommer 1994. Das Bistum Trier beantragte ein „präventives Eingreifen zur Verhinderung einer Straftat"; die Stadt Trier erließ ein Aufführungsverbot, weil eine „bösartig-satirische Verfremdung der dem katholischen Glauben eigenen Marienverehrung" und somit „Gefahr im Verzuge" drohe. Die Darstellung „Gottes in Gestalt einer geheimnisvoll illuminierten Toilettenbrille" könne, so die Stadtväter, aus Gründen der öffentlichen Sicherheit nicht hingenommen werden (vgl. Der Spiegel: 23/1994: 223). Bis heute wurde das Stück, in dem in weitläufiger Anspielung auf die unbefleckte Empfängnis eine der Darstellerinnen durch Sperma auf dem Toilettensitz geschwängert wird, nicht gespielt.

Auf die stattlichste Anzahl von Klagen und Unterlassungserklärungen im Satirebereich kann das Magazin *Titanic* zurückblicken. Einer der bekanntesten und teuersten Prozesse entspann sich 1993 um das ‚Engholm-Cover von Heft 3/93. Es zeigt das grinsende Gesicht des damaligen Ministerpräsidenten Schleswig-Holsteins, das in das bekannte Badezimmer-Foto Uwe Barschels hineincollagiert wurde. Auf dem Wannenbecken wurde eine Gummiente hinzugefügt. Björn Engholms Anwälte sahen darin eine Schmähkritik, die die Menschenwürde auf das Schwerste verletze. Das Landgericht Hamburg folgte dieser Ansicht und verurteilte *Titanic* zu DM 40.000,- Schmerzensgeld, Unterlassung und Übernahme der Kosten.[6]

Weniger bekannt ist der Fall der Osnabrücker Comedy-Band *Die Angefahrenen Schulkinder*, die wegen ihres satirisch gemeinten Songs *I wanna make love to Steffi Graf* von der Tennisspielerin wegen Beleidigung verklagt wurden. Das Landgericht Mannheim verurteilte die Band 1993 zur Zahlung eines Schmerzensgeldes in Höhe von DM 60.000,- und Übernahme der Kosten. Die Verbreitung des Musikstücks wurde (als Single und auf der CD „Osnabrück") untersagt.

3.5 Neue Medien

Anfang 2009 sind 560 Computerspiele und ca. 2.000 Online-Angebote indiziert; 24 PC-Spiele und 10 CD-ROMs sind verboten.

Computer und Internet lösten nicht nur eine Revolution des Arbeits- und Alltagslebens aus – Data-Highway und Cyber-Space riefen auch besorgte Kontrolleure auf den Plan, denn das Entstehen eines rechtsfreien Raumes sollte verhindert werden.

Interaktive Digitalmedien wie das Web 2.0 mit seinen Möglichkeiten des ‚social networking' und die so genannten Ego-Shooter sind bei Jugendlichen besonders beliebt, kann man hier nicht nur passiv konsumieren, sondern im Rahmen des Spiels sein eigener Hauptdarsteller und Regisseur sein. Sind die PC-Games gewaltbeherrscht und wird gewalttätiges Agieren in diesen Zusammenhängen belohnt, greifen USK im Veröffentlichungsvorfeld, Jugendschutz und Gerichte nach der Markteinführung ein. Viele Spiele werden für den deutschen Handel entschärft oder erscheinen gar nicht. Bekannteste Beispiele für Totalverbote sind *Mortal Kombat*, *Manhunt*, *Condemned* und *Soldier of Fortune*.

6 Die Grenze zwischen sarkastischer Geschmacklosigkeit und strafrelevanter Beleidigung ist gerade bei dem Satiremagazin fließend. So ließ Kurt Beck 2006 ein Cover untersagen, auf dem er als „Problembär Bruno" dargestellt war, neben dem der Satz „Knallt die Bestie ab!" stand. Im November 2007 erregte eine finigierte „Maddie"-Reklame Aufmerksamkeit, wo das Gesicht des vermissten Kindes verwandt worden war. Verboten wurde das Heft aber nicht.

Frank Trebbins Filmographie *Die Angst sitzt neben Dir* wurde 2000 in der CD-ROM-Version beschlagnahmt, da sie z.T. Szenen aus verbotenen Horrorfilmen enthielt. Das gedruckte Werk war davon nicht betroffen.

Während bei der Berichterstattung zu den Olympischen Spielen in China 2008 einmal mehr bewusst wurde, wie rigide dort die Staatszensur vor allem des Internets ist, dürfte weniger bekannt sein, dass auch bei uns die gängigen Suchmaschinen alle Websites aus den Trefferlisten herausfiltern, wenn sie auf dieser nicht-öffentlichen Liste der Bundesprüfstelle stehen (derzeit ca. 2.000 URLs).

3.6 Presse und Werbung

Über die Grenzen des Erlaubten wachen Presse- und Werberat.[7] Aber auch betroffene Prominente wie Prinzessin Caroline von Monaco und ihre Anwälte streiten gerichtlich darüber, wo die Pressefreiheit endet und das Persönlichkeitsrecht beginnt. Prominente müssen als Personen der Zeitgeschichte zwar akzeptieren, dass die Boulevardmedien über sie berichten. Gleichwohl gelten aber hier Grenzen, z.B. wenn die Privat- oder Intimsphäre verletzt wird und die Sensationsberichterstattung über das berechtigte Interesse der Öffentlichkeit hinausgeht. Schmerzensgeld, Schadenersatz, Gegendarstellung, Unterlassungserklärung oder eine öffentliche Rüge durch den Presserat können die Folge sein.

Cicero-Affäre: Wegen des Verdachts auf Geheimnisverrat durchsuchten im September 2005 BKA-Beamte die Redaktionsräume der Zeitschrift *Cicero*. Auslöser war ein Beitrag, in dem aus internen BKA-Akten zitiert worden war. Innenminister Schily erklärte, die Pressefreiheit müsse sich im Zweifel der inneren Sicherheit unterordnen. Das Bundesverfassungsgericht wertete 2007 dieses staatliche Handeln jedoch als verfassungswidrig.

Im Grenzbereich zwischen Tabubruch und Aufmerksamkeitsmaximierung befindet sich die Reklame der italienischen Bekleidungsfirma Benetton. Der BGH untersagte 1995 einige der von Olivero Toscani inszenierten Motive als sittenwidrige „Schockwerbung", die gegen die Menschenwürde verstieß, z.B. das Foto eines männlichen Gesäßes, auf das mit einem Stempel „H.I.V. positive" aufgedrückt wurde, und das von einer ölverklebten Ente.

4 Medienethische Relevanz

Die Frage nach den sinnvollen Grenzen des individuellen Interesses an medialer Tabuverletzung auf der einen und den staatlichen Bestrebungen nach Zensur auf der

7 Siehe auch die Beiträge von Stapf zur Selbstkontrolle und von Baum zum Deutschen Presserat in diesem Band.

anderen Seite sollte nicht nur Juristen und Jugendschützern überlassen werden. Medienethik stellt als Teil der angewandten Handlungsethik Fragen nach den normativen Grenzen des Erwünschten und dem richtigen Umgang mit darüber hinausgehenden Inhalten (vgl. Hausmanninger/Bohrmann 2002: 7f.).

Gerade bei den Grenzbereichen zwischen Freiheitsrechten und Zensureingriffen kann sie als Maßstab hilfreich sein, indem sie, wie Wunden (2003: 62f) vorschlägt, „beschreiben und definieren", „erkennen und ordnen" sowie „verstehen und bewerten" soll.

5 Stand der öffentlichen Debatte

Medien selber, aber auch die Formen des Umgangs mit ihnen sind ein Spiegel der Gesellschaft. Mehr als das, was erlaubt ist, offenbart uns Zensur die soziale und politische Befindlichkeit. Gerade neue Medien werden gerne als Sündenböcke verantwortlich gemacht für soziale Fehlentwicklungen oder komplexe Dramen wie Amokläufe oder Schulmassaker. Die Medienberichterstattung trägt entscheidend zur öffentlichen Debatte um die Grenzen des Erlaubten bei, sensibilisiert sie doch die öffentliche Meinung für die jeweilige Problematiken wie Rap-Musik, Computerspiele, Kinderpornographie, Mediengewalt, Persönlichkeitsrechte, fragwürdige TV-Formate wie „Big Brother", Schönheitsoperationen, Websites z.B. für Magersüchtige etc. Ereignisse wie die Olympischen Spiele 2008 in Peking können sinnvolle Diskussionen um Zensur und Medienfreiheit anregen, wenn sie auch selbstreflexiv geführt werden.

6 Medienethische Bewertung

Zensur in medialen Grenzbereichen stellt ein Dilemma zwischen den grundgesetzlichen Freiheitsrechten und Schutzpflichten dar. Zum einen gilt in der medienethischen Diskussion in Anlehnung an die sozialethische Verpflichtung Max Webers, „dass man für die (voraussagbaren) Folgen seines Handels aufzukommen hat" (zit. n. Funiok 2002: 43) und somit das Prinzip der Verantwortung – sowohl für die Medieninhalte als auch für die Rezipienten – als Schlüsselkategorie, wie z.B. Funiok (2002: 43) betont. Während Minderjährige vor gefährlichen Inhalten und ggf. vor sich selbst geschützt werden müssen, haben mündige Rezipienten ein Recht auf freien Zugang zu den Medien ihrer Wahl. Drastisch pointierte Gewaltdarstellung ist ein genretypisches Stilmittel vor allem von Horrorfilmen als Ventilsitte, deren „geregelter Tabubruch" dem „Projekt kulturell-gesellschaftlicher Gewaltdomestikation" (Hausmanninger 2002: 270) durchaus dienlich sein könne. Da Filmgewalt eben keine Realgewalt ist, sollte sie auch nicht mit den Maßstäben sozial wünschenswerten Verhaltens im alltäglichen Miteinander bewertet werden.[8]

7 Künftiger Handlungsbedarf

Der Markt produziert zunächst alles, was nachgefragt wird und absetzbar ist. Medienethik könnte deshalb vor allem eine Unternehmensethik sein, die etwa die Flut von gut verkäuflichem „Sex and Violence“ in geregelte Bahnen lenkt. Gerade für das Internet sind Selbstverpflichtungen angeraten. Jugendliche sollten für die Gefahren des allzu sorglosen Veröffentlichens von intimen Details aus ihrem Leben sensibilisiert werden. Aus medienethischer Sicht wäre es sinnvoll, alle Medienteilnehmer bzw. Verantwortlichen für gemeinsame Qualitätskriterien (vgl. Schicha 2003) und gemeinsames Ethos zu gewinnen.

Denn es gibt nicht nur Menschenrechte wie die des selbstbestimmten Lebens und der Informationsfreiheit, sondern auch „Menschenpflichten“ (Mayer 1999: 129), zu denen Rücksichtnahme und Verantwortung gehören.

Medienethische Prinzipien können Orientierungshilfen für alle am Kommunikations- und Regulierungsprozess Beteiligten bieten, denn selbst die Rechtsprechung ist sich nicht immer einig, wie etwa mit den nach zehn Jahren verjährten Verbotsfällen umzugehen sei, oder ob ein Meinungsäußerungsdelikt wie die Holocaust-Leugnung einen eigenen Strafrechtsparagraphen erfordere.[9]

Realistischerweise sollte allerdings berücksichtigt werden, dass die Faszination an Tabubrüchen, an der medial vermittelten Angstlust, an Sex und den anderen hier erwähnten zensurrelevanten Grenzbereichen Teil einer freiheitlichen Kultur- und Alltagsgeschichte ist. Über ihre Auswirkungen ist sich selbst die Medienwirkungsforschung nicht einig. Es sollte die Aufgabe der Medienethik sein, unparteiisch verallgemeinerbare Bewertungskriterien für die Wirkungen zu erarbeiten. Auch wenn unstrittig sein dürfte, dass exzessiver unkritischer Konsum von sex- und gewalthaltigen Medien gerade im prekären Umfeld ungünstig vor allem für die Entwicklung von Heranwachsenden ist, so erscheinen die traditionellen Zensurmittel als pädagogische Maßnahmen gerade in Zeiten des Internet obsolet. Zudem stehen den wenigen Fällen von eindeutig „medieninduzierter Delinquenz“ (Werner Glogauer) zahllose verhaltensunauffällige Mediennutzer gegenüber.

8 Siehe auch den Beitrag von Bohrmann zu medialen Gewaltdarstellungen in diesem Band.

9 So sorgte die Äußerung des Bundesverfassungsrichters Winfried Hassemer in der SZ, 11.6.2008: 6, er sei „kein Anhänger der Strafbarkeit der Holocaust-Leugnung“, für eine konträre Diskussion. In „BPjM Aktuell“ 3/2004: 4-6, fragt Oberstaatsanwalt Peter Köhler, wie nach Ablauf der Verjährungsfrist von 10 Jahren mit beschlagnahmten/eingezogenen Medienobjekten umgegangen werden soll. Auf der Liste der Bundesprüfstelle werden sie weiterhin geführt, allerdings grau hinterlegt.

Bei der medienethischen Bewertung sollte der allgemeine gesellschaftliche Rezeptionskontext ebenso berücksichtigt werden wie die jeweiligen genrespezifischen Stilmittel im Sinne eines erweiterten Kunstbegriffs.

Es erscheint also wenig hilfreich, wenn Medienethik, will sie von den Rezipienten berücksichtigt werden, sich als moralisierender ‚Spielverderber' und restriktives Mittel der Bevormundung mündiger Bürger gerierte.

Da nicht zu erwarten – und auch wenig wünschenswert – ist, dass eine zentrale Instanz definiert, was moralisch geboten, verboten oder erlaubt ist, sollten sowohl die inneren Träger der Verantwortung (Kulturschaffende, Medienproduzenten und Distribuenten) wie auch die äußeren (Selbstkontrollgremien, kritische Öffentlichkeit und regulative Behörden) durch Reflexion über ethische Werte gemeinsame Qualitätskriterien und Standards zu den erwünschten Grenzen erarbeiten. Dabei erscheint die Vielzahl von Kontrollbehörden eher hinderlich. Zudem müssen die Adressaten mit ins Boot geholt werden. Es gilt, gerade bei der jugendlichen Zielgruppe Medienkompetenz und -kritik durch Diskussionen zu fördern. Es geht darum, Alternativen anzuregen, z.B. auch durch Workshops für Jugendliche, bei denen sie selber Rap-Texte schreiben und Games entwerfen, Info-Veranstaltungen für Eltern, Fortbildungen für Lehrer in Bezug auf Neue Medien, digitale Kulturtechniken und aktuelle Inhalten, Vermittlung von Maßstäben zur qualitativen Unterscheidung und Wertschätzung von Medienprodukten – das dürften besser geeignete Mittel sein, die Lebenswirklichkeit der Mediennutzer zu berücksichtigen, um sie positiv zu beeinflussen, als durch idealtypisch orientierte Regulierungsbestrebungen und normative Moralethikdiskussionen.

Meines Erachtens geht man am Kern des Problems vorbei, wenn dabei nur auf den ‚Body Count' geachtet wird, die zählbare Menge an roher Gewalt oder nacktem Fleisch. Bedenklicher sind vielmehr zu viel niveauloser ‚Trash', Verdummung, schlechte Vorbilder, falsche Rollenmuster und Illusionen, Enttäuschung unerfüllbarer Erwartungen.

Verbote – seien sie auch gut gemeint und ethisch begründet – führen gerade in Zeiten der globalisierten Kommunikation im Internet als „Marketplace of Ideas" zu einer gesteigerten Neugier zu erfahren, was man nicht wissen darf. Indices haben seit jeher die janusköpfige Ambivalenz einer Einkaufsliste für Special-Interest-Sammler und sind eher amtliche Wegweiser zu den vermeintlich besonders schlimmen und damit spannenden Objekten im unübersichtlichen Mediendschungel. Die verhaltensunauffällige Situation in traditionell liberaleren Gesellschaften wie in Skandinavien oder den Benelux-Staaten lassen vermuten, dass die Wirkung von Medien und deren Verbote oftmals überschätzt werden. Jugendschutz hat eine wichtige Funktion und Berechtigung, da nicht alles für alle geeignet ist. Aber die Tendenz zu Überwachung und Kontrolle, zu einer entschärften und durchregulierten Medienwelt ist meines Erachtens kein geeigneter Weg von der Informations- in die Wissensgesellschaft.

Literatur

Bourdieu, Pierre (1993): Die Zensur. In: ders.: Soziologische Fragen. Frankfurt am Main, S. 131-135.

Funiok, Rüdiger / Schmälzle, Udo F. / Werth, Christoph H. (Hrsg.) (1999): Medienethik – die Frage der Verantwortung. Bonn.

Funiok, Rüdiger (2007): Medienethik. Verantwortung in der Mediengesellschaft. Stuttgart.

Habermas, Jürgen (1961): Strukturwandel der Öffentlichkeit. Untersuchung zu einer Kategorie der bürgerlichen Gesellschaft. Habil.-Schrift. [hier: Neuwied 1968[3]]

Hausmanninger, Thomas / Bohrmann, Thomas (Hrsg.) (2002): Mediale Gewalt. Interdisziplinäre und ethische Perspektiven. München.

Schicha, Christian (2003): Medienethik und Medienqualität. In: Zeitschrift für Kommunikationsökologie, Heft 2/2003, S. 44-53.

Schroeder, Friedrich-Christian (1992): Pornographie, Jugendschutz und Kunstfreiheit. Heidelberg.

Seim, Roland (1997): Zwischen Medienfreiheit und Zensureingriffen. Diss. Münster.

Seim, Roland / Spiegel, Josef (Hrsg.): „Ab 18" – Band 1 (1998) und Band 2 (2001). Münster.

Seim, Roland / Spiegel, Josef (Hrsg.) (2004): „Nur für Erwachsene": Rock und Popmusik – zensiert, diskutiert, unterschlagen. Münster.

Wilke, Jürgen (1996): Massenmedien im Spannungsfeld von Grundwerten und Wertkollisionen. In: Claudia Mast (Hrsg.): Markt – Macht – Medien. Publizistik zwischen gesellschaftlicher Verantwortung und ökonomischen Zielen. Konstanz, S. 17-33.

Wunden, Wolfgang (2003): Medienethik – normative Grundlage der journalistischen Praxis? In: Bucher, Hans-Jürgen / Altmeppen, Klaus-Dieter (Hrsg.): Qualität im Journalismus. Grundlagen – Dimensionen – Praxismodelle. Wiesbaden, S. 55-78.

Mediale Gewaltdarstellungen

Thomas Bohrmann

1 Gewaltdarstellungen in der Mediengesellschaft

Die Präsentation von Gewalt durch Medien ist ein gesellschaftliches Phänomen, das in unterschiedlichen Kulturepochen der Menschheit nachgewiesen werden kann (vgl. Kunczik 1993: 108-113). Aber erst in der Mediengesellschaft, die sich gegen Ende des 19. und zu Beginn des 20. Jahrhunderts mit Hilfe technischer Innovationen allmählich ausbreitet, nimmt die Präsentation gewalthaltiger Inhalte zu. In der gegenwärtigen, durch die Medien geprägten Gesellschaft gibt es eine Fülle von Einzelmedien (Zeitung, Buch, Comic, Film, Computerspiel etc.), die mitunter auch Gewalt auf der Wort- und Bildebene darstellen und damit bewusst die Rezipienten anzusprechen versuchen: Erfolgreiche Kinofilme thematisieren Gewalt auf unterschiedlichen Ebenen und sind zumeist einem gewalthaltigen Genre zuzuordnen (etwa Action-, Science-Fiction-, Horror- und Fantasyfilm). In jedem Fernsehkrimi am Abend wird ein Gewaltverbrechen aufgeklärt. Politische Gewalt in Form von Kriegen, Bürgerkriegen und Attentaten ist Gegenstand von Nachrichtensendungen, politischen Magazinen, Dokumentationen und Sondersendungen. Beliebte Computerspiele, bei denen sich die Spieler mit den Figuren identifizieren und somit die Perspektive des gewalttätigen Charakters einnehmen können (Ego-Shooter), enthalten ganze Sequenzen von Tötungsakten. Und selbst in scheinbar harmlosen Kinder- und Jugendbüchern spielt Gewalt keine untergeordnete Rolle, wenn man nicht nur an die klassischen Märchen denkt, sondern vor allem auch an zeitgenössische, populäre Romane für eine junge Leserschaft (z.B. Harry Potter).

Diese nur knappe und keineswegs vollständige Aufzählung von Gewaltbeispielen in den Medien macht deutlich, dass Gewalt aus der Mediengesellschaft nicht mehr wegzudenken ist. Allerdings ist Mediengewalt nicht gleich Mediengewalt. Gewalt kann entweder real oder fiktional dargestellt werden. Bei der realen Gewalt in Nachrichten haben Gewaltdarstellungen eine Informationsfunktion, um den Rezipienten etwa die Grausamkeit von Kriegen oder Terroranschlägen mit entsprechenden Bildern schonungslos vor Augen zu führen. Die fiktionale Gewalt, die quantitativ den größten Raum der medialen Gewaltdarstellung im Fernsehen einnimmt, gilt als Element der Unterhaltung und als Stilmittel gewalthaltiger Genres. Solche Gewaltakte können

Spannung erzeugen, ein realistisches Milieu abbilden oder auch zum Nachdenken anregen.

Die Unterscheidung von realer und fiktionaler Gewalt und die damit verbundene Klassifizierung von Gewalt als Information und Gewalt als Unterhaltung machen deutlich, dass nur eine differenzierte Betrachtung von Mediengewalt diesem komplexen Phänomen gerecht wird. Für eine medienethische Bewertung bzw. Einordnung muss auch die Funktion gewalthaltiger Darstellungen im Kontext der Pluralität von Medienarten ausschlaggebend sein.

2 Medienethische Relevanz

Die medienethische Bedeutung des Themas „Mediale Gewaltdarstellungen" erschließt sich vor allem vor dem Hintergrund des öffentlichen Diskurses, der zunächst ein „Besorgnis-Diskurs" (Röser 2003: 215) ist. Aufgrund der Fülle der dargebotenen gewalthaltigen Inhalte werden negative Wirkungen vor allem im Hinblick auf so genannte medieninduzierte Gewalthandlungen in der Realität (Nachahmungstäter) befürchtet. Daraus wird ein normativer Umgang mit Mediengewalt abgeleitet. So wichtig Normsetzungen auch sind, die medienethische Debatte über gewalthaltige Inhalte darf nicht verkürzt werden auf die Notwendigkeit von Medienrecht und Medienjugendschutz. Eine Reduzierung der medienethischen Fragestellung allein auf den „erhobenen Zeigefinger" und auf entsprechende Verbotsnormen wäre einseitig und wird dem komplexen Mediennutzungsverhalten der Rezipienten nicht gerecht.

Ethik möchte menschliches Tun nicht nur normieren, sondern es auch als ein freiheitliches legitimieren. Folglich möchte Ethik zum individuellen Handeln motivieren und fragt nach der grundsätzlichen ethischen Legitimität menschlichen Handelns in den unterschiedlichen Kultursystemen (z.B. Wirtschaft, Politik, Medien). Sie möchte das spezifische Bedürfnis, das die Institutionen dieser Kultursachbereiche zu befriedigen versuchen, ausdrücklich für den Menschen herausstellen. Damit hat Ethik immer auch eine (nicht zu vernachlässigende) anthropologische Dimension. Demgemäß zielt die ethische Fragestellung, die insbesondere mediale Gewaltdarstellungen berücksichtigt, in zwei Richtungen: Medienethik untersucht die sozialen Kommunikationsmittel erstens im Hinblick auf ihren humanen (anthropologischen) Wert und formuliert zweitens normative Handlungs- und Ordnungsanweisungen für die Akteure der Mediengesellschaft.

3 Stand der öffentlichen Debatte über mediale Gewaltdarstellungen

Die öffentliche Diskussion um Gewaltdarstellungen in den Medien hat eine lange Tradition und wird insbesondere immer dann geführt, wenn sich neue Informations- und Unterhaltungsmedien in der Gesellschaft etablieren. Kulturpessimistische Stimmen reichen dabei bis in die Antike zurück und gehören seitdem zum Standardrepertoire der Kulturkritik. So werden gleichsam die Einführung der Schrift, die Inszenierung von Gewalt in Theaterstücken, die Darstellung gewalthaltiger Inhalte in Spielfilmen nach der Erfindung des Kinematographen, das Comic-, Fernseh- und Videoangebot im 20. Jahrhundert immer wieder verurteilt (vgl. Fischer/Niemann/Stodiek 1996; Hausmanninger 2002a; Kunczik 1993: 17f.). Hinter dieser Kritik steht die öffentliche Meinung, dass die dargestellte Gewalt die Gesellschaft und vor allem die nachwachsende Generation ‚verroht', ‚entsittlicht' und insgesamt gewaltbereit macht. Betrachtet man die hundertjährige (deutsche) Debatte um mögliche Wirkungen von medialen Gewaltdarstellungen, so kann man feststellen, dass diese zyklisch geführt wird: Zu Beginn des letzten Jahrhunderts diskutieren die so genannten Kinoreformer über Schundfilme (vgl. Hellwig 1911) und fordern schärfere gesetzliche Sanktionen in Form der Zensur (vgl. Hausmanninger 1992: 79ff.). In den 1950er und 1960er Jahren wird diese Position von den Filmerziehern wieder aufgegriffen (vgl. ebd.: 261ff.). Die Auseinandersetzung um Videofilmgewalt steht dann in den 1980er Jahren im Zentrum der medienethischen Kontroverse (vgl. z.B. Glogauer 1988). Ende der 1980er Jahre rückt die Diskussion um Fernsehgewalt, die insbesondere durch die privaten Rundfunkanbieter ausgestrahlt wird, ins Zentrum der breiten Öffentlichkeit, der Medienpädagogik und des gesetzlichen Jugendschutzes. Nach wie vor wird insbesondere das Fernsehen mit seiner pluralen Angebotsstruktur und seinen unterschiedlichen Formaten als Lieferant gewalthaltiger Bilder und Geschichten kritisiert (vgl. z.B. Lukesch u.a. 2004). Durch die technische Weiterentwicklung der Medien in Form von neuartigen Speichermedien der Filmindustrie (DVD), von action- und gewaltreichen Computerspielen sowie von unterschiedlichen Internetdiensten mit gewalthaltigen Angeboten hat die medienkritische Diskussion der letzten Jahre eine neue Schärfe erreicht (vgl. z.B. Grossman/DeGaetano 2002; Spitzer 2008).

Die Frage nach den Wirkungen medialer Inhalte hat die Medienwissenschaft von Anfang an interessiert. Häufig wird ein kausaler Wirkungszusammenhang zwischen medialen Gewaltdarstellungen und realen Gewaltanwendungen unterstellt. Der Medienwissenschaftler Kunczik (1978; 1996), der seit über 30 Jahren zum Thema forscht, kommt vor dem Hintergrund der gegenwärtigen ausdifferenzierten Medienlandschaft in Deutschland zu dem Ergebnis, dass die simple Annahme einer generellen, direkten Suggestion von Nachahmungstaten durch gewalthaltige Medien als widerlegt betrachtet werden müsse (vgl. Kunczik/Zipfel 2005: 12). Medienwirkungsforscher sind sich allerdings einig, dass bei der Beurteilung von Wirkungsrisiken von Mediengewalt insbesondere der Medieninhalt, die Rezipienten selbst und ihr spezifisches soziales Umfeld berücksichtigt werden müssen. Diese Einflussgrößen bestimmen den Medienkonsum und die Medienwirkungen, so dass einfache Antworten nicht möglich sind und der Wirkungsdiskurs folglich differenziert zu führen ist. Kunczik und Zipfel nehmen zur aktuellen Wirkungsforschung (unter besonderer Berücksichtigung der Fernsehgewalt) mit folgenden Worten Stellung: „Mit aller aufgrund widersprüchlicher und methodisch problematischer Studien angebrachten Vorsicht lässt sich die bisherige Forschungslage folgendermaßen zusammenfassen: Auswirkungen von Mediengewalt auf reales Aggressionsverhalten sind am ehesten bei jüngeren, männlichen, sozial benachteiligten Vielsehern zu erwarten, die bereits eine violente Persönlichkeit besitzen, in violenten Familien mit hohem Fernseh(gewalt)konsum aufwachsen, in der Schule viel Gewalt erfahren und violenten bzw. delinquenten Peer-Groups angehören. Dies gilt insbesondere, wenn sie violente Medieninhalte konsumieren, in denen Gewalt in einem realistischen und/oder humorvollen Kontext präsentiert wird, gerechtfertigt erscheint, von attraktiven, erfolgreichen, dem Rezipienten möglicherweise ähnlichen Protagonisten mit hohem Identifikationspotenzial ausgeht, nicht bestraft wird und dem Opfer keinen sichtbaren Schaden zufügt („saubere Gewalt')." (Kunczik/Zipfel 2006: 284f.). In Anbetracht der Forschungslage mag ein solches unübersichtliches Fazit für weite Teile der Öffentlichkeit ernüchternd sein. Kunczik und Zipfel sind sich der Komplexität der Medienwirkung bewusst. Zu einem ähnlichen Ergebnis kommen die Forscher bei der Beurteilung von Gewalt in Computerspielen. Auch hier sind vergleichbare Einflussfaktoren (etwa Alter, Geschlecht, Persönlichkeitseigenschaften, soziales Umfeld, Spielinhalt) für mögliche Wirkungen ausschlaggebend, wenngleich die vorliegenden Forschungsbefunde für medienpädagogische Ratschläge noch nicht ausreichen (vgl. ebd.: 287ff.).

Für eine zu entwickelnde Ethik der Mediengewalt ist nicht nur die Wirkungsproblematik von Bedeutung, sondern – noch viel grundsätzlicher – die Frage nach der prinzipiellen ethischen Legitimität medialer Gewaltthematisierung. Gewalt als omnipräsentes gesellschaftliches Phänomen ist aus der Welt nicht zu verbannen: „In-der-Welt-Sein heißt In-der-Gewalt-Sein" (Sloterdijk 1994: 15). Dementsprechend kann es nicht Aufgabe der Medien sein, Gewalt zu ächten und sich ihrer Präsentation zu enthalten. Das trifft nicht nur auf reale Gewalt zu Informationszwecken zu, sondern ebenso auf fiktionale Gewalt, die unterhalten will. Medien müssen stets die Möglichkeit schaffen, dass Gewalt thematisiert sowie ästhetisch im Rahmen narrativer Formen dargestellt wird. „Nur wenn das Phänomen nicht kontrafaktisch geleugnet und verdrängt wird, lässt es sich überhaupt erst diskursiv und ästhetisch bearbeiten, kann es einer Domestikation unterworfen werden." (Hausmanninger 2002d: 312). Indem insbesondere gewalthaltige Unterhaltungsfilme das Gewaltphänomen auf einer symbolischen Ebene präsentieren, wird eine kulturell-gesellschaftliche Gewaltdomestikationsleistung erbracht, die das rohe, in der Gesellschaft vorhandene Phänomen einfängt und nicht verdrängt. Bei der Gewaltrezeption im fiktionalen Kontext wird nicht die dargestellte Gewalt als Gewalt genossen, sondern die durch Gewaltpräsentationen hervorgerufenen unterschiedlichen Erlebnisdimensionen, die man auf der sensomotorischen, der emotionalen, der kognitiven und der reflexiven Ebene festmachen kann (vgl. Hausmanninger 2002b).

Ein solcher rezeptionsästhetischer Zugang versteht den Prozess der Mediennutzung als aktives Unterhaltungs- und Aneignungsphänomen. Mediale Gewaltdarstellungen können somit ein Mittel zum Erleben von gesuchter Spannung und freiwillig ausgesetzter Angstlust sein. Präsentierte Gewalt ist stets inszenierte Gewalt, die in einem konkreten narrativen Kontext eingebunden und die für die Entwicklung einer Geschichte zumeist erforderlich ist. Violente Handlungen der Charaktere im Sinne „expressiver Gewalt" (Mikos 2001: 13) sind folglich konstitutive Stilmittel vieler gewalthaltiger Genres insbesondere der Populärkultur.

4 Medienethische Bewertung

Eine strukturethische Betrachtung der Medienethik fragt nach den konkreten medialen Handlungsbereichen innerhalb der Gesellschaft. Es lassen sich vier Ebenen der medienethischen Verantwortung unterscheiden: die Ebene der Rahmenordnung, die Ebene der Produktion, die Ebene der Distribution und die Ebene der Rezeption. Die Verantwortung des Staates und seiner Akteure zielt auf eine humane, dem Menschen gerecht werdende Rahmenordnung der öffentlichen Kommunikation. Ethischer Ausdruck dieser Rahmenordnung ist ihre Offenheit, das heißt die Versorgung mit Medien und die freie Zugänglichkeit zu diesen. In diesem Sinne lautet der oberste medienethische Grundsatz (gemäß Art. 5 GG): *Kommunikationsfreiheit.* Die Freiheit der Kommunikation gilt jedoch nicht schrankenlos und kann in zweifacher Weise begrenzt werden: zum einen aus der Perspektive einer prinzipiellen Illegitimität medialer Produkte; zum anderen aus der Perspektive des Jugendschutzes. Eine Ethik des Medieninhalts, die die Verantwortung der Produzenten betont, erarbeitet u.a. eine Grundnorm für die inhaltliche Legitimität medialer Gehalte. Folgende inhaltsethische Grundnorm kann als Basis für die Reflexion medialer Gehalte dienen: *Ethisch illegitim sind mediale Inhalte, die Personen und Gruppen verketzern, verfolgen oder diskriminieren, die Gewalt verherrlichen oder verharmlosen, Gewalt sadismus- oder masochismusaffirmativ präsentieren, Gewalt propagieren oder zur Gewaltausübung öffentlich aufrufen* (vgl. Bohrmann 2002). Im Großen und Ganzen werden die genannten medienethischen Kriterien durch staatliche Normen (z.B. StGB, Jugendmedienschutzgesetz) oder Prüfkriterien der Medienkontrollinstitutionen abgedeckt. Die Grundnorm gilt allerdings nur für realweltlich bezogene Filme und nicht für Filme, die den geregelten Tabubruch anstreben. Im Bereich des geregelten Tabubruchs bewegt man sich im Rahmen genrespezifischer Künstlichkeit (wie z.B. beim alltagsenthobenen Horrorfilm), die mit ihrer ganz eigenen ästhetisch-kommunikativen Sprache das Verbotene trotzdem zeigen und inszenieren darf. Hier kann dann der negativ besetzte Protagonist auftreten oder das Böse gar am Ende siegen (vgl. Hausmanninger 2002c). Bei der Anwendung dieser Grundnorm muss die Ebene der *inhaltlichen Darstellung* und die Ebene der *inhaltlichen Aussage* unterschieden werden (vgl. Hausmanninger 1992: 574). Auf der Ebene der inhaltlichen Darstellung sind Gewalthandlungen der Charaktere unverzichtbare Stilmittel der Narration. Die inhaltliche Aussage eines Mediums kann jedoch eine vollkommen andere sein. Eine Ethik der Distribution berücksichtigt die institutionalisierte Kommunikationskontrolle vor allem in Form der Freiwilligen Selbstkontrolle der Filmwirtschaft (FSK), der Bundesprüfstelle für jugendgefährdende Medien (BPjM), der Freiwillige Selbstkontrolle des Fernsehens (FSF), der Unterhaltungssoftware Selbstkontrolle (USK). Diese Jugendschutzinstitutionen normieren mediale Inhalte insbesondere im Hinblick auf Zugangsbeschränkungen, Altersfreigaben und Sendezeitbeschränkungen. Auch hinter diesen Kontrollinstitutionen stehen bestimmte Normen (gesetzliche Regelungen oder Prüfgrundsätze). Im Hinblick auf jüngere Rezipienten ist eine differenzierte Altersstaffelung bei Spielfilmen (und Computerspielen) wünschenswert, Zeitgrenzen im Fernsehen machen ebenfalls Sinn. Eine Rahmenordnung, wie sie der Jugendmedienschutz setzt, ist für eine Gesellschaft notwendig, auch wenn negative Wirkungen nicht immer zwingend angenommen werden müssen. Neben dem Thema Jugendschutz muss Medienethik aber auch die Medienrezeption in den Blick nehmen und für eine Stärkung der Medienkompetenz eintreten (vgl. Veith 2002). Nicht nur Eltern haben hierfür Verantwortung zu tragen, sondern ebenso die Akteure unterschiedlicher Lernorte.

5 Zukünftige Handlungsfelder

Jugendmedienschutz ist kein starres Gebilde, sondern ein offenes System, das neue Entwicklungen innerhalb der Mediengesellschaft und ihrer Rezipienten zu berücksichtigen hat. In diesem Sinne sind die bestehenden normativen Altersfreigaben für den Filmbereich (freigegeben ab 6 Jahren, ab 12 Jahren, ab 16 Jahren, keine Jugendfreigabe/ab 18 Jahren) zu überdenken und an ein zeitgemäßes Diversifizierungssystem, das entwicklungspsychologische Erkenntnisse berücksichtigt, anzupassen. Eine Ethik der Mediengewalt sollte neben dem Jugendmedienschutz verstärkt auch die Jugendmedienförderung im Sinne medienpädagogischer Maßnahmen im Blick haben. Wünschenswert wäre eine stärkere Institutionalisierung der Medienerziehung (insbesondere hinsichtlich der neuen Medien) vor allem im schulischen und im universitären Bereich. Medienkompetenz sollte als Bildungsziel in der gegenwärtigen Mediengesellschaft fest verankert sein.

Literatur

Bohrmann, Thomas (2002): Ethik der Produktion und des Inhalts. In: Hausmanninger, Thomas / ders. (Hrsg.): Mediale Gewalt – Interdisziplinäre und ethische Perspektiven. München, S. 315-334.

Fischer, Heinz-Dietrich / Niemann, Jürgen / Stodiek, Oskar (1996): 100 Jahre Medien-Gewalt-Diskussion in Deutschland. Synopse und Bibliographie zu einer zyklischen Entrüstung. Frankfurt am Main.

Glogauer, Werner (1988): Videofilm-Konsum der Kinder und Jugendlichen. Erkenntnisstand und Wirkungen. Bad Heilbrunn.

Grossman, Dave / DeGaetano, Gloria (2002): Wer hat unseren Kindern das Töten beigebracht? Ein Aufruf gegen Gewalt im Fernsehen, Film und Computerspielen. Stuttgart.

Hausmanninger, Thomas (1992): Kritik der medienethischen Vernunft. Die ethische Diskussion über den Film in Deutschland im 20. Jahrhundert. München.

Hausmanninger, Thomas (2002a): Die Geschichte der ethischen Debatte über Gewalt im Film. In: ders. / Bohrmann, Thomas (Hrsg.): Mediale Gewalt – Interdisziplinäre und ethische Perspektiven. München, S. 37-50.

Hausmanninger, Thomas (2002b): Vom individuellen Vergnügen und lebensweltlichen Zweck der Nutzung gewalthaltiger Filme. In: ders. / Bohrmann, Thomas (Hrsg.): Mediale Gewalt – Interdisziplinäre und ethische Perspektiven. München, S. 231-259.

Hausmanninger, Thomas (2002c): Filmgewalt im Spannungsfeld gesellschaftlicher Gewaltaffirmation und Gewaltdomestikation. In: ders. / Bohrmann, Thomas (Hrsg.): Mediale Gewalt – Interdisziplinäre und ethische Perspektiven. München, S. 260-283.

Hausmanninger, Thomas (2002d): Ansatz, Struktur und Grundnorm der Medienethik. In: ders. / Bohrmann, Thomas (Hrsg.): Mediale Gewalt – Interdisziplinäre und ethische Perspektiven. München, S. 287-314.

Hellwig, Albert (1911): Schundfilms. Ihr Wesen, ihre Gefahren und ihre Bekämpfung. Halle.

Kunczik, Michael (1978): Brutalität aus zweiter Hand. Wie gefährlich sind Gewaltdarstellungen im Fernsehen? Köln; Wien.

Kunczik, Michael (1996): Gewalt und Medien. Köln; Weimar; Wien.

Kunczik, Michael (1993): Gewaltdarstellungen – ein Thema seit der Antike. In: Media Perspektiven, Heft 3/1993, S. 108-113.

Kunczik, Michael / Zipfel, Astrid (2005): Medien und Gewalt: Der aktuelle Forschungsstand. Teil 1: Wirkungstheorien. In: tv diskurs, 9. Jg., Heft 3/2005, S. 10-15.

Kunczik, Michael / Zipfel, Astrid (2006): Gewalt und Medien. Ein Studienhandbuch. Köln; Weimar; Wien.

Lukesch, Helmut u.a. (2004): Das Weltbild des Fernsehens. Eine Untersuchung der Sendungsangebote öffentlich-rechtlicher und privater Sender in Deutschland. Regensburg.

Mikos, Lothar (2001): Dynamik und Effekte für den Sinnenrausch. Ästhetik der Gewaltdarstellung im Action- und Science-Fiction-Film. In: tv diskurs, 6. Jg., Heft 3/2001, S. 12-19.

Röser, Jutta (2003): Gewalt. In: Hügel, Hans-Otto (Hrsg.): Handbuch Populäre Kultur. Stuttgart; Weimar, S. 215-219.

Sloterdijk, Peter (1994): Sendboten der Gewalt. Zur Metaphysik des Action-Kinos. In: Fischer, Robert / Sloterdijk, Peter / Theweleit, Klaus: (Hrsg.): Bilder der Gewalt. Frankfurt am Main, S 13-32.

Spitzer, Manfred (2008): Vorsicht Bildschirm! Elektronisch Medien, Gehirnentwicklung, Gesundheit und Gesellschaft. München.

Veith, Werner (2002): Ethik der Rezeption. In: Hausmanninger, Thomas / Bohrmann, Thomas (Hrsg.): Mediale Gewalt – Interdisziplinäre und ethische Perspektiven. München, S. 377-390.

Horrorfilm

Peter Riedel

Ein junger Mann erwacht aus seiner Ohnmacht. An seinem Hals befestigt ist eine aufgeklappte Maske mit nach innen gerichteten Nägeln, vergleichbar einer ‚Eisernen Jungfrau' oder, wie es im Film heißt, einer geöffneten Venus-Fliegenfalle. Die Maske ist mit einem Zeitmechanismus versehen. Um ihn abzuschalten und zu verhindern, dass die Falle nach dem Ablauf einer Minute zuschnappt, muss der junge Mann eine schwierige Entscheidung treffen: Der Schlüssel zur Apparatur wurde ihm operativ hinter das rechte Auge eingepflanzt. Wird er mit dem beiliegenden Skalpell sein Auge herausschneiden, um zu dem Schlüssel zu gelangen und sein Leben zu retten? „How much blood will you shed to stay alive, Michael? Live or die – make your choice." So formuliert es sein Peiniger. Er wird es nicht tun: Mehrfach setzt er an und kann sich doch nicht zu dem schmerzhaften Schritt durchringen. Von unserem Kinosessel aus verfolgen wir seine Verzweiflung und sehen zu, wie sich die Maske schlagartig schließt und sein Leben beendet. Es handelt sich um eine Szene aus dem Film *Saw II* (USA 2005, Regie: Darren Lynn Bousman).

1 Medienethische Relevanz

Eine ethische Perspektive auf das Horrorgenre zu entwickeln, scheint auf den ersten Blick sehr einfach zu sein und nahezu zwangsläufig auf seine Verwerfung hinauszulaufen. Kein anderes Genre zeigt mit vergleichbarer Intensität die Nähe des Menschen zum Tier auf, lebt von Bildern seiner teils grausamen Vernichtung und Entwürdigung. Menschliches Leiden – so scheint es – wird in seiner elementarsten, physischen Form und offenbar um seiner selbst Willen als Attraktion zur Schau gestellt.

Doch ist dem tatsächlich so? So leicht es auch fällt, aus einem 90-minütigen Horrorfilm einzelne Szenen herauszugreifen, um die Verwerflichkeit des Genres vor Augen zu führen, so sehr verkompliziert sich die Lage, wenn man zum einen die Einbettung der Filme in ihren historischen Kontext untersucht, um ihre impliziten wie expliziten gesellschaftlichen Bezüge zu rekonstruieren, und wenn man zum anderen ihre teils ausgefeilte Ästhetik zum Gegenstand der Untersuchung macht.

Dabei muss man im Auge behalten, dass wir es mit einem ausgesprochen beliebten Genre zu tun haben, das in den Multiplexkinos längst ein Massenpublikum erreicht.

So spielte *Saw II* an seinem Startwochenende allein in den USA beinahe 32 Millionen US-Dollar ein – weltweit brachte er es auf fast 148 Millionen Dollar (bei einem Produktionsbudget von 4 Millionen). *Hostel* (USA 2005, Regie: Eli Roth) – ein weiteres Beispiel für die jüngste Welle von Folterfilmen – startete mit gut 20 Millionen US-Dollar Einnahmen und spielte weltweit immerhin 81 Millionen ein. Relativ gewaltfreie Genreproduktionen erreichen ein noch größeres Publikum – so zum Beispiel *The Ring* (USA 2002, Regie: Gore Verbinski) mit weltweiten Einnahmen in Höhe von 250 Millionen Dollar.

Die medienethische Reflexion kann diese breite Akzeptanz und die hier zutage tretende Medienkompetenz, die sich Tag für Tag in der Rezeption bewährt, nicht ausblenden, denn offenbar verstehen es die Rezipienten für gewöhnlich gut, die Darbietungen des Genres in ihre kulturelle Praxis einzubetten. Sie wird sich dem Genre nicht grundsätzlich verweigern können, sondern an diese Praxis anknüpfen müssen – sofern Medienethik nicht als Selbstzweck betrieben werden, sondern gesellschaftliche Wirkungen zeitigen soll.

Hinzu kommt die offenkundige Diskrepanz zwischen gesetzlichen Regelungen einerseits, wie sie sich in der Praxis des Jugendschutzes niederschlagen, und den technischen wie auch ökonomischen Rahmenbedingungen andererseits, sprich: dem inzwischen erreichten Niveau internationaler Waren- und Informationszirkulation. Lassen sich normative Forderungen bestenfalls auf nationaler Ebene durchsetzen, so präsentiert sich die Praxis der Materialbeschaffung längst in internationalem Maßstab.

2 Stand der öffentlichen Debatte

In den öffentlichen Diskussionen um Gewalt in den Medien, wie sie sich regelmäßig im Anschluss an aktuelle Ereignisse wie den „Amoklauf" von Emsdetten entwickeln, spielt das Horrorgenre kaum noch eine Rolle. Im Brennpunkt der Kritik stehen in erster Linie Computer- und Videospiele – ein Status, den ihnen aufgrund ihrer komplexeren Interaktionsmechanismen wohl auch in Zukunft kein Filmgenre mehr wird streitig machen können.

Dieser Umstand findet seine Entsprechung in einer Tendenz der jüngeren Filmpublizistik, Horrorfilme als festen Bestandteil der Populärkultur zu würdigen, der aus dem gesellschaftlichen Leben nicht mehr wegzudenken ist. Mit entsprechender Selbstverständlichkeit werden auch brutalere Filme wie die *Saw*-Reihe, *The Hills Have Eyes* (USA 2006, Regie: Alexandre Aja) oder *Wolf Creek* (Australien 2005, Regie: Greg McLean) von der Filmkritik differenziert beurteilt und auf ihren ästhetischen Wert wie auch auf ihre gesellschaftskritische Dimension hin befragt. So können zum Beispiel die *Hostel*-Filme als Kritik am kapitalistischen System aufgefasst und generell die Folterfilme jüngerer Zeit als Reflexion auf die Bilder von Abu Ghraib verstanden werden (vgl. Kleingers 2006; Suchsland 2007).

Im filmwissenschaftlichen Diskurs stehen vor allem dramaturgische und motivische Aspekte im Vordergrund (vgl. Carroll 1990) sowie Fragen der genrespezifischen Emotionslenkung und Affektsteuerung (vgl. Grodal 1999: 172ff. und 245ff.; Smith 1999), charakteristischer Wahrnehmungsformen (vgl. Powell 2005) wie auch kommunikativer Aspekte des Horrorfilms (vgl. Vonderau 2002). Ethische Fragestellungen spielen allenfalls in feministischen Ansätzen eine Rolle, in denen das geschlechtsspezifische Verhalten in Genreproduktionen kritisch hinterfragt wird (vgl. Clover 1987 und 1992; Dika 1990).

Neben den über die klassischen Medien verbreiteten Expertenmeinungen, haben in den letzten Jahren die vielfältigen Kommunikationsmöglichkeiten im Internet zunehmend an Bedeutung für die öffentliche Diskussion gewonnen. In speziell eingerichteten Foren und Blogs haben sich ‚knowledge communities' und damit Formen der kollektiven Intelligenz herausgebildet, in denen sich unterschiedliche Bildungshorizonte zusammenschließen, um dem Prozess der individuellen Meinungsbildung und Meinungsäußerung eine neue Dynamik zu verleihen (vgl. Jenkins 2006: 25-58). Die Diskussion vollzieht sich multinational, so dass die gesetzlichen Beschränkungen und Distributionspraktiken des Heimatlandes leicht mit denen anderer Staaten verglichen und entsprechend bewertet werden können.

Dass auch Filmkürzungen inzwischen präzise dokumentiert und durch den Vergleich unterschiedlicher Schnittfassungen veranschaulicht werden (*schnittberichte.com*), lenkt die Aufmerksamkeit auf ein weiteres Phänomen, das mit der rasch voranschreitenden Medienkonvergenz verbunden ist: auf die leichte Verfügbarkeit von Filmen und Videospielen, die in Deutschland eigentlich nur in einer geschnittenen Fassung beziehungsweise überhaupt nicht zugänglich sein sollten. Die Internationalisierung des Austauschs über das Internet beschränkt sich nicht auf die Meinungsbildung, sondern betrifft die Zirkulation der Filme und Spiele selbst. Entsprechend verlieren Bemühungen des Jugendschutzes, die auf die Beschränkung der Zugriffsmöglichkeiten abzielen, an Relevanz. Die Vorstellung, durch Verbote und Eingriffe die Rezeption von Horrorfilmen effektiv regulieren zu können, muss als Anachronismus erscheinen, der den Bedingungen der Medienkonvergenz und des globalen Markts nicht gerecht werden kann.

3 Medienethische Bewertung

Um das Horrorgenre unter ethischen Gesichtspunkten beurteilen zu können, müssen zunächst zwei Aspekte bedacht werden: Erstens die Spezifika der Gewalt im Horrorfilm, das heißt jene Eigenschaften, die eine grundsätzliche Differenz zu Gewaltdarstellungen in anderen Genres markieren; und zweitens die Funktionalisierung dieser Gewalt, also die Frage, ob sie tatsächlich als Selbstzweck vorgeführt wird, oder ob sie nicht doch eine reflexive Brechung zum Beispiel in Gestalt einer gesellschaftskritischen Aufladung erfährt.

Im Zentrum des Horrorgenres steht gemeinhin der menschliche Körper in seiner Fragilität wie auch in seiner Nähe zum tierischen Organismus. Selbst in Filmen, die von übersinnlichen Phänomenen handeln, wird der Leib für gewöhnlich als Schnittstelle zwischen dem Natürlichen und dem Übernatürlichen inszeniert und problematisiert (vgl. Morgan 2002: 6). Exemplarisch lässt sich dies anhand des Films *The Exorcist* demonstrieren (USA 1973, Regie: William Friedkin): Regan, das von einem Dämon besessene Mädchen, wird einer Reihe von zunächst medizinischen, dann religiösen Untersuchungen und Eingriffen unterworfen – von der Suche nach somatischen Ursachen für ihr abweichendes Verhalten, über die psychiatrische Behandlung bis hin zum Exorzismus. Zugleich wird die Art dieser Praktiken mitthematisiert: Ausnahmslos sind sie mit Gewaltanwendung verbunden, worunter nicht in erster Linie der Dämon, sondern vor allem das Mädchen Regan zu leiden hat. Sie gerät zum bloßen Objekt, zu einem schutzlosen Wesen, auf das fremde Mächte wie auch andere Menschen zugreifen, um es in ihrem Sinne zu modellieren. Regans Leib gerät zum Austragungsort sinnlicher wie übersinnlicher Kämpfe, ihr Antlitz selbst deformiert sich im Verlauf des Films zunehmend, wird zu einer dämonischen Fratze, die die Person Regan mit ihrem individuellen Charakter auch äußerlich verschwinden lässt.

Diese Vertiefung in die Körperlichkeit des Daseins begleitete das Horrorgenre von seinen ersten Tagen an, wenngleich sich seit den 1960er Jahren eine Tendenz zur graphisch expliziten Darstellung beobachten lässt.[1] Es steht dabei auf elementarster Ebene, wie unser Beispiel zeigt, die menschliche Identität in Frage (vgl. Mikos 1995: 186). Die Opposition scheinbar widersprüchlicher Kategorien – Mensch/Tier, lebendig/tot – wird aufgebrochen (vgl. Carroll 1990: 42ff.), um den menschlichen Leib auf seine Integrität und Vergänglichkeit hin zu befragen: Die Differenz zwischen Mensch und Tier wird etwa in Werwolffilmen unterlaufen, die sich auf den Übergang zwischen zwei Seinsarten konzentrieren und die Erscheinung des Wolfes als Übersteigerung der Sinnlichkeit und Affektivität des Menschen in Szene setzen. Ein Musterbeispiel für diesen Typus stellt der Film *Wolf* dar (USA 1994, Regie: Mike Nichols), in dem Jack Nicholson die Hauptrolle spielt.

Das von Frankenstein aus Leichenteilen geschaffene Monster stellt einen Prototyp brüchiger Identität dar: Nicht nur wird ein Geschöpf mit eigenen Gefühlen und Gedanken aus totem Fleisch neu erschaffen – dieser künstliche Körper setzt sich zudem aus Körperteilen unterschiedlicher Leichen zusammen, eine Art Patchwork. Zombiefilme radikalisieren diesen Aspekt in einer anderen Richtung – das tote Fleisch tritt in seiner materiellen Plumpheit hervor, während sich in ihm nicht selten bereits neues Leben in Gestalt von Maden entwickelt.

---

1 Eine Rekonstruktion dieser Entwicklung vom klassischen Horrorfilm, der sich stärker auf Andeutungen verlässt, zum modernen Horrorfilm, der mit teils drastischen Bildern arbeitet, kann an dieser Stelle nicht geleistet werden. Eine gleichermaßen bündige wie ausgesprochen lesenswerte Einführung in die Geschichte des Genres bietet Wells 2000.

Es spiegeln sich in solchen Szenarien Erfahrungen wider, die jeder Mensch im Verlauf seines Lebens – wenngleich natürlich in weniger radikaler Form – machen kann, wenn nämlich der eigene Körper sich der willentlichen Steuerung zu entziehen beginnt und einen Eigensinn zu entwickeln scheint – etwa in Zeiten der Krankheit, aber auch in Zuständen unkontrollierter Affekte. Das Interesse an dieser Dimension des Daseins kann sich jedoch nur bedingt im gesellschaftlichen Diskurs entfalten – zu sehr wird die Thematisierung des Todes[2] wie auch des Animalischen am Menschen tabuisiert. Die Frage ‚Was ist der Mensch?' wird im Horrorfilm hingegen ausgesprochen konsequent und in durchweg materialistischer Weise angegangen. Gibt es etwas jenseits des Leibes in seiner physischen Erscheinung? Das Insistieren auf dem Zerfall, auf Zerstückelung und Zerstörung zumal im modernen Horrorfilm kann als ein Durchexerzieren dieser Frage verstanden werden. Der Horrorfilm bietet letztlich als einziges Genre ein Residuum für die anschauliche Vertiefung in die Leiblichkeit menschlichen Daseins.

Mit seinen Erzähl- und Inszenierungskonventionen gibt das Genre einen sicheren kulturellen Rahmen vor, innerhalb dessen sich diese Erforschung des Leibes vollziehen kann. Die Infragestellung personaler Identität, die wir zunächst auf der Ebene des menschlichen Körpers lokalisieren konnten, dient nun häufig als Ausgangspunkt für vielfältige Ansätze der Dekonstruktion und Infragestellung gesellschaftlicher Ordnungen. Es ist kein Zufall, dass sich Horrorfilme gerade in Krisenzeiten besonderer Beliebtheit erfreuen. Die erste Welle klassischer Horrorfilme in den frühen 1930er Jahren fällt mit den Auswirkungen der Weltwirtschaftskrise zusammen. Die Gewaltszenarien der 1970er Jahre können adäquat nur vor dem Hintergrund der politischen Umbrüche dieser Jahre verstanden werden, wobei der Erfahrung des Vietnamkriegs für den amerikanischen Horrorfilm eine besondere Rolle zukommt. Und die jüngsten ‚Torture'-Filme reflektieren teils explizit die jüngeren Kriegsszenarien einschließlich der bereits genannten realen Folterexzesse.

Das Grundprinzip der Zersetzung einer tatsächlich oder nur scheinbar naturgegebenen Ordnung weitet sich von der Sphäre des Leibes auf das traditionelle Familienbild aus, dessen Zerfall vor Augen geführt wird – beispielsweise in *Night of the Living Dead* (USA 1968, Regie: George A. Romero) oder *The Texas Chain Saw Massacre* (USA 1974, Regie: Tobe Hooper); es zieht kleinere Gemeinden oder Nationen in den Abgrund wie in *28 Days Later* (GB 2002, Danny Boyle) oder greift auf die ganze Menschheit über wie in *Day of the Dead* (USA 1985, George A. Romero). Die Brüchigkeit jeglicher Ordnung wird auf drastischste Weise vor Augen geführt, indem die Zerstörung komplexer gesellschaftlicher Formationen in der Zerstörung der leiblichen Einheit ihren sichtbaren Kulminationspunkt erfährt.

Man begreift, weshalb die Produktion von Horrorfilmen in totalitären Regimes für gewöhnlich unterbunden wird – zu offenkundig ist ihre subversive Tendenz. Während im Deutschland der Weimarer Republik Arbeiten von maßgeblichem Einfluss auf

---

2 Siehe auch den Beitrag von Stapf zu Tod und Sterben in diesem Band.

spätere Genreproduktionen entstehen konnten – etwa *Das Cabinet des Doktor Caligari* (D 1920, Regie: Robert Wiene) oder *Nosferatu* (D 1922, Regie: Friedrich Wilhelm Murnau) – finden sich im nationalsozialistischen Film keine vergleichbaren motivischen oder ästhetischen Ansätze.

Insofern überrascht es auch kaum, dass es seit jeher zu den Genrestandards gehört, der Handlung eine ausdrückliche ethische Grundierung zu verleihen (vgl. Hausmanninger 1999). Die Figur des ‚mad scientist', des wahnsinnigen Wissenschaftlers, der die Grenzen des ethisch Vertretbaren überschreitet und dadurch eine Katastrophe auslöst – etwa in Form mutierter Geschöpfe wie in *Tarantula* (USA 1955, Regie: Jack Arnold) oder *The Fly* (GB/USA 1986, Regie: David Cronenberg) – kann hierfür als Musterbeispiel gelten.

Dass man beim Publikum im Regelfall von einer reflektierten Rezeption ausgehen darf, zeigt sich im Übrigen auch daran, dass Horrorfilme in nicht unerheblichem Maß von ihrer intertextuellen Vernetzung leben. Der Film *Scream* (USA 1996, Wes Craven) war in dieser Hinsicht ein Meilenstein: Nicht nur revitalisierte er das damals bereits tot geglaubte Slasher-Genre, er setzte beim Publikum zudem eine differenzierte Genrekenntnis voraus, um mit unzähligen Anspielungen auf filmhistorische Vorgänger zu arbeiten, und zugleich die Regeln des Genres zu reflektieren und nicht selten bewusst zu durchbrechen. Er spekulierte, mit anderen Worten, auf eine distanzierte Haltung der Zuschauer, die den Film nicht naiv rezipieren, sondern als ästhetische und dramaturgische Konstruktion begreifen.

Die Genrekenntnis der Zuschauer bedingt wesentlich den Grad der Verarbeitungstiefe der audiovisuellen Reize (vgl. Eckert u.a. 1990: 65ff.) und impliziert entsprechend unterschiedliche „Intensitätsstadien des Angsterlebens" (Mikos 1995: 175): Menschen, die keine Erfahrungen mit Horrorfilmen haben und die Konventionen des Genres nicht kennen, verfügen über keine Orientierungshilfen, um die Angst erregenden Reize einzuordnen und den weiteren Verlauf des Geschehens auf der Leinwand abschätzen zu können (ebd.: 174f.). Je präziser und differenzierter das Vorwissen ist, desto komplexer fällt die kognitive Vermittlung aus und desto distanzierter kann sich der Zuschauer auch emotional zu den gezeigten Ereignissen verhalten. Auch die Ästhetisierung von Gewalt, ihre stilistische Überhöhung, führt zu einer solchen Verstärkung des Artefakt- bzw. Fiktionsbewusstseins auf Seiten des Rezipienten (ebd.: 171).

4 Künftiger Handlungsbedarf

Bedenkt man die feste Verankerung des Horrorfilms in der Populärkultur, seine ästhetische Vielfalt wie auch sein gesellschaftskritisches Potential, so kann es eigentlich nur darum gehen, das Wissen um diese Eigenschaften des Genres zu vertiefen und auszudifferenzieren. Dies umso mehr, als die gängige Praxis des Jugendschutzes die Zirkulation der betroffenen Filme nicht wesentlich einzuschränken vermag. Die Gesellschaft sollte sich – wie immer der Einzelne zu diesem Genre stehen mag –

dieser Tatsache stellen, und sie nicht mit Verboten, sondern mit der Arbeit am ästhetischen Bewusstsein beantworten.

Die Vermittlung grundlegenden filmhistorischen Wissens in den Schulen wäre ein erster wichtiger Schritt. Wenn die vielfältigen Gestaltungsmöglichkeiten des Films auf dramaturgischer und ästhetischer Ebene erschlossen und historisch eingeordnet werden, kann die Stärke einzelner Filme gewürdigt und die Schwäche vieler anderer erkannt werden. Denn dass es im Horrorfilm ebensoviel Ausschuss gibt wie in jedem anderen Genre auch, versteht sich von selbst. Dies darf jedoch nicht darüber hinwegtäuschen, dass seine Perlen gleichberechtigt neben vielen anerkannten Schätzen der Filmgeschichte bestehen können.

Literatur

Carroll, Noël (1990): The Philosophy of Horror or Paradoxes of the Heart. New York; London.

Clover, Carol (1987): Her Body, Himself: Gender in the Slasher Film. In: Representations, 20. Jg. (Fall), S. 187-228.

Clover, Carol (1992): Men, Women, and Chain Saws. Gender in the Modern Horror Film. Princeton, N.J.

Dika, Vera (1990): Games of Terror. Halloween, Friday the 13th and the Films of the Stalker Cycle. London; Toronto.

Eckert, Roland / Wetzstein, Thomas A. /Vogelsang, Waldemar / Winter, Rainer (1990): Grauen und Lust – Die Inszenierung der Affekte. Eine Studie zum abweichenden Videokonsum. Pfaffenweiler.

Grodal, Torben (1999): Moving Pictures. A New Theory of Film Genres, Feelings, and Cognition. Oxford.

Hausmanninger, Thomas (1999): Horrorfilme: Katastrophendiskurs oder Katastrophe? In: medien praktisch, 23. Jg., Nr. 90, S. 26-32.

Jenkins, Henry (2006): Convergence Culture. Where Old and New Media Collide. New York; London.

Kleingers, David (2006): Massaker im Multiplex. In: spiegel online, *http://www.spiegel.de/kultur/kino/0,1518,412851,00.html.*

Mikos, Lothar (1995): Zur Faszination von Action- und Horrorfilmen. In: Friedrichsen, Mike / Vowe, Gerhard (Hrsg.): Gewaltdarstellungen in den Medien. Theorien, Fakten und Analysen. Opladen, S. 166-193.

Morgan, Jack (2002): The Biology of Horror. Gothic Literature and Film. Carbondale; Edwardsville.

Powell, Anna (2005). Deleuze and Horror Film. Edinburgh.

Smith, Murray (1999): Gangsters, Cannibals, Aesthetes, or Apparently Perverse Allegiances. In: Plantinga, Carl / Smith, Greg M. (Hrsg.): Passionate Views: Film, Cognition, and Emotion. Baltimore; London, S. 217-238.

Suchsland, Rüdiger (2007): „Extrem viele Frauen sehen diese Filme". Zur Konjunktur der Folter in Hollywood. In: Telepolis, *http://www.heise.de/tp/r4/artikel/25/25537/1.html.*

Vonderau, Patrick (2002): „In the hands of a maniac". Der moderne Horrorfilm als kommunikatives Handlungsspiel. In: montage/av, 11. Jg., Nr. 2, S. 129-146.

Wells, Paul (2000): The Horror Genre. From Beelzebub to Blair Witch. London.

Real Life Formate

Lothar Mikos

1 Einleitung

Fernsehsendungen geraten immer wieder in den Fokus moralischer Debatten und bilden Objekte, an denen Wertediskussionen geführt werden. Seit der Einführung des dualen Rundfunksystems Mitte der 1980er Jahre in Deutschland und der durch die Zulassung von privat-kommerziellen Fernsehveranstaltern eingetretenen Vervielfachung und Ausdifferenzierung von Fernsehsendern haben diese Debatten zugenommen. In der Vielfalt der Sender und Programme muss um die Aufmerksamkeit des Publikums gebuhlt werden – und Aufmerksamkeit lässt sich immer noch durch einen kalkulierten Tabubruch erzielen. Skandale, ob kalkuliert oder nicht, hat es in der Geschichte des Fernsehens – auch des öffentlich-rechtlichen – reichlich gegeben (vgl. die Beiträge in Gerhards/Borg/Lambert 2005 und in Tenscher/Schicha 2002). Der kalkulierte Tabubruch ist umso erfolgreicher, je mehr er auf die mit Ängsten verbundenen moralischen Fallen baut, in die das Publikum, zu dem auch Journalisten, Politiker und Vertreter der Medienaufsicht gehören, tappen kann.

Die öffentliche Empörung, die sich im Jahr 2000 am Prototyp aller Reality Shows, *Big Brother*, entzündete, war Bestandteil der Marketingstrategie des Senders *RTL II*. Bereits im Vorfeld der Ausstrahlung der Sendung hatte die Marketingabteilung des Senders die Öffentlichkeit mit vermeintlichen Sensationsmeldungen bedient, die wiederum letztlich vehement erhobene Verbotsmeldungen auf den Plan riefen. Die ‚Moralwächter' machten mit ihrer öffentlichen Erregung so kostenlose Werbung für die Sendung (vgl. Mikos u.a. 2000: 202). Daraus ist allerdings nicht zu folgern, dass öffentliche Diskussionen eher nur das Gegenteil von dem bewirken, was sie vorgeben zu bekämpfen. Entscheidend für eine ethisch-moralische Bewertung von Real Life Formaten im Fernsehen ist weniger, wie einzelne Formate von medienkritischen Multiplikatoren beurteilt werden, sondern dass eine öffentliche Auseinandersetzung um Werte, Moral und Ethik stattfindet. Im Folgenden werden anhand von drei populären Real Life Formaten die Themenkomplexe dargestellt, die in der öffentlichen Diskussion eine Rolle spielen. Anschließend werden Rezeptionsstudien zu diesen Sendungen geschildert, in denen die ethische Bewertung durch die Zuschauer eine Rolle spielt, bevor abschließend eine medienethische Bewertung vorgenommen wird.

2 Drei Fallbeispiele

In der Folge von *Big Brother* haben zu Beginn des 21. Jahrhunderts drei Formate für öffentliche Aufmerksamkeit gesorgt, die alle den verschiedenen Spielarten der Real Life Formate zuzurechnen sind:

- Die Talentshow *Deutschland sucht den Superstar*,
- die Celebrity-Show *Ich bin ein Star – Holt mich hier raus!* Und
- das Lebenshilfe-Format *Die Super Nanny*.

Die drei Shows sind Bestandteil des Programms des erfolgreichsten deutschen Privatsenders *RTL*. Außerdem haben sie eine weitere Gemeinsamkeit: Es handelt sich um die deutschen Adaptionen von Formaten, die in England erfunden wurden. Sie laufen daher nicht nur in Deutschland, sondern, da sie auf dem internationalen Fernsehmarkt gehandelt werden, auch in zahlreichen anderen Ländern der Erde. Sie sind globale Fernsehmarken, die anhand ihres Erscheinungsbildes überall auf der Welt sofort erkennbar sind, die aber dennoch nationale Spezifika aufweisen, da sie durch Kandidaten und Teilnehmer, Moderatoren und Jurys an die nationalen Fernsehkulturen angepasst sind.[1] Daher werden sie auch vor dem Hintergrund der jeweiligen Kulturen und deren Werteverständnis öffentlich diskutiert.

Die Talentshow *Deutschland sucht den Superstar* geriet immer wieder in die öffentliche Kritik.[2] Der Sendung wurde einerseits vorgeworfen, junge Menschen zu Unterhaltungszwecken auszunutzen. Während der 3. Staffel der Show im Jahr 2007 erhob die Kommission für Jugendmedienschutz (KJM) vor allem aufgrund der Kommentare des Jurors Dieter Bohlen über Casting-Kandidaten sowie aufgrund der redaktionellen Inszenierung bei manchen Kandidaten-Auftritten den Vorwurf gegen die Sendung, antisoziales Verhalten als Normalität darzustellen.[3] Die Prüfung der Sendung mündete schließlich in der Verhängung eines Bußgeldes gegen den ausstrahlenden Sender *RTL*. Zur Begründung führte der KJM-Vositzende Wolf-Dieter Ring an: „Beleidigende Äußerungen und antisoziales Verhalten werden in dem TV-Format als Normalität dargestellt. So werden Verhaltensmodelle vorgeführt, die Erziehungszielen wie Toleranz und Respekt widersprechen. Das kann vor allem auf Kinder unter 12 Jahren desorientierend wirken."[4] Die letzte Feststellung hat die Konsequenz, dass die Sendung nicht im Tagesprogramm ausgestrahlt werden darf. Die Kritikpunkte der KJM bestimmten auch die öffentliche Diskussion, wobei hier vor allem die nach Auffassung der KJM teilweise beleidigenden Kommentare des Jury-Mitglieds Dieter Bohlen, da die Kandidaten dadurch in besonderer Weise herabgewürdigt würden. Damit

1 Vergleiche zum internationalen Formathandel Bielby/Harrington 2008; Havens 2006; Lantzsch 2008; Moran/Malbon 2006 sowie Armbruster/Mikos 2009: 15 ff.

2 Eine ausführliche Darstellung des Formats findet sich bei Döveling/Kurotschka/Nieland 2007 und Kurotschka 2007.

3 Vgl. Pressemitteilung 6/2007 der KJM; *www.kjm-online.de*, eingesehen am 12.12.2008

4 Pressemitteilung 13/2008 der KJM; *www.kjm-online.de*, eingesehen am 12.12.2008

wurde unter ethischen Gesichtspunkten ein respektvoller Umgang auch mit den talentfreien Kandidaten der Show angemahnt.

Als zu Beginn des Jahres 2004 die Show *Ich bin ein Star – Holt mich hier raus!* von *RTL* gesendet wurde, war sie schnell Thema der öffentlichen Diskussion.[5] Die Rede vom „Ekel-TV" machte die Runde, und die Klatschpresse fragte, ob die Sendung als „Unterhaltung oder Skandal?" (Bunte) beurteilt werden müsse.[6] Die öffentliche Diskussion, die in der Sendung den guten Geschmack verletzt sah, rief dann auch die Kommission für Jugendmedienschutz auf den Plan. In einer Pressemitteilung vom 23. Januar 2004 wurde festgestellt, dass *Ich bin ein Star – Holt mich hier raus!* „grundlegende medienethische Fragen" aufwerfe. Das Gremium verneinte zwar für zwei Sendungen, die vor 22 Uhr ausgestrahlt worden waren, eine Beeinträchtigung von 12- bis 16-jährigen Kindern und Jugendlichen in ihrer Entwicklung zu gemeinschaftsfähigen Persönlichkeiten. Jugendschutzbestimmungen seien daher nicht verletzt worden. Die Sendung bewege sich jedoch an der Grenze zum Verstoß, der bei „einer weiteren Steigerung problematischer Elemente in Folgeformaten jedoch durchaus möglich" sei. „Die Gründe dafür: Häme, Spott und Schadenfreude ziehe sich durch alle Sendungen der Dschungelshow hindurch. Diese Wirkung werde vor allem durch die Kommentare der Moderatoren noch erhöht. Die bei Kindern und Jugendlichen ohnehin vorhandenen Tendenzen zu Ausgrenzungen und Hänseleien könnten dadurch legitimiert oder noch verstärkt werden. Die Vermittlung wichtiger sozialer Werte wie Verständnis, Achtung und Respekt anderen gegenüber werde somit konterkariert", heißt es weiter in der Pressemitteilung der KJM.[7] Letztlich spielt in diesem Fall kein Verstoß gegen Jugendschutzbestimmungen eine Rolle, sondern medienethische Fragen, die sich auch in Geschmacksurteilen zeigen.

Ebenfalls im Jahr 2004 wurde die erste Staffel des Lebenshilfe-Formats *Die Super Nanny* ausgestrahlt. In der deutschen Ausgabe der Sendung berät die Pädagogin Katharina Saalfrank – in der österreichischen die Psychologin Sandra Velásquez – so genannte Problemfamilien bei der Erziehung der Kinder.[8] In der öffentlichen Diskussion gab es zunächst vor allem Kritik am autoritären Erziehungsstil der deutschen Super Nanny. In den folgenden Staffeln setzte die Pädagogin dann mehr auf kooperative Maßnahmen. Neben dem Stil wurde vor allem diskutiert, ob eine Fernsehsendung in der Lage sei, gerade bei der Erziehung von Kindern tatsächlich auch nachhaltig intervenierend einzugreifen. Die Kommission für Jugendmedienschutz prüfte auch diese Sendung und stufte sie als problematisch ein. Zwar konnte auch hier kein Verstoß gegen die Jugendschutzbestimmungen festgestellt werden, doch wurden Bedenken gegen die Darstellung der Kinder in einem problematischen Familienkontext

5 Eine ausführliche Darstellung der Show findet sich bei Mikos 2007. Siehe auch den Beitrag von Dörner zu Cultural Studies in diesem Band.

6 Zur Presseberichterstattung über das Format vgl. auch Fröhlich 2007.

7 Vgl. Pressemitteilung der KJM 1/2004; *www.alm.de/gem_stellen/presse_kjm/*, eingesehen am 27.1.2004

8 Eine ausführliche Darstellung des Formats findet sich bei Grimm 2006.

geäußert. „Durch die gewählten Darstellungsformen ist zumindest nicht auszuschließen, dass einzelne Kinder in der Öffentlichkeit eine Stigmatisierung erfahren, welche zu nachteiligen Folgen für sie führen kann. [...] Es ist davon auszugehen, dass sie selbst die möglichen Folgen ihres Auftritts in der Sendung weder erfasst noch verstanden haben", lautete die Begründung der KJM. Rechtlich gesehen haben die Kinder keinen Einfluss darauf, ob sie im Fernsehen auftreten oder nicht, entscheidend ist die Einwilligung der Eltern, denn ihnen obliegt die Erziehungshoheit. Die Kinder müssen den Auftritt in dem Format *Super Nanny* ertragen, auch wenn ihnen dies später peinlich sein sollte und sie sich davon distanzieren. Neben den Möglichkeiten und Grenzen televisueller Erziehungsberatung steht hier der öffentliche Auftritt im Mittelpunkt der Diskussion. Allerdings handelt es sich nicht um einen öffentlichen Ort, sondern das Medium Fernsehen dringt mit seinen Kameras in die Privatwohnung der Familien ein, die ihre Zustimmung gegeben haben, ihr Privatleben im Rahmen dieses Formats öffentlich zu machen.

Medienethische Debatten dieser Art über die genannten Formate werden in der Regel hauptsächlich von Multiplikatoren geführt, von Journalisten, Politikern, Verbandsvertretern und Vertretern der Medienaufsicht. Sie dienen einerseits der Selbstverständigung der an diesen Diskussionen Beteiligten darüber, dass es noch Werte gibt und (medien-)ethische Prinzipien vorhanden sind. Es sind jedoch in gewissem Sinn Stellvertreter-Debatten, denn es geht um die „Anderen", diejenigen, die in den Shows auftreten, oder diejenigen, auf die solche Show vermeintlich negative Folgen haben. Daher lohnt es sich einen Blick auf Rezeptionsstudien zu den hier behandelten Formaten zu werfen, um der Bewertung durch das Publikum näher zu kommen.

3 Bewertung der Formate durch das Publikum

In der Talent-Show *Deutschland sucht den Superstar* werden die Kandidaten, die sich als Sänger bzw. Sängerin bewerben, bewertet. Während in der öffentlichen Diskussion die beleidigenden Äußerungen des Jury-Mitglieds Dieter Bohlen hervorgehoben werden, gehört dies für das Publikum zur Show dazu. Allerdings argumentieren junge Zuschauer dabei eher auf der Ebene der persönlichen Verantwortung. Wer in die Show gehe, sei selbst schuld, denn man wisse ja inzwischen wie Bohlen mit den Kandidaten in der Casting-Phase umgehe. Zudem machen gerade die Bewertungen ein Faszinosum der Show aus. „Das spezielle Setting des Castings, die öffentliche Bewertung von der Jury, fasziniert. Bewertung findet hier nicht nur im Fernsehen statt, sondern ebenso in den Wohnzimmern und auf dem Schulhof" (Döveling 2007: 194). Gerade für die jungen Zuschauer ist es interessant eigene Bewertungen abzugeben. Ebenso wie bei Quizshows mitgeraten wird, wird hier mitbewertet und mitentschieden. Zugleich muss sich aber auch die TV-Jury einer Bewertung durch die Zuschauer unterziehen. Dabei schwanken die Reaktionen des Publikums zwischen Schadenfreude über misslungene Auftritte einerseits und Mitleid mit den Kandidaten andererseits, wenn sie von Jury-Mitglied Bohlen „fertiggemacht" werden. Auch die Jury-Mitglieder müssen sich der Bewertung durch die Zuschauer stellen, und der polarisierende Bohlen steht dabei im Mittelpunkt.

Die Bewertung der Kandidaten erfolgt vor dem Hintergrund des Leistungsprinzips. Wer etwas leistet, hat auch Anerkennung verdient, wer nichts leistet, hat diese Anerkennung nicht verdient (vgl. Thomas 2007: 61). Die Inszenierung der Show befördert eine emotionale Ansprache des Publikums. Daher sind die Kandidaten den Zuschauern nicht gleichgültig. In den Bewertungen des Publikums „werden gesellschaftlich relevante Bedeutungsmuster der Leistungsmaxime integriert und aufgegriffen. Der sich im durch Leistungen und Wettbewerb gekennzeichneten Schulsystem befindende Schüler findet das Prinzip Leistung in der mediatisierten Welt wieder, und nicht nur das: Er sieht, dass Leistung nicht nur hart ist, sondern ein Nicht-Erfüllen Hoffnungen zerstört und Ängste aufbaut. Er sieht reale Hoffnungen, reale Ängste" (Döveling 2007: 204). Die Bewertungen der Kandidaten-Leistungen durch die Zuschauer sind ebenso durch gesellschaftlich dominierende Diskurse beeinflusst, wie die Bewertungen des Jury-Mitglieds Bohlen. So spielen in den Zuschauerbewertungen zumindest implizit auch ethische Kriterien eine Rolle – und diese Kriterien werden in sozialen Aushandlungsprozessen mit Familienmitgliedern, Schulfreunden und Peers auch diskutiert.

Im Zusammenhang mit der Show *Ich bin ein Star – Holt mich hier raus!* wurde bezüglich der Rezeption von Kindern und Jugendlichen festgestellt, dass fast alle befragten Kinder und Jugendlichen auf ihre Weise kompetent mit dem Format umgehen (vgl. Mikos 2007: 232ff.). Ihre Bewertung der Sendung erfolgt vor dem Hintergrund ihrer allgemeinen Fernsehinteressen, die bei den Jungs eher actionorientiert sind, während die Mädchen sich vor allem für Sitcoms und Soaps interessieren. So finden die Jungs die Sendung eher langweilig, haben aber Spaß an den Spielen, den Mädchen geht es eher darum, wie sich die Kandidaten im Dschungel verhalten, und sie fühlen eher mit den Kandidaten mit, die sie bewundern, vor allem für den Mut an den Dschungelprüfungen teilzunehmen. Das erkannten vor allem die jüngeren Kinder an. Sie kritisieren, wenn sich Kandidaten nicht den Mutproben stellen, denn dieses Verhalten widerspricht scheinbar ihren Vorstellungen davon, wie man sich in einer solchen Situation verhalten sollte. Schließlich ist es der Sinn einer Mutprobe, als die sie die Dschungelprüfungen ansehen, dass man seinen Mut zeigt. Gelingt dies nicht, steht man als Versager da. Zusätzlich betonten sie den Lerncharakter der Dschungelprüfungen und zeigten damit eher eine dokumentarische Lektüre. Die Älteren dagegen rezipierten die Sendung stärker auf den Ebenen des Spiels und der Show.

Die Rezeption der Sendung als Spiel ermöglicht einen „geregelten Tabubruch" (Hausmanninger 1992). Die Regelverletzungen sind ästhetisch inszeniert und können kritisch thematisiert werden. Dabei unterscheidet sich die „Spiel-Wirklichkeit" vom gewöhnlichen Leben und ermöglicht damit eine distanzierte Rezeption, in der andere ethische Maßstäbe gelten. Zu dieser distanzierten Rezeptionshaltung trägt auch die komische Inszenierung bei. Von allen Befragten am meisten geschätzt wurden die

Dschungelprüfungen, die selbst von denjenigen, die die Sendung ablehnten, als witzig empfunden wurden. Für alle Diskussionsteilnehmer war es lustig, die Prominenten in Grenzsituationen zu sehen. Hierbei werden die üblichen sozialhierarchischen Beziehungen und die ihr inhärenten sozialen Konventionen umgekehrt.

Auch wenn das Verhalten der Moderatoren kaum moralisch diskutiert wurde, waren alle befragten Kinder und Jugendlichen in der Lage, die Sendung unter moralischen Gesichtspunkten zu beurteilen. Mit Ausnahme der 17- bis 20-Jährigen mit geringerer Bildung wurde in allen Gruppen diskutiert, ob man so mit Menschen umgehen dürfe. Dies wurde auf die für die jeweilige Altersstufe relevanten Prinzipien ethischer Entwürfe bezogen. Dabei urteilten die meisten Befragten utilitaristisch. Als moralisch richtig wurde betrachtet, was für die Betroffenen einen bestimmten Nutzen hatte. Bei ihren Aussagen ließ sich jedoch teilweise ein Spannungsverhältnis feststellen zwischen dem als richtig Verstandenen einerseits, das in einem generellen Urteil seine Begründung fand („So darf man eigentlich nicht mit Menschen umgehen.“), und dem Vergnügen, das die Sendung bereitete, wenn Prominente Prüfungen unterzogen wurden und die Schadenfreude in der Rezeption überwog. Offenbar fühlten sich die Kinder und Jugendlichen für die medialen Darstellungen nicht persönlich verantwortlich. Trotz eines anscheinend eher vom privaten Nutzenkalkül bestimmten Wertesystems orientierten sich die befragten Kinder und Jugendlichen an gesellschaftlichen Normen und Werten, wie der Achtung anderer, Ehrlichkeit und Fairness, die eine wichtige Bedeutung für ihr eigenes Leben haben. Das Fernseherlebnis und ihr eigener Alltag galten jedoch als zwei getrennte Bereiche, in denen je eigene Wertmaßstäbe und moralische Kriterien eine Rolle spielen.

Die Kinder und Jugendlichen haben klare Wertvorstellungen entwickelt, die sie auf die Spiele in der Show und auf die gesamte Sendung anwenden. Werte, die in ihrem Alltag Gültigkeit besitzen, können aber durch die Inszenierung innerhalb der Show gewissermaßen auf den Kopf gestellt werden – und das finden sie komisch. Das karnevalistische Prinzip der Inszenierung findet sich in einer entsprechenden Rezeptionshaltung wieder, die den Kindern und Jugendlichen bereits aus der Rezeption von Cartoons und Zeichentrickfilmen bekannt ist. In diesem Kontext sind auch Häme, Spott und Schadenfreude zu sehen. Sie machen im Rahmen des Spiels, in dem sie mit komischen Mitteln inszeniert werden, Sinn. Die Kandidaten können als Spielteilnehmer zu Objekten der Schadenfreude werden. Allerdings ist die Schadenfreude gewissermaßen entpersonalisiert, weil sie sich entweder auf alle Teilnehmer der Show bezieht oder auf bestimmte Situationen, in denen die Objekte des Spottes austauschbar sind. Selbst wenn die Kandidaten als Personen zu Objekten des Spottes und der Schadenfreude werden, führt die komische Inszenierung zu entsprechenden Mechanismen der Distanzierung. Dies mag mit dafür verantwortlich sein, dass die Kinder und Jugendlichen keine Parallelen zwischen ihrem Alltag und den Handlungen der Kandidaten in der Show herstellen. Sie trennen hier klar zwischen der sozialen Wirklichkeit ihres Alltags und der Welt der Show und des Spiels, die für sie einen eigenen

Wirklichkeitsbereich markiert. Hier zeigt sich auch ein pragmatisches Verhältnis zu Moral und Werten, die sie offenbar der Situation angemessen einsetzen.

Im Format *Die Super Nanny* suchen Zuschauer nach Orientierung in einer Welt der pluralen Werte und Normen, die den Erziehungsalltag schwierig gestalten. Die in dem Format gezeigten Fälle, in denen Eltern oder alleinerziehende Mütter mit der Erziehung ihre Kinder überfordert sind, verdeutlichen auch die strukturellen Bedingungen des Lebens von Familien zu Beginn des 21. Jahrhunderts. In der Studie des Wiener Kommunikationswissenschaftlers Jürgen Grimm (2006) wurde festgestellt, dass es zwei Typen von Zuschauern gibt: die „Informationspuristen" und die „Infotainment-Interessenten". „Der eine zielt unmittelbar auf Informationsgewinne ab und empfindet die emotional berührenden Aspekte der Fall-Dramaturgien als störend; [...] Der andere Zuschauertyp ist zwar auch an lebensweltlichen Informationen interessiert, will sich aber in erster Linie unterhalten lassen" (ebd.: 222 f.). Besonderen Zuspruch erfährt die Sendung vor allen bei einkommensschwachen Zuschauern und solchen mit niedrigen oder gar keinen Bildungsabschlüssen. Das Format „errichtet keine sozialen und bildungsbezogenen Barrieren; es entspricht damit dem gesellschaftlichen Bedarf nach Erziehungsberatung, der unabhängig von Herkunft und Einkommen in allen Bevölkerungsschichten besteht" (ebd.: 224). In diesem Sinn ergänzt das Format eine professionelle Erziehungsberatung, kann sie aber nicht ersetzen. Selbst kritisch gestimmte Pädagoginnen geben in der Studie zu, dass die Betreuung vor Ort in den Familien durch die TV-Nanny ein Pluspunkt sei, der sich so in der professionellen Praxis meist nicht realisieren lasse (vgl. ebd.: 200). Immerhin hatte das Format zur Folge, dass in Österreich ein Modellversuch der Vor-Ort-Betreuung gestartet wurde (vgl. Gottberg 2008).

Die Darstellung von Kindern in dem Format, die ja auch die Ursache für die Interventionen der Super Nannys sind, bleibt jedoch ein ethisches Problem. Der Autor der Studie, Jürgen Grimm, fasst die Ergebnisse und Überlegungen dazu wie folgt zusammen: „Ein moralisches Problem des Nanny-TVs stellt der Umgang mit Kindern dar, bei denen die Veröffentlichungsinteressen zur Behebung eines familiären Missstands mit dem Anspruch auf eine selbst bestimmte Entwicklung konkurrieren und im Einzelfall auch in Konflikt geraten können. Gerade wenn Gewalt im Spiel ist, darf die Privatsphäre des Kindes nicht als Vorwand zur Perpetuierung schlimmer Verhältnisse dienen. Auf der anderen Seite ist zu berücksichtigen, welche eventuell negativen Folgen der öffentliche Auftritt für das Kind haben kann" (ebd.: 221). Eine Summierung solcher negativen Fälle würde allerdings dem Format und seiner Reputation schaden. Daher werden Sendungen, wie die *Super Nanny* und andere Erziehungsberatungen, sich nicht an skandalösen, Sensation heischenden Fällen orientieren können. Sie bewegen sich auf einem schmalen Grat zwischen unterhaltender Information (vgl. Mikos 2008: 173f.) und ethischen Kategorien und Prinzipien.

4 Medienethische Bewertung

Die drei Fallbeispiele haben gezeigt, dass in den verschiedenen Real Life Formaten medienethische Fragestellungen eine bedeutende Rolle spielen. In den entsprechenden Rezeptionsstudien zeigte sich, dass auch die Zuschauer moralische und ethische Kategorien an die Sendungen anlegen, allerdings meist befreit vom bürgerlichen Distinktionsdenken, dass in den öffentlichen Debatten zum Tragen kommt. Die Studie zur Rezeption der Show *Ich bin ein Star – Holt mich hier raus!* hat gezeigt, dass Kinder und Jugendliche in der Rezeption ein recht pragmatisches Verständnis von Ethik und Moral verfolgen, wenn sie bestimmte Werte einerseits als situationsabhängig einstufen und andererseits klar zwischen den für die spielerische Inszenierung im Fernsehen geltenden Werten und denen, die in ihrem eigenen Alltag eine Rolle spielen trennen.

Zugleich wird deutlich, dass gerade Sendungen, die den Real Life Formaten zuzurechnen sind, immer wieder für vehemente öffentliche Diskussionen sorgen, weil sich an ihnen sehr leicht medienethische Debatten entzünden. Eine der wesentlichen Gründe dafür ist die Tatsache, dass in den Real Life Formaten „echte“ Menschen zum Gegenstand einer nicht-journalistischen televisuellen Betrachtung gemacht werden. Über der Veröffentlichung des Privatlebens wachen daher nicht die Regeln journalistischer Ethik, sondern die des Unterhaltungsfernsehens. Das scheint vielen Multiplikatoren suspekt. Die Grenzen zwischen Öffentlichkeit und Privatheit haben sich im Rahmen der gesellschaftlichen Entwicklungen seit der zweiten Hälfte des 20. Jahrhunderts deutlich verschoben – und dabei hat das Fernsehen eine nicht unwesentliche Rolle gespielt (vgl. Bleicher 2002, Pundt 2002 und 2008). Zudem muss daran erinnert werden, dass die Privatheit der Familie bzw. des Familienlebens eine Erfindung des Bürgertums ist. Die Medien, insbesondere das Fernsehen, haben sich diese Privatsphäre immer stärker angeeignet. Dahinter steht der Anspruch, das Publikum in seinem Alltag zu erreichen. Strukturell führt dies jedoch auch dazu, das Private öffentlich verhandelbar zu machen.

Die Mediatisierung des (Alltags-)Lebens schreitet voran, Alltag und Medien durchdringen sich und beeinflussen sich wechselseitig: „Medien greifen kulturelle und soziale Strömungen auf. Sie geben ihnen eine anschauliche Gestalt, die wiederum als ‚symbolische Ressource‘ in alltägliche soziale Praktiken eingeht“ (Weiß 2002: 21). Das Fernsehen stellt sicherlich das größte Reservoir dar, dem Publikum die verschiedenen Lebensauffassungen und Lebensstile in einer pluralisierten Gesellschaft nahezubringen. Werte und Normen, und damit auch ethische Kategorien, lassen sich nur noch in einem wesentlichen Kern als allgemein verbindlich erachten. Die Pluralisierung der Gesellschaft geht daher auch mit einer Pluralisierung von Werten einher. Ethische Kategorien bestimmen weiterhin das Zusammenleben, doch werden sie eher situationsabhängig eingesetzt.

Aus den Erfahrungen auch der öffentlichen Debatten zu den Real Life Formaten lässt sich ableiten, das vorschnelle moralische Verurteilungen von Sendungen, die das

Privatleben von Bundesbürgern zu Unterhaltungszwecken inszenieren, zu nichts führen. Denn erstens zeigt sich, dass die Shows, die häufig sehr erfolgreich sind, einen Bedarf des Publikums befriedigen. Zweitens gehen die Zuschauer mit den Formaten auf der Basis von eigenen ethischen Kriterien und moralischen Vorstellungen um. Damit dokumentieren diese Formate u.a. die Vielfalt der Lebensformen und Lebensauffassungen in der pluralisierten Gesellschaft. Allerdings hat gerade die Medien- und Kommunikationswissenschaft oft genug betont, dass „Prozesse der Medienrezeption und -aneignung nicht angemessen als individualistische Lesarten analysiert werden können; sie müssen mit der Analyse struktureller Bedingungen und Zusammenhänge, die Wahrnehmungs-, Deutungs- und Handlungsmuster prägen, verbunden werden" (Thomas 2007: 62). Ethische Kategorien sind daher immer in die gesellschaftlichen Strukturen eingebunden. Das neue Verständnis, das sich auch in den Real Life Formaten zeigt, geht davon aus, dass aller Pluralisierung zum Trotz doch ein Wert akzeptabel erscheint: „An die Stelle des Konsenses über einen bestimmten Wert existiert aber eine Art Hintergrundkonsens über den Wert, dass die Werte der anderen zu akzeptieren sind, sofern diese bereit sind, die prinzipielle Pluralität aller Werte anzuerkennen" (Reichertz 2008: 75). Vor allem die Real Life Formate bieten für das Publikum Orientierung in einer scheinbar immer undurchschaubareren Welt. Wenn über die Bewertung von Leistung (*Deutschland sucht den Superstar*), über Mut, Fairness und Respekt (*Ich bin ein Star – Holt mich hier raus!*), über Erziehung und Gestaltung des Zusammenlebens (*Die Super Nanny*) öffentlich diskutiert werden soll, dann müssen diese Werte auch aus dem Privaten heraus öffentlich verhandelbar gemacht werden. Dazu tragen die Real Life Formate bei. Ihr Wert liegt nicht darin, dass sie bestimmte Werte propagieren, sondern dass anhand ihrer Thematiken und Inszenierungsweisen über Werte und ethische Kategorien öffentlich diskutiert wird. Dabei bewegen sie sich auf dem schmalen Grat zwischen unterhaltender Information und ethischen Kategorien. Im Einzelfall können dabei auch ethische Grenzen überschritten werden, doch das Korrektiv des öffentlichen Diskurses schreitet dann in der Regel ein. Real Life Formaten kann daher nicht generell eine medienethische Unbedenklichkeitsbescheinigung ausgestellt werden, aber sie sind auch nicht unter Generalverdacht zu stellen. Die (medien-)ethische Verantwortung der Produzenten, aber auch der Multiplikatoren und des Publikums ist immer wieder einzufordern.

Literatur

Armbruster, Stefanie / Mikos, Lothar (2009): Innovation im Fernsehen am Beispiel von Quizshow-Formaten. Konstanz.

Bielby, Denise D. / Harrington C. Lee (2008): Global TV. Exporting Television and Culture in the World Market. New York; London.

Bleicher, Joan Kristin (2002): Formatiertes Privatleben: Muster der Inszenierung von Privatem in der Programmgeschichte des deutschen Fernsehens. In: Weiß, Ralph / Groebel, Jo (Hrsg.): Privatheit im öffentlichen Raum. Medienhandeln zwischen Individualisierung und Entgrenzung. Opladen, S. 207-246.

Döveling, Katrin (2007): Superstar – Supershow? „Deutschland sucht den Superstar" im Urteil der Zuschauer. In: Döveling, Katrin / Mikos, Lothar / Nieland, Jörg-Uwe (Hrsg.): Im Namen des Fernsehvolkes. Neue Formate für Orientierung und Bewertung. Konstanz:, S.179-210.

Döveling, Katrin / Kurotschka, Mara / Nieland, Jörg-Uwe (2007): „Deutschland sucht den Superstar". Hintergründe einer Erfolgsgeschichte. In: Döveling, Katrin / Mikos, Lothar / Nieland, Jörg-Uwe (Hrsg.): Im Namen des Fernsehvolkes. Neue Formate für Orientierung und Bewertung. Konstanz, S.103-116.

Fröhlich, Kerstin (2007): Mediale Selbstthematisierung und Medien-Framing in der Zeitungsberichterstattung über „Ich bin ein Star – Holt mich hier raus!". In: Döveling, Katrin / Mikos, Lothar / Nieland, Jörg-Uwe (Hrsg.): Im Namen des Fernsehvolkes. Neue Formate für Orientierung und Bewertung. Konstanz, S.241-277.

Gerhards, Claudia / Borg, Stephan / Lambert, Bettina (Hrsg.): TV-Skandale. Konstanz.

Gottberg, Joachim von (2008): Öffentliche Kontrolle und Selbstbeobachtung – Das Lebenshilfeformat „Die Super Nanny". In: Gottberg, Joachim von / Prommer, Elizabeth (Hrsg.): Verlorene Werte? Medien und die Entwicklung von Ethik und Moral. Konstanz, S. 177-188.

Grimm, Jürgen (2006): Super Nannys. Ein TV-Format und sein Publikum. München.

Hausmanninger, Thomas (1992): Kritik der medienethischen Vernunft. Die ethische Diskussion über den Film in Deutschland. München.

Havens, Timothy (2006): Global Television Marketplace. London.

Kurotschka, Mara (2007): Verschwimmende Grenzen von Realität und Fiktion. Eine Analyse von „Deutschland sucht den Superstar". In: Döveling, Katrin / Mikos, Lothar / Nieland, Jörg-Uwe (Hrsg.): Im Namen des Fernsehvolkes. Neue Formate für Orientierung und Bewertung. Konstanz, S.117-153.

Lantzsch, Katja (2008): Der internationale Fernsehformathandel. Akteure, Strategien, Strukturen, Organisationsformen. Wiesbaden.

Mikos, Lothar (2007): „Ich bin ein Star – Holt mich hier raus!" Eine Formatbeschreibung und Bewertung. In: Döveling, Katrin / ders. / Nieland, Jörg-Uwe (Hrsg.): Im Namen des Fernsehvolkes. Neue Formate für Orientierung und Bewertung. Konstanz, S.211-239.

Mikos, Lothar (2008): Alles nur Marketing und Quote? Die Inflation von Lebenshilfeformaten im privaten Fernsehen. In: Gottberg, Joachim von / Prommer, Elizabeth (Hrsg.): Verlorene Werte? Medien und die Entwicklung von Ethik und Moral. Konstanz, S. 165-175.

Mikos, Lothar u.a. (2000): Im Auge der Kamera. Der Fernsehereignis Big Brother. Berlin.

Moran, Albert /Malbon, Justin (2006): Understanding the Global TV Format. Bristol; Portland.

Pundt, Christian (2002): Konflikte um die Selbstbeschreibung der Gesellschaft: Der Diskurs über Privatheit im Fernsehen. In: Weiß, Ralph / Groebel, Jo (Hrsg.): Privatheit im öffentlichen Raum. Medienhandeln zwischen Individualisierung und Entgrenzung. Opladen, S. 247-414.

Pundt, Christian (2008): Medien und Diskurs. Zur Skandalisierung von Privatheit in der Geschichte des Fernsehens. Bielefeld.

Reichertz, Jo (2008): Werteverlust oder Wertevermehrung? Medien und ihr Einfluss auf die Entwicklung von Werten. In: Gottberg, Joachim von / Prommer, Elizabeth (Hrsg.): Verlorene Werte? Medien und die Entwicklung von Ethik und Moral. Konstanz: S. 65-76.

Tenscher, Jens / Schicha, Christian (Hrsg.) (2002): Talk auf allen Kanälen. Angebote, Akteure und Nutzer von Fernsehgesprächssendungen. Wiesbaden.

Thomas, Tanja (2007): Showtime für das „unternehmerische Selbst" – Reflexionen über Reality-TV als Vergesellschaftungsmodus. In: Mikos, Lothar / Hoffmann, Dagmar / Winter, Rainer (Hrsg.): Mediennutzung, Identität und Identifikationen. Die Sozialisationsrelevanz der Medien im Selbstfindungsprozess von Jugendlichen. Weinheim; München, S. 51-65.

Weiß, Ralph (2002): Privatheit im „öffentlichen Raum" – Klärungsbedarf. In: Weiß, Ralph / Groebel, Jo (Hrsg.): Privatheit im öffentlichen Raum. Medienhandeln zwischen Individualisierung und Entgrenzung. Opladen, S. 17-24.

Kriegsberichterstattung

Nadine Bilke

Die Berichterstattung in den Massenmedien prägt das Bild vom Krieg in der Öffentlichkeit. Der Irak-Krieg 1991 erschien auf TV-Bildschirmen rund um die Welt als ein buntes Leuchtfeuer über Bagdad. Der Irak-Krieg 2003 präsentierte sich als Mosaik von Reporter-Bildern: Journalisten auf Panzern und in Schützengräben, Seite an Seite mit Soldaten. Kriege sind zu globalen Medienereignissen geworden. Für den Journalismus hat das gravierende Konsequenzen: Wie kann er seinem gesellschaftlichen Informationsauftrag gerecht werden, wenn Information im Krieg immer auch ein militärischer Faktor ist? Der folgende Aufsatz skizziert, wie Medienethik helfen kann, diese Frage zu beantworten.

1 Muster der Kriegsberichterstattung

Kriegsberichterstattung ist zwar ein sehr umfangreiches, aber kein sehr strukturiertes Forschungsfeld. Wie die Berichterstattung selbst folgt auch die Kommunikationswissenschaft bei der Bearbeitung des Feldes dem Nachrichtenfaktor Aktualität und produziert so hauptsächlich unverbundene Fallstudien, die sich nur bedingt zu grundsätzlichen Hypothesen oder gar Theorien verdichten lassen (vgl. Eilders/Hagen 2005: 207f.). Dennoch soll hier der Versuch unternommen werden, aus verschiedenen Studien mit ihren unterschiedlichen Schwerpunkten einige Muster herauszuziehen.[1]

Das erste Muster ist ein rein formales, das aber für die Berichterstattung über Kriege mit Beteiligung des eigenen Landes typisch zu sein scheint: Der Umfang entwickelt sich in mehreren Phasen hin zur Monopolisierung und zurück zu einer abschwächenden Beschäftigung (vgl. Savarese 1993; Löffelholz 2003). Zur Folge hat dieses Phänomen, dass in besonders kritischen Phasen eher weniger berichtet wird: nämlich weder wenn über den Krieg entschieden wird, noch wenn seine Folgen für die Zivilbevölkerung deutlich werden. Ihren Höhepunkt erreicht die Berichterstattung dagegen, wenn die Informationslage am unsichersten ist – während der Kampfhandlungen.

1 Eine ausführlichere Darstellung der benutzten Referenzstudien findet sich in Bilke 2008: 163ff.

Inhaltlich bescheinigen viele Studien der Berichterstattung eine Parteilichkeit zugunsten der eigenen, nationalen Politik, deren Position bevorzugt Eingang in die Berichterstattung findet. Gerade international vergleichende Studien können diese Tendenz deutlich belegen (vgl. Kempf 1996b; Nohrstedt u.a. 2000).[2] Das geht einher mit einer spezifischen kulturellen Perspektive, die aufgrund von Wertentscheidungen Aspekte des Kriegs betont oder ausblendet (vgl. Ravi 2005). Die nationale Verankerung von Medien und Publikum zieht diese Effekte zwangsläufig nach sich; kritisch zu betrachten ist sie dann, wenn die klare Parteilichkeit der Medien an Propagandamechanismen grenzt.

Die Abhängigkeit vom politischen System behauptet auch die Indexing-Hypothese, die besagt, dass kritische Stimmen erst dann in der Berichterstattung auftauchen, wenn auch im politischen System eines Landes ein Dissens entsteht (vgl. Mermin 1999; Pohr 2005). Diese Hypothese geht Hand in Hand mit einem weiteren Befund: Studien identifizieren die politischen und militärischen Entscheidungsträger als die meist zitierten Quellen und die meist genannten Akteure (vgl. Grundmann u.a. 2000; Meyering 2004). Ihre Begründungen des Krieges spiegeln sich in den Medien wider und tragen zu seiner Legitimierung bei (vgl. Entman/Page 1994). Unterstützt wird dieser Mechanismen durch eine Fixierung auf militärische Handlungsabläufe, die Kontexte ausblendet (vgl. Aday u.a. 2005).

Als Mechanismus der Legitimierung auf der Darstellungsebene haben Analysen Feindbilder ausgemacht. Zum Aufbau einer Gruppe als Feindbild dient die Sprache: durch Personalisierung, Verallgemeinerungen, negative Attribute und die Abwertung ihrer Ziele (vgl. Studiengruppe Interkom 1993). Als weitere sprachliche Defizite kritisieren Studien die Übernahme von militärischen Fachausdrücken, die zu einer Verharmlosung des Krieges beitrügen (vgl. Krüger 2000). Eine ähnliche Wirkung wird den Bildern unterstellt, die meist soldatischen Alltag und militärisches Gerät zeigten und die Kosten des Krieges weitgehend ausblendeten (vgl. Paul 2004).

Studien über Krisen- und Kriegsberichterstattung decken also gravierende Mängel in der Berichterstattung auf: Parteilichkeit statt Multiperspektivität, Feindbilder statt Menschenbilder. Dieser Befund ist ein erstes Argument dafür, dass Kriegsberichterstattung ein Thema von erheblicher medienethischer Relevanz sein könnte. Doch es gibt noch weitere Argumente, die im folgenden Abschnitt ausgeführt werden.

2 Daneben gibt es aber auch noch andere Einflüsse: In Mediensystemen, in denen Organisationen eine unterschiedliche politische Ausrichtung haben, lässt sich diese – in Wechselwirkung mit der nationalen Position – auch aus der Berichterstattung herauslesen (vgl. Savarese 1993; Tumber/Palmer 2004: 75ff.).

2 Medienethische Relevanz

Journalismus unterliegt in Krisen- und Kriegszeiten nicht grundsätzlich anderen Gesetzen, doch Entstehungsbedingungen und Wirkungspotenzial werden durch die Tragweite der Geschehnisse verschärft. Informationen in Kriegszeiten sind besonders hart umkämpft und gleichzeitig für die Gesellschaft besonders relevant. Politische Entscheidungen betreffen die Menschenrechte von Soldaten und Zivilbevölkerung gleichermaßen; eine demokratische Öffentlichkeit braucht verlässliche Informationen, um diese Entscheidungen einordnen zu können. Die Funktionsweise einer nationalen Öffentlichkeit reicht in Kriegszeiten über ihre Grenzen hinweg und erhält eine transnationale Relevanz (vgl. Hafez 2001: 172). Die Aufgaben von Journalismus als Medium und Faktor der demokratischen Meinungsbildung geraten in den Fokus: „Für die Entscheidungsfindung demokratischer Gesellschaften ist eine qualitätsvolle Kriegs- und Krisenberichterstattung [...] unverzichtbar." (Löffelholz u.a. 2008: 13)

Kriege werden zunehmend über Medieninhalte wahrgenommen – das weist auf die Medialisierung des Krieges hin (vgl. Esser u.a. 2005). Die medialen Selektions- und Darstellungsregeln prägen diese Inhalte. Politische und militärische Akteure richten sich an diesen Regeln aus und versuchen – z.B. durch öffentlichkeitswirksame Inszenierungen – Einfluss auf die Berichterstattung auszuüben. Strategische Schachzüge wie Pressekonferenzen aber auch militärische Handlungen wie die Einnahme einer Stadt[3] werden nach Kriterien medialer Logik inszeniert. Hier verschwimmen die Grenzen zwischen einem Einfluss der Berichterstattung auf die Form und auf den Inhalt politischen Handelns. Indem Medienberichte auf diese Inszenierungen eingehen und diese Berichte wiederum Inszenierungen zur Folge haben, verschmelzen Medienrealität und soziale Realität. Für Rezipienten, die keinen direkten Zugang zum Geschehen haben, gehen diese beiden eine unauflösliche Verbindung ein. Für den Journalismus bedeutet die Medialisierung des Krieges, dass er zwar seinen eigenen Handlungsraum behält, dieser aber durch das strategische Handeln anderer Akteure mehr und mehr bedrängt wird. Zudem ist er in Kriegszeiten auf die Konfliktdarstellung der Krieg führenden Parteien angewiesen. Gleichzeitig brauchen in Demokratien auch Politik und Militär die mediale Darstellung und Begründung ihrer Aktionen, um sich der Unterstützung der Bevölkerung zu vergewissern.

Auch die Wirkungsforschung geht von einem erhöhten Wirkungspotenzial von Berichterstattung in Krisen- und Kriegszeiten aus: Internationale Themen ohne persönliche Erfahrung vor Ort, ein Dissens in der Gesellschaft und die Betroffenheit des eigenen Landes können dazu führen, dass das Publikum Medieninformationen stärker rezipiert und akzeptiert (vgl. Grimm 1996; McQuail 2000: 39; Schenk 2002: 467). An diese Erkenntnis knüpft der „Rally around the flag"-Effekt an, den zahlreiche Fallstudien belegt haben: Wenn in Krisen- und Kriegszeiten das Land bedroht

3 So haben Journalisten beobachtet, dass die Angriffe auf Bagdad im März 2003 stets zur besten Sendezeit im US-Fernsehen begannen (vgl. Bussemer 2003: 28).

wird und Truppen zum Einsatz kommen (könnten), sammelt sich die Bevölkerung um ihre Regierung (vgl. Mueller 1973, 1994). Weitere Bedingungen für diesen Effekt sind der Konsens unter den politischen Eliten eines Landes und in der Medienberichterstattung (vgl. Brody 1994). Ob ein Krieg in der Berichterstattung überhaupt hinterfragt wird, bzw. mit welchen Argumenten er befürwortet wird, hat also Folgen für die Zustimmung in der demokratischen Öffentlichkeit.

Das hohe Wirkungspotenzial von Journalismus in Krisenzeiten korrespondiert mit besonders schwierigen Bedingungen. Beeinflussungsversuche nehmen zu, ebenso die konkrete Gefahr für Leib und Leben. Um unter diesen Umständen seine Aufgaben erfüllen zu können, braucht Journalismus qualifizierte, unabhängige Akteure, die von ihren Redaktionen und gesellschaftlichen Institutionen gestärkt werden. Medienethik ist also im Feld der Kriegsberichterstattung in ihrer gesamten Spannbreite gefragt: Diese reicht von der gesamtgesellschaftlichen bis hin zur personalen Ebene (vgl. Thomaß 2000: 358).

- Metaethik: An welchen Normen soll sich eine ethisch begründete Qualität in der Kriegsberichterstattung messen lassen?
- Gesellschafts- und medienpolitisch: Welche Bedingungen braucht eine solche Qualität?
- Organisatorisch: Wie können Organisationen und Redaktionen eine ethisch verantwortliche Berichterstattung fördern?
- Professional: Welche Ansprüche stellt die Gesellschaft an journalistisches Handeln in Krisen und Kriegen?
- Personal: Welche Gestaltungsräume haben Journalisten und Rezipienten?

3 Kriegsberichterstattung in der Kritik

Die Mängel der Berichterstattung über einen Krieg werden meist erst nach seinem Ende ausführlich aufgearbeitet. Zum Beispiel wurden in Deutschland die Defizite der Berichterstattung über den Irak-Krieg 1991 ausführlich diskutiert: Deutsche Berichterstatter räumten dem Krieg einen großen Raum in ihren Publikationen und Programmen ein, obwohl sie gar keinen Zugang zum Geschehen hatten. Kritiker, darunter auch Journalisten selbst, führten das auch auf die Faszination der neuen Live-Technologie zurück (vgl. Kaiser 1991). Eine ähnliche Welle der Aufarbeitung war nach dem Kosovo-Krieg 1999 zu beobachten (vgl. Dezer 2001). Anfang 2003 erreichte die öffentliche Diskussion über die Berichterstattung bereits im Vorfeld des Irak-Krieges ein neues Niveau. Die Auseinandersetzungen entzündeten sich an der Einschätzung des Embedment, das zwar an sich kein neues Phänomen darstellte, aber in bisher nicht da gewesenem Umfang Journalisten in den militärischen Vormarsch einbezog (vgl. McLaughlin 2002: 47ff.). War das eine neue Chance der unmittelbaren Zeugenschaft oder der freiwillige Verzicht auf unabhängige Berichterstattung? Um diese Pole drehte sich die Debatte, und die Eingebetteten bestätigten beides: Einerseits machten sie Vorgänge öffentlich, die ohne sie nie an die Öffentlichkeit gekommen wären – z.B. die Schießerei an einem Checkpoint, bei dem US-Soldaten eine irakische Familie töteten. Andererseits zeigten die Reporter nur kleine, episodenhafte Ausschnitte des Geschehens aus dem Blickwinkel einer Partei; über das Militär und über die Truppen-Einheiten im Speziellen berichteten sie latent positiver als andere Journalisten (vgl. Pfau u.a. 2004).

Die intensive Diskussion über das Embedment schlug sich auch im Medienjournalismus nieder. Die Selbstreflexion des Journalismus aber hatte ihre ‚blinden Flecken'. Zeitungen kritisierten vor allem das Fernsehen. Eine Auseinandersetzung mit Strukturen der Mediengesellschaft wie Aktualitätsdruck oder Konkurrenz hingegen blieb aus (vgl. Eilders 2005, 2006; Löffelholz 2004). Stattdessen platzierten Redaktionen immer wieder den Hinweis auf Zensur als Ursache der Defizite, der in seiner Regelmäßigkeit eher einen rituellen als einen aufklärenden Charakter hatte (vgl. Vögele 2003). Dennoch scheinen die Aufarbeitung des Irak-Krieges 1991 und die Diskussion über das Embedment Konsequenzen für die Berichterstattung gehabt zu haben (vgl. Löffelholz 2003). Verstärkte Quellenkritik und die Thematisierung der Entstehungsbedingungen weisen auf ein neues Problembewusstsein unter den Journalisten hin.

Eine laute Stimmte in der Diskussion über die Qualität der Berichterstattung besitzen die Journalisten selbst. Nach dem Irak-Krieg 2003 erschien eine Flut von Büchern, die von Reportern verfasst war. Das mag damit zu tun haben, dass sich das Thema gut verkauft hat. Die Selbstthematisierung ihrer Arbeit lässt aber auch andere Rückschlüsse zu: Einerseits suchen Reporter ein Ventil für ihre, teils traumatischen Erlebnisse. Andererseits scheint sie ein gewisses Unbehagen mit ihrer Rolle zu beschäftigen. Ulrich Tilgner, der für das ZDF aus Bagdad berichtete, schreibt: „Am Ende diente das Schreiben des Buches auch dazu, meine eigene Position im Kampfgetöse besser zu begreifen." (Tilgner 2003: 8)

Die Rolle der Reporter in Kriegen ist eine Schlüsselfrage in der Diskussion über Kriegsberichterstattung: Wie distanziert kann ein Journalist im Angesicht von Tod und Leid sein? Wie objektiv kann und sollte er überhaupt sein? Martin Bell (1998: 16), der für die britische BBC Anfang der 1990er Jahre aus Jugoslawien berichtet hat, hat als seine Antwort auf diese Fragen das Konzept des „Journalism of Attachment" vorgelegt: „a journalism that cares as well as knows; that is aware of its responsibilities". Bell fordert einen Journalismus, der auf der Seite des Guten, des Richtigen und der Opfer steht. Für diese Ideen wurde er von Kollegen, die Neutralität einforderten, scharf angegriffen. In der Tat könnten Bells Ideen Journalisten besonders anfällig für Propaganda machen, denn das Konzept der Verbundenheit mit den Opfern legt die Parteilichkeit mit einer Seite in einem Krieg nahe. Viele internationale Journalisten haben in Jugoslawien so eine Position bezogen, als sie Luftangriffe auf Serbien forderten. Bells Ausführungen lassen sich aber auch als ein Plädoyer für ein „Attachement", eine Verbundenheit mit menschlichem Leid lesen, das sich dann wiederum auf alle Parteien beziehen würde.

So eine Forderung stellt auch das Konzept des „Friedensjournalismus" auf, das vor allem der Friedenswissenschaftler Johan Galtung geprägt hat. Galtung (1998) appelliert an Journalisten, nicht nur über direkte Gewalt in einer begrenzten Raum- und Zeitdimension zu berichten. Sie sollten vielmehr Ursachen und Folgen in Vergangenheit und Zukunft einbeziehen und relevante Akteure der Konfliktkonstellation über die Kampfhandlungen hinaus berücksichtigen. Vor allem sollten Reporter auch über Lösungsoptionen berichten. Galtung betont die Bedeutung von Journalismus für eine Kultur des Friedens: „Die Medien sind vielleicht unser mächtigstes Hilfsmittel, um zukünftige Konflikte zu lösen und Kriege zu vermeiden." (Vincent/Galtung 1993: 210) Aus einer berufspraktischen Sicht ist das Konzept von Lynch und McGoldrick (2005) weiter entwickelt worden, die für britische Fernsehsender über internationale Krisen und Kriege berichtet haben.

Friedensjournalismus ist in Praxis und Wissenschaft häufig kritisiert worden (vgl. Hanitzsch 2004). Journalisten meinten, dass die Anforderungen dem Objektivitätsdogma widersprächen. Wissenschaftler störten sich daran, dass Journalismus eine zu starke Wirkung auf die Gesellschaft unterstellt werde, die die Forschung so nicht belegen könne. In der Tat setzen weder Galtung noch Lynch und McGoldrick ihre von der Konflikttheorie geprägten Konzepte konsequent in Beziehung zu medienwissenschaftlichen Erkenntnissen. Dennoch kann die Medienethik von friedensjournalistischen Ansätzen profitieren: Denn ihre konflikttheoretische Herangehensweise ermöglicht es, eine Ethik von Journalismus im Konflikt auszudefinieren, die sich einer normativen Verantwortung stellt, ohne Parteilichkeit zu propagieren.

4. Eine Ethik der Kriegsberichterstattung

Die Herausforderung für die Medienethik besteht zunächst darin zu klären, an welchen Normen sich Kriegsberichterstattung überhaupt orientieren sollte. Bei den folgenden Vorschlägen für eine Ethik der Kriegsberichterstattung werden die Aufgaben von Journalismus in der demokratischen Öffentlichkeit als Orientierungspunkte dienen:[4] die Förderung von Artikulation und Partizipation sowie die kritische Prüfung aller Positionen mit dem Ziel, Orientierung und Meinungsbildung in der Gesellschaft zu ermöglichen. Das Modell arbeitet mit vier Kriterien aus Qualitätsmodellen der Journalismustheorie (*Wahrhaftigkeit*, *Richtigkeit*, *Relevanz* und *Vermittlung*).[5] Das fünfte Kriterium, die Konfliktsensitivität, ein Prinzip der friedensjournalistischen Ansätze, dient mit seiner konflikttheoretischen Dimension dazu, ein spezifisches Qualitätsmodell für die Krisen- und Kriegsberichterstattung aufzustellen, das sich an ethischen Prinzipien orientiert.

---

4 Diese Herangehensweise wählt z.B. auch Brosda 2008.

5 Zur Auswahl und Begründung dieser Kriterien vgl. Bilke 2008: 89ff.

Um über Konflikte berichten zu können, müssen Journalisten zunächst die nötigen Spielregeln kennen: Wie eskaliert eine Krise? Welche Möglichkeiten hat ein Vermittler? Welche Lösungsformen gibt es? Ohne dieses Hintergrundwissen können Eskalationsstrategien nicht enttarnt werden, die Zuspitzung auf Konfrontation erscheint alternativlos. Die Aufgabe von Journalismus aber ist es, *konfliktsensitiv* – also mit einer empathischen Grundhaltung und aus unterschiedlichen Perspektiven – zu berichten. Dazu gehört auch, verschiedene Lösungsvorschläge aufzugreifen, die es in einer Krisensituation gibt, ob sie nun von diplomatischen Eliten oder aus der Zivilbevölkerung stammen.

Das zweite Kriterium, *Wahrhaftigkeit*, setzt ständige Selbstreflexion voraus – in Bezug auf subjektive Überzeugungen und in Bezug auf strukturelle und kulturelle Bedingungen des Journalismus. Diese Entstehungsbedingungen müssen gerade in der Kriegsberichterstattung transparent gemacht werden, damit das Publikum Aussagen einordnen kann. Im Krisenfall kann das auch heißen, Informationslücken offen anzusprechen, um Glaubwürdigkeit zu bewahren: „Etwas nicht zu wissen ist oft die mutigste journalistische Aussage", so Udo Lielischkies (2008: 191), der für die ARD aus verschiedenen Krisengebieten berichtet hat.

Richtigkeit können Journalisten nur mit Hilfe einer Vielfalt von Positionen und Blickwinkeln anstreben: Durch intersubjektive Überprüfung lassen sich Deutungsmuster hinterfragen und tiefer liegende Interessen aufdecken.[6]

Relevanz bezieht sich zunächst auf die Frage, welche Krisen und Kriege überhaupt den Weg auf die Medienagenda finden. Neben einer zeitlichen Aktualität kann die „Problem-Aktualität" (Ruß-Mohl 1992: 82) als Auswahlkriterium dienen: Die Berichterstattung vor einer Eskalation ist relevant, weil die Konfliktformation noch offen ist für mehrere Deutungen und Bearbeitungsmöglichkeiten. Die Nachkriegsberichterstattung wiederum kann mit ihren Einsichten zu Versöhnung und Wiederaufbau als Entscheidungsgrundlage in künftigen Krisen dienen. Relevanz bezieht sich auf einer zweiten Ebene auf die Auswahl von Sprechern und Deutungsmustern, die sich an einer multiperspektivischen Darstellung von Ursachen, Bewertungen und Lösungen orientieren sollte. Damit wird eine propagandistische Verengung vermieden.

Das fünfte und letzte Kriterium, *Vermittlung*, erfordert den kompetenten Umgang mit Darstellungsformen, der Routinen der Präsentation professionell nutzt und kreativ variiert. Konfliktsensitive Berichterstattung erfordert ein hohes Maß an Reflexion im Umgang mit Begriffen und Bildern. Wenn Reporter Begriffe einer Kriegspartei unreflektiert übernehmen, ergreifen sie damit selbst Partei. Genau wie Begriffe müssen auch Bilder, die in der Kriegsberichterstattung häufig ikonographische Bedeutung haben, in den Kontext ihrer Entstehung eingebettet werden, um dem Publikum Orientierung bieten zu können. (vgl. Haller 2008)

Ein solches ethisch begründetes Qualitätsmodell ist auch mit einem spezifischen Rollenbild verbunden: Konfliktsensitiver Journalismus postuliert eine Multiperspekti-

6 Wahrhaftigkeit und Richtigkeit wurden gewählt in Anlehnung an Rager 2000 und Pöttker 2000.

vität, die sich mit Empathie den Positionen aller Parteien nähert. Seine Distanz ermöglicht ihm eine kritische Konfliktanalyse, seine Nähe ermöglicht ihm Glaubwürdigkeit. Die Balance aus Distanz und Nähe, die manchmal wohl nur von einer Gruppe von Personen und Berichten zu leisten ist, ist ein Schlüssel zu einer intersubjektiv-transparenten Berichterstattung.

5 Konsequenzen für Praxis und Wissenschaft

In der journalistischen *Praxis* fordert konfliktsensitiver Journalismus das Hinterfragen von Routinen und vermeintlichen Selbstverständlichkeiten. Das betrifft die Agenturgläubigkeit, den Trend zum Negativismus und den Einsatz gewohnter Schlüsselphrasen oder gängiger Bildmotive. Ebenso sollten Einschränkungen der Recherche und Lücken in der Informationslage kenntlich gemacht werden. Zwei Faktoren, die sich für den Inhalt der Kriegsberichterstattung als bedeutsam herausgestellt haben, sind ebenso wichtig für ihre Umsetzung: Raum und Zeit. Praktiker fragen sich: Habe ich die Zeit dazu? Habe ich den Platz dazu? Hier muss unterschieden werden zwischen der Unmöglichkeit einer allparteilichen Darstellung, die an fehlender Recherchezeit und an der Kürze der Berichte scheitern muss, und dem Versuch einer multiperspektivischen Berichterstattung, die dualistische Verengung vermeidet und Tools der Konflikttheorie benutzt. Kontinuität in der Beschäftigung mit den Konfliktlinien der globalisierten Welt schafft die Grundlage, um auch in kurzer Zeit und auf engem Raum Anforderungen konfliktsensitiver Qualität umsetzen zu können.

Die Beschäftigung mit Bedingungen und Wirkungen der Kriegsberichterstattung zeigt, dass diese Kontinuität notwendig ist: Zu Beginn einer Krise setzt die Berichterstattung die Frames, die hochwahrscheinlich auch ihren Verlauf prägen werden. Gleichzeitig schützt Hintergrundwissen vor Manipulationen durch die Kriegsparteien.

Doch die Anforderungen einer konfliktsensitiven Qualität haben nicht nur Konsequenzen für die professionellen Akteure im Journalismus. Auch auf institutioneller Ebene, in *Redaktionen* und in *Medienorganisationen*, müssen Bedingungen für Qualität gefördert werden: z.B. Spielräume für die Einarbeitung in Konfliktkontexte, logistische Unterstützung bei Recherchen in Krisengebieten und die Bereitschaft zu ständiger Selbstreflexion.

Konfliktsensitiver Journalismus setzt auf der Akteurs-Ebene diese Selbstreflexion als Grundhaltung voraus. Außerdem brauchen seine Akteure spezifische Kompetenzen und spezifisches Wissen. Eine *Ausbildung*, die Konsequenzen aus diesen Anforderungen zieht, muss Instrumente der Konfliktanalyse in ihre Agenda aufnehmen.

Bei der Gestaltung der Ausbildung und bei der Diskussion um Aufgaben von Journalismus hat die *wissenschaftliche Journalistik* eine besondere Rolle zu spielen (vgl. Brosda 2008: 380). Zu diesem Zweck ist eine Analyse der Faktoren in Produktion, Text und Rezeption notwendig, die auch Interdependenzen und Kontexte dieser drei Bereiche des journalistischen Kommunikationsprozesses mit einschließt. In der Krisen- und Kriegsberichterstattung ist der Bereich der Rezeption z.B. noch zu wenig erforscht. Bisher gibt es nur einige Hinweise, dass Rezipienten konfliktsensitive Qualität schätzen (vgl. Kempf 2005). Genau wie die Rezeption sind die Produktion und die Inhalte bisher meist fallbezogen und nicht systematisch untersucht worden. Gerade dieses Wissen ist es aber, das Journalisten zur Verbesserung ihrer Produkte brauchen.

Eine ethisch verantwortungsvolle Kriegsberichterstattung kann es nur geben, wenn Journalisten unabhängig arbeiten können und wenn ihr Publikum freien Zugang zu Informationsquellen hat. In Krisen aber sind selbst Demokratien nicht gefeit gegen die Einschränkung der Kommunikationsfreiheit. Es ist eine Aufgabe der Medienethik, die notwendigen Rahmenbedingungen für journalistisches Handeln immer wieder einzufordern. Denn ohne die Unterstützung gesellschaftlicher Institutionen, ohne die Rückdeckung ihrer Organisationen und ohne die Nachfrage ihres Publikums stünden Journalisten bei dem Versuch, ethisch verantwortungsvoll über Kriege zu berichten, auf verlorenem Posten.

Literatur

Aday, Sean / Livingston, Steven / Hebert, Maeve (2005): Embedding the Truth. A Cross-Cultural Analysis of Objectivity and Television Coverage of the Iraq War. In: Harvard Journal for Press and Politics, 10. Jg., Nr. 1, S. 3-21.

Bell, Martin (1998): The Journalism of Attachment. In: Kieran, Matthew (Hrsg.): Media Ethics. London, S. 15-22.

Bilke, Nadine (2008): Qualität in der Krisen- und Kriegsberichterstattung. Ein Modell für einen konfliktsensitiven Journalismus. Wiesbaden.

Brody, Richard A. (1994): Crisis, War, and Public Opinion. In: Bennet, W. Lance / Paletz, David L. (Hrsg.): Taken by Storm – The Media, Public Opinion, and U.S. Foreign Policy in the Gulf War. Chicago, S. 210-227.

Brosda, Carsten (2008): Diskursiver Journalismus. Journalistisches Handeln zwischen kommunikativer Vernunft und mediensystemischem Zwang. Wiesbaden.

Bussemer, Thymian (2003): Medien als Kriegswaffen. Eine Analyse der amerikanischen Militärpropaganda im Irak-Krieg. In: Aus Politik und Zeitgeschichte. Nr. 49-50, S. 20-28.

Dezer, Christian (2001): Kriegsberichterstattung – Journalismus zwischen Wahrheit und Lüge. In: Schweidler, Walter (Hrsg.): Markt – Medien – Moral. Dortmund, S. 123-136.

Eilders, Christiane (2005): „Amis brauchen Umerziehung". Erkenntnisse und Argumentationsmuster der deutschen Medienkritik im dritten Golfkrieg. In: Medien & Kommunikationswissenschaft, 53. Jg., S. 333-351.

Eilders, Christiane (2006): Medienkritik als politische Ausdrucksform? Zur Beurteilung der Medienleistung am Beispiel der Irakkriegsberichterstattung. In: Weischenberg, Siegfried (Hrsg.): Medien-Qualitäten: Öffentliche Kommunikation zwischen ökonomischen Kalkül und Sozialverantwortung. Konstanz, S. 111-127.

Eilders, Christiane / Hagen, Lutz M. (2005): Kriegsberichterstattung als Thema kommunikationswissenschaftlicher Forschung. Ein Überblick zum Forschungsstand und den Beiträgen in diesem Themenheft. In: Medien & Kommunikationswissenschaft, 53. Jg., S. 205-221.

Entman, Robert M. / Page, Benjamin I. (1994): The News before the Storm. The Iraq War Debate and the Limits of Media Independence. In: Bennet, W. Lance / Paletz, David L. (Hrsg.): Taken by Storm – The Media, Public Opinion, and U.S. Foreign Policy in the Gulf War. Chicago, S. 82-101.

Esser, Frank / Schwabe, Christine / Wilke, Jürgen (2005): Metaberichterstattung im Krieg. Wie Tageszeitungen die Rolle der Nachrichtenmedien und der Militär-PR in den Irakkonflikten 1991 und 2003 framen. In: Medien & Kommunikationswissenschaft, 53. Jg., S. 314-332.

Galtung, Johan (1998): Friedensjournalismus: Was, warum, wer, wie, wann, wo? In: Kempf, Wilhelm / Schmidt-Regener, Irena (Hrsg.): Krieg, Nationalismus, Rassismus und die Medien. Münster, S. 3-20.

Grimm, Jürgen (1996): Informationsleistungen von Medien in Krisenzeiten. Anomalien des Zuschauerverhaltens während des Golfkriegs. In: Ludes, Peter (Hrsg.): Informationskontexte für Massenmedien. Theorien und Trends. Opladen, S. 227-263.

Grundmann, Reiner / Smith, Dennis / Wright, Sue (2000): National Elites and Transnational Discourses in the Balkan War. A Comparison between the French, German and British Establishment Press. In: European Journal of Communication, 15. Jg., S. 299-320.

Hafez, Kai (2001): Die politische Dimension der Auslandsberichterstattung. Baden-Baden.

Haller, Michael (2008): Scheinbar authentisch. Was Bilder von Kriegen und Krisen (nicht) leisten können. In: Löffelholz, Martin / Tripp, Christian F. / Hoffmann, Andrea C. (Hrsg.): Kriegs- und Krisenberichterstattung. Ein Handbuch. Konstanz, S. 271-277.

Hanitzsch, Thomas (2004): Journalisten zwischen Friedensdienst und Kampfeinsatz. In: Löffelholz, Martin (Hrsg.): Krieg als Medienereignis II. Krisenkommunikation im 21. Jahrhundert. Wiesbaden, S. 169-193.

Kaiser, Ulrike (1991): Journalisten und der Golf-Krieg: Die Ohnmacht der Medien. In: Journalist, Nr. 3, S. 10-17.

Kempf, Wilhelm (2005): Two experiments focusing on de-escalation oriented coverage of post-war conflicts. In: conflict & communication online, 4. Jg., Nr. 2, *www.cco.regener-online.de.*

Kempf, Wilhelm (1996): Gulf War Revisited. A Comparative Study of the Gulf War Coverage in American and European Media. Diskussionsbeiträge der Projektgruppe Friedensforschung Konstanz. Nr. 34. [abgerufen unter: *http://www.ub.uni-konstanz.de/kops/volltexte/1999/98*]

Krüger, Antje (2000): Friedenstruppen Marsch. Wie Krieg durch Sprache verharmlost wird. In: ami, 30. Jg., Nr. 8-9, S. 45-53.

Lielischkies, Udo (2008): Unzureichend vorbereitet. Warum Journalisten gegenüber Militärs im Hintertreffen sind. In: Löffelholz, Martin / Tripp, Christian F. / Hoffmann, Andrea C. (Hrsg.): Kriegs- und Krisenberichterstattung. Ein Handbuch. Konstanz, S. 185-191.

Löffelholz, Martin (2004): Krisen- und Kriegskommunikation als Forschungsfeld. In: ders. (Hrsg.): Krieg als Medienereignis II. Krisenkommunikation im 21. Jahrhundert. Wiesbaden, S. 13-55.

Löffelholz, Martin (2003): Distanz in Gefahr. In: Journalist, Nr. 5, S. 10–13.

Löffelholz, Martin (2001): Neue Schlachtfelder – alter Journalismus. Bedingungen und Konsequenzen der Kriegskommunikation im Zeitalter globaler Public Relations. In: Deutsche Welle (Hrsg.): „Sagt die Wahrheit: Die bringen uns um!" Berlin, S. 27-36.

Löffelholz, Martin / Tripp, Christian F. / Hoffmann, Andrea C. (2008): Vorwort. In: dies. (Hrsg.): Kriegs- und Krisenberichterstattung. Ein Handbuch. Konstanz, S. 13-14.

Lynch, Jake / McGoldrick, Annabel (2005): Peace Journalism. Stroud.

McLaughlin, Greg (2002): The War Correspondent. London.

McQuail, Denis (2000): Medienwirkungen als Thema der kommunikationswissenschaftlichen Forschung: Versuch einer Evaluation unter besonderer Berücksichtigung der Variable Zeit. In: Schorr, Angela (Hrsg.): Publikums- und Wirkungsforschung. Ein Reader. Opladen, S. 31-44.

Mermin, Jonathan (1999): Debating War and Peace – Media Coverage of US Intervention in the Post-Vietnam Era. Princeton.

Meyering, Daniel (2004): Die Qualität der Berichterstattung im dritten Golfkrieg. Eine Inhaltsanalyse überregionaler deutscher Tageszeitungen. Magisterarbeit am Institut für Kommunikationswissenschaft der Universität Münster.

Mueller, John (1973): War, Presidents and Public Opinion. New York.

Nohrstedt, Stig A. / Kaitatzi, Sophia / Ottosen, Rune / Riegert, Kristina (2000): From the Persian Gulf to Kosovo – war journalism and propaganda. In: European Journal of Communication, 15. Jg., S. 383-404.

Paul, Gerhard (2004): Bilder des Krieges – Krieg der Bilder. Die Visualisierung des modernen Krieges. Paderborn u.a.

Pfau, Michael u.a. (2004): Embedding journalists in military combat units: Impact on newspaper story frames and tone. In: Journalism & Mass Communication Quarterly, 81. Jg., Nr. 1, S. 74-88.

Pohr, Adrian (2005): Indexing im Einsatz. Eine Inhaltsanalyse der Kommentare überregionaler Tageszeitungen in Deutschland zum Afghanistankrieg 2001. In: Medien & Kommunikationswissenschaft, 53. Jg., S. 261-276.

Pöttker, Horst (2000): Reduktion von Komplexität. In: Löffelholz, Martin (Hrsg.): Theorien des Journalismus. Ein diskursives Handbuch. Wiesbaden, S. 375-390.

Rager, Günther (2000): Ethik – eine Dimension von Qualität. In: Schicha, Christian / Brosda, Carsten (Hrsg.): Medienethik zwischen Theorie und Praxis. Münster, S. 76-89.

Ravi, Narasimhan (2005): Looking beyond Flawed Journalism. How National Interests, Patriotism, and Cultural Values Shaped the Coverage of the Iraq War. In: Harvard Journal for Press and Politics, Jg. 10, Nr. 1, S. 45-62.

Ruß-Mohl, Stephan (1992): Am eigenen Schopfe… Qualitätssicherung im Journalismus – Grundfragen, Ansätze, Näherungsversuche. In: Publizistik, 37. Jg., Nr. 1, S. 83-96.

Savarese, Rossella (1993): The European Press and Saladin the Fierce. In: European Journal of Communication, 8. Jg., S. 53-75.

Schenk, Michael (2002): Medienwirkungsforschung. Tübingen.

Spencer, Graham (2005): The Media and Peace. From Vietnam to the 'War on Terror'. Basingstoke u.a.

Studiengruppe Interkom (1993): Tyrannen, Aggressoren, Psychopathen. Deutsche Tageszeitungen und ihre Feindbilder. In: Löffelholz, Martin (Hrsg.): Krieg als Medienereignis. Grundlagen und Perspektiven der Krisenkommunikation. Opladen, S. 109-126.

Thomaß, Barbara (2000): Von Aristoteles zu Habermas. Theorien zur Ethik des Journalismus. In: Löffelholz, Martin (Hrsg.): Theorien des Journalismus. Ein diskursives Handbuch. Wiesbaden, S. 351-362.

Tilgner, Ulrich (2003): Der inszenierte Krieg. Täuschung und Wahrheit beim Sturz Saddam Husseins. Berlin.

Tumber, Howard / Palmer, Jerry (2004): Media at War: the Iraq Crisis. London u.a.

Vincent, Richard C. / Galtung, Johan (1993): Krisenkommunikation morgen. Zehn Vorschläge für eine andere Kriegsberichterstattung. In: Löffelholz, Martin (Hrsg.): Krieg als Medienereignis. Opladen, S. 177-210.

Vögele, Meike (2003): Kriegsjournalismus im Fokus der Medien. Diplomarbeit an der Fakultät Sprach- und Literaturwissenschaften der Universität Bamberg.

Sportjournalismus

Lothar Mikos

1 Einleitung

Seit Beginn des 20. Jahrhunderts ist die Entwicklung des (Leistungs-)Sports eng mit den Medien verbunden, zunächst mit der Presse und seit den 1950er-Jahren mit dem Fernsehen. Zugleich sind Sport und Medien in die gesellschaftliche Entwicklung eingebunden. Das Leistungsprinzip und die Normierung menschlicher Tätigkeiten, die kennzeichnend für die moderne Industriegesellschaft sind, stehen auch im Mittelpunkt sportlicher Aktivitäten. Allerdings ist hier nicht von einer einfachen Entsprechung zwischen Leistung im Sport und Leistung im Arbeitsprozess auszugehen, sondern mit der Entwicklung der Gesellschaft und den dadurch bedingten Veränderungen der Lebenszusammenhänge der Menschen haben auch Veränderungen in der Struktur des Sports stattgefunden (vgl. Rowe 1999: 13ff.). Die Industriegesellschaft fand ihren sportlichen Ausdruck am deutlichsten in den Olympischen Spielen, die das Leistungsprinzip zum olympischen Prinzip erhoben und mit dem olympischen Gedanken die Integration der Gemeinschaft von Leistenden propagierten. Die Entwicklung im 20. Jahrhundert hat diese „simple Idee" (Real 1998) im Zuge der Professionalisierung des Sports an Bedeutung verlieren lassen. In der post- oder spätmodernen Gesellschaft, auch als reflexive Moderne bezeichnet (vgl. Beck/Giddens/Lash 1996), mit der Pluralisierung von Lebensformen und der Durchdringung von Alltag und Medien ist eine Entwicklung von der Professionalisierung zur Kommerzialisierung des Sports zu verzeichnen, die globale Züge trägt (vgl. Maguire 1999; Miller 2007; Miller u.a. 2001). Dabei spielen gerade die Medien eine bedeutsame Rolle, sind sie es doch, die den profitorientierten Institutionen (Sportartikelindustrie, Mannschaften, Verbänden, Werbeindustrie usw.) eine möglichst große Zahl von Konsumenten sichern. In diesem Sinn ist es angemessen, vom Sport/Medien-Komplex (vgl. Jhally 1989) zu sprechen, denn es ist „nahezu unmöglich [...], Sport und Medien voneinander zu trennen" (Schwier 2000: 96).

Die Bedeutung, die die Medien im Zuge der Professionalisierung und Kommerzialisierung des Sports erlangt haben, zeigt sich vor allem in zwei Aspekten, auf die Jhally (1989: 78) hingewiesen hat:

- Zahlreiche Sportarten sind ohne finanzielle Zuwendungen aus dem Medienbereich kaum noch überlebensfähig;
- die weitaus größte Zahl von Menschen wohnt sportlichen Ereignissen nicht als Zuschauer im Stadion oder in der Halle, sondern über die Medien, insbesondere das Fernsehen, bei.

Der Zusammenhang zwischen Professionalisierung und Medien wurde bereits 1903 deutlich, als die französische Sportzeitung *L'Équipe* das bedeutendste Radrennen der Welt erstmals ausrichtete, die Tour de France. Die Professionalisierung des Sports bis hin zur Kommerzialisierung mit allen Folgen wie explodierenden Spielergehältern und Preisgeldern, steigenden Kosten für Lizenzrechte, Doping, zunehmender Inszenierung usw. erfasste fast alle Sportarten – manche mehr, andere weniger – und führte außerdem zur Entwicklung neuer Sportarten, die inzwischen mit dem Begriff Trendsportarten bezeichnet werden.

Für den Sportjournalismus hatte dies erhebliche Konsequenzen. Sport in den Medien ist längst mehr als nur Berichterstattung über die Ergebnisse von Spielen und Wettkämpfen. Die Unterhaltungsfunktion ist stärker in den Mittelpunkt gerückt (vgl. Schaffrath 2002: 19 ff.). „Sport in dieser medialen Form als Inszenierung und Massenunterhaltung ist längst mehr als das Spiel" (Wehrle 2001: 209). Die Kommerzialisierung sowohl zahlreicher Sportarten als auch des Fernsehens hat den Sport zu einem wesentlichen Element der Unterhaltungsindustrie werden lassen – und zu einem wertvollen Programmgut. Für die Rechte an Sportübertragungen zahlen die Fernsehsender gewaltige Summen. Dafür erwarten Funktionäre, Sportler, Vereine und Verbände zunächst einmal bloße Medienpräsenz, aber darüber hinaus auch eine Berichterstattung, die mehr den Charakter einer PR-Maßnahme für Sportler, denn den einer unabhängigen Berichterstattung hat, die dem journalistischen Sorgfaltsprinzip verpflichtet ist. Speziell im Fernsehen wurde der Weg von einer Berichterstattung zu einer Präsentation des Sports geschritten – und bei dieser Präsentation werden die unterhaltenden Aspekte des Sports noch einmal mit den unterhaltenden Aspekten des Fernsehens gesteigert. Sport im Fernsehen ist zum Fernsehsport geworden, der eigenen Gesetzen der Inszenierung gehorcht (Stiehler 1998). Die Sportreporter sind Teil dieser Inszenierung geworden, in der kritische Berichterstattung an den Rand gedrängt wurde und kaum noch zu beobachten ist.

2 Ethische Probleme im Sportjournalismus

Die Kommerzialisierung von Sport und Fernsehen hat zu einer Beschränkung der freien Berichterstattung geführt. In komplexen Rechtepaketen werden die Fernseh Lizenzen für Sportarten verkauft. Nur wer die Lizenz zur Sendung hat, kann auch berichten, in der Regel ‚live' in der Erstverwertung und in Ausschnitten und Zusammenfassungen in der so genannten Zweitverwertung. Der freie Zugang von Journalisten zu einem Ereignis von öffentlichem Interesse wird damit eingeschränkt – es sei denn, man geht davon aus, dass es sich bei den sportlichen Ereignissen nicht um solche von öffentlichem Interesse handelt. Welche Ausmaße diese Beschränkungen annehmen können, hat im Jahr 2001 der juristische Streit um das Recht auf Kurzberichterstattung von den Spielen der Fußball-Bundesliga gezeigt. Der damalige Rechteinhaber, die Kirch-Gruppe, wollte den öffentlich-rechtlichen Sendern verweigern, Kurzberichte von den Spielen z.B. in Nachrichtensendungen zeigen zu können. In der Folge dieser Kommerzialisierung sind Sportreporter eine Ware geworden, die ebenso wie die Lizenzrechte gehandelt wird. Denn sie können nur bei den Sendern berichten, die auch die Übertragungsrechte erworben haben. Für alle anderen werden die Möglichkeiten zur Berichterstattung „immer problematischer" (Schaffrath 2002: 15).

Sportjournalisten im Fernsehen sind Teil der Unterhaltungsmaschine Sport. Sportjournalismus verkommt daher nach Auffassung des ehemaligen Sportchefs der *Berliner Zeitung* Jens Weinreich, Mitbegründer des Sportnetzwerks für kritische Sportjournalisten zur „reinen Promotion" für Athleten, Sportarten, Firmen und Produkte (zit. bei Herkel 2008: 8). Eine kritische Distanz zum Gegenstand der Berichterstattung, der an die Hörer, Leser und Zuschauer gebracht werden muss, ist eher die Ausnahme denn die Regel. Der Journalist Hans Leyendecker (2006) spricht denn auch von „klebriger Nähe" der Sportjournalisten zum Objekt ihrer Berichterstattung. Diese Nähe ist oft allerdings weniger der Kommerzialisierung geschuldet als der Tatsache, dass gerade Sportreporter oft Fans einer Sportart sind, über die sich auch berichten. Der Fan als Liebhaber hat keine Distanz zum Objekt seiner Fanbegierde, dem er sich obsessiv hingibt. „Auf den Pressetribünen der Fußball-Bundesliga wird nach einem Treffer der Lieblingsmannschaft oft gejubelt und abgeklatscht, als sei man nebenan in der Fankurve" (Ruf 2007: 25).

Sportjournalisten sonnen sich dann gern in der Nähe ihrer Stars. Die zahlreichen Duz-Freundschaften zwischen Sportjournalisten und Sportlern sind Legende.

> „Die Selbstverliebtheit der Akteure lässt Unrechtsbewusstsein nur selten aufkommen, und zudem ist in den vergangenen Jahren die Lage eher noch unübersichtlicher geworden. Poschi (ZDF-Moderator Wolf-Dieter Poschmann), Waldi (ARD-Reporter Waldemar Hartmann), Töppi (ZDF-Reporter und Duzmaschine Rolf Töpperwien) sind Verkäufer des Ruhms und werden selbst als Medienstars gerühmt. Bis zu 50.000 Euro bekommen einige der Fernsehreporter für eine Firmen-Präsentation oder für eine Moderation vor ausgewähltem Publikum eines Privatunternehmens" (Leyendecker 2006: 234).

Die Nähe zum Sport wird noch dadurch gefördert, dass einige ehemalige Sportler die Seiten wechseln und nach ihrer aktiven Laufbahn als Kommentatoren oder Reporter tätig sind, von den Schwimmerinnen Kristin Otto und Franziska von Almsick über den Handballer Stefan Kretzschmar und den Tennisspieler Boris Becker bis hin zu den Fußballern Franz Beckenbauer, Günter Netzer, Stefan Effenberg und Matthias Sammer, um nur einige zu nennen. Einige von ihnen sind auch in Doppelfunktionen tätig. So steht Franz Beckenbauer nicht nur dem Fernsehsender *Premiere* als Kommentator zur Verfügung, sondern ist auch Kolumnist der *BILD*-Zeitung und Werbeikone. *ARD*-Kommentator Günter Netzer ist Mitinhaber der Sportrechte-Agentur *Infront*, die mit Fernsehlizenzen handelt, und nebenbei natürlich auch als Werbeträger aktiv.

Die Grenzen werden fließend. Sportjournalisten werden Teil des kommerziellen Sport/Medien-Komplexes. „In keinem anderen Journalismusbereich haben sich so symbiotische Verhältnisse zwischen Akteuren und Beobachtern entwickelt" (Leyendecker 2007: 16). Im Dienste der Unterhaltung hat der kommerzialisierte Profisport eine eigene Dynamik entwickelt, die in steter Wechselwirkung mit dem Fernsehen und der Boulevardpresse den Bedürfnissen des Publikums nach Sensation und Unterhaltung gerecht zu werden versucht. Die kritische Distanz zum Gegenstand bleibt dadurch bei vielen Sportjournalisten auf der Strecke. Für sie zählen nur noch die Präsentation des Sportevents und die Nähe zu den Sportlern, denn schließlich sind beide Stars der Unterhaltungsindustrie.

Doch nicht nur die Kommerzialisierung des Sports im Sport/Medien-Komplex hat Auswirkungen auf die Sportberichterstattung, auch politische Einflussnahme spielt eine Rolle. Man muss nicht erst die Olympischen Spiele von 1936 als Beispiel heranziehen, um die politische Instrumentalisierung des Sports zu belegen. Großereignisse wie Fußball-Weltmeisterschaften oder Olympische Spiele dienen immer auch der Präsentation des austragenden Landes und seines politischen Systems. Gerade in totalitären Staaten, z.B. in der ehemaligen DDR, dient der Sport als Aushängeschild für das politische System, ihm ist er untergeordnet. Daher kann man in solchen Fällen auch von einem Sport/Politik-Komplex sprechen (vgl. Mikos/Stiehler 2003: 22). Sport hat in diesen Systemen ideologische Funktionen, als er als eines der Instrumente zur Erziehung der Menschen gesehen wird, im Fall der DDR zur sozialistischen Persönlichkeit.

Die Spezifika des Sports (und der Medien) unter dem Primat der Politik in der DDR hatten eine entsprechende Programmatik für den Sportjournalismus und das Sportfernsehen zur Folge (vgl. ausführlich ebd.). Es ging vor allem um die Vermittlung politisch-ideologischer Inhalte. Zum propagandistischen und agitatorischen Auftrag der DDR-Sportberichterstattung gehörte gemäß dem Parteiauftrag auch die Auseinandersetzung mit den Klassengegnern im Sport. Dabei galt es vor allem, die bürgerliche westdeutsche Ideologie, „[...] in der Sport nur zur Ablenkung der Massen und zum Geschäftemachen dient, zu entlarven" (Digel 1980: 514). Sportjournalismus in der DRR diente auch der Stärkung der nationalen Identität. Im Mittelpunkt der Berichterstattung standen die Ergebnisse der DDR-Athleten bei nationalen und internationalen Sportereignissen, vor allem bei Olympischen Spielen oder Welt- und Europameisterschaften. Sowohl dem Fernsehpublikum in der DDR, als auch der ganzen Welt sollte durch die Darstellung von Titel- und Medaillengewinnen die Überlegenheit des sozialistischen Gesellschaftssystems vor Augen geführt werden.

Die Orientierung auf eine positive Berichterstattung des sozialistischen Sports äußerte sich vor allem darin, dass im Gegensatz zum kapitalistischen Sport, der innerhalb der Beiträge des Sportfernsehens kritisiert werden durfte und auch sollte, dass

DDR-Sportler aufgrund mangelnder Leistungen nicht negativ beurteilt werden durften. Außerdem dienten die Sportberichte der Würdigung der Beziehungen zum sozialistischen Ausland. Auch das Starsystem des kommerzialisierten Sports westlicher Prägung war der Sportberichterstattung in der DDR nicht fremd. Für die Erziehung zur sozialistischen Persönlichkeit sollte durch die Hervorhebung des Leistungsdenkens und vorbildhafter sozialistischer Spitzensportler beigetragen werden.

Doch die Instrumentalisierung des Sports und der Sportberichterstattung hat auch ihre Grenzen:

> „Die Darstellung des Sports im Fernsehen, wie selektiv, politisch normiert, eine eigene Medienrealität des Sports konstruierend usw. sie auch immer sein mag, ist auf das Sportgeschehen mit seinen ökonomischen, politischen, institutionellen, kulturellen usw. Aspekten angewiesen. Kern des Sports ist der geregelte Wettkampf, der öffentlich stattfindet und demzufolge mehrere, auch konkurrierende Beobachter aufweist. […] Es gelten in ihm eigene Regeln und Gesetze, und zwar die politischen Systeme übergreifend. Ablauf und Ergebnisse von Sportwettkämpfen lassen sich journalistisch bearbeiten und ausdeuten, aber nicht nach politischer Rationalität und Opportunität ändern" (Mikos/Stiehler 2003: 27 f.).[1]

Sportjournalismus ist eng in das Geflecht von Sport, Politik, Werbung und Medien eingebunden. Eine kritische Berichterstattung wird so zur Ausnahme, die Präsentation des Sports zu Unterhaltungszwecken die Regel. Ethische Maßstäbe des Journalismus scheinen daher kaum zu gelten. Im Folgenden soll anhand von ausgewählten Beispielen auf die ethische Problematik eingegangen werden.

3 Beispiele

Aufgrund der Nähe der Sportjournalisten zum Gegenstand ihrer Berichterstattung ist die Grenze zur Korruption schnell überschritten. Im Jahr 2005 begann die Staatsanwaltschaft Praktiken im Sportjournalismus zu untersuchen, in die die beiden *ARD*-Sportreporter Jürgen Emig vom *Hessischen Rundfunk* und Wilfried Mohren vom *Mitteldeutschen Rundfunk* verwickelt waren. Sie hatten offenbar gegen Bezahlung so genannten Randsportarten zu Fernsehpräsenz verholfen. Sie waren nicht direkt bestochen worden, sondern hatten die Produktion von Berichten über Firmen abwickeln lassen, mit denen sie in Verbindung standen (vgl. Herkel 2008: 9; Leyendecker 2006: 235). Ihre Position verlieh ihnen eine besondere Macht, von der gierige Funktionäre profitieren wollten. Denn nur mit Medienpräsenz lässt sich die Bekanntheit einer Sportart steigern, und mit zunehmender Bekanntheit fließen Sponsoren- und Fernsehgelder.

Da sich Sponsoren auch gerne bekannter Sportjournalisten bedienen, indem sie sie für Firmenpräsentationen verpflichten oder mit ihnen werben, kaufen sie sich damit gewissermaßen auch eine unkritische Berichterstattung. Die Verbindung des *ZDF*-Reporters Poschmann zum Mineralwasser-Produzenten *Gerolsteiner*, das im Radrenn-

1 Auch wenn man dies mit gezieltem Doping versucht hat.

sport mit einem Profi-Team vertreten war, führte dazu, dass kritische Berichte über Dopingpraktiken unterdrückt wurden.

Das Thema Doping war im Fernsehen trotz einiger kritischer Journalisten wie Hajo Seppelt ein unterbelichtetes Thema. Die ARD trat gar als Sponsor des *Teams Telekom* auf und hatte einen Exklusivvertrag mit Jan Ullrich, der selbst dann noch verlängert wurde, „als längst ein hinreichend begründeter Doping-Verdacht auf ihm lastete" (Herkel 2008: 9). Als dann während der *Tour de France* 2007 mehrere Doping-Fälle bekannt wurden, stiegen *ARD* und *ZDF* noch während des Wettbewerbs aus der aktuellen Berichterstattung aus. Im Jahr 2008 war man dann allerdings wieder dabei, nun aber mit der Vorgabe nicht nur über das sportliche Ereignis, sondern auch über Dopingpraktiken zu berichten. Letzteres passt allerdings nicht in eine Medienlandschaft, in der vor allem die Unterhaltungsaspekte des Sports dominieren – schließlich geht es darum, ein Megaevent des Radsports fernsehtauglich in Szene zu setzen. Der damalige *ARD*-Programmdirektor Günter Struve stellte fest: „An den Reaktionen unserer Zuschauer konnten wir feststellen, dass eine umfangreiche Berichterstattung über die Dopingproblematik nicht immer auf großes Interesse stößt" (zit. bei Sundermeyer 2007: 13). Bei der Berichterstattung über die *Tour de France* waren die öffentlich-rechtlichen Fernsehsender selbst Teil der wirtschaftlichen Verwertung dieses Radsport-Events geworden.

Immerhin hat der Ausstieg aus der Tour-de-France-Berichterstattung im Jahr 2007 zu einem Prozess der Selbstreflexion im Sportjournalismus geführt. Während das 2006 gegründete Sportnetzwerk sich für eine Rückbesinnung des Sportjournalismus auf ethische Prinzipien stark macht, haben nach den Erfahrungen des Jahres 2007 auch die Sportjournalisten des *Westdeutschen Rundfunks* reagiert. In einer Selbstverpflichtungserklärung bekennen sie sich „zu einer qualitätsbewussten und unabhängigen Sportberichterstattung" (Herkel 2008: 9). Es geht ihnen nicht mehr nur darum, sportliche Events abzubilden, sondern auch Hintergrundberichterstattung zu bieten und investigativ zu arbeiten. Doch grundsätzlich bleibt das Dilemma bestehen, dass Sportjournalisten sich auf einem schmalen Grat zwischen Präsentation des Sportereignisses und dem Anspruch einer unabhängigen Berichterstattung bewegen.

Diesem Dilemma sind sie bei Olympischen Spielen, Fußball-Weltmeisterschaften und anderen Megaevents des Sports ausgeliefert. Im Vorfeld dieser Ereignisse wird dann gerne ausführlich kritisch berichtet, während der Live-Berichterstattung von den Wettkämpfen und Spielen unterbleibt dies dann weitgehend. So stand im Vorfeld der Fußball-Weltmeisterschaft von 1978 in Argentinien die dortige Militärdiktatur im Fokus der Berichterstattung. Sogar über einen Boykott wurde nachgedacht. Diese Haltung wiederholte sich im Jahr 2008 im Vorfeld der Olympischen Spiele in Peking. Wieder wurde ein Boykott in Erwähnung gezogen. Vor allem anhand der Situation der Tibeter und anhand des Umgangs des chinesischen Regimes mit Dissidenten wurde unter dem Aspekt der Verletzung von Menschenrechten berichtet. Speziell in der Sportberichterstattung ging es um Dopingpraktiken im chinesischen Sport. Während der Spiele dann standen die sportlichen Wettkämpfe im Mittelpunkt. Allerdings schossen nun manche Sportjournalisten in kritischer Absicht über das Ziel hinaus. Viele außergewöhnliche Leistungen wurden nun mit Doping in Verbindung gebracht, und Sportler unter Generalverdacht gestellt, ohne dass jedoch stichhaltige Beweise geliefert werden konnten. Der chinesische Sport wurde gar des massenhaften Dopings bezichtigt. Lediglich einzelne Journalisten zogen da nicht mit und berichteten, dass chinesische Sportler in erster Linie auf traditionelle chinesische Arzneien zurückgreifen. Der Journalist Martin Krauß stellte dazu fest: „Stimmt dieser Befund, muss man konstatieren, dass Doping im chinesischen Sport nicht mal annähernd den Stellenwert besitzt, den man ihm im Westen gerne zuschreibt" (zit. bei Sundermeyer 2008: 16). Mit qualitätsbewusstem Journalismus hatte die Berichterstattung wenig zu tun.

Auffallend an all diesen Beispielen ist, dass die kritische Berichterstattung im Wesentlichen nicht von den Sportjournalisten selbst betrieben wurde, sondern von Kolleginnen und Kollegen aus anderen Ressorts, z.B. Politik und Wirtschaft. Sie waren es, die Skandale aufgedeckt haben. Sportjournalisten halten sich da eher bedeckt, weil sie es sich mit den Funktionären und Sportlern nicht verderben wollen, auf die sie für ihre Arbeit angewiesen sind. Daher sind Sportjournalisten immer ein Teil des Sport/Medien-Komplexes, in dessen Rahmen sich die Professionalisierung und Kommerzialisierung des Sports vollzieht.

4 Medienethische Bewertung

Sportjournalismus dient im Wesentlichen der Präsentation von sportlichen Ereignissen. Im Rahmen des Sport/Medien-Komplexes erfüllt er vor allem die Aufgabe zu unterhalten. Er ist untrennbar mit den Verwertungsinteressen von Sportlern, Vereinen, Verbänden, Sponsoren, werbetreibender Industrie, Verlagen und Fernsehsendern verbunden. Der Erwerb teurer Lizenzrechte macht den Sport im Fernsehen zu einem wertvollen Programmgut, das – sofern es nicht aus Gebührengeldern finanziert wurde – refinanziert werden muss. Das geht nur über einen großen Erfolg beim Publikum, das möglichst nicht durch allzu kritische Berichte vom Vergnügen an Wettkampf und Spiel abgehalten werden soll.

Auf dem ersten internationalen Kongress der Sportpresse im Jahr 1924 in Paris wurde erstmals ein Ehrenkodex verabschiedet, der sich an ethischen Grundwerten orientierte:

> „Die Sportpresse will eine erzieherische Rolle spielen. Ein echter und gemeinsamer Wille beseelt die Sportjournalisten aller Länder, zusammenzuarbeiten für die Verteidigung der sittlichen Werte ihres schönen Berufs. Die Sportjournalisten betrachten die Pflege und Förderung aller der Verständigung und dem Frieden unter den Völkern dienenden fortschrittlichen und erzieherischen Bestrebungen als ihre Hauptaufgabe. [Sie] wollen den Sport seinem höheren Ziel näher bringen, den Menschen besser zu machen und sein Gemeinschaftsgefühl zu wecken. Dem Strebertum wollen die Sportjournalisten Verantwortungsbewusstsein und inneren Adel entgegenstellen" (zit. bei Leyendecker 2006: 230).

Damals gab es noch kein Fernsehen und der Sport/Medien-Komplex in seiner jetzigen Form schien noch nicht am Horizont.

Auch wenn der Journalist Thomas Wehrle (2001: 209) feststellt: „Die Fragen nach der Moral im Sport, der journalistischen Ethik und der Eigenverantwortung sind nicht unbedingt mehrheitsfähig“, sind inzwischen doch erste Ansätze einer Ethik im Sportjournalismus zu verzeichnen. Neben dem Sportnetzwerk und der Selbstverpflichtung der Sportjournalisten des *Westdeutschen Rundfunks* gibt es Überlegungen zu einer ‚Mediensportethik‘, die über eine rein journalistische Ethik hinausgeht: „Eine Mediensportethik ist anzusiedeln innerhalb der Medienethik, hat aber, wie die Bezeichnung unstrittig andeutet, auch eine hohe Affinität zur Sportethik“ (Meinberg 2007: 126). Diese Mediensportethik soll demnach als Pflichtenethik, Tugendethik, Prinzipienethik und Strebensethik formuliert werden (ebd.: 132 f.). Eine konkrete Ausformulierung steht jedoch noch aus. Immerhin wurde der Ehrenkodex aus den 1920er Jahren im Jahr 1994 unter anderem vom Verband deutscher Sportjournalisten mit einer Präambel versehen, die an die Tradition anschließt, aber einige Veränderungen berücksichtigt. So wurden auch institutionelle Aspekte aufgenommen. Dort heißt es:

> „Im Umgang mit Beteiligten und Betroffenen sind die Würde des Einzelnen, der Schutz seiner Persönlichkeit und seiner Intimsphäre zu beachten. In jedem Fall sind die Folgen der Berichterstattung zu bedenken. Eine institutionalisierte Selbstkontrolle im Sportjournalismus ist deshalb anzustreben.“ (Court 1998: 274)

Dieses hohe Ansinnen wurde jedoch nicht eingehalten, weshalb es unter anderem 2006 zur Abspaltung kritischer Sportjournalisten von ihrem Verband kam, die sich fortan im Sportnetzwerk sammelten.

Im Sinne einer ethischen Verantwortung im Sportjournalismus sollte zwischen den Sportreportern, die sportliche Ereignisse präsentieren, und Sportjournalisten unterschieden werden, die sich kritisch und investigativ nicht nur mit dem Sport, sondern auch der Sportberichterstattung in den Medien auseinandersetzen.

> „Und so wie *Wetten dass..?* nicht notwendigerweise von kritischen Journalisten inszeniert wird, so muss Sport nicht notwendigerweise von Journalisten der alten Schule auf den Bildschirm gebracht werden.“ (Wehrle 2001: 209)

Kritischer Sportjournalismus ist dennoch möglich, er wird vor allem in anderen Ressorts als dem Sport betrieben werden – und er wird eher in der Presse zu finden sein als im Fernsehen. Eine Ethik des Sportjournalismus sollte diese Differenzierung zwischen Präsentation eines sportlichen Ereignisses und kritischer Berichterstattung über dieses Ereignis anerkennen. Das heißt nicht, dass in der Präsentation kritische Töne außen vor bleiben müssen, es hilft aber, nicht in die Falle der Rollenkonflikte zu tappen. Die Nähe zum Gegenstand der Berichterstattung bleibt dem Sportjournalismus eigen. Ein Sportjournalist ist ebenso Teil der Sportindustrie, wie der Literaturkritiker Teil des Literaturbetriebes ist und der Musikkritiker Teil der Musikindustrie. Dennoch sollten und müssen die Grundsätze journalistischer Ethik beachtet werden.

Letztlich ist eine Ethik des Sportjournalismus oder eine Mediensportethik als Diskursethik zu begründen, indem die Praktiken des Sportjournalismus selbst immer wieder Gegenstand der Berichterstattung sind.

Literatur

Beck, Ulrich / Giddens, Anthony / Lash, Scott (1996): Reflexive Modernisierung. Eine Kontroverse. Frankfurt am Main.

Court, Jürgen (1998): Sportjournalismusethik / journalistisches Ethos / Medienethik. In: Gruppe, Ommo / Mieth, Dietmar (Hrsg.): Lexikon der Ethik im Sport. Schorndorf, S. 270-275.

Digel, Helmut (1980): Sportberichterstattung in der DDR – ein Modell? In: Leistungssport, 10. Jg., Heft 6, S. 510-521.

Herkel, Günter (2008): Rückbesinnung auf Fair Play. In: Menschen machen Medien, 57. Jg., Heft 5, S. 8-9.

Jhally, Sut (1989): Cultural Studies and the Sports / Media Complex. In: Wenner, Lawrence A. (Hrsg.): Media, Sports, and Society. Newbury Park u.a., S. 70-93.

Leyendecker, Hans (2006): Klebrige Nähe. Anmerkungen zur Korruption im modernen deutschen Sportjournalismus, S. 228-240 (*http://www.sportjournalismus.org/images/downloads/KIS%20 Leyendecker%202006.pdf*), Zugriff am 10.5.2009.

Leyendecker, Hans (2007): Investigativer Sportjournalismus und die Fußball-WM. In: Horky, Thomas (Hrsg.): Die Fußball-Weltmeisterschaft 2006: Analysen zum Mediensport. Norderstedt, S. 15-18.

Maguire, Joseph (1999): Global Sport. Identities, Societies, Civilizations. Cambridge u.a.

Meinberg, Eckhard (2007): Ethische Aspekte der Sportberichterstattung. In: Schierl, Thomas (Hrsg.): Handbuch Medien, Kommunikation und Sport. Schorndorf, S. 123-136.

Mikos, Lothar / Stiehler, Hans-Jörg (2003): Sport – Politik – Fernsehen: Rahmenüberlegungen zur Programmgeschichte des DDR-Sportfernsehen. In: Friedrich, Jasper A. / Stiehler, Hans-Jörg / Mikos, Lothar (Hrsg.): Anpfiff. Erste Analysen zur Sportberichterstattung im DDR-Fernsehen. Leipzig, S. 13-38.

Miller, Toby (2007): Sport, Medien und Globalisierung. In: Schierl, Thomas (Hrsg.): Handbuch Medien, Kommunikation und Sport. Schorndorf, S. 167-179.

Miller, Toby u.a. (2001): Globalization and Sport. London u.a.

Real, Michael R. (1998): MediaSport: Technology and the Commodification of Postmodern Sport. In: Wenner, Lawrence A. (Hrsg.): MediaSport. London; New York, S. 14-26.

Rowe, David (1999): Sport, Culture and the Media. Buckingham; Philadelphia.

Ruf, Christoph (2007): Teil des Milieus? In: Journalist, 57. Jg., Heft 10, S. 24-25.

Schaffrath, Michael (2002): Sportjournalismus in Deutschland. In: Schwier, Jürgen (Hrsg.): Mediensport. Ein einführendes Handbuch. Baltmannsweiler, S. 7-26.

Schwier, Jürgen (2000): Sport als populäre Kultur. Sport, Medien und Cultural Studies. Hamburg.

Stiehler, Hans-Jörg (1998): Mediensport als Unterhaltung. Allgemeinplätze zu medialen Inszenierungen. In: Soziale Wirklichkeit. Jenaer Blätter für Sozialpsychologie und angrenzende Wissenschaften 1. Jg., Heft 3/4, S. 279-289.

Sundermeyer, Olaf (2007): Sportjournalismus: Wie nachhaltig ist das Umdenken nach den Dopingenthüllungen? In: Journalist, 57. Jg., Heft 10, S. 12-16.

Sundermeyer, Olaf (2008): China 2008: So bereiten sich deutsche Redaktionen auf Olympia vor. In: Journalist, 58. Jg., Heft 6, S. 12-16.

Wehrle, Thomas (2001): Sportjournalismus und Moral oder: Dichtung und Wahrheit in der ballorientierten Unterhaltungsindustrie des 21. Jahrhunderts. In: Roters, Gunnar / Klingler, Walter / Gerhards, Maria (Hrsg.): Sport und Sportrezeption. Baden-Baden, S. 203-210.

VI. Länderperspektiven der Medienethik

Vereinigte Staaten von Amerika

Frankreich

Österreich

Schweiz

Niederlande

Mittel-, Ost- und Südosteuropa

Russland

Vereinigte Staaten von Amerika

Ingrid Stapf [1]

1 US-amerikanische Ansätze der Medienethik

Die journalistische Ethik hat sich ursprünglich in den USA entwickelt. Dort wurde 1859 das erste medienkritische Buch veröffentlicht (vgl. Rivers/Schramm/Christians. 1980: 2). Die erste systematische Medienkritik begann 1911 in einer Artikelserie *Will Irvins* über Nachrichtenmanipulationen im *Collier's Weekly*.[2] Mittlerweile ist die Medienethik zum relevanten Zweig der Medienwissenschaften mit eigenen Verbänden und eigener Zeitschrift (*Journal of Mass Media Ethics*) avanciert (vgl. Thomaß 1998: 41).

Auch im amerikanischen Diskurs der Medienethik lassen sich Bestrebungen zur Individual-, System-, Publikums- und Professionsethik finden. Für die amerikanische Medienethik typisch bleibt aber letztendlich die Betonung des *Individualismus* und des *Liberalismus*. Dies wurzelt schon geschichtlich in der Entwicklung einer Freiheitskultur, in der die Werte *Rationalität, Freiheit und Unabhängigkeit* das amerikanische Verständnis von Demokratie und Öffentlichkeit geprägt haben.[3]

Das Pressewesen der USA baut auf den Liberalismus und eine *Libertarian Theory of the Press* auf.[4] Unter Betonung des autonomen Individuums und des Glaubens an Verstand und Rationalität, wurde die Pressefreiheit gewährleistet, damit die Presse frei von Staatskontrolle die ‚Wahrheit' suchen kann. Neben der Idee des ‚open market place of ideas' von John Milton[5], die dem Menschen die Freiheit zuwies, aufgrund seines Verstandes durch einen ‚self-righting process' die Wahrheit zu finden, waren es

---

1 Der Text ist entnommen aus: Stapf, Ingrid (2006): Medien-Selbstkontrolle: Ethik und Institutionalisierung. Konstanz: 228-246.

2 Will Irwin (1911): „The American Newspaper". Fünfzehn Artikel in „Collier's" zwischen dem 21. Januar und dem 29. Juli 1911 (zitiert nach Rivers/Schramm/Christians 1980: 2).

3 Siebert/Peterson/Schramm (1956) postulieren, dass die Medien die Form und Färbung der sozialen und politischen Strukturen annehmen, innerhalb deren sie operieren. Sie extrapolieren vier Theorien der Presse: *Authoritarian Theory* (16./17. Jh.); *Soviet Communist Theory* (basierend auf marxistischem Determinismus); *Libertarian Theory* (spätes 17./18. Jh, Blütezeit im 19. Jh.) sowie die *Social Responsibility Theory/New Libertarian Theory* (20. Jh.).

4 Die „Libertarian Theory" basiert auf Descartes, John Locke, John Milton, Thomas Paine und Thomas Jefferson sowie John Stuart Mill (vgl. Rivers/Schramm/Christians 1980: 38ff.).

5 John Milton (1644): Aeropagita (vgl. Milton 1951).

die Ideen von Thomas Jefferson (1904) und utilitaristische Grundprinzipien John Stuart Mills[6], welche die strukturelle Gewährleistung der Vielfalt an Ideen propagierten, damit sich die Wahrheit im Prozess entwickeln kann. Betont wird, wie hier bei Mill (1996: 18), die individuelle Meinungsfreiheit:

> „If all mankind minus one, were of one opinion, and only one person were of the contrary opinion, mankind would be no more justified in silencing that one person, than he, if he had the power, would be justified in silencing mankind."

Die Presse hatte die Funktion, zu informieren, zu unterhalten, als ‚Vierte Gewalt' die Regierung zu kontrollieren und zum ‚open marketplace of ideas' beizutragen. Jedem stand dabei das Recht zu, eine Einheit der Massenkommunikation zu besitzen und zu betreiben. Charakteristisch für die *Libertarian Theory of the Press* ist die *Betonung individueller Autonomie* (vgl. Christians/Ferré/Fackler 1993: 25f.). Dementsprechend sahen die klassischen Liberalen „the press as a social force that, like the autonomous self, somehow floated independently of the historical order and freed people from the tyranny of ignorance and superstition" (ebd.: 27). Die Instrumente der Kommunikation waren privat und konkurrierten miteinander. Im Streben nach finanzieller Unabhängigkeit hatten die Medien zudem eine Verkaufs- und Werbefunktion. Die Pressefreiheit wurde in den USA also als eine *Selbstregulierung im freien Markt durch offenen Wettbewerb* definiert. Um frei und unabhängig vom Staat Informationen und Meinungen zu veröffentlichen, erhielt die Presse verfassungsrechtlichen Schutz.

An der Spitze des amerikanischen Grundrechtskatalog steht die Bekräftigung der *Meinungs-* und *Gewissensfreiheit*, von *freier Presse und freier Religionsausübung.*[7] Garantiert wird das Verbot von Zensur und von jeder Einschränkung der Pressefreiheit durch den ersten Zusatzartikel der Verfassung von 1789, das *First Amendment*:[8]

> „Congress shall make no law respecting an establishment of religion, or prohibiting the free exercise thereof; or abridging the freedom of speech, or of the press; or the right of the people peaceably to assemble, and to petition the Government for a redress of grievances."

Anfang des 20. Jahrhunderts vollzog sich ein Wechsel zu einem weniger radikalen Bild der Pressefreiheit. In dieser Zeit rückte die Frage in den Vordergrund, wer die Presse kontrollieren solle, die selbst zu einer institutionalisierten Kontrollinstanz geworden war. Kritisiert wurde, dass die Medien ihre Macht zu eigenen Zwecken nutzten und sich in den Dienst der Unternehmen anstatt der Öffentlichkeit stellten. Außerdem hätten die Medien die öffentliche Moral gefährdet und die Privatsphäre Einzelner

---

6 John Stuart Mill (1859): On Liberty (vgl. Mill 1996).

7 Nach *Dreyer* (2000: 25f.) liegt in dieser Prioritätensetzung ein Unterschied zum deutschen Grundgesetz. Steht im deutschen Grundgesetz ein philosophisches Bekenntnis zur Menschenwürde (Art. 1 GG) an der Spitze, so beginnt die amerikanische *Bill of Rights* mit einem konkreten, politischen Recht, das die freie Meinungsäußerung als Zentralelement partizipatorisch-demokratischer Kultur in den Mittelpunkt rückt.

8 Zur Geschichte und Struktur des *First Amendment* vgl. Dreyer 2000.

missachtet (vgl. Siebert/Peterson/Schramm 1956: 77ff.). Das liberale Modell wurde durch die Forderung nach einer *gesellschaftlichen Verantwortung* ergänzt. Im Zuge technologischer und industrieller Veränderungen, Kritik an den Medien aufgrund ihres Einflusses, dem intellektuellen Klima der Zeit und Entwicklungen zu einer Profession des Journalismus wich das Konzept bedingungsloser Freiheit zunehmend der Idee der Selbstregulierung.[9]

Das Bemühen, professionelle Arbeitsregeln, die ethische Standards widerspiegeln, zu kodifizieren, ging auf akademischer Seite mit einer Medienkritik einher, die nicht stark zwischen Wissenschaft und Ethik trennte. Die amerikanische Medienkritik und -ethik hatte im Zuge einer allgemeinen Professionalisierung in den 20er Jahren ihren Schwerpunkt, als die bis dahin vereinzelte Presse- und Medienkritik zu einer „regelrechten Konjunktur der öffentlichen Kritik an den journalistischen Praktiken" (Boventer 1983: 19; so z.B. Sinclair 1919; Lippmann 1920, 1922) führte. Die Funktionsweise der Medien wurde kritisch geprüft, und die Presse und Journalisten wurden an ihren Legitimationsansprüchen gemessen.[10]

Gemeinsam war den Autoren dieser Zeit die Auffassung von Ethik als einer moralischen Verantwortlichkeit in der professionellen Gemeinschaft.[11] Die „richtige Handlung" wurde nicht anhand abstrakter Prinzipien bestimmt, sondern war eingebettet in soziale Verbindungen, da die Presse als ein „instrument of public service" (vgl. Christians/Ferré/Fackler 1993: 33) konzipiert wurde. Als erstes Werk zur Medienethik gilt Crawfords *The Ethics of Journalism* von 1924. Vom Individuum ausgehend, war darin die soziale Verträglichkeit der Profession wichtiges Ziel:

> „It is a truism that no human institution is more potent, for the good or the evil of society, than the press. It is of the utmost importance, therefore, not alone to journalists, but to the general public as well, that its standards of practice shall be such as to further the best interests of society." (Crawford 1924: vii)

Anstatt Regeln zur Orientierung für junge Journalisten zu formulieren, sollten diese dabei unterstützt werden, ihre eigene ethische Philosophie zu entwickeln, die „realistic, discerning, intellectually honest, and applicable to the press as a social institution" (ebd.) ist. Schon damals war die Öffentlichkeit skeptisch, ob die Presse ihre öffentlichen Aufgaben tatsächlich erfüllte. Beklagt wurden beispielsweise die Unterdrückung,

9 Ausnahmen dazu existieren auch unter Richtern des Supreme Court, die noch für eine unbedingte Freiheit eintreten, z. B. Justices Hugo L. Black und William O. Douglas, die keinerlei Einschränkung des First Amendment für verfassungsgemäß halten (vgl. Dreyer 2000; vgl. Rivers/Schramm/Christians 1980).

10 Ein Beispiel ist das Konzept der Fairness im Rundfunk, das 1929 gerichtlich eingefordert wurde, wonach „the public interest requires ample play for the free and fair competition of opposing views on the air". Seitdem gelten die Sendefrequenzen als „public property", die Betreiber als „public trustees".

11 Nach Christians/Ferré/Fackler (1993: 32) bildeten fünf Werke (Crawford 1924, Flint 1925, Gibbons 1926, Douglass 1929, Henning 1932) die akademische Grundlage für die amerikanische Lehre der Medienethik.

die falsche Wiedergabe oder die Manipulation von Nachrichten (vgl. ebd.: 39-63). Grund dieser Probleme war, nach Crawford, „not corruption, but ignorance, inertia, and fear – the same type of ignorance, the same type of inertia, and the same type of fear that permeate American life“ (ebd.: 74). Notwendig sei daher die *Kompetenz* gut ausgebildeter und erfahrener Personen. Als hoffnungsvollstes Zeichen in diese Richtung galt die *Professionalisierung* des Journalismus (vgl. ebd.: 145).

Das Denken dieser Autoren der 20er Jahre bettete die Presse jedoch noch in die klassische liberale Theorie ein und betonte die individuelle Autonomie und negative Freiheit mit einem Sinn für „communal duty“ (Christians/Ferré/Fackler 1993: 34f.). Nach der Veröffentlichung Crawfords verschwand der Ethikbegriff viele Jahre aus dem Diskurs. Pressefreiheit bedeutete Autonomie, nicht Dienst an der Gemeinschaft. Der moralische Reporter strebte nach Objektivität und Neutralität beim Berichten über Fakten, bis die *Hutchins Commission* in den 40er Jahren den Begriff der „sozialen Verantwortlichkeit“ einführte, der sich allerdings nie ganz durchsetzte. Die Medienethik hatte dann in den 70er Jahren (im Zusammenhang mit der Watergate-Affäre) sowie im Rahmen neuer Kommunikationstechnologien einen weiteren Höhepunkt. Skandale und Krisen lösten einen Glaubwürdigkeitsverlust („credibility gap“) aus, der in den 80er-Jahren vermehrt medienethische Publikationen auslöste.

Gegenwärtige amerikanische deskriptive Medienethiker – wie Hulteng, Swain, Isaac, Goodwin, Fink, Meyer, Klaidman – propagieren, nach Christians, noch immer diesen ‚libertarian individualism‘:

> „Thus the ethics of individualism and independence that took shape during the formative 1920s and 1930s was firmly in place by the 1950s. Although ameliorated by the community consciousness of the 1920s and questioned by the Hutchins Commission in 1947, an ethics of individual rights and personal decision making in terms of a day-by-day orientation began controlling the agenda. And journalism ethics is still characterized by the same individualistic assumptions.“ (ebd.: 39)

Die Medienethik in den USA ist demnach praktizistisch und subjektorientiert ausgerichtet (vgl. Debatin 2003b: 219), wie die Definition von Medienethik von Gordon, Kittross und Reuss (1996: 6) zeigt:

> „[Media ethics is] a branch of philosophy seeking to help journalists and other media people determine how to act in their work. In its practical application, it is very much a normative science of conduct, with conduct considered primarily self-determined, rational, and voluntary.“

Grundsätzlich lassen sich zwei Hauptrichtungen medienethischer Diskurse in den USA unterscheiden: die *persönlich-individuelle* und die *sozial-kommunitaristische Medienethik* (ebd. 3ff.).

1.1 Personal/Individual Media Ethics

Der Ansatz der *Personal/Individual Ethics* hebt die persönliche moralische Entwicklung des Journalisten hervor.[12] Im Zentrum der ‚libertarian ethics' steht das autonome Individuum, das die Gesellschaft durch individuelles Entscheiden verbessern soll.

1.1.1 Deskripitiv-kommunikationswissenschaftliche Medienethik

Ein Großteil amerikanischer Medienethiker zählt zur *deskriptiv-kommunikationswissenschaftlichen Medienethik*. So will Swain (1978) Berufsanfänger durch das Aufzeigen von ethischen Dilemmata und dazu Stellung nehmenden Kodizes zur Entwicklung einer persönlichen Philosophie anregen. Ziel ist ein hohes ethisches Niveau der professionellen Arbeit jedes Einzelnen in den Medien. So auch bei Rubin (1978: 31):

> „We are always obliged to make ethics personal, to involve ourselves in the search for higher standards. And in the process a personal question arises: What am I doing about what I have discovered?"

Die Behandlung ethischer Fragen bleibt letztlich eine Sache von „personal integrity for individual reporters with or without resource to a written code" (Swain 1978: xi). Auch für Rubin (1978: 9) sind selbst auferlegte ethische Standards des Individuums die Antwort auf ethische Dilemmata. Zentral für die moralische Arbeit ist die Unabhängigkeit des Reporters.

US-Autoren, wie Goodwin (1983) oder Meyer (1986), definieren Ethik anhand persönlicher Überzeugungen und Entscheidungen der Reporter und reichern diese – oft basierend auf Ergebnissen von Interviews und Umfragen – mit Illustrationen tatsächlichen moralischen Verhaltens von Journalisten an. Ziel ist es, systematisch zu beschreiben, wie ethische Entscheidungen unter Medienpraktikern funktionieren. Auch für Hulteng hat Ethik mit richtigem Verhalten aufgrund von Pflichten oder Überzeugungen zu tun. Seine individualistischen Annahmen nehmen jedoch die Profession als Rahmen:

> „Ethics and ethical decisions are personal matters, but in a professional field the way in which they are approached affects all of those who work in that field. Every journalist has an obligation to his or her colleagues." (Hulteng 1985: 44)

Journalisten als „intellectual gatekeepers of our society" bedürfen „personal and professional consciences" (ebd.: 62). Als einzige Garantie der Integrität gelten der Charakter und das Gewissen der Medienproduzenten und -eigentümer, die, aufgrund eines persönlichen Kodex, einen Beitrag zum Allgemeinwohl leisten sollen. Ideal sei

---

12 Siehe auch den Beitrag von Hömberg und Klenk zu individualethischen Ansätzen in diesem Band.

> „[…] leadership imbued with a sense of responsibility to the public and a staff conscientiously attempting to put into practical effect the generalized codes and principles of the field. Where ownership and staff do not see alike the journalism ethics – and the public – inevitably must suffer […]. There must be a sense of calling and commitment, an individual response to the concept of journalism as a form of public service." (ebd.: 217)

Obwohl diese Ansätze die Strukturen des Marktes und die Notwendigkeit von Qualitätskontrolle in Unternehmen berücksichtigen, bleiben sie, nach Christians, klassisch-liberal oder neoliberal ausgerichtet und sehen ihren Zweck in der Forderung nach mehr Kompetenz. Der Hang zum Individualismus spiegelt sich auch in der universitären Ausbildung wider, in der die Medienethik relativ flächendeckend eingebunden wird. Es existiert eine Vielzahl von Lehrbüchern zum Thema (vgl. z.B. Christians u.a. 2005; Day 2003; Black/Steele/Barney 1999; Patterson/Wilkins 2002). Anhand von Fallstudien – 98 % der didaktischen Techniken (vgl. Lambeth/Christians/Cole 1994) – besteht ihr Ziel v. a. im „fostering moral reasoning skills" (ebd.: 22). Debatin (2003: 21) kritisiert, dass die Ethik dabei oft auf die Applikation von moralischen Handlungsanleitungen und Einüben von Werthaltungen reduziert wird und Ethik-Theorien eklektizistisch und ahistorisch kombiniert und instrumentalistisch auf Fälle angewandt werden. Auch werde darin oft die Spannung zwischen Individuum, Organisation und Gesellschaft ignoriert oder auf individuelle Handlungsstrategien reduziert.

1.1.2 Libertarians

Ein Beispiel der amerikanischen Individualethik, wie er für Vertreter des Liberalismus typisch ist, stellt Merills Ansatz dar (vgl. Merrill 1989; Merrill 1977; Merrill/ Lowenstein 1971; Merrill/Odell 1983). Zentral ist die individuelle und engagierte Selbstverpflichtung eines subjektiven Journalismus (vgl. Boventer, 1983: 32). Merrill hebt die Prozesshaftigkeit der Moralentwicklung hervor.[13] Prozesshaftes Denken scheint dem Journalismus demnach angemessener als das Denken in Ausschließlichkeitskategorien. Journalismus ist im Hinblick auf seine Widersprüche und Gegensätzlichkeiten in neuen Thesen und Synthesen im dialektischen Prozess aufgehoben. Beim „dialectical journalist" bedingen Freiheit und Verantwortung den authentischen Journalismus, denn „journalism needs ethical direction to guide its freedom" (Merrill 1989: 234).

Nach Merrill ist es entscheidend, am Freiheitsgedanken festzuhalten, obwohl der Individualismus in seiner Freiheitsbegründung immer mehr zugunsten des Systems verdrängt wird. Aus der Freiheit wird das Konzept *journalistischer Autonomie* abgeleitet. Die individualethische Komponente gilt ihm als unentbehrlich für jede journalistische Ethik:

13 In Anlehnung an Kohlberg (1964, 1981) verläuft diese Entwicklung vom *instinct* (richtiges Verhalten aufgrund von Grundbedürfnissen und Instinkten) über *custom* (in Abstimmung mit den Gewohnheiten der Gruppe) bis hin zur Stufe *conscience* (richtiges Verhalten entspricht persönlich entwickeltem Urteil).

> „Ethics is truly a personal matter, personal in the sense that it arises from a personal *concern* for one's conduct, It is also personal in the sense that one's conduct is self-directed and self-enforced [...]. [The wish to impose ethical standards externally and enforce them] is contradictory to the concept of ethics, for ethics is unenforceable. When a person's conduct is enforced, he is then under legalism, with free will taken away." (Merrill 1971: 246f.)

Diese Sicht von Ethik ist personal, direktiv und rational. Das ‚Moralisch-Werden' gilt als ein Prozess der Selbstbefreiung. Liberalen Denkern wie Merrill gilt Journalismus nicht als System oder als Profession. Da der Prozess der Institutionalisierung als kollektive oder kooperative Aktivität als eine Form von „depersonalization and social standardizing" (ebd.: 94) gilt, entspricht nur der freie Beruf dem journalistischen Pluralismus einer offenen Gesellschaft. In einer pluralistischen Gesellschaft mit widersprüchlichen Lebensweisen und politischen Ideologien gibt es daher nicht *das* Konzept von Presse-Verantwortung. Wendet man diese ethische Theorie auf den Journalismus an, wird daher klar, dass

> „[...] no set of exact rules can be formulated which will always tell the reporter what to do. What we can do [...] is to have both stimulated our audience's moral imagination and developed its analytic skills, to have sensitized it to ethical issues, and to have established an objective basis for ethical judgment." (Merrill/Odell 1983: 99)

Aufgrund seines eklektizistischen Charakters, hat der Journalismus keinen verbindlichen Kanon an Wissen und Kenntnissen vorzuweisen. Um an der Tradition des offenen Journalismus festzuhalten, werden daher auch ethische Kodizes abgelehnt. Als einzige Gewähr für Ethik und Moral gilt die *eigene Person und Individualität.* Wert- und Qualitätsbewusstsein lassen sich durch Authentizität und Integrität behaupten (vgl. Boventer 1995: 115). Verantwortung gilt hier als *rein personale Kategorie.* Verlangt werden Selbstvertrauen, Mut zum persönlichen Engagement sowie eine existentielle Selbstverpflichtung gegen Institutionalisierung und Reglementierung der Qualität (vgl. Boventer 1983: 32). Grundlage dieses Denkens ist ein extremer, am Freiheitsideal orientierter Idealismus, der auf der ‚libertarian press theory' und dem demokratischen Pluralismus aufbaut.

1.1.3 Philosophische Theorien der Medienethik

Neben den stärker empirisch-individualistischen Ansätzen existieren auch *philosophische* Theorien der Medienethik. So stellen Merrill und Odell (1983: 76) einen immanenten Zusammenhang zwischen Philosophie und Journalismus in der Ethik der USA fest, in der das Praktische und Konkrete vorherrscht. Die Philosophie soll daher die Grundlagen für den Journalismus liefern.

Auch Lambeth (1986: 25) stellt seine Medienethik auf ein philosophisches Fundament und sieht in den wissenschaftlichen Prinzipien der Philosophie einen Bezugsrahmen für die Bewertung praktischer Fälle aus dem Journalistenalltag: „There is craftsmanship in ethical reasoning as well as in gathering news". Seine Sichtweise gründet auf Mischformen des deontologischen Denkens über Moral und Ethik und verbindet Individual- und Sozialethik. Angestrebt wird die Professionalisierung des Journalistenberufes.

Auf philosophischer Basis steht auch Klaidmans Tugendethik (vgl. Klaidman/Beauchamp 1987). Dieser wendet Ethik und Moral ohne systematischen Anspruch auf die journalistische Praxis an und geht davon aus, dass die Moralphilosophie zur Evaluierung journalistischen Verhaltens beitragen kann. Tugenden können zwar weder Rechte noch Pflichten ersetzen, doch der tugendhafte Journalist erkennt die Ausübung von Pflichten und den Respekt für die Rechte anderer Menschen als fundamental für moralisches Verhalten an.

Olen (1988) entwickelt dagegen anhand moralischer Probleme der Journalisten eine *Vertragsethik,* die auf rollenbedingten Verpflichtungen der Journalisten basiert. Diese Verpflichtungen existieren „[...] when we occupy particular positions having more or less clearly defined functions [...]. Such functions are generated by the aims of the activity or institution to which the roles belong." (ebd.: 4f.)

Die rollenbedingten Verpflichtungen verhalten sich sekundär zu den allgemeinen moralischen Verpflichtungen, die von jedem gleichermaßen zu befolgen sind. Sie überragen sie nur, wenn

> „[...] these occasions are legitimate exceptions to the moral principle that ordinarily applies. That is, it must be part of the wider morality and accepted by the wider morality that the principles not be applied in these cases." (ebd.: 5)

Olen erkennt Journalismus jedoch nicht als Profession an, weil entscheidende Momente fehlen und dies nicht mit dem Geist des *First Amendments* übereinstimmt, welches dem Einzelnen Freiheit gewährt:

> „We all have the right to ask for a variety of things from our newspapers, magazines, and broadcast stations. And, within certain moral constraints, they and their journalists have the right to give them to us. Journalists have no special responsibilities that put further constraints on that right. This is what separates them from such professionals as physicians and attorneys. Physicians ought to prescribe what I need, not what I'm in the mood for. Journalists may freely give me either." (ebd.: 31)

Auch im amerikanischen Diskurs herrscht also Uneinigkeit über den Journalismus als Profession (vgl. Goodwin 1983; Weaver/Wilhoit 1996). Dabei wird auf das Spannungsfeld kommerzieller und öffentlicher Aspekte des Journalismus als Profession hingewiesen. Aus dem öffentlichen Teil des ‚Gutes' Journalismus kann die Verantwortung als professionsethisches Ziel abgeleitet werden. Der Professionsgedanke datiert auf den Anfang des 20. Jahrhunderts zurück und zeigt sich im Ausspruch Joseph Pulitzers (1904: 649): „We need a class feeling among journalists, one based not upon money, but upon morals, education and character". Die Idee ging von den kurz nach der letzten Jahrhundertwende gegründeten Journalismus-Ausbildungsprogrammen aus, die Vorbedingungen für den Journalismus als Profession schufen (vgl. Weaver/Wilhoit 1996: 1).

1.2 Social/Communitarian Media Ethics

Der Ansatz der *Social/Communitarian Ethics* betont die Bedeutung des Gemeinwohls vor der Freiheit des Einzelnen. Der Massenkommunikator richtet sich nach der Gesellschaft und den Kollegen. Die ethische Handlung ist ‚other-directed'. Die Gesellschaft soll dadurch verbessert werden, dass persönliche Belange den Bedürfnissen der Gemeinschaft untergeordnet und Entscheidungen gemeinsam getroffen werden.

1.2.1 Kommunitaristische Sozialethik

Die Medienethik Christians (vgl. Christians 1989a, 1989b; Christians/Rotzoll/Fackler 1991, Christians/Ferré/Fackler 1993) basiert auf der Sozialethik. Ziel ist eine erfahrungsgesättigte Ethik (vgl. Boventer 1995: 79) als Instrumentarium für moralisches Gefühl und Urteil. Anhand von Situationen, die zu Verwicklungen im Mediengeschäft führen, soll dem einzelnen Journalisten gezeigt werden, dass Entscheidungen in die Güterabwägung von Werten, Pflichten und Neigungen eingebunden und Maßstäbe des Handelns zu finden sind. Eine Journalistenethik, die von Berufsehre ausgeht und Selbstdisziplinierung fordert, reicht heute nicht aus, da sie sich durch wirtschaftliche Machtansprüche missbrauchen lässt und subjektive Interessenwahrnehmung erlaubt. Notwendig wird eine *systematische Perspektive.*

Christians verwendet ethische Fallstudien zur Entscheidungsfindung für seine Medienethik. Die Kluft zwischen täglicher Medienpraxis und Theorie soll überbrückt werden, indem analytische Fähigkeiten entwickelt und ethisches Bewusstsein gefördert werden. Dies kann durch die Anreicherung von Erfahrung auch die Qualität des Diskurses erhöhen (vgl. Christians/Rotzoll/Fackler 1991: xvii). Dazu schlägt Christians ein Modell sozialethischer Argumentation vor – die „Potter-Box". Diese dient als ein quasi-technisches Hilfsmittel zur Fallanalyse.

Obwohl nur das Individuum personaler und authentischer moralischer Agent sein kann, ist, nach Christians, Verantwortung unter den Individuen eines Unternehmens oder einer Organisation zu verteilen und muss im sozialen Kontext stehen: „Individuals are not wholly discrete, unrelated, atomistic entities, they always stand in a social context with which they are morally involved." (ebd.: 24f.) Sozial verantwortliche Presse ist ein Prozess des ‚moral reasoning', nach dem der Handelnde Prioritäten setzt und ihnen gemäß lebt (vgl. ebd.: 412). Aufgabe der Medien ist es, dem demokratischen Leben zu dienen. Die soziale Verantwortung der Medien besteht im „appeal to the ethics of telling the truth over making profits, telling all of the truth over exposing special interests, and practicing truthtelling with the flinty eye of fairness" (ebd.: 411f.).

Für Christians soll die Sozialethik das Programm der *Hutchins Commission* auf kommunitaristischer Basis, d. h. durch die Integration von Person und Gemeinschaft in ein kommunitaristisches Ganzes fortschreiben.[14] Die notwendige ‚neuartige Ethik' muss ontologisch und normativ fundiert sein und sich auf eine kommunitaristische Demokratie und die Bindung durch Gegenseitigkeit mit dem Ziel kultureller Transformation gründen. Eine ‚quiescent', d. h. untätige Ethik, die nur Autonomie und Individualität zum Maßstab nimmt, ist für strukturelle Veränderungen nicht relevant. Die Massenmedien sind vielmehr als eine soziale Institution zu konzipieren, deren organisatorische Strukturen zentral sind. Eine normative Sozialethik der Medien artikuliert das notwendige Verhältnis zwischen Presse und Gesellschaft und stellt Fragen in Bezug auf Wirtschaft, Management, politische Ideologie und Verteilungsgerechtigkeit. Nur so ist Ethik „substantive ethics in which the central questions are simultaneously social and moral in nature" (Christians/Ferré/Fackler 1993: 47).

Die angestrebten Ziele der Medien müssen von der angewandten Ethik behandelt werden. Die normativen Prinzipien oder ethischen Protonormen ‚truthtelling', ‚commitment to justice', ‚freedom in solidarity' , ‚respect for human dignity' sind universell und überkulturell. Sie sind universell, da sie in der Natur der Menschlichkeit begründet sind. Sie sind überkulturell, da sie in der Natur des Menschen gründen. Zudem benennt Christians drei Basis-Prinzipien, die sich für die Kritik von Konventionen und Kodizes der Medien eignen und gleichzeitig Basis einer gemeinsamen Moral sein können: ‚human dignity', ‚truthtelling' und ‚nonviolence' (Christians/Traber 1997: 341).

1.2.2 *Social Responsibility Theory*

Vertreter der *Social Responsibility Theory* berufen sich auf den angelsächsischen Liberalismus, den sie mit den Erfordernissen der Massenkommunikation der Gegenwart verbinden wollen. Ausgehend vom *Konzept der sozialen Verantwortung* kann gesellschaftliche Verantwortung nur durch Journalisten selbst verwirklicht werden. Obwohl Journalismus keine Profession ist, können Maßstäbe eines professionalisierten Berufsbewusstseins erwartet werden (vgl. Boventer 1983: 34). Soziale Verantwortlichkeit bedeutet, nach Rivers, Schramm und Christians (1980: 143), Unabhängigkeit von Markt und Regierung:

> „In the zeal to resist the favors and manipulations of public relations, government, business, special interests, and individuals, there is a sharp danger that the most powerful instruments of mass communication will run over them. The problem is one of balance."

14 Der *Kommunitarismus* strebt eine Politik für das Allgemeinwohl unter Betonung der Demokratisierung an. Danach muss die Politik der Gemeinschaft wieder hergestellt werden, um Kontrolle über die Megastrukturen des modernen Kapitals und der Technologie zu gewinnen (vgl. Christians/Ferré/Fackler 1993: 45).

Notwendige Standards für Verantwortung sind *Wahrheit* und *Fairness*. Kodizes können Hilfe anbieten „in defining the public good as seen by responsible media people" (ebd.: 144). In Anlehnung an die *Hutchins Commission* verteilen Rivers, Schramm und Christians die Verantwortung für Veränderung auf die Ebenen Regierung, Medien und die Öffentlichkeit: „What we must strive for is a desirable balance in the media so that they serve the public responsibly with fair and truthful news and representative diversity in entertainment." (ebd.: 269) Dabei ist es die primäre Verantwortung der Medien, höchstmögliche Qualität anzubieten – fair und wahrheitsgemäß und im Bewusstsein der Bedürfnisse und Interessen der Öffentlichkeit. Dies wird durch Selbstregulierung und Professionalisierung angestrebt.

1.3 Die Publikumsethik

Die meisten medienethischen Theorien der USA lassen sich in die Systematik von *personal/individual* und *social/communtarian ethics* einreihen. Neben den bereits explizierten Ideen zur *Publikumsethik* nach Christians existieren weitere Ansätze zur Publikumsethik.[15] Massenmedien sind z. B., nach Thayer (1980: 7), zu verstehen „as an aspect of the larger human context of which they are a part". Oft werde den Menschen ihre Wahl dadurch abgesprochen, dass soziale Probleme durch Abstraktionen wie ‚die Medien' erklärt werden. Problematisch sei Annahme der *Nicht-Verantwortung* durch viele Sozialwissenschaftler und Medienkritiker:

> „[…] morality cannot be legislated. [...] It is ultimately the ‚consumers' who determine whether a system of mass communication is moral or not. In denying the ‚consumer's' choice and thus responsibility, we make the problem of media morality unsoluble. If we shift responsibility to the politician or the bureaucrat, we still have to ask, do we not: And what is his or her motive? [...] It is thus that our cultural tendency to deny choice and responsibility in consumer behavior soon turns against us." (ebd.: 16)

Die Verantwortung liegt danach auch beim Konsumenten, denn

> „[…] consumer preferences and consumer behavior are guided and sanctioned by other consumers. There is no way to make ‚the media' moral or ethical. Mass commmunication systems will be no more, no less, moral and ethical than the ‚epistemic communities' of which they are comprised." (ebd.: 25f.)

Dies hat Konsequenzen für die Sichtweise der Massenkommunikation: Die Mediennutzung reflektiert die Werte und Interessen einer Kulturgemeinschaft, zu denen Nutzer gehören und an denen sie ihr Verhalten orientieren. Demnach kann die Moraliät ‚der Medien' als solche nicht beurteilt werden. Denn welche ethischen und moralischen Probleme auftauchen, hängt ab von der Nutzung durch die Produzenten und Konsumenten (vgl. ebd.: 36).

---

15 Siehe auch den Beitrag von Funiok zum Publikum in diesem Band.

Auch in den USA existiert die Medienethik auf verschiedenen Ebenen. Grundsätzlich unterscheidet sich die amerikanische von der deutschen Medienethik jedoch durch ihre Ausrichtung auf das Individuum. Zwar hat sich die Medienethik in den USA auch im Zusammenhang mit Bestrebungen zur Professionalisierung im Rahmen von Glaubwürdigkeitskrisen entwickelt, doch spielt der Begriff der ‚Verantwortung' selbst im Rahmen der Profession primär auf individualethischer Ebene eine Rolle. Gesellschaftliche Verantwortung wurde immer wieder auch von Medienethikern eingefordert, konnte sich im Rahmen des stark liberalistisch ausgeprägten Denkens jedoch nie richtig durchsetzen. Ähnlich umstritten ist daher jede Form der Reglementierung der Medien von außen.

2 Medien-Selbstkontrolle im Rahmen von Medienrecht und Marktmodell

Die Behandlung journalistischer Ethik hat gezeigt, dass die Idee der Selbstkontrolle in den USA tief verankert ist und sich im Zusammenspiel mit der starken Betonung der Meinungsfreiheit entwickelt hat. Ähnlich wie in der Bundesrepublik entstand die Idee der Selbstkontrolle dort aus dem starken Freiheitsgedanken, auf den das amerikanische Verständnis von Demokratie und Medien aufbaut.

2.1 Aspekte des amerikanischen Medienrechts

Zentral im amerikanischen Medienrecht ist das *First Amendment*, das als Meilenstein der Pressefreiheit gilt. Die Meinungsfreiheit von Bürgern und der Presse sind im First Amendment gleichrangig (vgl. Dreyer 2000: 27). Die Rechtsprechung tendiert dazu, persönliche Freiheitsrechte auszuweiten und behördliche und politische Stellen zurück zu drängen (vgl. ebd.: 37).

Der Stellenwert der Freiheit wird in der Interpretation des *First Amendment* von Vertretern der ‚absolutist position' sogar so stark betont, dass im Konfliktfall mit anderen Verfassungsansprüchen dem First Amendment *grundsätzlich* Vorrang zukommt.[16] Nach dieser Argumentation können den Medien keinerlei Standards vom Staat oder dem Journalismus selbst auferlegt werden. In der Medienethik fallen unter diese Richtung *Libertarians* wie Merrill, die jegliche Reglementierung der Presse ablehnen und die Verantwortung nur im Individuum lokalisieren. Nach der ‚preferred-position' dagegen werden Standards und Verantwortlichkeit als Preis der Freiheit interpretiert. Unter diese Denkrichtung fallen Vertreter der *Social/Communitarian Ethics*.

---

16 Ihre starke Position erklären die absolutistischen Vertreter mit dem ‚Slippery-slope'-Problem: Danach würde das Einlenken in einem Fall das Einlenken in anderen Fällen nötig machen und durch eine Kette von Ereignissen langsam die Unabhängigkeit der Medien gängeln (vgl. Meyer 1986; Goodwin 1983).

Rechtlich existieren jedoch auch in den USA Ausnahmen zum *First Amendment*. Damit kann auch über Rechtswege eine Rechenschaftspflicht der Medien und Journalisten eingefordert werden. Auf diese Weise können hohe Schadensersatzleistungen gegenüber Medienunternehmen oder Journalisten geltend gemacht oder die Frage nach Verleumdung (,libel') behandelt werden.[17] Weitere Einschränkungen beziehen sich auf Urheberrechte, nationale Sicherheit und staatlichen Medienbesitz (vgl. Merrill/Lowenstein 1971: 195-211). Im Zentrum staatlicher Kontrolle liegt die Regulierung des Rundfunks durch Vergabe von Lizenzen (vgl. Wilmer u.a. 2000: 96). Die für die Vergabe der Frequenzen und Lizenzen zuständige Regulierungsbehörde *Federal Communications Commission (FCC)*[18] ist bei der Lizenzvergabe verpflichtet, in allen Staaten und Gemeinden eine gerechte, effiziente und unparteiische Verbreitung von Rundfunk im öffentlichen Interesse zu gewährleisten.[19] Dieses Modell, das mit der Ausbreitung des Rundfunks zu Zeiten des Frequenzmangels Regelungen erforderlich machte, interpretiert Rundfunkmedien als *Treuhänder* (,fiduciary model').

Neben der Lizensierung haben die Sendeanstalten gesetzliche Pflichten auferlegt bekommen. Darin werden bestimmte Programminhalte, wie Anforderungen an politische Sendungen[20], das Verbot obszöner, unanständiger oder gottestlästernder Sendungen[21], Vorschriften zur Angabe des Sponsors[22] sowie zu Kindersendungen[23] reguliert. Ergriffen wurden auch Maßnahmen zur Förderung ethnischer Minderheiten

17 Hier hat der Supreme Court das Feld immer mehr zugunsten der Presse ausgedehnt und dabei den Schutz der Privatpersonen stärker akzentuiert als den von Persönlichkeiten der Öffentlichkeit.

18 Das Chaos durch den Wachstum des Rundfunks in seiner Anfangsphase führte nach dem *Radio Act (*1927) zum *Communications Act* (1934), der die Regulierungsbehörde *Federal Communications Commission (FCC)* ins Leben rief, die seitdem für die Frequenzenvergabe sowie die Lizensierung der Stationen verantwortlich ist.

19 Die von der FCC entwickelte *Fairness-Doktrin* verpflichtete dazu, der Darstellung von Meinungen zu Themen von öffentlichem Interesse eine nicht näher bestimmte Sendezeit zu widmen. Die Veranstalter sollten damit auf ein Mindestmaß an Ausgewogenheit unter den Meinungen achten. Die Fairness-Doktrin wurde zwar wieder aufgegeben, jedoch werden weiterhin Verordnungen angewendet, die aus ihr entstanden sind.

20 Veranstalter sind verpflichtet, politischen Kandidaten auf Bundesebene ,angemessenen Zugang' zu gewährleisten.

21 Sendungen mit obszönem (,obscene') Inhalt sind nicht, Sendungen mit unzüchtigem (,indecent') Inhalt sind dagegen zwischen 22:00 und 6:00 Uhr erlaubt.

22 Sponsoren sind in der jeweiligen Sendung zu nennen und in angemessener Sorgfalt zuzulassen.

23 Jeder Fernsehsender ist verpflichtet, den Informationsbedürfnissen von Kindern durch die Gestaltung eines Gesamtprogramms nachzukommen. Auch werden die Werbezeiten in Kinderprogrammen für kommerzielle Sender geregelt und von der FCC überwacht.

und Frauen.[24] Ebenfalls geregelt sind die Eigentumsverhältnisse an Rundfunksendern.[25]

Bei Zuwiderhandlungen kann die Kommission die Lizenzerteilung ablehnen, widerrufen oder für einen kürzeren Zeitraum vergeben. Sie kann gerichtlich durchsetzbare Anforderungen erlassen, Gesetzesverletzungen zu unterlassen und darf zivilrechtlich einklagbare Geldbußen verhängen. Gesetze und Verordnungen können auch strafrechtlich durchgesetzt werden. Dieses Ausmaß an Kontrolle über den Inhalt von Rundfunksendungen ist im amerikanischen Verfassungssystem ungewöhnlich und nicht für Druckmedien zulässig. Traditionell betrachten amerikanische Gerichte inhaltsbezogene staatliche Regelungen der freien Meinungsäußerung in Auslegung des *First Amendment* mit Skepsis. Inhaltliche Regelungen der verfassungsrechtlich geschützten Meinungsäußerung sind nur zulässig, wenn sie zur Förderung eines zwingenden staatlichen Interesses erlassen wurden und die Mittel anwenden, die am wenigsten einschneiden (vgl. Wilmer u.a. 2000: 107).

2.2 Aspekte des amerikanischen Marktmodells

Stärker als die rechtliche Regulierung ist die Idee einer *Regulierung der Medien durch den Markt* in den Vereinigten Staaten verankert. Dieses Modell gilt als besonders kompatibel mit den Erfordernissen der Pressefreiheit und -verantwortung und entspricht dem wirtschaftsliberalen System Amerikas. Danach erhält das Publikum über die Marktkräfte Zugang zum Spiel von Angebot und Nachfrage, um damit unternehmerische Entscheidungen der Medien zu beeinflussen.[26] Fehlformen sollen über den offenen Wettbewerb korrigiert werden.

Nach dieser Argumentation trägt der Wettbewerb auf dem Markt zu einer Beschäftigung mit ethischen und sozialen Verantwortlichkeiten bei, da immer berücksichtigt werde, was die Öffentlichkeit wolle.[27] So argumentiert Gordon (1996: 229), dass „the

24 Ende der 60er Jahre verbot die FCC die Rassendiskriminierung und verpflichtete die Rundfunkanstalten zu aktiven Maßnahmen, um Angehörige rassischer und ethnischer Minderheiten einzustellen. Diese Forderung wurde in den frühen 70er Jahren auch auf Frauen ausgedehnt (vgl. Wilmer u.a. 2000: 122f.).

25 Um den Wettbewerb anzuregen und die Programmvielfalt zu fördern, hat die FCC Vorgaben für Eigentümer von Rundfunkveranstaltern erlassen. Verordnungen zu Mehrfachbeteiligungen (‚multiple ownership') und wechselseitigen Beteiligungen (‚cross ownership') beschränken die Anzahl von Stationen im Fernsehen oder Rundfunk, die eine Einzelpartei national oder regional bzw. am selben Ort besitzen, betreiben oder kontrollieren darf (vgl. Wilmer u.a. 2000: 115ff.). Allerdings gibt es nur wenige Grenzen für Monopolisierungsbestrebungen der Medienwirtschaft in den USA. Nachdem im Jahr 2003 eine Kartellbeschränkung aufgehoben wurde, ist die crossmediale Vermarktung einfacher geworden.

26 Eine Rolle bei dieser Konzeption spielt John Milton's Konzept des ‚marketplace of ideas', wonach sich bei größtmöglicher Freiheit alles zum Wohl der Öffentlichkeit entwickelt.

27 Im Marktmodell wird von einer absoluten Freiheit der Medien und Medientätigen ausgegangen, aus der Selbstkontrolle resultieren kann, aber nicht muss. Nach der hier verfolgten Argumentation

‚dead hand‘ of the economic marketplace“ die Medien für ihre Handlungen verantwortlich macht und dieser Druck sich positiv auf die Öffentlichkeit auswirkt. Entscheidend sei eine Erziehung der Medienkonsumenten zum aufgeklärten Umgang mit den Medien, um einen „economic marketplace where social responsibility, idealism, and ethical behavior carry economic rewards with them“ (ebd.: 235) hervorzubringen. Damit könnte die Ethik *aufgrund* des Drucks auf dem Wirtschaftsmarkt und des Publikumseinflusses relevant sein. Kritiker des Modells, wie Kittross, dagegen halten den „economic marketplace“ für „at best superfluous, and at worst counterproductive, with regard to media ethics“ (ebd.: 220). Ethischen Verpflichtungen könne nicht nachgekommen werden, wenn man sich auf den Wettbewerb verlasse.[28]

Im Rahmen dieser Marktfreiheiten wird also auf eine freiwillige *Selbstregulierung im Markt* gesetzt. Zurück geht die Idee der Selbstkontrolle auf die *Social Responsibility Theory*. Vorangetrieben von der *Commission on Freedom of the Press (Hutchins Commission)*, einer Gruppe anerkannter Nicht-Journalisten, war es die grundlegende Prämisse dieser Bestrebungen, dass die Pressefreiheit mit einer Verantwortung gegenüber der Gesellschaft einhergeht.[29] Aufgrund ihrer privilegierten Position durch das *First Amendment* habe die Presse Funktionen für die Gesellschaft und in ihrem Dienst zu tragen. Im Zusammenhang mit der Professionalisierung des Journalismus war nun von ‚press performance‘ die Rede. Standards, Normen sowie Ethik-Kodizes[30] traten in den Vordergrund. Gefordert wurden Interpretation, Partizipation und Analyse, nachdem zuvor das Objektivitätsideal vorgeherrscht hatte. Dies wird in den fünf von der *Hutchins Commission* definierten Aufgaben der Presse deutlich (The Commission on Freedom of the Press 1947: 20ff.):

- Provide a „truthful, comprehensive, and intelligent account of the day's events in a context which gives them meaning [...]. The media should be accurate. They should not lie“,

---

kann sich das Verantwortungsmodell aufgrund der Freiheiten auf dem Medienmarkt aus Freiwilligkeit entwickeln.

28 Entmann (1989) findet vier Paradoxien, die der Auffassung, der Wettbewerb der Medien auf dem freien Markt komme der Idee der Demokratie zugute, widersprechen: Trotz rascher, flächendeckender Informationsmöglichkeiten hat der Informationsstand der Bürger nicht mitgehalten; trotz aggressivem Vorgehen von Journalisten stellen die Medien keine kritische Öffentlichkeit her; Medien sehen sich zwar der aufklärerisch-journalistischen Tradition verpflichtet, sind aber unfähig zur Selbstkritik; trotz ihrer Macht sind die Medien unfähig, mehr Bürgerbeteiligung öffentlicher Kontrolle zu erwecken.

29 Auf die unter Robert M. Hutchins 1947 gegründete *Hutchins Commission* geht das Konzept der ‚Social Responsibility Theory of the Press‘ zurück, das Wahrhaftigkeit, Verständlichkeit, ein Forum für Austausch von Kommentaren und Kritik, das Widerspiegeln verschiedener gesellschaftlicher Gruppen, die Repräsentation der Ziele und Werte der Gesellschaft sowie den Zugang für alle Mitglieder der Gesellschaft betont (vgl. The Commission on Freedom of the Press 1947; Hocking 1947).

30 Z.B. *Canons of Journalism* (ASNE 1923), *Codes of Movie Industry* (1930), *Codes of Radio Industry* (1937), *Codes of Television Industry* (1952).

- serve as a „forum for the exchange of comment and criticism. [...] The great agencies of mass communications should regard themselves as common carriers of public discussion“;
- project „a representative picture of the constituent groups in society”;
- be responsible for the „presentation and clarification of the goals and values of the society“;
- provide „a way of reaching every member of society by the currents of information, thought, and feeling“.

Wege zur Verbesserung der „press performance“ lokalisierte die *Hutchins Commission* auf den Ebenen *Presse, Öffentlichkeit* und *Regierung* (ebd.: 79ff.)[31] und postulierte damit erstmals ein Mehrebenenmodell der Medienethik. Nach Goodwin wirkte sich die Idee der sozialen Verantwortlichkeit auf Journalismus-Schulen und ihre Curricula aus, wodurch die Professionsethik zunehmend in die Praxis des Journalismus gelangte.

Kritiker bemängeln das Fehlen einer philosophischen Grundlage der Theorie (vgl. Cross 1953). Ihre Prinzipien gelten als undefiniert und ethisch unausgereift (vgl. Goodwin 1983). Auch folge aus der Theorie kein ethisches Regelwerk logisch (vgl. Hulteng 1985: 12). Selbst Vertreter der Sozialethik in den USA kritisieren die *Social Responsibility Theory* als „libertarianism with a conscience“ (Christians/Ferré/Fackler 1993: x), da es ihr an einer politischen Theorie fehle, die das autonome Individuum als Hauptthese des *Libertarismus* hinterfrage. Kritisiert wird das Modell der Sozialverantwortung v. a. von liberalistischen Vertretern einer unbedingten Pressefreiheit, die in Frage stellen, „that some group [...] can and must define or decide *what* is socially responsible“ (Merrill/Lowenstein 1971: 191). Dies birgt die Gefahr staatlicher Kontrolle in sich. Der Wert der Freiheit werde, so Merrill, im Namen sozialer Verantwortung abgewertet: „Today there are many people who seem to believe that freedom to control the press is as important as, or more important than, freedom of the press“ (ebd.: 99).

Gegen diese Kritik wird argumentiert, dass keine Kontrolle, sondern *Selbst*-Kontrolle angestrebt werde (vgl. Rivers/Schramm/Christians 1980: 47). Eine fundamentale Verantwortung der Massenmedien sei es sogar

> „[…] to defend these freedoms against international forces, government, domestic power groups, individuals and even restricting influences within the media [...]. How all these forces act and interact with the media suggests the delicacy of the balance“ (ebd.: 53).

Im Streben nach Unabhängigkeit (von Markt, Staat und Spezialinteressen) sowie Balance werden daher positive Richtlinien wie Wahrheits- und Fairness-Standards notwendig (vgl. ebd.: 143).

Trotz der Umstrittenheit der *Social Responsibility Theory* hat sich das Thema Verantwortung auch im wissenschaftlichen Diskurs der USA verankert (vgl. Elliott 1986).

31 Diese Verantwortungsverteilung wurde von Vertretern der *Social Responsibility Theory* wie Rivers, Schramm und Christians (1980³) wieder aufgegriffen.

Die Polarität von Freiheit und Verantwortung bleibt zentrales Moment der dortigen Medienethik. Beide gelten als „two sides of the same coin in the American mass media system“ (Gordon/Kittross/Reuss 1996: 29).

Literatur

Black, Jay / Steele, B. / Barney, R. (1999, 3. Aufl.): Doing Ethics in Journalism. A Handbook with Case Studies. Needham Heights.

Boventer, Hermann (1995): Medienspektakel. Wozu Journalismus? USA und Deutschland. Frankfurt am Main.

Boventer, Hermann (1983): Journalistenmoral als „Media Ethics“. Kodifizierte Pressemoral und Medienethik in den Vereinigten Staaten von Amerika. In: Publizistik, 28. Jg., Heft 1, S. 19-39.

Christians, Clifford G. (1977): Fifty Years of Scholarship in Media Ethics. In: Journal of Communication, 27. Jg., Nr. 4, S. 19-29.

Christians, Clifford G. (1989a): Gibt es eine Verantwortung des Publikums? In: Wunden, Wolfgang (Hrsg.): Medien zwischen Markt und Moral. Beiträge zur Medienethik. Stuttgart, S. 255-265.

Christians, Clifford G. (1989b): Ethical Theory in a Global Setting. In: Cooper, Thomas W.: Communication Ethics and Global Change. White Plains, N.Y., S. 3-19.

Christians, Clifford G. u.a. (2005): Media Ethics: Cases and Moral Reasoning. Boston.

Christians, Clifford G. / Ferré, John P. / Fackler P. Mark (1993): Good News. Social Ethics and the Press. New York; Oxford.

Christians, Clifford G. / Rotzoll, Kim B. / Fackler, M. (1991): Media Ethics: Cases and Moral Reasoning. New York.

Christians, Clifford G. / Traber, Michael (Hrsg.) (1997): Communication Ethics and Universal Values. Thousand Oaks, CA.

Crawford, Nelson A. (1924): The Ethics of Journalism. New York.

Day, Louis A. (2003): Ethics in Media Communications: Cases and Controversies. Belmont, CA.

Debatin, Bernhard (2003): Können moralische Werte gelehrt werden? Erfahrungen mit Medienethik in der US-amerikanischen Journalistenausbildung. In: Zeitschrift für Kommunikationsökologie, 5. Jg., Heft 1/2003, S. 19-23.

Douglass, Paul F. (1929): The Newspaper and Responsibility. Cincinnati.

Dreyer, Michael (2000): Meinungsfreiheit als Verfassungsprinzip. Geschichte und Struktur des Ersten Amendments in den USA. In: Kremp, Werner (Hrsg.): Pressefreiheit in USA und Deutschland. Trier, S. 25-49.

Elliott, Deni (1986): Responsible Journalism. Beverly Hills, CA.

Flint, Leon Nelson (1925): The Conscience of the Newspaper. New York.

Gibbons, William Futhey (1926): Newspaper Ethics: A Discussion of Good Practices in Journalism. Ann Arbor, Michigan.

Goodwin, H. Eugene (1983): Groping for Ethics in Journalism. Ames, Iowa.

Gordon, A. David / Kittross, John M. / Reuss, Carol (Hrsg.) (1996): Controversies in Media Ethics. New York.

Henning, Albert F. (1932): Ethics and Practices in Journalism. New York.

Hocking, William E. (1947): Freedom of the Press: A Framework of Principle. A Report from the Commission on Freedom of the Press. Chicago.

Hulteng, John L. (1985, 2. Aufl.): The Messenger´s Motives. Ethical Problems of the News Media. Englewood Cliffs, New Jersey.

Jefferson, Thomas (1904): The Writings of Thomas Jefferson. Edited by Andrew A. Lipscomp: Memorial edition. Washington D.C.

Klaidman, Stephen / Beauchamp, Tom L. (1987): The Virtuous Journalist. New York.

Kohlberg, Lawrence (1981): The Philosophy of Moral Development. New York.

Kohlberg, Lawrence (1964): Development of Moral Character and Moral Ideology. In: Hoffman, Martin L. / Hoffman, Lois Wladis (Hrsg.): Review of Child Development Research. Vol. 1. New York.

Lambeth, Edmund B. (1986): Committed Journalism: An Ethic for the Profession. Bloomington, Indianapolis.

Lambeth, Edmund B. / Christians, Clifford / Cole, K. (1994): Role of the Media Ethics Course in the Education of Journalists. In: Journalism Educator, 55. Jg., S. 20-26.

Lippmann, Walter (1922): Public Opinion. New York: Harcourt.

Lippmann, Walter (1920): Liberty and the News. New York.

Meyer, Philip (1986): Ethical Journalism. A Guide for Students, Practitioners, and Consumers. New York; London.

Merrill, John C. (1989): The Dialectic in Journalism: Toward a Responsible Use of Press Freedom. Baton Rouge.

Merrill, John C. (1977): Existential Journalism. NY.

Merrill, John C. / Lowenstein, Ralph L. (1971): Media, Messages, and Men. New Perspectives in Communication. New York.

Merrill, John C. / Odell, S. Jack (Hrsg.) (1983): Philosophy and Journalism. New York.

Merrill, John C. / Odell, S. Jack (1983): Morality: Journalism and Ethics. In: dies. (Hrsg.): Philosophy and Journalism. New York, S. 76-105.

Mill, John Stuart (1996): On Liberty. Ware.

Milton, John (1951): Areopagitica. New York.

Olen, Jeffrey (1988): Ethics in Journalism. Engelwood Cliffs, New Jersey.

Patterson, Philip / Wilkins, Lee C. (2002): Media Ethics. Issues and Cases. New York.

Pulitzer, Joseph (1904): The School of Journalism in Columbia University; The Power of Public Opinion. New York.

Rivers, William L. / Schramm, Wilbur / Christians, Clifford G. (1980, 3. Aufl.): Responsibility in Mass Communication. New York.

Rubin, Bernard (Hrsg.) (1978): Questioning Media Ethics. New York.

Rubin, Bernard (1978): The Search for Media Ethics. In: ders. (Hrsg.): Questioning Media Ethics. New York, S. 3-39.

Siebert, Fred S. / Peterson, Theodore / Schramm, Wilbur (1956): Four Theories of the Press. The Authoritarian, Libertarian, Social Responsibility, and Soviet Communist Concepts of What the Press Should Be and Do. Urbana, Illinois.

Sinclair, Upton (1919): The Brass Check. A Study of American Journalism. Girard, Kansas.

Swain, Bruce M. (1978): Reporters' Ethics. Ames, Iowa.

Thayer, Lee (Hrsg.) (1980): Ethics, Morality and the Media. Reflections on American Culture. New York.

The Commission on Freedom of the Press (1947): A Free and Responsible Press. A General Report on Mass Communication: Newspapers, Radio, Motion Pictures, Magazines, and Books. Chicago; London.

Thomaß, Barbara (1998): Journalistische Ethik. Ein Vergleich der Diskurse in Frankreich, Großbritannien und Deutschland. Opladen.

Weaver, David H. / Wilhoit, G. Cleveland (1996): The American Journalist in the 1990s. U.S. News People at the End of an Era. Mahway, NJ.

Wilmer, Cutler u.a. (Hrsg.) (2000): Telekommunikations- und Medienrecht in den USA. Bearbeitung von W. Scott Blackmer. Heidelberg.

Frankreich

Stefanie Averbeck-Lietz & Gerhard Piskol

> « On ne saurait comprendre la presse française sans se référer à son passé. Son originalité par rapport à la presse des autres pays occidentaux s'explique autant sans doute par son histoire que par les caractères spécifiques de la société française. » (Albert 2004 : 183)

1 Charakteristika des Mediensystems

Théophraste Renaudot gilt als der Nestor der französischen Publizistik. In zahlreichen Publikationen werden Talente und Verdienste des Arztes, Politikers und Publizisten, des Herausgebers der ersten kontinuierlich erscheinenden Wochenschrift auf französischem Boden (*La Gazette* -1631) gewürdigt (vgl. Albert 2004; Saada 2008). Mit zahlreichen Veränderungen in Herausgeberschaft und publizistischer Orientierung überlebte die Zeitung bis 1915. Mit dem *Journal de Paris* erscheint die erste Tageszeitung in Frankreich 1777, ein Jahr nach der Unabhängigkeitserklärung der britischen Kolonien in Nordamerika und 12 Jahre vor dem Ende des Ancien Régime. 1789 wird mit der *Déclaration des droits de l'homme et du citoyen* (Artikel 11) ein neues Prinzip der Pressefreiheit definiert (vgl. Albert 2004: 184). Die Pressefreiheit kommt expressis verbis nicht vor, sondern wird später als Spezialfall der Meinungsfreiheit interpretiert oder gar als verfassungsrechtliches Freiheitsdefizit (vgl. Bourgeois 1999: 423) klassifiziert. Als wichtigste Gesetzesgrundlage für die Presse wird das Gesetz vom 29. Juli 1881 angesehen. Dieses „als unzerstörbares ‚Monument' geltende Gesetz" (Miége 2004/2005: 304), das inzwischen durch zahlreiche Novellierungen (Modifikationen, Ergänzungen) zu einem kaum mehr lesbaren Dokument aufgebläht wurde, konnte in der gesellschaftlichen Entwicklung Frankreichs, wie Miége schreibt, „nicht immer ohne weiteres auf die zahlreichen politischen und wirtschaftlichen Interessenkonflikte reagieren" (ebd.).

Einen radikalen Bruch (keine tabula rasa oder ‚Stunde Null') gab es in der Libération, der Zeit der Befreiung von der deutschen Okkupation. In dieser Zeit wurden, vor allem nach den Vorstellungen der Résistance, neue Ziele, Aufgaben und Strukturen (Transparenz, Pluralismus, ein solidarisches Distributions- und ein differenziertes Subventionssystem) für die französische Presse entworfen und Gesetze verabschiedet, die die Entwicklung der Presse in den letzten sechs Jahrzehnten und ihre heutige

Struktur maßgeblich geprägt haben (vgl. Albert 2004; Charon 1991, 1995, 2003; d'Almeida/Delporte 2003). Seit Jahren bereits wird aber diskutiert, wie viel die kontinuierlichen Anpassungen an die Gesetze des Marktes noch vom Wesensgehalt dieser Zielvorstellungen übrig gelassen haben.

Die französische (Tages-)Presse hatte ihren Zenit am Vorabend des Ersten Weltkrieges, mit dessen Ausbruch das „goldene Zeitalter der Presse" (l'âge d'or de la presse" 1815-1914) zu Ende ging. Vor allem in diesen knapp 100 Jahren entwickelten sich publizistische und soziokulturelle Merkmale, die heutige Besonderheiten der französischen Presse mit geformt haben. Unter dem ständigen Wechsel von garantierten Freiheiten und Repression gründeten sich Traditionen einer hintersinnigen politischen Pressesatire, der Entwicklung und Pflege der Pressekarikatur (vgl. Koch/Sagave 1984, ; Dammer 1994; Zerpka 1992), erinnert sei hier nur an den hohen Stellenwert der Karikatur in *Le Monde*.

Korruption, Skandale vor und Zensur und Propaganda während des Ersten Weltkrieges, massive Investitionen branchenfremden Kapitals in den Pressemarkt in der „Zwischenkriegszeit" (1919-1939) sowie die Kollaboration während der deutschen Besatzung waren belastende Hypotheken für den Neuanfang nach der Libération. Nach einem kurzfristigen Aufschwung (Titelzahl, Auflagenhöhe, Reichweite), der aber nie in die Nähe des Gipfels von 1914 kam, begann eine Entwicklung, die sich aus der Literatur als Beschreibung einer „latenten Dauerkrise" (Weber 2001: 38), eines kontinuierlichen Abschwungs herauslesen lässt. Dabei war und ist die presse quotidienne nationale (PQN), die nationale Tagespresse (Pariser oder Hauptstadtpresse), oft stärker betroffen als die in Titelzahl und Auflage dominierende Regionalpresse (presse quotidienne régionale, PQR).

Unter der Konkurrenz der Gratiszeitungen, der sich ausdifferenzierenden audiovisuellen Medien und dem Internet leiden beide Verbreitungstypen. Bei den Besitzverhältnissen gab es sowohl bei der PQN als auch bei der PQR gravierende Veränderungen. Vor allem die massive Intervention branchenfremden Kapitals (Lagadère *Le Monde*, Dassault *Le Figaro*, Rothschild *Libération*) stellt in der Nachkriegszeit entstandene Strukturen (Mitarbeiterbeteilungen, Redakteursgesellschaften) bei den auch international renommierten Tageszeitungen in Frage und verunsichert Journalisten in Selbstbild und Rollenverständnis.

Im Herbst 2008 hat der französische Staatspräsident, Nicolas Sarkozy, „Generalstände der Presse" (Etats Généraux de la Presse) einberufen und damit eine Debatte von Medienvertretern, Finanz- und Wirtschaftsexperten sowie Politikern über ein Zukunftsmodell für die (Tages-)Zeitung initiiert. Seit Januar 2009 liegen die Strategieempfehlungen der vier Kommissionen der „Generalstände der Presse" (Journalismus, Produktionsprozess der Presse, Auswirkungen des Internets, Glaubwürdigkeit und junge Leserschaft) in Form eines Grünbuchs vor.[1] Mit 600 Millionen Euro soll die Modernisierung der französischen Presse in den folgenden drei Jahren vorangetrieben

1 Vgl. *http://www.etatsgenerauxdelapresseecrite.fr/* (2.5.2009).

werden. Die Strukturreform bzw. Modernisierung zielt auf eine deutliche Verbilligung des Zeitungsdrucks, eine Förderung von Abonnements und Vertrieb, die Einbeziehung der Online-Zeitungen in die Subventionssysteme (Befreiung von der Gewerbesteuer) sowie die (Rück-)Gewinnung junger Zeitungsleser (ein kostenloses Jahresabonnement einer Zeitung ihrer Wahl für 18-jährige Franzosen).

Die französische Presse zeigt auffallend unterschiedliche Charakteristika: Die Zeitungen, vor allem die Tageszeitungen, scheinen sich in einer ‚latenten Dauerkrise' (geringe Titelzahl, sinkende Auflagen, bescheidene Reichweite, finanzielle Probleme) zu befinden. Die Zeitschriften sind davon mit ihrer großen Titelvielfalt und hohen Entwicklungsdynamik (Diversifizierung, Internationalisierung) sowie Akzeptanz beim Leser weniger betroffen. Charon (1999, 2001) sieht bei den verkauften Zeitschriftenexemplaren pro Tausend Einwohnern Frankreich vor Deutschland. Zeitungs- und Zeitschriftenmarkt zeichnen sich durch einen hohen Grad an Konzentration aus. Misch- und Multi-Media-Konzerne wie Lagardère und Vivendi, die auch global konkurrenzfähig sind, dominieren (vgl. Leuffen 2008).

Der Hörfunk etablierte sich in den 1920er Jahren als duales System, als ein nebeneinander von staatlichen und privatwirtschaftlichen Anbietern. Dieses System fand vor Ausbruch des Zweiten Weltkrieges (*Radiodiffusion nationale française*, RN) und vor allem in der Libération (*Radiodiffusion française*, RDF) mit dem Widerruf der Vorkriegslizenzen sein vorläufiges Ende, der Staat hatte das Monopol über den Hörfunk (1939) und ab 1949 (*Radiodiffusion et télévision française*, RTF) auch über das Fernsehen (erste Versuche 1935). Vor allem das Fernsehen wurde von den französischen Staatspräsidenten (von de Gaulle bis Sarkozy), wenn auch in unterschiedlichem Umfang, instrumentalisiert und in den Dienst ihrer politischen Vorstellungen und Regierungsstile gestellt (vgl. Seggelke 2007).

Zunehmende Kritik an der etatistischen Vormundschaft über das Fernsehen (v.a. an den rigiden Eingriffen in die Nachrichtenselektion und -gestaltung) einerseits und neue technische Möglichkeiten andererseits, mündeten 1963 in der Gründung eines zweiten Fernsehprogramms und 1964 in der Schaffung einer Anstalt des Service public (*Office de la radiodiffusion-télédiffusion française*, ORTF), die die RTF (1949) ablöste. Innerhalb dieses staatlichen Rahmens wurden 1967 das Farbfernsehen (SECAM) eingeführt und 1972 zwei Fernsehanstalten (*TF1*, *Antenne 2*) geschaffen. Im gleichen Jahr kam eine dritte hinzu, die ab 1975 als *France Régions 3* (*FR3*) sendete.

1974 wurde die ORTF unter der Präsidentschaft von Valérie Giscard d'Estaing aufgelöst und aufgeteilt in Programmgesellschaften (*TF1, Antenne2, FR3, Radio France*), in eine Produktionsgesellschaft (SFP) und in eine Gesellschaft zu Aufbewahrung und langfristigen Sicherung von Ton- und Bildträgern (INA). Aber auch bei dieser Reform sicherte sich der Staat Kontroll- und Einflussmöglichkeiten (Personalentscheidungen: Wahl der Intendanten, finanzielle Zuwendungen und Festlegungen für die Programme: cahiers de charge).

„Diese Überlagerungen von politischem Macht- bzw. Regierungswechsel und Reformen im audiovisuellen Sektor haben in Frankreich Tradition. So gab es allein in den letzten 25 Jahren mehr als ein Dutzend Reformen. Und es waren die Sozialisten unter Mitterrand, die in den 80er Jahren den großen Anstoß zu Liberalisierung, Privatisierung und Kommerzialisierung im französischen Rundfunk- und Fernsehmarkt gegeben haben. Beschleunigt wurden diese Umbauprozesse durch nachfolgende Regierungswechsel. Umbenennungen und Umstrukturierungen der zentralen Regulierungsbehörde – 1982 Haute Autorité de la Communication Audiovisuel (HACA), 1986 Commission Nationale de la Communication et des libertés (CNCL) und 1989 Conseil Superieur de l'Audiovisuel (CSA) – waren offensichtlicher Ausweis macht- und medienpolitischer Diskontinuität" (Piskol 1999: 25). Gleichzeitig aber waren sie auch Ausdruck medienpolitischer Ambivalenz und des Strebens nach Sicherung des staatlichen Monopols versus der marktorientierten Liberalisierungsbestrebungen, einer Auffassung vom Fernsehen als Kulturträger versus eines Fernsehens als Medium der Massenunterhaltung (vgl. Lamizet 1999; Machill 1997; Miége 2004/2005; Meise 1995; Ott 1990).

Die radikalste Veränderung bei der Dualisierung des Rundfunksystems war zweifellos die Privatisierung des reichweitenstärksten Senders des Service Public (TF1) und die Vergabe der Lizenz an den Bauunternehmer Bouygues. *TF1* ist trotz sinkender Marktanteile der Marktführer im französischen Fernsehmarkt (vgl. die kontinuierlichen Erhebungen des Marktforschungsinstituts Médiamétrie). Zu diesem Sender gehören die 100%-Töchter *La Châine Info* (LCI) – ein Fernsehnachrichtenkanal, der im Juni 2008 von 7,1 Millionen Haushalten abonniert war –, *EUROSPORT* und *TV Breizh*, ein Generalist für die Familie mit einem kleinen Programmanteil in bretonischer Sprache. Auf der privatkommerziellen Seite sind beispielhaft *M6* (vgl. Piskol/Melzer 2003) sowie der Pay-TV-Sender *Canal+* (Vivendi) zu nennen.

Ein „Minimalkonsens" der „Jahrhundertreform" (Meyer 2001; Piskol 1999) der Regierung Jospin war die Schaffung einer Holding (*France Télevision*), unter deren Dach *France 2*, *France 3* und *France 5* (1994 durch die Regierung Balladur als Bildungsfernsehen geschaffener Sender *La Cinqième*) vereint wurden. Heute gehören auch *France 4* und *France Ô* zur Holding. Bei dem Paket an neuen Regelungen sei hier nur auf die Reduzierung der Werbezeiten für *France 2/France 3* von zehn auf acht Minuten verwiesen.

Die weitere Reduzierung von Werbung, ihre schrittweise Abschaffung für den Service public ist ein Anliegen, das seit Januar 2008 auf der medienpolitischen Agenda von Staatspräsident Sarkozy steht (vgl. Piskol 2008). Seit dem 05. Januar 2009 („le choc du 5 janvier") strahlen die öffentlichen Sender zwischen 20.00 Uhr abends und 06.00 Uhr morgens keine Werbung mehr aus, ab 2012 sollen die Programme des Service public werbefrei sein.

Anfang März 2009 hat die Rundfunk-Reform im Senat die letzte parlamentarische Hürde genommen. Der Président-Directeur Général von *France Télévision* wird zukünftig direkt vom Staatspräsidenten ernannt, nach einer Zustimmung (après avis conforme) der Regulierungsbehörde CSA. Kritiker der Reform sehen in diesem Maßnahmepaket (u.a. Werbefreiheit des service public, eine neue Steuer für privatkommerzielle Sender und Telefongesellschaften zur Querfinanzierung dieser Werbefreiheit sowie eine Gebührenerhöhung) eine Revitalisierung der Bevormundung zur Zeiten der ORTF (vgl. Girard 2008; Dutheil 2009).

2 Stand, Träger und Positionen der medienethischen Debatte: Von der „déontologie" zur „éthique des médias"

Die französische Medienethik versteht sich seitens der Praktiker ebenso wie der Ausbilder in den vielen privaten und den wenigen universitären Journalistenschulen traditionell als „déontologie", als Handlungsethik oder „Pflichtenlehre" für den einzelnen Journalisten (vgl. Thomaß 1996, 1998; Charon 2003: 207). Bertrand beschreibt die Deontologie als Bündel ungeschriebener moralischer Anleitungen, die sich innerhalb des Berufsfeldes entwickelt haben (vgl. Bertrand 2002: 23f.). Im gleichen Sinne definieren Lamizet und Silem (1997: 179) die Pflichtenethik im *Dictionnaire encyclopédique des sciences de l'information et de la communication*, betonen aber auch, dass die Deontologie die Beziehungen der Journalisten zu den Konsumenten ihrer Produkte und zur Öffentlichkeit betreffe. Thomaß hat indes vor allem den Handlungskontext des direkten Arbeitsumfeldes als relevant für deontologische Überlegungen ermittelt. So übernehmen Chefredakteure (für die Redaktion) sowie Journalistenorganisationen (für den Berufsstand) repräsentative Funktionen und vermitteln normative Leitbilder (vgl. Thomaß 2000: 48). Reputation ist so an die Anerkennung innerhalb der Peer-Group rückgebunden.

Pigeat (1997: 215) bewertet die medienethische Reflexion in Frankreich im Vergleich zu anderen Staaten der westlichen Welt als unterentwickelt („moins développé"). Hier allerdings sind unterdessen, zehn Jahre später, Korrekturen angebracht: Denn auch in Frankreich beginnt sich der Diskurs um Medienethik zu akademisieren und zu systematisieren. Die akademische Forschung zur Medienethik begreift sich als interdisziplinär, wird aber weitgehend im Umfeld der „Sciences de l'information et de la communication", also der Kommunikationswissenschaft (die in Frankreich die Medienwissenschaft integriert), geführt sowie in bestimmten Milieus einer interdisziplinären Kommunikationssoziologie. Hier ist aus mehreren Richtungen ein Auftakt zu einer Metaethik zu verzeichnen, die über Berufsmoral und Ausbildungsfragen hinausgreift. Innovative Konzeptualisierungen kommen aus:

- der Fachsoziologie im Umfeld von Pierre Bourdieu und seines selbst prominent als Journalist tätigem Schüler Serge Halimi (vgl. Bourdieu 1996; Halimi 1997). Sie kritisieren, basierend auf Bourdieus Konzepten des sozialen Feldes und des Habitus, die Expansion des Journalismus gegenüber dem (schwindenden) Feld der Intellektuellen – einhergehend den Verlust von Peer-Group-Reputation gegenüber Auflagenzahlen, Einschaltquoten und Prominenz (vgl. auch Hanitzsch 2008);

- aus der Kommunikator- und Berufsfeldsoziologie, die kommunikationshistorische Wurzeln hat, nämlich den Prozess der Professionalisierung nachzeichnet (vgl. Rieffel 1984; Delporte 1999; Ruellan 1993; Mercier 2007);
- aus einer Media-Governance-Perspektive, die sich an der US-amerikanischen Kommunikationsforschung orientiert, als deren Protagonist Jean-Claude Bertrand zu nennen ist. Seine Vorschläge für ein „Media Accountability System" betonen Selbst- und Koregulierung – auch wenn solche Konzepte in Frankreich kaum umgesetzt sind (vgl. Bertrand 2002);
- aus der medienökonomischen Forschung, hier vor allem aus der Beobachtung von Konzentrationsbewegungen, die mit einer Einschränkung von publizistischer Vielfalt einhergehen (vgl. Sonnac 2006);
- aus diskursanalytischer Perspektive, die sich mit der Qualität von „Mediendiskursen" (vor allem im und durch das Fernsehen) befasst. Die Perspektiven reichen von sozial-konstruktivistischen Ansätzen, die Mediendiskurse eher beschreiben als bewerten (vgl. Charaudeau 2005), bis zu explizit normativen, die indes ebenfalls empirische Befunde, etwa Diskurs- und Inhaltsanalysen, einbeziehen (vgl. Koren 2008). Gemeinsam haben sie, dass sie über eine Berufsethik hinausgehen und diskursethisch argumentieren. Im Zentrum neuerer Ansätze stehen dabei die Kategorien der „kollektiven Verantwortung" („responsabilité collective") und der „Wahrhaftigkeit" („sincerité"). Koren führt diese Kategorien aber nicht auf Habermas zurück, sondern auf Max Weber, Hannah Arendt und Hans Jonas (vgl. Koren 2008). Verantwortung wird dann nicht mehr individuell begriffen, sondern als „système" – als Interaktionssystem von Verantwortlichkeiten und Zuschreibungen. Hier werden „Verantwortungsketten" („chaines de responsabilité") festgestellt und Fragen nach der Verantwortung „für was", „für wen" und „wovor" gestellt (vgl. Rabatel 2005). Das sind ähnliche Fragen, wie sie im deutschen Sprachraum Bernhard Debatin oder Rüdiger Funiok stellen (vgl. Debatin 2005; Funiok 2007: 63ff.). Weiterhin werden im frankophonen Diskurs derzeit Konzepte einer medienkritischen Zivilgesellschaft an diesen gestuften Verantwortungsbegriff geknüpft, an die sich ihrerseits publikumsethische Perspektiven zur Rezeption von Mediendiskursen anschließen lassen (vgl. Rabatel/Koren 2008: 12ff.). Damit hängen zusammen:
- Überlegungen zu neuen Formen des Journalismus im Internet, nämlich Blogs und Webportalen, die insbesondere in Bezug auf US-amerikanische journalistische Leitbilder („public journalism") diskutiert werden (vgl. Tétu 2008). Tétu verortet kollektive Verantwortung vorrangig in der Zivilgesellschaft und eines an ihr orientierten journalistischen Handelns, das gestützt werden soll durch Kodizes, also Selbstregulierung, und – komplementär – eine Unternehmensethik der Medienorganisationen (vgl. ebd.: 72).

3 Landesspezifische Besonderheiten und aktuelle Entwicklungen

Die akademische Medienethik scheint der Praxeologie in den Journalistenakademien, dem Selbstverständnis der Journalistengewerkschaften und dem journalistischen Handeln voraus zu sein: Bastin stellt in einer quantitativen Diskursanalyse zur Berichterstattung über den in der französischen Öffentlichkeit als symptomatisch sowohl für journalistisches als auch Justizversagen wahrgenommenen Fall „Outreau“[2] fest, dass von einer sozialen und kollektiven, selbstreflexiven Verantwortung der französischen Medien nach wie vor keine Rede sein könne: Die Medien reklamierten die Verantwortung der Justiz für deren Irrtum, aber nicht ihre eigene Zuschreibung von Täterschaft an die 13 (!) vermeintlichen ‚Kinderschänder‘ die schließlich nach mehrjähriger Untersuchungshaft unschuldig aus dem Gefängnis entlassen wurden. Die journalistische Verantwortung, so Bastin, werde nach wie vor einzelnen Journalisten zugeschrieben – hier wirke die „Charta von 1918“ nach, die den Verantwortungsbegriff individualisiere (vgl. Bastin 2008: 104). Diese Charta formulierte 1918 das *Syndicat national des journalistes (SNJ)* als immerhin ersten nationalen Journalistenkodex weltweit (vgl. Bertrand 2002: 44). Er ist Vorlage für diverse Redaktionsstatute (vgl. Alix 1997: 102f.). Allerdings ist der Pressekodex veraltet; er entspricht der aktuellen audiovisuellen und digitalen Medienordnung nicht mehr – wird aber trotzdem von Journalisten auf diese angewandt (vgl. Pigeat/Huteau 2000: 422).

Ein regionaler oder nationaler Presserat existiert in Frankreich nicht. Ombudsstellen sind häufiger anzutreffen als in Deutschland (die bekannteste wohl der “médiateur“ von *Le Monde*; auch *France 2*, *France 3*, *RFI* und *Radio France* unterhalten solche). Im Vergleich mit anderen Ländern entspricht auch dies allerdings nur einer schwachen Institutionalisierung (vgl. Pigeat/Huteau 2000: 419). Redaktionsstatute und Ethikkodizes erfahren gleichwohl seit einiger Zeit seitens der Medienschaffenden große Zustimmung (vgl. Charon 2003: 208). Gestärkt werden könnte nicht zuletzt aus einem „Abwehrreflex“ gegen den Staat (vgl. Abschnitt 1) künftig auch der kritische Medienjournalismus.

Historisch begründbar ist aus Frankreichs eng miteinander verbundener Politik- und Pressegeschichte die Dominanz des parteilichen Journalismus (vgl. Requate 1995: 51-106). Die traditionelle Nähe zwischen Journalismus und Politik („connivence“) bricht indes langsam auf: Seit den 1990er Jahren nähert sich das berufliche Selbstverständnis tendenziell dem angelsächsischen Typ an und führt weg vom älteren Ideal der Orientierungsfunktion über „Meinungsjournalismus“ (vgl. Thomaß 1998: 80) hin zu einem unabhängigen, über den politischen Parteien stehendem Selbstverständnis, das sich als informierend und investigativ versteht (vgl. Preisinger 2002). Dies zumindest ermitteln Thomaß und Preisinger in ihren Journalistenbefragungen – die aller-

2 Im Mai 2004 nahm im nordfranzösischen Outreau ein aufmersamkeitserregender Prozess gegen Pädophilie eine unerwartete Wende, nachdem die Hauptbelastungszeugin unerwartet zugab, andere Angeklagte wider besseres Wissen und unrechtmäßig mitbeschuldigt zu haben.

dings möglicherweise eher Selbstbilder von Journalisten als die reale Berichterstattung wiedergeben (vgl. Thomaß 1998: 106f.). Außerdem ist der Begriff der „Unabhängigkeit" weniger als Moment der Unabhängigkeit von Fremdsteuerung zu verstehen, sondern wiederum als individuelle Autonomie des Journalisten (vgl. McMane 1992, 1998). Dem angelsächsischen Modell des „neutralen Beobachters" entspricht das nicht, sondern wiederum eher dem des Kommentators. Hier ist allerdings anzumerken, dass das etatistische Mediensystem Frankreichs den Kommentar als journalistischen Gegenpol – auch und gerade im Sinne der kritischen Kontrolle der Politik – möglicherweise geradezu herausfordert.

Probleme, die aktuell in der akademischen französischen Literatur zur Medienethik thematisiert werden sind: mangelnde Selbstregulierung durch den fehlenden Presserat, die Nähe der meinungsführenden Pariser Presse zur Politik, in der Ära Sarkozy direkte politische Einmischung sowie zunehmend ein personalisierender Politikjournalismus und die Hybridisierung zwischen politischer Kommunikation und „Life Style" (vgl. Maigret 2007), branchenfernes Kapital und Konzentrationsprozesse am Medienmarkt, welche die Anbietervielfalt einschränken und offenbar langfristig zu einem Abbau von Politikjournalismus führen (vgl. Fioretti 2008), gesellschaftlich dysfunktionale Interdependenzen zwischen Journalismus, PR und Werbung sowie Defizite und Chancen der (akademischen) Journalistenausbildung.

Literatur

Albert, Pierre (1998, 2004, 2008): La presse française. Paris.

Albert, Pierre / Freund, Wolfgang S. / Koch, Ursula E. (1990): Allemagne-France. Deux paysages médiatiques. Frankreich-Deutschland. Medien im Vergleich. Frankfurt / Main u.a.

Alix, Francois-Xavier (1997): Une éthiqe pour l'information. De Gutenberg à l'internet. Paris.

d'Almeida, Fabrice / Delporte, Christian (2003): Histoire des médias en France de la Grande Guerre à nos jours. Paris.

Balle, Francis (1999): Médias et sociétés: presse, édition, internet, radio, cinéma, télévision, télématique, cédéroms, DVD, résaux multimédias. 9ième ed. Paris.

Bastin, Gilles (2008): Une exception d'irresponsabilité. Médias et journalistes dans l'affaire d'Outreau. In: Questions de Communication, No. 13, S. 89-107.

Bertrand, Jean-Claude (2002): Media Ethics and Accountability Systems. 2nd ed. London, New Brunswick.

Bourdieu, Pierre (1996): Sur la télévision. Paris.

Charaudeau, Patrice (2005): Les médias et l'information. L'impossible transparence du discours. Edition rénouvelé. Bruxelles.

Charon, Jean-Marie (2003): L'éthique des journalistes au XXième siècle. De la responsabilité devant les pairs aux devoirs à l'égard du public. In: Le temps des médias, No. 1, S. 200-210.

Charon, Jean-Marie (2003): Les médias en France. Paris.

Charon, Jean-Marie (2001): La presse magazine. Un média à part entière? In: Réseaux, Vol. 19, S. 55-78.

Charon, Jean-Marie (1999): La presse magazine. Paris.

Charon, Jean-Marie (1995): Cinquante ans de presse française. In: Médiaspouvoirs, No. 39-40, S. 53-61.

Charon, Jean-Marie (1991): La presse en France de 1945 à nos jours. Paris.

Dammer, Karl-Heinz (1994): Pressezeichnung und Öffentlichkeit im Frankreich der Fünften Republik (1958-1990): Untersuchungen zur Theorie und gesellschaftlichen Funktion der Karikatur. Münster; Hamburg.

Debatin, Bernhard (2005): Verantwortung im Medienhandeln. Medienethische und handlungstheoretische Überlegungen zum Verhältnis von Freiheit und Verantwortung in der Massenkommunikation. In: Wunden, Wunden (Hrsg.): Freiheit und Medien. Beiträge zur Medienethik. Frankfurt / Main, S. 113-130.

Delporte, Christian (1999): Les journalistes en France 1880-1950. Paris.

Derieux, Emmanuel (1995): Droit des médias. Paris.

Eveno, Patrick (1996): Le Monde. Histoire d'une entreprise de presse 1944-1945. Paris.

Feyel, Gilles (1999): La presse en France des origines à 1944. Histoire politique et matérielle. Paris.

Funiok, Rüdiger (2007): Medienethik. Verantwortung in der Mediengesellschaft. Stuttgart.

Girard, Laurence (2008): Médiafrictions: Fronde contre la réforme de l'audiovisuel public. In: Le Monde, Vol. 64 (26. November), S. 17.

Halimi, Serge (1997): Les nouveaux chiens de garde. Paris.

Hanitzsch, Thomas (2007): Die Struktur des journalistischen Feldes. In: Altmeppen, Klaus-Dieter / Hanitzsch, Thomas / Schlüter, Carsten (Hrsg.): Journalismustheorie: Next Generation. Soziologische Grundlegung und theoretische Innovation. Wiesbaden, S. 239-262.

Huteau, Jean / Ullmann, Bernard (1992): AFP: une histoire de l'Agence France-Presse, 1944-1990. Paris.

Junqua, Daniel (1999): La presse, le citoyen et l'argent. Paris.

Junqua, Daniel (1996): La presse écrite et audiovisuelle. Paris: Éditions du Centre de formation et de perfectionnement des journalistes (CFPJ).

Koch, Ursula E. / Sagave, Pierre-Paul (1984): „Le Charivari" Die Geschichte einer Pariser Tageszeitung im Kampf um die Republik (1832 bis 1882). Köln.

Koren, Roselyne (2008): „Ethique de conviction" et/ou „ethique de responsabilité". In: Questions de Communications, No. 13, S. 25-45.

Lamizet, Bernard (1999): Histoire des médias audiovisuels. Paris.

Lamizet, Bernard / Silem, Ahmed (1997): Dictionnaire encyclopédique des sciences de l'information et de la communication. Paris.

Le Champion, Rémy / Danard, Benoît (2000): Télévision de pénurie, télévision d'abondance. Des origines à Internet. Paris.

Le Floch, Patrick / Sonnac, Nathalie (2000): Économie de la presse. Paris.

Leuffen, Dirk (2008): Frankreich. In: Hachmeister, Lutz (Hrsg.): Medienpolitik. Ein Handbuch. München, S. 117-122.

Machill, Marcel (1997): Frankreich Quotenreich. Nationale Medienpolitik und europäische Kommunikationspolitik im Kontext nationaler Identität. European Journalism Review Series. Berlin.

Maigret, Eric (2007): L' Hyperprésident. Paris.

Martin, Laurent (2001): Le Canard enchaîné ou les Fortunes de la vertu. Histoire d'un journal satirique 1915-2000. Paris.

Mathien, Michel (2002): La presse régionale. Neuilly-sur Seine.

McMane, Aralynn Abare (1998): The french journalist. In: Weaver, David (Hrsg.): News people around the world. Creskill, N.J., S. 192-212.

McMane, Aralynn Abare (1992): Vers un profil du journalisme ‚occidental'. Analyse empirique et comparative des gens de presse en France, au Royaume-Uni, en Allemagne et aus Etats Unis. In: Réseaux, No. 51, S. 67-74.

Meise, Martin (1995): Die Entwicklung des französischen Fernsehens vom Staatsmonopol zum dualen System: eine Untersuchung des Wandels institutioneller Rahmenbedingungen und ökonomischer Strukturen. Frankfurt / Main u.a.

Meyer, Rudolf (2001): Das neue Mediengesetz – Minimalkonsens satt Jahrhundertreform. In: Weber, Thomas / Woltersdorf, Stefan (Hrsg.): Wegweiser durch die französische Medienlandschaft. Marburg, S. 114-122.

Miège, Bernard: Das Mediensystem Frankreichs. In: Hans-Bredow-Institut (Hrsg.): Internationales Handbuch Medien 2004/2005. Baden-Baden, S. 304-316.

Mercier, Arnaud (2007): Sciences de la communication et journalisme: De la compréhension des dérives à l' amélioration des pratiques. In: Studies in Communication Sciences, Vol. 7, S. 39-59.

Ott, Michaela (1990): Die Liberalisierung des französischen Rundfunks unter François Mitterrand (1981-1988). Frankfurt Main u.a.

Pigeat, Henri (1997): Médias et déontologie. Règles de jeu ou jeu sans règles. Paris.

Pigeat, Henri / Huteau, Jean (2000): France. In: ies.: Déontologie des médias. Institutions, pratiques et nouvelles approches dans le monde. Paris, S. 419-427.

Piskol, Gerhard (2008): Rundfunk„Revolution" in Frankreich? Sarkozy will öffentliches Fernsehen ohne Werbung. In: Fernseh-Informationen, Nr. 1, S. 30-31.

Piskol, Gerhard (2006): France 24 – „CNN á la française"? Internationaler französischer Nachrichtensender startet. In: Fernseh-Informationen, Nr. 11, S. 30-31.

Piskol, Gerhard (2005): TV-Revolution in Frankreich. Digitales Antennenfernsehen vermehrt das Programmangebot. In: Fernseh-Informationen, Nr. 4, S. 23-25.

Piskol, Gerhard (1999): Keine Jahrhundertreform. Das neue Kommunikationsgesetz in Frankreich. In: Fernseh-Informationen, Nr. 7, S. 25-28.

Piskol, Gerhard/Melzer, Helmut (2003): Loft Story – eine Mutation von Big Brother im französischen Fernsehen. In: Französisch heute, 34. Jg., S. 87-92.

Preisinger, Irene (2002): Information zwischen Interpretation und Kritik. Das Berufsverständnis politischer Journalisten in Franreich und Deutschland. Opladen.

Rabatel, Alain (2008): Pour une conception éthique des débats politiques dans les médias. In: Questions de communication, No. 13, S. 47-69.

Rabatel, Alain / Koren, Roselyne (2008): La responsabilité collective dans la presse. In: Questions de communication, No. 13, S. 7-24.

Requate, Jörg (1995) : Journalismus als Beruf. Entstehung und Entwicklung des Journalistenberufs im 19. Jahrhundert. Deutschland im internationalen Vergleich. Göttingen.

Rieffel, Rémy (1984): L'élite des journalistes. Les hérauts de l'information. Paris.

Saada, Anna (2008) : Die Entfaltung des französischen Zeitungswesens. In: Welke, Martin / Wilke, Jürgen (Hrsg.): 400 Jahre Zeitung.Bremen, S. 175-185.

Seggelke, Sabine (2007): Frankreichs Staatspräsident in der politischen Kommunikations. Öffentlichkeitsarbeit in der 5. Republik. Münster, Hamburg.

Tétu, J.-F. (2008): Du „public journalism“ au „journalisme citoyen“. In: Questions de communication, No. 13, S. 71-88.

Thomaß, Barbara (2000): Berufliche Sozialisation und Ethik der Medienmacher. Empirische Ergebnisse aus Ausbildungsinstitutionen und Journalistenorganisationen in drei europäischen Ländern. In: Rath, Matthias (Hrsg.): Medienethik, Medienwirkungsforschung. Opladen, S. 45-62.

Thomaß, Barbara (1998): Journalistische Ethik. Ein Vergleich der Diskurse in Frankreich, Großbritannien und Deutschland. Wiesbaden.

Thomaß, Barbara (1996): Journalistische Ethik. Die französische Diskussion um déontologie. In: Publizistik, 41. Jg., S. 172-186.

Thomaß, Barbara (1993): Arbeit im kommerziellen Fernsehen: quantitative und qualitative Effekte neuer Anbieterformen in Deutschland, Belgien, Frankreich, Großbritannien und Spanien. Münster ; Hamburg.

Zerpka, Christophe (1992): Die politische Pressesatire in Frankreich und Deutschland nach dem Zweiten Weltkrieg (1944/45-1990). Berlin, Univ., Diss.

Internetquellen

afp (2008): Les recommandations des états généraux de la presse présentées le 8 janvier. *http://www.lemonde.fr/web/depeches/0,14-0,39-37972684@7-58,0.html.* (23.12.2008)

Altwegg, Jürg (2008): Sarkozy und die Presse in Frankreich. „Gratis ist der Tod der Zeitung“ *http://www.faz.net/s/Rub475F682E3FC24868A8A5276D4FB916D7/Doc~E33F2E7F81A6C43958B2CF6047E3516DD~ATpl~Ecommon~Scontent.html.* (6.10.2008)

Dutheil, Guy (2009): Télévision sans „pub“: le choc du 5 janvier. Article paru dans l'édition du 04.01.09. *http://www.lemonde.fr/actualite-medias/article/2009/01/03/television-sans-pub-le-choc-du-5-janvier_1137390_3236.html.* (4.1.2009)

Fioretti, Natascha (2008): Die schleichende Entmündigung. *http://www.ejo.ch.* (21.11.2008)

Loi du 29 juillet 1881 sur la liberté de la presse. Version consolidée au 19 novembre 2008 *http://www.legifrance.gouv.fr/affichTexte.do?cidTexte=LEGITEXT000006070722&dateTexte=20090105.* (5.1.2009)

Santi, Pascale (2008) : Des Etats généraux à la rescousse de la presse. Article paru dans l'édition du 01.10.08. *http://www.lemonde.fr/actualite-medias/article/2008/09/30/des-etats-generaux-a-la-rescousse-de-la-presse_1101242_3236.html#ens_id=1101323.* (1.10.2008)

Santi, Pascale (2008a): La rédaction du „Figaro" dénonce l'omniprésence de Serge Dassault. LE MONDE | 01.10.08 | 14h27, Mis à jour le 01.10.08 | 14h27. Article paru dans l'édition du 02.10.08. *http://www.lemonde.fr/actualite-medias/article/2008/10/01/la-redaction-du-figaro-denonce-l-omnipresence-de-serge-dassault_1101707_3236.html#ens_id=1076545.* (1.10.2008)

Österreich

Franzisca Weder

„Die gesamte Geschichte der Entwicklung öffentlicher Einrichtungen ist eine Geschichte fortwährenden Kampfes, besondere Gruppen daran zu hindern, den Regierungsapparat zum Nutzen des Kollektivinteresses dieser Gruppen zu missbrauchen" (Coleman 1995b: 28).

In der ersten Dekade des neuen Jahrtausends scheint es Jahr für Jahr notwendiger zu werden, sich mit Medienethik in Österreich auseinanderzusetzen; und dies ist durchaus zweideutig gemeint. Einerseits verlangen die journalistischen Praktiken um das ‚neue Leben' der Natascha Kampusch oder den Inzestfall von Amstetten nach ethischer Reflexion. Auf der anderen Seite steht die Renaissance des 2002 abgeschafften Presserates als Organ der Selbstkontrolle an. „Österreich ist anders" schreibt in diesem Sinne das kritische Magazin *Falter*[1]. Der österreichische Medienmarkt wird bestimmt von der überschaubaren Landesgröße, der Radio- und Fernsehmarkt war bis vor wenigen Jahren in den Händen eines Monopolisten, länger als in den europäischen Nachbarländern, die ehemaligen Ostblock-Staaten mit eingerechnet, und ist noch heute eine primär staatliche Angelegenheit. Der Printmedienmarkt ist im Vergleich zu kontinuierlichen Leser- und damit Auflagenverlusten in anderen Ländern stabil und hochkonzentriert, „verschärft" durch den Befund, „dass die vergleichsweise wenigen Titel von noch deutlich weniger Eigentümergruppen ‚beherrscht' werden, so dass die strukturellen Voraussetzungen schon für die demokratiepolitisch wesentliche Meinungsvielfalt denkbar schlecht sind" (Pirker 2007: 13). Die medienethischen Besonderheiten, speziell das Fehlen eines eigenen Selbstkontrollorgans der Medien seit 2002, unterstreichen dieses Bild: Österreich ist anders, was im Folgenden anhand eines Überblicks länderspezifischer Besonderheiten und einer Charakterisierung der Fremd- und Selbstregulierung in Österreich verdeutlicht wird.

1 Österreich – kein Presserat, keine Verantwortung?

In der Einleitung wurde das Augenmerk auf die Gleichzeitigkeit einer konzentrierten Machtverteilung insbesondere im österreichischen Printmedienbereich und dem Fehlen eines Selbstkontrollorgans gerichtet. Bedarf es in Österreich noch stärker als in

---

1 *www.falter.at/web/print/detail.php?id=699*, zuletzt abgerufen am 01. August 2008.

anderen (westlichen) Staaten der „Entmythologisierung bestehender Informations- und Medienmythen" (Schicha 2000: 61) und einer höheren Aufmerksamkeit für Medienunternehmen als zentrale Akteure in diesem Zusammenhang? Es erscheint als notwendig, einerseits einen Überblick über die Medienlandschaft und den Journalismus in Österreich zu geben und andererseits die bestehenden fremd- und selbstregulativen Instrumente zu beschreiben.

1.1 Die österreichische Medienlandschaft

Österreich ist ein Land, das, auch wenn es mit anderen (west-)westeuropäischen Medienlandschaften vergleichbar ist, viele medienethisch relevante Spezifika aufweist. Dazu gehören insbesondere die Nachbarschaft zu Deutschland und der Schweiz und damit einem großen ausdifferenzierten und gleichsprachigen Medienmarkt sowie die Dominanz des *ORF* auf dem Rundfunk- und der *Kronen Zeitung* auf dem Zeitungsmarkt. Das bestehende Rundfunksystem in Österreich ist geprägt von Frequenzknappheit, der Rundfunk-Dichotomie aber insbesondere den Instrumentalisierungsvorwürfen an das öffentlich-rechtliche Fernsehen und damit eine medienpolitische Debatte. Der Transformationsprozess der Medien, Digitalisierungs- und Konvergenzprozesse (vgl. Karmasin/Winter 2006) stellen insbesondere den *ORF* vor die Herausforderung einer neuen Selbstdefinition und damit die Untersuchung der eigenen Legitimationsgrundlagen. Österreich war das letzte Land im westlichen Europa, in dem das Monopol des öffentlich-rechtlichen Rundfunks fiel (Hörfunk 1994, Fernsehen 2001).[2] Mit der Novellierung des Rundfunkrechts und insbesondere der Erlassung des Privatfernsehgesetzes (PrTV-G) waren die gesetzlichen Rahmenbedingungen für ein duales Rundfunksystems in Österreich geschaffen (vgl. Ring 2001, Hafez 2005: 204).

Dennoch liegt der *ORF* heute mit Marktanteilen von 24,5 Prozent *(ORF1)* und 18,5 Prozent *(ORF2)* deutlich vor den aus Deutschland zu empfangenden Privatkanälen *SAT1* (6,8 Prozent), *RTL* (6,2 Prozent) und *Pro7* (4,8 Prozent); der österreichische Privatsender *ATV* liegt sogar nur bei 2,2 Prozent Marktanteil (vgl. Kaltenbrunner et al. 2007: 56). Der *ORF* steht seit der Dualisierung des Rundfunks in Österreich[3] unter dem vielfach beobachteten und diagnostizierten Druck, sich neu zu definieren. Er steht seitdem in der öffentlichen Diskussion in Bezug auf Objektivität und Transpa-

2 Ausgelöst wurde dies durch eine Entscheidung des Europäischen Gerichtshofes für Menschenrechte (EGMR) 1993 (Entscheidung, dass das Rundfunkmonopol des ORF in seiner konkreten Ausgestaltung gegen das in Art. 10 der EMRK jedermann gewährtem Recht auf freie Meinungsäußerung verstößt). Siehe hierzu EGMR, Serie A 276 = MR 1993, 239 = EuGRZ 1994, 549 = JBl 1994, 324 = ÖJZ 1994, 32. Vgl. für einen Überblick auch Götschl 1998; Grisold 1998.

3 Seit Mitte der 1990er Jahre sind diverse deutsche Privatsender zu empfangen *(Pro7/Sat1-Gruppe, RTL-Gruppe)*, seit Okt. 2002 *Go-TV* (Musik-Kanal), seit 1.6.2003 *ATV* (nationales Vollprogramm), seit 30.6.2004 *Puls TV* (Wiener Ballungsraum).

renz bei der Gebührenfestsetzung[4] sowie auf die Wahrnehmung des Informationsauftrags. Ehemalige Mitarbeiter des *ORF*, Künstler, Publizisten und Wissenschaftler haben ihre kritische Meinung zu bestehenden Defiziten in einem Sammelband mit dem Titel *Der Auftrag* publiziert (vgl. Der FreiRaum 2006). Darüber hinaus bildete sich 2006 die Plattform *SOS ORF*, die online Zehntausend von Unterschriften sammelte und mehr journalistische Unabhängigkeit forderte; (vgl. hierzu u.a. *www.sos-orf.at*; Kaltenbrunner u.a. 2007: 57).[5] Medienethisch kritisch zu hinterfragen ist auch die Verteilung der Printmedien auf wenige Eigentümer, speziell im Blick ist hier der bereits mehrfach erwähnte Monopolist *Kronen Zeitung*. Die Vertriebswege der Print-Medien richten sich nach den Druckzentren in Vorarlberg (Russ), der Steiermark (Styria), Kärnten (Mediaprint), Salzburg (Mediaprint) und Wien/Niederösterreich (Mediaprint, Taus, Goldmann). Problematisch im hier diskutierten Sinn erscheinen die Nähe zur deutschsprachigen Nachbarschaft (Verflechtung insbesondere mit Deutschen Medieneigentümern) und die Medienkonzentration.[6] Bei den ersteren ‚Vernetzungen' spielen vor allem die *WAZ-Gruppe* (Mediaprint), *Gruner + Jahr* (Verlagsgruppe News) und die *Süddeutsche Zeitung* (Standard) eine besondere Rolle. Die Medienkonzentration (vgl. exemplar. Heinrich 2001: 120, Trappel u.a. 2002, Leidinger 2003), zeigt sich dementsprechend bei der Bündelung der Printmedien in den Medienhäusern Styria *(Presse, Wirtschaftsblatt, Kleine Zeitung etc.), dem Vorarlberger Medienhaus (Vorarlberger Nachrichten)*, dem Niederösterreichischen Pressehaus (*Niederösterreichische Nachrichten* etc.) und Mediaprint (*Kronen Zeitung, Kurier* etc.) (vgl. Abb. 1) Mediaprint ist damit der größte Tageszeitungsverlag Österreichs, an dem die *WAZ-Gruppe* wiederum 50 Prozent hält.

---

4 Wie in Deutschland eine Finanzierung über Pflichtgebühren von Sehern und Hörern, durchschnittlich knapp 20 Euro im Monat (Differenzen je nach Bundesland).

5 Die damalige *ORF*-Generaldirektorin Monika Lindner bzw. dem Chefredakteur Werner Mück wurden scharf kritisiert. Die Generaldirektorin wurde im Sommer 2006 vom *ORF*-Stiftungsrat nicht erneut bestellt, der Nachfolger Alexander Wrabetz versucht seitdem u.a. mit einer vieldiskutierten und kritisierten Programmreform den ORF neu zu positionieren.

6 Die Einwohnerzahl in den einem Medienverbund zuzurechnenden Versorgungsgebieten darf nicht mehrt als zwölf Millionen sein, das Versorgungsgebiet des einer Person bzw. einem Personenkreis zugeschriebenen Medienverbundes darf acht Millionen nicht überschreiten; *www.austria.gv.at/site/cob_3820/4075/default.aspx#a5*; zuletzt abgerufen am 01. August 2008.

Abbildung 1: Österreichs Printmedien-Landschaft

Verlag	**Titel**	**Erscheinungsort**	**Eigentümer**	**Reichweite in Tsd.**	**Reichweite in %**[7]
Mediaprint	Kronen Zeitung	österreichweit	Hans Dichand 50%, WAZ 50%	2.947	42,2
Styria Medien	Kleine Zeitung	Kärnten, Ostt., Steierm.	Styria Medien	821	11,8
Mediaprint	Kurier	österreichweit	Raiffeisen 50,49%, WAZ 49, 41%	624	8,9
	Österreich	österreichweit	Wolfgang Fellner (Fellner Medien AG 100%)	600-900	k.A.
Standard Verl.ges.	Der Standard	österreichweit	O. Bronner/Privatst. 51%, Südd. Verl. 49%	352	5,0
Wimmer Medien	Oberösterr. Nachr.	Oberösterreich	Wimmer Medien	349	5,0
Styria Medien	Die Presse	österreichweit	Styria Medien	267	3,8
Moser Holding	Tiroler Tageszeitung	Tirol	Moser Holding	304	4,4
Salzburger Nachr.	Salzburger Nachr.	Salzburg, tw. Öw	M. Dasch 55,4%, T. Kaindl-Hönig 43,6%	250	3,6
Vorarlb. Zeitungsverl.	Vorarlberger Nachr.	Vorarlberg	Vorarlb. Zeitungsverl./Druckerei (Fam. Ruß)	194	2,8
Wirtschaftsbl. Verl.	Wirtschaftsblatt	österreichweit	Styria Medien 50%, Bonnier Verlag 50%	90	1,3

(Quellen: www.media-analyse.at; W&V Compact Spezial 2007; eigene Darstellung)

Die *Kronen Zeitung* ist mit einem Marktanteil von über 42 Prozent (vgl. Abb. 1) die relativ gesehen größte Tageszeitung der Welt. Medienethisch stehen die Zeitung und insbesondere der Herausgeber Hans Dichand ebenfalls weltweit wahrscheinlich einzigartig im Fokus der Öffentlichkeit. Ein immer wieder zitiertes Beispiel ist der ‚Kniefall' des ehemaligen österreichischen Bundespräsidenten Thomas Klestil vor der ‚Medienmacht', der dem Herausgeber Dichand nicht nur stolz seine Arbeitsräume in der Hofburg zeigte sondern mit diesem bei einem Guglhupf eine gemütliche Kaffeestunde verbrachte.[8]

Seit dem 1. September 2006 hat die *Kronen Zeitung* Konkurrenz bekommen: die Tageszeitung *Österreich* des Herausgebers Wolfgang Fellner (die Fellner Medien AG hält 100 Prozent der Zeitung), eine Art Mischung aus deutscher *BILD-Zeitung* und bei-

7 Für Österreich: wegen fehlender Mitgliedschaft keine Zahlen der ÖAM; im 4. Quartal 2007 verbreitete Österreich eine Auflage von 303.630 Exemplaren, davon nur 56,1% durch Verkauf, dies ergibt eine theoretische Reichweite von ca. 600.000 bis 900.00 Personen.

8 Kritisch dokumentiert in dem Film *Kronenzeitung: Tag für Tag ein Boulevardstück* der Belgierin Nathalie Borgers (2002).

spielsweise dem britischen *Daily Mirror* oder *USA Today*.[9] Auch *Österreich* bietet immer wieder Anlass zu medienethischen Debatten, wie beispielsweise ein Reporter der Zeitung, der am 27. Februar 2007 in einer Wiener Bankfiliale, in der eine Geiselnahme stattfand, eben dort anrief und versuchte, ein Interview mit dem Geiselnehmer zu führen. Ein Vergleich zu der Medienberichterstattung und entsprechend kritisierten journalistischen Vorgehensweisen während des Geiseldramas in Gladbeck (Deutschland) liegt nahe.[10] „Im Extremfall wird moralisches Fehlverhalten zugunsten ökonomischer Profite und unter Rechtfertigung einer Nachfrage auf dem Markt gezielt einkalkuliert." (Stapf 2005: 17) Doch: „Warum soll die Freiheit der Medien moralisch reflektiert werden wenn das Publikum ‚moralisch problematische Produkte' nachfragt" (ebd.: 20)? Dies gilt auch bei den bereits in der Einleitung angesprochenen Medienereignissen. In der niederösterreichischen Gemeinde Amstetten sperrte ein Vater seine Tochter jahrelang im Keller ein und zeugte sieben Kinder mit ihr. Die Medienberichterstattung über diesen Fall wird öffentlich vielfach diskutiert, insbesondere die Veröffentlichung privater Briefe des Opfers, der (Medien-)Tourismus an den Tatort und die Fotografen, die in den Bäumen vor dem Krankenhaus, in dem sich die Opfer befanden, auf das erste Exklusiv-Foto eben dieser lauerten. Der Fall Amstetten ist nur ein Beispiel dafür, wie Opfer einer Straftat „unter Druck gesetzt werden, an die Öffentlichkeit zu gehen. Wieder werden jene Grundsätze fahrengelassen, die im Ehrenkodex der Presse und im Medienrecht niedergelegt sind"[11]. Ein ähnliches Beispiel war die heute 20-jährige Natascha Kampusch, die sich aus jahrelanger Gefangenschaft ihres Entführers befreien konnte und nun mit Opernballauftritt und einer eigenen Talkshow versucht, die ‚Medienmeute' zu befriedigen und parallel dazu, ein eigenes, privates Leben zu führen.

Ist Österreich ein Beispiel für eine „strukturelle Verantwortungslosigkeit" der Medien (vgl. Künzli 1992: 292)? Medienselbstkontrolle kann Krisenfälle nicht verhindern, „ethische Spannungsfelder [sollten aber, FW] als wesentlicher Teil der Medienethik die Selbstkontrolle als *Prozess* vorantreiben" (Stapf 2005: 18, Herv. i. Orig., FW). Wie ist es aber um die Medienregulierung in Österreich bestellt?

---

9 Die Druckauflage lag im 4. Quartal 2007 bei 345.795 (gesamt, Mo-Sa); vgl. *www.oeak.at/daten/q4/tzü.html*, zuletzt abgerufen am 01. August 2008.

10 Zu hinterfragen sind auch die öffentlichen Machtspiele auf dem Medienmarkt; so behauptete Herausgeber Fellner, *Österreich* hätte die zweitstärkste Auflage nach der *Kronen Zeitung*; was insofern relativiert beziehungsweise revidiert werden muss, da ca. 110.000 Exemplare täglich verschenkt werden bzw. wie das Gratisblatt „Heute" der Dichand-Tochter Eva (Aufl. in Wien: 260.000) an öffentlichen Plätzen und Haltestellen des öffentlichen Nahverkehrs kostenlos ausliegen. Ohne diese Exemplare liegt Fellner mit Österreich auf Platz 4 (vgl. erneut Abb. 2) hinter *Kronen Zeitung*, *Kleiner Zeitung* und dem *Kurier*.

11 *www.falter.at/web/print/detail.php?id=699*, zuletzt abgerufen am 01. August 2008.

1.2 Österreichische Medienregulierung und das Ende des Presserates

Die grundsätzlichen journalistischen Normen Autonomie, Aktualität, thematische Universalität, Vielfalt, Objektivität und die Trennung zwischen redaktionellem Teil und Werbung (vgl. Neuberger 2004), über die sich journalistische ‚Qualität' definiert, sind auch heute der Maßstab für Vermittlungsleistungen in der Öffentlichkeit, die Strukturen dafür sind aber in Österreich nur bedingt, in Bezug auf Selbstregulierung unzureichend, auf Fremdregulierung eher zusammenhangslos, geschaffen, weshalb überhaupt Medienethik, eine Begründungdebatte der Indikatoren für das Erbringen journalistischer Leistungen (und Normen), notwendig ist.

Heute existiert in Österreich eine Kombination aus staatlichen Regulierungen für den öffentlich-rechtlichen Rundfunk (*ORF*) sowie für private Rundfunk- und Fernsehsender und Instrumenten der Co-Regulierung (vgl. hierzu und im Folgenden Gottwald u.a. 2006). Mit der *RTR* (Rundfunk und Telekom Regulierungs-GmbH) bzw. dem Bundeskommunikationssenat Medien bestehen darüber hinaus kontrollierende Einrichtungen, die aber nicht dem Modell der regulierten Selbstkontrolle[12] zuzuordnen sind; sie entsprechen eher einem Modell der gesetzbasierten behördlichen Kontrolle und damit der asymmetrischen Marktregulation. Die medienregulierende gesetzliche Grundlage ist als ein eher uneinheitliches Nebeneinander von Mediengesetz, ORF-Gesetz und einer Vielfalt eher auf Lizenz-Vergaben beschränkte Regulativen zu beschreiben (vgl. Abb. 2).

Im Printmedienbereich wurde eine staatliche Kontrolle ethischer Normen in Österreich stets abgelehnt. Deshalb verhalfen die Sozialpartner, eine in der Alpenrepublik nicht zu vernachlässigende ‚Größe' (vgl. exemplarisch Prisching 1996; Leiber 2005), mit dem *Ehrenkodex der österreichischen Presse* bereits 1961 dem Printmediensektor zu bindenden Regeln im Sinne der Selbstkontrolle. Presse-Selbstkontrolle (vgl. exempl. Suhr 1998, Wiedemann 1992), Medienselbstkontrolle (vgl. Stapf 2000, 2005), Medien-Selbstorganisation (vgl. exemplar. Jarren u.a. 2002), Selbstregulierung der Medien (vgl. exempl. Schulz/Held 2002) oder Publizistische Selbstkontrolle (vgl. Verein zur publizistischen Selbstkontrolle, *www.publizistische-selbstkontrolle.de*) – all diese unterschiedlichen Begriffe beziehen sich auf das medienethische Phänomen der systeminternen Steuerungsversuche abseits staatlicher Regulierung und Kontrolle wie einem Ethikkodex oder einem Presserat. Von den 60er Jahren bis 2001/2002 markierte der Österreichische Presserat ein Instrument dieser reinen Selbst-Regulierung. Er löste sich am Ende wegen ‚erwiesener Unwirksamkeit' zwar nicht vollständig auf[13], war aber zur formalen Untätigkeit genötigt (vgl. Leschke 2001: 127, Gottwald u.a. 2006).

---

12 Überblick zu den Modellen u.a. bei Hoffmann-Riem/Schulz/Held (2000); Schulz/Held (2000). Vgl. hierzu auch: *http://europa.eu.int/comm/avpolicy/legis/key_doc/saarbruck_en.htm*, zuletzt abgerufen am 25. August 2007.

13 Nach der Mitteilung des Verbands Österreichischer Zeitungen (VÖZ) Ende 2001, den Presserat zu verlassen, tagten die Senate mit allen Mitgliedern schließlich in einer einvernehmlichen Übergangsphase der Träger und Presseratsmitglieder nur noch bis Ende Juni 2002.

Abbildung 2: Fremdregulierung in Österreich

Europarecht	Österreich – medien-übergreifend	Österreich – medienbezogen	nicht mehr gültig	Institutionen
Art 10. EMRK Art 13 StGG Beschluss der provisorischen Nationalversammlung 1918 BVG Rundfunk (Bundesverfassungsgesetz über die Sicherung der Unabhängigkeit des Rundfunks) EG-Wettbewerbsrecht EU-Fernseh-Richtlinie („Fernsehen ohne Grenzen")	Mediengesetz Medienkonzentrationsrecht UWG Medienstrafrecht Journalistengesetz Urherberrechtsgesetz KommAustria-Gesetz	ORF-Gesetz Privatradio-Gesetz (PrR-G) Privatfernsehges. (PrTV-G) Telekommunikationsgesetz 2003 (TKG 2003) Filmförderungsgesetz Presseförderungsgesetz 2004 (PresseFG 2004) Publizistikförderungsgesetz 1984 (PubFG) Zugangskontrollgesetz (ZuKG) Verwertungsgesellschaftengesetz 2006 (VerwGEsg 2006) Verbraucherbehörden-Kooperationsgesetz (VBKG) Fernseh-Exklusivrechtegesetz (FERG) Rundfunkgebührengesetz (RGG) Kartellgesetz 2005 (KartG 2005) KommAustria-Gesetz (KOG)	Regionalradiogesetz (RRG) Kabel- und Satelliten-Rundfunkgesetz (KSRG) Telekommunikationsgesetz (TKG) Fernsehsignalgesetz (FS-G)	RTR-GmbH (Rundfunk und Telekom Regulierungs-GmbH Telekom-Control-Kommission KommAustria (Kommunikationsbehörde) Bundeskommissionssenat (Berufungsbehörde der KommAustria) Regulierungsumfeld: Eu.Kommission, intern. Regulierungsbehörden, European Regulators Group (ERG), Independent Regulators Group Information Sharing (IRGIS), Bundesministerium für Verkehr, Innovation und Technologie sowie die Oberste Post- und Fernmeldebehörde Außerdem: Bundeswettbewerbsbehörde, Bundeskartellanwalt

(Quelle: www.rtr.atm; www.austria.gv.at; eigene Darstellung)

Die Gefahr wird klar gesehen: „[W]o Selbstkontrolle aufgegeben wird, könnte Fremdkontrolle bald einsetzen" (Weyl 1988: 152); Tatsächlich fehlt seit dem Ende des Presserates also nicht nur ein Selbstkontrollorgan der österreichischen Medienlandschaft, sondern daneben besteht der Ehrenkodex quasi ohne Sanktionsmöglichkeiten weiter. Grundsatzlich gilt der journalistische Ehrenkodex heute für alle Journalisten in Österreich, da er im Kollektivvertrag angeführt ist[14] und in den Einzelverträgen für die Journalisten neben den entsprechenden speziellen Vereinbarungen zu lesen steht, dass bei allen über die festgelegten Punkte hinausgehenden Fragen der Kollektivvertrag gilt. Allerdings ist der österreichische Pressekodex im Gegensatz zu beispielsweise dem Deutschen etwas ‚dünner'; so sind nur sieben Normen verankert (der Deutsche legt sich auf elf fest, vgl. Laitila 1995: 63). ‚Truthfulness', ‚Respect for the state institutions' oder ‚Protection of the solidarity within the profession' sind u.a. nicht Teil der österreichischen Vereinbarungen; wie in allen untersuchten Ländern ist die Norm der ‚Truthfulness of information' und ‚Integrity of the source' festgeschrieben (ebd.). Auch der doppelte Trennungsgrundsatz (Nachricht und Meinung, Werbung und redaktioneller Inhalt) ist im Österreichischen als einem von 20 bzw. 15 Kodizes verankert. Doch wie bereits Rühl und Saxer andeuteten (1981: 151ff.), ist die Unterkomplexität eines derartigen Regelkatalogs für ein inzwischen stark ausdifferenziertes Mediensystem die „Sollbruchstelle des Verfahrens" (Leschke 2001: 129) – und was, wenn noch hinzukommt, dass keine Sanktionsinstanz besteht?

In Bezug auf Österreich ist aber nicht von einer haltlosen Medienlandschaft, von eingeschränkter Pressefreiheit, von die Individualrechte missachtenden Medienproduzenten und Herausgebern oder von einer völligen Auflösung von Trennungsgrundsätzen zu sprechen (vgl. Karmasin/Weder 2007). Als Maßstab der Pressefreiheit belegt beispielsweise das Ranking der Organisation ‚Reporter ohne Grenzen' für Österreich Platz 16 (2007) nach Platz 26 (2002)[15]. Auf der anderen Seite hat die Beschwerdepraxis in Bezug auf mediale Inhalte wieder leicht zugenommen; war die Anzahl der beim Werberat eingegangenen Klagen von 258 aus dem Jahr 2001 auf 113 in 2007 gesunken, liegen bereits im Juli 2008 bereits 144 Klagen vor.[16] Es bedarf also einzelner Tiefenbohrungen für eine medienethische Bestandsaufnahme von Österreich. Im Folgenden werden die Ausbildungssituation, das journalistische Selbstverständnis und die Rolle von Medienunternehmen bei der Wahrnehmung medienethischer Verantwortung einer genaueren Betrachtung unterzogen.

---

14 Download möglich unter *www.gpa-djp.at*, zuletzt abgerufen am 24. Juli 2008.

15 Der Index misst mit Hilfe eines Fragebogens den weltweiten Zustand der Presse- und Medienfreiheit. Er bildet den Grad der Freiheit ab, den Journalisten und Nachrichtenagenturen in den einzelnen Ländern genießen, wie auch entsprechende staatliche Bemühungen, diese Freiheit zu respektieren bzw. zu sichern. Die Bewertung ergab 2002 7,5 Punkte, 2007 4,25 Punkte; 2007 hatte das letztplatzierte Land Eritrea 114,75 Punkte. Fragebogen, Bewertungssystem und Ranglisten unter *www.reporter-ohne-grenzen.de*, insbes. *www.reporter-ohne-grenzen.de/archiv/ranglisten-pressefreiheit.htm* und *www.reporter-ohne-grenzen.atde/rangliste-2007.htm*, zuletzt abgerufen am 01. August 2008. Für Österreich siehe darüber hinaus *www.rog.at*, zuletzt abgerufen am 01. August 2008.

16 Vgl. *www.werberat.at/beschwerdeliste.asp*, zuletzt abgerufen am 01.August 2008.

2 Situation in Österreich – Ausbildung, journalistisches Selbstverständnis und die Corporate Responsibility von Medienunternehmen

Aktuelle Daten von zwei Studien zu Medienethik in der Ausbildung und dem journalistischen Selbstverständnis in Österreich (vgl. hierzu auch Karmasin/Weder 2007) sowie eines Forschungsprojektes zu gesellschaftlicher Verantwortung (CSR) von Medienunternehmen (vgl. hierzu Ankowitsch/Leopold/Weder 2008) zeigen im Folgenden Mängel im Bewusstsein über die Verantwortung, die Funktionen und die Möglichkeiten in Bezug auf verantwortliches journalistisches Medienhandeln. Abschließend wird ein Bezug zu bestehenden und notwendigen (Selbst-)Regulationsmechanismen auf *institutioneller* Ebene, konkret in Medienunternehmen hergestellt.

2.1 Medienethik in der Ausbildung

Eine explorative Analyse der Ausbildungssituation für Kommunikationsberufe in Österreich 2003, 2006 und 2008[17] zeigt, dass in der journalistischen Ausbildung über und abseits akademische(r) Wege Defizite vorliegen. Auch 2008 haben sich die Curricula an österreichischen Universitäten, Fachhochschulen und praxisnahen Aus- und Weiterbildungsinstitutionen nur wenig verändert, der Vergleich mit den Vorjahren zeigt nur vereinzelte Veränderungen; aktuell wurden zwischen dem 01.06. und dem 01.08.2008 bei 22 Hochschulen/Universitäten, 18 Fachhochschulen, 26 Institutionen der Erwachsenen- und Weiterbildung sowie 22 Institutionen zur journalistischen Aus- und Weiterbildung insgesamt 88 Curricula untersucht, die gesuchten Schlagworte waren *Medienethik, Journalismusethik, Kommunikationsethik, Kommunikation und Ethik, Medien und Ethik.*

Wie bereits in den Jahren 2003 und 2006 bieten die Universität Klagenfurt und die FH St. Pölten (in unterschiedlichen Studiengängen wie Medientechnik oder Medienmanagement) auch 2008 Lehrveranstaltungen zu Medienethik an; bis 2006 hatten das Institut für Publizistik der Universität Wien und die Universität Salzburg, sowie die Studiengänge Kommunikationswirtschaft und Journalismus der FH Wien ihr Curriculum um Medienethik erweitert. Dennoch hat die Umstellung auf Bachelor- und Master-Studienprogramme eine erneute Veränderung dahingehend mit sich gebracht, dass Medienethik im Jahr 2008 beispielsweise in Salzburg kein eigenständiges Pflichtfach ist, sondern unter „Kommunikationsrecht/Kommunikationspolitik (§ 7/9 des BA- und § 11/2/5 des Master-Studienplanes) subsumiert wird; auch an der FH Johanneum Graz findet sich allein das Fach Medienrecht im aktuellen Studienplan des Bachelor-

17 Vgl. hierzu insbesondere die Darstellung der Ergebnisse in Karmasin/Weder 2007; die Studie wurde im Rahmen eines studentischen Forschungsprojekts am Institut für Medien- und Kommunikationswissenschaft der Universität Klagenfurt unter Leitung der Autorin durchgeführt.

Studiengang ‚Journalismus und Public Relations'. In Wien ist Kommunikationsethik Pflichtfach im Bachelor-Studienplan und an der Donauuniversität in Krems impliziert der Universitätslehrgang ‚Qualitätsjournalismus' einen kritischen Umgang mit medienethisch relevanten Fragen. Einzelne Ausbildungsinstitutionen legen einen besonderen Schwerpunkt im Bereich Ethik, insbesondere zu nennen sei hier die Katholische Medienakademie, die nach der Grundausbildung medientheoretische Ansätze von theologischer Seite her im Studienplan integriere („vor allem an Hand von communico et progressio", so der Generalsekretär Gerhard Tschuggel in einem Brief an die Autorin vom 21. Juli 2008).

Eine qualitative Veränderung war bereits 2006 dahingehend zu beobachten, dass curriculare Inhalte online verfügbar waren und ein deutlicher Bezug zur Praxis, insbesondere dem Journalismus zu beobachten ist. Dennoch lässt sich insgesamt kein übermäßig positives Fazit bezüglich der Implementierung von Medienethik in die Curricula journalistischer Ausbildungsinstitutionen ziehen. Nach wie vor ist nur eine schwache curriculare Verankerung zu beobachten. Es stellt sich die Frage, welche Auswirkungen auf die individuelle (Berufs-)Moral der ‚Kommunikationsmanager' (insbesondere Journalisten) festzustellen sind.

2.2 Berufliches Selbstverständnis österreichischer Journalisten

Österreich hat bezogen auf die Einwohnerzahl (8,2 Mio.) relativ viele Journalistinnen und Journalisten, hier verstanden im engeren Sinne, d.h. ohne möglicherweise überlappende Bereiche wie Web-Media, Web-Publishing, Amateur- oder ehrenamtlichen Journalismus, Corporate Publishing, Marketing, PR, User-generated Content etc. Mit 87 Journalistinnnen und Journalisten auf 100.000 Einwohner liegt Österreich damit nach Finnland (154 J./100.000 Einwohner), der Schweiz und Ungarn auf Platz vier vor Deutschland (58 J./100.000 Einwohner). Die Journalistinnen und Journalisten verteilen sich zu 67 Prozent auf den Bereich Print, 17 Prozent Radio, 10 Prozent TV, 4 Prozent Online und 3 Prozent Agenturen (vgl. Kaltenbrunner u.a. 2007: 69ff., vgl. hierzu Abb. 3). Werden die Zusammenhänge zwischen Individual- und Berufsethik, Institutionenethik, System- und Sozial- sowie Publikumsethik in diesem Sinne als gegenseitig konstitutiv, sich bedingend bzw. (re)produzierend verstanden (vgl. Karmasin/Weder 2008; zur Strukturationsdynamik Giddens 1995; Weder 2007), genügt es nicht, nur die Ausbildung, speziell die Integration ethischer Reflexionen in die Curricula österreichischer Kommunikations-Studien einer genaueren Betrachtung zu unterziehen. Es ist vielmehr notwendig, sich in einem ergänzenden zweiten Schritt mit der Berufs- und damit Individualethik und dem individuellen Gewissen von Journalisten zu beschäftigen.

In den Jahren 2004/2005 wurden 122 österreichische Journalisten unterschiedlichster Mediengattungen zu ihren ethischen Einstellungen befragt[18]; als Referenzgröße diente eine Publikumsstichprobe (n = 1000). Ein Längsschnittvergleich der Daten ist einerseits zum Jahr 1994 (n = 206) (vgl. Karmasin 1996). und andererseits bei den Publikumsdaten zum Jahr 2006[19] möglich. Journalisten werden nach den Ergebnissen der Studie über die Jahre hinweg als immer schlechter ausgebildet und weniger moralisch beurteilt, als sie sich selbst einschätzen. Die Journalisten selbst gaben bei der Befragung an, dass sie relativ häufig mit Gewissenskonflikten konfrontiert sind, die Bevölkerung beschreibt dementsprechend Journalisten als nicht sehr objektiv. Im Gegensatz zu den Vergleichsdaten aus dem Jahr 1994 war mit 62 Prozent zwar drei Prozent weniger, aber dennoch ein Drittel der Befragten in ihrem Beruf zu Handlungen gedrängt, die sie mit ihrem Gewissen in Konflikt gerieten ließen. Gibt es nun einen Zusammenhang mit der von der Bevölkerung bemängelten fehlenden Objektivität? Objektivität ist für 40 Prozent der Journalisten wesentliches Ziel ihrer Arbeit. Interessanterweise hat sich aber die eigene Intention im beruflichen Handeln verändert. Gaben 1994 noch 94 Prozent der befragten Journalisten ‚Information' als zentralen Handlungssinn an, waren es 2004 nur mehr 74 Prozent; ‚Unterhaltung' stiegt parallel dazu von acht auf 36 Prozent als eine der zentralen journalistischen Vermittlungskompetenzen[20]. Sollte die Diskussion über Medienethik nun genau hier, auf der Individualebene und konkret bei der Berufs-Moral, der offenbar nur selten medienethisch ausgebildeten Journalisten, bei den spezifischen Problemen ihrer Berufsausübung und ihrem Gewissen ansetzen? Ist auf der anderen Seite nicht jeder Journalist über seine Berufsrolle in marktförmige, hierarchische oder anders zu definierende Organisationsstrukturen eingebunden, ist sein Handeln nicht abhängig von einem Strukturzusammenhang aus Regeln und Ressourcen, die ihn in seiner Individualethik beeinflussen und die er durch sein berufliches Handeln wiederum reproduziert? Hier geraten nun die Organisationsstruktur und damit Medienunternehmen ins Blickfeld und damit die Frage nach deren Verantwortung und möglichen institutionellen Verankerungen von Ethik auf der strukturellen Meso-Ebene.[21]

18 Durchgeführt in den Jahren 2004 und 2005 von Studenten der FH Wien, Studiengang Journalismus; vgl. im Folgenden Karmasin 2005; Journalisten werden dabei als Personen definiert, deren Einkommen zu einem überwiegenden Teil aus journalistischer Tätigkeit resultiert (im Folgenden: n = 122).

19 Durchgeführt vom 01. März bis zum 31. Juni 2006 im Rahmen einer Studie zum Thema Wirtschaftsethik/CSR und der Verantwortung von Managern in österreichischen Unternehmen, einem vom österreichischen Wirtschaftsministerium gefördertes Forschungsprojekt unter Leitung von Matthias Karmasin und der Autorin, Institut für Medien- und Kommunikationswissenschaft der Universität Klagenfurt, in Zusammenarbeit mit der Wiener Gruppe für Integritätsmanagement und gesellschaftliche Verantwortung.

20 Vgl. Kompetenzmodell von Weischenberg in Weischenberg/Löffelholz/Scholl 1994.

21 Siehe auch die Beiträge von Meier zur Redaktion und von Karmasin zur Medienunternehmung in diesem Band.

2.3 Unternehmen in der Verantwortung?

Österreich ist anders. Die bisherigen Auseinandersetzungen haben gezeigt, dass Medienunternehmen wie der *ORF* aber vor allem im Printbereich die ‚großen Player' *Kronen Zeitung* und *Österreich* eine – auch medienethisch – besondere Situation in Österreich schaffen. Es bietet sich also an, bei eben diesen Medienunternehmen, also auf institutioneller Ebene, anzusetzen, geht es um Überlegungen zu Veränderung der bestehenden oder Einführung neuer Instrumente der Medienregulierung in Österreich. Diskutiert wird im Folgenden die These, dass Selbstregulierung eine Form der Übernahme gesellschaftlicher Verantwortung von Medienunternehmen ist. Ausgangspunkt ist die Überlegung, dass von freiwilliger und damit autonomer Selbstregulierung dann zu sprechen ist, wenn sie „ohne staatliche Einflussnahme durch gesellschaftliche Akteure – etwa [von den, FW] Unternehmen in dem betreffenden Markt – *selbst* geleistet wird und dies auch so intendiert ist" (Schulz 2002: 42, Herv. i. Orig.). So wird also die besondere Rolle von Medienunternehmen und ihrer Corporate Social Responibility (CSR), der strukturellen und prozessualen Verankerung selbstreflexiver Kommunikation in der Organisation, deutlich.

Im Folgenden ist zu berücksichtigen, dass hier aus einer integrativen Perspektive argumentiert wird, und zwar in dem Sinne, dass ethische Reflexionen und damit auch die Zuschreibung von Verantwortung nicht nur auf einer Ebene (professions-, individual-, publikums-, system- oder institutionenethischer Ebene) passiert sondern diese Ebenen als Dimensionen aufgefasst werden, die ineinander greifen. Medienethik passiert also auf allen Ebenen, die Ebenen werden als integriert (vgl. hierzu insbesondere Stapf 2000, 2006) oder besser sich komplementär ergänzend verstanden. Nur die Zusammenführung der Ansprüche aber auch Umsetzungsmöglichkeiten der Verantwortungswahrnehmung auf den verschiedenen Ebenen ermöglicht die Lösung bestehender medienethischer Probleme beziehungsweise kann neue Möglichkeiten der Co-Regulierung, der Kombination aus fremd- und selbstregulativen Mechanismen aufzeigen – eine Forderung, die die aktuelle Lage in Österreich stellt. Organisationen und damit auch Medienunternehmen werden hier also als ‚kommunikatives Konstrukt' (vgl. hierzu exemplar. Schmidt 2000), als *Sinn- und Wertstiftungsgemeinschaft* begriffen. Auch Medienunternehmen stehen so vor der Herausforderung, normative Ziele zu verfolgen. .Das bedeutet ein Bewusstsein über die Notwendigkeit der Integration der Organisation in die Gesellschaft sowie die Legitimation vor dieser bzw. ‚relevanten' Teilöffentlichkeiten (Einholen der ‚licence to operate'). Erst durch Selbstregulierung – so die These – ist es möglich, ‚kommunikativen Verantwortung' gegenüber der Gesellschaft wahrzunehmen.

Medienunternehmen nehmen also eine zentrale Rolle ein, da sie quasi als Verbindungsglied zwischen Makro- und Mikro-Ebene stehen, über die gesellschaftlich verankerte Werte sowie Individualethik miteinander in Beziehung gesetzt werden können.[22] Doch sind Medienunternehmen heute in der Lage bzw. ist es vereinbar mit ihren ökonomischen Intentionen, Verantwortung zu übernehmen?

Ein Problem, das insbesondere in Österreich deutlich ist, ist der normative Konflikt und das „ausschließlich funktionale Interesse an der normativen Steuerung, nämlich über diese die juristischen Rahmenbedingungen möglichst günstig zu beeinflussen“. Das zeigt, „daß es der institutionalisierten Medienmoral [bisher, FW] strukturell gar nicht um substantielle Normen gehen kann [konnte, FW.], will sie einigermaßen professionell agieren“ (Leschke 2001: 129). Argumente für ein Modell der Co-Regulierung als Lösung dieses Problems in Form einer Begegnung fremd- und selbstregulativer Prozesse auf institutioneller Ebene lassen sich finden: Die Verantwortungsübernahme eines Medienunternehmens gegenüber der Gesellschaft wird erst durch die Implementierung selbstreflexiver Kommunikation im Unternehmen möglich. Dies belegen auch die aktuellsten Ergebnisse eines Forschungsprojekts an der Universität Klagenfurt zu Corporate Social Responsilibility in Medienunternehmen (vgl. Ankowitsch/Leopold/Weder 2008). Die Analyse europäischer und österreichischer Unternehmen ergab, dass sowohl medienethisch als auch in Bezug auf die soziale, ökonomische und ökologische Verantwortungsübernahme die Unternehmen nur punktuell aktiv sind. Die Ergebnisse weisen darauf hin, dass Selbstregulierung als ein wichtiger Baustein durch fremdreflexive Strukturen als Referenzebene ergänzt werden muss (vgl. Weder/Karmasin 2009).

Theoretische Grundlagen hierfür finden sich bei Netzwerktheoretikern beziehungsweise Wirtschaftswissenschaftlern, die sich mit Unternehmen eingebunden in die Gesellschaft auseinandersetzen (vgl. exemplar. Ortmann/Sydow/Türk 2000). Unternehmen unterschiedlicher Größe und Art und damit auch Medienunternehmen sind dabei als Organisationsstruktur bzw. Organisationsform zu verstehen, die nicht operativ geschlossen sondern vielmehr auf je spezifische Art und Weise in ein Netz von Beziehungen und Kooperationen eingebunden ist (vgl. u.a. Sydow 2001: 1); sie sind somit in Bezug auf das Konstrukt ‚Öffentlichkeit‘ als ‚quasi-öffentliche Institutionen‘ (Ulrich 1977: 159ff.; Ulrich/Fluri 1995: 60ff.) bzw. ‚öffentlich exponierte‘ Organisationen (Dyllick 1989: 15ff.) zu fassen. Die ‚Corporate Responsibility‘ von Medienunternehmen liegt dann darin, „auf freiwilliger Basis soziale Belange in ihre Tätigkeit und in die Wechselbeziehungen mit den Stakeholdern zu integrieren“ (Europäische Kommission 2001: 8).

„Österreichs Medien würden dem Modell der hauseigenen Selbstkontrolle durch einen Anreiz (etwa Berücksichtigung bei Medienrechtsverfahren ähnlich dem Unternehmerhaftpflichtgesetz) eher aufgeschlossen sein“ (Zimmermann/Kraus 2007: 45). Das spricht für die beschriebene komplementäre Ergänzung von system- und indivi-

---

22 Hinweise hierfür finden sich beispielsweise bei Jarren/Bonfadelli 2001: 153ff.; einen Zusammenhang zwischen redaktionellen Strukturen und publizistischer Qualität beschreiben auch Donges/Jarren 2002: 85ff.; einen großen Einfluss auf den publizistischen Output sprechen Altmeppen/Donges/Engels 2000: 214ff. den Redaktionsstrukturen bzw. Veränderungen auf der Organisationsebene zu.

dualethischen Prozessen beziehungsweise deren struktureller Implementierung auf institutioneller Ebene. „Unabhängig von der jeweiligen Moralkonzeption gelten bei der Moralbegründung übergreifende Regeln, die einen universalistischen Anspruch verfolgen" (Brosda/Schicha 2000: 7). Diese auf institutioneller Ebene als Verbindungsglied zu implementieren würde die Medienunternehmen als medienethisch kritische Akteure in Österreich in die Pflicht nehmen und zugleich Anreize in den übergeordneten Strukturen ermöglichen.

3 Ein neuer Presserat für Österreich?

Welche Rolle kommt bei einer Verantwortungszuschreibung auf institutioneller Ebene, also einer In-die-Pflicht-Nahme der Medienunternehmen einem Presserat zu? Ist er eine „pragmatische Abgleichung von Produktion und Regelapparaten" (Leschke 2001: 129) oder vielmehr ein Akteur, der den Prozess der Implementierung von Medienethik auf institutioneller Ebene bei Medienunternehmen initiiert, begleitet und als Außenreferenz bzw. Fremdbeobachter fungiert? Diskussionsbedarf ist in Österreich zum Ende der ersten Dekade des neuen Jahrtausends genug, heißt es doch Jahr für Jahr, dass der österreichische Presserat ‚zurückkehrt', zumindest der gemeinsame Plan von Journalistengewerkschaft und Zeitungsverband VÖZ besteht zum Ende dieser Dekade noch immer – allein die Umsetzung lässt auf sich warten. Wie kam es dazu?[23]

- *März 2005 – März 2006:* Eine Initiative des Medienhaus in Wien *(www.medienhaus-wien.at)*, sich mit Medienethik in Österreich wieder stärker auseinanderzusetzen, wird unterstützt von der Presseförderung, in deren entsprechenden Gremien der Verband Österreichischer Zeitungsverleger (VÖZ) vertreten ist, der parallel dazu an seine Mitglieder die Notwendigkeit eines Presserates kommuniziert.[24]
- *März 2006 – März 2007:* Das Medienhaus Wien stellt Arbeitsgruppen zusammen und veranstaltet Workshops zur Implementierung eines Instruments der Selbstregulierung; das Medienhaus begleitet den Prozess wissenschaftlich.[25]

---

23 Die folgenden Informationen entstammen neben aktueller Literatur- und Medien-Recherchen aus der Mitarbeit der Autorin an den entsprechenden Studien des Medienhauses (vgl. u.a. Gottwald/Kaltenbrunner/Karmasin 2006) sowie einem Gespräch mit Dr. Astrid Zimmermann, geschäftsführende Gesellschafterin des Medienhaus Wien; vgl. hierzu auch Zimmermann/Kraus 2007.

24 Eine Studie in Zusammenarbeit mit der Universität Klagenfurt (vgl. Gottwald/Kaltenbrunner/Karmasin 2006) ergab Kategorien für eine funktionierende Selbstregulierung sowie Empfehlungen für Modelle der Co-Regulierung in Österreich.

25 Ergebnis war insbesondere die Einigkeit, dass eine einheitliche Branchenselbstkontrolle installiert werden, dass diese gemischt, also auch staatlich finanziert werden soll, dass neben Branchenvertreter auch andere Beteiligte eingebunden werden sollen (Juristen, Wissenschaft, LeserInnen) und dass das Selbstkontrollorgan öffentlich kommunizieren muss (vgl. Zimmermann/Kraus 2007: 46).

- *Juni 2007:* Auf Initiative des Österreichischen Vereins der Chefredakteure wird eine Leseranwaltschaft implementiert, beschrieben als vorläufiges Nachfolgemodell des Presserates[26]. Die Aufgaben: Beobachtung der Einhaltung des Ehrenkodes; ‚Einmahnung' einer „Verpflichtung der Herausgeber, Verleger und Journalisten zur Wahrhaftigkeit und Korrektheit bei Information und Kommentierung" (*www.leseranwaltschaft.at*; Föderl-Schmid/Ranftl 2008). Das Projekt scheiterte allerdings, insbesondere auf Grund der Tatsache, dass es eine private Initiative war. Vergleicht man die Leseranwaltschaft beispielsweise mit dem deutschen oder Schweizer Presserat fällt auf, dass letzterer von einer gemeinsamen Stiftung von Journalistenverbänden und Mediengewerkschaften getragen wird. Darüber hinaus können drei Einzelpersonen nicht die Ethik-Kontrolle einer Medienlandschaft übernehmen, fehlendes Fachwissen sowie die Probleme persönlicher Beziehungen und Unwillen, Kolleginnen und Kollegen zu diskreditieren, waren wohl ebenfalls Gründe für das fehlende öffentliche Auftreten der Anwälte.[27]
- *13. November 2007:* Tagung des Publizistischen Beirats, einem Gremium des VÖZ, dessen Mitglieder hauptsächlich Journalisten sind. Bekanntgabe des endgültigen Aus der Leseranwaltschaft seitens Leseranwalt Meyer.
- *13. April 2008:* Auf der Vorstandsklausur des *VÖZ* in Tirol bekräftigen Kommunikationswissenschaftler die Initiativen zur Re-Etablierung eines Presserates; die Chefredakteurin der Tageszeitung *Der Standard*, Föderl-Schmidt, tritt als Mediatorin zwischen der Geschäftsführung des *VÖZ* und der Gewerkschaft auf, eine Grundsatzvereinbarung auf ein neues Instrument der Selbstregulierung wird von ihr protokolliert.
- *27. April 2008:* Erste Pressemeldung zum Inzestfall von Amstetten, öffentliche Debatte und Vorwürfe an den ‚Hyänenjournalismus' (vgl. *www.iq-journalismus.at*).
- *Juli 2008:* Auf der Basis der bis dahin gemachten Erfahrungen, erarbeiteten Grundlagen und geknüpften Netzwerke, insbesondere zwischen *VÖZ* und Journalistengewerkschaft, wird die gemeinsame Absichtserklärung veröffentlicht, den österreichischen Presserat ‚wiederzubeleben'.

Der neue Presserat soll nun getragen werden von Zeitungs- und Zeitschriftenverband, Gewerkschaft, Verein der Chefredakteure, Presseclub Concordia sowie dem Verband der Regionalmedien. Interessant ist, dass der Journalistenclub, einst gegründet von

26 Repräsentanten sind die stellvertretende Innenpolitik-Ressortleiterin der Salzburger Nachrichten, Sylvia Wörgetter, der pensionierte *APA*-Chefredakteur Gerhard Meyer und der frühere *ORF*-Hauptabteilungsleiter Alfred Payrleitner (vgl. auch zu den Entscheidungsprozessen *www.leseranwaltschaft.at*, zuletzt abgerufen am 01. August 2008)

27 Auch ein Blick auf die Homepage der Leseranwaltschaft zeigt einen Link zu den „Entscheidungen der Leseranwaltschaft", wo sich allerdings keinerlei Angaben finden (*www.leseranwaltschaft.at/enscheidungen.htm*, zuletzt abgerufen am 28. Juli 2008). Ebenfalls erscheint die Definition der Leseranwaltschaft als „work in progress" mit dem Ziel, „später in einem Branchen-Selbstkontrollorgan aufzugehen" (Zimmermann/Kraus 2007: 45) als schwierig.

einem ehemaligen Gewerkschafter[28] und in diesem Sinne stets darum bemüht, ebenfalls als Gewerkschaft anerkannt zu werden, nicht in dem Konsortium vertreten ist. Es handelt sich bei dem ,Neukonzept' des Presserates also nicht um eine für alle Medienarten geltende und von allen beteiligten Akteuren getragene Institution.

Konzipiert ist er wie folgt: Die Entscheidungshoheit haben zwei Senate mit jeweils sechs Mitgliedern, diese ,Zweigleisigkeit' soll eine schnellere Erledigung von Beschwerden gewährleisten und jeweils ein Senat kann sich auf Schwerpunktgebiete konzentrieren; Mitglieder sollen „honorige Menschen, nicht unbedingt Funktionäre der Trägerverbände" sein (*Der Standard* vom 3. Juli 2008: 28); der Vorsitz obliegt ,rechtskundigen Personen'. Immer ein Kandidat für diesen Posten sind der ORF-General und der Sektionschef im Justizministerium. Ein Leserbeirat, im Trägerverein des Presserates integriert, soll Branchenphänomene aufnehmen und Kritik daran artikulieren bzw. ,anprangern'; ein Ombudsmann des Presserates ist zusätzlich die Instanz, die angerufen werden kann, wenn die Ombudsleute in den Redaktionen die auftretenden Streitfälle nicht schlichten können. Derzeit hat allein der *Standard* einen ,Leserbeauftragten". Für diese Absichtserklärung hat sich insbesondere der Verband der Österreichischen Zeitungsverleger eingesetzt, die Gewerkschaft sah hier eher die Chefredakteure in der Pflicht.

Doch stellt sich die Frage nach den Vollzugskompetenzen oder einem möglichen Defizit der Selbstkontrolle; in Anlehnung an Stapfs (2005: 31) Einschätzung des viel gelobten Deutschen Presserates lässt sich das Spannungsfeld zwischen Individual-, Institutionen-, Professions- aber auch Öffentlichkeitsethik folgendermaßen skizzieren: „Die Profession allein kann sie nicht sicherstellen, der einzelne Journalist ist überfordert, die Sanktionskraft Öffentlichkeit ist nicht stark genug ausgebildet." Auch das Verhältnis von Fremd- und Selbstregulierung steht zur Debatte: Kritik äußerte der ORF, konkret dessen Redakteursrat; er verlangt ,ordentliche Regeln' per Gesetz, konkrete Bekenntnisse zu einem Ehrenkodex der Medien, Redaktionsstatuten sowie arbeitsrechtliche Mindeststandards als Bedingung für Sendelizenzen und Medienförderung. Wer auf Selbstkontrolle und damit ,freiwillige Anständigkeit' hoffe, „kann nur hoffnungslos naiv oder ahnungslos sein", so der *ORF*-Redakteursratschef Fritz Wendl (In: Der Standard vom 3. Juli 2008: 28). Demgegenüber sind die österreichischen Privatsender ATV und Puls gegen eine stärkere Fremd- und für Selbstkontrolle.

Ebenfalls zu hinterfragen ist die Forderung vom *VÖZ*, die Republik Österreich solle den Presserat finanziell unterstützen. Der *VÖZ* vergleicht die Finanzspritze mit der Presseförderung und sieht keine Abhängigkeitsprobleme (vgl. *Die Presse* vom 3. Juli 2008, Onlinequelle: *www.diepresse.at*, abgerufen am 2. Juli 2008). Eine Knüpfung der Selbstkontrolle an die Presseförderung wäre ebenfalls denkbar, zumal die Zeitungen, die beispielsweise gegen den Opferschutz verstoßen haben (Österreich, Heute, vgl.

28 Gewerkschaften haben im Gegensatz zu Vereinen, Clubs etc. keinen Zugang zu privaten Financiers; dementsprechend sind die großen österreichischen Journalistenpreise auch vom Journalistenclub ausgeschrieben (vgl. *www.oejc.or.at*, zuletzt abgerufen am 24. Juli 2008.

hierzu *Die Presse* vom 4. Juli 2008, Onlinequelle: *www.diepresse.at*, abgerufen am 3. Juli 2008), ohnehin nicht in die Kategorie Kaufzeitungen fallen und von der Presseförderung ausgeschlossen sind, auch die *Kronen Zeitung* bekommt nur eine geringe Förderung. Es scheint also so, dass in Österreich keine völlige Neuorientierung der Medienregulierung stattfindet; bevorzugt wird weiterhin das „weichere normative[.] Steuerungsinstrumentarium, um ein hartes, weniger leicht von Einzelgruppen zu beeinflussende[s] Instrumentarium abzuwehren und damit Gruppeninteressen möglichst ungebrochen gesellschaftlich durchsetzen zu können" (Leschke 2001: 119).

Dezember 2008 – knapp zwanzig Jahre nach Deutschland hat sich in Österreich eine Ethikrat für Public Relations konstituiert *(www.prethikrat.at)*, die für Oktober angekündigte Neukonstituierung des Presserats lässt allerdings auf sich warten. Österreich ist und bleibt also anders – auf jeden Fall ist Österreich in diesem Sinne ein Land, in dem das Spannungsfeld zwischen Ideal und praktischen Gegebenheiten bewusst aufrechterhalten wird und sich nicht den letzteren hingegeben wird. Denn eines haben die ‚Sommer-Stürme 2008' in Österreichs Medienlandschaft gezeigt: die zentrale Bedeutung des Medienjournalismus. Hier wurde Medienethik der aus philosophischer Perspektive zugerechneter Funktion der *Krisenreflexion* gerecht (vgl. z.B. Riedel 1979), eine öffentliche Bewusstseinbildung fand in hohem Maße statt.[29] Die Frage nach einem eigenen Berufsethos in Bezug auf den Schutz von Opfern im Spannungsfeld der öffentlichen Aufmerksamkeit und des öffentlichen Aufklärungs- aber auch Sensationsbedürfnisses zeigt, dass Medienjournalismus zumindest ein Stück weit die Medien ‚reguliert'.

Literatur

Altmeppen, Klaus-Dieter / Donges, Patrick / Engels, Kerstin (2000): Transformationen im Formatjournalismus. Entdifferenzierung der Organisation und Qualifikation im Formatjournalismus. In: Publizistik, 45. Jg., Heft 2/2000, S. 200-218.

Ankowitsch, Judith / Leopold, Andrea / Weder, Franzisca (2008): CSR in österreichischen Medienunternehmen. Unveröff. Forschungsbericht. Klagenfurt.

Brosda, Carsten / Schicha, Christian (2000): Medienethik im Spannungsfeld zwischen Ideal- und Praxisnormen – Eine Einführung. In: Schicha, Christian / Brosda, Carsten (Hrsg.): Medienethik zwi-

29 Ein Fall zeigte, dass auch private Initiativen zumindest Kontrolle in Form von Medienjournalismus anregen können. Die Gesundheitsministerin A. Kdolsky besuchte am 22. März 2007 ein Gymnasium und verteilte als Reaktion auf die veröffentlichten Zahlen der AIDS-Statistik Kondome. Mit dabei waren Fotografen und Journalisten. Der Termin war zwar mit Schulrat und Schuldirektor abgesprochen, bzgl. der Veröffentlichung von Foto- und Filmmaterial übernahm das Ministerium allerdings keine Verantwortung. Eine Familie, deren Tochter auf den Titelseiten am nächsten Tag abgebildet war, beklagten mangelnden Opferschutz, die junge Pianistin hatte durch die Veröffentlichung mit Schaden für ihre Karriere zu rechnen. Erst eine Radioreportage über den Fall, initiiert von A. Zimmermann vom Medienhaus Wien, gesendet im *ORF-Morgenmagazin* und *Mittagsjournal* stoppte die Veröffentlichung des Bildes des Mädchens in den Zeitungen.

schen Theorie und Praxis. Normen für die Kommunikationsgesellschaft. Herausgegeben vom Institut für Informations- und Kommunikationsökologie e.V. Münster u.a., S. 7-32.

Der Freiraum (Hrsg.) (2006): der Auftrag. Öffentlich-rechtlicher Rundfunk. Positionen, Perspektiven, Plädoyers. Sonderzahl, Wien.

Donges, Patrick / Jarren, Otfried (2002): Redaktionelle Strukturen und publizistische Qualität. Ergebnisse einer Fallstudie zum Entstehungsprozess landespolitischer Berichterstattung im Rundfunk. In: Haas, Hannes / Jarren, Otfried (Hrsg.): Mediensysteme im Wandel. Struktur, Organisation und Funktion der Massenmedien. 2., völlig überarb. Aufl. Wien, S. 77-88.

Dyllick, Thomas (1989): Management der Umweltbeziehungen. Öffentliche Auseinandersetzungen als Herausforderung. Wiesbaden.

Europäische Kommission (Hrsg.) (2001): Europäische Rahmenbedingungen für die soziale Verantwortung der Unternehmen. Grünbuch. Brüssel.

Föderl-Schmid, Alexandra / Ranftl, Otto (2008): Der Leserbeauftragte – ein neuere Standard für Österreich. In: Verband Österreichischer Zeitungen (Hrsg.): VÖZ Dokument Presse 2007. Dokumentation. Analysen. Fakten. Tätigkeitsbericht des VÖZ, März 2008. Wien, S. 181-188.

Giddens, Anthony (1995): Die Konstitution der Gesellschaft. Grundzüge einer Theorie der Strukturierung. Frankfurt am Main; New York.

Götschl, Herbert (1998): Monopole fallen langsam. Vom Ende des ORF-Monopols und von der neuen Vielfalt am Hörfunksektor. In: Österreichische Zeitschrift für Politikwissenschaft, Heft 2, S. 117-128

Gottwald, Franzisca / Karmasin, Matthias / Kaltenbrunner, Andy (2006): Medienselbstregulierung zwischen Ökonomie und Ethik. Berlin; Wien.

Grisold, Andrea (1998): Regulierungsformen am Mediensektor. Der ‚Fall' Österreich. Frankfurt am Main; New York.

Hafez, Kai (2005): Mythos Globalisierung. Warum die Medien nicht grenzenlos sind. Wiesbaden.

Heinrich, Jürgen (2001): Medienökonomie. Bd. 1: Mediensystem, Zeitung, Zeitschrift, Anzeigenblatt. 2., überarb. und aktualis. Aufl. Wiesbaden.

Hoffmann-Riem, Wolfgang / Schulz, Wolfgang / Held, Thorsten (2000): Konvergenz und Regulierung. Optionen für rechtliche Regelungen und Aufsichtsstrukturen im Bereich Information, Kommunikation und Medien. Baden-Baden.

Jarren, Otfried / Bonfadelli, Heinz (Hrsg.) (2001): Einführung in die Publizistikwissenschaft. Bern, Stuttgart, Wien.

Jarren, Otfried u.a. (2002): Rundfunkregulierung – Leitbilder, Modelle und Erfahrungen im internationalen Vergleich. Eine sozial- und rechtswissenschaftliche Analyse. Zürich.

Kaltenbrunner, Andy u.a. (2007): Der Journalisten-Report. Österreichs Medien und ihre Macher. Eine empirische Erhebung. Wien; Klagenfurt.

Karmasin, Matthias (1996): Journalismus ohne Moral – Staat oder Markt als Moralersatz? In: Mast, Claudia (Hrsg.): Markt-Macht-Medien. Publizistik zwischen gesellschaftlicher Verantwortung und ökonomischen Zielen. Konstanz, S. 215-231.

Karmasin, Matthias (2005): Journalismus: Beruf ohne Moral? Von der Berufung zur Profession. Wien.

Karmasin, Matthias / Weder, Franzisca (2007): Medienethik in Österreich. Defizite in Ausbildung, Beruf und institutioneller Regulierung. In: Zeitschrift für Kommunikationsökologie und Medienethik, 9. Jg., 1/2007, S. 83-91.

Karmasin, Matthias / Weder, Franzisca (2008): Organisationskommunikation und CSR: Neue Herausforderungen an Kommunikationsmanagement und PR. Münster u.a.

Karmasin, Matthias / Winter, Carsten (Hrsg.) (2006): Konvergenzmanagement und Medienwirtschaft. München.

Künzli, Arnold (1992): Vom Können des Sollens. Wie die Ethik unter den Zwängen der Ökonomie zur Narrenfreiheit verkommt. In: Haller, Michael / Holzhey, Helmut (Hrsg.): Medien-Ethik. Beschreibungen, Analysen, Konzepte für den deutschsprachigen Journalismus. Opladen, S. 280-293.

Laitila, Tiina (1995): Codes of Ethics in Europe. In: Nordenstreng, Kaarle (Hrsg.): Reports on Media Ethics in Europe, University of Tampere: Department of Journalism and Mass Communication. Series B 41/1995. Tampere.

Leiber, Simone (2005): Europäische Sozialpolitik und nationale Sozialpartnerschaft. Frankfurt am Main.

Leidinger, Christiane (2003): Medien, Herrschaft, Globalisierung. Folgenabschätzungen zu Medieninhalten im Zuge transnationaler Konzentrationsprozesse. Münster.

Leschke, Rainer (2001): Einführung in die Medienethik. München.

Neuberger, Christoph (2004): Qualität im Online-Journalismus. In: Beck, Klaus / Schweiger, Wolfgang / Wirth, Werner (Hrsg.): Gute Seiten – schlechte Seiten. Qualität in der computervermittelten Kommunikation. München, S. 32-57.

Ortmann, Günther / Sydow, Jörg / Türk, Klaus (Hrsg.) (2000): Theorien der Organisation. Die Rückkehr der Gesellschaft. 2., durchges. Aufl. Wiesbaden.

Pirker, Horst (2007): Österreich ist anders. Österreich wird anders. In: Verband Österreichischer Zeitungen (Hrsg.): VÖZ Dokument Presse 2006. Dokumentation. Analysen. Fakten. Tätigkeitsbericht des VÖZ, März 2007. Wien, S. 12-17.

Prisching, Manfred (1996): Die Sozialpartnerschaft. Modell der Vergangenheit oder Modell für Europa? Eine kritische Analyse mit Vorschlägen für zukunftsgerechte Reformen. Wien.

Riedel, Manfred (1979): Norm und Werturteil. Grundprobleme der Ethik. Stuttgart.

Ring, Wolf-Dieter (2001): Entwicklung eines dualen Fernsehsystems in Österreich. Gutachterliche Stellungnahme, erarbeitet im Auftrag des Verbands Österreichischer Zeitungen (VÖZ). Quelle: *www.voez.at.*

Rühl, Manfred / Saxer, Ulrich (1981): 25 Jahre Deutscher Presserat. In: Publizistik, 26. Jg., H. 4, S. 471-507.

Schmidt, Siegfried J. (2000): Kommunikationen über Kommunikation über Integrierte Unternehmens-Kommunikation. In: Bruhn, Manfred / Schmidt, Siegfried J. / Tropp, Jörg (Hrsg.) (2000): Integrierte Kommunikation in Theorie und Praxis. Betriebswirtschaftliche und kommunikationswissenschaftliche Perspektiven. Mit Meinungen und Beispielen aus der Praxis. Wiesbaden, S. 121-141.

Stapf, Ingrid (2000): Formen medienethischer Selbstkontrolle am Beispiel amerikanischer Modelle. In: Schicha, Christian / Brosda, Carsten (Hrsg.): Medienethik zwischen Theorie und Praxis. Normen für die Kommunikationsgesellschaft. Münster et al., S. 144-166.

Stapf, Ingrid (2005): Medienselbstkontrolle – Eine Einführung. In: Baum, Achim u.a. (Hrsg.): Handbuch Medien-Selbstkontrolle. Wiesbaden, S. 17-36.

Stapf, Ingrid (2006). Medien-Selbstkontrolle. Ethik und Institutionalisierung. Konstanz.

Schicha, Christian (2000): Kommunikationsökologische Kriterien einer Medienethik. In: Communicatio Socialis, 33. Jg., H.1, S. 43-66.

Schimank, Uwe (2000): Theorien gesellschaftlicher Differenzierung. 2. Auflage. Opladen.

Schimank, Uwe (2001): Funktionale Differenzierung, Durchorganisierung und Integration der modernen Gesellschaft. In: Tacke, Veronika (Hrsg.): Organisation und gesellschaftliche Differenzierung. Wiesbaden, S. 19-38.

Schulz, Wolfgang (2002): Demokratie und Selbstregulation – Geschichte, Möglichkeit und Grenzen. In: TV Diskurs, Januar 2002/19, S. 42-45.

Schulz, Wolfgang / Held, Thorsten (2002): Regulierte Selbstregulierung als Form modernen Regierens. Im Auftrag des Bundesbeauftragten für Angelegenheiten der Kultur und der Medien. Endbericht. Hamburg.

Suhr, Oliver (1998): Europäische Presse-Selbstkontrolle. Baden-Baden.

Sydow, Jörg (2001): Über Netzwerke, Allianzsysteme, Verbünde, Kooperationen und Konstellationen. In: ders. (Hrsg.): Management von Netzwerkorganisationen. Beiträge aus der Managementforschung. Wiesbaden, S. 1-5.

Trappel, Josef (2001): Fernsehmarkt Österreich. Bericht erarbeitet im Auftrag des ORF. Wien.

Trappel, Josef u.a. (2002): Die gesellschaftlichen Folgen der Medienkonzentration. Veränderungen in den demokratischen und kulturellen Grundlagen der Gesellschaft. Offenbach.

Ulrich, Peter (1977): Die Großunternehmung als quasi-öffentliche Institution: Eine politische Theorie der Unternehmung. Stuttgart.

Ulrich, Peter / Fluri, E. (1995): Management. Eine konzentrierte Einführung. 7. Aufl. Bern, Stuttgart.

Verband Österreichischer Zeitungen (2005): VÖZ-Journal. Juli 2005.

Weder, Franzisca (2007): Produktion und Reproduktion von Öffentlichkeit. Über die Möglichkeiten, die Strukturationstheorie von Anthony Giddens für die Kommunikationswissenschaft nutzbar zu machen. In: Hepp, Andreas / Krotz, Friedrich / Winter, Carsten (Hrsg.): Theorien der Kommunikations- und Medienwissenschaft. Wiesbaden: 345-362.

Weder, Franzisca / Karmasin, Matthias (2009): Österreichische Medienunternehmen in der Verantwortung. In: Stark, Birgit / Magin, Melanie (Hrsg.): Die österreichische Medienlandschaft im Umbruch. Relation: Communication Research in Comparative Perspective, n.s., Vol. 3, Vienna: Austrian Academy of Sciences Press. Vorauss. Erscheinungsdatum: Sommer 2009.

Weischenberg, Siegfried / Löffelholz, Martin / Scholl, Armin (1994): Journalismus in Deutschland. In: Journalist 5/94, S. 55-70.

Weyl, Brigitte (1988): Chancen freiwilliger Selbstkontrolle. In: Erbring, Lutz u.a. (Hrsg.): Medien ohne Moral. Variationen über Journalismus und Ethik. Berlin, S. 150-161.

Wiedemann, Verena A.-M. (1992): Freiwillige Selbstkontrolle der Presse. Eine länderübergreifende untersuchung. Gütersloh.

Zimmermann, Astrid / Kraus, Daniela (2007): Wissenschaftliche Begleitung der Implementierung von Selbstkontrolle in Österreichischen Printmedien. Eine Studie des Medienhaus Wien, März 2007.

Weitere Quellen

Fidler, Harald (2008): Presserat kehrt zurück. In: Der Standard vom 3. Juli 2008: 28.

Fidler, Harald (2008): Geschäft mit der Sensation unglaublich aggressiv". In: Der Standard vom 4. Juli 2008: 32.

Heigl, Andrea (2008): Roter ‚Tabubruch' entsetzt die ÖVP. In: Der Standard vom 28./29. Juni 2008: 2.

Priesching, Doris (2008): Elisabeth F. verlangte: Kein Wort an Medien – Sie überlegt Klage. In: Der Standard vom 4. Juli 2008: 32.

Traxler, Tanja (2008): Couchpotatos, aufgepasst. In: Der Standard vom 2. Juli 2008: 15.

Fanpost für Faymann in der „Kronen Zeitung". In: Der Standard vom 1. Juli 2008: 7.

W&V/media&marketing (2007): Medien in Westeuropa. Sonderveröffentlichung. München: W&V Compact.

Schweiz

Roger Blum & Marlis Prinzing

1 Geschichte der Medienethik in der Schweiz

Medienethik war in der Schweiz lange kein Thema. Dies hatte seinen Grund darin, dass die überwiegende Mehrzahl der Zeitungen mit politischen Parteien verbunden war und die Redakteure sich daher einem Milieu und einer Wertordnung zugehörig fühlten, die ihnen (auch) ethische Orientierung und Halt gaben. Journalismus richtete sich beispielsweise nach den Maßstäben des Liberalismus, der katholischen Soziallehre oder des Sozialismus aus (Marr u.a. 2001: 280ff.). Außerdem war der öffentliche Diskurs unzimperlicher als heute, die ethischen Grenzen waren weiter gezogen: Man teilte kräftig aus, und im Extremfall endeten Pressefehden vor Gericht oder auf dem Duellplatz (vgl. Blum 1992: 91).

Der Bedarf an Medienethik stieg erst mit dem Aufkommenden unterhaltender Zeitschriften, mit der Etablierung von Boulevardzeitungen und mit dem Beginn des modernen Recherchejournalismus. Markante Wegmarken waren die Gründung der Boulevardzeitung „Blick" (1959) und der forsche Recherchejournalismus der Nachrichtenagentur UPI in den sechziger Jahren (Übersax 1995). Beim Boulevard- und Sensationsjournalismus geht es aus medienethischer Sicht vor allem um die Frage, wieweit ein Journalist in die Privatsphäre von Personen eindringen darf, beim investigativen, enthüllenden Recherchejournalismus darum, inwiefern er Gesetze brechen darf, um Illegalem auf die Spur zu kommen. Die Grenzen fließen.

Der Bedarf an Medienethik stieg erst recht, als sich die Zeitungen von ihren Parteibindungen lösten und zu Forumszeitungen wurden. Dieser Prozess setzte Ende der sechziger Jahre des 20. Jahrhunderts ein und war Anfang der neunziger Jahre abgeschlossen. Jetzt zählten die parteipolitischen Wertordnungen für die Medien praktisch nicht mehr, jetzt war eine journalistische Wertordnung gefragt.

2 Etablierung und Entwicklung von Selbstkontroll-Institutionen

Die schweizerische Entwicklung war stark beeinflusst durch die europäische und die deutsche. Als der 1954 entstandene europäische Journalisten-Kodex von Bordeaux

1971 in München revidiert wurde (vgl. Cornu 1997: 16f.), löste dies auch in der Schweiz Aktivitäten aus. Der Verband der Schweizer Journalisten (VSJ)[1] arbeitete einen berufsethischen Kodex aus, der 1972 als „Erklärung der Pflichten und Rechte der Journalistinnen und Journalisten" verabschiedet wurde. Geplant war, wie in Deutschland in Verbindung mit dem Verlegerverband einen Presserat einzusetzen; doch die Verleger blieben außen vor, weil sie mit dem Abschnitt über die Rechte der Journalistinnen und Journalisten im Kodex nicht einverstanden waren. Dieser Abschnitt enthielt beispielsweise Ansprüche der Medienschaffenden auf Einblick in die Besitzverhältnisse des Arbeitgebers, auf angemessene Entschädigung, auf Aus- und Weiterbildung[2]. So war denn der Presserat bei seinem Start 1977 nur ein Organ des VSJ, zusammengesetzt ausschließlich aus 18 Journalistinnen und Journalisten. Dies machte seine Finanzierung und seine Akzeptanz von Anfang an schwierig. Kaum jemand wusste, dass es einen Presserat gibt. In den ersten fünf Jahren erhielt er überhaupt keine Beschwerde. Umgekehrt war das Organ mit außerordentlich vielen Möglichkeiten ausgestattet: Es konnte Fälle aus eigenem Antrieb aufgreifen; es behandelte nicht nur ethische Konflikte in Zusammenhang mit der Presse, sondern auch solche, die Radio oder Fernsehen betrafen. Ihm war aufgetragen, nicht nur Verstöße gegen den Kodex zu rügen, sondern auch die Pressefreiheit zu verteidigen (vgl. Bertrand 1999: 118).

Von diesen Möglichkeiten machte der Presserat vor allem seit den neunziger Jahren Gebrauch, als er mehr Eigeninitiative entwickelte und auch seinen Bekanntheitsgrad erhöhte. Die Zahl der Beschwerden nahm zu. Einzelne Entscheide, wie etwa die Stellungnahme zum abhängigen Wirtschaftsjournalismus (1992)[3] oder zur Veröffentlichung vertraulicher Informationen (Fall Jagmetti, 1997)[4], fanden starke öffentliche Beachtung. Inzwischen ist der Presserat derart bekannt, dass fast alle seine Stellungnahmen von den Medien zumindest in Kurzmeldungen aufgegriffen werden. Unter den Journalistinnen und Journalisten wird seine Rolle positiv bewertet, seine Erwägungen haben aber kaum Auswirkungen auf die Diskussionen in den Redaktionen (vgl. Tschopp/Wyss 2007).

Die größere Akzeptanz war nur erreichbar durch die Erweiterung der Trägerschaft. Nach langen Verhandlungen gelang es in einem ersten Schritt 1999, vier journalistische Organisationen am Presserat zu beteiligen, nämlich neben dem bisherigen

1 Der VSJ taufte sich später um in „Schweizer Verband der Journalistinnen und Journalisten (SVJ)", heute heißt er „impressum. Die Schweizer Journalist*innen*".

2 *http://www.presserat.ch/code_d.htm*, Rechte d.-g.

3 *http://www.presserat.ch/9202.htm*

4 *http://www.presserat.ch/9701.htm*. Die „SonntagsZeitung" veröffentlichte 1997 Auszüge aus einem vertraulichen Bericht des damaligen Schweizer Botschafters in den USA, Carlo Jagmetti, der sich im Zusammenhang mit dem Konflikt um die Holocaust-Gelder (namenlose Vermögen) für eine aggressive Strategie gegenüber dem jüdischen Weltrat in New York aussprach. Die Skandalisierung einzelner Passagen führte zum Rücktritt Jagmettis. Die Schweizer Regierung bat den Presserat zu prüfen, ob die „SonntagsZeitung" ethische Regeln verletzt habe. Der Presserat kam – im Gegensatz zum Bundesgericht – zu einem differenzierten Urteil.

Schweizer Verband der Journalistinnen und Journalisten *impressum* auch die zum Schweizer Gewerkschaftsbund gehörende comedia[5], das vor allem im Bereich der Schweizerischen Radio- und Fernsehgesellschaft (SRG) aktive Schweizer Syndikat Medienschaffender (SSM)[6] sowie die neugegründete Konferenz der Chefredaktoren[7]. Der Presserat wurde in eine Stiftung überführt, und der Stiftungsrat, in den alle vier Organisationen Vertreter entsandten, wählte und beaufsichtigte den Presserat. Neu wurde der Presserat auf 21 Mitglieder erweitert; ihm gehörten nun auch sechs Publikumsvertreter an. Der zweite Schritt, wiederum nach langen, zähen Verhandlungen, wurde 2007 erreicht: Der Stiftung Schweizer Presserat traten jetzt auch die Verleger sowie die Schweizerische Radio- und Fernsehgesellschaft (SRG) bei. Die neuen Partner akzeptierten den berufsethischen Kodex, die journalistischen Verbände waren bereit, Medienethik und Fragen des Arbeitskampfes zu trennen. Während im Stiftungsrat Abgesandte der Verleger und der SRG einrückten, blieb der eigentliche Presserat zusammengesetzt wie bisher: aus Journalisten und Publikumsvertretern.

Die Fälle, die der Presserat behandelt, stammen überwiegend aus dem Bereich der Presse. Denn das Radio- und Fernsehgesetz sieht für die elektronischen Medien ein eigenes Beschwerdeverfahren vor: Seit 1984 existiert die Unabhängige Beschwerdeinstanz für Radio und Fernsehen (UBI), gewählt von der schweizerischen Regierung, die auf Beschwerde hin Verletzungen der Programmvorschriften ahndet. Seit 1991 sind der UBI Ombudsstellen vorgeschaltet. Diese Ombudsstellen, aber womöglich auch ausländische Vorbilder, inspirierten in den neunziger Jahren verschiedene Print-Verlage, ihrerseits Ombudsstellen einzurichten, die Beschwerden der Leserinnen und Leser (und der Hörerinnen und Hörer) direkt und unkompliziert behandeln können. So etablierten sich Ombudsleute für die *Tamedia* in Zürich, für *Springer Schweiz* in Zürich, für die *AZ-Medien* in Baden, für *24 heures* in Lausanne, für *Le Matin* in Lausanne, für *Tribune de Genève* in Genf, für *La Regione* in Bellinzona sowie – in abgeschwächter Form – für die *Neue Luzerner Zeitung* in Luzern und für das *St. Galler Tagblatt* in St. Gallen. Die Ombudsleute entscheiden vorwiegend nach gesundem Menschenverstand, beziehen aber medienethische Überlegungen mit ein. Sie entlasten nicht nur die UBI, sondern auch den Presserat. Nur wenige Medienhäuser haben indes interne publizistische Richtlinien erlassen, die sich auf medienethische Gründsätze stützen (so etwa die *Schweizerische Depeschenagentur*, das *Schweizer Fernsehen SF* und *Schweizer Radio DRS*).

5 *www.comedia.ch*
6 *www.ssm-site.ch*
7 *www.chefredaktoren.ch*

3 Medienethische Konflikte

Welche medienethischen Konflikte zeigen sich in der Schweiz? Dazu ein paar Beispiele:

- *Papst-Tod 1963:* Als Papst Johannes XXIII. im Sterben lag, erschien die Boulevardzeitung *Blick* mit der Todesnachricht, begleitet von der Beschreibung, wie sämtliche Kirchen Roms die Glocken läuteten. Der Papst aber lebte noch. In der Druckerei hatte jemand die vorbereiteten Platten verwechselt. Auch jene für den Todesfall lag schon bereit. Das technische Versehen war kein ethisches Problem. Ein ethisches Problem war aber, dass die Todesmeldung im Vorfeld bereits als Reportage geschrieben war, als hätte man alles schon erlebt.
- *Fall Kopp 1984:* Als Nationalrätin Elisabeth Kopp für den Bundesrat, die schweizerische Regierung, kandidierte, kamen Gerüchte über ihren Mann auf, die dann den Weg in die Medien fanden. Es war die Rede von Züchtigungen Angestellter, die Hans W. Kopp in seiner Anwaltskanzlei vorgenommen habe, vom Entzug eines militärischen Kommandos und anderer unvorteilhafter Geschichten. Die Enthüllungen, die vor allem in der *Züriwoche* und in der linken *WochenZeitung WoZ* üppig ausgebreitet wurden, lösten einige politische Aktivitäten aus, in deren Verlauf sich die Zürcher FDP klar hinter ihre Kandidatin Elisabeth Kopp stellte. Diese wurde schließlich gewählt, aber die Affäre hatte ein Nachspiel im Presserat, der aber zum Schluss kam, dass die betroffenen Medien den Kodex nicht verletzt hatten.[8]
- *Fall Borer 2002:* Thomas Borer, damals Schweizer Botschafter in Deutschland, kam ins Gerede wegen eines Seitensprungs. *SonntagsBlick* und *Blick* trieben das Thema mehr als eine Woche kampagnenartig mit immer neuen Enthüllungen vor sich her. Die erste Folge war, dass Bundesrat Joseph Deiss Borer nach Bern zurückberief, allerdings auch aus anderen Gründen, worauf Borer kündigte. Die zweite Folge war, dass das Haus Ringier – nach massivem Druck von Borers Anwälten und nach markanten Verlusten an Leserzahlen und Inserateinnahmen – einknickte und Michael Ringier sich bei Borer öffentlich für die Berichterstattung entschuldigte und eine hohe Entschädigung bezahlte. Wie der Presserat später zu Recht feststellte, gab es keinerlei Rechtfertigung für die Veröffentlichung der Seitensprung-Geschichte, ob sie nun stimmte oder nicht. Die Affäre habe nichts mit Borers Amtsführung als Botschafter zu tun. Was ein Diplomat nachts im Bett treibe, gehe die Medien nichts an. [9]

---

8 Maßgebend war, dass die Gerüchte nicht von Medien in die Welt gesetzt wurden, sondern von Politikern, und dass die Medien sie nur klärend aufgriffen: Stellungnahme vom 27. November 1984 betr. „Schlammschlacht"-Kampagne gegen die Bundesratskandidatin Elisabeth Kopp (Presserat 1990: 23-34).

9 *http://www.presserat.ch/15990.htm*: Nr. 62/2002: Privatsphäre öffentlicher Personen / Informationshonorare (Borer-Fielding / *Blick* / *Sonntagsblick*) Stellungnahme des Schweizer Presserates vom 5. Dezember 2002

- *Karikaturenstreit 2005 / 2006:* Im Herbst 2005 veröffentlichte die rechtspopulistische dänische Tageszeitung *Jllands-Posten* zwölf Karikaturen des Propheten Mohammed und löste damit Wochen später teils gesteuerte Unruhen aus. Auch für die Medien stellte sich damit medienethisch die Frage, ob man Berichte über diese Unruhen mit Belegen der dänischen Veröffentlichungen illustrieren durfte ohne religiöse Gefühle ungebührlich zu verletzen. In manchen Schweizer Medienhäusern herrschte große Unsicherheit, teils unter demselben Dach: Die *Neue Zürcher Zeitung* druckte die Karikaturen nicht, die *NZZ am Sonntag* schon. Der Presserat wurde aktiv. Er bewertete ausdrücklich nicht die Erstveröffentlichung und damit das Verhalten der Dänen, sondern die zitatbejahende Funktion des Bildes. Zudem habe der Islam in der Schweiz, wie auch andere Religionen, Karikaturen, Kommentare und Berichte über Kulturen zu ertragen. Solange dies verhältnismäßig erfolge, bestehe kein Verstoß gegen das Diskriminierungsverbot gegenüber den rund 300.000 in der Schweiz lebenden Muslimen (vgl. Presseratsentscheid 12/2006).
- *Fall Nef 2008:* Im Sommer 2008 machte die *SonntagsZeitung* aus dem Hause Tamedia publik, dass der seit Neujahr amtierende Armeechef Roland Nef zum Zeitpunkt seiner Ernennung in ein Strafverfahren verwickelt gewesen sei, das später eingestellt wurde. Konkret ging es um eine Strafanzeige seiner ehemaligen Freundin, die er nach der Trennung mit e-Mails und SMS belästigt hatte. Weil Verteidigungsminister Samuel Schmid zunächst zum Fall schwieg und schließlich an einem Medienauftritt seinem Armeechef das Vertrauen aussprach, gleichzeitig aber die Medien beschimpfte, publizierten die *SonntagsZeitung* und die Boulevardzeitung *Blick* aus dem Hause Ringier weitere Details. Erst diese Informationen bewogen Schmid, Nef freizustellen und von ihm Beweise seiner Vertrauenswürdigkeit zu verlangen, was unmöglich war. Nef reichte darauf seinen Rücktritt ein. Sofort hob die Debatte an, ob die Medien wieder einmal einen Unschuldigern skandalisiert und dessen Privatsphäre missachtet hätten. Die einen argumentierten, dass die Privatsphäre Vorrang vor dem öffentlichen Interesse habe.[10] Andere vertraten den Standpunkt, dass das öffentliche Interesse überwiege, wenn das Verhalten im Privatbereich einen Bezug zur öffentlichen Aufgabe habe. Es sei nicht sicher, ob ein Mann, der privat derart ausraste, nicht auch als Armeechef zuweilen ausraste und nicht nach Vernunftüberlegungen entscheide.[11]

4 Schweizer Ausstrahlung

Während die deutschsprachige Schweiz stark unter dem Einfluss Deutschlands stand und die Ethikdebatte jeweils dann intensivierte, wenn sie durch deutsche Ereignisse

10 So der Staats- und Verwaltungsrechtler Georg Müller in der *Mittelland Zeitung* vom 24. Juli 2008.
11 So Roger Blum in der *Mittelland Zeitung* vom 24. Juli 2008.

angestoßen wurde, erwiesen sich Autoren der französisch- und der italienischsprachigen Schweiz eher als Avantgarde, die Einfluss auf die gleichsprachigen Nachbarländer nahmen. In der Westschweiz war es der Genfer Daniel Cornu[12], der 1994 mit seinem Buch *Journalisme et vérité* (Cornu 1994) als einer der ersten das Publikum in Frankreich, in der Westschweiz und in anderen frankophonen Regionen auf die Herausforderungen der Medienethik aufmerksam machte.[13] Vor allem aber schuf er sich in Frankreich eine riesige Resonanz, weil er den Auftrag erhielt, in der wissenschaftlichen Taschenbuchreihe *Que sais-je?* über *L'Ethique de l'information* zu publizieren (Cornu 1997).

Noch stärker war dieser Einfluss in Italien spürbar: Hier ging der Anstoß zur medienethischen Debatte vom Tessiner Enrico Morresi[14] aus. Als Carlo Sorrentino ein Buch über Journalismus veröffentlichte, entgegnete ihm Morresi (2003a) in der Zeitschrift *Problemi dell'informazione*: „Sorrentino, che fai? Scrivi di giornalismo e non parli di etica!"[15]. 2003 legte Morresi das Buch *Etica della notizia* vor (Morresi 2003b), 2008 folgte sein zweites Buch zur Medienethik (Morresi 2008). Erst nach seiner ersten Publikation äußerten sich Italiener zur Thematik (vgl. Fabris 2004, 2006; Manservisi 2004; Scandaletti 2005). Ohne den Anstoß aus der italienischen Schweiz hätte der Diskurs in Italien kaum eingesetzt.

5 Ausdifferenzierungen und Veränderungen

Medienethik ist niemals ein fertiges Konstrukt, sondern fortwährend Veränderungen unterworfen – durch die Zeitläufte, durch neue Entwicklungen und durch ihre beiden Hauptzugkräfte: steuern und reflektieren (vgl. Debatin zit.n. Stapf 2006). Peter Studer

---

12 Daniel Cornu, 1939 geboren, doktorierte in Theologie, war zuerst Journalist beim *Journal de Genève*, dann bei der *Tribune de Genève*, deren Chefredakteur er 1982-1992 war. Anschließend übernahm er die Leitung der Journalistenschule *Centre romand de formation des journalistes* in Lausanne und wurde nebenamtlicher Professor für Medienethik an der Universität Neuenburg. Er war Vizepräsident des Schweizer Presserates und publizierte mehrere Bücher zur Medienethik und zum schweizerischen Mediensystem.

13 Im gleichen Jahr wie Cornu publizierten in Frankreich Denis Huisman und Boris Libois zur Medienethik. Vorher erschienen auf Französisch lediglich eine in Paris herausgegebene Publikation der UNESCO (J. Clement Jones 1980) und eine weitere Stimme aus der Schweiz (Pinto de Oliveiro und Beguin 1983, Pinto de Oliveira 1987, Universität Fribourg) sowie eine Publikation von IRCOM in Paris 1991. Immerhin gab es 1989 einen Schwerpunkt „L'éthique du journalisme" in der Zeitschrift *MédiasPouvoirs* No. 13 (jan-fév-mars 1989).

14 Enrico Morresi, 1936 in Lugano geboren, war ab 1958 Journalist und Chefredakteur des „Corriere del Ticino" und wurde 1982 Sonderkorrespondent des Fernsehens der italienischen Schweiz für Auslandsreportagen. Von 1993 an leitete er den Kulturkanal des Radios der italienischen Schweiz. Er war Präsident des größten Schweizer Journalistenverbandes (heute: *impressum*), Mitglied des Schweizer Presserates und seit 1999 Präsident der Stiftung Schweizer Presserat. Er publizierte zwei Bücher zur Medienethik.

15 „Sorrentino, was machst Du? Du schreibst über Journalismus und verlierst kein Wort über die Ethik!"

formulierte im Jahresbericht 2007, zu seinem letzten Amtsjahr als Presseratspräsident, das ausdrückliche Ziel, „proaktiv das medienethische Bewusstsein in den Redaktionen zu stärken". Man wolle durch freiwillige Selbstregulierung staatlicher Fremdregulierung zuvorkommen und das Überleben der Qualitätsmedien sichern. Medienethik will zudem zur Reflexion anhalten: durch tägliche Blattkritik, wissenschaftliche Diskurse, vertiefende Festschreibungen in Journalistenkodizes der Medienhäuser und systematische Medienkritik. Obwohl das Schweizer Selbstregulierungssystem – ohne dass dies verwegenes Eigenlob wäre – im europäischen Vergleich zu den fortschrittlichsten gehört, hapert es am Punkt der Medienkritik (vgl. Wenzler 2005a, 2005b; Porlezza 2005) auch hier: Medienjournalismus gilt als „nice to have"[16], die Umfänge sind stark zurückgegangen (vgl. Schönhagen/Straub 2007).

5.1 Ausdifferenzierungen

Anfang der Neunziger Jahre waren zwar parteipolitische Wertordnungen durch journalistische abgelöst. Doch es stellten sich weitere Fragen medienethischen Gehalts: Erstens, wie steht es mit der Objektivität im Journalismus? Der Schweizer Presserat fand hier die geradezu salomonische Formulierung eines Fairnessprinzips anstelle einer expliziten Objektivitätsnorm.[17] Zweitens, und letztlich daraus resultierend: Sollte ein Journalist nicht doch Partei ergreifen? Beispielsweise für die Demokratie? Oder für den Frieden?

Zu Beginn der Neunziger Jahre breitete sich in den USA als Alternative zum konventionellen Journalismus das von Journalisten und einem Journalismusforscher entwickelte Konzept des „Public Journalism" aus (vgl. Rosen u.a. 1997; Glasser 1999; Forster 2006). Diese Journalismusform übernimmt eine Anwaltschaft für die Demokratie. Journalisten, die diesem Konzept bei dafür geeigneten Themen – beispielsweise bei Wahlen – folgen, orientieren sich bewusst an den Belangen der mündigen Bürger und helfen diesen, ihre Rechte und Möglichkeiten wahrzunehmen. Das Konzept eines solchen planhaft bürgernahen Journalismus ist mittlerweile in einigen Redaktionen von Tageszeitungen in der Deutschschweiz bekannt; manche Redaktionen setzen zudem eher unsystematisch Elemente daraus um, ohne das Konzept als Ganzes zu kennen.

Das Konzept des Friedensjournalismus, das ausdrücklich Partei für die Konfliktdeeskalation ergreift, ist bei Journalisten weitgehend unbekannt.[18] Entwickelt wurde es aus der Friedens- und Konfliktforschung. Der Norweger Johan Galtung gehört zu den prominentesten Vertretern (Bilke 2002; Galtung 1999; Kempf 1996). Ziel friedensjournalistischer Berichterstattung ist, die Entstehung eines Konflikts zu analysie-

16 Peter Hartmeier, Chefredaktor des *Tages-Anzeigers*, bei einer Podiumsdiskussion, 21.11.2008, Mediensymposium, Zürich.

17 Erklärung der Pflichten der Journalistinnen und Journalisten, *http://www.presserat.ch/21690.htm*

18 Siehe auch den Beitrag von Bilke zur Kriegsberichterstattung in diesem Band.

ren und Lösungsansätze darzustellen. Alle Seiten kommen zu Wort; statt in ‚gut' und ‚böse' einzuteilen, werden beide Seiten beobachtet: Wer lügt, wer greift an, wer ist Opfer? Eine solche Art der Konfliktberichterstattung müsse möglichst früh einsetzen und aktiv: Friedensjournalisten sollen zwischen den Parteien vermitteln.

Letztgenannter Punkt widerspricht jenen, die das Bild des Journalisten als neutralen Beobachters weiterhin vor sich her tragen möchten. Im Grunde wird aber gar keine Auseinandersetzung darüber geführt; auch in den Weiterbildungsprogrammen der gängigen Einrichtungen in der Schweiz ist Friedensjournalismus kein Thema. 2007 gab es den – laut Veranstalterangaben – ersten Workshop, im Auftrag der UNESCO organisiert von Carol Daniel Kasbari vom IPMF (Israeli Palestinian Media Forum). Der Schweizer PR-Experte und Journalist Fredy Kradolfer trat dort als Trainer auf. Auf seiner Website *www.friedensjournalismus.ch* wird gerühmt, wie altgediente Journalisten in Israel und Palästina ihre Berichterstattung analysierten und sich die neuen Prinzipien beibringen ließen.

Das greift zu kurz. Die Kenntnis von Instrumenten, durch die eine Berichterstattung de-eskalierend wirkt, ist auch medienethisch betrachtet nicht nur nützlich, sondern global notwendig – und damit auch direkt vor der Haustür.

5.2 Andere Techniken: Internetethik und Blogs

Neue medienethische Herausforderungen stellen sich durch das Internet. Blogs sind in der Schweiz im Prinzip kein rechtsfreier Raum: Das Presserecht erfasst das Web 2.0 ebenso. Wer medienrechtliche Bestimmungen oder medienethische Standards missachtet, kann vor dem Richter landen (vgl. Gremmelspacher 2008). Blog-Opfer können sich zum Beispiel auf Artikel 28 des Zivilgesetzbuches berufen, der jeden schützt, der widerrechtlich in seiner Persönlichkeit verletzt wird. Der Schweizer Presserat sieht sich speziell zuständig für Webauftritte, die journalistische Produktionsprozesse durchlaufen, und für journalistische Blogs. Er unterwirft die Macher denselben Pflichten und Rechten wie alle Journalistinnen und Journalisten. Für jeden gilt zum Beispiel das in der Richtlinie 3.8 formulierte ethische Gebot der Anhörung beider Seiten bei schweren Vorwürfen, das aus dem Fairnessprinzip abgeleitet wird. Kurzum: Bestehende Regeln und Standards sind problemlos auf die Blogosphere übertragbar. Fast. Denn: Blogger bleiben gerne anonym. Das heißt: Ausfälligkeiten, wie sie in Blogs oft an der Tagesordnung sind, könnten schon deshalb manches Mal nicht gerügt werden, weil medienethische Kontrollgremien die Sünder nicht kennen. So bleibt nach Ansicht von Gremmelspacher letztlich oft bloß der Appell an Blogger, die Situation im Sinne der Glaubwürdigkeit nicht auszunutzen, und die Empfehlung an die Blog-Betreiber, klare Regeln aufzustellen – vergleichbar jenen für Leserbriefe – sowie anonyme Blogger und fragwürdige Beiträge gar nicht aufzuschalten beziehungsweise sie unverzüglich zu löschen.

5.3 Grauzonen

Der in der Charta des Schweizer Presserats ausdrücklich verlangte Respekt vor der Privatsphäre führt zuweilen in Grauzonen und ist dann letztlich Ermessenssache. Beispiel sind Fälle, in denen Prominente im Namen der Vorbild-Pflicht oder des gesellschaftlichen Fortschritts geoutet werden: 1997 plauderten Medien aus, TV-Mensch Kurt Aeschbacher sei schwul. Die Indiskretion wurde gerechtfertigt als Markstein für mehr sexuelle Toleranz. Um im Herbst 2008 findet sich unter den Berichten über die Alkoholseligkeit der Neuenburger Stadtpräsidentin Valérie Garbani in der *Aargauer Zeitung* einer, in dem sie als Bollwerk beschrieben wird, an dem die „Intoleranz gegenüber dem Menschlich-Schwachen" (zit. nach Zimmermann 2008) offensichtlich werde…

5.4 Internationalität

Globale Krisen und Themen lassen eine Entwicklung hin zu internationaler Konvergenz der Medienethiken vermuten. Zudem gibt es in allen Ländern bereits Journalisten-Kodizes (vgl. Laitila 1995). Doch ähnliche Kodexformeln bedeuten keineswegs ähnliche Umsetzungen (vgl. Tambini 2008). Die Professionsethik ist Herzstück der journalistischen Berufskultur, der Karikaturenstreit zeigt exemplarisch, welch' unterschiedliches Vorgehen für den Umgang mit solchen Themen die Kodizes allein in den EU-Staaten empfehlen: In einigen Kodizes bleibt die Entscheidung ausdrücklich dem einzelnen Journalisten überlassen (Belgien, Dänemark). Die Kodizes zum Beispiel in Frankreich und Italien verbieten nur Diskriminierung beziehungsweise Beleidigung oder üble Nachrede, jene in den Niederlanden, Großbritannien etc. verbieten Publikationen, die Hass, Diskriminierung oder Gewalt fördern – von einer medienethischen Annäherung kann auf internationaler Ebene keine Rede sein, allenfalls von einer freiwilligen „Vorbild-Bereitschaft".

Literatur

Barrelet, Denis (1998): Droit de la communication. Berne.

Bertrand, Claude-Jean (1997): La déontologie des médias (= Que sais-je? No. 3255). Paris.

Bertrand, Claude-Jean (1999): L'arsenal de la démocratie. Médias, déontologie et M.A.R.S. Paris.

Bilke, Nadine (2002): Friedensjournalismus: wie Medien deeskalierend berichten können, Münster 2002.

Blum, Roger (1992): Schweizer Medien im Lauf der Geschichte: Ein „Bannwald der Demokratie"? In: Haller, Michael / Holzhey, Helmut (Hrsg.): Medien-Ethik. Beschreibungen, Analysen, Konzepte. Opladen, S. 87-96.

Blum, Roger (1993): Der Presserat des Verbands der Schweizer Journalisten. In: Schanne, Michael / Schulz, Peter (Hrsg.): Journalismus in der Schweiz. Fakten, Überlegungen, Möglichkeiten (= Schriften zur Medienpraxis Bd. 10). Aarau, S. 105-130.

Blum, Roger (1993): Medien zwischen Anmassung und Anpassung. In: Schanne, Michael/ Schulz, Peter (Hrsg.): Journalismus in der Schweiz. Fakten, Überlegungen, Möglichkeiten (= Schriften zur Medienpraxis Bd. 10). Aarau, S. 223-235.

Bürgi, Jürg (Hrsg.) (1984): BLICK immer dabei. Die tägliche Inszenierung des gesunden Volksempfindens (= Mediaprint 7). Basel.

Cornu, Daniel (1994): Journalisme et verité. Pour une éthique de l'information. Genève.

Cornu, Daniel (1997): Ethique de l'information (= Que sais-je? No. 3252). Paris.

Forster, Klaus (2006): Journalismus im Spannungsfeld zwischen Freiheit und Verantwortung. Das Konzept des ‚Public Journalism' und seine empirische Relevanz. Köln.

Galtung, Johan: Friedensjournalismus – Niedere und hohe Straßen der Konfliktberichterstattung. In: epd-Entwicklungspolitik, Nr. 6/1999, S. 29-32.

Glasser, Theodore L. (ed., 1999): The Idea of Public Journalism. New York.

Gmür, Mario (2002): Der öffentliche Mensch. Medienstars und Medienopfer. München.

Gremmelspacher, Georg (2008): Blogs nutzen – aber richtig. Das Presserecht erfasst auch das Web 2.0. *http://www.medienheft.ch/kritik/bibliothek/k08_GremmelspacherGeorg_01.html* (5.4.2009). [zuerst erschienen in der *Werkstatt Journalismus* des Medienmagazins *gazette*, 3/2008]

Haldimann, Ueli (1980): Der verkaufte Leser. Presse unter Inserentendruck (= Mediaprint 2): Basel.

Haller, Michael / Jäggi, Max / Müller, Roger (Hrsg.) (1981): Eine deformierte Gesellschaft. Die Schweiz und ihre Massenmedien (= Mediaprint 3). Basel.

Kempf , Wilhelm u.a. (1996): Qualitative Inhaltsanalyse von Kriegspropaganda und kritischem Friedensjournalismus, Konstanz.

Laitila, Tiina (1995): Codes of Ethics in Europe. In: Nordenstreng, Kaarle (Hrsg.): Reports on Media Ethics in Europe, University of Tampere: Department of Journalism and Mass Communication. Series B 41/1995. Tampere.

Marr, Mirko u.a. (2001): Journalisten in der Schweiz. Eigenschaften, Einstellungen, Einflüsse. Konstanz.

Morresi, Enrico (2003a): Sorrentini, che fai? Scrivi di giornalismo e non parli di etica? In: Problemi dell'informazione, Heft 1/2003, S. 116-122.

Morresi, Enrico (2003b): Etica della notizia. Fondazione e critica della morale giornalistica. Bellinzona.

Morresi, Enrico (2008): L'onore della cronaca. Diritto all'informazione e rispetto delle persone. Bellinzona

Peduzzi, Roberto (2004): Meinungs- und Medienfreiheit in der Schweiz. Zürich.

Pfister, Philippe / Zihlmann, Oliver (2003): Der Fall Borer. Fakten und Hintergründe eines Medienskandals. Zürich.

Pinto de Oliveira, Carlos-Josaphat (1987): Ethique de la communication sociale. Vers und ordre humain de l'information dans le monde. Fribourg.

Pinto de Oliveira, Carlos-Josaphat / Neguin, Bernard (1993): L'éthique professionelle des journalistes. Fribourg.

Presserat (1990): Décisions – Prises de position et avis 1983-1989. Fribourg.

Porlezza, Colin (2005): Zwischen Selbstbeweihräucherung und Konkurrenzkritik Medienjournalismus in der Schweiz – drei Fallstudien. In: Medienwissenschaft Schweiz, Heft 1, S. 64-68.

Prinzing, Marlis (2007): Warum gegenwärtig mit einer europäischen Professionsethik nicht zu rechnen ist. In: Zeitschrift für Kommunikationsökologie und Medienethik. In: Zeitschrift für Kommunikationsökologie und Medienethik, Heft 1/2007, S. 14-20.

Rosen, Jay / Merritt, Davis "Buzz" / Austin, Lisa (1997): Public Journalism: Theory and Practice. Lessons from Experience. Dayton.

Schönhagen, Philomen / Straub, Constanze (2007): Wandel nach der Krise, Tendenzen im Schweizer Medienjournalismus. In: Medienheft, 21. Mai 2007: *http://www.medienheft.ch/kritik/bibliothek/k07_SchoenhagenStraub.html.*

Schütz, Martin R. (2003): Journalistische Tugenden. Wiesbaden.

Schweizer Presserat (1990-2005): Jahresberichte. Fribourg.

Schweizer Presserat (2006-2008): Jahrhefte. Interlaken.

Stapf, Ingrid (2006): Medienselbstkontrolle. Konstanz.

Stauffacher, Verena (2005): Angewandte Medienethik. Eine Studie über Verletzungen des journalistischen Ehrenkodex aufgrund der Stellungnahmen des Schweizer Presserates der Jahre 2000-2003 (= Schriftenreihe SAL Bd. 1). Zürich.

Studer, Peter (2007): Jahresbericht des Schweizer Presserats. *www.presserat.ch*

Studer, Peter / Mayr von Baldegg, Rudolf (2006): Medienrecht für die Praxis. Vom Recherchieren bis zum Prozessieren. Rechtliche und ethische Normen für Medienschaffende. Zürich.

Tambini, Damian (2008): Press Councils. In: Codifying Caberspace, London; New York, S. 70.

Tobler, Jürg (1982): Die Wortmischer. Presse zwischen Anmassung und Anpassung. Bern.

Tschopp, Lukas / Wyss, Vinzenz (2007): Das Bild des Schweizer Presserates. Eine wissenschaftliche Studie. Winterthur: Institut für Angewandte Medienwissenschaft *http://www.iam.zhaw.ch/fileadmin/user_upload/linguistik/_Institute_und_Zentren/IAM/PDFS/Forschung/Projekte/bild-des-schweizer-presserates-II.pdf*

Übersax, Peter (1995): BLICK zurück. Erinnerungen eines Chefredaktors. Zürich.

von Siebenthal, Rolf (2003): Gute Geschäfte mit dem Tod. Wie die Medien mit den Opfern von Katastrophen umgehen. Basel.

Wenzler, Michel (2005a): Medienjournalismus oder Medien-PR? Die Schweizer Medien bauchpinseln sich gerne selbst. In: Medienheft, 26. August 2005: *http://www.medienheft.ch/kritik/bibliothek/k24_WenzlerMichel.html*;

Wenzler, Michel (2005b): Selbst im Fokus. Wenn Medien über Medien berichten. In: Medienheft, 30. Mai 2005: *http://www.medienheft.ch/kritik/bibliothek/k23_WenzlerMichel.html;*

Widmer, Michael (2002): Das Verhältnis zwischen Medienrecht und Medienethik: Unter besonderer Berücksichtigung der „Erklärung der Rechte und Pflichten der Journalistinnen und Journalisten“ und des Schweizer Presserats. Bern.

Zeller, Franz (1998): Zwischen Vorverurteilung und Justizkritik. Bern.

Zeller, Franz (2005): Öffentliches Medienrecht. Bern.

Zimmermann, Kurt (2008): Wie verletze ich richtig. In: Weltwoche 30 /2008, *http://www.weltwoche.ch/ausgaben/2008-30/artikel-2008-30-wie-verletze-ich-richtig.html* (5.4.2009).

Websites

www.presserat.ch

www.medialex.recht.ch

www.message-online.com

www.ijnet.org

Niederlande

Huub Evers[1]

Das niederländische Mediensystem lässt sich mit folgenden drei Kernbegriffen charakterisieren: Freiheit der Meinungsäußerung, Vielfalt und Selbstkontrolle. Es ist vor allem die Freiheit der Meinungsäußerung, die in den letzten Jahren zur Diskussion steht. Darf man alles sagen, was man will? Darf man absichtlich und vorsätzlich Menschen beleidigen? Darf man Gruppen von Menschen – Muslime zum Beispiel, aber auch Juden und Christen – in ihren innigsten religiösen Gefühlen verletzen? Wo liegen die Grenzen von Satire und Spott? Daneben werden Debatten über Selbstregulierung, z.B. über die Einführung eines nationalen Medien-Ombudsmanns und über die Notwendigkeit von Selbstreflexion und öffentlicher Verantwortung geführt. Diese Diskussionen finden vor allem innerhalb der Berufsgruppe der Journalisten selber statt. Die medienethische Debatte wird in starkem Maße von neuen Gewohnheiten und Praktiken auf Webseiten und Weblogs geprägt. Die klassischen moralischen Standards von Zurückhaltung und Zuverlässigkeit stehen unter Druck.

1 Charakteristika des niederländischen Mediensystems

Die Grundlage des Rechtes der freien Meinungsäußerung stellt der Artikel 7 des niederländischen Grundgesetzes dar, nach dem niemand vorab eine Erlaubnis braucht, um seine Gedanken und Gefühle zu veröffentlichen, unter dem Vorbehalt der Verantwortung eines jeden vor dem Gesetz. Dieses Grundrecht hat sich aus einem Abwehrrecht gegen Einmischung des Staates entwickelt. Das Verbot der Zensur hat den Zweck, die freie Diskussion aufeinander prallenden Meinungen zu ermöglichen. Der Staat hat die Aufgabe, über gesetzliche Regelungen die Freiheit der Meinungsäußerung zu schützen. Ferner ist es die Aufgabe des Staates, seine Bürger vor den Medien zu schützen, falls die Bürger Gegenstand von Veröffentlichungen sind. Dieser Schutz wird durch Bestimmungen verwirklicht, die die Freiheit der Meinungsäußerung einschränken: Gesetzliche Grenzen gibt es z.B. auf dem Gebiet von Beleidigung, Verleumdung, Schmähung, Diskriminierung und Anstiftung zum Hass.

---

1 Übersetzung aus dem Niederländischen: Joop Wekking, Fontys Language Centre, Eindhoven

Auch im Zivilrecht gibt es Grenzen, nämlich in der Rechtsprechung über die unrechtmäßige Presseveröffentlichung. Sie definiert einige Sorgfaltskriterien für Journalisten, z.B. bezüglich der Tauglichkeit der Recherche, der Zuverlässigkeit der Quellen und der Anwendung des Grundsatzes der Anhörung beider Parteien.

Neben der Pflicht, die Bürger zu schützen, beinhaltet das Grundrecht der Freiheit der Meinungsäußerung auch die Verantwortung des Staates im Hinblick auf den Medienpluralismus, aktiv auf die Aufrechterhaltung der Pressefreiheit hinzuwirken und diese zu fördern. In der Welt der Zeitungen und Zeitschriften ist es von Bedeutung, dass die Menschen über genügend Wahlmöglichkeiten verfügen und dass eine Bandbreite von Standpunkten und Auffassungen zum Tragen kommt. Im Rundfunk und Fernsehen geht es vor allem um die Verschiedenheit zwischen den unterschiedlichen Rundfunk- und Fernsehanstalten. Eine bedeutende Rolle auf diesem Gebiet erfüllt „het Stimuleringsfonds voor de Pers"[2] (Förderfonds für die Presse) und „het Commissariaat voor de Media"[3] (Aufsichtsgremium für die Medien). Der Förderfonds bietet notleidenden Presseorganen vorübergehend finanzielle Unterstützung und erfüllt ferner eine stimulierende Rolle in der Modernisierung und Erneuerung der Presselandschaft u.a. durch Förderung und Finanzierung von Forschungsprojekten. Das Aufsichtsgremium ist u.a. verantwortlich für das Monitoring der Eigentumsverhältnisse und Marktanteile der Tageszeitungen, Zeitschriften, Fernseh- und Rundfunkanstalten und Anbieter von Content im Internet (vgl. Evers 1987: 64-67).

Die Freiheit der Meinungsäußerung, insbesondere die Pressefreiheit, ist am besten durch ein gut funktionierendes System der Selbstregulierung gewährleistet. Wenn die Berufsgruppe (Journalisten, Werbefachleute, Kommunikationsberater) selber die eigenen Normen für die Branche formuliert und deren Befolgung beaufsichtigt, wird der Staat eher eine gewisse Distanz halten, vor allem dann, wenn ein solches System gut funktioniert. In den letzten Jahren ist das Erfordernis hinzugekommen, dass das Mediengebaren für das Publikum transparent und überprüfbar sein soll. Auch in der Medienbranche selber gewinnt diese Auffassung allmählich an Boden.

Das wichtigste Motiv hinter der Selbstregulierung ist der Wunsch, dass die Berufsgenossen nach den in der Branche herrschenden Auffassungen und Normen handeln. Selbstregulierung ist zudem eine Antwort auf Proteste des Publikums, z.B. in der Werbebranche gegen irreführende Werbebotschaften. Wenn der Konsument bestimmte Werbebotschaften für irreführend oder, aus welchen Gründen auch immer, für unangebracht hält, ist das schädlich für die Werbebranche. Wendet sich der Konsument dadurch vom Produkt ab, straft schlechte Werbung sich selbst. Also sollen Werbebotschaften nicht gegen die in der Gesellschaft geltenden moralischen Auffassungen und gegen das Gemeinwohl verstoßen.

Ein anderes Motiv ist, dass die Prüfung diskutablen Verhaltens anhand der Normen des moralischen Standards der Branche und das darüber abgegebene Urteil,

2 *http://www.bedrijfsfondspers.nl/emc.asp*
3 *http://www.bedrijfsfondspers.nl/emc.asp*

moralische Unterstützung unter den Berufsgenossen auslöst und das ethische Urteil schärft, was einen positiven Effekt auf den Status des Berufes hat.

Außerdem ist Selbstregulierung effizienter und effektiver als gesetzliche Maßnahmen und Verfahren. Effizienter, weil die Prüfung schneller und billiger erfolgen kann; es gibt weniger Hürden als beim Gang zum Richter. Effektiver, weil Kritik der Fachgenossen härter trifft, als die des Richters. Ferner verhalten sich Selbstregulierung und Gesetz komplementär. Oft hat die Prüfungsnorm eine größere Bandbreite und ermöglicht es, leichter zu mehr Themen ein Urteil abzugeben als der Richter. So kann man nicht nur gegen gesetzwidriges Verhalten vorgehen, sondern auch gegen gesellschaftlich unerwünschte Handlungen, an denen jedoch aus juristischer Sicht nichts auszusetzen ist (vgl. Evers, 2007: 51-67).

2 Stand der medienethischen Debatte

Die Debatte über die Grenzen der Freiheit der Meinungsäußerung fing in den Niederlanden mit einem Aufsehen erregenden Interview von Pim Fortuyn an. Dieser im Mai 2002 ermordete charismatische Politiker sagte in einem Interview[4], dass die Freiheit der Meinungsäußerung für ihn das wichtigste Grundrecht sei, viel wichtiger noch als das Gesetz, das Diskriminierung verbietet. Letzteres könne nämlich eine Behinderung der Freiheit der Meinungsäußerung bedeuten. Entsteht ein Spannungsfeld zwischen den Grundrechten, dann solle die Freiheit der Meinungsäußerung prävalieren: Ein jeder solle sagen können, was er wolle. So solle auch ein Imam sagen dürfen, dass Homosexuelle minderwertiger als Schweine seien. Und Fortuyn selber solle sagen dürfen, dass der Islam eine rückständige Religion sei und dass islamische Männer ‚unheimliche Unterdrücker' seien. Der Freiheit der Meinungsäußerung sei nur eine Grenze gesetzt: Anstachelung zu physischer Gewalt sei vom Übel.

Gleich nach der Ermordung des Filmemachers und Kolumnisten Theo van Gogh im November 2004 durch einen muslimischen Extremisten entzündete sich die Diskussion aufs Neue in aller Schärfe. Van Gogh hatte in dem Film *Submission* und in seinen Kolumnen dem muslimischen Fundamentalismus den Kampf angesagt. Er provozierte mit Worten wie „Ziegenficker" und „fünfte Kolonne Allahs". In der Debatte ging es um die Frage, ob es gesellschaftlich akzeptiert werden konnte, zielbewusst bestimmte Bevölkerungsgruppen, z.B. Muslime, zu triezen und in ihren tiefsten religiösen Gefühlen zu verletzen. In dieser Debatte wurde auch nachdrücklich – und bisweilen entlang plakativer und provozierender Vereinfachungen – die Frage gestellt, ob die Niederlande einen doppelten Standard haben: Warum sollte es Theo van Gogh erlaubt sein, die schrecklichsten Dinge über Muslime zu sagen, während ein Imam nicht behaupten dürfte, dass Homosexuelle minderwertiger als Schweine seien?

4 *De Volkskrant*, 9. Februar 2002

In den ersten Monaten von 2008 gab es eine aufgeregte Debatte über den Film *Fitna* von Geert Wilders. Wilders ließ im November 2007 wissen, dass er einen Film über den ‚faschistischen Koran' und den ‚Barbaren Mohammed' machen würde. Wilders ist Fraktionsführer der *Partij voor de Vrijheid* (Partei für die Freiheit), die im niederländischen Parlament mit neun Mandaten vertreten ist. Der Film sollte *Fitna* (die Versuchung, das Übel) heißen, etwa eine Viertelstunde dauern, sich um Verse aus dem Koran ranken und grässliche Bilder enthalten, um so zu zeigen, dass der Islam eine große Gefahr für die niederländische Gesellschaft darstelle.

In allen Debatten über die Grenzen der Freiheit der Meinungsäußerung zeichnen sich zwei Strömungen ab: die ‚Legalisten' und die ‚Moralisten'. Die Legalisten betonen von einem juristischen Gesichtspunkt aus, dass Freiheit von Meinungsäußerung heißt, dass jeder sagen darf, was er will. Auch verletzende Äußerungen seien erlaubt, in einer Kolumne oder einem Cartoon erst recht. Hat nicht der Europäische Gerichtshof für die Menschenrechte bestimmt, dass die Freiheit der Meinungsäußerung auch dazu da ist, Gedanken und Ideen zu verbreiten, die schockieren, verletzen oder beunruhigen? Die Grenzen der Meinungsäußerung werden vom Richter gezogen. Wer sich beleidigt, verletzt oder diskriminiert fühlt, wird sich also an den Richter wenden müssen.

Die Moralisten argumentieren von einem anderen Gesichtspunkt aus. Freiheit der Meinungsäußerung impliziert Verantwortung. Nicht alles was sein darf, muss auch sein. Meinungsäußerung beinhaltet also nicht ein unbeschränktes Recht auf Beleidigen, geschweige denn unnötiges Kränken. Die Freiheit des einen endet dort, wo die des anderen angetastet wird. Toleranz und gegenseitiger Respekt können nicht per Gesetz erzwungen werden, sind aber unerlässlich in einer zivilisierten Gesellschaft, in der Menschen aufeinander angewiesen sind (vgl. Evers 2007b).

Ein medienethisches Thema ganz anderer Art ist der Einfluss des Internets auf die klassischen moralischen Standards im Journalismus. Die niederländischen Medien haben eine Tradition der Zurückhaltung, wenn es um das Erwähnen persönlicher Angaben geht, besonders, wenn es ‚gewöhnliche Menschen' betrifft. Verdächtigte und Verurteilte werden grundsätzlich nicht mit vollständigem Namen erwähnt. Auf Bildern werden sie durch einen schwarzen Balken vor den Augen unkenntlich gemacht. Die ethnische Herkunft von Verdächtigten wird nur erwähnt, wenn sie relevant ist. Diese Tradition wackelt: Auf Weblogs, auch auf mit Zeitungen verbundenen Blogs, werden Verdächtigte mit vollständigen Namen genannt. Bilder werden ohne den bekannten Balken gedruckt.

Auch andere Normen im Journalismus stehen unter Druck: Reaktionen sind sehr oft anonym und Beschuldigungen werden geäußert, ohne zu prüfen ob sie stimmen, ohne Anhörung der Partei. Der journalistische Grundsatz von Anhörung der Betroffenen gilt offensichtlich nicht für Blogger. Ebenso wenig der Ausgangspunkt, dass man mit offenem Visier kämpft.

Und wie ist es um die Verifizierung der Information bestellt? Reicht die Meldung, dass eine Geschichte inzwischen schon anderswo veröffentlicht worden ist als Rechtfertigung aus, um sie dann selber auch zu publizieren, ohne Überprüfung, ob die

Geschichte stimmt? Was sind die Folgen für die ethischen Normen der Mainstream-Medien, wenn jeder die Möglichkeit hat, auf seine Webseite zu stellen, was er für richtig hält, wobei er jeden aussticht, der sich noch Zeit nehmen wollte, um die Fakten zu überprüfen? Was soll eine Nachrichtensite mit Korrekturen und Richtigstellungen, wenn ein Fehler sofort und einfach dadurch berichtigt werden kann, dass man die korrigierte Nachricht aufs Neue auf die Seite stellt? Was geschieht übrigens mit der ursprünglichen, nicht korrigierten Nachricht, wenn diese in den Archiven verschwindet? Sollte ein journalistisches Online-Medium eine Rubrik ‚Fehler und Richtigstellungen' haben wie viele Printmedien?

Zeitungsredaktionen ringen mit der Frage, was die Norm auf ihrer Site sein soll: Verdächtigte mit vollständigem Namen nennen? Reaktionen von Besuchern anonym oder nur mit Vornamen veröffentlichen? Gelten die im Internet gehandhabten Normen auch für die papierene Zeitung? Oder soll die traditionelle Ethik der papierenen Zeitung auch die Ethik der Internetseite sein?

Mit dem Aufkommen des Internets und mit den damit verbundenen viel größeren Möglichkeiten, Informationen zu veröffentlichen, hat die Intimsphäre eine andere Bedeutung bekommen. Zwischen den privaten und den öffentlichen Bereich hat sich ein kollektiver Bereich geschoben. Auf zahlreichen Websites veröffentlichen Menschen Daten und Bilder, die vorher strikt privat waren. Im Web gibt es Sites, auf denen öffentlich verfügbare Informationen gewöhnlicher Bürger gesammelt und geordnet werden. Ist es erlaubt, dass Journalisten diese Methode zum Sammeln ihrer Informationen verwenden?

Eines der größten Probleme der Informationen auf den Nachrichtensites ist das Einschätzen des Maßes ihrer Zuverlässigkeit. Ein jeder kann ja auf seine eigene Weise und unter seinem eigenen Namen oder unter einem fingierten Namen reagieren. Das setzt die Schwelle herab, ganz oder teilweise ersonnene Mitteilungen oder unbestätigte Gerüchte auf die Site zu stellen.

3 Träger und Institutionen der medienethischen Debatte

3.1 Presserat (Raad voor de Journalistiek)

Der Presserat[5] wurde im Jahre 1960 als Gremium gegründet, das aufgrund eingereichter Beschwerden ein Urteil über das Handeln von Journalisten ausspricht. Inzwischen ist dieses Gremium das Forum par excellence, in dem Journalisten auf ihr ethisches Funktionieren beurteilt werden. Bei diesem Gremium, das von der Medienwelt selber ins Leben gerufen wurde, kann jeder, der sich durch eine Presseveröffentlichung in seinen Interessen geschädigt fühlt und der mit seinem Anliegen nicht zum Richter

5 *http://www.rvdj.nl/rvdj-archive/docs/Brochure%20English.pdf*

gehen kann und will, eine Beschwerde einreichen. Voraussetzung ist allerdings, dass die Kläger persönlich und unmittelbar betroffen sind; das ist ein Gegensatz zu Deutschland, wo jeder beim Presserat Beschwerde einreichen kann. Ein weiterer auffälliger Unterschied ist, dass man sich in den Niederlanden über alle Medien beschweren kann, sowohl über die schreibende Zunft als über die Rundfunk- und Fernsehanstalten, sowohl über die öffentlich-rechtlichen als die kommerziellen.

De Rat untersucht die Beschwerde, hört beide Parteien und kommt daraufhin zu seinem Urteil, ohne Sanktionen aufzuerlegen. Er beurteilt und legt dabei die Prüfungskriterien der journalistischen Sorgfalt zugrunde. In den Satzungen ist dies wie folgt formuliert: Sind im journalistischen Verhalten unter Beachtung der Anforderungen der journalistischen Verantwortung die Grenzen dessen überschritten, was gesellschaftlich akzeptabel ist?

Durch eine Änderung in den Satzungen bekam der Rat 1993 die Möglichkeit, aus eigenem Antrieb Urteile über brennende journalistische Fragen abzugeben und so eine aktivere Rolle in der Meinungsbildung über journalistisches Verhalten zu spielen. So kann das Gremium auch unabhängig von eingereichten Beschwerden oder Bitten seine begründete Sicht auf journalistische Praktiken, die ethische Fragen aufwerfen, zum Ausdruck bringen. Von dieser Möglichkeit hat der Rat eher spärlich Gebrauch gemacht. Es gibt Urteile aus eigenem Antrieb über die Frage, ob und unter welchen Umständen Journalisten von unrechtmäßig erworbener Information Gebrauch machen dürfen, über die Frage, wann das Mittel der verborgenen Kamera in Nachrichten- und Aktualitätensendungen eingesetzt werden darf, und über die Sperrfrist.

In den letzten Jahren liegt das meinungsbildende Gremium wieder unter Beschuss. Manche Zeitungen wollen sich nicht dazu verpflichten, Urteile des Gremiums zu veröffentlichen, wenn sie selber Partei sind. Auch wird die Qualität mancher Entscheidungen wohl in Zweifel gezogen. So kündigte das Fernsehmagazin *NOVA* im August 2008 an, dass sie nicht länger an dem Beschwerdeverfahren des Rates mitarbeiten wolle, weil die Redaktion die Konsistenz und die Argumentation in zwei Urteilen, in denen *NOVA* Partei war, mit großen Fragezeichen versieht.[6]

Trotz der Kritik scheint die Basis für das Fortbestehen eines maßgeblichen Presserates gegeben. Gut 80 Prozent aller Medien haben wissen lassen, relevante Urteile zu veröffentlichen. Eine große Mehrheit hat eine entsprechende Vereinbarung unterschrieben. Der Vorstand sucht nach Wegen, einen permanenten Gedankenaustausch auf grundlegendem Niveau zu ermöglichen und so einen größeren Beitrag zur Meinungsbildung über berufsethische Fragestellungen zu leisten.

6 *http://www.novatv.nl/index.cfm?ln=nl&fuseaction=artikelen.details&achtergrond_id=10670*

3.2 Pressekodex

Der niederländische Presserat behandelte bis vor kurzem Beschwerden, ohne über schriftlich abgefasste Normen zu verfügen. Die Normen waren implizit in der Gesamtheit der Urteile enthalten. Im Jahre 2007 wurden Leitsätze[7] veröffentlicht, eine thematische Übersicht der Normen, nach denen der Rat entscheidet. Diese Leitsätze ermöglichen es dem Journalisten und dem Publikum, von den allgemeinen Standpunkten Kenntnis zu nehmen, durch die sich der Rat bei seinen Entscheidungen über Beschwerden leiten lässt.

Anlässlich der Präsentation der Leitsätze fand eine Debatte über Sinn und Unsinn eines ethischen Kodex statt. Als großes Bedenken gegen den Inhalt des neuen Kodex wurde angeführt, dass den Normen des Online-Journalismus keine oder kaum Aufmerksamkeit gewidmet wurde. Eine Arbeitsgruppe, an der der Verfasser dieses Artikels beteiligt war, erstellte das Konzept für einen ethischen Kodex, in dem Online-Journalismus viel Aufmerksamkeit geschenkt wurde. Nach Debatten und Anpassungen wurde der Text vom Verein der Chefredakteure (Genootschap van Hoofdredacteuren) als Ersatz für den Kodex aus dem Jahre 1995 angenommen.[8]

Der niederländische Journalismus hat in Punkto ethische Kodizes keine reiche Tradition. In ferner Vergangenheit hat der Niederländische Verein von Journalisten sich der *Declaration of Principles on the Conduct of Journalists (‚Code von Bordeaux')* angeschlossen, einen aus dem Jahre 1954 stammenden und 1986 ergänzten Text, der aus neun ziemlich allgemein formulierten Grundsätzen der *International Federation of Journalists*[9] besteht.

In jüngster Vergangenheit sind in den Niederlanden einige journalistische Kodizes aufgestellt worden, in den seltensten Fällen für den niederländischen Journalismus als Ganzes, sondern meistens für eine einzelne Redaktion einer Zeitung oder einer Rundfunk- und Fernsehanstalt.[10] In einigen Redaktionen oder innerhalb von Zeitungsbetrieben ist es immer Sitte gewesen, in bescheidenem Umfang Verhaltensregeln zu Papier zu bringen, z.B. über die Art und Weise, wie die Intimsphäre von Verdächtigten und Verurteilten zu schützen war.

3.3 Ombudsmann

In den Niederlanden wurde in der Vergangenheit regelmäßig die Ernennung eines nationalen Presse-Ombudsmannes befürwortet, zu dessen Aufgaben die Abwicklung

7 *http://www.rvdj.nl/rvdj-archive/docs/Guidelines.pdf*

8 *http://www.villamedia.nl/journalist/n/2008.07.code.shtm*

9 *http://ethicnet.uta.fi/international/declaration_of_principles_on_the_conduct_of_journalists*

10 Siehe für den Kodex der Überregionalzeitung *NRC Handelsblad:* *http://www.nrc.nl/krant/article1643490.ece/Journalistieke_normen_en_waarden* und für den des Fernsehmagazin *Nova*: *http://www.novatv.nl/index.cfm?ln=nl&fuseaction=artikelen.details&achtergrond_id=8261*

von Beschwerden durch Vermittlung zwischen Klägern und Medien gehören sollte. Weiter sollte er dem Presserat die Beschwerden unterbreiten. Ein derartiger Amtsträger ist bis dato noch nicht angestellt worden. Die Debatte über dieses Thema loderte in den letzten Jahren, vor allem in kritischen Studien über die Medien, wieder auf.

Inzwischen trat Anfang der neunziger Jahre ein anderer Typus Ombudsmann auf den Plan, nämlich der mit einer Zeitung verbundene Ombudsmann, der als Meldepunkt für Beschwerden fungiert. Er vermittelt zwischen Kläger und Redaktion und verhält sich in der Redaktion als Anwalt der Kläger. Hier ist die Frage von Bedeutung, wie groß der Spielraum eines derartigen Amtsträgers ist und inwieweit er von der Redaktionsleitung unabhängig ist. Ein Ombudsmann funktioniert unabhängig von der Redaktionsleitung als Meldepunkt für Beschwerden und wird durch eigene Satzungen geschützt. Er hat wöchentlich eine eigene Rubrik in seiner Zeitung, in der er eingegangene Beschwerden oder Angelegenheiten von allgemeiner Bedeutung zur Sprache bringt. Inzwischen haben einige überregionale und regionale Zeitungen einen solchen Ombudsmann oder Leserredakteur. Der Leserredakteur ist ein Amtsträger mit vergleichbarer Aufgabe, aber mit geringerer Unabhängigkeit, zumindest in formeller Hinsicht. Die Rundfunk- und Fernsehanstalten blieben hinter diesen Entwicklungen zurück, aber 2007 wurde, zumindest vorläufig, bei der *NOS, der Nederlandse Omroep Stichting* (Niederländische Stiftung für Rundfunk- und Fernsehanstalten) ein Ombudsmann angestellt.[11]

Im niederländischen Zeitungswesen ist in den letzten Jahren eine Tendenz spürbar, den Ombudsmann oder Leserredakteur mit der Marketingabteilung zu verbinden und ihn mit Aufgaben zu betrauen, die mehr mit Abonnentenservice und Leserbindung zu tun haben als mit der Hauptaufgabe des Ombudsmanns: dem Funktionieren als Kritiker und Gewissen im eigenen Hause.

Im Laufe des Jahres 2008 nahm die *Stichting Media Ombudsman Nederland* (Stiftung Medien Ombudsmann Niederlande)[12] ihre Tätigkeiten auf. Diese Stiftung ist in hohem Maße mit dem Verein zur Förderung der Publizistischen Selbstkontrolle[13] in Deutschland vergleichbar. Eine wichtige Zielsetzung ist, durch Forschung (in Zusammenarbeit mit der Wissenschaft) festzustellen, auf welche Weise auf den zunehmenden Ruf nach Selbstregulierung von Seiten des niederländischen Journalismus reagiert werden kann. Es handelt sich dabei um das *Was* (das Identifizieren und Analysieren von Problemen in Bezug auf die Qualität und Unabhängigkeit des Journalismus, das Besprechen der dem Journalismus gegebenen Möglichkeiten und das (Neu)Formulieren ethischer Leitsätze auf der Grundlage von Normen und Standards) und das *Wie* (auf welche Weise kann die Selbstregulierung gefördert und effektuiert werden)'. Daneben macht die Stiftung Aussagen über strukturelle Angelegenheiten hinsichtlich der journalisti-

11 *http://www.nos.nl:80/assets/ombudsman/*

12 *http://www.media-ombudsman.nl*

13 *http://www.publizistische-selbstkontrolle.de*

schen Ethik. Spezifische Beschwerden von Bürgern über gelegentliche journalistische Produktionen werden an den Presserat weitergeleitet.

3.4 Pressemonitor und Debattenbüro

Im Jahre 2005 startete am Presse-Institut der Universität Amsterdam das Projekt „Der Niederländische Nachrichtenmonitor".[14] Die Transparenz des Nachrichtenprozesses steht im Mittelpunkt, nicht das Werturteil. Die Forschung soll empirisches Material liefern, das für Reflexion und Diskussion über die Medienqualität benutzt werden kann, besonders auch in den Aktivitäten des Mediendebattenbüros. Das Presse-Institut veröffentlicht drei Monitore:

- *Nachrichtendauermonitor:* Die überregionalen Zeitungen, drei Regionalzeitungen und einige Nachrichtenprogramme im Fernsehen werden auf Themen, Gattungen, Quellen usw. erforscht. So erhofft man sich Fragen in den Griff zu bekommen wie: Inwiefern stimmt es, dass in den Medien nachgebetet wird, einseitig berichtet wird oder man sich mehr auf Konflikte als auf Politik richtet? Ist von sich verschiebenden Interessen in den Redaktionen die Rede?
- *Event Monitor:* In Aufsehen erregenden Affären wird untersucht, ob die Berichterstattung distanziert, zuverlässig ist und sich auf Fakten stützt.
- *Issue Monitor:* Indem gesellschaftliche Dauerthemen verfolgt werden, wird erforscht, ob von Verschiebungen in der öffentlichen Debatte die Rede ist.

Das Mediendebattenbüro[15] hat die Aufgabe, aufgrund der Forschungsergebnisse, die Debatte zwischen Presse, Politikern und Publikum anzuregen und zu gestalten (vgl. Evers 2005).

4 Ausblick auf die künftige Entwicklung

Einige Entwicklungen und mehr oder weniger neue Praktiken zwingen zu erneuter ethischer Reflexion. Durch den Aufmarsch der Bildkultur entstand eine ‚Bildethik'[16]: Was darf und was darf nicht in Nachrichten- und Aktualitätensendungen gezeigt werden? Inwieweit dürfen suggestive oder inszenierte Bilder in journalistischen Programmen verwendet werden? Und ist das Arbeiten mit verborgener Kamera zulässig? Es gibt jetzt Möglichkeiten, durch digitale Bildmanipulation Nachrichtenbilder zu ändern. Wann steht die Glaubwürdigkeit zur Diskussion?

Eine andere Entwicklung, die moralische Fragen auslöst, kann mit Termini wie ‚Reality-TV', ‚Emotionales Fernsehen' und ‚Real Life Soap' bezeichnet werden. Es

14 *http://www.nieuwsmonitor.net/index_en.html*
15 *http://www.mediadebat.nl*
16 Siehe auch den Beitrag von Isermann und Knieper zur Bildethik in diesem Band.

handelt sich dann um allerlei Formats, deren gemeinsamer Nenner es ist, dass ‚gewöhnliche Menschen‘ ihr Privatleben ausstellen und in Form von Bekenntnissen ihre tiefsten Seelenregungen dem schaulustigen Fernsehpublikum darbieten. Streit wird beigelegt, merkwürdige Praktiken werden erläutert, Liebeserklärungen weitergeleitet und totgewähnte Freunde aus fernen Ländern treten plötzlich aus den Kulissen. Die Zuschauer zu Hause müssen zu Tränen bewegt werden und vor Rührung das Zappen vergessen. Die moralische Frage ist, inwiefern menschliche Intimitäten und Emotionen missbraucht werden dürfen, um hohe Einschaltquoten zu erreichen, um also ein Programm zu machen, das für Werbekunden attraktiv ist. Gehört es zur Verantwortung von Programmmachern, unerfahrene Studiogäste vor sich selbst in Schutz zu nehmen, z.B. dadurch, dass man eingreift, wenn Menschen in Talkshows Dinge sagen werden, die sie später ganz bestimmt bedauern werden? Und sind Programmmacher von ihrer Verantwortung befreit, wenn Teilnehmer in völliger Freiheit entscheiden, dass sie mitmachen wollen? Wann werden Menschen kommerziell ausgebeutet, zum Objekt der Marketing- und Werbeindustrie gemacht? Und sollen die Zuschauer zu Hause auch in Schutz genommen werden?

Weiter gibt es Fragen zur ‚Life Coverage‘ von Ereignissen. Hier handelt es sich um Programme, in denen der Zuschauer mit Videofilmen konfrontiert wird, in denen Mord und Totschlag zu sehen sind, nicht inszeniert, sondern von zufälligen Passanten oder von der Hauptperson selber gefilmt. Gewalt als Unterhaltung? Unakzeptabler Eingriff in die Intimsphäre? Manche Kritiker sprechen schon über die Möglichkeit, dass Menschen absichtlich Gewalt verüben werden, um ihren Fernsehauftritt zu haben. Die Produzenten dieser Programme gebrauchen die hohen Einschaltquoten als moralisches Alibi: ‚Die Zuschauer haben offensichtlich keine Probleme damit, sonst schalteten sie ab.‘

Auch der zugenommene kommerzielle Druck auf Nachrichtenmedien und deren Folgen für die journalistische Praxis bringen moralische Dilemmata mit sich. In der Medienindustrie sind in den letzten Jahren durch Fusionen, Zusammenarbeit und Übernahmen größere Unternehmen entstanden. Das Produkt ‚Nachricht‘ muss mit anderen kommerziellen Gütern konkurrieren können. Durch das Aufkommen kommerzieller Rundfunk- und Fernsehanstalten und das journalistischere Vorgehen der regionalen Rundfunk- und Fernsehanstalten ist der Konkurrenzkampf härter geworden. Wo früher zwei Kamerateams erschienen, sind jetzt zehn vor Ort. Auch Nachrichten- und Aktualitätenprogramme sind in einen schärferen Wettbewerb geraten. Dies alles hat zu einer Situation geführt, in der das Marktdenken dominanter geworden ist. Dies braucht nicht unbedingt auf Kosten der Qualität zu gehen. Dennoch werden geschäftliche Interessen, wie erwartet wird, eine immer größere Bedrohung für die journalistische Unabhängigkeit darstellen.

In Bezug auf den Bürgerjournalismus gibt es zwei ethische Fragen: Zunächst die mangelhafte Kontrolle auf die Zuverlässigkeit von Informationen und die Authentizität von Bildern und dann die Furcht vor Aushöhlung journalistischer Normen durch herumstreunende Fotografen auf der Suche nach einem schönen Scoop oder nach exklusiven Bildern von Personen des öffentlichen Lebens (‚celebrity stalking'). Daneben gibt es noch die Furcht, dass bei den Amateurfotografen das Bilder machen Priorität haben wird vor der Hilfeleistung für Menschen in Not, z.B. bei einem Bombenattentat.

Die Notwendigkeit ethischer Reflexion ist auch in den Niederlanden größer als je zuvor. Medienethik ist schon längst nicht mehr identisch mit der klassischen Presse-Ethik. Es geht auch nicht mehr lediglich um die Berufsethik von Journalisten und Programmmachern. Es ist eine Nachrichten- und Informationsindustrie entstanden, in der sich auf allen Ebenen und für alle Beteiligten ethische Fragen ergeben werden.

Literatur

Buijs, Kees (2001): Windhozen van verbijstering. De lezersredacteur als ombudsman. In: Joost Divendal (Hrsg.): De lastige lezer. Prikkelende beschouwingen over de relatie tussen journalistiek en publiek. Utrecht, S. 166-176.

Evers, Huub (1987): Journalistiek en ethiek. Een onderzoek naar regelgeving in de uitspraken van de Raad voor de Journalistiek 1960-1985. Delft, S. 64-67.

Evers, Huub (1999): Der Presse-Ombudsmann. Erfahrungen in den Niederlanden und anderen Ländern. In: Communicatio Socialis, 32. Jg., Heft 4, S. 384-396.

Evers, Huub (2005): Journalismus braucht Selbstreflexion. Medien in den Niederlanden auf dem Prüfstand. In: Zeitschrift für Kommunikationsökologie, 7. Jg., Heft 1, S. 11–15.

Evers, Huub (2007a): Media-ethiek, morele dilemma's in journalistiek, communicatie en reclame (Medienethik, moralische Dilemmas in Journalismus, Öffentlichkeitsarbeit und Werbung). Groningen.

Evers, Huub (2007b): Van Fatwa tot Madonna Twintig jaar uitingsvrijheid onder spanning. In: Evers, Huub / Serkei, Carmelita (Hrsg.): Naar een interculturele journalistiek. Beschouwingen over media en multiculturele samenleving. Amsterdam, S. 27-37.

Mittel-, Ost- und Südosteuropa

Barbara Thomaß

Wenn Mittel-, Ost- und Südosteuropa als Region in diesem Handbuch Medienethik aufgeführt wird, dann weil davon auszugehen ist, dass die dazugehörigen Länder eine oder mehrere Gemeinsamkeiten aufweisen, die es rechtfertigen, sie gemeinsam in einem Abschnitt zu betrachten. Die bedeutendste Gemeinsamkeit ist mit Gewissheit, dass alle Länder in dieser Region eine sozialistische Vergangenheit haben, dass sie den Wandel ihrer Mediensysteme mehr oder weniger erfolgreich bewältigt haben, mit dem Medien aus ihrer Eingebundenheit in das politische System gelöst wurden und sich als eigenständiges System etabliert haben (vgl. Thomaß/Tzankoff 2001).

Dann aber – im Hinblick auf mediensystemische und medienethische Fragen – hören die Gemeinsamkeiten oft schon auf. Denn die Länder Osteuropas haben eine vielgestaltige Ausdifferenzierung erfahren, auf deren Ursachen hier nicht näher eingegangen werden soll. Vielmehr wird als Ergebnis dieser Ausdifferenzierung von einer Dreiteilung des Gebietes ausgegangen, wobei sich die Thematik der Medienethik jeweils anders darstellt.

Die erste Gruppe von Ländern, die mittlerweile der EU beigetreten sind, liegen in Mitteleuropa (Polen, Ungarn, Litauen, Lettland, Estland, Bulgarien, Rumänien, Slowakische und Tschechische Republik); die zweite Gruppe von Ländern, die aus dem ehemaligen Jugoslawien hervorgegangen sind, in Südosteuropa – wobei Slowenien als einziges Land aus dieser Gruppe, das ebenfalls der EU beigetreten ist, hier auszunehmen ist –; als Osteuropa im engeren Sinne können wir Russland sowie die ehemaligen Sowjetrepubliken bezeichnen (Ukraine, Moldawien, Weißrussland, Georgien, Armenien, Aserbeidschan). Die Betrachtung der Staaten Mittel-, Ost- und Südosteuropas als Transformationsstaaten, die eine postkommunistische Geschichte haben, soll nicht darüber hinweg sehen lassen, dass sie jenseits dieser Gemeinsamkeit eine Vielfalt von historischen, politischen, ökonomischen und kulturellen Eigenarten aufweisen, die auch und gerade im Mediensystem besonders deutlich werden.

Der Wandel dieser Staaten zu pluralistischen und marktwirtschaftlichen Gegebenheiten, der vor zwanzig Jahren begann, und die damit einhergehende Transformation von Politik, Wirtschaft und Gesellschaft variierten in den einzelnen Ländern erheblich. Die oben genannte Dreiteilung dient dabei nur als Orientierung. Es ist des Weiteren von sehr unterschiedlichen Bedingungen auszugehen, je nachdem ob es sich bei den untersuchten Ländern um EU-Mitgliedsstaaten, wirtschaftlich schwache Länder und/oder autokratische Regime handelt. Entwicklungen wie in der Ukraine oder Georgien, wo die Überwindung von autokratischen Regierungen, der Aufbruch in demokratische Regierungen und möglicherweise wieder Tendenzen zur Stagnation innerhalb weniger Jahre zu beobachten sind, zeigen, wie vorsichtig mit Gruppierungen und Festlegungen umzugehen ist. Während der Ausgang der Entwicklungen in Russland, Moldawien und Weißrussland noch weitgehend unabsehbar ist, ist der Wandel in Mittel- und Südosteuropa hin zu einem neuen Gesellschaftssystem weitgehend abgeschlossen (vgl. Franzen/Haarland/Niessen 2005).

Angesichts der Komplexität dieser Ländergruppe und des Gewichtes der journalistischen Ethik für die Transformationsprozesse soll hier nur auf diesen Teilbereich der Medienethik eingegangen werden – unbenommen der Bedeutung der anderen medienethischen Felder.

1 Charakteristika der Mediensysteme in Mittel-, Ost- und Südosteuropa

Zum Verständnis der Befunde zur journalistischen Ethik in Mittel-, Ost- und Südosteuropa ist die Kenntnis der sozialistischen Mediensysteme sowie der Herausforderungen der Transformationsphase unabdingbar. Dies ist auch vor dem Hintergrund relevant, dass nicht alle postkommunistischen Staaten bislang eine stabile gesellschaftliche und mediale Ordnung gefunden haben.

Kennzeichen der geschlossenen Mediensysteme der sozialistischen Länder war „die staatliche Garantie eines nicht-kapitalistischen, parteilichen Charakters der sozialistischen Medien“ (Kleinsteuber 1991: 66). Diese Garantie wurde umgesetzt durch die Integration des Mediensystems in das politische System: Partei, Staat und gesellschaftliche Organisationen als Träger der Tageszeitungen, Produktion und Verbreitung von Hörfunk und Fernsehen im Monopol des Staates, die Nachrichtenagenturen ebenfalls in der Hand der jeweiligen Staatsführung. Die normative Ausrichtung des Journalismus orientierte sich an den politischen Vorgaben der herrschenden Partei, welche andere ethische Orientierungen nicht zuließen – schon gar nicht die an einem pluralisierten Meinungsstreit. Andererseits agierten die Medien in einem ökonomisch geschützten Raum, in dem die Probleme des gewöhnlichen Medienmarktes wie z.B. eine überbordende Sensationalisierung oder Boulevardisierung nicht bekannt waren. Jenseits dieses geschlossenen Informationsapparates fanden sich in sehr unterschiedlichem Ausmaße Publikationen, die aus dem Untergrund (*Samizdat*-Presse) kontroverse politische (auch künstlerische, ästhetische, religiöse etc.) Meinungen kursieren ließen. Ergänzt wurde dieses von Agitation und Propaganda dominierte Medienangebot durch Produkte westlicher Herkunft, die in den verschiedenen Ländern Mittel-, Ost- und Südosteuropas in unterschiedlicher Breite zur Verfügung standen.

Dies ist das Erbe, das es nach Ende der realsozialistischen Regime zu bewältigen galt. Wichtig für das Verständnis der Entwicklung in den Transformationsstaaten ist, dass die Überwindung des alten Regimes und der Aufbau neuer politischer Institutionen und Formen als ein Prozess begriffen wird, der bestimmte Phasen durchläuft (vgl. Merkel 1999: 120). Diese Phasen sind:

- das Ende des autokratischen Regimes,
- die Institutionalisierung der Demokratie und
- die Konsolidierung der Demokratie.

Entsprechend der Phasen des Übergangs zur Demokratie lassen sich auch in der Entwicklung des Mediensystems, das sich von seiner Fesselung zur Zeit des Sozialismus, ein Bestandteil des politischen Systems zu sein, hin zu Eigenständigkeit entwickelt, drei Phasen feststellen (vgl. Thomaß 2007: 232 f.), die ihrerseits Bedeutung für die journalismusethische Debatte haben:

- eine Phase der Demonopolisierung und Dezentralisierung der ehemaligen Staatsmedien, die in der Regel in der Presse früher als in den audiovisuellen Medien stattfindet,
- eine Phase, in der die neuen Mediengesetze verabschiedet werden und in der die Journalisten sich professionalisieren,
- eine Phase der Konsolidierung von Mediengesetzgebung und Professionalisierung, in der die finanzielle Basis der privatisierten Medien allerdings noch lange sehr labil bleibt. Gleichzeitig setzt ein Prozess der Medienkonzentration ein.

In der ersten Phase führt die Vielfalt unterschiedlicher Medienorganisationen und die gleichzeitige Tätigkeit herkömmlicher Journalisten und sowie solcher, die gerade durch die politischen Umwälzungen in den Beruf drängen – unter ihnen auch viele, die im Journalismus vor allem ein politisches Tätigkeitsfeld sehen – dazu, dass die alte Gewissheit über die journalistische Berufsrolle aufgelöst wird, gleichzeitig aber eine neue, gefestigte noch nicht vorhanden ist und infolgedessen Klärungsprozesse und Debatten über normative Standards des Journalismus intensiv geführt werden. Neue Berufsorganisationen entstehen in dieser Zeit, während die alten, ‚parteitreuen' ihre Mitglieder verlieren oder gar aufgelöst werden.

In der zweiten Phase greift die neue Mediengesetzgebung. Diese bezieht sich auf die Verankerung der neuen Grundfreiheiten der Meinungs-, Informations- und Pressefreiheit, die Lizenzierung von Rundfunksendern und auf grundlegende Fragen der Anwendung dieser Gesetze. Die Journalistinnen und Journalisten durchlaufen eine Phase der Professionalisierung, insbesondere in den neu entstehenden privatwirtschaftlichen Medien, die vielfach durch zahlreiche aus Westeuropa oder den USA finanzierte Medienentwicklungsprogramme gestützt wird. Die medienethische Debatte wird in dieser Phase verstärkt geführt – auch durch und mit der Teilnahme der Vertreter internationaler Medien-NGO's.[1] Sie hat durch die schon erfolgte Medienge-

1 Siehe auch den Beitrag von Krotz zur Zivilgesellschaft in diesem Band.

setzgebung einen juridifizierten normativen Rahmen, innerhalb dessen das Verhältnis von Recht und Ethik des Journalismus ausgehandelt wird. [2]

In der dritten Phase rücken ökonomische Faktoren der Ausgestaltung der Medienlandschaft endgültig in den Vordergrund. Damit setzt ein Prozess der Medienkonzentration ein, der durch die Intervention von ausländischem Medienkapital beeinflusst und beschleunigt wird. Die journalismusethische Debatte erlahmt in dieser Phase häufig, weil die Abhängigkeit der Einhaltung ethischer Standards von ökonomischen Prärogativen nach der anfänglichen Phase des Aufbruches drastisch in dem Mittelpunkt des Bewusstseins rückt. Andererseits erlaubt erst eine gewisse Konsolidierung der Akteure am Medienmarkt die Etablierung medienethischer Institutionen, die einen Regelungsrahmen jenseits des Rechts abgeben.[3]

Auch hier gilt, dass die betroffenen Länder diese Phasen in sehr unterschiedlicher Manier durchlaufen haben. Dabei gestalten die medienrechtlichen Grundlagen einerseits den Spielraum, innerhalb dessen sich eine medienethische Debatte entfalten kann, und sind andererseits Gegenstand dieser Debatte, da nach einer Phase der Abwesenheit jedweder konsentierter Regulierung und Selbstregulierung die Erwartungen an das Rechtssystem besonders hoch sind.

2 Stand der medienethischen Debatte

Die Probleme, die sich für die journalistische Ethik stellen, und die daraus resultierende Debatte lassen sich nur vor dem Hintergrund der organisatorischen, wirtschaftlichen und kulturellen Umbrüche verstehen (vgl. Hallenberger/Krzeminski 1994). Diese Zusammenhänge lassen sich anschaulich an einzelnen Beispielen aus Mittel-, Ost- und Südosteuropa illustrieren.

In Bulgarien war und ist das Durchschnittsalter der Journalisten sehr jung, was eine mangelnde Professionalität zur Folge hat (vgl. Tzankoff 2001). Dennoch wahrt ein Gutteil der Journalistinnen und Journalisten eine kritische Distanz zum Staat, wenngleich der Anteil derer, die in einer falschen Loyalität zum Staat verharren, beträchtlich ist. Unter den jungen Berufsanfängern überwiegt eine politisch desinteressierte Haltung. Der Journalismus kämpft somit sowohl mit Konflikten zwischen den Generationen, als auch mit solchen, die zwischen Journalisten, die der Opposition nahe stehen, und jenen, die Regierungsparteien unterstützen, ausgetragen werden. Die unmittelbar nach der Wende verbreitete aggressive Hetze gegen politische Gegner hat abgenommen, doch mangelt es noch an einer konsequenten Trennung zwischen Information und Kommentar, verwirren häufige Falschmeldungen die Rezipienten und präsentiert sich das Fernsehen oft noch als Verlautbarungsorgan.

2 Siehe auch den Beitrag von Branahl zu Ethik und Recht in diesem Band.

3 Siehe auch den Beitrag von Stapf zur Selbstkontrolle in diesem Band.

Estland hat dazu im Unterschied Anfang der 1990er Jahre Generationenwechsel erlebt, der einen hohen Anteil von Journalisten mit wenig Berufserfahrung in die Redaktionen gebracht hat (vgl. Vihalemm 2001). Auch hier war mangelnde professionelle Qualität die Folge; aber auch ein Überdauern des missionarischen Eifers im Journalismus, der aus der Zeit des antisowjetischen Engagements der Berufsangehörigen herrührt, ist zu beobachten. Weil kein wirklicher Wettbewerb am Arbeitsmarkt herrscht, kann diese Mittelmäßigkeit noch einige Zeit fortdauern.

Auch Polen kennt das Problem des Generationenwechsels nach 1989, das zudem durch eine hohe Fluktuation zwischen den Redaktionen ergänzt wird (vgl. Hadamik 2001). Mangelnde Professionalität, die Fortsetzung des politischen, im Sinne parteilichen Engagements der Journalisten, dazu die Vermengung journalistischer Texte mit Werbetexten sind weitere Probleme, die in ethischer Hinsicht zu beobachten sind (vgl. Schliep 1997).

In Tschechien erfolgte eine weitgehende Anpassung an die Standards aus dem Westen, ohne dass jedoch eine Selbstverständnisdiskussion geführt worden wäre. Aufgrund der mangelnden Ausbildung vieler Journalistinnen und Journalisten sind Fehler in der Berichterstattung weit verbreitet, allerdings ist auch eine deutliche Verbesserung der journalistischen Qualität zum Ende der 1990er Jahre zu beobachten (vgl. Lambrecht/Schröter 2001).

In Ungarn, das von den bisher genannten Ländern vielleicht die besten Voraussetzungen für eine Demokratisierung des Mediensystems hatte, fühlten sich die Journalisten unter starkem politischen Druck und ließen sich in die – gerade für die Medien – maßgebliche politische Auseinandersetzung, die unter dem Stichwort „Medienkrieg" bekannt geworden ist, hineinziehen (vgl. Bajomi-Lázár 2001). Fast eine Dekade später beklagt der Vizepräsident der Ungarischen Journalistenunion, dass der Berufsstand aufgrund eines Wandels zur ‚tabloidisation' massiv an Glaubwürdigkeit verloren habe.

Die hier beispielhaft genannten Probleme sind andauernd. Allgemein anerkannte und geschätzte Berufsnormen haben sich noch nicht herausgebildet, und die Leistungen der Journalisten können bestenfalls als anfechtbar bezeichnet werden (Sükösd/Bajomi-Lázár 2003: 18). Noch gibt es in den Ländern Mitteleuropas kein konsentiertes Berufsethos; das gilt umso mehr für die Länder Südost- und Osteuropas. Während nur einige Journalisten ihre Berufsrolle dahingehend verstehen, dass sie die jeweilige Regierung kritisch begleiten, ist ein größerer Teil davon überzeugt, einer demokratisch gewählten Regierung gegenüber loyal sein zu müssen. Somit ist ein relevanter Teil der Journalisten parteilich gegenüber der einen oder anderen Strömung. Es überwiegt eine politische Identität gegenüber einer professionellen. Die Tradition des parteilichen Meinungsjournalismus ist noch dominant im Printsektor und in den öffentlichen audiovisuellen Medien, während sich in den privatwirtschaftlichen Fernseh- und Radiosendern ein objektiver, ausgewogener Journalismus zwar als Norm etablieren konnte, diese jedoch angesichts der kommerziellen Ausrichtung der Sender schwach ausgeprägt ist (ebd.)

Der Geist der Parteilichkeit ist das grundlegende Problem, mit dem der jugoslawische Journalismus während der Zeit einer relativen Liberalisierung Ende der 1980er und zu Beginn der 1990er Jahre, in der Zeit der Verfestigung des Milosevic-Regimes aber auch lange nach dessen Ende 2000, zu kämpfen hat. Die politische Zugehörigkeit – ob auf Regierungs- oder Oppositionsseite – bestimmt die journalistische Praxis, die sich in Folge dessen vielfach zu Beleidigungen, Verleumdungen und aggressiven Berichten hinreißen lässt (vgl. Gordey/Thomaß 2001).

Und in Russland, das als letztes Beispiel der osteuropäischen Medienlandschaft dienen soll, fand immerhin zu Beginn der 1990er Jahre ein lebhafter Ethikdiskurs zu Struktur und Funktion eines neuen Ethikkodex statt, der dann jedoch mit zunehmender Vermachtung der Medienmärkte rasch verebbte (vgl. Trautmann 2001). Journalisten wurden zu Instrumenten ihrer politischen Auftraggeber, seien es die neuen Medienmogule oder der Staat; bezahlter Auftragsjournalismus, Falschmeldungen und Kampagnenjournalismus haben sich verbreitet. Der wirtschaftliche Druck, der auf unabhängigen Medien und Journalisten lastet, hat Zynismus zur Folge, und auch die physische Gefährdung von Journalisten ist keine Ausnahme.[4]

Dabei soll überhaupt nicht in Abrede gestellt werden, dass in all diesen Ländern die Anstrengungen enorm sind, die unternommen werden, um einen verantwortlichen, demokratische Prozesse stützenden Journalismus voranzutreiben. In etlichen der genannten Ländern werden seriöse Rundfunksendungen und vor allem Zeitungen produziert, in denen sich ein verantwortlicher Journalismus entfalten kann, wie zum Beispiel die *Gazeta Wyborcza*, *Rzeczpospolita* und *Wprost* in Polen, die *Mlada fronta Dne* oder *Lidove Noviny* in der Tschechischen Republik oder *Magyar Nemzet* und *Nepszabadsag* in Ungarn. Doch sie sind in der Minderheit (vgl. Wyka 2005a).

Der Fokus liegt hier nicht auf den Erfolgen, sondern auf den Problemen, die aufgrund der genannten Bedingungen entstehen. Diese Probleme sind in den verschiedenen Ländern durchaus unterschiedlich ausgeprägt. Dennoch lassen sich einige weit verbreitete Fehlleistungen auf der professionellen Ebene auflisten, die zudem noch viel zu selten einer Sanktionierung unterworfen werden (Bajomi-Lázár 2003: 18):

- Berichte sind nicht frei von Meinungen,
- Journalisten verwechseln politisches und professionelles Engagement,
- Kommentare sind ohne genügende Schärfe,
- Spekulationen ersetzt die Recherche,
- Nachrichtensendungen erscheinen mit einer deutlichen Bild- und Tonschere,
- versteckte Werbetexte finden sich in redaktionellen Texten,
- Texte aus der politischen PR werden unhinterfragt übernommen,
- Journalisten dienen als Handlanger oder Sprachrohre politischer Parteien,
- es existieren enge Bindungen zwischen Redaktionsvertretern und politischen Entscheidungsträgern,

4 Siehe auch den Beitrag von Sehl zu Russland in diesem Band.

- Journalisten erscheinen als Interessenvertreter und Lobbyisten wirtschaftlicher Akteure,
- Sensationsjournalismus ist verbreitet,
- die Berichterstattung über Konflikte, vor allem ethnische Konflikte, ist einseitig.

Die grundlegende Problematik für Medienmacher in Osteuropa war bzw. ist eine dreifache: Der Staat wollte einerseits noch den Zugriff auf die Medien behalten, andererseits sollte der Journalismus den staatlichen Bemühungen um Demokratisierung als Stütze dienen; dieses Dilemma entfaltete sich angesichts des rapide gestiegenen Einflusses westlichen Kapitals, das die Kommerzialisierung der Medienlandschaft vorangetrieben hat. Diese Konstellation barg vielfältige Konfliktfelder für und Kritikpunkte an Journalisten. Diese Problemlage, die die Länder Mittel- und auch Südosteuropas weitgehend überwunden haben, ist für Russland, Weißrussland, Moldawien und bedingt auch die Ukraine durchaus noch gegeben.

Ungeachtet der in allen Ländern Osteuropas verfassungsgemäß verankerten Medienfreiheit lassen sich in manchen Transformationsstaaten immer wieder Einzelbeispiele für den Versuch der Einflussnahme politischer Akteure auf die Unabhängigkeit der Medien finden, bis hin zu Angriffen auf einzelne Journalisten, die allerdings die gebotene Kritik und Versuche der Aufklärung hervorrufen. Im Gesamtbild kann aber in den osteuropäischen EU-Staaten von einem funktionierenden Mediensystem, das die Aufgaben der Kritik und Selbstbeobachtung der Gesellschaft erfüllt, ausgegangen werden.

Auch in den anderen Transformationsstaaten jenseits der EU-Mitgliedsländer herrscht formal Medienfreiheit. Doch findet hier immer noch ein starkes Ringen um die Mediengesetzgebung statt, die der jeweiligen Partei in der Regierung oder der Parlamentsmehrheit den Einfluss auf die Direktionen der nationalen Rundfunksender oder auf die Kontrollgremien sichern soll. Teilweise erlauben die Mediengesetze so unterschiedliche Interpretationen, dass Einflussnahmen von sehr vielen verschiedenen Seiten möglich werden. Zusätzlich existiert in vielen Transformationsstaaten eine Fülle von Einzelgesetzgebungen fiskalischer oder strafrechtlicher Art, die die Medienfreiheit letztendlich stark beeinträchtigen können. Die Mediensituation in Russland, dem größten Transformationsland, zeichnet sich vor allem durch eine hohe Rechtsunsicherheit aus.

Dieser jeweils gegebene Stand der Medienfreiheit ist entscheidend für die Funktionsweise medienethischer Selbstregulierungsinstitutionen und den Stand der journalistischen Ethik. Denn – wie sich besonders in Russland gut beobachten lässt – führen massive Restriktionen und Repressionen staatlicher Stellen dazu, dass Berufsorganisationen ihre Aktivitäten vor allem auf die Verteidigung von Medienfreiheit legen, während das Einfordern ethischer Standards bei den Journalistenkollegen angesichts der gegebenen schwierigen Arbeitsbedingungen auf wenig Verständnis stößt. Andererseits wird in offenen pluralisierten Medienmärkten schnell deutlich, wie die sich verschärfenden Wettbewerbsbedingungen Fehlleistungen im Journalismus hervorbringen, die ethischer Standards und Selbstregulierung bedürfen.

3 Träger und Institutionen der medienethischen Debatte

Die Selbstregulierung ist in den Ländern der hier in Frage stehenden Region noch nicht sehr entfaltet. Presseräte fehlen noch in etlichen Ländern; Presseombudsleute sind weitgehend unbekannt; die Repräsentanz von Vertretern der Öffentlichkeit in medienbezogenen Organisationen oder zivilgesellschaftlichen Mediengruppen ist rar (vgl. Bajomi-Lázár 2003: 19). Doch gerade seit Beginn dieser Dekade sind in mehreren Ländern Presseräte eingerichtet worden, bisweilen nicht zuletzt auf internationale Initiative oder Druck, wie zum Beispiel in Bosnien-Herzegowina. Die *Alliance of Independent Press Councils of Europe* (AIPCE) ist zu einem Forum der Kooperation und des Erfahrungsaustausches zwischen europäischen Presseräten geworden. In der AIPCE sind aus Mitteleuropa folgende Pressräte Mitglied: Estland, Ungarn, Bulgarien; aus Südosteuropa: Bosnien & Herzegowina, Kosovo; und aus Osteuropa: Armenien, Aserbeidschan, Russland, Ukraine. Außerdem haben sich Presseräte in Litauen und der Slowakischen Republik, in Mazedonien und Slowenien, sowie in Georgien gegründet[5].

Andererseits haben sich in der Mehrheit der Transformationsgesellschaften die Systeme der Selbstregulierung noch nicht in dem Maße etablieren können, dass sie gegenüber den mannigfaltigen Herausforderungen wirksame Korrektive darstellen können – dies nicht zuletzt aufgrund der Tatsache, dass Selbstregulierung aufgrund der Erfahrungen mit dem ehemals übermächtigen Regelungsanspruch des Staates in vielen Bereichen lange wenig Unterstützung erfuhr.

Am weitesten verbreitet ist die Verabschiedung von Pressekodizes, die in der Mehrheit der betroffenen Länder ausgearbeitet worden ist, manchmal sogar in zahlreichen Varianten wie in Rumänien oder Polen, wo mehrere Journalistenorganisationen miteinander konkurrieren. Oder es wurde ein Pressekodex entwickelt, aber lange formell nicht verabschiedet wie in Tschechien. Dafür haben sich dort die jeweiligen Rundfunkanstalten oder auch etliche Zeitungshäuser Kodizes gegeben, die ethische Standards vorgeben. In Russland existiert ein Pressekodex, doch angesichts der skrupellosen Indienstnahme der Medien durch Staat und Wirtschaft ist der Text nahezu

5 Diese Liste ist nicht als vollständig anzusehen. Sie beruht auf den Angaben der AIPCE sowie des Press Council Directory (*www.aipce.net*, *www.media-accountability.org*). Darüber hinaus existieren Institutionen, von denen nicht fraglos angenommen werden kann, dass sie als unabhängige Presseräte agieren. So wird der Presserat in Polen vom Ministerrat berufen, ohne dass seine Kompetenzen klar abgegrenzt sind (vgl. Kopper/Rutkiewicz/Schliep 1996). Die World Association of Press Councils (*www.wapconline.org*) organisiert keine Mitglieder aus Europa mit Ausnahme des türkischen (der auch die Kontaktadresse ist), sondern vornehmlich solche aus Asien und Afrika.

bedeutungslos. Selbstregulierung ist in einem Mediensystem, das sich nur kurzfristig aus der Einbindung in andere Systeme lösen konnte, nicht möglich.

4 Ausblick auf die künftige Entwicklung

Mit den oben genannten Spezifika sind auch gleichzeitig die Probleme genannt, die die journalismusethische Debatte aufgreifen muss. Im Zentrum steht die Entwicklung eines Berufsethos, welches das Verhältnis von Journalismus zum politischen System bestimmt und das Normen entwickelt, mit denen den ubiquitären Tendenzen zur Kommerzialisierung der Mediensysteme zumindest etwas entgegengesetzt werden kann. In Osteuropa (jenseits Mitteleuropas) ist das Ringen um Medienfreiheit die zentrale medienethische Aufgabe, da erst mit größerer Unabhängigkeit der Medien auch erfolgreich die Einhaltung von journalismusethischen Standards angemahnt werden kann. Gerade in Weißrussland und Russland ist der gesellschaftliche Wandlungsprozess noch zu labil, als dass eine Demokratie fördernde Funktion der Mediensysteme in nächster Zukunft zu erwarten ist. In den übrigen Ländern ist es der zunehmende Kommerzialisierungsdruck, der die Neubestimmung der Rolle von Journalisten in der Gesellschaft zu konterkarieren droht.

Literatur

Alliance of Independent Press Councils of Europe (AIPCE). *http://www.aipce.net.*

Bajomi-Lázár, Petér (2001): Medien und Medienpolitik in Ungarn. In: Thomaß, Barbara / Tzankoff, Michaela (Hrsg.) (2001): Medien und Transformation in Osteuropa. Wiesbaden, S. 187-202.

Sükösd, Miklos / Bajomi-Lázár, Petér (Hrsg.) (2003): Reinventing Media. Media Policy Reform in East-Central Europe. Budapest.

Bennett, W. Lance (1998): The Media and Democratic Development. The Social Basis of Political Communication. In: O'Neil, Patrick (Hrsg.): Communicating Democracy: The Media and Political Transitions. Colorado; London.

Franzen, Wolfgang / Haarland, Hans Peter / Niessen, Hans-Joachim (2005): Osteuropa zwischen Euphorie, Enttäuschung und Realität. Frankfurt/New York. .

Gordey, Serge / Thomaß, Barbara (2001): Medien und demokratische Transformation in Jugoslawien. In: Thomaß, Barbara / Tzankoff, Michaela (Hrsg.): Medien und Transformation in Osteuropa. Wiesbaden, S. 121-144.

Hadamik, Katharina (2001): Medien in Polen. In: Thomaß, Barbara / Tzankoff, Michaela (Hrsg.): Medien und Transformation in Osteuropa. Wiesbaden, S. 145-166.

Hallenberger, Gerd / Krzeminski, Michael (Hrsg.) (1994): Medienlandschaft im Umbruch. Berichte und Analysen aus neun Ländern. Berlin.

Kleinsteuber, Hans J. (1991): Das globale Netz – Nationale und internationale Mediensysteme. In: K. Merten u.a. (Hrsg.): Funkkolleg Kommunikation und Medien, Studieneinheit 28, Studienbrief 11. Weinheim, S. 47-85.

Kopper, Gerd / Rutkiewicz, Ignacy / Schliep, Katharina (1996): Medientransformation und Journalismus in Polen 1989-1995. Berlin.

Lambrecht, Oda / Schröter, Katharina (2001): Transformation der Medien in der Tschechischen Republik. In: Thomaß, Barbara / Tzankoff, Michaela (Hrsg.): Medien und Transformation in Osteuropa. Wiesbaden, S. 167-186.

Merkel, Wolfgang (1999): Systemtransformation. Opladen.

Milev, Rossen (2005): Bulgarien. In: Internationales Handbuch Medien 2004/2005. Baden-Baden, S. 227-234.

Press Council Directory: *www.media-accountability.org/html/frameset.php?page=directory*

Schliep, Katharina (1997): Die Transformation der polnischen Medien und ihre Auswirkungen auf die journalistische Kultur. In: Machill, Marcel (Hrsg.): Journalistische Kultur: Rahmenbedingungen im internationalen Vergleich. Opladen, S. 157-174.

Thomaß, Barbara (2007): Osteuropa. In: dies. (Hrsg.): Mediensysteme im internationalen Vergleich. Konstanz, S. 229-245.

Thomaß, Barbara / Tzankoff, Michaela (Hrsg.) (2001): Medien und Transformation in Osteuropa. Wiesbaden.

Tzankoff, Michaela (2001): Der Transformationsprozess in Bulgarien und die Entwicklung der postsozialistischen Medienlandschaft. In: Thomaß, Barbara / dies. (Hrsg.): Medien und Transformation in Osteuropa. Wiesbaden, S. 65-94.

Trautmann, Ljuba (2001): Demokratisierung oder Resowjetisierung? Die russischen Massenmedien im Transformationsprozess. In: Thomaß, Barbara / Tzankoff, Michaela (Hrsg.): Medien und Transformation in Osteuropa. Wiesbaden, S. 203-234.

Vihalemm, Peeter (2001): Medien im Transformationsprozess in Estland. In: Thomaß, Barbara / Tzankoff, Michaela (Hrsg.): Medien und Transformation in Osteuropa. Wiesbaden, S. 95-120.

Wyka, Angelika (2005a): Good and reliable watchdogs of democracy? Ethics and journalism: case studies from Poland, Hungary and the Czech Republic. *www.ejo.ch/analysis/regionalstudies/wyka1.pdf* (1.12.2008).

Wyka, Angelika (2005b): Journalistic standards and democratisation of the mass media in Poland, Hungary and the Czech. In: Journal of Communication Ethics, 2. Jg., Heft 2, S. 13-17.

Russland

Annika Sehl

1 Charakteristika des Mediensystems

In der Sowjetunion gab es einen einheitlichen Informationsraum. Der Staat hatte ein Monopol auf Informationen, Meinungen und Ideologie. Dieses Monopol ist mit den politischen und gesellschaftlichen Veränderungen, die Gorbatschow mit seiner Politik der ‚Perestroika' einleitete, gefallen. In der Russischen Föderation, dem größten der Nachfolgestaaten der Sowjetunion, wurde die Presse in relative Freiheit und Marktwirtschaft entlassen. Doch diese Phase – Sparks (2000: 42) spricht hier von „anarchischer Freiheit" – währte nicht lange. Die Finanzkrise der 1990er Jahre führte schon sehr bald zu neuen Abhängigkeiten durch Subventionen vom Staat oder Beteiligungen von neuen Finanz- oder Industriegruppen, so genannten Oligarchen (vgl. Kharina-Welke 2004: 567). Konzentrationsprozesse und Monopolisierungen folgten (vgl. ebd.: 567).

Heute ist der Medienmarkt wieder geprägt durch hohe staatliche Anteile an Medien. Das gilt vor allem für den Fernseh- und Zeitungsmarkt (vgl. Kharina-Welke im Erscheinen: 568). Während die Macht des Kreml zunahm, hat die der Oligarchen in der Putin-Ära abgenommen. Zwei der einflussreichsten Medienbesitzer, Gussinskij und Beresowskij, wurden ins Ausland verdrängt (vgl. ebd.: 568).

Darüber hinaus werden in der jüngsten Ausgabe des Internationalen Handbuch Medien des Hans Bredow-Instituts folgende Kennzeichen für das russische Mediensystem herausgearbeitet:

Das russische Mediensystem weist eine hohe Anzahl an Medientiteln auf. So waren in der Russischen Föderation 2006 laut der Bundeszentrale für Print und Medien (Federalnoje Agentstwo po Petschati i Massowym Kommunikazijam, FAPMK) rund 72.000 Medien registriert. Das sind gut 10 Prozent mehr als im Vorjahr. Von der Gesamtzahl waren rund 59.000 Printmedien und rund 13.000 elektronische Medien (vgl. ebd.: 568).

Der gesamtwirtschaftliche Aufschwung in Russland hat sich auch auf die Medienbranche ausgewirkt. Zum einen hat der Werbemarkt zugelegt und ist heute der sechstgrößte Europas (vgl. ebd.: 568). Zum anderen hat der Aufschwung ausländische Medienbesitzer nach Russland gezogen. Häufig sind sie Eigentümer oder Mitbesitzer großer Verlagshäuser (vgl. ebd.: 568). Deutsche Beispiele sind das Verlagshaus *Burda*, vor 20 Jahren (1987) der erste ausländische Verlag auf dem russischen Markt, oder das Verlagshaus *Bauer Russia*, das 2004 gebildet wurde, als *Bauer* den russischen Verlag *Logos-Media* übernahm (vgl. ebd.: 573).

Charakteristisch für das russische Mediensystem ist nicht zuletzt, dass führende Medienunternehmen sich immer mehr verflechten und vernetzen, indem sie diversifizierte Holdings bilden (vgl. ebd.: 568 f.).

Die rechtlichen Grundlagen der Massenmedien in der Russischen Föderation sind in der Verfassung vom 12. Dezember 1993 festgelegt. Nach Art. 29 hat jeder Bürger im Rahmen der geltenden Gesetzte das Recht, Informationen zu erhalten, herzustellen und zu verbreiten. Rechtliche Rahmenbedingungen regelt das „Gesetz über die Massenmedien" (1991). Es schützt die Informationsfreiheit und legt u. a. fest, dass Zensur ebenso unzulässig ist wie die Gründung oder Finanzierung von Institutionen und Organisationen, die Massenmedien zensieren könnten. Massenmedien gründen dürfen einzelne Bürger, Vereinigungen, Organisationen, Betriebe, Staatsorgane und auch ausländische Gesellschaften, jedoch nicht ausländische Bürger. Speziellere gesetzliche Regelungen für die verschiedenen Massenmedien finden sich in weiteren Einzelgesetzen (vgl. ebd.: 569 f.).

Die russische Mediengesetzgebung erweckt somit auf den ersten Blick den Eindruck, liberal zu sein. Dennoch hat der autoritäre Staat Wege gefunden, Journalisten bei investigativer Recherche und kritischer Berichterstattung zu behindern bzw. diese ganz zu verhindern. Der Umweg führt über die Strafgesetzgebung. So stellt es das Gesetz über das Staatsgeheimnis von 1993 unter Strafe, Staatsgeheimnisse journalistisch aufzudecken. Was jedoch genau ein Staatsgeheimnis ist, ist nicht näher bestimmt. Damit ist staatlicher Willkür Tür und Tor geöffnet. Genauso unpräzise sind die Formulierungen beim Gesetz zur Ausweitung von Befugnissen gegen Extremismus. Danach kann jegliche Opposition zur Regierung und die Verleumdung von Staatsbeamten als extremistische Tätigkeit eingestuft werden. In der Konsequenz können Journalisten auf eine Stufe mit Verbrechern gestellt werden (vgl. Schlindwein 2007: 18).

Tatsächlich nutzt der Staat, wenn es ihm beliebt, die Gesetze willkürlich, um Journalisten bei der Arbeit zu hindern oder unliebsame Berichterstattung zu verhindern. Reporter ohne Grenzen sieht Russland auf Platz 141 der Pressefreiheit. Die Liste umfasst 173 Länder (vgl. Reporter ohne Grenzen 2008). Ministerpräsident Vladimir Putin befindet sich auf der Liste der größten 39 Feinde der Pressefreiheit weltweit (vgl. Reporters without Borders 2008). Und die Praktiken gehen auch darüber hinaus. Seit 1992 wurden 49 Journalisten in Russland ermordet. Damit liegt Russland auf Platz drei der Liste, gleich hinter dem Irak und Algerien (vgl. Committee to Protect Journalists 2009). Allerdings: Auch nicht immer ist klar, ob ein Journalist wegen seiner beruflichen Tätigkeit ermordet wurde oder aus anderen Gründen.

Der überregionale russische Pressemarkt konzentriert sich auf die Regionen um Moskau und St. Petersburg. Eine wesentliche Ursache dafür ist, dass es in Russland kein funktionierendes Distributionssystem gibt. Zeitungen per Post zu verschicken, ist wegen der Größe des Landes teuer oder es dauert zu lange. Daher setzen viele Verlage ihre Produkte auch nur in großen Städten ab (vgl. Kharina-Welke 2004: 568). In den Provinzen werden überwiegend regionale und lokale Blätter gelesen.

22 Prozent der Einwohner lesen in der Hauptstadt nach Erhebungen des National Readership Survey 2006 eine Tageszeitung, in Russland insgesamt jedoch nur acht Prozent der Bevölkerung (vgl. Kharina-Welke im Erscheinen: 571). Auch wirtschaften nur zehn bis zwölf Prozent der Zeitungen gewinnbringend, alle anderen werden vom Staat oder privaten Teilhabern unterstützt (vgl. ebd.). Ein Problem dabei ist, dass der Preis für Zeitungen oft kaum deren Produktionskosten deckt. Denn die Bürger sind gewöhnt an billige Zeitungen, die in der Sowjetunion durch staatliche Subventionen garantiert waren (vgl. Kharina-Welke 2004: 568). Allerdings, auch in westlichen Ländern wie in Deutschland decken Zeitungen nur einen Teil ihrer Produktionskosten über den Verkaufspreis. Ein wesentlicher anderer Teil fließt über Anzeigeneinnahmen zu.

Medium Nummer Eins in der russischen Gesellschaft ist das Fernsehen. Praktisch jeder russische Haushalt verfügt über ein TV-Gerät. Der Fernsehkonsum ist dabei in den vergangenen Jahren stetig gestiegen und lag 2006 bei durchschnittlich über fünf Stunden (vgl. Kharina-Welke im Erscheinen: 574). Die drei wichtigsten überregionalen Fernsehsender *Perwyj Kanal*, *Rossija* und *NTV* sind direkt in staatlicher Hand oder werden indirekt durch staatsnahe Unternehmen beaufsichtigt (vgl. ebd.: 575). *Perwyj Kanal* und *Rossija* sind dabei technisch begünstigt, denn sie können auf bereits in der Sowjetunion ausgebaute Übertragungssysteme zurückgreifen. Das sichert ihnen Reichweiten von 99 und 95 Prozent, während sie schon bei *NTV* auf 75 Prozent sinkt (vgl. ebd.: 574 f.). In den vergangenen Jahren haben Besitzerwechsel und Umstrukturierungen bei weiteren wichtigen Fernsehsendern zudem dazu geführt, dass der Kreml seinen Einfluss ausgebaut hat. Zu nennen sind hier u. a. die landesweiten Sender *Petersburg-5.Kanal* und *REN-TV* (vgl. ebd.: 575 f.).

Für den Radiomarkt hingegen liegen keine gesicherten und einheitlichen Daten vor. Grund ist, dass die Erhebungsinstrumente der Umfrageinstitute nicht vergleichbar sind und häufig auch zu widersprüchlichen Ergebnissen führen (vgl. ebd.: 576). Charakteristisch für den Radiomarkt ist, dass die großen Anbieter im UKW-Bereich vier großen Radio-Holdings angehören. Marktführer *ist EMG (Ewropejskaja Mediagruppa)*. Daneben bestehen die Radioholding *RMG (Russkaja Mediagruppa)*, deren größter Miteigentümer der russische Mineralölkonzern *Lukoil* ist, die *Holding Prof-Media* und die *Holding Gazprom-Media* (vgl. ebd.: 576). Zur letzterer gehört auch das politische Nachrichtenprogramm *Echo Moskwy*, das auch Jahre nach seiner Übernahme durch *Gazprom* noch kritisch berichtet. Wie dieses Tatsache zu bewerten ist, darüber gehen die Standpunkte auseinander. Manche vertreten die Auffassung, der Sender werde von *Gazprom* lediglich geduldet (vgl. ebd.: 577). So kann er gegenüber dem Ausland als Aushängeschild für die Pressefreiheit in Russland dienen, während nur vergleichsweise wenige Russen das Programm tatsächlich nutzen.

Bei den privaten Hörfunkanbietern überwiegen musikorientierte Tagesbegleitprogramme oder reine Musikprogramme. Nachrichtenprogramme gibt es dagegen nur wenige (vgl. ebd.: 576).

Was das Internet betrifft, hat es in Russland noch immer eine Nischenfunktion. Nach Angaben der *International Telecommunication Union* gab es 2006 11,5 Internetnutzer auf 100 Einwohner. Das entspricht dem 87. Platz von 198 Ländern und ist unterdurchschnittlich. Der Weltdurchschnitt liegt bei 18,4 Nutzern pro 100 Einwohner (vgl. ebd.: 578). In den Städten, insbesondere Moskau, liegt die Zahl der Internetnutzer weit höher als in ländlichen Regionen, die den größten Teil Russlands ausmachen. So werden nach Erhebungen von *TNS Gallup Media* in Moskau 42 Prozent der Einwohner als Nutzer gezählt (vgl. ebd.: 578). Angesichts der Zahlen verwundert es nicht, dass gerade der Online-Bereich die größten Wachstumsraten unter allen Medien verzeichnet und Experten 60-70 Prozent Zuwachs pro Jahr voraussagen (vgl. ebd.: 578).

2 Stand der medienethischen Debatte

Nach dem Ende des kommunistischen Systems mussten die Journalisten auch neue Normen für ihre Arbeit entwickeln. Zu Beginn der 1990er Jahre gab es daher eine breite Ethik-Diskussion. Sie befasste sich vor allem mit Struktur und Funktion eines neuen journalistischen Kodex. Dabei orientierten sich russische Journalisten an westlichen Ethikkodizes. Sie luden westliche Kollegen zu Konferenzen ein, zahlreiche Bücher mit Übersetzungen westlichen Ethikkodizes erschienen in Russland. Ergebnis der Diskussion war am 23. Juni 1994 die Verabschiedung des *Kodex der professionellen Ethik der Journalisten*. Einige Medienanstalten in Moskau und in den Regionen wie der Fernsehsender *NTV* oder die Tageszeitung *Izvestija* folgten diesem Vorbild und formulierten eigene Kodizes (vgl. Trautmann 2002: 467). Eine aktuelle Studie von Albrecht zeigt, dass diese den Journalisten heute jedoch oft nicht bekannt sind (vgl. Albrecht 2008, 95 f.).

In der Realität zeigte sich damals sehr schnell, dass es sich schwierig gestaltete, die Ethikkodizes westlicher Herkunft in Russland auch in die journalistische Praxis umzusetzen. Schon bei der Berichterstattung zu den Präsidentschaftswahlen 1996 wurde deutlich, dass sich die Medien mehr den politischen Interessen ihrer Auftraggeber – Staat und Medienmogule – verpflichtet sahen als einer objektiven Berichterstattung. Eine „primitive Angstpropaganda gegen die Kommunisten" nennt Trautmann (2002: 467) das Ergebnis der Berichterstattung. Für die Wahl drei Jahre später konstatiert sie sogar einen so genannten „‚Killerjournalismus' als extreme Form des bezahlen Auftragsjournalismus" (ebd.: 467). Das heißt, der politische Gegner soll, notfalls auch durch Falschmeldungen, diskreditiert und somit politisch ‚getötet' werden. 1999 betraf dies zwei aussichtsreiche Konkurrenten Putins um das Präsidentenamt: den ehemaligen Ministerpräsidenten Primakov und den Moskauer Bürgermeister Lužkov (vgl.

ebd.: 467). Daneben übten Präsident und Regierung bei beiden Wahlen auch direkten politischen Druck aus, um eine wohlwollende Berichterstattung zu erreichen bzw. kritische Autoren zum Schweigen zu bringen (vgl. ebd.: 442).

Aber längst nicht nur im politischen Bereich sind bestellte Artikel üblich, sondern auch in der Wirtschaftsberichterstattung. Den Mechanismus beschreibt Vorošilov plastisch. So schreibt er etwa über die Absprachen im Printbereich:

> „Für eine Anzeige über eine viertel Zeitungsseite muss eine Firma, angenommen, 5.000 Rubel zahlen. Stattdessen zahlen sie dem Journalisten 2.000 Rubel, und dieser schreibt fünf Schreibmaschinen-Seiten lang einen lobenden Artikel über die Erfolge der Firma. Letztere spart 3.000 Rubel, und auch der Journalist ist zufrieden. Er kann den Artikel als Resultat eigener Recherche darstellen, um zusätzlich zum Geld der Firma noch Honorar von der Redaktion erhalten.“ (Vorošilov 2001: 270 in der Übersetzung zit. n. Krüger 2006: 10)

Die PR-Agentur *Promaco* führte 2001 ein Experiment zu bestellten Texten durch. Konkret bot sie einer Reihe Medien an, gegen Bezahlung einen Werbebeitrag als redaktionellen Text zu veröffentlichen. Interessant war, dass auch renommierte Zeitungen das Angebot annahmen wie *Argumenty i fakty – Moskva*, *Komsomol'skaja Pravda* oder *Moskovskij Komsomolez*. Einige verlangten zusätzliche Informationen, lediglich drei Zeitungen willigten nur ein, wenn das Material als Werbung gekennzeichnet würde (vgl. Ol'šanskij 2003: 489 in der Übersetzung zit. n. Krüger 2006: 10 f.).

Da wundert es nicht, dass Trautmann schon Anfang des Jahres 2000 viele russische Journalisten viel weiter entfernt sieht von den proklamierten neuen ethischen Grundsätzen als zu Beginn der 1990er Jahre. Als Ursache macht sie die mangelnde wirtschaftliche Absicherung von Journalisten in Russland aus, Tarifverträge existieren nicht:

> „In einem Land, das von Finanz- und Wirtschaftskrisen erschüttert ist und in dem die geringe Werbung den Medien keine unabhängige Finanzbasis sichert, ist Rücksicht auf ethische Normen kaum zu erwarten. Der bezahlte Auftragsjournalismus bietet oft die einzige Chance, persönlich und betrieblich zu überleben.“ (Trautmann 2002: 468)

Gladkov (2002: 159) kommt zu einem ähnlichen Schluss: „Aufgrund der „anhaltend schwierige[n] Finanzlage vieler, vor allem kleinerer Redaktionen, und der schlechten Bezahlung ihrer Mitarbeiter“ sei „der so genannte ‚Journalismus auf Bestellung‘ [...] wieder in Mode“ gekommen. Sie meint damit

> „[...] die ganze Bandbreite nicht autorisierter Publikationen, von einfacher Schleichwerbung über das Publizieren vorgefertigter, nicht als Fremd- und Werbebeiträge kenntlich gemachter, PR-Artikel gegen Bezahlung bis zur Heranzüchtung von ‚Hofjournalisten‘, die gegen Prämien ihre Berichterstattung automatisch an die Wünsche bestimmter exponierter Persönlichkeiten anpassen – oft sogar ohne das Wissen der eigenen Kollegen und des Chefredakteurs“ (ebd.).

Neben den wirtschaftlichen Schwierigkeiten der Medien hat Krüger (2006: 162 ff.) in Leitfadeninterviews mit Chefredakteuren von Zeitungen in Rostov am Don folgende Faktoren für bestellte Inhalte ausgemacht: ein unterentwickelter Werbemarkt, mangelnde Professionalität der Journalisten zusammen mit wenig Achtung vor den Lesern, persönliche Bereicherungen zusammen mit fehlenden Sanktionen. Was letzteren Punkt betrifft, schreibt Trautmann (2002: 220) kurz, dass „der Staat gegen die Schleichwerbung keine Kontrollmechanismen und Strafen ausgearbeitet hat und sogar selbst diese Entwicklungstendenz gefördert und bis zu den letzten Wahlen intensiv praktiziert hat".

Wie sehr Auftragsjournalismus bereits ethische Normen im russischen Journalismus prägt, zeigt Krüger auch an einer Zusammenstellung mehrerer Zitate aus Lehrbüchern. So führt er ein Zitat aus einem Lehrbuch über die Ökonomie der Massenmedien von 2001 an:

> „[...] neben der gewöhnlichen offenen Werbung in Zeitungen und Zeitschriften [wird] auch so genannte versteckte Werbung publiziert. Das sind journalistische Texte ganz verschiedener Genres. [...] Der Lohn für versteckte Werbung geht in die Redaktionskasse. Allerdings zieht es der Auftraggeber manchmal vor, unmittelbar den Journalisten/Autoren des Werbetextes zu bezahlen. In diesem Fall ist der Autor verpflichtet, das erhaltene Honorar in die Redaktionskasse zu legen. Aufträge für versteckte Werbung und Honorare für deren Veröffentlichung an der Redaktion vorbei bedeuten eine grobe Verletzung der journalistischen Ethik." (Gurevič 2001: 92 in der Übersetzung zit. n. Krüger 2006: 15)

Dieses Zitat zeigt, dass offenbar nicht der Auftragsjournalismus als Verletzung journalistischer Ethik verstanden wird, sondern lediglich, wenn Journalisten das Geld statt in die Redaktionskasse zu zahlen, in die eigene Tasche wirtschaften.

Auch der Rostover Journalist Andrej Mirošničenko sieht Auftragsjournalismus nicht kritisch, im Gegenteil. Er ist sogar der Auffassung, dass dieser für einen aufklärerischen Journalismus geradezu notwendig sei: „Eine käufliche Presse ist in einer demokratischen Gesellschaft nötig, durch sie fließt Kompromat[1]." (Mirošničenko 1998: 133 in der Übersetzung zit. n. Krüger 2006: 16). Dass Journalisten in einer Demokratie kompromittierendes Material auch oder gerade deshalb veröffentlichen, weil es ihre Aufgabe ist und im Interesse der Öffentlichkeit liegt, reflektiert er nicht (vgl. Krüger 2006: 16).

Wenn von den Journalisten selbst die journalistische Ethik schon so wenig reflektiert wird, verwundert es nicht, dass bei den Rezipienten das Vertrauen in die Medien verschiedenen Studien zufolge rasant abgenommen hat. Sie wittern käufliche Inhalte und Verflechtungen mit der Macht (vgl. Trautmann 2002: 468).

3 Träger und Institutionen der medienethischen Debatte

Dass die medienethische Debatte in Russland selbst, wie erwähnt, wenig ausgeprägt ist, liegt auch daran, dass es kaum Träger und Institutionen gibt, die diese Debatten forcieren. Institutionen, an denen Medienethik gelehrt wird, sind die Universitäten. So

1 Damit ist kompromittierendes Material gemeint.

gibt es beispielsweise an der Lomonosov-Universität in Moskau, an der die älteste Fakultät für Journalistik des Landes angesiedelt ist, das Fach „Ethik in der Journalistik" (ebd.: 460). Einige Universitäten sind in der Journalistik auch Kooperationen mit dem Ausland eingegangen. So gibt es an der Lomonosov-Universität und an der Universität in Rostov am Don beispielsweise ein Freies Russisch-Deutsches Institut für Journalistik. Dort halten deutsche Medienexperten Vorlesungen und tragen damit auch die westlichen-demokratischen Ethik-Vorstellungen in die dortige Journalistenausbildung.

Einen weiteren wesentlichen Beitrag, demokratische Journalistenausbildung in Russland zu fördern, leisten westliche Fonds wie beispielsweise der der *BBC*, die *Eurasia Foundation*, die Stiftungen *Soros* oder *Ford* (vgl. ebd., 461).

Schließlich gibt es noch einen Journalistenverband in Russland, der jedoch im Gegensatz zu westlichen Verbänden dieser Art keine Gewerkschaft ist. Der Verband handelt im Sinne der Unabhängigkeit der Medien, äußert sich zu negativen Entwicklungen auf dem Medienmarkt und organisiert Konferenzen und Diskussionsrunden zu aktuellen Problemen im Journalismus. Außerdem unterstützt der Verband Initiativen zur Unterzeichnung von Tarifverträgen für verschiedene Gruppen von Medienschaffenden (vgl. ebd.: 466). Deren Fehlen war im vorherigen Abschnitt bereits als einer der Gründe, warum sich russische Journalisten über Schleichwerbung ein Zubrot verdienen, diskutiert worden.

Allerdings, bei vom Verband organisierten Protestveranstaltungen und Kundgebungen, beispielsweise zur Übernahme des TV-Senders *NTV* durch *Gazprom*, engagierten sich nur wenige Journalisten. Trautmann (2002: 466) folgert: „Dem Staat ist es gelungen, die einst geschlossenen journalistischen Reihen zu zersplittern. Von dem Korporatismus-Geist Anfang neunziger Jahre ist keine Spur mehr geblieben."

Medienjournalismus, der ein weiteres Forum für medienethische Fragen sein könnte, ist in Russland nicht entwickelt.

4 Länderspezifische Besonderheiten

Auch 20 Jahre nach Beginn von Glasnost und Perestroika ist die Transformation des professionellen Selbstverständnissen russischer Journalisten noch nicht abgeschlossen. Albrecht (2008: 32 ff.) hat in seiner Studie *Die Meinungsmacher. Journalistische Kultur und Pressefreiheit in Russland* acht Merkmale der journalistischen Kultur in der Sowjetunion herausgearbeitet: die politischen Rahmenbedingungen, der Journalist als ‚treuer Helfer', das Gebot der Parteilichkeit, die Presse als kollektiver Organisator und Kritiker, die Erziehungsfunktion, Inhalt und Stil der sowjetischen Medien, das Verhältnis zum Leser sowie die Zensur.

Dem westlichen journalistischen Modell liegen dagegen ganz andere Vorstellungen von den Aufgaben der Medien in einem demokratischen Staat zugrunde, die russischen Journalisten ein völliges Umdenken abverlangten. Ein Beispiel: Statt parteiisch zu berichten, sollten sie nun neutral und ‚objektiv' informieren. Dieser krasse Wechsel vollzog sich nicht eins zu eins. Viele der genannten Merkmale haben den Untergang der Sowjetunion überlebt und sind noch heute in der journalistischen Kultur Russlands lebendig. Sie überlagern sich mit neuen, westlichen Einstellungen und Arbeitsweisen (vgl. ebd.: 103 ff.).

Auch Trautmann (2002: 455 ff.) stellt fest, dass die journalistische Kultur in Russland noch nicht der in westlichen Demokratien entspricht. Sie betont insbesondere das Verhältnis zwischen Medien und Politik:

> „Als ‚Kämpfertyp' und ‚Mitgestalter' fühlen sich paradoxerweise heute in Russland sowohl die alten Journalisten als auch die Neulinge auf diesem Gebiet einem gemeinsamen Ziel verpflichtet. Sie wollen Propaganda betreiben." (ebd.: 456)

Voltmer (2000a: 141) formuliert vorsichtiger, dass es vielen Journalisten schwer fiele, sich auf die Rolle des objektiven Informationsbeschaffers und -vermittlers zu beschränken, „[...] da sie dies als eine Entwertung ihres professionellen Status ansehen. Sie betrachten sich vielmehr als Teil der Intelligenz, deren Aufgabe die Interpretation und Deutung von Politik ist". Geißlinger (1997: 354 f.) führt dazu den Begriff „Persönlichkeitsjournalismus" ein und verortet ihn in den „‚künstlerischen' Genres, die den Journalisten schon immer die Möglichkeit gaben, ihre eigenen Gedankengänge einfließen zu lassen" Interessanterweise gaben zu diesem Thema befragte Chefredakteure an, sie würden gerne ‚westlicher' schreiben, müssten aber meinungsgefärbt berichten, um den Bedürfnissen russischer Leser gerecht zu werden. Diese waren in den Jahrzehnten kommunistischer Propaganda an eine meinungsgefärbte Berichterstattung gewöhnt worden (vgl. Trautmann 2002: 456). Darüber hinaus ist der russische Journalismus laut Trautmann (ebd.) von einem emotional-agressiven Schreibstil geprägt, der dazu beiträgt, dass der russische Journalismus beim Leser wenig Glaubwürdigkeit genießt. Schließlich haben russische Journalisten auch die Schwierigkeit zu bewältigen, kaum Zugang zu Informationen zu haben. Behörden kommen vielfach nicht ihrer Auskunftspflicht nach, die im russischen Pressegesetz festgeschrieben ist (vgl. Albrecht 2005: 48; Gladkov 2002: 54 ff.). Viele Informationen stammen daher von persönlich bekannten Informanten und können nur schwer auf ihren Wahrheitsgehalt überprüft werden (vgl. Trautmann 2002: 456).

5 Ausblick auf die künftige Entwicklung

Anna Politkowskaja hat vor einigen Jahren gesagt: „Pressefreiheit in Russland ist die Freiheit, Putin zu lieben." (zit. n. Krüger 2007: 14) Wer sich als Journalist dafür entscheidet, Putin nicht zu lieben, bekommt dagegen schnell zu spüren, wie der russische Staat „unverhältnismäßig ‚mit den Zähnen fletscht'" (Schlindwein 2007: 28). Beispiele dafür sind die gewaltsamen Auflösungen der Demonstrationen in St. Petersburg und Moskau im April 2007. Auch die Ermordungen von Anna Politkowskaja selbst sowie

Anfang 2009 des russischen Anwalts Stanislaw Markelow und der Journalistin Anastasija Baburowa, alle drei Mitarbeiter der *Nowaja Gaseta*, sind als Warnungen zu verstehen und zeigen: Wer kritisiert, riskiert unter Umständen sein Leben. Allerdings wäre es ein undifferenziertes Bild, nur davon auszugehen, dass der Kreml Warnungen setzt. Auch Anhänger der Politik Putins ziehen mit. Was den Mord an Anna Politkowskaja betrifft, so ist bis heute unklar, wer dafür verantwortlich ist.

Neben direkten Repressalien nimmt der Staat über seine zahlreichen indirekten Beteiligungen an Medien Einfluss auf die Berichterstattung. Es darf aber auch nicht vergessen werden, dass die Politik Putins in Russland durchaus nicht so kritisch gesehen wird wie aus westlicher Perspektive. Viele Russen stehen tatsächlich hinter ihrem ehemaligen Präsidenten und jetzigen Ministerpräsidenten, da er für den wirtschaftlichen Aufschwung gesorgt hat. Nicht zuletzt sind russische Journalisten in ihrem Rollenselbstverständnis oftmals noch eher in Sowjettraditionen verwurzelt, denn in einer westlichen journalistischen Kultur. Sie fühlen sich eher einer parteilichen Berichterstattung verpflichtet, statt einer objektiven. Das ist nicht verwunderlich in einem Land, das so gut wie keine Erfahrung mit der Demokratie hatte. Nur von 1905 bis 1917 hatte das Land überhaupt ein Parlament. Das demokratische System, das nach der Februarrevolution 1917 installiert wurde, ging schon kurz später in der Oktoberrevolution unter. So rutschte das Land von einer Autokratie (Zarentum) in die nächste (Kommunismus) (vgl. Albrecht 2008: 49). Demokratische Denkstrukturen konnten sich so nicht entwickeln. Selbst in der Phase von Glasnost waren die Medien instrumentalisiert, nur die Ziele waren andere: Glasnost, Offenheit und Transparenz, sollten sie nun propagieren, um so den Erfolg Gorbatschows Reformen zu sichern (vgl. Voltmer 2000b: 472).

Um die Pressefreiheit in Russland zu stärken, müssen daher verschiedene Ebenen einbezogen werden. Voraussetzungen sind zum einen, die wirtschaftliche Unabhängigkeit der Medien vom Staat zu sichern, aber auch von Oligarchen, die sie vorher in der Hand hatten. Zum anderen darf die Strafgesetzgebung nicht mehr willkürlich gegen kritische Journalisten ausgelegt werden. Darüber hinaus müssen sowohl russische Journalisten als auch Rezipienten den Wert kritischer Berichterstattung für eine Demokratie schätzen lernen, erbringen bzw. einfordern. Was die Journalisten betrifft, kann in der Ausbildung der Grundstein gelegt werden. Allerdings, der Journalismus kann die Aufgabe der Zivilgesellschaft nicht übernehmen, nur deren Aufbau unterstützen. Journalismus und Zivilgesellschaft bedingen sich gegenseitig und können sich nur so weiterentwickeln. Zudem kann die Arbeit weniger unabhängiger Journalisten in Russland von europäischer Seite aus unterstützt werden. Schließlich können Auslandsmedien durch ihre kritischere Berichterstattung Einfluss nehmen.

Literatur

Albrecht, Erik (2008): Die Meinungsmacher. Journalistische Kultur und Pressefreiheit in Russland. Köln.

Committee to Protect Journalists (2009): Journalists killed. Online: *http://www.cpj.org/deadly* (erreicht 30.04.2009).

Geißlinger, Esther (1997): Zwischen Putsch und Preissteigerung. Russische Medien auf dem Weg vom „alten" zum „neuen" Journalismus. In: Publizistik, Heft 3/42, S. 346-360.

Gladkov, Sabine A. (2002): Macht und Ohnmacht der „Vierten Gewalt". Die Rolle der Massenmedien im russischen Transformationsprozess. Münster u. a.

Gurevič, Semen Moiseevič (2001): Ékonomika sredstv massovoj informacii. Učebnoe posobie. 2-oe izdanie. Moskva.

Kharina-Welke, Nathalie (im Erscheinen): Das Mediensystem Russlands. In: Hans-Bredow-Institut (Hrsg.): Internationales Handbuch Medien 2008. Baden-Baden, S. 568-580.

Kharina-Welke, Nathalie (2004): Das Mediensystem Russlands. In: Hans-Bredow-Institut (Hrsg.): Internationales Handbuch Medien 2004/2005. Baden-Baden, S. 566-582.

Krüger, Uwe (2006): Gekaufte Presse in Russland. Politische und wirtschaftliche Schleichwerbung am Beispiel der Medien in Rostov-na-Donu. Münster.

Krüger, Uwe (2007): Interview mit Olessja Koltsowa: Das Medienecho im Westen ist überhöht, In: Message – Internationale Zeitschrift für Journalismus, Heft 1, S. 12-15.

Mirošničenko, Andrej Aleksandrovič (1998): Public Relations v obščestennopolitičeskoj sfere. Provincial'naja praktika. Moskva.

Ol'šanskij, Dmitrij Vadimovič (2003): Političeskij PR. St. Peterburg.

Reporter ohne Grenzen (2008): Rangliste der Pressefreiheit 2008 – Die Plätze. Online: *http://www.reporter-ohne-grenzen.de/fileadmin/rte/docs/2008/TabelleIndex08.pdf* (erreicht 30.04.2009).

Reporters without Borders (2008): Predators of press freedom. Online: *http://www.rsf.org/article.php3?id_article=17545* (erreicht 30.04.2009).

Schlindwein, Simone (2007): Zwischen Propaganda und Kommerz – Medien(un)freiheit in Südost-, Mittelost- und Osteuropa. Herausgegeben vom netzwerk recherche. Wiesbaden.

Sparks, Colin (2000): Media theory after the fall of European communism. Why the old models from East and West won't do any more. In: Curran, James / Park, Myung-Jin (Hrsg.): De-Westernizing Media Studies. London, S. 35-49.

Trautmann, Ljuba (2002): Die Medien im russischen Transformationsprozess – Akteur oder Instrument der staatlichen Politik? Funktions- und Strukturwandel der russischen Medien 1991-2001. Frankfurt am Main u. a.

Vošilov, Valentin Vasil'evič (2001): Žurnalistika. Učebnik. 3-ee izdanie. St. Peterburg.

Voltmer, Katrin (2000a): Massenmedien und demokratische Transformation in Osteuropa. Strukturen und Dynamik öffentlicher Kommunikation im Prozess des Regimewechsels. In: Klingemann, Hans-Dieter / Neidhardt, Friedhelm. (Hrsg.): Zur Zukunft der Demokratie: Herausforderungen im Zeitalter der Globalisierung. WZB-Jahrbuch 2000. Berlin, S. 123-152.

Voltmer, Katrin (2000b): Constructing Political Reality in Russia. Izvestiya – Between Old and New Journalistic Practices. In: European Journal of Communication, Heft 4, S. 469-500.

VII. Anhang

Kommentierte Auswahlbibliographie

Autorinnen und Autoren

Kommentierte Auswahlbibliographie

Christian Schicha

In den letzten rund 25 Jahren sind im deutschsprachigen Raum zahlreiche Publikationen zum Themenkomplex „Medienethik" erschienen, von denen nachfolgend einige relevante Bücher stichwortartig vorgestellt werden.

Avenarius, Horst / Bentele, Günter (Hrsg.) (2009): Selbstkontrolle im Berufsfeld Public Relations. Reflexionen und Dokumentationen. Wiesbaden.
Der Sammelband beschäftigt sich mit den ethischen Normen des Deutschen Rats für Public Relations (DRPR) als der deutschen Institution für die freiwillige Medienselbstkontrolle im Berufsfeld der Öffentlichkeitsarbeit. Ethische Grundlagen und Problemfelder der PR werden ebenso reflektiert wie Aussagen zu einer Branchen-Governance. Darüber hinaus wird die historische Entwicklung des DRPR aufgezeigt. Weiterhin finden sich Darlegungen zur historischen Entwicklung des DRPR, zu seiner aktuellen Struktur, zu konkreten Aufgabenstellungen sowie zur Spruchpraxis. Abschließend werden Kodizes und Richtlinien von 1965 bis 2008 vorgestellt.

Baum, Achim / Langenbucher, Wolfgang R. / Pöttker, Horst / Schicha, Christian (Hrsg.) (2005): Handbuch Medienselbstkontrolle. Wiesbaden.
In diesem vom Vorstand des Vereins zur Förderung der publizistischen Selbstkontrolle herausgegebenen Sammelband werden zwölf Institutionen der Selbstkontrolle und Selbstregulierung einzeln vorgestellt. Eigenansprüche der Selbstkontrollmechanismen werden dabei wissenschaftlichen Analysen innovativ gegeneinander gestellt: Die Vorstellung jeder Institution beginnt jeweils mit einer knappen Selbstdarstellung, gefolgt von der Zusammenstellung ihrer zentralen Dokumente und abgebunden mit einer – meist kommunikationswissenschaftlichen – Bewertung und Einordnung.

Boventer, Hermann (1984): Ethik des Journalismus. Zur Philosophie der Medienkultur. Konstanz.
Boventers umfassende Studie steht bis heute paradigmatisch für individualethisch und ontologisch argumentierende Ansätze. Er verteidigt vehement die Stellung des Individuums gegenüber organisatorischen oder systemischen Zwängen und verbindet diese

Fokussierung auf das Subjekt mit moralphilosophischen Erörterungen, die auf substanzielle Vorgaben hinsichtlich eines guten und richtigen Journalismus abzielen.

Boventer, Hermann (Hrsg.) (1988): Medien und Moral. Ungeschriebene Regeln des Journalismus. Konstanz.
Aus einer dezidiert individualethischen Perspektive berichten Journalistinnen und Journalisten wie Franz Alt, Reinhard Appel und Carmen Thomas über relevante Geschichten aus ihrem Arbeitsalltag im Spannungsfeld zwischen normativen Ansprüchen und praktischen Sachzwängen.

Boventer, Hermann (1989): Pressefreiheit ist nicht grenzenlos. Einführung in die Medienethik. Bonn.
Die Monographie des Publizisten und Kommunikationswissenschaftlers stellt die Frage nach dem journalistisch Richtigen und Guten. Auf Basis der medienethischen Bausteine Freiheit, Verantwortung, Wirklichkeit, Macht, Kommunikation, Beruf, Wahrheit, Nachrichten, Sprache, Ethik, Wirkung, Fernsehen, Mythos, Bildung und Öffentlichkeit entwickelt er seine Maßstäbe und Normen für einen selbstkritischen Journalismus. Er fordert von den Berichterstattern die Beachtung von Spielregeln zur Selbstverpflichtung, eine Orientierung an der Qualität ihrer Angebote, einen sensiblen Umgang mit der Sprache sowie eine stärkere Rolle des Publikums, das auch der Modellvorstellung eines aktiven Rezipienten folgt.

Debatin, Bernhard / Funiok, Rüdiger (Hrsg.) (2003): Kommunikations- und Medienethik. Grundlagen – Ansätze – Anwendungen. Konstanz.
Der Sammelband erörtert Basisformen, Einzelansätze und konkrete Umsetzungen der Kommunikations- und Medienethik. Neben sprachphilosophischen und verantwortungsethischen Ansätzen richtet sich der Blick auf theoretische Konzeptionen u.a. von Luhmann und Habermas. Der journalistische Praxisbezug blickt exemplarisch auf Medienselbstkontrollinstanzen, politische Talkshows sowie Formen und Ausprägungen provokativer Werbung.

Drägert, Christian / Schneider, Nikolaus (2001): Medienethik. Freiheit und Verantwortung. Stuttgart; Zürich.
In der Festschrift zum 65. Geburtstag von Manfred Kock äußern sich prominente Politiker (u.a. Johannes Rau, Gerhard Schröder, Wolfgang Thierse, Angela Merkel), Theologen (u.a. Margot Käßmann, Karl Lehmann, Wolfgang Huber) sowie Kommunikationswissenschaftler und Journalisten (u.a. Winfried Schulz, Herbert Riehl-Heyse, Fritz Pleitgen) zu praktischen Herausforderungen an die Medienethik. Das Spektrum der Debatten über normative Fragen befasst sich mit der Rolle des öffentlich-rechtlichen Rundfunks sowie des Boulevardjournalismus. Hierbei wird das Spannungsverhältnis zwischen Qualität und Quote herausgearbeitet. Zudem werden grund-

legende Fragen der Medienverantwortung und die daraus resultierende theologischen Herausforderungen reflektiert.

Duve, Freimut / Haller, Michael (Hrsg.) (2004): Leitbild Unabhängigkeit. Zur Sicherheit publizistischer Verantwortung. Konstanz.
Zunächst werden die Relevanz der journalistischen Unabhängigkeit und die Widerstände dagegen skizziert. Weiterhin werden Konzepte zur Sicherung der redaktionellen Unabhängigkeit aufgezeigt, woran sich Fallstudien und Lösungsansätze aus der Medienpraxis (z.B. beim WAZ-Konzern, Axel-Springer) anschließen. Im Anhang finden sich Texte zur Sicherheit der Unabhängigkeit von der OSZE über US-amerikanische Presseverlage bis hin zu Texten deutscher Presseunternehmen.

Erbring, Lutz / Ruß-Mohl, Stephan / Seewald, Berthold (Hrsg.) (1988): Medien ohne Moral. Variationen über Journalismus und Ethik. Berlin.
Die Aufsätze des auf die Medienpraxis ausgerichteten Sammelbandes basieren auf den Referaten einer Vorlesungsreihe an der Freien Universität Berlin. Von Journalisten (u.a. Peter von Zahn), Kommunikationswissenschaftlern (u.a. Günter Bentele) und Politikern (u.a. Daniel Cohn-Bendit) werden journalistische Berufsnormen in deutschen und amerikanischen Nachrichten reflektiert, Chancen freiwilliger Selbstkontrolle aufgezeigt, Formen und Ausprägungen journalistischer Normen und Unabhängigkeit erörtert sowie normative Kategorien der Objektivität, Wertorientierung und Vernunft diskutiert.

Förg, Birgit (2004): Moral und Ethik der PR. Grundlagen – Theoretische und empirische Analysen – Perspektiven. Wiesbaden.
Die an der Universität Leipzig entstandene Dissertation beschäftigt sich mit normativen Herausforderungen der Unternehmenskommunikation. Nach einer grundlegenden Aufarbeitung ethischer Theorien und Methoden richtet sich der Blick auf die Public Relations, wobei hier Abgrenzungen zu benachbarten Berufsfeldern wie Marketing, Werbung, Propaganda und Journalismus vorgenommen werden. Hinsichtlich der PR-Ethik werden u.a. Ansätze der klassischen Ethik, der Diskursethik und der Rollentheorie erörtert, bevor empirische Betrachtungen die Arbeit abrunden. Hierbei werden die Inhalte der PR-Kodizes kritisch kommentiert und reflektiert.

Funiok, Rüdiger (Hrsg.) (1996): Grundfragen der Kommunikationsethik. Konstanz.
Der Sammelband des Münchener Hochschullehrers und Sprechers vom Netzwerk Medienethik richtet zunächst den Blick auf die grundlegende Grundnorm der Wahrhaftigkeit. Weiterhin werden systemtheoretische und diskursethische Ansätze für die Medien- und Kommunikationsethik diskutiert, bevor die Verantwortung der Rezipienten erörtert wird.

Funiok, Rüdiger (2007): Medienethik. Verantwortung in der Mediengesellschaft. Stuttgart.
Die Monographie ist als Einführung für Studierende der Kommunikationswissenschaft und Philosophie vorgesehen und beschäftigt sich mit Begründungen und Argumentationsweisen der Medienethik, Formen der Medienordnung und Medienpolitik sowie Aspekten der Publikums- und Nutzerethik. Zudem werden aktuelle Fragen der Unternehmensethik ebenso angesprochen wie Herausforderungen an eine Internetethik.

Funiok, Rüdiger / Schmälzle, Udo F. / Werth, Christoph H. (Hrsg.) (1999): Medienethik – die Frage der Verantwortung. Bonn.
Der von der Bundeszentrale für politische Bildung herausgegebene Sammelband skizziert systematische Zugänge zur Medienethik und beschäftigt sich mit dem Verhältnis zwischen Ethik und Politik. Es werden unternehmensethische Herausforderungen ebenso angesprochen wie die Rolle der journalistischen Ethik in der Informationsgesellschaft. Zudem werden Dokumente von der Enquete Kommission über das Netzwerk Medienethik bis hin zur Europäischen Kommission vorgestellt.

Gerhardt, Rudolf / Pfeifer, Hans-Wolfgang (Hrsg.) (2000): Wer die Medien bewacht, Medienfreiheit und ihre Grenzen im internationalen Vergleich. Beiträge zur Medienethik. Band 5. Frankfurt am Main.
Nachdem in den ersten vier Bänden der von Wolfgang Wunden herausgegebenen Reihe „Beiträge zur Medienethik" ausschließlich der deutschsprachige Raum untersucht worden ist, wird hier ein internationaler Vergleich vorgenommen. Neben Frankreich, Italien, Spanien, Großbritannien, Schweden, Finnland, Bulgarien und Russland und den USA werden auch Deutschland, Österreich und die Schweiz betrachtet. Dabei geht es u.a. um die Pressefreiheit, Einschränkungen der Privatsphäre sowie die Rolle der Medienselbstkontrollinstanzen.

Gottberg, Joachim von / Prommer, Elisabeth (Hrsg.) (2008): Verlorene Werte? Medien und ihre Entwicklung von Ethik und Moral.
Die Publikation setzt sich mit Spielfilmen, Daily Soaps, Talkshows und Dokumentationen auseinander, die Kindern und Jugendlichen neben den klassischen Sozialisationsinstanzen Werte und Normen vermitteln. Es wird die Frage diskutiert, welche Rolle unterschiedliche Medien bei der Vermittlung neuer Werte spielen. Konkret geht es u.a. um jugendkulturspezifische Ausprägungen vom Hip-Hop und Rap über Lebenshilfeformate bis hin zu Computerspielen und Actionfilmen.

Greis, Andreas (2001): Identität, Authentizität und Verantwortung. Die ethischen Herausforderungen der Kommunikation im Internet. München.
Die Dissertation des Tübinger Theologen beschäftigt sich mit der Einordnung der Internetethik zwischen der Medien- und Computerethik. Er richtet den Blick auf die

medialen und kommunikativen Aspekte und differenziert zwischen den Internetdimensionen als Kommunikationsraum, Handlungsraum und virtuellem Raum. Ethische Analysekategorien werden von Greis auf den Ebenen der Authentizität, Verantwortung und Identität angesiedelt.

Greis, Andreas / Hunold, Gerfried W. / Koziol, Klaus (Hrsg.) (2003): Medienethik. Tübingen und Basel.
Der für den schulischen und universitären Unterricht vorgesehene Sammelband betrachtet Fernsehen, Internet und Zeitung aus einer medienethischen Perspektive. Nach einer allgemeinen Bestandsaufnahme werden im Werkteil grundlegende medienethische Problemfelder auf den Ebenen der Produktion, Distribution und Rezeption aufgezeigt. Zudem wird ein Ausblick auf das Selbstverständnis einer medienimmanenten Ethik gegeben, bevor abschließend Problemzugänge zur ethischen Reflexion medialer Kommunikation skizziert werden.

Haller, Michael / Holzhey, Helmut (Hrsg.) (1994): Medien-Ethik. Beschreibungen, Analyse, Konzepte für den deutschsprachigen Journalismus. Opladen.
Journalisten und Medienforscher aus Deutschland, Österreich und der Schweiz erörtern mit Philosophen, Historikern und Journalisten ethische Fragen des Journalismus und die Optionen einer Berufsmoral für Medienmacher. Neben den Ergebnissen der Kommunikations- und Medienforschung für die Ethikdebatte wird das journalistische Handeln in der Praxis reflektiert, bevor die normierende Kraft des Medienrechtes und Perspektiven des Medienwandels erörtert werden.

Hausmanninger, Thomas / Capurro, Rafael (Hrsg.) (2002): Netzethik. Grundlegungsfragen einer Internethik. München.
Der erste Band der Schriftenreihe des International Center für Information Ethics (ICIE) beschäftigt sich mit unterschiedlichen theoretischen und methodischen Zugängen einer Internetethik. Hierbei werden existenzial-ontologische, anthropologische, symbolphilosophische, semiotische und strukturhermeneutische Herangehensweisen gegenüber gestellt. Zudem werden politische Ansätze aus der Institutionenethik, der Diskursethik und des kontextuellen Liberalismus als Basis für eine Ethik im Internet vorgelegt.

Holderegger, Adrian (Hrsg.) (2004, 3. Auflage): Kommunikations- und Medienethik. Interdisziplinäre Perspektiven. Freiburg i. Ue. (Schweiz); Freiburg i. Br.
Der Sammelband des Schweizer Moraltheologen versammelt Aufsätze, die sich vorwiegend aus einer grundsätzlichen und theoretischen Perspektive mit kommunikations- und medienethischen Fragen beschäftigen, dabei überwiegen philosophische und theologische Standpunkte. Aus kommunikationswissenschaftlicher Sicht verdienen insbesondere Matthias Loretans Begründung einer medialen Diskursethik, die Ausfüh-

rungen von Bernhard Debatin zur Steuerungsfunktion der Medienethik und die journalismusethischen Erörterungen von Ulrich Saxer und Horst Pöttker Beachtung. Aber auch darüber hinaus liefern die Beiträge profunde Erwägungen verschiedener medienethischer Denkschulen.

Institut zur Förderung publizistischen Nachwuchses, Deutscher Presserat (Hrsg.) (2005): Ethik im Redaktionsalltag. Konstanz.
Im ersten Teil des Sammelbandes werden grundlegende Fragen journalistischer Ethik reflektiert. Journalisten wie Franziska Augstein, Michael Naumann, Heribert Prantl und Udo Röbel stellen daran anknüpfend selbstkritisch Verstöße gegen ethische Grundsätze vor. Teil 2 diskutiert Beispiele der Berichterstattung in den Printmedien, die im Beschwerderat des Deutschen Presserats eine Rolle gespielt haben. In diesem Kontext werden auch Stellungnahmen der betroffenen Redaktionen zu den ausgewählten Fällen vorgestellt.

Jansen, Gregor M. (2003): Mensch und Medien. Entwurf einer Ethik der Medienrezeption. Frankfurt am Main.
Die Dissertation des Theologen untersucht die Medienrezeption auf der Basis ethisch verantwortlichen Handelns. Dabei differenziert er zwischen Medienangeboten auf Basis von Information, Bildung und Animation. Seine Ethik der Medienrezeption geht dabei von einem Nutzeransatz aus, der auf der Frage einer verantwortlichen Mediennutzung basiert.

Karmasin, Matthias (1993): Das Oligopol der Wahrheit. Medienunternehmen zwischen Ökonomie und Ethik. Wien; Köln; Weimar
Die interdisziplinär ausgerichtete Monographie des Klagenfurter Hochschullehrers beleuchtet grundlegende Moralkonzeptionen. Hierbei wird auf das Verhältnis zwischen Empirie und Theorie ebenso eingegangen wie auf Begründungsfragen sowie utilitaristische, systemische und sprachliche Zusammenhänge. Es folgen Reflexionen zur Sozialethik bevor die ökonomische Dimension von Medienunternehmen in den Mittelpunkt der Studie rückt. Unternehmensethik wird als Element der Sozialethik klassifiziert, bei der sich Zielkonflikte ergeben können. Abschließend richtet sich der Blick auf einen individualethischen Ansatz, bei dem das Spannungsfeld des Journalismus zwischen Macht und Verantwortung aufgezeigt wird. Das Ziel der Arbeit besteht darin, eine Zusammenführung der lebenspraktischen ethischen Vernunft mit der verständigungsorientierten Kommunikation und der technischen Rationalität zu leisten. Hierbei soll sowohl eine ökonomische Fundierung der Ethik als auch eine wirtschaftsethische Analyse der Massenkommunikation geleistet werden.

Karmasin, Matthias (Hrsg.) (2002): Medien und Ethik. Stuttgart.
Das preisgünstige Reclam-Heft gibt einen Überblick über mediale Wertfragen, widmet sich der Medienqualität zwischen Empirie und Ethik und erörtert die Organisation

medienethischer Entscheidungsprozesse. Weiterhin werden medienpädagogische und theologische Ansätze zur Medienethik, u.a. durch die Fokussierung auf die Mediengewalt skizziert. Zudem wird die Rolle der Medienmacher in dem Sammelband kritisch reflektiert.

Kuhlen, Rainer (2004): Informationsethik. Umgang mit Wissen und Informationen in elektronischen Räumen. Konstanz.
Die Monographie des Konstanzer Hochschullehrers widmet sich der Frage, inwiefern der zunehmende Einfluss von Informationstechnologien traditionelle Ethik-Theorien in Frage stellt. Es wird erörtert, ob das Eigentum von Wissen aufgrund der neuen Entwicklungen neu definiert werden sollte. Hierbei werden Menschenrechte, Kommunikationsfreiheit und Kommunikationsrechte in der Informationsgesellschaft ebenso diskutiert wie Aspekte der Privatheit in elektronischen Räumen. Zudem werden Grundzüge einer Wissensökologie skizziert, die sich an Nachhaltigkeitsmaximen orientieren.

Krainer, Larissa (2001): Medien und Ethik. Zur Organisation medienethischer Entscheidungsprozesse. München.
Die Habilitationsschrift der Philosophin widmet sich den Verantwortlichkeiten und Organisationsformen der Medienethik. Nach einem Blick auf die Grund- und Freiheitsrechte geht sie auf ökonomische Rahmenbedingungen ein. Sie differenziert weitergehend zwischen der Ideal- und Praxisebene. Im Rahmen einer theoretischen Reflexion werden u.a. diskursethische Aspekte in Anlehnung an Habermas diskutiert, bevor abschließend im Rahmen eines mehrdimensionalen Modells die Organisation ethischer Entscheidungsprozesse reflektiert wird.

Leschke, Rainer (2001): Einführung in die Medienethik. München.
Die Monographie des Siegener Hochschullehrers unternimmt eine grundlegende theoretische Bestimmung der Medienethik unter Rekurs auf das Mediensystem. Die Funktionen von Normen werden in diesem Kontext systematisch reflektiert, wobei die Ausgabe der Medienethik u.a. im Rahmen ihrer Steuerungsfunktion erörtert wird.

Lilienthal, Volker (Hrsg.) (2009): Professionalisierung der Medienaufsicht. Neue Aufgaben für Rundfunkräte – Die Gremiendebatte in epd medien. Wiesbaden.
Die Publikation richtet einen kritischen Blick auf die konkrete Ausgestaltung der Gremienaufsicht durch Rundfunkräte bei den öffentlich-rechtlichen Rundfunkanbietern. Wissenschaftler, Medienpolitiker, Gremienvorsitzende, Intendanten und Medienjuristen äußern sich zu Fragen, ob die Gremien ihrer Kontrolle angemessen nachkommen oder nicht. Zudem wird diskutiert, ob eine Professionalisierung ehrenamtlicher Rundfunkaufsichten erforderlich ist. Zahlreiche Autoren sehen die Notwendig-

keit von Reformen, fordern eine demokratischere Ausgestaltung und mehr Konfliktbereitschaft.

Müller, Christian (2001): Medien, Macht und Ethik. Zum Selbstverständnis der Individuen in der Medienkultur. Wiesbaden.
Die Dissertation des Klagenfurter Kulturwissenschaftlers betrachtet Medienethik mit Bezug auf die Barschel-Affäre und das Geisel-Drama von Gladbeck bei der Mediennutzung als diskursives Geschehen, das sowohl Machtdimensionen beinhaltet als auch den sozialen Kontext aufzeigt, in dem die Individuen in der Gesellschaft agieren. Unter Rückgriff auf die Arbeiten von Foucaults gerät hierbei das Selbstverhältnis des Einzelnen in den Mittelpunkt der Aufmerksamkeit.

Müller, Michael (1997): Investigativer Journalismus. Seine Begründung und Begrenzung aus der Sicht der christlichen Ethik. Münster.
Die umfangreiche Doktorarbeit des Theologen beschäftigt sich mit ethischen Aspekten des Boulevardjournalismus aus theologischer, juristischer und publizistikwissenschaftlicher Perspektive. Neben individualethischen Ansätzen werden auch systemethische Formen und Ausprägungen einbezogen. Darüber hinaus werden explizit die Positionen zum investigativen Journalismus u.a. von Theologen wie Alfons Auer, Adrian Holderegger und Gerfried Hunold in die Analyse einbezogen.

Nida-Rümelin, Julian (1996): Angewandte Ethik. Die Bereichsethiken und ihre theoretische Fundierung. Stuttgart.
Der Sammelband des Philosophen und ehemaligen Kulturstaatsministers Nida-Rümelin richtet den Fokus auf unterschiedliche Bereichsethiken. Neben der Politischen Ethik, der Wirtschafts- und Wissenschaftsethik nimmt auch die journalistische Ethik in dem Aufsatz von Will Teichert einen breiten Raum ein. Neben journalistischen Regelverstößen werden hier individualethische Maximen, professionsethische Maßstäbe sowie Formen und Ausprägungen der Institutionen- und Publikumsethik voneinander abgegrenzt.

Pohla, Anika (2006): Medienethik. Eine kritische Orientierung. Frankfurt am Main.
Die Dissertation der Hamburger Philosophin richtet den Blick auf medienethisch relevante Herausforderungen der journalistischen Arbeit und deren organisatorischen Abläufe. Sie diskutiert grundlegende Werte- und Normenfragen und definiert potentielle Adressaten medienethischer Imperative. Zudem werden u.a. normativontologische, systemtheoretische, diskursethische und kommunitaristische Ansätze miteinander verglichen, bevor der Themenkomplex „Medien und Menschenwürde" reflektiert wird.

Rath, Matthias (Hrsg.) (2000): Medienethik und Medienwirkungsforschung. Wiesbaden.
Der Sammelband widmet sich dem Empiriebedarf der Medienethik. Zur Fundierung medienethischer Leitlinien wird auf Ergebnisse der Medienwirkungsforschung u.a. am Beispiel von Gewaltdarstellungen im Fernsehen zurückgegriffen. Darüber hinaus werden Aspekte der Internetethik und Publikumsethik sowie der Ethik der Medienmacher bei der Ausbildung skizziert.

Reisewitz, Perry (Hrsg.) (2008): Pressefreiheit unter Druck. Gefahren, Fälle, Hintergründe.
Der Blick der Publikation richtet sich auf konkrete Fälle, in denen die Pressefreiheit missachtet worden ist. Neben dem Cicero-Fall wird u.a. auch die Festnahme eines Journalisten in Russland thematisiert. Es wird deutlich, dass Presse-, Informations- und Meinungsfreiheit nicht nur in totalitären Staatsformen, sondern auch in Demokratien immer wieder eingefordert und durchgesetzt werden müssen. Zur Problematik äußern sich u.a. Printjournalisten des Cicero, des Focus und der Süddeutschen Zeitung.

Roegele, Otto B. (2000): Plädoyer für publizistische Verantwortung. Beiträge zu Journalismus, Medien und Kommunikation. Konstanz.
Der Band versammelt Aufsätze aus vier Jahrzehnten des ehemaligen Münchener Hochschullehrers und Herausgebers der Rheinischen Post. Der Autor widmet sich hierbei grundlegenden normativen Fragen zu Werten der Kommunikationspolitik, Wahrheit und Kommunikationsfreiheit. Zudem beschäftigt sich Roegele mit der nationalsozialistischen Propaganda und dem Begriff der Öffentlichkeit.

Scheule, Rupert M. / Capurro, Rafael / Hausmanninger, Thomas (Hrsg.) (2004): Vernetzt gesprochen. Der Digital Divide in ethischer Perspektive. München.
Im Band 3 der Schriftenreihe des International Center for Information Ethics richtet sich der Blick auf die Frage der gerechten Verteilung zur digitalen Kommunikation, da die Vernetzung auch zur Spaltung führt. Gesucht wird eine ethische Verortung, die auf Basis von diskursethischen, gerechtigkeitsethischen, ästhetischen, systemtheoretischen und kulturtheoretischen Zugängen diskutiert werden kann.

Schicha, Christian / Brosda, Carsten (Hrsg.) (2000): Medienethik zwischen Theorie und Praxis. Normen für die Kommunikationsgesellschaft. Münster.
Der Band vermittelt philosophische Grundlagen, die sich auf Ethikkonzeptionen der Journalistik übertragen lassen. Dabei werden medienethische Bezüge zur Politikvermittlung, Ökonomie und Ästhetik ebenso hergestellt wie Reflexionen der freiwilligen Medienselbstkontrolle im internationalen Vergleich.

Schütz, Martin R. (2003): Journalistische Tugenden. Leitlinien einer Standesethik. Opladen.
Die Dissertation beschäftigt sich mit den Rollenanforderungen, denen Medienschaffende in liberalen Demokratien gerecht werden müssen. Dabei werden u.a. konkrete Ausprägungen des Boulevardjournalismus mit philosophischen Leitlinien der Gerechtigkeit, Besonnenheit, Tapferkeit, Weisheit und Klugheit sowie Wahrheit und Offenheit in Verbindung gebracht.

Thomaß, Barbara (1998): Journalistische Ethik. Ein Vergleich der Diskurse in Frankreich, Großbritannien und Deutschland. Opladen.
Die Bochumer Hochschullehrerin hat sich in ihrer Dissertation länderübergreifend mit der Ethik im Journalismus beschäftigt. Die vergleichende Vorgehensweise basiert u.a. auf qualitativen Expertenbefragungen. Die Standards der journalistischen Ethik in den einzelnen Ländern werden jeweils anhand der Kategorien Problembeschreibungen, Ursachenanalyse und Lösungsperspektiven dargestellt.

Thomaß, Barbara (2010): Ethik der Kommunikationsberufe – Journalismus – PR – Werbung. Wiesbaden.
Das Lehrbuch führt auf kommunikationswissenschaftlicher Grundlage in die Theorie, Methodik und das Leistungsvermögen der Medienethik ein. Es wendet die grundlegenden Erkenntnisse der Medienethik auf relevante Berufsfelder in den Medien an und liefert Orientierungswissen für künftige Angehörige dieser Berufsfelder, das sich an der Berufspraxis ebenso orientiert wie an begründeten normativen Erfordernissen.

Voß, Peter (1998): Mündigkeit im Mediensystem. Hat Medienethik eine Chance? Anmerkungen eines Verantwortlichen zur Theorie und zur Praxis der Massenmedien. Baden-Baden.
Das Buch des damaligen Intendanten des Südwestfunks setzt sich mit zahlreichen medienethisch relevanten Problemfeldern auseinander. Voß diskutiert die neue Rolle der Öffentlichkeit durch Multimediaentwicklungen, skizziert die bildungsrelevanten Probleme des „Informationsmüll", beschreibt Normverletzungen in bezog auf den Persönlichkeitsschutz und kritisiert politische Inszenierungen. Darüber hinaus problematisiert er die Aufgabe der Medienkontrolle.

Weischenberg, Siegfried (2004): Journalistik. Band 1: Mediensysteme, Medienethik, Medieninstitutionen. 3. Auflage. Wiesbaden.
Die Monographie skizziert den Normenkontext des Journalismus und betrachtet in diesem Zusammenhang die gesellschaftlichen Rahmenbedingungen der Medienkommunikation. Dabei richtet sich der Blick auf Aspekte der Pressefreiheit und Medienvielfalt. Darüber hinaus erörtert der Autor ethische und professionelle Standards und diskutiert Steuerungsinstanzen und Medienaffären wie die gefälschten Hitler-Tagebücher und das Gladbecker Geiseldrama.

Weischenberg, Siegfried / Loosen, Wiebke / Beuthner, Michael (Hrsg.) (2006): Medien-Qualitäten. Öffentliche Kommunikation zwischen ökonomischem Kalkül und Sozialverantwortung. Konstanz.
Die Texte des Sammelbandes gehen zurück auf die Jahrestagung der Deutschen Gesellschaft für Publizistik und Kommunikationswissenschaft 2005 in Hamburg zum Thema „Medien-Qualitäten". Ein Kapitel der Publikation widmet sich dem Verhältnis zwischen Medienkritik und Medienethik. Hier geht es u.a. um Aspekte der Irakkriegsberichterstattung, ethischen Normen und Infrastrukturen der Qualitätssicherung im Rundfunk sowie um eine ethische Analyse im Qualitätsmanagement.

Wiegerling, Klaus (1998): Medienethik. Stuttgart und Weimar.
Nach einer Grundlegung der medienethischen Problematik wendet sich der Autor medientheoretischen Positionen von Eisenstein über Flusser, Habermas und Luhmann bis hin zu McLuhan und Baudrillard zu. Zudem beschäftigt er sich mit medienethischen Zugängen im Journalismus, beim Recht, der Information und Dokumentation, der Wissenschaft, der Medienpädagogik und Kunst sowie der Informationsgesellschaft.

Wunden, Wolfgang (Hrsg.) (1998): Medien zwischen Markt und Moral. Beiträge zur Medienethik. Band 1. Frankfurt am Main.
Der erste Band der Reihe differenziert zwischen Konturen, Kriterien, Entwürfen, Konkretionen und Herausforderungen der Medienethik. Grundlegend wird nach dem Sinn der Information und dem Menschenbild in der Informationsgesellschaft gefragt. Neben dem Selbstverständnis der journalistischen Arbeit wird auch die Ethik der Medienproduktion angesprochen. Mit Blick auf die Rezeption werden auch Aspekte des Jugendschutzes und der Publikumsethik erörtert.

Wunden, Wolfgang (Hrsg.) (1994): Öffentlichkeit und Kommunikationskultur. Beiträge zur Medienethik. Band 2. Frankfurt am Main.
Band 2 beschäftigt sich u.a. mit Funktionen politischer Öffentlichkeiten, Ausprägungen der Fernsehdemokratie und fragt nach der Sicherung von Pluralismus und Transparenz, der Ausdifferenzierung der Öffentlichkeit durch den dualen Rundfunk sowie dem Verhältnis zwischen Privatheit und Öffentlichkeit. Schließlich werden auch normative Ansprüche an die Medienkompetenz sowie Aufgaben des investigativen Journalismus angesprochen.

Wunden, Wolfgang (Hrsg.) (1996): Wahrheit als Medienqualität. Beiträge zur Medienethik. Band 3. Frankfurt am Main.
Im dritten Teil wird das Spektrum von Wahrheit, Wahrhaftigkeit und Lüge am Beispiel der Bildkommunikation ebenso reflektiert wie bei der Spruchpraxis des Deutschen Presserates. Neben grundlegenden Anmerkungen zur Medienwirklichkeit richtet

sich der Fokus auch auf journalistische Routinen und Fernsehserien sowie Aspekte der Medienqualität.

Wunden, Wolfgang (Hrsg.) (1998): Freiheit und Medien. Beiträge zur Medienethik. Band 4. Frankfurt am Main.
Der vierte Band widmet sich unterschiedlichen Formen und Ausprägungen der Medienfreiheit. Neben rechtlichen Grundlagen werden ökonomische und ethische Aspekte problematisiert. Zudem werden mediale Anwendungsbezüge am Beispiel von populären Gewaltfilmen und der Fernseh-Unterhaltung diskutiert, wobei auch der Jugendschutz angesprochen wird.

Zeitschrift für Kommunikationsökologie und Medienethik
In den einzelnen Ausgaben der *ZfKM* werden regelmäßig medienethische Themen thematisiert und diskutiert. In den zurückliegenden Jahren diente die *ZfKM* auch der Dokumentation der gemeinsamen Jahrestagungen der *DGPuK-Fachgruppe Kommunikations- und Medienethik* und des *Netzwerks Medienethik*.

Heft 1/2003:	Medienethik in der Aus- und Fortbildung von Medienberufen
Heft 1/2004:	Medien und globale Konflikte – Wie werden globale Konflikte in den Medien behandelt?
Heft 1/2005:	Mediale Praxis und Medienethik – Das „Anwendungs- oder Umsetzungsproblem" der Medienethik
Heft 1/2006:	Bildethik
Heft 1/2007:	Europäische Medienethiken
Heft 1/2008:	Ethische und normative Dimensionen der politischen Kommunikation
Heft 1/2009:	Web 2.0 – Neue Kommunikations- und Interaktionsformen als Herausforderung der Medienethik

Autorinnen und Autoren

Prof. Dr. Klaus-Dieter Altmeppen, Professor für Journalistik an der Katholischen Universität Eichstätt-Ingolstadt.

PD Dr. Klaus Arnold, akademischer Oberrat am Lehrstuhl für Journalistik II an der Katholischen Universität Eichstätt-Ingolstadt.

Dr. habil. Stefanie Averbeck-Lietz, Hochschuldozentin am Institut für Kommunikations- und Medienwissenschaft der Universität Leipzig.

Prof. Dr. Achim Baum, Professor für Öffentlichkeitsarbeit und Journalismus am Institut für Kommunikationsmanagement der Fachhochschule Osnabrück/Campus Lingen.

Dr. Nadine Bilke, Chefin vom Dienst der Hauptredaktion Neue Medien im ZDF; Lehraufträge am Institut für Journalistik der Technischen Universität Dortmund.

Prof. Dr. Roger Blum, Professor für Kommunikations- und Medienwissenschaft an der Universität Bern; seit 2008 Präsident der Unabhängigen Beschwerdeinstanz für Radio und Fernsehen in der Schweiz (UBI); 1991-2001 Präsident des Schweizer Presserates.

Prof. Dr. theol. Thomas Bohrmann, Professor für Katholische Theologie mit dem Schwerpunkt Angewandte Ethik an der an der Staats- und Sozialwissenschaftlichen Fakultät der Universität der Bundeswehr München.

Prof. Dr. iur. Udo Branahl, Professor für Medienrecht am Institut für Journalistik der Technischen Universität Dortmund.

Dr. phil. Carsten Brosda, Leiter der Abteilung Kommunikation des SPD-Parteivorstandes in Berlin; Lehrbeauftragter für Journalistik u.a. an der Technischen Universität Dortmund und an der Universität Leipzig.

Prof. Dr. Bernhard Debatin, Professor an der E.W. Scripps School of Journalism an der Ohio University in Athens, Ohio.

Prof. Dr. Andreas Dörner, Professor am Institut für Medienwissenschaft der Philipps-Universität Marburg.

Prof. Dr. Huub Evers, Professor für interkulturelle Journalistik und Medienethik an der Fontys University of Applied Sciences in Tilburg, Niederlande.

Prof. Dr. Rüdiger Funiok, Professor für Kommunikationswissenschaft und Pädagogik an der Hochschule für Philosophie (Philosophische Fakultät S.J.) München; Sprecher des „Netzwerks Medienethik".

Prof. Dr. Johanna Haberer, Professorin für Christliche Publizistik an der Theologischen Fakultät der Friedrich-Alexander-Universität Erlangen-Nürnberg.

Prof. Dr. Michael Haller, Professor für Allgemeine und Spezielle Journalistik am Institut für Kommunikations- und Medienwissenschaft der Universität Leipzig und wissenschaftlicher Direktor des Instituts für Praktische Journalismusforschung (IPJ).

Prof. Dr. Walter Hömberg, Inhaber des Lehrstuhls für Journalistik I der Katholischen Universität Eichstätt-Ingolstadt.

Holger Isermann, M.A., wissenschaftlicher Mitarbeiter am Lehrstuhl für Kommunikations- und Medienwissenschaften an der Technischen Universität Braunschweig.

Prof. DDr. Matthias Karmasin, Professor für Kommunikationswissenschaft an der Universität Klagenfurt; Gesellschafter Medienhaus Wien.

Dipl.-Journ. Christian Klenk, wissenschaftlicher Mitarbeiter am Lehrstuhl für Journalistik I der Katholischen Universität Eichstätt-Ingolstadt.

Prof. Dr. Thomas Knieper, Professor für Kommunikations- und Medienwissenschaften an der TU Braunschweig.

Prof. Dr. Friedrich Krotz, Professor für Kommunikationswissenschaft/Soziale Kommunikation an der Universität Erfurt und Sprecher der Forschungsgruppe „Communication and Digital Media".

Prof. Dr. Klaus Meier, Professor für crossmediale Entwicklungen des Journalismus am Institut für Journalistik der Technischen Universität Dortmund.

Prof. Dr. Lothar Mikos, Professor für Fernsehwissenschaft an der Hochschule für Film und Fernsehen „Konrad Wolf" in Potsdam-Babelsberg.

Dr. Gerhard Piskol, wissenschaftlicher Mitarbeiter am Lehrstuhl für Historische und Systematische Kommunikationswissenschaft am Institut für Kommunikations- und Medienwissenschaft der Universität Leipzig.

Prof. Dr. Bernhard Pörksen, Professor für Medienwissenschaft an der Eberhard-Karls-Universität Tübingen.

Prof. Dr. Marlis Prinzing, Professorin für Journalistik, an der Macromedia Hochschule für Medien und Kommunikation (Campus Köln); Vorstandsmitglied Verein Qualität im Journalismus (Schweiz).

Prof. Dr. Lars Rademacher, Professor für PR/Kommunikationsmanagement an der Macromedia Hochschule für Medien und Kommunikation (MHMK) in München.

Prof. Dr. Matthias Rath, Professor für Philosophie an der Pädagogischen Hochschule Ludwigsburg.

Dr. Peter Riedel, wissenschaftlicher Mitarbeiter am Institut für Medienwissenschaft der Philipps-Universität Marburg.

Prof. Dr. Roland Rosenstock, Professor für Praktische Theologie / Religions- und Medienpädagogik an der Theologischen Fakultät der Ernst-Moritz-Arndt Universität in Greifswald.

Prof. Dr. Christian Schicha, Professor für Medienmanagement an der Mediadesign Hochschule in Düsseldorf; erster Sprecher der Fachgruppe Kommunikations- und Medienethik der DGPuK; verantwortlicher Redakteur der Zeitschrift für Kommunikationsökologie und Medienethik (ZfKM).

PD Dr. Armin Scholl, Akademischer Oberrat am Institut für Kommunikationswissenschaft der Universität Münster

Dipl.-Journ. Annika Sehl, Promotionsstipendiatin im Rahmen der Bestenförderung der Technischen Universität Dortmund (Dissertationsprojekt zu partizipativem Journalismus und publizistischer Vielfalt).

Dr. phil. Roland Seim, Kunsthistoriker und Soziologe; Verleger (Telos-Verlag); wissenschaftlicher Leiter eines Projektes zur Zensur in Deutschland.

Dr. phil. Ingrid Stapf, Dozentin für Medienethik und freie Autorin; ausgewählte Prüferin für Kinder-Websiten beim Erfurter Netcode; Redaktionsmitglied der Zeitschrift für Kommunikationsökologie- und Medienethik.

Prof. Dr. Barbara Thomaß, Professorin am Institut für Medienwissenschaft der Ruhr-Universität Bochum; Mitglied des ZDF-Fernsehrates.

Ass.-Prof. Dr. Franzisca Weder, Assistenzprofessorin am Institut für Medien- und Kommunikationswissenschaft an der Alpen Adria Universität Klagenfurt (Schwerpunkt Organisationskommunikation).